The Chemistry of the Antibiotics used in Medicine

The Chemistry of the Antibiotics used in Medicine

R. M. EVANS
D.Sc., D.I.C., F.R.I.C.

Glaxo Research Limited
Greenford, Middlesex

PERGAMON PRESS

OXFORD · LONDON · EDINBURGH · NEW YORK
PARIS · FRANKFURT

PERGAMON PRESS LTD.   Headington Hill Hall, Oxford
                          4 & 5 Fitzroy Square, London W.1

PERGAMON PRESS   2 & 3 Teviot Place,
(SCOTLAND) LTD.   Edinburgh 1

PERGAMON PRESS INC.   122 East 55th Street,
                          New York, N.Y.

PERGAMON PRESS GmbH   Kaiserstrasse 75, Frankfurt-am-Main

FEDERAL PUBLICATIONS LTD. Times House,
                          River Valley Road, Singapore

SAMCAX BOOK SERVICES LTD. Queensway, P.O. Box 2720, Nairobi,
                          Kenya

Copyright © 1965   PERGAMON PRESS LTD.
First edition 1965

Library of Congress Catalog
Card No.   64–8983

Printed in Great Britain by
Spottiswoode, Ballantyne & Co, Ltd.
London and Colchester

Dedication

'To my wife in gratitude for her encouragement and patience.'

Contents

Preface

THE study of the chemical structures of microbial metabolites has provided some of the most fascinating and challenging problems in the field of natural product chemistry. The accounts of their elucidation present an impressive saga of scientific achievement and afford an insight into the recent developments of degradative and diagnostic techniques.

The structures of the antibiotics are very varied and many are complex. They contain examples of aliphatic, aromatic, heterocyclic, carbohydrate and peptide units and the study of their chemistry provides a panoramic view of a large section of organic chemistry. Diagnostic work in this field has been assisted greatly by the progressive increase in the use of physical measurements (e.g. ultraviolet-, infrared- and nuclear magnetic resonance-spectroscopy, X-ray diffraction studies, etc.) which have contributed considerably in reducing the amount of necessary degradative work and also in providing answers to otherwise insoluble structural problems.

The greater part of the published work on the chemistry of antibiotics is concerned with the determination of their structures, and in some cases these findings have been confirmed by synthesis. Several antibiotics (e.g. chloramphenicol, penicillin and the tetracyclines) have proved good subjects for the preparation of analogues, some of which possess enhanced therapeutic value. Evidence throwing light on the biogenetic origins of antibiotics is also accumulating, and some insight is being gained into their modes and sites of action.

In the rapidly expanding science of organic chemistry it is becoming increasingly difficult for the student, lecturer or research worker to keep abreast of advances in all the fields of interest. This problem can only be overcome by presenting reviews of different sectors at timely intervals. In this book I have sought to provide a condensed but comprehensive and up-to-date survey of the chemistry of the antibiotics used in clinical practice in Great Britain and the U.S.A. They have been subdivided (Chapters II–VIII) according to Abraham and Newton's concept of potential biogenetic origin, those not derivable from amino acids, sugars, acetate or propionate units being grouped in Chapter IX. Attention is centred on the determination of their structures but, wherever possible, an introduction is provided to their general chemistry and biogenesis; the methods used for their isolation and biological evaluation are also described briefly.

In the compass of a small volume it is only possible to record the salient evidence on which their structures are based and to provide representative examples of their chemical reactions. Nevertheless, the information presented will, I trust, provide the reader with a vista of the chemistry of the clinically effective antibiotics. References are provided to all the original articles from which information is drawn and a study of these papers, several of which are classical examples of scholarship, will be found amply rewarding.

The history and sources of the antibiotics are described briefly in Chapter I; Chapter X contains some indications of their modes and sites of action and in Appendix I their physical constants are recorded. The chemistry of several antibiotics with antitumour activity is discussed in Appendix II and, although these compounds have not gained a place in clinical practice, the study of their structures and modes of action may afford some insight into the problems of antiviral and anticancer chemotherapy.

I am indebted to Prof. R. Paul, Prof. K. L. Rinehart, Prof. W. G. Overend, and Dr. K. Vogler for the provision of hitherto unpublished information, and to my colleagues at Glaxo Research Ltd. and to my secretary for their help in the preparation of the manuscript.

R. M. E.

CHAPTER I

Introduction. The Discovery, Development and Classification of Antibiotics

DOMAGK'S discovery of the antibacterial effect of Prontosil,[1] in 1935, marked the opening of a new era in the treatment of systemic microbial infections. Before then, they were the principal causes of severe illness and death, and the means to combat them were very limited. Prontosil protected mice infected with *Streptococcus haemolyticus*; it was found to be converted, *in vivo*, into a simpler compound, sulphanilamide, which also proved effective in checking streptococcal infections. Unlike the older antibacterial agents these substances were not too toxic for oral or parenteral administration and were absorbed efficiently into the blood stream. In the years closely following these discoveries a large number of derivatives and analogues of sulphanilamide (sulphonamides) were prepared, several of which had broader antibacterial spectra and lower toxicities than the parent compound.

The advent of antibiotics, a few years later, marked an even greater advance in chemotherapy. This group of therapeutic agents has been aptly defined by Waksman[2] as 'chemical substances, that are produced by micro-organisms, and that have the capacity to inhibit and even to destroy other micro-organisms'. They have afforded the means to combat a wide range of pathogenic bacteria and some have also proved effective in treating infections due to the larger viruses and several types of protozoa, fungi and rickettsiae.

Although the use of antibiotics as chemotherapeutic agents is quite recent, the existence of such substances had been recognized for many years. As long ago as 1877 Pasteur and Joubert[3] observed that anthrax bacilli were killed when the culture became contaminated by certain other bacteria, and many similar cases of microbial antagonism have been reported subsequently. Attempts to cure bacterial diseases, such as tuberculosis, by infecting the patients with non-pathogenic bacteria were, however, unsuccessful.

The discovery that antibacterial substances could be produced by micro-organisms was made in 1896 by Gosio,[4] who found that mycophenolic acid, isolated from *Penicillium brevi-compactum*, inhibited *Bacillus anthracis*. It was, however, too toxic for use as a therapeutic agent. In 1917 Greig-Smith[5] showed that several actinomycetes produced products with antibacterial activity and, in 1929, Fleming[6] published his now famous observations on the inhibition of a staphylococcus culture by growing colonies of *P. notatum*.

The work of Greig-Smith stimulated considerable interest, systematic searches for antibacterial agents among the metabolic products of the actinomycetes soon followed, and in 1937 Welsch[7] isolated actinomycetin from a streptomycete culture. This antibiotic showed interesting antibacterial properties but, like mycophenolic acid, it was too toxic for therapeutic use. Two years later, Dubos[8] isolated gramicidin and tyrocidin from a spore-bearing soil bacillus, *B. brevis*. Both compounds had promising antibacterial activities *in vitro*, and, although too toxic for systemic use, they proved suitable for the topical treatment of a variety of infections.

The outbreak of war in 1939 intensified the search for new therapeutic agents. Florey and Chain, during investigations of compounds that would lyse bacteria, were led to re-examine penicillin, the mould metabolite isolated from cultures of *P. notatum* by Fleming in 1929. The original strain of mould did not produce large amounts of penicillin and the antibiotic proved to be very unstable. Slowly and painstakingly, methods for isolation were developed and, with the small quantities initially available, the antibiotic was shown to protect mice effectively against *S. haemolyticus*, and to be virtually devoid of toxicity.

Penicillin was first used clinically in 1941[9] and the results were so successful that world-wide interest was aroused immediately. It was evident, however, that the limited resources then available in Britain, beleaguered by war, were inadequate to develop rapidly the large-scale production of the antibiotic. A joint Anglo-American research and development programme was initiated to exploit the potential of penicillin, and it led, ultimately, to the elaboration of efficient production methods and to the elucidation of the antibiotic's structure.

Before 1943 penicillin was produced by surface culture, the mould being grown on a nutrient medium dispensed in receptacles of 1–2 litres capacity. The collection and extraction of the culture-filtrate was laborious and the yield of the antibiotic was low. Improvements were achieved, however, by the discovery of other strains of *P. notatum* and *P. chrysogenum* that gave higher yields of the antibiotic, and their efficiency was further increased by the isolation of even more productive mutants obtained by ultraviolet and X-ray irradiation.

The technique that made the large-scale manufacture of penicillin practicable was discovered at the Northern Regional Laboratories, Peoria, where it was found that strains of *P. chrysogenum* could be grown by submerged culture, in large vertical tanks provided with stirrers to maintain homogeneity; sterile air necessary for the growth of the mould was introduced at the base of the vessels. The isolation of higher yielding mutant-strains of the mould, modifications to the components of the nutrient medium, and improvements in the fermentation plant further increased the efficiency and convenience of the process. These advances made possible efficient, large-scale production of the antibiotic, which, in contrast to the original 1–2 litre containers, is now carried out in fermenters of up to 100,000 litres capacity. The production of all antibiotics developed subsequently has been based on this pattern.

In 1944 Waksman *et al.*[10] reported the isolation of streptomycin from a strain of actinomycete. This new antibiotic was active against a wider range of pathogens than penicillin and was particularly potent in inhibiting *Mycobacterium tuberculosis*. The discovery accelerated further the intensive investigations on the metabolic products of actinomycetes, micro-organisms most commonly found in soil and morphologically intermediate between fungi and bacteria. In the ensuing years, many thousands of soil samples from all over the world have been examined and the majority of the antibiotics now in use are the metabolic products of actinomycetes isolated from these sources.[10a]

TABLE 1.1

1929	Penicillin	1952	Erythromycin
1939	Tyrothricin		Carbomycin
	Griseofulvin		Puromycin
1944	Streptomycin	1953	Tetracycline
	Gramicidin S	1954	Oleandomycin
1945	Bacitracin	1955	Spiramycin
1947	Chloramphenicol		D-Cycloserine
	Polymyxin		Tetracycline
1948	Cephalosporin	1956	Amphotericin B
	Chlortetracycline		Novobiocin
1949	Neomycin		Vancomycin
1950	Oxytetracycline	1957	Kanamycin
1951	Fumagillin		Ristocetin
	Nystatin		6-Demethyltetracycline
	Viomycin	1959	Paromomycin
		1962	Fusidic acid

Since 1944, many therapeutically useful antibiotics have become available, and not only do they present a range of antimicrobial activities undreamed of a generation ago, but applications in the fields of animal husbandry and food preservation have also been developed. The dates when the discoveries of those described in this volume were announced are shown in Table 1.1.

In contrast to the rapid progress in the preceding decade

FIG. 1.1. Plates poured from soil dilutions, showing mixed cultures of moulds, yeasts, streptomyces and bacteria, with the isolated strains in the reference cultures behind. (Reproduced by courtesy of Glaxo Laboratories Ltd., Greenford, England.)

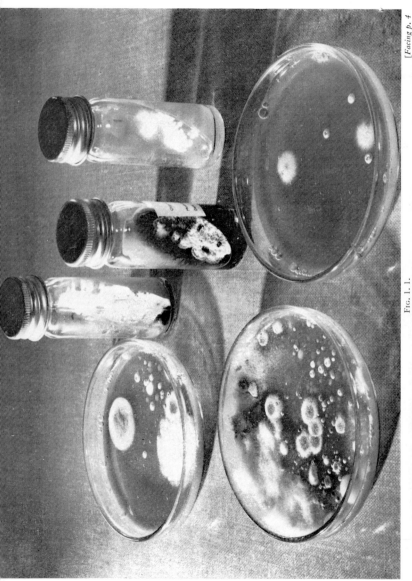

Fig. 1.1.

relatively few antibiotics have been introduced into clinical practice during the past five years. This does not, however, indicate a reduction in interest or endeavour but rather the adoption of more specific aims and more stringent requirements. The search for antibiotics with antifungal, antiviral, antiprotozoal or antimitotic activity is being pursued actively and, although the majority of bacterial infections are now controllable, there is still a need for new therapeutic agents to fill the remaining gaps, or to combat pathogens that have developed resistance to the established antibiotics.

The Search for New Antibiotics

The many types of activity now sought among antibiotics demand a variety of screening techniques and the methods of assessment vary widely for different types of pathogenic organisms (e.g. bacteria, fungi, protozoa, viruses, etc.). Once activity has been established, however, the development of the antibiotic follows a similar pattern, of which the steps in the progression of an antibacterial antibiotic are exemplary.

The basic techniques for screening cultures for the production of antibacterial substances are well documented.[10a, 11, 12] In general they are a direct adaptation of the agar plate that first disclosed the activity of penicillin in Fleming's laboratory. Dilute aqueous suspensions of soils, or other potential sources of micro-organisms, are plated out on several different nutrient media dispensed in Petri dishes. After incubation to promote the growth of the moulds, yeasts, streptomyces and bacteria present in the sample, the selected colonies are picked off and transferred to a nutrient agar slope to establish the culture (Fig. 1.1). A single soil sample may contain as many as forty different organisms and each one must be tested separately.

FIG. 1.2. Demonstration of antibiosis during the search for new antibiotics. Plugs taken from agar-plate cultures of organisms being investigated are incubated on the surface of a nutrient plate seeded with a test pathogen. The clear dark zones shown result from antibiotic activity in the plugs. (Reproduced by courtesy of Glaxo Laboratories Ltd., Greenford, England.)

To determine antibacterial activity, sub-cultures are grown in small aluminium cups containing a variety of agar media and after several days plugs are cut out and placed on large agar plates seeded with the pathogens against which activity is sought (for general antibacterial screening *Staph. aureus* is the test organism most frequently used). After incubation for 16 hours at 37°, the plates are examined for the characteristic clear zones produced by active substances diffusing from the plugs and inhibiting bacterial growth (Fig. 1.2). Similar tests are carried out using agar plates containing blood to eliminate substances that are inactivated in its presence.

When antibiosis against the selected pathogen has been established in these preliminary tests, satisfactory conditions for the production of the antimicrobial metabolite in submerged culture are sought. At the same time efforts are made to determine if the antibiotic is a known substance, by examining its pattern of antibacterial activity and extraction characteristics.

Methods of isolation suitable for the preparation of aqueous concentrates are evolved and, when these have attained a reasonable degree of efficiency, the extracts are examined to determine whether the antibiotic will protect experimentally infected mice and is non-toxic at dose levels which are likely to be clinically useful. If the antibiotic passes these tests, it must be isolated in as pure a form as possible, its protective effect examined in more detail and its pharmacological actions investigated. Satisfactory results having been obtained thus far, acceptable forms of presentation are developed and clinical trials undertaken.

When the clinical efficacy of the antibiotic has been established a development programme is launched to examine mutants of the micro-organism (produced, for example, by X-ray or ultraviolet irradiation, or by radiomimetic substances) for higher yielding strains. The most efficient and economic nutrient medium is determined and the optimal conditions of temperature, time, aeration, etc., for fermentation are established. Eventually the organism that was first isolated on the agar plates (Fig. 1.1) may give rise to a high yielding mutant, grown in large fermenters by submerged culture, and the few micrograms of the antibiotic that produced the zones of inhibition (Fig. 1.2) replaced by production running into many thousands of kilograms per year.

TABLE 1.2

Source of Antibiotics

Antibiotic	Micro-organism
BACTERIA	
Bacitracins	*Bacillus licheniformis*
Polymyxins	*B. polymyxa*
Tyrothricin	*B. brevis*
Gramicidins	*B. brevis*
ACTINOMYCETES	
Amphotericin B	*Streptomyces* spp. (*nodosus*)
Carbomycin	*S. halstedii*
Chloramphenicol	*S. venezuelae*
Chlortetracycline	*S. aureofaciens*
D-Cycloserine	*S. lavendulae*, etc.
6-Demethyltetracycline	*S. aureofaciens*
Erythromycin	*S. erythreus*
Fusidic Acid	*Fusidium coccineum*
Kanamycins	*S. kanamyceticus*
Neomycins	*S. fradiae*
Novobiocin	*S. spheroides, S. niveus*
Nystatin	*S. noursei*
Oleandomycin	*S. antibioticus*
Oxytetracycline	*S. rimosus*
Paromomycin	*S. rimosus* forma *paromycinus*
Puromycin	*S. albo-niger*
Ristocetins	*Norcadia lurida*
Spiramycins	*S. ambofaciens*
Streptomycins	*S. griseus*
Tetracycline	*Streptomyces* spp.
Vancomycin	*S. orientalis* n. sp.
Viomycin	*S. floridae*
FUNGI	
Penicillins	*Penicillium notatum,* *P. chrysogenum*
Cephalosporin C	*Cephalosporium brotzu*
Griseofulvin	*P. janczewski,* *P. griseofulvum,* *P. nigricans*
Fumagillin	*Aspergillus fumigatus*

In the past twenty years several thousand new antibiotics have been recorded, but of these only a few hundred have proved worthy of characterization and less than thirty have gained established places as therapeutic agents.[12] The antibiotics in present-day use, and the micro-organisms from which they are derived, are listed in Table 1.2, where it will be seen that the actinomycetes have proved by far the most fertile source.

Classification of Antibiotics used in Medicine

The antibiotics listed in Tables 1.1 and 1.2 comprise an amazing variety of substances. They differ in their sources of origin, chemical structures, physical properties and antimicrobial spectra. Subdivision on the basis of different characteristics can consequently produce a wide variety of groupings and the criteria must be chosen carefully to yield the required comparisons.

TABLE 1.3

Classification of Antibiotics on the Basis of possible Biogenetic Origins and Chemical Structures

Antibiotics derivable from amino acids:

  (i) *From a single amino acid*
      D-Cycloserine
      Chloramphenicol

  (ii) *From two amino acids*
      Penicillins
      Cephalosporin C

  (iii) *Polypeptides*
      Tyrothricin (a mixture of the tyrocidins and gramicidins)
      Bacitracins
      Polymixins
      Viomycin

Antibiotics derivable from sugars:
      Streptomycin
      Neomycins
      Kanamycins
      Paromomycins

Antibiotics derived mainly from acetate or propionate units:

  (i) *Fused-ring systems*
      Tetracyclines
      Griseofulvin
      Fusidic Acid

  (ii) *Macrolides*
      Erythromycin
      Carbomycin
      Oleandomycin
      Spiramycins

  (iii) *Polyenes*
      Nystatin
      Amphotericins
      Fumagillin
      Puromycin

Miscellaneous Antibiotics:
      Novobiocin
      Vancomycin
      Ristocetins

At first glance, their chemical structures seem too diverse and complex to permit logical subdivision. Abraham and Newton[13] have pointed out, however, that in spite of these divergences, most antibiotics appear to arise from a limited number of 'biogenetic themes', and may be divided into three main groups according to their potential derivation from amino acids, sugars, acetate or propionate units. The classification adopted in this volume is based on this concept, together with a degree of subdivision related to their chemical structure (Table 1.3).

References

1. DOMAGK, *Deut. med. Woch.* **61**, 250 (1935).
2. WAKSMAN, *Antibiotics and Chemotherapy*, **6**, 90 (1956).
3. PASTEUR and JOUBERT, *Comp. rend. soc. biol.* **85**, 101 (1877).
4. GOSIO, *Riv. Ig. San. Pubbl.* **7**, 825, 869, 961 (1896).
5. GREIG-SMITH, *Proc. Linnean. Soc. N.S. Wales*, **42**, 162 (1917).
6. FLEMING, *Brit. J. Exp. Pathol.* **10**, 226 (1929).
7. WELSCH, *Comp. rend. soc. biol.* **126**, 244 (1937).
8. DUBOS, *J. Exp. Med.* **70**, 1, 11, 249 (1939).
9. ABRAHAM, CHAIN, FLETCHER, GARDNER, HEATLEY, JENNINGS and FLOREY, *Lancet*, **ii**, 177 (1941).
10. SHATZ, BUGIE and WAKSMAN, *Proc. Soc. Exp. Biol. Med.* **55**, 66 (1944).
10a. WAKSMAN, *The Actinomycetes*, Vol. III, Baillière, Tindall & Cox, London, 1962.
11. WOODRUFF and McDANIAL, *The Strategy of Chemotherapy*, Cambridge University Press, Cambridge, England, 1958, p. 29.
12. CAMPBELL, *Brit. Med. Bull.* **16**, 82 (1960).
13. ABRAHAM and NEWTON, *ibid.* **16**, 3 (1960).

CHAPTER II

Antibiotics Derivable from Amino Acids

1. From One Amino Acid

THE antibiotics used in medicine that may be considered to be derived from amino acids can be subdivided, conveniently, into three groups. The first comprises those derivable from a single amino acid, the second contains the members formed from two amino acids, and the third and largest group embraces the poly-peptide antibiotics. These compounds differ from the oligo- and poly-peptide hormones in containing one or more 'unnatural' D-amino acid and the polypeptide antibiotics have unique and characteristic cyclic structures.

D-Cycloserine and chloramphenicol can be regarded as derivatives of D-serine and D-phenylserinol, respectively. Both these antibiotics are produced by streptomycetes and exhibit broad-spectrum antibacterial activity. D-Cycloserine is also active against *Mycobacterium tuberculosis* and chloramphenicol is effective in combating infections due to rickettsiae. Chloramphenicol is the more important; it was the first broad-spectrum antibiotic to be discovered and it is still used extensively in clinical practice.

The relative simplicity of the D-cycloserine and chloramphenicol molecules led to the rapid elucidation of their structures. Several syntheses of each have been devised and they are the only antibiotics that can be prepared more economically by chemical synthesis than by fermentation.

Chloramphenicol has proved an excellent subject for the study of the effects of molecular structure on antibacterial activity. Many analogues have been prepared, but none of these has equalled the natural antibiotic in therapeutic value.

D-Cycloserine (Oxamycin)

D-Cycloserine, discovered independently in 1955 by several groups of workers,[1-5] was isolated from cultures of three streptomycetes, *Streptomyces garyphalus*,[3] *S. orchidaceus*[4] and *S. lavendulae*.[5] It showed encouraging activity, *in vitro*, against grampositive and gram-negative bacteria[6] and also against *M. tuberculosis*.[7]

The antibiotic was isolated from the culture filtrates by adsorption on to anion-exchange resins from which is was displaced by dilute acids. The eluate was concentrated, and the product purified by crystallization from isopropyl alcohol at pH 6·0[1] or by forming the silver salt.[2]

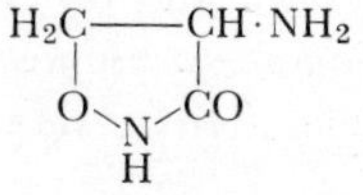

$$H_2C\text{------}CH \cdot NH_2$$
$$O\diagdown_{\underset{H}{N}}\diagup CO$$

D-Cycloserine

Structure

Analysis of the silver salt proved the empirical formula of D-cycloserine (1) to be $C_3H_6N_2O_2$. Potentiometric titrations showed that it was zwitterionic in nature and its infrared absorption spectrum afforded confirmation of this characteristic. Although stable to alkali, D-cycloserine was decomposed by mineral acids yielding serine (2) and hydroxylamine. Catalytic hydrogenation gave a quantitative yield of D-serine amide (3; R = H) and the acetyl derivative was converted similarly into N-acetyl-D-serine amide (3; R = Ac).

Methanolysis of D-cycloserine furnished β-aminoxy-D-alanine methyl ester (4), which was recycled by alkali to the parent compound. On the basis of these reactions and its physical properties, the antibiotic was formulated D-4-amino-3-isoxazolidone (1).[1, 2]

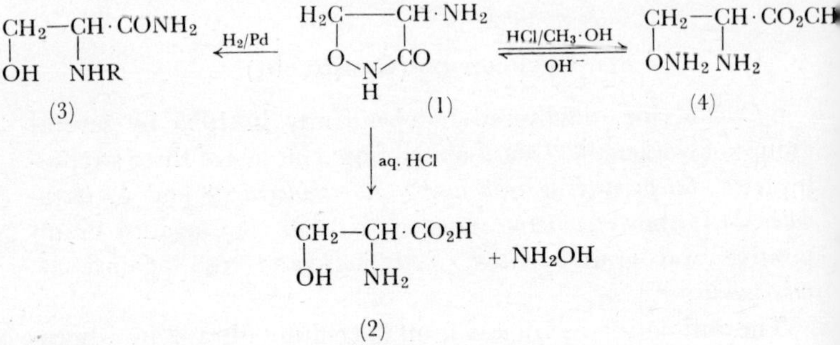

$$(3) \xleftarrow{H_2/Pd} (1) \xrightleftharpoons[OH^-]{HCl/CH_3 \cdot OH} (4)$$

$$(1) \xrightarrow{aq.\ HCl} (2)\ +\ NH_2OH$$

Synthesis

The structure (1) was rapidly confirmed by synthesis[2, 8] and further methods of preparation have been reported subsequently.[9,10] A convenient route, starting from D-serine methyl ester, was developed by Šorm and his colleagues (Chart 2.1). It does not involve attack on the asymmetric centre (with possible racemization) and optical activity is retained, therefore, throughout the synthesis.[9]

D-Serine methyl ester (5) was converted into the N-triphenylmethyl derivative which, when heated in the presence of methane sulphonic chloride, yielded the substituted ethyleneimine (6).

CHART 2.1

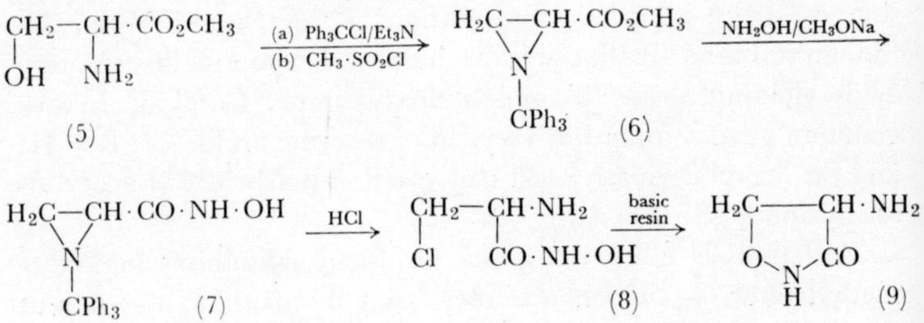

Reaction of (6) with hydroxylamine and sodium methoxide gave the corresponding hydroxamic acid (7). This product was converted, by the action of hydrochloric acid, into D-α-amino-β-chloro-N-hydroxypropionamide (8), which underwent cyclization to D-cycloserine (9) when treated with a strongly basic ion exchange resin. This route was also used, successfully, to prepare L-cycloserine from L-serine.[9]

It is unusual to find antibacterial activity in the optical-enantiomer of an antibiotic but L-cycloserine, an exception to this rule, is as active as the D-form against *Escherichia coli*.[9] More surprisingly, Ciak and Hahn[11] have shown that whereas D-cycloserine, like penicillin, exerts its antibacterial effect by interfering with the synthesis of the bacterial cell-wall, L-cycloserine does not act by this mechanism.

Clinical Applications

D-Cycloserine forms stable calcium, barium and magnesium salts, as well as a crystalline sulphate. It is well absorbed from the gastrointestinal tract and, therefore, usually administered orally. The antibiotic is used to combat urinary infections[12] and, in combination with other antitubercular drugs, in the treatment of pulmonary tuberculosis.[7]

Chloramphenicol

Chloramphenicol was discovered in 1947 by Burkholder *et al.*[13] amongst the metabolic products of *S. venezuelae* and was also isolated shortly afterwards from cultures of *S. lavendulae*.[14] Its ability to inhibit, *in vitro*, rickettsiae as well as a wide range of gram-positive and gram-negative bacteria, gave rise to immediate interest which was enhanced further when the antibiotic was found to be well absorbed from the alimentary tracts of mice and dogs.[13]

The crude antibiotic was obtained by extracting the acidified culture filtrates with ethyl acetate, removing the solvent by distillation under reduced pressure, and extracting the residue with ether.[13] Alternatively, light petroleum was added to the concentrated ethyl acetate extract and the mixture washed successively with acid, alkali and water.[15] It proved necessary to resort to chromatography on alumina to purify the crude ethereal extract from the former method, but concentration of the petroleum extract from the latter sequence gave crystalline material directly.[13, 15] Final purification was achieved by crystallization from methylene dichloride, ethylene dichloride or ether/petroleum.

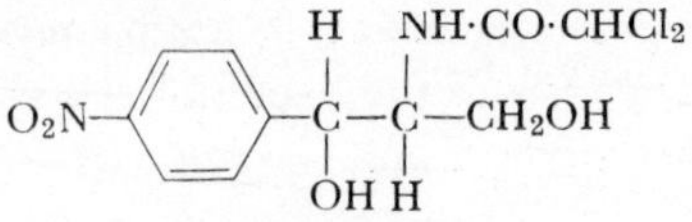

Chloramphenicol

Structure

Bartz *et al.*,[16] who elucidated the structure of chloramphenicol, found that its empirical and molecular formulae were both $C_{11}H_{12}Cl_2N_2O_5$. Its ultraviolet absorption spectrum showed a marked resemblance to that of nitrobenzene; an observation that caused considerable surprise since no naturally occurring compound containing this structure was known. The presence of a nitro-aromatic group was proved unequivocally, however, by numerous tests, including catalytic reduction to the amine followed by diazotization and coupling with β-naphthol to give an azo-β-naphthol dye. The two chlorine atoms in the molecule were found to be non-ionic and the presence of two hydroxyl groups was established by the ready formation of a di-O-acetyl derivative (11). Hydrolysis of chloramphenicol by acid or alkali gave dichloroacetic acid and a basic product (possessing a primary aliphatic amino group) (12) that was reconverted into the parent antibiotic by reaction with methyl dichloroacetate. Sodium periodate had no effect on chloramphenicol, thus eliminating the possibility of vicinal hydroxyl groups, but it oxidized the alkali-hydrolysis product (12) to *p*-nitrobenzaldehyde (13), form-aldehyde and ammonia. The identity of these products established the relative positions of the substituents in the aromatic ring and also proved that the amino group must be in the 2-position of the propyl side chain.

CHART 2.2

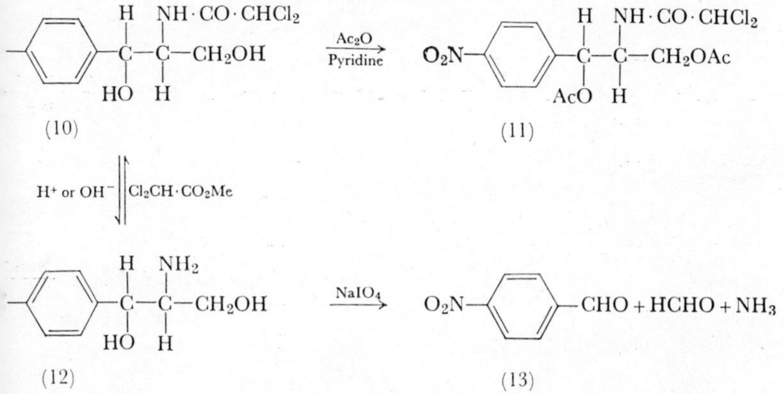

It was evident, therefore, that chloramphenicol was an optically active enantiomer of 2-dichloracetamido-1-(*p*-nitrophenyl)-pro-pane-1,3-diol (10). It was assigned the D(−)threo-structure on the evidence adduced by comparing the rotations of the free base, its hydrochloride and its *p*-nitrobenzoate with those of similar derivatives of L-*nor*ephedrine and L-*pseudonor*ephedrine.[16] Further confirmation of this configuration was obtained subsequently by establishing the antibiotic's relationship to D-serine.[17]

Synthesis

The structure of chloramphenicol was soon confirmed by synthesis. One of the most efficient of the several routes devised[18] (Chart 2.3) commenced with *p*-nitroacetophenone (14) which was brominated in acetic acid to give the α-bromo-derivative (15). Its hexamine salt, on treatment with alcoholic hydrochloric acid, was converted into the α-amino-ketone (16) which, because of its instability, was best isolated as the acetyl derivative (17). Hydroxymethylation by formaldehyde in alcoholic solution, in the presence of sodium bicarbonate, converted (17) into the β-ketol (18) which was reduced to the glycol (19) by aluminium isopropoxide.

CHART 2.3

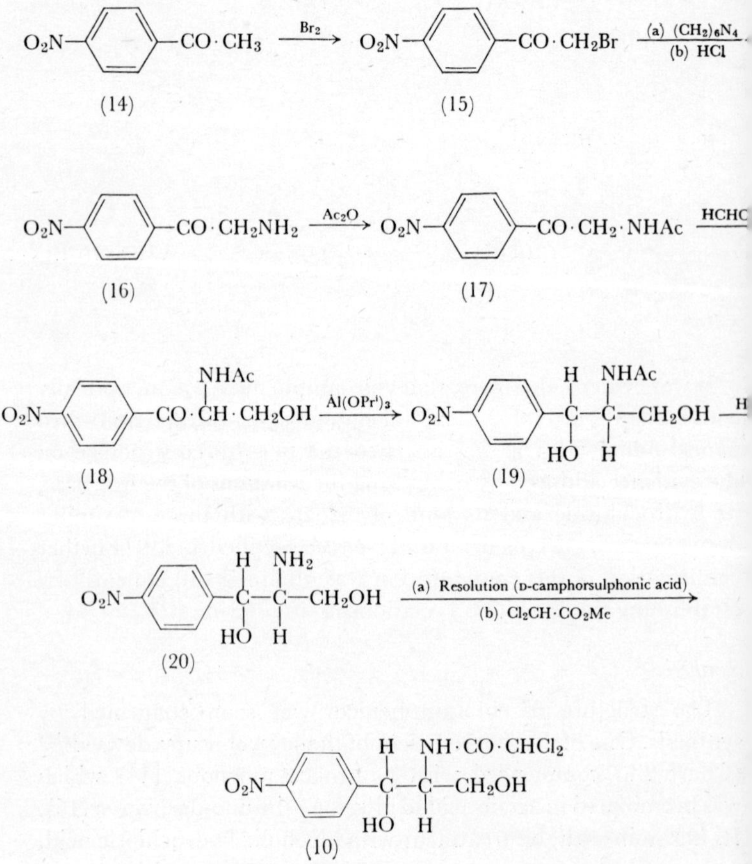

$$O_2N-\bigcirc-CO\cdot CH_3 \xrightarrow{Br_2} O_2N-\bigcirc-CO\cdot CH_2Br \xrightarrow[\text{(b) HCl}]{\text{(a) }(CH_2)_6N_4}$$

(14)   (15)

$$O_2N-\bigcirc-CO\cdot CH_2NH_2 \xrightarrow{Ac_2O} O_2N-\bigcirc-CO\cdot CH_2\cdot NHAc \xrightarrow{HCHO}$$

(16)   (17)

$$O_2N-\bigcirc-CO\cdot \underset{\text{CH}}{\overset{\text{NHAc}}{|}}\cdot CH_2OH \xrightarrow{Al(OPr^i)_3} O_2N-\bigcirc-\underset{HO\ \ H}{\overset{H\ \ \ NHAc}{C-C}}-CH_2OH \xrightarrow{H}$$

(18)   (19)

$$O_2N-\bigcirc-\underset{HO\ \ H}{\overset{H\ \ \ NH_2}{C-C}}-CH_2OH \xrightarrow[\text{(b) }Cl_2CH\cdot CO_2Me]{\text{(a) Resolution (D-camphorsulphonic acid)}}$$

(20)

$$O_2N-\bigcirc-\underset{HO\ \ H}{\overset{H\ \ \ NH\cdot CO\cdot CHCl_2}{C-C}}-CH_2OH$$

(10)

The Meerwein–Ponndorf reduction of (18) showed a high degree of stereospecificity. Although the creation of a second asymmetric centre produced two racemates, the DL-*threo*-form (19) predominated and was readily isolated by crystallization from ethyl acetate. Hydrolysis of (19) to the free amine (20) provided a convenient intermediate for resolution; the (+) and (−) forms being separated efficiently by the fractional crystallization of their D-camphorsulphonates from isopropyl alcohol. The resolved bases were reacted separately with methyl dichloroacetate and the N-dichloracetyl derivative obtained from the (−) base proved identical with chloramphenicol (10) in physical constants and antibacterial activity. The three other optically active enantiomers, the L-*threo* and the D- and L-*erythro*-forms, were also synthesized but none showed appreciable antibacterial activity.

Structure and Activity

The ready synthesis of chloramphenicol and the relative simplicity of its structure make it an admirable subject for studying the effect of variations in structure on biological activity. A large number of analogues have been prepared[19, 20] but, although several have shown appreciable antibacterial activity, none has proved superior to the parent antibiotic.

The nitro group has been replaced by a wide variety of radicals that includes —CN, —CONH$_2$, —CO$_2$H, —NH$_2$, —OH, —NHR and halogen. Many of these analogues showed appreciable antibacterial activity; those with an —SCH$_3$ or —SO$_2$CH$_3$ group as alternative substituents were almost as active as chloramphenicol, but they proved to be more toxic.[21]

The phenyl group has been replaced by other aromatic and heterocyclic nuclei but, although some of these analogues showed antibacterial activity, all were decidedly inferior to chloramphenicol.[19, 20]

The dichloracetyl group proved pre-eminent for antibacterial action. The dibromoacetyl analogue, the most active of the many alternative acyl derivatives synthesized, had only 80 per cent of the bacteriocidal activity of chloramphenicol.[22]

The steric configuration of the side chain is vitally important to anti-bacterial action and, as already remarked, only the D-*threo*-isomer has antibacterial activity. Not surprisingly, alterations in the nature of the side-chain substituents also led to deactivation.[23]

It has been suggested from an analysis of these results that the D-*threo*-2-amino-1-phenylpropane-1,3-diol nucleus is essential to activity and the level is dependent on the electronegativities and molecular volumes of both the *para* substituent of the aromatic ring and the 2-acylamino group.[19, 20]

Clinical Applications

Chloramphenicol was the first effective broad-spectrum anti-biotic to be discovered and it has proved useful, over the years, in combating a wide range of infections, including those due to rickettsiae. It is particularly effective in the treatment of typhoid fever and *Haemophilus influenzae* meningitis. The antibiotic is rapidly and efficiently absorbed from the intestinal tract and its unpleasantly bitter taste may be overcome by administration in capsules or as the relatively bland palmitic ester. The water-soluble sodium hemisuccinate is preferred for parenteral administration.[24]

Chloramphenicol does not interfere with cell-wall synthesis but has been found to inhibit protein synthesis at growth-inhibiting concentrations.[25]

References

1. KUEHL, WOLF, FOLKERS, BUHS, PUTTER, ORMOND, LYONS, TRENNER, PECK, HOWE, HUNNEWELL, DOWNING, NEWSTEAD and CHAIET, *J. Amer. Chem. Soc* **77**, 2344 (1955).
2. HIDDY, HODGE, YOUNG, HARNED, BREWER, PHILLIPS, RUNGE, STAVELY, POHLAND, BOAZ and SULLIVAN, *ibid.* **77**, 2346 (1955).
3. HARRIS, RUGER, REAGAN, WOLF, PECK, WALLICK and WOODRUFF, *Antibiotics and Chemotherapy*, **5**, 183 (1955).
4. HARNED, HODDY and LA BAW, *ibid.* **5**, 204 (1955).
5. SHULL and SARDINAS, *ibid.* **5**, 398 (1955).
6. CUCKLER, FROST, McCLELLAND and SOLOTOROVSKY, *ibid.* **5**, 191 (1955); WELCH, PUTNAM and RANDALL, *Antibiotic Medicine*, **1**, 72 (1955).
7. EPSTEIN, NAIR and BOYD, *ibid.* **1**, 80 (1955).
8. STAMMER, WILSON, HOLLY and FOLKERS, *J. Amer. Chem. Soc.* **77**, 2346 (1955)

9. SMRT, BÉRANEK, SICHER, SKODA, HESS and SÖRM, *Experientia*, **13**, 291 (1957).
10. STAMMER, WILSON, SPENCER, BATCHELOR, HOLLY and FOLKERS, *J. Amer. Chem. Soc.* **79**, 3236 (1957).
11. CIAK and HAHN, *Antibiotics and Chemotherapy*, **9**, 47 (1959).
12. HERROLD, BOARD and KAMP, *Antibiotic Medicine*, **1**, 665 (1955).
13. EHRLICH, BARTZ, SMITH, JOSLYN and BURKHOLDER, *Science*, **106**, 417 (1947).
14. CARTER, GOTTLIEB and ANDERSON, *ibid.* **107**, 113 (1948).
15. BARTZ, *J. Biol. Chem.* **172**, 445 (1948).
16. REBSTOCK, CROOKS, CONTROULIS and BARTZ, *J. Amer. Chem. Soc.* **71**, 2458 (1949).
17. FLEŠ and BALENOVIĆ, *ibid.* **78**, 3072 (1956).
18. CONTROULIS, REBSTOCK and CROOKS, *ibid.* **71**, 2463 (1949); LONG and TROUTMAN, *ibid.* **71**, 2469, 2473 (1949).
19. REBSTOCK, *Medicinal Chemistry*, Ed. A. Burger, Interscience Publishers Inc., N. York, 1960, p. 917.
20. HAHN, HAYES, WISSEMAN, HOPPS and SMADEL, *Antibiotics and Chemotherapy*, **6**, 531 (1956).
21. CUILER, STENGER and SUTER, *J. Amer. Chem. Soc.* **74**, 5475 (1952).
22. REBSTOCK, *ibid.* **72**, 4800 (1950).
23. REBSTOCK and MOORE, *ibid.* **75**, 1685 (1953).
24. *Brit. Med. J.* **i**, 1276 (1963).
25. GALE, *Amino acids and peptides with antimetabolic activity*, Ed. Wolstenholme and O'Connor, Churchill, London (1958), p. 19.

CHAPTER III

Antibiotics Derivable from Amino Acids

2. From Two Amino Acids

THE clinically effective antibiotics with structures derivable from two amino acids comprise the penicillins, and cephalosporin C and its analogues. Antibiotics of both types are produced by fungi and are probably derived from the same α-aminoadipoyl-cyst(e)inyl-valine tripeptide. As would be expected from their common origin, the molecules of the penicillins and cephalosporin C have several similar structural features and each contains the otherwise rare β-lactam ring. Their close relationship has been further illustrated by the chemical conversion of a penicillin derivative into an analogue of cephalosporin C.

The structures of the penicillins and cephalosporin C have been established by degradation and confirmed by X-ray diffraction studies; several penicillins have been prepared by total synthesis

The work on methods of production, the determination of their structures and the synthesis of the penicillins provide one of the most interesting accounts of modern scientific achievement Penicillin G (benzylpenicillin), the first antibiotic to achieve widespread use, is almost devoid of toxicity to mammals and, although resistant strains of staphylococci have emerged, it is still regarded as one of the most effective therapeutic agents for the treatment of infections caused by a wide range of gram-positive bacteria and gram-negative cocci. Resistant staphylococci are not insensitive to penicillin but derive their immunity by their ability to produce penicillinase, an enzyme that hydrolyses the β-lactam and so inactivates the antibiotic.

The penicillins are acyl derivatives of 6-aminopenicillanic acid and a large number have been prepared either by the addition of a substituted acetic acid to the fermentation medium, or by chemical acylation of 6-aminopenicillanic acid. In this way penicillins with greater stability to acids, resistance to penicillinase or wider gram-negative activity have been derived.

Cephalosporin C has a broader spectrum of antibacterial activity than penicillin G, it is unaffected by penicillinase, and a number of analogues with enhanced antibacterial activity have been prepared.

The Penicillins

The discovery by Fleming in 1929 of the antibiotic properties associated with growing cultures of *Penicillium notatum*, the subsequent isolation and development of manufacturing procedures for the production of penicillins, the determination of their structures and their eventual synthesis provide one of the most interesting sagas of modern science and technology. The course of these events up to 1948 has been described by Florey *et al.*[1] and the work that led to the elucidation of the structures of the penicillins, recounted in detail by Robinson *et al.*,[2] has been summarized by Cook.[3]

The production of penicillin is based on the submerged culture technique developed at the Northern Regional Laboratories, Peoria, U.S.A. (see Chapter I). The medium for this process, consisting principally of corn-steep liquor, lactose and several inorganic salts, was sterilized in the fermenter tank, inoculated with the selected strain of *Penicillium* and incubated with aeration for *ca.* 3 days. The culture fluid was then separated from the mycelium by filtration, acidified and extracted with butyl or amyl acetate. The penicillin passed into the organic phase which was concentrated, extracted with buffer solution and the antibiotic then re-extracted into chloroform. The product, so obtained, was finally purified by isolating a crystalline salt, formed with an alkali metal or an organic base, e.g. cyclohexylamine.

Structure

The instability and the low purity of the early preparations of penicillin presented considerable obstacles to the elucidation of the antibiotic's structure and, even after these had been overcome, inconsistencies continued to be encountered in the analytical and degradative results from different laboratories. These discrepancies were unexplained until it was discovered that *P. notatum* produced different types of penicillin according to the nature of the medium on which the mould was grown.[2, 4] Six different penicillins were eventually recognized (Table 3.1), all of which were proved, ultimately, to be 6-acylaminopenicillanic acids (1) differing only in the nature of the alkyl or aralkyl group R.

Penicillin F, the predominant component of British penicillin, was obtained when the mould was grown on a synthetic medium,

TABLE 3.1

Penicillins produced by Penicillium notatum

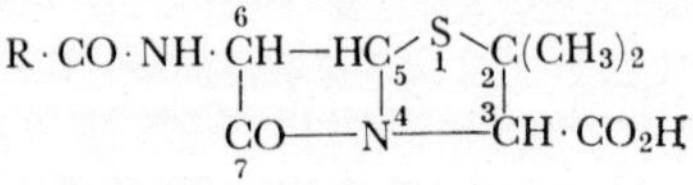

$$R \cdot CO \cdot NH \cdot \underset{6}{CH} - HC \overset{S}{\underset{5}{\diagup}} \overset{1}{\underset{2}{\diagup}} C(CH_3)_2$$
$$CO - \underset{7}{N} \overset{4}{\longrightarrow} \overset{3}{CH} \cdot CO_2H$$

(1)

Penicillin	Side Chain (R)
F (2-Pentenyl)	$CH_3 \cdot CH_2 \cdot CH = CH \cdot CH_2-$
(3-Pentenyl)	$CH_3 \cdot CH = CH \cdot CH_2CH_2-$
Dihydro F (n-Amyl)	$CH_3 \cdot CH_2 \cdot CH_2 \cdot CH_2 \cdot CH_2-$
G (Benzyl)	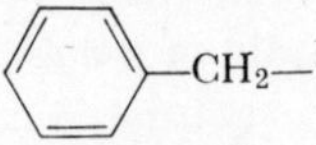 ⟨benzene ring⟩$-CH_2-$
K (n-Heptyl)	$CH_3 \cdot CH_2 \cdot CH_2 \cdot CH_2 \cdot CH_2 \cdot CH_2 \cdot CH_2-$
X (p-Hydroxybenzyl)	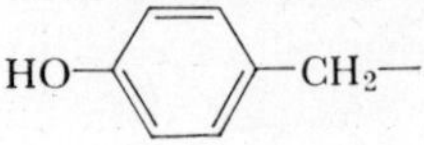 $HO-$⟨benzene ring⟩$-CH_2-$

whereas in the United States, where corn-steep liquor was used, the principal product was penicillin G.

Once the existence of a range of penicillins had been recognized the reason for the anomalous results became clear. The degradation products were, however, substances of new types and it was

CHART 3.1

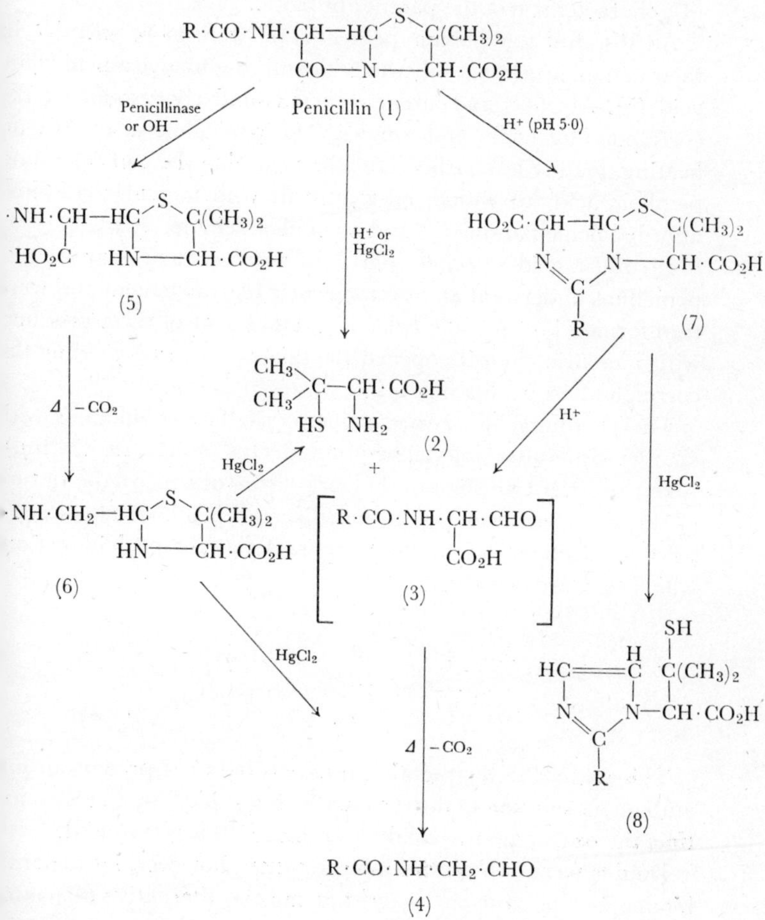

some time before their structures were established and the fragmentation pattern of the antibiotic fully understood (Chart 3.1).

Treatment of the penicillins (1) with strong mineral acid or mercuric chloride caused breakdown of the molecule to penicillamine (D-β,β-dimethylcysteine) (2) and a penaldic acid (3). Like other derivatives of malonaldehyde, the penaldic acids are unstable and readily lost carbon dioxide to give a penilloaldehyde (4), characteristic of the parent antibiotic.

Alkalis, and the enzyme penicillinase, were more selective in their action, attacking only the β-lactam ring to give a penicilloic acid (5). Alcohols and amines reacted similarly, producing the corresponding esters and amides. The penicilloic acids (5), on heating, readily lost carbon dioxide furnishing the corresponding penilloic acid (6) which, on treatment with mercuric chloride afforded penicillamine (2) and a penilloaldehyde (4).

In dilute acid solution (pH 5·0), at room temperature, the penicillins underwent an intramolecular rearrangement and were transformed into penillic acids (7). Treatment of these product with mercuric chloride opened the thiazolidine ring yielding the corresponding penillamine (8).

The penillic acids (7) are stable, crystalline compounds with characteristic ultraviolet absorption spectra (λ max. *ca.* 273 mμ) Like the parent antibiotic, they are distinguished by the nature of the side-chain group (R) and, like the penilloaldehydes (4) serve as excellent derivatives to characterize the penicillins from which they are derived.

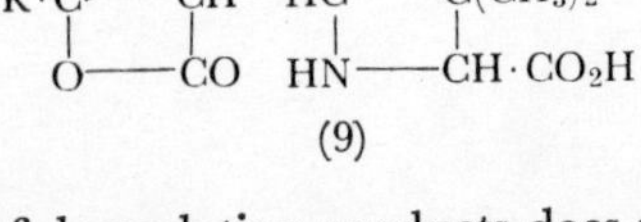

$$R \cdot C \overset{N}{=} \underset{O-CO}{\overset{CH-HC}{|}} \overset{S}{\diagdown} \underset{HN-CH \cdot CO_2H}{\overset{C(CH_3)_2}{|}}$$

(9)

This pattern of degradation products does not present an unambiguous solution to the structure of the penicillins and for some time the oxazolone-thiazolidine structure (9) was favoured.

Doubts were cast on this interpretation, however, by the antibiotic's lack of basic characteristics and the alternative β-lactam thiazolidine structure (1) was confirmed, eventually, by X-ray crystallographic analysis[2] and infrared adsorption measurement.[2]

Total Synthesis

The first attempts to synthesize penicillin were directed towards the oxazolone-thiazolidine structure (9) and involved attempts to condense 2-benzyl-4-methoxymethyleneoxazol-5-one (10) with D-penicillamine (11). The product from the reaction had only 0·1 per cent penicillin-like activity but du Vigneaud et al.[5] obtained unequivocal evidence for the presence of benzylpenicillin (1; $R = CH_2C_6H_5$).

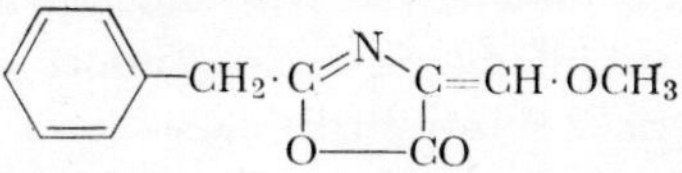

(10) 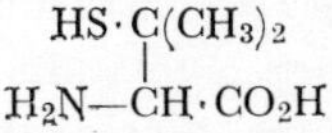   (11)

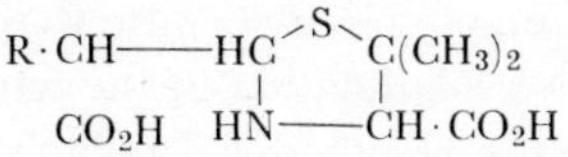

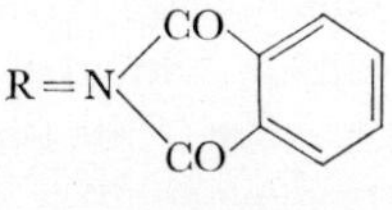

(12a) 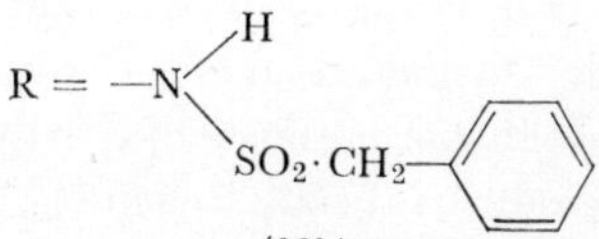   (12b)

Once the correct structure of penicillin was established the total synthesis of the antibiotic became a major goal, but the formation of the fused thiazolidine-β-lactam structure was beset by many difficulties. Early attempts to cyclize penicilloic acids (5) failed, due to preferential condensation of the carboxyl group with the amide nitrogen to yield azlactones. Sheehan and Cruickshank[6] overcame this difficulty by using phthaloyl (12a) and benzene-sulphonyl (12b) substituents in place of the usual acyl groups. In both cases azlactone formation was precluded, β-lactam formation took place and, from (12b), a racemic benzenesulphonyl-penicillanic acid, corresponding in configuration to the natural penicillins and showing antibacterial activity, was obtained.[7]

The cyclization of 'natural' penicilloic acids to yield penicillins was achieved, finally, by using dicyclohexylcarbodiimide as the condensing agent and, in 1957, Sheehan and Henery-Logan reported the total synthesis of penicillin V (1; R = CH$_2$·O· C$_6$H$_5$), identical in all respects with the product obtained by fermentation.[8] Their route (Chart 3.2), which was based on much painstaking exploratory work, started with the reaction between t-butyl phthalimidomalonaldehyde (13) and D-penicill-amine (14), in sodium acetate-buffered aqueous acetone, which afforded a mixture of isomeric 2-substituted-thiazolidines (15). Two new asymmetric centres are created by this condensation and four stereoisomeric forms of (15) will, therefore, be produced, but only two, designated the α- and γ-isomers, were isolated. The α-isomer, higher melting and more soluble than the γ-form, was found to have the same stereo-chemistry as the corresponding product obtained by degradation of the natural antibiotic.

Hydrazinolysis of the α-isomer of (15) and subsequent acidification gave the hydrochloride of t-butyl D-α-amino-α(4-carboxy-5,5-di-methylthiazolid-2-yl) acetate (16), which was converted into the N-phenoxyacetyl derivative by reaction with the acid chloride in the presence of triethylamine. Cleavage of the t-butyl ester group by dry hydrogen chloride in methylene chloride solution gave the penicilloic acid (17), identical with a sample obtained by alkaline hydrolysis of penicillin V.

The formation of the β-lactam ring, the final and most difficult stage, was accomplished by treating (17) with dicyclohexyl-carbodiimide in aqueous dioxane. The resulting synthetic penicillin, identical in all respects with penicillin V obtained by fermentation, was isolated from the reaction mixture as the potassium salt. This synthesis ranks high in the annals of organic

CHART 3.2

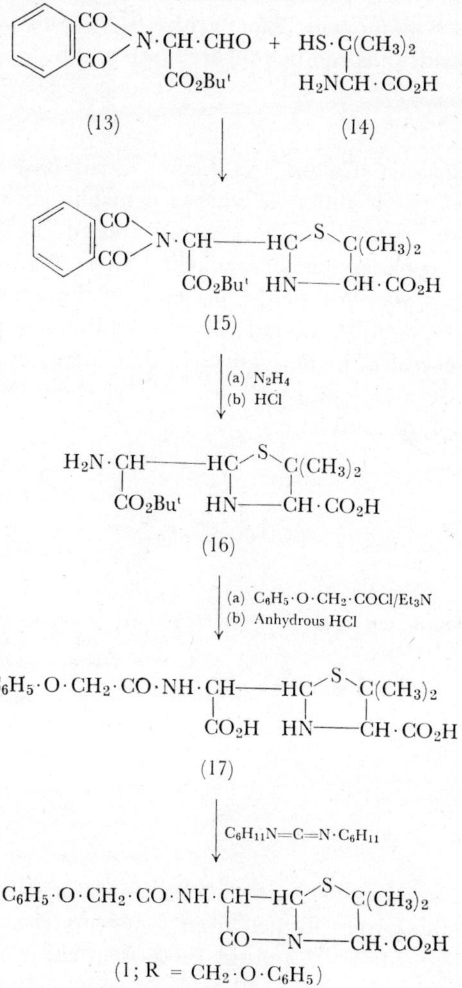

(13) (14)

(a) N_2H_4
(b) HCl

(15)

(16)

(a) $C_6H_5 \cdot O \cdot CH_2 \cdot COCl/Et_3N$
(b) Anhydrous HCl

(17)

$C_6H_{11}N{=}C{=}N \cdot C_6H_{11}$

$(1; R = CH_2 \cdot O \cdot C_6H_5)$

Penicillin V

chemistry and is a great tribute to the tenacity and brilliance of its authors. They have further extended this approach by the total synthesis of 6-aminopenicillanic acid (19),[9] from which a wide variety of penicillins can be prepared (see p. 30).

Biogenesis

Sometime after Calam and Levi[2, 4] had observed that *P notatum* gave rise to different types of penicillin according to the nature of the culture-medium, Mead and Stack[10] discovered that the preponderence of penicillin G in corn-steep liquor fermentations was due to the presence of β-phenylethylamine Moyer and Coghill[11] found that the addition of phenylacetic acid and several of its derivatives further increased the yield of penicillin G, and established the role of these compounds as precursors of the antibiotic.

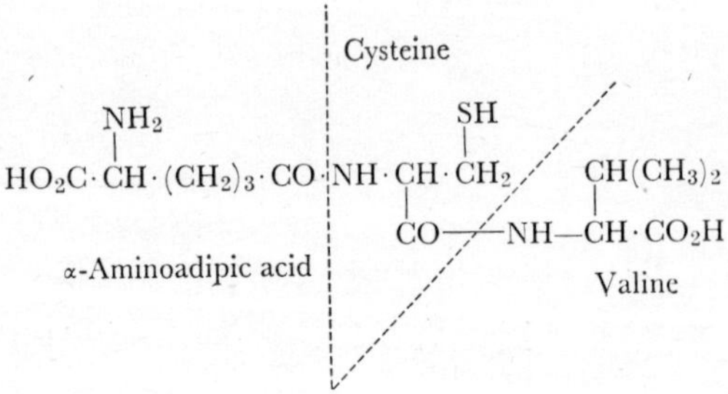

(18)

More detailed studies, using labelled amino acids, demonstrate that penicillins were formed from L-cyst(e)inyl-L-valine and side-chain precursor[12] and, in 1960, Arnstein *et al.*[13] isolate the tripeptide, δ-(α-aminoadipoyl)-cysteinyl-valine (18) from the mycelium of *P. chrysogenum* fermentations.

Cyclization of this peptide could give rise to a (δ-amino-carboxybutyl)penicillin and Flynn *et al.* have, in fact, isolate

(L-δ-amino-δ-carboxybutyl)penicillin (isopenicillin N) from precursor-free *P. chrysogenum* fermentations.[14]

It has been suggested that this type of penicillin occurs as a
transient intermediate[13] in the biogenesis of penicillins, the final
product arising from a rapid transferase induced reaction, which
results in side-chain exchange with a suitably substituted acetic
acid. This hypothesis is supported by the observation by Doyle
et al.[15] that, in precursor-free media, appreciable quantities of
6-aminopenicillanic acid (19) are formed.

Demain[15a] considers that (19) is formed by the action of an
amidase on isopenicillin N, which intervenes in the absence of a
suitable side-chain precursor. The biosynthesis of the penicillins
may therefore be depicted by the following scheme[13, 15a]

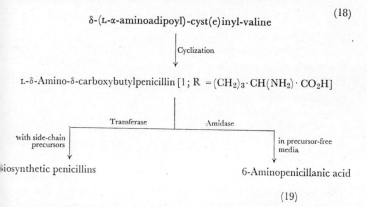

$$\delta\text{-(L-}\alpha\text{-aminoadipoyl)-cyst(e)inyl-valine} \qquad (18)$$

Cyclization

L-δ-Amino-δ-carboxybutylpenicillin [1; R $= (CH_2)_3 \cdot CH(NH_2) \cdot CO_2H$]

Transferase — Amidase

with side-chain precursors — in precursor-free media

biosynthetic penicillins — 6-Aminopenicillanic acid

$$(19)$$

New Penicillins

The therapeutic value of penicillin G prompted considerable
interest in the production of other N-acylamino penicillanic acids.
Many such compounds have now been prepared either by the
addition of appropriate side-chain precursors to the fermentation
medium (biosynthetic penicillins) or by the acylation of 6-amino-
penicillanic acid (19) (semi-synthetic penicillins).

The nature of the acyl group has been found to have a profound
effect on the properties of the antibiotic and derivatives have been

discovered that possess greater acid stability or broader spectra of antibacterial activity than penicillin G. Others have proved resistant to deactivation by penicillinase.

Biosynthetic Penicillins. The observations that the nature of the penicillins produced by *P. notatum* and *P. chrysogenum* were influenced by the components of the culture medium, and that the addition of phenylacetic acid derivatives led to the preferential formation of penicillin G, prompted further experiments in precursor addition. It was found that many substituted acetic acids could act as side-chain precursors, and a considerable number of new penicillins have been prepared in this way.[1] There are, however, several limitations to the range of analogues that can be produced by this method. In some cases the appropriate substituted acetic acid proves toxic to the mould, in others it is metabolized in a different way and incorporation thereby prevented.

Semi-synthetic Penicillins. A fuller scope for variation in the nature of the penicillin side-chain was achieved with the development, by Doyle *et al.*,[15,19] of fermentation methods to produce 6-amino penicillanic acid (19).

$$H_2N \cdot CH-HC \overset{S}{\diagdown} C(CH_3)_2$$
$$CO-N-CH \cdot CO_2H$$

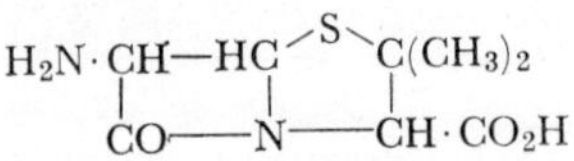

(19)

This intermediate, isolated initially from cultures of *P. chrysogenum* grown in a medium free from side-chain precursors,[15] has since been obtained by enzymatic deacylation of penicillin G.[17,1] 6-Aminopenicillanic acid (19) is readily acylated and, as this method of synthesis does not carry the limitations inherent in the 'biosynthetic approach', a much greater variety of analogues can be prepared.[19]

Of the 'biosynthetic' penicillins, penicillin V (1; R =CH$_2$ O·C$_6$H$_5$) has proved to have advantageous properties, and several 'semi-synthetic' penicillins have already found a place in clinical practice.[19]

Clinical Applications

Penicillin G (*benzyl penicillin*) (1; $R = CH_2 \cdot C_6H_5$) was the first antibiotic to be produced on a commercial scale and is still a most important therapeutic agent. Its sodium, potassium, ammonium and calcium salts are virtually non-toxic to mammals, they are active against a wide range of gram-positive bacteria, but their activity against gram-negative pathogens is limited. Insoluble salts formed with organic bases, e.g. procaine, are frequently used to delay adsorption from the site of injection, thereby prolonging the period of action. Penicillin G is absorbed into the blood stream from the alimentary tract, but the acid conditions in the stomach have a destructive effect and it is utilized most efficiently by parenteral administration. Limitations to its use have also resulted from the emergence of strains of bacteria (particularly *Staph. aureus*) that produce penicillinase, an enzyme which opens the β-lactam ring thereby converting the antibiotic into the inactive penicilloic acid.

Acid-resistant Penicillins. Several analogues of benzylpenicillin have proved more stable to acids and therefore suitable for oral administration. Most are derivatives of phenoxymethyl penicillin (20).

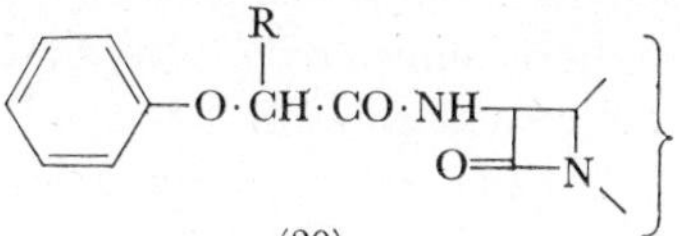

(20)

(i) *α-Phenoxymethyl penicillin* (Penicillin V) (20; $R = H$) is the most active of this group, *in vitro*, against gram-positive cocci.[20]

(ii) *α-Phenoxybenzyl penicillin* (20; $R = C_6H_5$) is the most efficiently absorbed from the alimentary tract.[20]

(iii) *α-Phenoxyethyl penicillin* (20; $R = CH_3$) and its homologue α-phenoxypropyl penicillin are less firmly bound to serum protein than the two preceding analogues.[20]

Broad-spectrum Penicillins. D-*α-Aminobenzylpenicillin* [1; $R = CH(NH_2) \cdot C_6H_5$] is active against a number of gram-negative bacteria although it is less active against gram-positive organisms than penicillin G. The L-form is less potent than the D-isomer.[20]

Penicillinase-resistant Penicillins. (i) 6-(2,6-*Dimethoxybenzamido*)-*penicillanic acid*

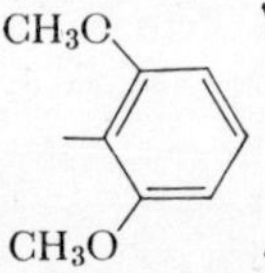

is highly resistant to staphylococcal penicillinase and has proved of great value in treating infections due to benzyl-penicillin-resistant organisms. It is not stable to acids and must be given by intramuscular injection.[20]

(ii) 6 - [5' - *Methyl* - 3' - (*o - chlorophenyl*) *isoxazole* - 4' - *carboxamido*] *penicillanic acid*

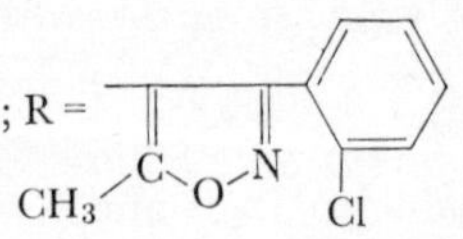

is resistant to staphylococcal penicillinase, it is also stable to acids and may therefore be administered orally.[20]

These examples are not exhaustive but will serve to illustrate the wide range of applications of the newer penicillins. The synthesis of further 'semi-synthetic' analogues continues apace and the range of applications of the penicillins may well be extended further.

Research carried out to determine the mode of action of the penicillins has shown that they act by inhibiting the incorporation of amino acids into the bacterial cell wall.[21]

The Cephalosporins

The cephalosporins comprise a diverse group of antibiotics produced by a strain of *Cephalosporium* isolated by Brotzu in 1945.[22,23] The crude culture medium was found to possess therapeutic activity against typhoid and, in 1948, the mould was sent to Florey and his colleagues for further investigations. Seven different antibiotics were detected in the crude culture fluid; five were found to be lipoid soluble and one of these (P_1) has been shown to be steroidal in structure.[23] The remaining two components, hydrophilic in character, were designated cephalosporin N and cephalosporin C.

Degradation of cephalosporin N showed that its fragmentation pattern was characteristic of a penicillin and it was proved to be (D-δ-amino-δ-carboxy-n-butyl) penicillin (1; R = D-[—$(CH_2)_3$ $CH(NH_2)CO_2H$]).[24] To avoid confusion it has now been renamed penicillin N. Having a zwitterionic side chain it is more hydrophilic than the natural penicillins; it also possesses a broader spectrum of antibacterial activity.

Cephalosporin C

Cephalosporin C resembles penicillin N in its hydrophilic nature and broad-spectrum antibacterial activity, *in vitro*. It differs, however, in being able to combat penicillinase-producing organisms and this property aroused immediate interest.

The infrared absorption spectrum of cephalosporin C contains a strong absorption band at 5·62 μ, characteristic of a β-lactam carbonyl group, but it was distinguished from the penicillins by its ultraviolet absorption maximum at 260 mμ. As in the case of penicillin N, acid hydrolysis afforded D-α-aminoadipic acid but the remaining degradation pattern was quite dissimilar.

Cephalosporin C did not give rise to penicillamine on acid hydrolysis and yielded 2 mol. of ammonia under conditions where penicillin N produced only 1 mol. Furthermore, the valine obtained after treating the antibiotic with Raney nickel was racemic whereas that from penicillin N had the D-configuration. An analysis of further degradation products and assessment of the nuclear magnetic resonance spectrum led Abraham and Newton[25] to propose the fused dihydrothiazine-β-lactam structure (21). Confirmation for this new type of bicyclic structure was obtained by X-ray crystallographic analysis.[26]

CHART 3.3

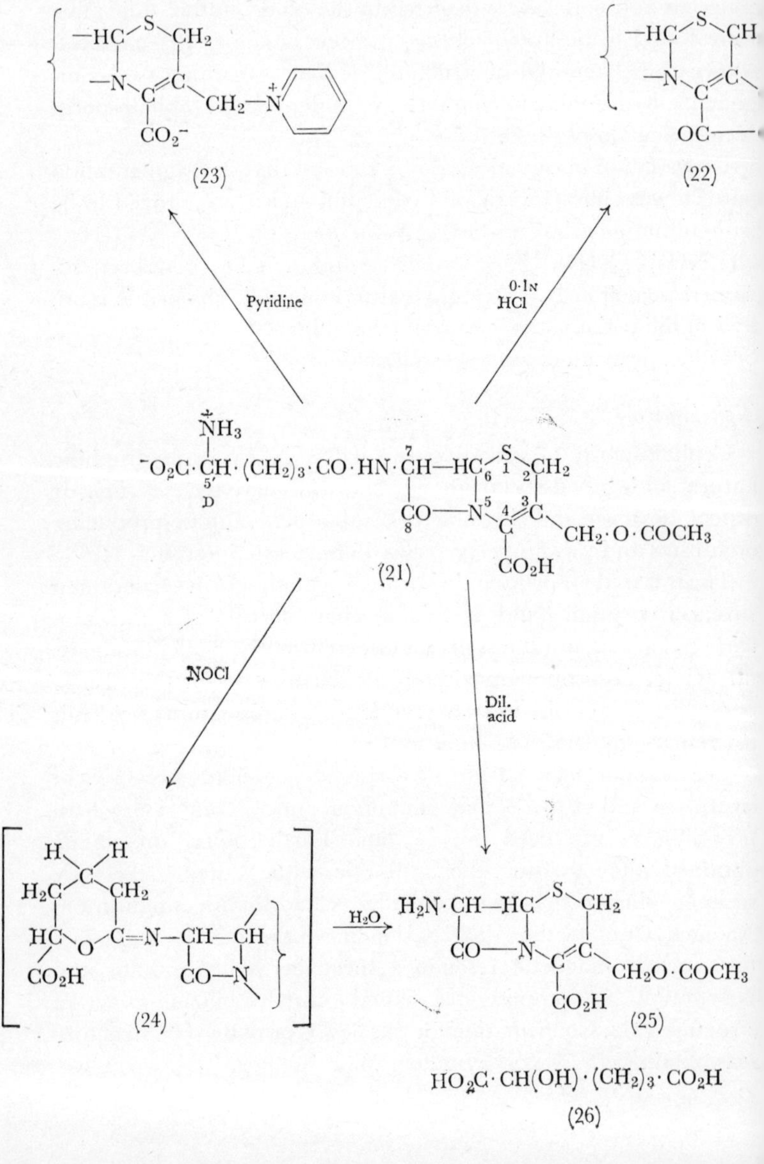

(23)

(22)

Pyridine

0·1N
HCl

$\overset{+}{N}H_3$

$^-O_2C \cdot \underset{\underset{D}{5'}}{CH} \cdot (CH_2)_3 \cdot CO \cdot HN \cdot \overset{7}{CH} - \overset{}{H}\overset{}{C}\underset{6}{} \overset{S}{\underset{1}{}} \overset{}{\underset{2}{}} CH_2$

(21)

NOCl

Dil.
acid

(24)

$\xrightarrow{H_2O}$

(25)

$HO_2C \cdot CH(OH) \cdot (CH_2)_3 \cdot CO_2H$

(26)

Cephalosporin C (21) is converted into the lactone (22) by dilute mineral acids[25] and the corresponding hydroxy acid has been obtained by deacetylation with orange-peel esterase.[27] Both these compounds are less active than the parent antibiotic. The acetoxy group is displaced by pyridine and other tertiary amines in aqueous media and betaines, e.g. (23), are formed.[28]

Penicillin G is much more active than penicillin N against many organisms and, once the structure of cephalosporin C was established, attention was directed towards the preparation of 7-amino-cephalosporanic acid (25) in the hope that other acyl derivatives would show enhanced antibacterial activity. Attempts to remove the aminoadipoyl side chain by enzymic action failed but chemical degradation was successful.

7-Aminocephalosporanic acid (25) was obtained, initially, by treating cephalosporin C with two equivalents of dilute hydrochloric acid at room temperature and the N-phenylacetyl derivative (cf. penicillin G) showed enhanced antibacterial activity.[29] The lactone (22) and the pyridinium derivative (23) were degraded similarly to the corresponding 7-aminocephalosporanic acids but the yields by this method were very low owing to side-reactions.

An elegant alternative, taking advantage of neighbouring group participation, was provided, however, by Morin et al.[30] The sodium salt of cephalosporin C was allowed to react with nitrosyl chloride in formic acid, nitrogen was evolved and, after evaporating the solvent, adding water and raising the pH of the solution to between 3 and 5, a 40 per cent yield of 7-aminocephalosporanic acid (25) was isolated.

The reaction is thought to proceed by deamination of the aminoadipoyl side chain (at $C_{5'}$) when, by analogy with the behaviour of glutamic acid,[31] the resulting carbonium ion should cyclize to give the iminolactone (24). Hydrolysis of (24) would then give rise to 7-aminocephalosporanic acid (25). This hypothesis is supported by the isolation of α-hydroxyadipic acid (26) in a yield corresponding to that of (25). Since this discovery, a large number of 7-acylaminocephalosporanic acids have been prepared and, *in vitro*, assays have shown that replacement of the D-α-amino-adipoyl side chain by substituted acetyl groups can lead to greatly enhanced antibacterial activity. The (2'-thienylacetyl) derivative (27) is 100 times more active than penicillin G against certain strains of penicillinase-producing *Staph. aureus, in vitro*, and showed a threefold advantage over penicillin G against several important gram-negative organisms.[32] Clinical trials on this compound have yielded favourable reports.[33]

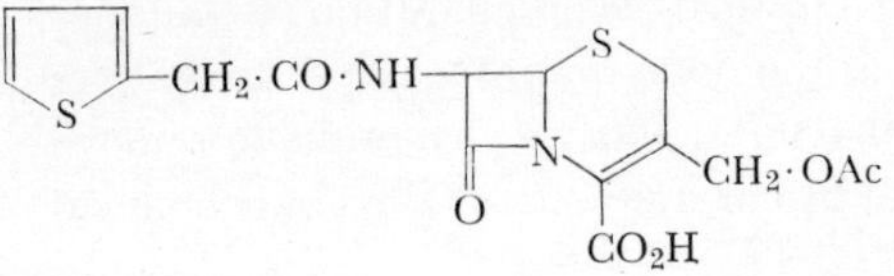

(27)

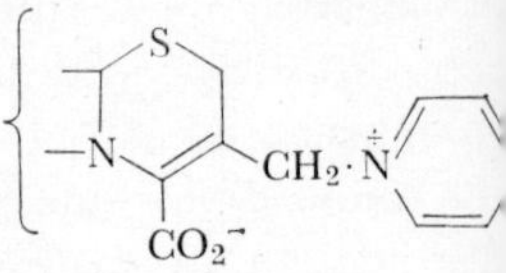

(27a)

The corresponding pyridinium derivative (27a) has a broader antibacterial spectrum than the parent acetoxy compound and promising results have been obtained in its initial evalution.[33a]

Investigations on the nucleophilic displacement of the acetoxy group of 7-phenylacetamidocephalosporanic acid (28) showed that it could be replaced by a variety of highly polarizable nucleophiles (e.g. $^-N_3$, $^=S_2O_3$, $^-SC(=NH)(NH_2)$ and $^-S \cdot CS \cdot NMe_2$). Reaction with aqueous pyridine yielded the corresponding betaine (cf. 23 and 27a) but in anhydrous pyridine an equilibrium involving the starting material and its Δ^2-isomer (29) was set up.

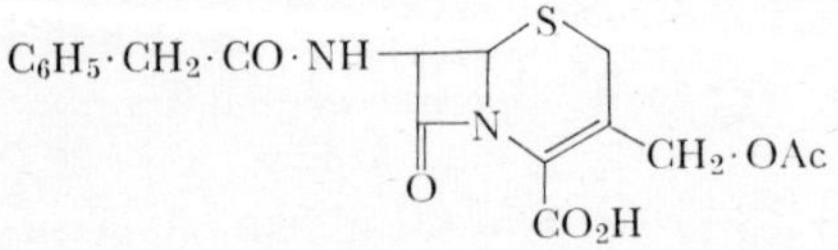

(28)

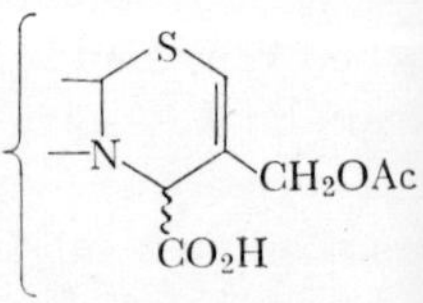

(29)

The equilibrium is reached more readily in the case of esters or in the presence of carboxylic anhydrides. The Δ^2-isomer undergoes nucleophilic displacement of the acetate group but substitution is slower than in 7-phenylacetamidocephalosporanic acid.[34]

Biogenesis

The resemblances between the structures of the penicillins and cephalosporin C suggest that these antibiotics are produced by similar biosynthetic routes and experimental work has confirmed this view.[15a, 35]

Degradation of cephalosporin, which had been produced by fermentation in the presence of [1-^{14}C]acetate, showed that the acetoxy group was derived from exogenous acetate and most of the incorporated radioactivity was localized at positions $C_{1'}$ and $C_{6'}$ in the aminoadipoyl side chain.[36] DL-α-amino[2-^{14}C]adipic acid was incorporated only into the side chain of the antibiotic.[35]

When cephalosporin C was produced in a medium containing DL-[1-^{14}C]valine the radioactivity was found to be present in a C_5 fragment of the dihydrothiazine ring and when DL-[3-^{14}C]-cystine and meso-[3-^{14}C]cystine were added to the culture medium the highest concentrations of ^{14}C were found in the β-lactam ring. In the latter case, however, radioactivity was also introduced into the dihydrothiazine ring and the α-aminoadipoyl side chain.[35]

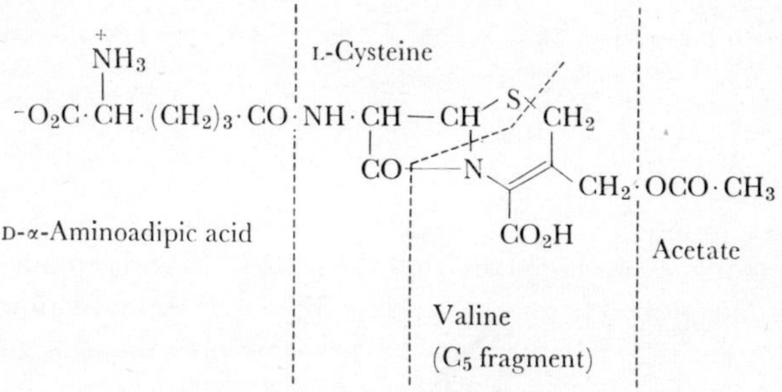

(30)

These results indicate the α-aminoadipoyl side chain is formed from acetate units prior to its participation in the biogenesis of cephalosporin C, that cystine and valine are incorporated into the dihydrothiazine ring system (as they are in the penicillin thiazolidine ring system) and that the acetoxy group is introduced by enzymatic acetylation.[35] The contributions of these residues to the structure of the molecule are depicted by the broken lines in (30).

CHART 3.4

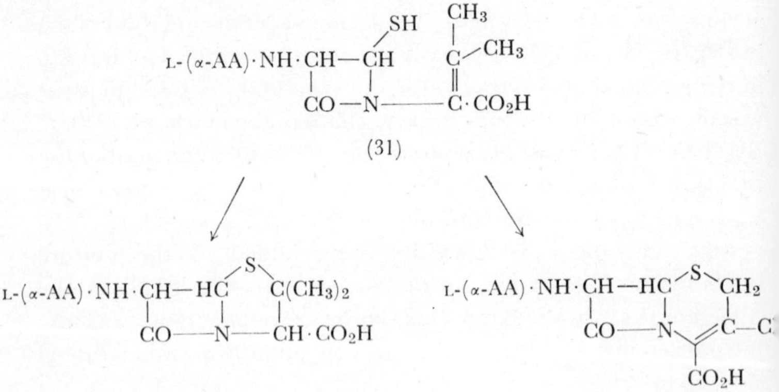

$$\text{L-}(\alpha\text{-AA})\cdot NH\cdot CH - CH \quad C \begin{smallmatrix} CH_3 \\ \diagdown CH_3 \end{smallmatrix}$$

(31)

(32)   (33)

Isopenicillin N   Deacetoxy-isocephalsoporin C

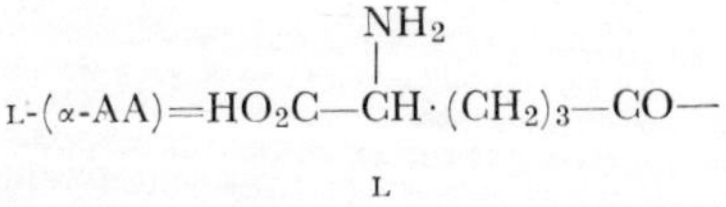

$$\text{L-}(\alpha\text{-AA}) = HO_2C - CH\cdot(CH_2)_3 - CO - $$

L

Demain[15a] has suggested that the penicillins and cephalosporin C are all derived from L-(α-aminoadipoyl)-cysteinyl-valine (18), which is converted by stepwise dehydrogenations into the common intermediate (31) (Chart 3.4).

Closure of the thiazolidine ring would lead to isopenicillin N (32) which, under the influence of appropriate enzymes and substrates, could yield penicillin N by inversion of the side chain at C-5′, 6-aminopenicillanic acid (19) by deamination or biosynthetic penicillins by transesterification (see p. 29). Coupling between the sulphur atom of (31) and one of the valine methyl groups would afford deacetoxyisocephalosporin C (33) from which cephalosporin C could arise by hydroxylation, succeeded by acetylation and inversion of the asymmetric centre at C-5' in the amino acid side chain. More evidence is required to substantiate this scheme but, meanwhile, it provides a rational working hypothesis.

Transformation of a Penicillin V derivative to a Cephalosporin C analogue

The structures of the penicillin and cephalosporin C molecules have also been correlated by the chemical conversion of a penicillin V derivative into a cephalosporin C analogue. Esterification of phenoxymethyl penicillin succeeded by periodate oxidation gave the sulphoxide ester (34) which was converted, by refluxing in xylene in the presence of a trace of *p*-toluene sulphonic acid, into the methyl ester of the deacetoxy cephalosporanic acid (35), identical with the product obtained by hydrogenolysis of methyl 7-phenoxyacetamidocephalosporanate.[37]

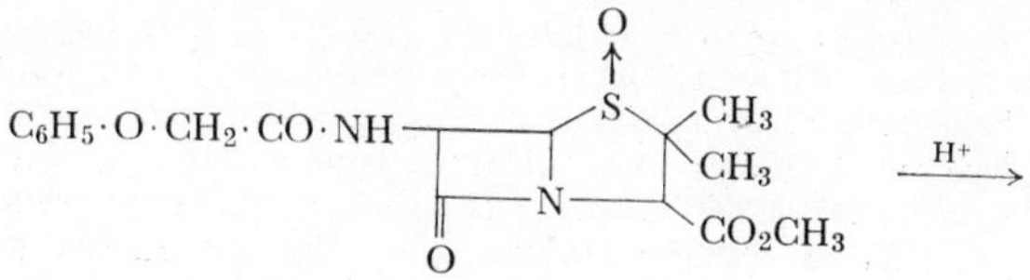

$$C_6H_5 \cdot O \cdot CH_2 \cdot CO \cdot NH \quad \xrightarrow{\quad H^+ \quad}$$

(34)

$$C_6H_5 \cdot O \cdot CH_2 \cdot CO \cdot NH$$

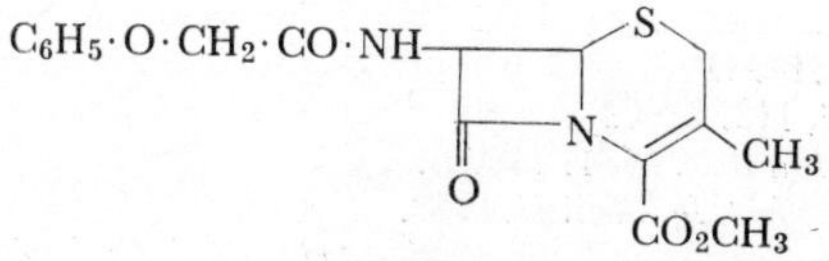

(35)

References

1. FLOREY, CHAIN, HEATLEY, JENNINGS, SANDERS, ABRAHAM and FLOREY, *Antibiotics*, Vol. 2, Oxford Univ. Press, Lond. (1949).
2. CLARKE, JOHNSON and ROBINSON, *The Chemistry of Penicillin*, Princeton University Press, Princeton, N.J. (1949).

3. COOK, *Quart. Rev*, **2**, 203 (1948).
4. CALAM and LEVI, C.P.S. Report No. 49 (1944).
5. DU VIGNEAUD, CARPENTER, HOLLEY, LIVERMORE and RACHELE, *Science*, **104**, 431 (1946).
6. SHEEHAN and CRUICKSHANK, *J. Amer. Chem. Soc.* **78**, 3677, 3680, 3683 (1956).
7. SHEEHAN and HOFF, *ibid.* **79**, 237 (1957).
8. SHEEHAN and HENERY-LOGAN, *ibid.* **79**, 1262 (1957); **81**, 3089 (1959).
9. SHEEHAN and HENERY-LOGAN, *ibid.* **84**, 2983 (1962).
10. MEAD and STACK, *Biochem. J.* **42**, xviii (1948).
11. MOYER and COGHILL, *J. Bact.* **53**, 329 (1947).
12. ARNSTEIN, *Ann. Rep. Chem. Soc.* **44**, 339 (1957).
13. ARNSTEIN and MORRIS, *Biochem. J.* **76**, 357 (1960); WOLFF and ARNSTEIN, *ibid.* **76**, 375 (1960).
14. FLYNN, MCCORMICK, STAMPER, DE VALERIA and GODZESKI, *J. Amer. Chem. Soc.* **84**, 4594 (1962).
15. BATCHELOR, DOYLE, NAYLER and ROLINSON, *Nature*, **183**, 257 (1959).
15a. DEMAIN, *Trans. N.Y. Acad. Sci.* **25**, 731 (1963).
16. BEHRENS, CORSE, EDWARDS, GARRISON, JONES, SOPER, VAN ABEELE and WHITEHEAD, *J. Biol. Chem.* **175**, 793 (1948); PRATT and DUFRENOY, *Antibiotics*, 2nd Ed. Lippincott, Philadelphia (1953).
17. ROLINSON, BATCHELOR, BUTTERWORTH, CAMERON, WOOD-COLE, EUSTACE, HART, RICHARDS and CHAIN, *Nature*, **187**, 236 (1960).
18. CLARIDGE, GOUREVITCH and LEIN, *ibid.* **187**, 237 (1960); HUANG, ENGLISH, SETO, SHULL and SOBIN, *J. Amer. Chem. Soc.* **82**, 3790 (1960).
19. DOYLE, FOSKER, NAYLER and SMITH, *J.* 1440 (1962); BRAIN, DOYLE, HARDY, LONG, MEHTA, MILLER, NAYLER, SOULAL, STOVE and THOMAS, *ibid.* 1445 (1962); DOYLE, HARDY, NAYLER, SOULAL, STOVE and WADDINGTON, *ibid.* 1453 (1962); BRAIN, DOYLE, MEHTA, MILLER, NAYLER and STOVE, *ibid.* 491 (1963); DOYLE, NAYLER, WADDINGTON, HANSON and THOMAS, *ibid.* 497 (1963); NAYLER, LONG, BROWN, ACRED, ROLINSON, BATCHELOR, STEVENS and SUTHERLAND, *Nature*, **195**, 1264 (1962); PERRON, MINOR, HOLDREGE, GOTTSTEIN, GODFREY, CRAST, BABEL and CHENEY, *J. Amer. Chem. Soc.* **82**, 3934 (1960); *Proceedings of the First Interscience Conference on Antimicrobial Agents and Chemotherapy, New York, 1961* Antimicrobial Agents and Chemotherapy, 1961, Braun-Brunfield Inc. Ann-Arbor, Mich. (1962), pp. 531–707
20. *Brit. Med. J.* **i**, 1137 (1963).
21. GALE, *Brit. Med. Bull.* **16**, 11 (1960).
22. BROTZU, *Lavori Inst. Ig. Cagliari*, 1948.
23. ABRAHAM, *Biochemistry of Some Peptide and Steroid Antibiotics*, Wiley, New York, 1957.
24. NEWTON and ABRAHAM, *Biochem. J.* **58**, 103 (1954).
25. ABRAHAM and NEWTON, *ibid.* **79**, 377 (1961).
26. HODGKIN and MASLEN, *ibid.* **79**, 393 (1961).
27. JEFFREY, ABRAHAM and NEWTON, *ibid.* **81**, 591 (1961).
28. HALE, NEWTON and ABRAHAM, *ibid.* **79**, 403 (1961).
29. LODER, NEWTON and ABRAHAM, *ibid.* **79**, 408 (1961).
30. MORIN, JACKSON, FLYNN and ROESKE, *J. Amer. Chem. Soc.* **84**, 3400 (1962).

31. Austin and Howard, *J.* 3593 (1961).

32. Chauvette, Flynn, Jackson, Lavagnino, Morin, Mueller, Pioch, Roeske, Ryan, Spencer and Van Heyningen, *J. Amer. Chem. Soc.* **84**, 3401 (1962); *idem. Antimicrobial Agents and Chemotherapy 1962*, American Soc. Microbiol., 1963, Ann-Arbor, Mich. p. 687.

33. Walters, Romansky and Johnson, *ibid.* p. 706; Riley, Bracken and Flux, *ibid.* p. 716.

33a. Barber and Waterworth, *Brit. Med. J.* **ii,** 344 (1964).

34. Eardley, Gregory, Hall and Long, Abs. *XIXth Int. Cong. Pure and Applied Chem., Lond. 1963*, p. 308.

35. Trown, Smith and Abraham, *Biochem. J.* **86**, 284 (1963).

36. Trown, Abraham, Newton, Hale and Miller, *ibid.* **84**, 157 (1962).

37. Morin, Jackson, Mueller, Lavagnino, Scanlon and Andrews, *J. Amer. Chem. Soc.* **85**, 1897 (1963).

CHAPTER IV

Antibiotics Derivable from Amino Acids

3. The Polypeptide Antibiotics

THE polypeptide antibiotics are composed, predominantly, of amino acids joined together by peptide linkages to form cyclic structures (homodetic cyclic polypeptides). They occur as groups of closely related compounds, the members of which show only minor variations in the nature and sequence of the constituent amino acids.

The tyrocidins, gramicidins, bacitracins and polymyxins are produced by bacilli and all have found a place in medical treatment as antibacterial agents. Viomycin, produced by a species of streptomycete, has occasioned interest by its antitubercular activity.

The many advances in the field of polypeptide chemistry, achieved during the past two decades, have been of great assistance in purifying these compounds and determining their structures. The use of 2,4-dinitrophenyl-derivatives to identify the terminal amino acids of peptides and the techniques for partial hydrolysis introduced by Sanger have been widely used. Counter-current distribution separation, developed by Craig, has proved of inestimable value in purifying the polypeptides and their hydrolysis products, and their rapid identification has been made possible by the advances in paper partition chromatography due to Martin and Synge. The more recent introduction of ion-exchange resins has facilitated many separations and multiple-dialysis has been usefully applied in the more difficult cases.

The polypeptide antibiotics differ from proteins and polypeptide hormones in several respects. They often contain unusual amino acids, such as α,γ-diaminobutyric acid and α,β-diaminopropionic acid, as well as saturated aliphatic acids (e.g. methyloctanoic acid). Their cyclic structures do not involve sulphur bridges (heterodetic cyclic polypeptides) and, like several other products produced by micro-organisms they contain, in addition to L-amino acids, 'unnatural' D-amino acids. The latter can be readily distinguished from the L-enantiomer by their ready enzymatic de-amination by D-amino-acid-oxidase. As will be seen from the formulae below† these structural features are well exemplified in the antibiotics described in this chapter.

Cyclic-peptide Antibiotics
   (a) *Unsubstituted*

al → Orn → Leu → D-Phe → Pro → Phe → D-Phe → Asp(NH₂) → Glu(NH₂) → Tyr

Tyrocidin A

al → Orn → Leu → D-Phe → Pro → Tyr → D-Phe → Asp(NH₂) → Glu(NH₂) → Tyr

Tyrocidin B

Val → Orn → Leu → D-Phe → Pro → Val → Orn → Leu → D-Phe → Pro

Gramicidin S

Val → D-Orn → Pro → Phe → D-Leu → D-Phe → Orn

Gramicidin J₁

Val → D-Orn → Pro → D-Phe → D-Leu → Orn

Gramicidin J₂

† In the formulae in this chapter → signifies a —CO·NH— bond. Unless stated otherwise, the amino acids belong to the L-series and the nomenclature follows the recommendations of Young, Wunsch and Schwyzer, *Peptide Symposium*, Pergamon Press, Oxford, 1963.

(b) *With a peptide side chain*

$$
\begin{array}{c}
\text{C}_2\text{H}_5 \\
| \\
\text{CH}-\text{CH}-\text{C} \\
| \quad\; | \\
\text{CH}_3 \; \text{NH}_2
\end{array}
\begin{array}{c}
\text{S}-\text{CH}_2 \\
\diagup \quad\;\; | \\
\diagdown_{\text{N}}-\text{CH}-\text{CO} \rightarrow \text{Leu} \rightarrow \text{D-Glu} \rightarrow \text{Ileu}
\end{array}
$$

$$\text{D-Asp(NH}_2) \leftarrow \text{Asp} \leftarrow \text{His} \leftarrow \text{D-Phe} \leftarrow \text{Ileu} \leftarrow \text{D-Orn} \leftarrow \text{Lys}$$

$$
\begin{array}{ccc}
| & & | \\
\text{CO} & \text{---------------------------} & \text{NH}
\end{array}
$$

(c) *With a peptide side chain and a saturated aliphatic acid substituent*

$$\text{MOA} \rightarrow \text{Dab} \rightarrow \text{Thr} \rightarrow \text{Dab} \xrightarrow{\alpha} \text{Dab} \rightarrow \text{Dab} \rightarrow \text{D-Phe}$$
$$\uparrow \qquad\qquad\qquad\qquad\qquad\qquad\quad \searrow \text{Leu}$$
$$\text{Thr} \leftarrow \text{Dab} \leftarrow \text{Dab} \swarrow$$

Polymyxin B$_1$
Polymyxins A, B$_2$, C, D, E and M
Viomycin

The pentapeptide sequence common to gramicidin S and tyrocidins A and B is a good example of the similarities found in the structures of related peptide antibiotics and probably indicates a common biogenetic origin.

The members of this group of antibiotics are mainly basic substances and it is interesting to note that those with the largest number of basic groups per molecule [e.g. polymyxins (five), circulin (five)] are active against gram-negative bacteria, whereas those with fewer basic groups [e.g. bacitracin (three), gramicidin S (two), tyrocidin A (one), gramicidins A, B and C (none)] inhibit gram-positive organisms. It seems probable that this pattern of behaviour is related to differences in the chemical compositions of the cell walls of gram-positive and gram-negative bacteria.

The Tyrocidins and Gramicidins

Tyrothricin, a mixture of polypeptide components, was the first antibiotic to be discovered as a result of planned investigations of the metabolic products of soil organisms. It was isolated in 1939, before the development of penicillin, and the pioneering work of

Dubos,[1] its discoverer, laid the foundations for many of the later systematic searches for new antibiotics.

Tyrothricin is produced by the spore-bearing soil bacillus *Bacillus brevis*. The antibiotic was precipitated from the filtered culture fluid by acidification to pH 4–5, the solid was dissolved in alcohol and the crude antibiotic precipitated by the addition of an aqueous solution of sodium chloride. Further investigations by Hotchkiss and Dubos[2] showed that tyrothricin could be separated into two components, one basic and the other neutral, designated tyrocidin and gramicidin respectively. Commercial tyrothricin contains *ca.* 80 per cent tyrocidin and 20 per cent gramicidin. Both substances were found to be polypeptides with similar antibacterial spectra, showing high activity against gram-positive bacteria but little inhibition of gram-negative pathogens.

A related polypeptide antibiotic was isolated in 1944 by Gause and Brazknikova, from an organism related to *B. brevis*. It was named gramicidin S and proved more effective, *in vitro*, than gramicidin against *Staph. aureus* and gram-negative bacteria.[3] More recently Otani and Saki have isolated gramicidins J_1 and J_2 from strains of *B. brevis* obtained from Japanese soil samples.

TYROCIDINS A, B AND C

Tyrocidin forms a well characterized monohydrochloride and was thought for some time to be a pure substance but, when subjected to counter-current distribution separation, it was split into three major components, tyrocidins A, B and C.[4]

Tyrocidin A

The molecular weight of tyrocidin A, estimated at *ca.* 1270, was in good agreement with the empirical formula, $C_{66}H_{87}N_{13}O_{13} \cdot$ HCl, for the monohydrochloride.[4] Acid hydrolysis liberated two molecular equivalents of ammonia and several amino acids identified as L-valine, L-ornithine, L-leucine, L-proline, L-phenylalanine, L-aspartic acid, L-glutamic acid, L-tyrosine and D-phenylalanine; lack of a free carboxyl group in the molecule indicated a cyclic structure. The positions of the functional amino and

hydroxyl groups were determined by hydrolysis of the bis-di-
nitrophenyl derivative, which yielded N-δ-dinitrophenyl-L-orni-
thine and O-dinitrophenyl-L-tyrosine. Partial acid-hydrolysis and
subsequent counter-current separation of the products, resulted in
the isolation of numerous overlapping fragments and from their
compositions the structure (1) was deduced.[5]

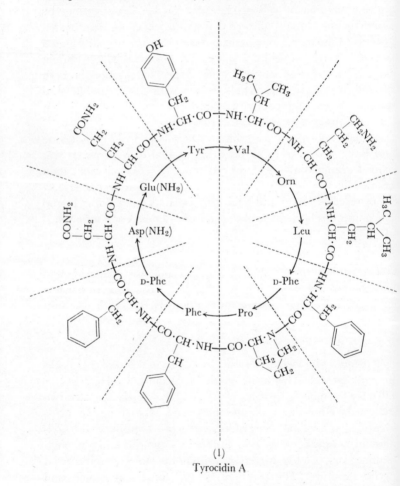

(1)

Tyrocidin A

The γ- and β-carboxyl groups of the glutamic and aspartic residues respectively are present as carboxamides and account for the liberation of ammonia on hydrolysis.[5]

Tyrocidin B

Pure tyrocidin B was isolated by King and Craig[6] as the monohydrochloride, $C_{68}H_{88}N_{14}O_{13} \cdot HCl$. Like tyrocidin A it proved to

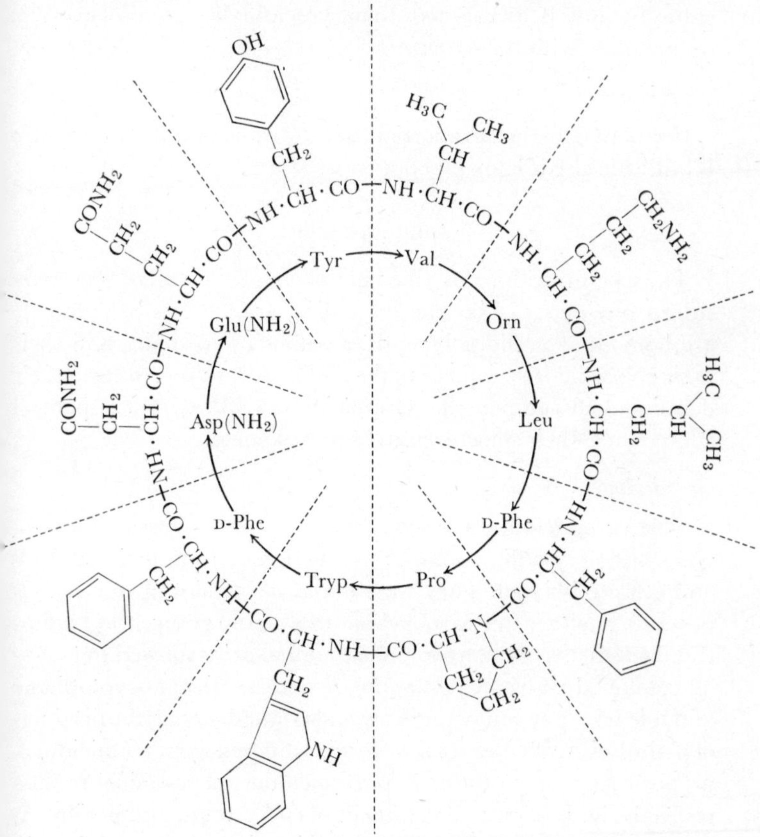

(2)
Tyrocidin B

have only two functional groups derived from the δ-amino-group of L-ornithine and the hydroxyl group of L-tyrosine. Acid hydrolysis disclosed that the component amino acids differed from those of tyrocidin A in the replacement of the L-phenylalanine residue by L-tryptophane. It proved difficult, after partial hydrolysis, to isolate peptide fragments containing L-tryptophane but this was finally accomplished by fractional dialysis using cellophane membranes. The close similarities of the peptides derived from tyrocidins A and B established that tyrocidin B was also a cyclic decapeptide with the structure (2).

Tyrocidin C

Contains a higher proportion of L-tryptophane than tyrocidin B but little else is known about its structure.

THE GRAMICIDINS

The six gramicidins described in this chapter are all produced by strains of *B. brevis*. Like the tyrocidins, gramicidins S, J₁ and J₂ are homodetic cyclic polypeptides without side chains and their basic character is derived from the additional amino groups of their diamino acid components. Gramicidins A, B and C are neutral compounds, their structures are not yet known.

Gramicidins A, B and C

When gramicidin was fractionated by counter-current distribution, three crystalline components designated gramicidins A, B and C were isolated. They were found to be neutral compounds possessing neither free carboxyl nor free amino groups.[7] Qualitative assessments of their component amino acids showed that they all contained L-glycine, L-alanine, D- and L-valine, L-tryptophane and D-leucine; 2-aminoethanol was also found among the products of hydrolysis.[7, 8] Gramicidins B and C differed from gramicidin A in possessing an additional phenylalanine or tyrosine residue respectively. In view of the absence of end groups, gramicidins A, B and C appear to be cyclic peptides, but their amino acid sequences have not yet been determined.

Gramicidin S

Gramicidin S bears a closer resemblance in chemical and antibacterial properties to the tyrocidins than to gramicidins A, B and C.[3, 9] Complete and partial hydrolysis studies proved that it contains D-phenylalanine, L-ornithine, L-valine, L-leucine and L-proline residues[9] arranged in the order

$$Val \rightarrow Orn \rightarrow Leu \rightarrow \text{D-Phe} \rightarrow Pro \qquad (3)$$

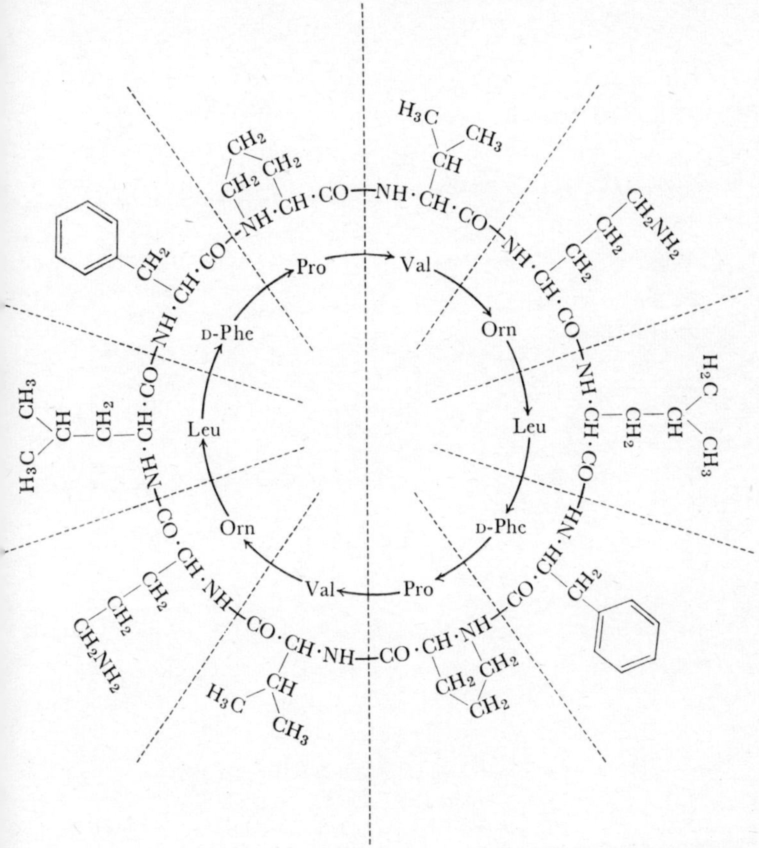

(4)

Gramicidin S

The molecule possesses two free amino groups provided by the ornithine residues[10] but no free carboxyl group. Gramicidin S was therefore formulated as a cyclic decapeptide formed from two identical pentapeptide sequences joining together to give the structure (4).

The amino acid sequence (3) also occurs in tyrocidins A and B and may indicate a common biogenetic origin. The structure (4)

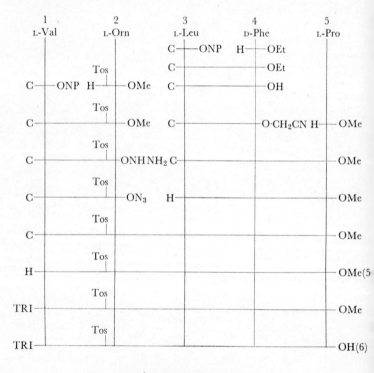

Tos = *p*-Toluenesulphonyl (*p*-CH$_3$·C$_6$H$_4$·SO$_2$—)
C = Carbobenzoxy (PhCH$_2$·O·CO—)
NP = *p*-Nitrophenyl (*p*-O$_2$N·C$_6$H$_4$·O—)
TRI = Triphenylmethyl (Ph$_3$C—)

FIG. 4.1

for gramicidin S has received support from X-ray crystallographic studies[11] and has been confirmed by synthesis.[12]

Synthesis. The preparation of gramicidin S by Schwyzer and Sieber[12] was the first synthesis of a cyclic polypeptide. It affords an excellent example of the science and art of polypeptide synthesis, illustrating a number of the efficient methods that have been devised for forming peptide linkages and protecting, temporarily, other active centres in the molecule.

In the synthesis of gramicidin S, amide formation was facilitated by the use of p-nitrophenyl esters, cyanomethyl esters and azides whilst carbobenzoxy and triphenylmethyl derivatives were used for the temporary protection of amino groups. The δ-amino groups of the ornithine residues were protected as the p-toluene-sulphonamides and terminal carboxyl groups were protected by forming the methyl and ethyl esters.

There is a considerable art in choosing the various protecting groups, so that they may be introduced and removed at appropriate points in the synthesis. This is well illustrated by the reaction sequence used to prepare the pentapeptide (3) that forms one half of the gramicidin S molecule (Fig. 4.1).

$$\overset{\displaystyle \text{Tos}}{\underset{\displaystyle |}{}} \qquad \overset{\displaystyle \text{Tos}}{\underset{\displaystyle |}{}}$$

—Val → Orn → Leu → D-Phe → Pro → Val → Orn → Leu → D-Phe → Pro—OR²

(7)

The two pentapeptides (5) and (6) were condensed to give the linear decapeptide (7; $R^1 = CPh_3$; $R^2 = CH_3$), which, when converted into the corresponding derivative with a free terminal amino group and a terminal p-nitrophenyl ester group (7; $R^1 = H$; $R^2 = O \cdot C_6H_4 \cdot NO_2\text{-}p$), underwent ring-closure to form a cyclic decapeptide. Removal of the p-toluenesulphonyl groups from the ornithine residues gave synthetic gramicidin S (4), identical in physical and antibacterial properties with the product obtained by fermentation.

Several structural analogues of gramicidin S have also been synthesized. *bishomo*-Gramicidin S, in which the two L-ornithine units are replaced by L-lysine residues, has been prepared by

Schwyzer and Sieber[13] and found to have undiminished anti-bacterial activity. The acyclic analogue (7; $R^1 = R^2 = H$) possesses only one-tenth of the activity of gramicidin S against *Staph. aureus*; the acyclic *bishomo*-analogue was even less active. The cyclic and acyclic decapeptides differ in their mode of action on bacteria and both the linear analogues exhibit synergism with gramicidin S.[14]

Gramicidins J_1 and J_2

Gramicidin J_1 was isolated in 1954 by Otani and Saito from a strain of *B. brevis* found in a soil sample collected in Japan[15] and in 1958 Otani obtained gramicidin J_2 from another strain of the

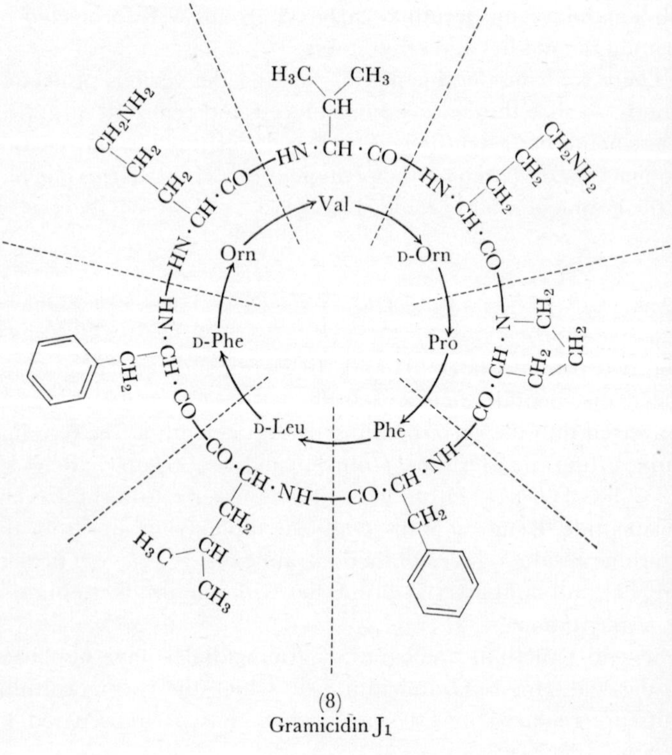

(8)
Gramicidin J_1

same organism.[16] Both antibiotics have antibacterial spectra similar to that of gramicidin S;[16] gramicidin J_1 has also shown some antitumour activity, *in vitro*.[17] They were isolated from the culture media by adsorption on to a diatomaceous earth at pH 4·0, the methanolic extract was concentrated, the antibiotic was precipitated by the addition of aqueous sodium chloride and purified by counter-current distribution.[15, 16]

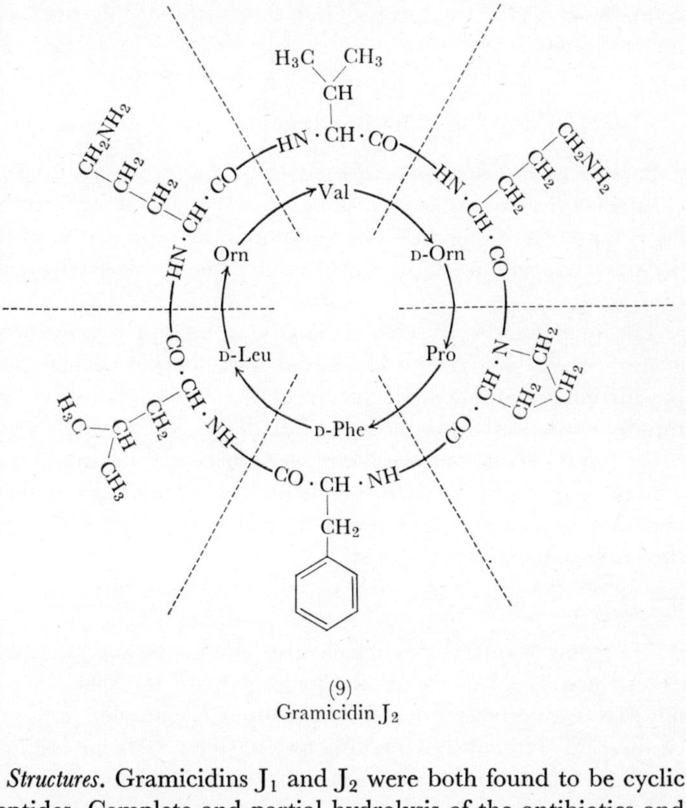

(9)
Gramicidin J_2

Structures. Gramicidins J_1 and J_2 were both found to be cyclic peptides. Complete and partial hydrolysis of the antibiotics and their dinitrophenyl derivatives showed that J_1 was a heptapeptide with structure (8)[18] and J_2 was a hexapeptide represented by

(9).[15,16] The structure of gramicidin J_2 has been confirmed by synthesis.[19]

Clinical Applications

The tyrocidins and gramicidins all exhibit high toxicity on parenteral administration, but they have low oral-toxicity because they are poorly absorbed from the alimentary tract. Excellent results have been achieved in the topical use of some of these compounds for the treatment of mouth and throat infections and infected wounds and burns.

The Bacitracins

Bacitracin was first isolated in 1945 by Johnson *et al*.[20] from cultures of *B. licheniformis*, a strain of *B. subtilis*, obtained from the leg wound of a young girl. The antibiotic was extracted from the decanted culture medium by n-butanol and isolated by concentrating the solution under reduced pressure.

The high *in vitro* activity of bacitracin against a number of gram-positive bacteria foreshadowed considerable promise and production by submerged culture of *B. subtilis* was developed rapidly.[21] A similar product isolated independently by Arriagada *et al*. from *B. subtilis* cultures was named ayfivin.[22] Bacitracin and ayfivin were both found, subsequently, to be mixtures of polypeptides, and, as several of these were common to both antibiotics the latter name was withdrawn.[23]

Structures

The components of bacitracin are labile substances, readily deactivated by alkalis, acids and formaldehyde and their separation was therefore beset by many difficulties. Eventually, however, Craig *et al*.[24] discovered a satisfactory solvent system for countercurrent distribution separation and showed that commercial bacitracin contained five components, which they designated bacitracins A, B, D, E and F. Bacitracin A, the major constituent, accounted for 83 per cent of the antibacterial activity whereas bacitracins E and F occurred only in very small amounts and had low activities. Bacitracin F was shown, subsequently, to be derived from bacitracin A in neutral or weakly alkaline solutions.[25,26]

Concurrently with these studies Newton and Abraham,[27] using similar techniques, showed ayfivin to comprise at least ten polypeptides that included all those already found in bacitracin.

Bacitracins A, B, D and E all exhibit low intensity ultraviolet absorption maxima at 253 mμ, whereas bacitracin C absorbs more strongly at 258 mμ and bacitracin F shows a broad maximum absorption at 288 mμ with a shoulder at 253 mμ. The homogeneity of bacitracins B, C, D and E is still in doubt but bacitracin A is a single entity with molecular weight ca. 1450–1500.[25,27,29]

Bacitracin A. Hydrolysis of bacitracin A, by hydrochloric acid, and separation of the resulting amino acids using counter-current distribution, ion-exchange chromatography[30] or paper-partition chromatography,[26] together with partial-hydrolysis studies,[31] proved that it was a dodecapeptide containing three molecules of L-isoleucine and one each of L-leucine, L-cysteine, L-histidine, L-lysine, L-aspartic acid, D-phenylalanine, D-ornithine, D-aspartic acid and D-glutamic acid. One mol. of ammonia was also liberated indicating the presence of a primary amide group. An open chain structure comprising these components would show the presence of four carboxyl groups, three amino groups and a fourth basic group due to the imidazole nucleus of histidine. Bacitracin A, however, has only two free carboxyl groups and three basic groups. It was assumed, therefore, to be a cyclic polypeptide and, from the nature of the hydrolysis products of the peptide and its dinitrophenyl derivative, the structure (10) was suggested.[28,31]

This structure is consistent with the conclusion that bacitracin A had an N-terminal isoleucine residue and, assuming that the second carboxyl group of the D-aspartic or the glutamic acid is present as an amide, the molecule contains the two acidic and three basic groups observed on electrometric titration.[32] It does not, however, account for the absence of a free thiol-group that should be associated with the cysteine residue, or for the isolation,

3

amongst the partial hydrolysis products, of two peptides containin
a phenylalanine-isoleucine sequence.

$$
\begin{array}{c}
\text{D-Asp} \\
\uparrow \\
\text{Asp} \leftarrow \text{His} \\
\text{Lys} \qquad \text{D-Phe} \\
\uparrow \qquad \text{D-Orn} \rightarrow \text{Ileu} \\
\\
\text{Ileu} \leftarrow \text{D-Glu} \leftarrow \text{Leu} \leftarrow \text{Cys} \leftarrow \text{Ileu}
\end{array}
$$

(10)

The apparent absence of the free thiol group was explained by
revision of the structural formula based on the following observa
tions.

(1). On treatment with dilute acids bacitracin A lost its char
acteristic ultraviolet absorption maximum at 253 mμ an
a free thiol group appeared.[24, 26]

(2). On hydrogenolysis with Raney nickel and subsequen
hydrolysis, bacitracin A gave a product with an N-termina
alanine residue; the amino alcohol isoleucinol (13)[26, 28]
was also isolated from this reaction.

(3). Bacitracin A in neutral or slightly alkaline solution wa
transformed into bacitracin F, which exhibits an ultra
violet absorption maximum at 288 mμ. Hydrolysis c
bacitracin F gave no isoleucine but the thiazole keto-aci
(16) was isolated in its place.[33]

It was suggested that bacitracin A contained a thiazoline rin
system (11), formed by the isoleucine and cysteine residues. Th
heterocyclic ring would be opened by acids, giving a mercapto
analogue (17) and desulphurization of (11) to yield (12), succeede
by hydrolysis of the —CH=N— linkage and reduction of th
resulting aldehyde, would afford an N-terminal-alanine peptid
(14) accompanied by isoleucinol (13). In the presence of alkali th
thiazoline (11) would be dehydrogenated to yield a thiazoly
analogue (15) and acid hydrolysis of this product could be expecte

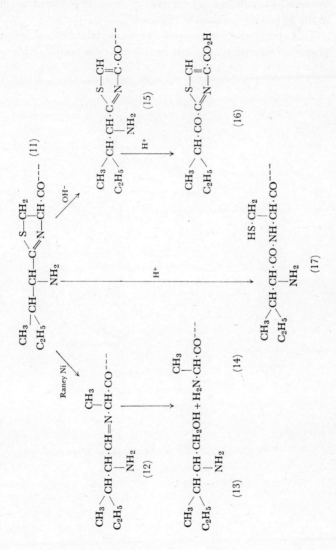

CHART 4.1

to cause loss of ammonia by oxidative cleavage of the amino group
in the isoleucine residue[32] (Chart 4.1).

To explain the isolation of the phenylalanine-isoleucine degradation fragment an 'undefined bond' was postulated between

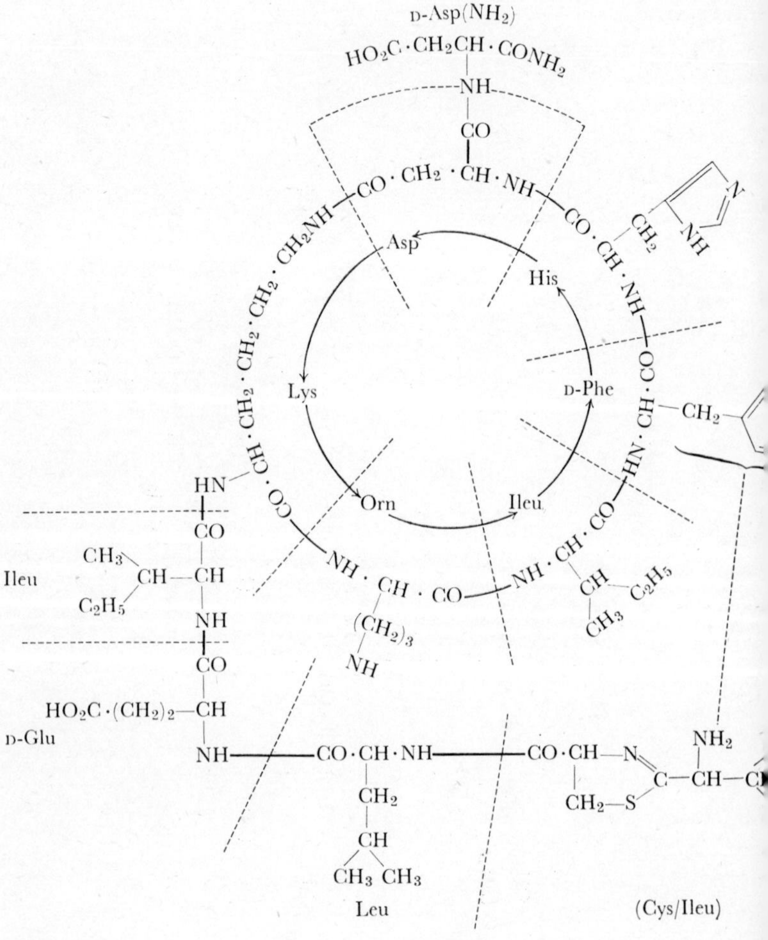

(18)
Bacitracin A

the D-phenylalanine and the isoleucine residues.[32, 34] Evidence to support this hypothesis has been obtained by Stoffel and Craig[35] who found that simple cysteinyl peptides, similar in structure to the N-terminal part of bacitracin A, would not form thiazoline rings unless the basicity of the terminal amino group was suppressed by acetylation.

Further degradative studies established the presence of an α-amide and a free β-carboxyl group in the D-aspartic acid residue, the linkage of the β-carboxyl group of the aspartic acid residue with the ϵ-amino group of lysine and the presence of a free γ-carboxyl group in the D-glutamic acid residue.[36] The complete formula for bacitracin A is therefore represented by (18) the ‘undefined bond’ being indicated by a dotted line.[32, 34, 36]

Bacitracin F will have the corresponding structure in which the thiazoline system (12) is replaced by the thiazolyl unit (15). The structures of bacitracins B, C, D and E have not been elucidated.

Biogenesis

The biogenesis of the bacitracins has not been determined but it has been suggested that a linear dodecapeptide (19) is formed first and the cyclic structure is derived as indicated by the dotted lines.[35]

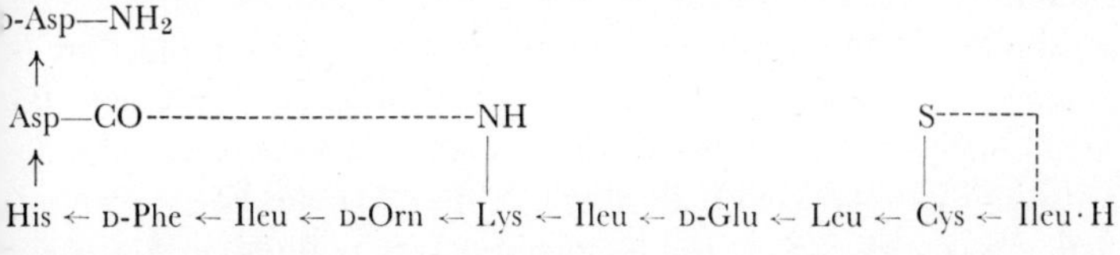

```
ᴅ-Asp—NH₂
 ↑
Asp—CO-----------------------NH                    S--------┐
 ↑                            |                    |        ¦
His ← ᴅ-Phe ← Ileu ← ᴅ-Orn ← Lys ← Ileu ← ᴅ-Glu ← Leu ← Cys ← Ileu·H
```

Clinical Applications

Bacitracin is active, principally, against gram-positive organisms including *Micrococcus pyogenes*, *Pneumococci*, β-haemolytic strepto-cocci and certain strains of Clostridia. It probably exerts its bactericidal action by interfering with cell-wall synthesis.[37] Nephrotoxicity limits its use in the treatment of systemic infections, but it has been used successfully by carefully controlled administration, giving high and prolonged blood levels. The main uses for this antibiotic lie in the topical treatment of infections of the skin and mucous membranes and, because it is not absorbed from the gastrointestinal tract, it can also be used for sterilization of the gut. Some success has also been claimed in the treatment of intestinal amoebiasis.

The Polymyxins

In July 1947, Benedict and Langlykke[38] and Stansly et al.[39] working independently, isolated the same antibiotic from B. polymyxa and one month later, Ainsworth et al.[40] described the isolation of a similar product from B. aerosporus Greer. The two substances, named polymyxin and aerosporin respectively, had similar physical properties and were readily isolated from the culture media by adsorption on to charcoal. They were eluted from the adsorbent by aqueous acetone and purified further via their crystalline picrates or helianthates.

B. polymyxa is a ubiquitous bacterium, found in soils throughout the world. Different strains were found to give rise to other active substances closely resembling polymyxin and aerosporin, and a conference was held in 1948 to clarify the interrelationships between the various strains of the bacteria and their metabolic products.[41] As a result of these discussions it was found that B. aerosporus belonged to the B. polymyxa family and amongst the metabolic products of the various strains of B. polymyxa, five major antibiotics, designated polymyxins A, B, C, D and E, were identified. Aerosporin was found to correspond to polymyxin A and the product isolated by Stansly et al. was identical with polymyxin D. More recently a new member of this group, polymyxin M has been isolated from a strain of B. polymyxa obtained from a sample of Moscow soil.[42]

The polymyxins are strongly basic polypeptides readily isolated from the fermentation media by precipitation, extraction or adsorption.[41] They are active in vitro and in vivo against nearly all types of gram-negative bacilli (with the notable exception of the *roteus* group), but have little effect on gram-positive organisms nd the pathogenic gram-negative cocci. Polymyxin B is bacteri- idal in action. It appears to act by altering the permeability of the acterial cell wall, thereby disturbing the osmotic equilibrium of he membrane. This action is reversed by magnesium ions and it as been suggested that its low order of gram-positive activity is ue to the coating of magnesium ribonucleate that these bacteria ossess.[43]

tructures

The polymyxins are readily separated by paper-chromato- raphy. Their molecular weights lie within the range 1150– 250[44] and the cyclic nature of their structures is apparent from he absence of free carboxyl and α-amino groups. Polymyxin has been separated, by counter-current distribution, into two ongeners, polymyxin B_1 and B_2.[45]

Examination of acid-hydrolysates showed that all the poly- yxins contained an optically active aliphatic acid in addition to heir amino acid components. Except in the case of polymyxin B_2, which contains an iso-octanoic acid, the aliphatic acid was ound to be (+)-6-methyloctanoic acid (MOA)† (20) and its tructure, established by Wilkinson,[46] has been confirmed by ynthesis.[47]

$$CH_3 \cdot CH_2 \cdot \overset{\overset{\textstyle CH_3}{\textstyle |}}{CH} \cdot CH_2 \cdot CH_2 \cdot CH_2 \cdot CH_2 \cdot CO_2H$$

(20)

The polymyxins differ, from one another, both quantitatively nd qualitatively in their amino acid composition. Evaluation of heir acid-hydrolysates, from which the aliphatic acid had been emoved, showed that all contained L-α,γ-diaminobutyric acid Dab) and L-threonine. L-Phenylalanine is present in polymyxin C nd L-leucine in polymyxins B_1 and B_2 and it was demonstrated, y treating the hydrolysates with D-amino acid oxidase, that all

† Also referred to as isopelargonic acid (Ipel).

the polymyxins contained one or more D-amino acid.[48,49] Th
qualitative data on the amino acid components of this family c
antibiotics is set out in Table 4.1.

TABLE 4.1

| | *Polymyxin* | | | | | | |
Amino acid components	A	B₁	B₂	C	D	E	M
L-α,γ-Diaminobutyric acid	+	+	+	+	+	+	+
L-Threonine	+	+	+	+	+	+	+
L-Leucine		+	+			+	
L-Phenylalanine				+			
D-α,γ-Diaminobutyric acid	+						
D-Leucine	+				+	+	+
D-Phenylalanine		+	+				
D-Serine					+		

Polymyxins B₁ and E, the members of the group used mos
extensively in clinical practice, have been the subject of detailec
degradative studies. This work, which provides a fascinating
account of scientific methods and progress, has led to the deter
mination of the structure of polymyxin B₁ but that of polymyxin E
has not yet been settled unequivocally.

Polymyxin B₁. The initial quantitative evaluations of the amino
acid components of polymyxin B₁ by Hausmann and Craig using
counter-current distribution[45] and by Biserte and Dautrevaux
using ion-exchange chromatography[50] indicated that the relativ
proportions of the component acids were

L-α,γ-Diaminobutyric acid	5 mol.
D-α,γ-Diaminobutyric acid	1 mol.
L-Threonine	2 mol.
D-Phenylalanine	1 mol.
L-Leucine	1 mol.
(+)-6-Methyloctanoic acid	1 mol.

The estimated molecular weight of *ca*. 1150[45] corresponded to
a molecule containing the component acids in the proportions se
out above. The absence of free carboxyl and α-amino group
predicated a cyclic structure, the five basic groups present in th

molecule, being derived from the γ-amino groups of α,γ-diamino-butyric acid residues.

Partial acid-hydrolysis of polymyxin B_1 and its fully dinitro-phenyl-substituted derivative provided a number of peptides that were separated by counter-current distribution,[51] multiple dialysis[51] or ion-exchange chromatography.[50] Determination of their structures, by further degradation, showed the presence of a number of key peptides and treatment of these with D-amino-acid-oxidase indicated that a D-α,γ-diaminobutyric acid moiety was attached to the terminal $(+)$-6-methyloctanoic acid residue.[50]

Further consideration of the structures of these fragmenta-tion products let to the formulation of the following three sequences.[50, 51]

$$\text{MOA} \to \text{D-Dab}$$

$$\text{Thr} \to \text{Dab} \to \text{Dab} \to \text{D-Phe} \to \text{Leu} \to \text{Dab} \to \text{Dab}$$

$$\begin{array}{c} \text{D-Phe} \leftarrow \text{Dab} \leftarrow \text{Dab} \leftarrow \text{Thr} \\ \uparrow \\ \text{Dab} \\ \uparrow \\ \text{Thr} \end{array}$$

Two possible structures can be derived by the combination of these fragments,[50,51] based on a cyclo-octapeptide (21) or a cyclo-heptapeptide structure (22), each containing five basic groups derived from the γ-amino groups of the α,γ-diaminobutyric acid residues. To decide between these alternatives it would be necessary to establish one or other of the sequences (23) or (24), which correspond to structures (21) and (22) respectively. Unfortunately, the peptide bond formed with the amino group of the threonine residues is very labile and only threonine-terminal peptides (usually N-terminal) could be isolated. Evidence was also lacking to establish which of the amino groups of the Dab residues (*) participated in ring formation and which was linked to the side chain.

The degradative evidence, therefore, presented four alternative isomeric structures for polymyxin B_1[50, 51] which were designated

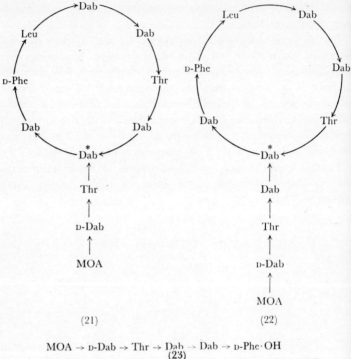

(21)   (22)

MOA → D-Dab → Thr → Dab → Dab → D-Phe·OH
(23)
MOA → D-Dab → Thr → Dab → Dab → Dab → D-Phe·OH
(24)

as shown in Table 4.2.[52] More selective methods of cleavage not being available at that time, Vogler *et al.* sought to solve the problem by synthesizing polypeptides corresponding to the 7α, 7γ, 8α and 8γ isomers.

TABLE 4.2

Formula	Number of amino acids in the ring	The amino group of the Dab residue (*) carrying the side chain	Designation
21	8	α	8α
21	8	γ	8γ
22	7	α	7α
22	7	γ	7γ

The two isomeric decapeptides (25α; R = Tos) and (25γ; R = Z), in which the MOA→D-Dab→Thr sequence is attached to the appropriate amino group of the fully substituted Dab

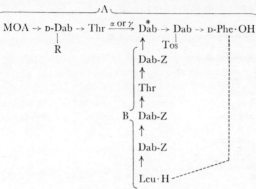

Tos = *p*-Toluenesulphonyl
Z = Benzyloxycarbonyl

(25)

residue (*), were prepared by the union of the isomeric pentapeptides Aα and Aγ with the pentapeptide B.

Cyclization of these two decapeptides between the D-phenylalanine and leucine residues, using dicyclohexylcarbodiimide, gave the respective cyclo-octapeptides and removal of the protecting groups furnished the 8α-[53] and 8γ-[52] isomers.

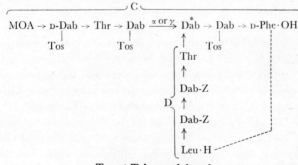

Tos = *p*-Toluenesulphonyl
Z = Benzyloxycarbonyl
(26)

The corresponding 7α-[54] and 7γ-[55] isomers were synthesized by a similar sequence of reactions from the decapeptides (26α) an (26γ) which had been prepared from the two isomeric hexa peptides C and the tetrapeptide D.

TABLE 4.3†

Antibiotic Activity of the 7α- and 7γ-isomers and Polymyxin B_1

Organism	7α	7γ	B_1	
Brucella bronchiseptica				
ATCC 4617	8898 U/mg	8250 U/mg	8096 U/mg	
Pseudomonas aeruginosa	6761 ,,	7088 ,,	10420 ,,	in vit
Escherichia coli ATCC 10536	5081 ,,	4861 ,,	5033 ,,	
Klebsiella pneumoniae				
ATCC 100131	1514 ,,	1297 ,,	8421 ,,	
Escherichia coli (ED_{50})				
s.c. in mouse	2·0 mg/kg	2·7 mg/kg	0·7 mg/kg	

The *in vitro* figures were measured against the USP-Polymyxin standar (7850 U/mg). The ED_{50} represents the minimum sub-cutaneous dose require to protect 50 per cent of the infected mice.

† Reproduced from *Helv. Chim. Acta*, **46**, 2836 (1963) by kind permission the authors and publishers.

Degradation of the dinitrophenyl derivatives of the fou isomeric cyclic decapeptides proved them to have the require structures, but none was found to correspond in all respects wit polymyxin B_1.

A comparison of the microbiological activities of the hydro chlorides of the synthetic isomers and polymyxin B_1 pentahydro chloride excluded 8α- and 8γ-structures since these compound were much less active.[56] The 7α- and 7γ-isomers, on the othe hand, approached the activity of polymyxin B_1, against severa pathogens, *in vitro*, but were somewhat less active against *Klebsiel pneumoniae* and, *in vivo*, against *Escherichia coli* (Table 4.3).[55]

The 7α- and 7γ-isomers could not be distinguished from poly myxin B_1 by a number of their analytical and physical charac teristics (e.g. infrared spectra and chromatographic behaviour but the specific rotation of neither agreed with that of the natura antibiotic.

	7α	7γ	Polymyxin B_1
$\alpha]_{589}^{25°}$ (c = 0·5; 75% EtOH/H_2O)	$-65\cdot3°$	$-60\cdot0°$	$-85\cdot2°$

The optical rotatory dispersion curve of the polymyxin B_1/nickel complex (measured at pH 9·3) also differed from those of the complexes formed with the 7α- and 7γ-isomers and whereas the natural antibiotic underwent an irreversible change in the presence of alkali, the synthetic analogues were unaffected.

The failure of any of these synthetic polypeptides to correspond to the natural antibiotic was disappointing and puzzling. The reason became apparent, however, when Suzuki et al.[56a] and Wilkinson and Lowe[56b] established by further degradative studies that, contrary to the earlier findings, all the α,γ-diamino-butyric acid residues in polymyxin B_1 have the L-configuration and the natural product does not contain the D-enantiomer. Their combined results favoured a 7α-type structure and confirmation of their conclusions was afforded by the synthesis of the corresponding polypeptide by Vogler et al. [56c] via the three protected peptide units shown below (27).

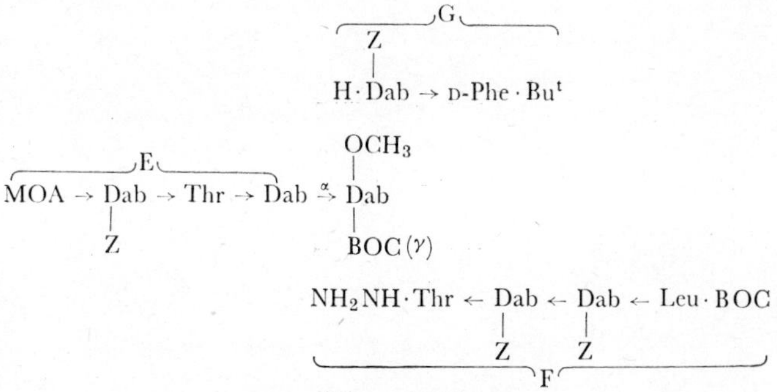

$$\overbrace{}^{G}$$
$$Z$$
$$|$$
$$H\cdot Dab \to D\text{-}Phe\cdot Bu^t$$

$$OCH_3$$
$$\overbrace{}^{E} \qquad\qquad |$$
$$MOA \to Dab \to Thr \to Dab \xrightarrow{\alpha} Dab$$
$$| \qquad\qquad\qquad |$$
$$Z \qquad\qquad\qquad BOC(\gamma)$$

$$NH_2NH\cdot Thr \leftarrow Dab \leftarrow Dab \leftarrow Leu\cdot BOC$$
$$| \qquad |$$
$$Z \qquad Z$$
$$\underbrace{}_{F}$$

Z = benzyloxycarbonyl
BOC = t-butoxycarbonyl
(27)

The t-butyloxycarbonyl group in E was removed by tri-fluorocetic acid and product coupled with the azide derived from F to yield a suitably protected octapeptide. This was then

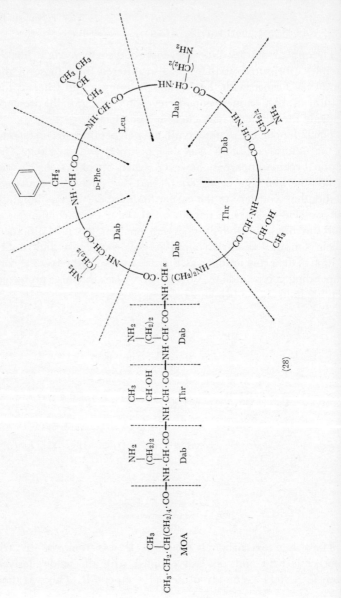

(28)

converted *via* the hydrazide into the corresponding azide and condensed with G to afford the required branched chain decapeptide. Removal of the terminal protecting group was followed, successively, by cyclization and by reductive fission of the N-benzyloxycarbonyl residue. The end product, isolated as the pentahydrochloride, proved to be identical with the corresponding salt of the natural antibiotic, in physical and antibacterial properties. The structure of polymyxin B_1 can, therefore, be represented unequivocally by formula (28).

Polymyxin E (Colistin). The polypeptide antibiotic colistin was isolated, in 1952, by Koyama[57] from cultures of *Aerobacillus colistinus*. It proved highly active against gram-negative bacteria and relatively stable to acids, pepsin and pancreatin. The physical properties and the amino acid composition of colistin were consistent with its inclusion in the polymyxin group of antibiotics and, more recently, it has been shown to be identical with polymyxin E[58].

The original preparations of colistin were found to contain three similar components[59] characterized by different R_F values. Qualitative and quantitative examination of its acid-hydrolysis products indicated that colistin was composed of L-α,γ-diaminobutyric acid, L-leucine, L-threonine, D-leucine and $(+)$-6-methyloctanoic acid (MOA) residues in the proportions $5:1:1:1:1$ respectively.[60] The molecule possessed four basic groups and its cyclic structure was demonstrated by the absence of free α-amino or carboxyl groups. The molecular weight was consistent with the composition indicated above, partial hydrolysis provided seven peptides and, on the basis of their compositions, the structure (29) was proposed.

In a later study on the structure of colistin, Dautrevaux and Biserte[61] found that their material was a decapeptide containing an L-α,γ-diaminobutyric acid, and an L-threonine residue in addition to those isolated by the Japanese workers.

Nine peptides were isolated from the partial hydrolysis of colistin and from their structures the amino acid sequence (30) was established.

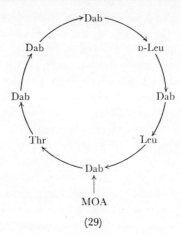

(29)

The structures of the five peptides obtained by degradation of fully dinitrophenyl-substituted colistin established the sequence (31) and proved that the basic centres were all derived from the γ-amino groups of the α,γ-diaminobutyric acid residues.

$$Dab \rightarrow \text{D-Leu} \rightarrow Leu \rightarrow Dab \rightarrow Dab \overset{\gamma}{\rightarrow} Dab \rightarrow Dab \rightarrow Thr$$

(30)

$$MOA \rightarrow Dab \rightarrow \text{D-Leu} \rightarrow Leu \rightarrow Dab \rightarrow Dab \overset{\gamma}{\rightarrow} Dab$$

31)

Two cyclopentapeptide structures, represented by formula (32), are consistent with these sequences and differ only in the alternative arrangement of the Dab (*) and Thr (*) residues.

Differentiation between these alternative structures requires the isolation of either an unsubstituted Thr→Dab or a Thr→Thr dipeptide from the hydrolysis of dinitrophenyl colistin, but neither was obtained. A Thr→Dab dipeptide has, however, been isolated from the hydrolysis of polymyxin B_1 and since a Thr→Thr residue would be expected to be very unstable, it seems probable that the arrangement of the amino acids is as indicated in (32).†

† More recent work by Suzuki and his co-workers and by Wilkinson and Lowe has led to a revision of the structure of the colistins and polymyxin E and to a clarification of the structural interrelationships between the members of the polymyxin group of antibiotics.[70,71]

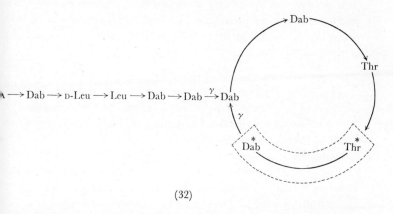

(32)

The component amino acids of colistin are identical with those of polymyxin E. The similarities in the characteristics of the two antibiotics was noted by Wright and Welch[62] and a more exhaustive comparison by Wilkinson failed to differentiate between them.[58] Degradation of polymyxin E[58] revealed a fragmentation pattern identical with that obtained for colistin by Dautrevaux and Biserte, leaving no doubt that the two antibiotics were identical.

The differences in the amino acid compositions of colistin recorded by the Japanese and French workers may be due to the derivation of the antibiotics from different strains of microorganisms, but the reason has not been established.†

All the free amino groups of polymyxin B_1 and E react with formaldehyde and sodium sulphite to give poly-methanesulphonate derivatives ($-NH \cdot CH_2 \cdot SO_3Na$) which are water soluble.[62]

Clinical Applications

Polymyxins A, C and D are too nephrotoxic to permit their clinical use but with polymyxin B and E this effect is much less pronounced. Polymyxins B and E are active against most gram-negative bacilli and particularly effective in treating infections due to *Pseudomonas pyocyanea*, *E. coli* and *K. aerogenes*. They are particularly useful in treating urinary infections, burns and meningitis.

† See footnote on page 70.

The polymyxins are poorly adsorbed from the alimentary tract and have proved useful in treating some forms of dysentery. When given by injection they are usually administered as the sulphates or methanesulphonates.[63]

Viomycin

Viomycin, a tuberculostatic antibiotic, was isolated in 1951 from growing cultures of *Streptomyces puniceus*[64] and *S. floridae*.[65] It was later found to be identical with vinacetin A, a member of the antibiotic complex produced by *Actinomyces vinaceus*.[66]

Viomycin has been assigned the tentative empirical formula $C_{18}H_{31-33}N_9O_8$. Acid-hydrolysis liberated carbon dioxide, urea, L-serine, β-lysine, α,β-diaminopropionic acid and an unidentified guanidino compound. The antibiotic possesses one primary amino group, it is devoid of α-amino acid groups and contains no sugar residues.[67] It appears to be a cyclic polypeptide and its amino acid composition resembles that of capreomycin which also has tuberculostatic properties.[68] The antimicrobial activity of viomycin is restricted mainly to *M. tuberculosis*. It does not exhibit cross-resistance with streptomycin and is useful in combination with other tuberculostatics for treating streptomycin resistant infections.[69]

References

1. Dubos, *J. Exp. Med.* **70**, 1, 11 and 249 (1939).
2. Hotchkiss and Dubos, *J. Biol. Chem.* **132**, 791, 793 (1940); **141**, 155 (1941).
3. Gause and Brazhnikova, *Lancet*, **247**, 715 (1944); Belozersky and Passhina, *ibid.* **247**, 716 (1944).
4. Battersby and Craig, *J. Amer. Chem. Soc.* **74**, 4019 (1952).
5. Paladini and Craig, *ibid.* **76**, 688 (1954).
6. King and Craig, *ibid.* **77**, 6624, 6627 (1955).
7. Hotchkiss, *J. Biol. Chem.* **141**, 171 (1941).
8. Gordon, Martin and Synge, *Biochem. J.* **37**, 86 (1943); Synge, *ibid.* **39**, 355 (1945); James, *ibid.* **50**, 109 (1951); Gregory and Craig, *J. Biol. Chem.* **172**, 839 (1948).
9. Consden, Gordon, Martin and Synge, *Biochem. J.* **41**, 596 (1947).
10. Sanger, *ibid.* **40**, 261 (1946).
11. Schmidt, Hodgkin and Oughton, *Biochem. J.* **65**, 744 (1957); Synge, *ibid.* **65**, 750 (1957); Hodgkin and Oughton, *ibid.* **65**, 752 (1957).
12. Schwyzer and Sieber, *Helv. Chim. Acta*, **40**, 624 (1957).
13. Schwyzer and Sieber, *ibid.* **41**, 1582 (1958).

14. ERLANGER and GOODE, *Science*, **131**, 669 (1960).
15. OTANI and SAITO, *Proc. Jap. Acad.* **30**, 991 (1954); *Chem. Abs.* **49**, 13362 (1955).
16. OTANI, *Jap. Pat.* 3997 (1957); *Chem. Abs.* **52**, 16704 (1958).
17. MIYAMURA and NIWAYAMA, *Antibiotics and Chemotherapy*, **9**, 497 (1959).
18. SAITO, *Chem. Abs.* **53**, 1440 (1959).
19. NODA, *ibid.* **55**, 4374 (1961).
20. JOHNSON, ANKER and MELENY, *Science*, **102**, 376 (1945).
21. HENDLIN, *Arch. Biochem.* **24**, 435 (1949).
22. ARRIAGADA, SAVAGE, ABRAHAM, HEATLEY and SHARP, *Brit. J. Exp. Path.* **30**, 425, 444 (1949).
23. NEWTON and ABRAHAM, *Biochem. J.* **47**, 257 (1950).
24. CRAIG, WEISIGER, HAUSMANN and HARNFENIST, *J. Biol. Chem.* **199**, 259 (1952).
25. CRAIG, HAUSMANN and WEISIGER, *ibid.* **200**, 765 (1953).
26. NEWTON and ABRAHAM, *Biochem. J.* **53**, 604 (1953).
27. NEWTON and ABRAHAM, *ibid.* **53**, 597 (1953).
28. LOCKHART, ABRAHAM and NEWTON, *ibid.* **61**, 534 (1955).
29. PORATH. *Acta Chem. Scand.* **6**, 1237 (1952).
30. CRAIG, HAUSMANN and WEISIGER, *J. Biol. Chem.* **199**, 865 (1952).
31. HAUSMANN, WEISIGER and CRAIG, *J. Amer. Chem. Soc.* **77**, 721, 723 (1955); LOCKHART and ABRAHAM, *Biochem. J.* **58**, 633 (1954).
32. ABRAHAM, *Biochemistry of some Peptide and Steroid Antibiotics*, Wiley, New York, 1958, p. 1.
33. WEISIGER, HAUSMANN and CRAIG, *J. Amer. Chem. Soc.* **77**, 3123 (1955).
34. CRAIG, KONIGSBERG and HILL, *Amino acids and Peptides with antimetabolic activity*, Churchill, London, 1958, p. 226.
35. STOFFEL and CRAIG, *J. Amer. Chem. Soc.* **83**, 145 (1961).
36. SWALLOW and ABRAHAM, *Biochem. J.* **72**, 326 (1959).
37. PARK, *Biochem. J.* **70**, 2p (1958).
38. BENEDICT and LANGLYKKE, *J. Bact.* **54**, 24 (1947).
39. STANSLY, SHEPHERD and WHITE, *Bull. John Hopkins Hosp.* **81**, 43 (1947).
40. AINSWORTH, BROWN and BROWNLEE, *Nature*, **160**, 263 (1947).
41. *Anals. N.Y. Acad. Sci.* **51**, 853–1,000 (1949).
42. ILINSKOYA and ROSSOVSKAYA, *Antibiotiki*, **4**, 10 (1958).
43. GALE, *Brit. Med. Bull.* **16**, 11 (1960).
44. FEW and SCHULMAN, *Biochem. J.* **54**, 171 (1953).
45. HAUSMANN and CRAIG, *J. Amer. Chem. Soc.* **76**, 4892 (1954).
46. WILKINSON, *Nature*, **164**, 622 (1949).
47. CROMBIE and HARPER, *J.* 2685 (1950); VOGLER and CHOPARD-DIT-JEAN, *Helv. Chim. Acta*, **43**, 279 (1960).
48. CRAIG, *Proc. 3rd Int. Cong. Biochem.* Brussels, p. 418 (1955).
49. SILAEV, STEPANOV, YULIKOVA, TROSHKO and LEVIN, *Zhur. Obshch. Khim.* **31**, 297 (1961).
50. BISERTE and DAUTREVAUX, *Bull. Soc. Chim. Biol.* **39**, 795 (1957).
51. HAUSMANN, *J. Amer. Chem. Soc.* **78**, 3663 (1956).
52. VOGLER, STUDER, LERGIER and LANZ, *Helv. Chim. Acta*, **43**, 1751 (1960).
53. STUDER, VOGLER and LERGIER, *ibid.* **44**, 131 (1961).
54. STUDER, LERGIER and VOGLER, *ibid.* **46**, 612 (1963).

55. VOGLER, STUDER, LANZ, LERGIER, BÖHNI and FUST, *ibid.* **46**, 2823 (1963).
56. VOGLER, STUDER, LANZ, LERGIER and BÖHNI, *Experientia*, **17**, 223 (1961).
56a. SUZUKI, HAYASHI, FUJIKAWA and TSUKAMOTO, *J. Biochem. (Japan)*, **54**, 555 (1963).
56b. WILKINSON and LOWE, *Nature*, **202**, 1211 (1964).
56c. VOGLER, STUDER, LANZ, LERGIER and BÖHNI, *Experientia*, **20**, 366 (1964).
57. KOYAMA, *Chem. Abs.* **47**, 6097 (1953).
58. WILKINSON, *Lancet*, **i**, 922 (1963).
59. ODA, KINOSHITA, YAMANAKA and UEDA, *Chem. Abs.* **49**, 4785 (1955).
60. SUZUKI, *ibid.* **52**, 8235 (1958).
61. DAUTREVAUX and BISERTE, *Bull. Soc. Chim. biol.* **43**, 495 (1961).
62. WRIGHT and WELCH, *Antibiotics Annual*, 1959–60, Antibiotica Inc. New York, 1960, p. 61.
63. *Brit. Med. J.* **i**, 1461 (1963).
64. FINLAY, HOBBY, HOCKSTEIN, LEES, LENERT, MEARS, P'AN, REGNA, ROUTIEN, SOBIN, TATE and KANE, *Ann. Rev. Tuberc.* **63**, 1 (1951).
65. BARTZ, EHRLICH, MOLD, PENNER and SMITH, *ibid.* **63**, 4 (1951).
66. MAYER, CRANE, DEBOER, KOMOPKA, *12th Int. Congr. Pure & Appl. Chem.* N. York, 1951.
67. HASKELL, FUSARI, FROHARDT and BARTZ, *J. Amer. Chem. Soc.* **74**, 599 (1952).
68. HERR, *Antimicrobial Agents and Chemotherapy*, 1962 Amer. Soc. Microbiol., 1963. p. 201.
69. *Brit. Med. J.* **i**, 1593 (1963).
70. WILKINSON and LOWE, *Nature*, **204**, 185 (1964).
71. SUZUKI and FUJIKAWA, *J. Biochem. (Japan)*, **56**, 64 (1964).

CHAPTER V

Antibiotics Derivable from Sugars

THE streptomycins, neomycins, paromomycins and kanamycins, which comprise this group of clinically useful antibiotics, are produced by streptomycetes and have many chemical and anti-microbial features in common. They all comprise mixtures of closely related, water-soluble, basic carbohydrates that form crystalline sulphates and hydrochlorides. The streptomycins contain streptidine, a diguanidinyl derivative of the 1,3-diamino-hexose, streptamine, and each of the other members of the group contains a 2-deoxystreptamine unit. All these antibiotics show broad-spectrum antibacterial activity, *in vitro*, and they are particularly effective against *Mycobacterium tuberculosis*; paromomycin also inhibits *Entamoeba histolytica*. None of them is absorbed from the alimentary tract and neomycin has proved useful for treating intestinal infections.

Many bacteria develop resistance to the antibiotics of this group but this disadvantage can be minimized by the co-administration of other therapeutic agents. The use of streptomycin, in combination with isonicotinyl hydrazine or *p*-aminosalicylic acid, has helped greatly to combat the incidence of tuberculosis in many countries and, after twenty years, it remains the main weapon for the eradication of this disease.

Studies on the structure of these antibiotics have broken new ground in carbohydrate chemistry; a field that has benefited considerably from the newer physical methods of infrared and nuclear magnetic resonance spectroscopy.

The Streptomycins

Investigations, by Waksman *et al.*, of the antimicrobial properties of the metabolic products derived from actinomycetes garnered from all over the world resulted, by 1941, in the isolation of several antibiotics (e.g. actinomycin, proactinomycin and micromonosporin).[1] Unfortunately these substances proved too toxic for clinical use, and it was not until the isolation of streptothricin from *Streptomyces lavendulae*[2] in 1942 that a potentially useful therapeutic agent was obtained. Streptothricin showed good activity against gram-negative bacteria but extended tests revealed a residual toxic effect. This disappointment was soon followed, however, by the discovery of streptomycin, announced by Shatz, Bugie and Waksman in 1944.[3] Streptomycin, produced by *S. griseus*, proved less toxic than streptothricin and active against both gram-positive and gram-negative bacteria. It also created immediate interest by inhibiting *M. tuberculosis, in vitro*,[4] and its utility in the treatment of human tuberculosis was soon established.[5]

STREPTOMYCIN

Streptomycin, a water-soluble base, was isolated from fermentation liquors by adsorption onto charcoal; the charged adsorbate was washed with aqueous alcohol to remove the major impurities and the antibiotic eluted by methanolic hydrochloric or formic acid (pH 1·5–2·5). Many methods have been devised for the final purification of streptomycin; they include chromatography of the trihydrochloride on alumina, the precipitation of insoluble salts such as the helianthate, reineckate or picrate and the formation of an insoluble complex between streptomycin hydrochloride and calcium chloride. This last method is particularly useful because the complex may be used for parenteral administration. Ion-exchange resins also provide a convenient means of isolation and may also be used for the interconversion of the soluble salts.[6]

Structure

Streptomycin, $C_{21}H_{39}N_7O_{12}$, is an optically active, triacidic base possessing an aldehydic carbonyl group. The high proportion of oxygen in the molecule is characteristic of a carbohydrate and it was shown, eventually, to be composed of three glycosidically-linked units, streptidine, N-methylglucosamine and streptose. The evidence leading to the elucidation of its structure was obtained

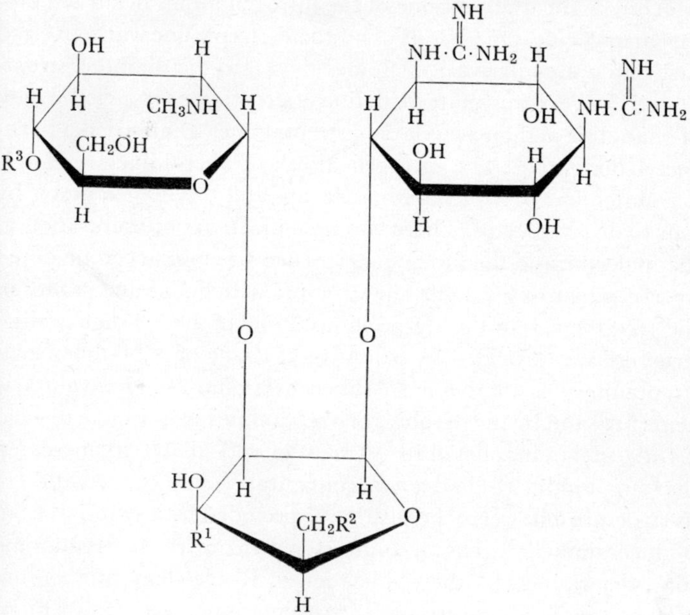

	R^1	R^2	R^3
Streptomycin	$-CHO$	H	H
Dihydrostreptomycin	$-CH_2OH$	H	H
Mannosidostreptomycin	$-CHO$	H	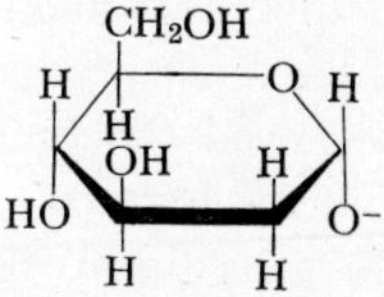
Hydroxystreptomycin	$-OH$	$-OH$	H

by four groups of workers led by Folkers, Wintersteiner, Carter and Wolfram respectively and has been reviewed by Brink and Folkers.[7]

Streptidine. Hydrolysis of streptomycin under a wide range of acidic conditions gave a diacidic base, streptidine (1), $C_8H_{18}N_6O_4$, which contained all but one of the nitrogen atoms of the streptomycin molecule. On hydrolysis by alkali, streptidine was converted first into a urea derivative (2) and then into the diamine, streptamine (3). Permanganate oxidation of streptidine (1) gave $1\cdot3$ mol. of guanidine and on acetylation, streptamine (3) afforded a hexaacetyl derivative. The nitrogen atoms of streptidine were thus accounted for by two guanidino groups and the oxygen atoms by four hydroxyl groups. There was no indication of unsaturation in the molecule and the foregoing evidence was best accommodated by a tetrahydroxycyclohexane structure with guanidino groups in the 1,2-, the 1,3- or the 1,4-positions. Proof of the 1,3-diguanidino structure was provided by oxidative cleavage of N,N'-dibenzoyl-streptamine (4) to give a 1,3-dibenzoylamino-2-hydroxyglutaric acid (5)[8] and by the pyrolysis of streptamine hexa-acetate to yield 2,4-diacetylaminophenol (6).[9] Lack of optical activity indicated that streptamine (3) had a *meso* configuration and confirmation of its structure and stereochemistry was provided by a synthesis from D-glucosamine.[10] The absolute stereochemistry of streptamine (6a), determined by the application of Reeve's cuprammonium method to N,N'-diacetyl-4-deoxystreptamine, was found to be analogous to that of the 2-deoxystreptamine unit present in the neomycins, paromomycins and kanamycins.[10a]

N-*Methyl*-L-*glucosamine.* The weaker of the two glycosidic linkages in streptomycin is that joining streptidine to the remainder of the molecule and mild methanolysis gave streptidine and methyl streptobiosaminide dimethylacetal (Chart 5.2). Treatment of the latter product with boiling concentrated hydrochloric acid destroyed the streptose fragment leaving a methylaminohexose that was isolated as the penta-acetyl derivative (7). Hydrolysis of (7) gave the free sugar (8), the phenyl osazone of which was readily transformed into a phenylosotriazole (9) by the action of

CHART 5.1

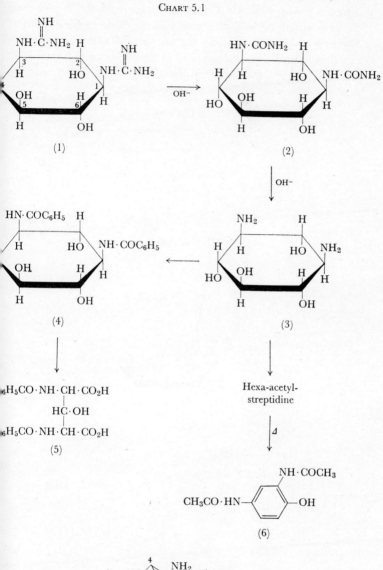

(1)

(2)

(3)

(4)

(5)

Hexa-acetyl-streptidine

(6)

(6a)

aqueous copper sulphate. Oxidation by mercuric oxide converted (8) into an amino acid (10) that had the same melting point as N-methyl-D-glucosamic acid but its specific rotation, although equal in magnitude, was opposite in sign. The same relationship was also found to exist between the phenylosotriazole (9) and the analogous compound derived from D-glucose.[11]

CHART 5.2

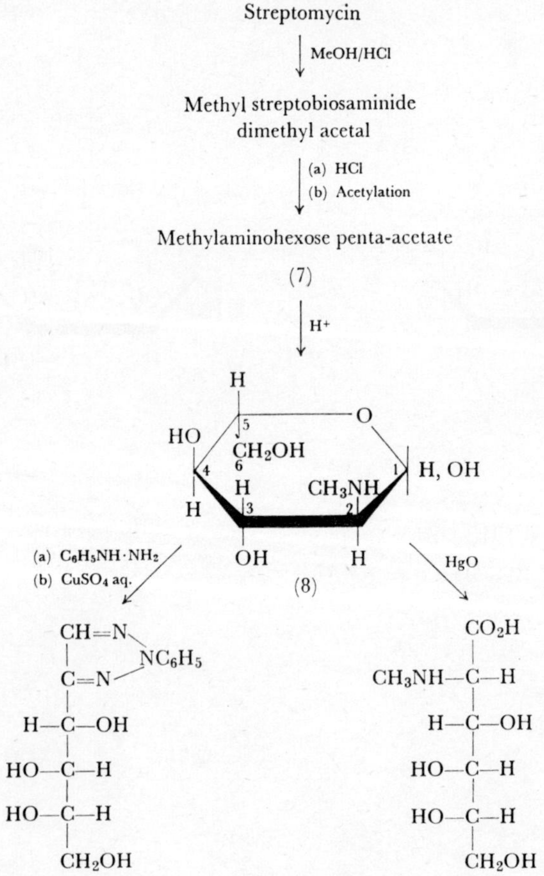

Streptomycin

| MeOH/HCl

Methyl streptobiosaminide
dimethyl acetal

| (a) HCl
| (b) Acetylation

Methylaminohexose penta-acetate

(7)

| H⁺

(a) $C_6H_5NH \cdot NH_2$
(b) $CuSO_4$ aq.

(8)

HgO

CH=N
            NC₆H₅
C=N

H—C—OH

HO—C—H

HO—C—H

CH₂OH

(9)

CO₂H

CH₃NH—C—H

H—C—OH

HO—C—H

HO—C—H

CH₂OH

(10)

It was concluded, therefore, that the new hexosamine (8) was N-methyl-L-glucosamine and confirmation of this hypothesis was obtained by its synthesis from L-arabinose.[11]

Streptose. It was not possible to isolate streptose, the second component of streptobiosamine, because of its instability. Its molecular formula, $C_6H_{10}O_5$, was calculated from the known formulae of streptomycin, streptidine and N-methyl-L-glucosamine and its structure was deduced by identifying oxidation and reduction products (Chart 5.3).

Streptomycin reacted with ethyl mercaptan in the presence of hydrogen chloride yielding, in addition to streptidine, a tri-ethylmercapto derivative of streptobiosamine (11a). Desulphurization of the tetra-acetyl derivative (11b) by Raney-nickel, and subsequent acid hydrolysis, gave N-methyl-L-glucosamine and *bis*deoxystreptose, $C_6H_{12}O_3$. This new compound contained two C-methyl groups, two hydroxyl groups and reacted with one molecule of periodic acid giving a dicarbonyl compound which, on hydrolysis, yielded acetoin (13) and glyoxal (14). Formation of a complex with boric acid indicated that the vicinal hydroxyl groups were *cis* and completed the evidence required to establish the gross structure (12) for *bis*deoxystreptose.[12]

Hydrolysis of (11b), by aqueous mercuric chloride, gave tetra-acetylstreptobiosamine (15) which, on oxidation by bromine water, and subsequent acid hydrolysis, afforded streptosonic acid monolactone, $C_6H_8O_6$ (16). When the lactone was reacted with 2 mol. of periodic acid it yielded glyoxalic acid, oxalic acid and acetaldehyde and, likewise, the diamide afforded glyoxamide, oxamide and acetaldehyde. Streptosonic acid monolactone is, therefore, represented by (16) and the tri-ethylmercapto derivative of streptobiosamine by (11a).[13]

This evidence, although establishing the gross structure of streptose, did not define its stereochemistry; this was deduced from the following evidence:

(i) the isolation of 4-deoxy-L-erythrose phenylosozone (17) from the reaction between streptobiosamine and

CHART 5.3

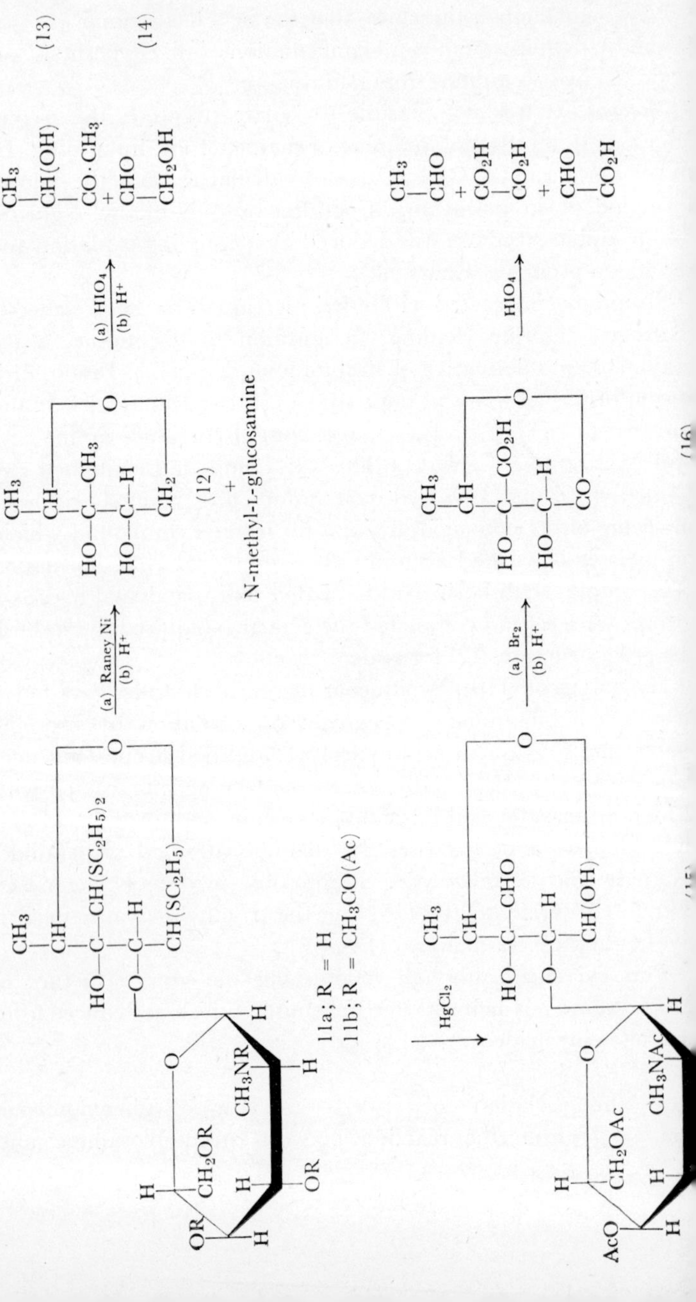

(13)

(14)

(16)

(15)

Structures and reactions (read with page rotated):

11a; R = H
11b; R = CH₃CO(Ac)

(12)
+
N-methyl-L-glucosamine

Reagents:
(a) Raney Ni
(b) H⁺

(a) HIO₄
(b) H⁺

HgCl₂

(a) Br₂
(b) H⁺

HIO₄

Fragments (13)/(14):
CH₃—CH(OH)—CO·CH₃   +   CHO—CH₂OH

Fragments:
CH₃—CHO   +   CO₂H—CO₂H   +   CHO—CO₂H

phenylhydrazine proved that C-4 of streptose has the L-configuration.[14]

(ii) The hydrazide of dihydrostreptosonic acid (obtained by degradation of dihydrostreptomycin) was dextra-rotatory and, from Hudson's rule, it was apparent that the hydroxyl group at C-2 is on the right in the Fischer projection.[15]

The hydroxyl groups at C-2 and C-3 had already been shown to be *cis* and the complete structure of streptose, 5-deoxy-3-C-formyl-L-lyxose, is, therefore, represented by formula (19).

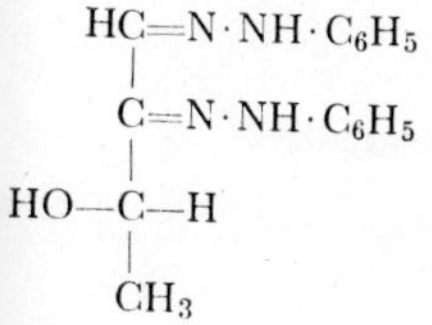

$$
\begin{array}{c}
\underset{|}{HC}{=}N \cdot NH \cdot C_6H_5 \\
\underset{|}{C}{=}N \cdot NH \cdot C_6H_5 \\
HO{-}\underset{|}{C}{-}H \\
CH_3
\end{array}
$$

(17)

$$
\begin{array}{c}
\underset{|}{CONH} \cdot NH_2 \\
H{-}\underset{|}{C}{-}OH \\
HO \cdot CH_2{-}\underset{|}{C}{-}OH \\
HO{-}\underset{|}{C}{-}H \\
CH_3
\end{array}
$$

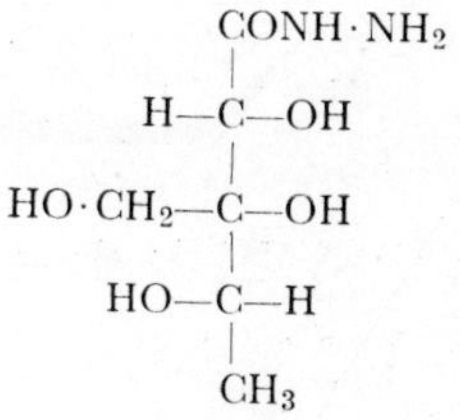

(18)

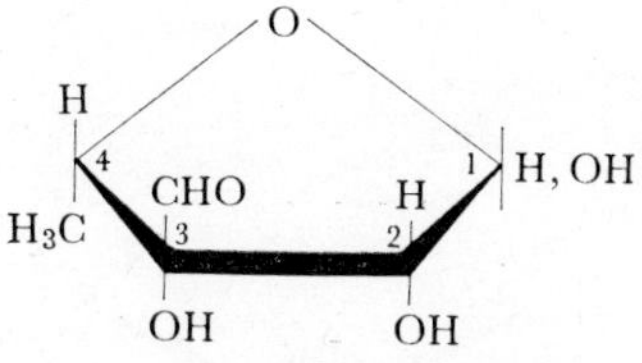

(19)

The points of attachment between the three units of the streptomycin molecule were determined by the further degradation of derivatives of streptomycin, dihydrostreptomycin (p. 83) and streptobiosamine. They were shown to be formed by condensation between

(i) the C-2 hydroxyl of streptose and the C-1 hydroxyl of N-methyl-L-glucosamine[12,16]

(ii) the C-1 hydroxyl of streptose and a hydroxyl group of streptidine that was adjacent to only one guanidino group (i.e. position 4 or 6)[12,17]

Determination of the absolute stereochemistry of streptidine[10a] demonstrated that the streptobiosamine moiety was attached to

C-4 in the R configuration. The glycosidic linkages between N-methyl-L-glucosamine and streptose was shown to be α and that between streptose and streptidine was proved to be β[18]; the complete structure of streptomycin is, therefore, represented by (20).[10a]

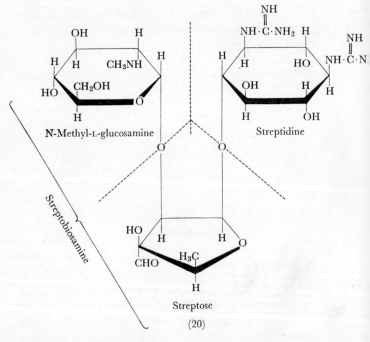

(20)

The Maltol Rearrangement

In the presence of dilute aqueous alkali streptomycin undergoes a degradative transformation to give the γ-pyrone, maltol (21).[19]

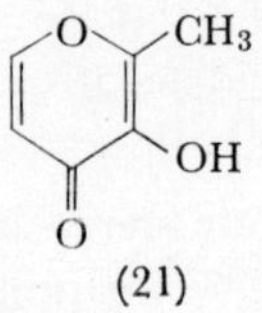

(21)

Maltol is derived from the streptose portion of the molecule; it can be readily estimated colorimetrically and its formation affords a convenient method for the assay of the antibiotic.

DIHYDROSTREPTOMYCIN

The aldehyde group of streptomycin is readily reduced, by catalytic hydrogenation, affording the corresponding carbinol, dihydrostreptomycin.[20] The antibacterial spectra of dihydrostreptomycin and streptomycin are similar, but dihydrostreptomycin is the more stable to alkalies and does not yield maltol. Dihydrostreptomycin has also been isolated from cultures of *S. humidus*.[21]

MANNOSIDOSTREPTOMYCIN

Mannosidostreptomycin, a minor product of *S. griseus* fermentations, was separated from streptomycin by chromatography and purified as the crystalline reineckate.[22] Its physical and antibacterial properties resembled those of streptomycin and it was shown to be a tetrasaccharide, formed by the addition of a D-mannose residue to the C-4 atom of the N-methyl-L-glucosamine residue.[23] It is degraded to streptomycin by mannosidostreptomycinase,[24] an enzyme isolated from cultures of *S. griseus*.

HYDROXYSTREPTOMYCIN

A third analogue of streptomycin, which contains an additional atom of oxygen, was isolated from *S. griseocarneus* fermentations.[25] It differs from streptomycin only in having a hydroxymethyl group in place of the methyl group in the streptose portion of the molecule.[26] The antibacterial activity of hydroxystreptomycin is also similar to that of streptomycin and it possesses no therapeutic advantage.

Biogenesis of Streptomycin

Tracer studies have shown that the complete carbon skeleton of streptomycin is derived directly from D-glucose; [^{14}C]acetate is incorporated only in the guanidinyl side chains.[27]

Derivatives of Streptomycin

The reactivity of the aldehyde group in streptomycin has been utilized to prepare a number of derivatives. Its reduction to dihydrostreptomycin has been described already; it can also be oxidized to the corresponding carboxylic acid but, unlike the carbinol, the acid is virtually inactive.

Streptomycin reacts with primary amines to form Schiff's bases which, on reduction, yield streptomycylamines. A series of these compounds has been prepared, but none has shown appreciable antibacterial activity.

The hydrazone formed with isonicotinylhydrazine (also a tuberculostatic), however, exerts the therapeutic effect of both components and may be used as an alternative to the co-administration of the two drugs.

Clinical Applications

Streptomycin and dihydrostreptomycin are more active against gram-negative than gram-positive bacteria but their main therapeutic application lies in the treatment of tuberculosis.

Streptomycin may affect adversely the eighth cranial nerve causing impairment of hearing and balance. Dihydrostreptomycin was thought at first to be less toxic than streptomycin but comparisons have shown that it exerts a more adverse effect on hearing whereas streptomycin has a greater adverse effect on the balance. The two compounds are therefore sometimes given in combination. Streptomycin and dihydrostreptomycin sulphates and calcium chloride complexes are well absorbed on injection but are not effective when administered orally. Both are bacteriostatic at low concentrations and bactericidal at high concentrations.

The Neomycins and Paromomycins

The water-soluble, amorphous natures of the 2-deoxystreptamine antibiotics render their identification and characterization very difficult. It has taken some time to establish the number of ndividual members in each group and many have been reported ndependently under different names. Dextromycin and framy-cetin have been shown to consist predominantly of neomycin B together with small amounts of neomycin C and streptothricins B_1 and B_2 are identical with neomycins C and B respectively. Fradio-nycin and flavomycin are also neomycins and paromomycin has been variously reported as hydroxymycin, aminosidin, catenulin and zygomycin A_1.

NEOMYCINS A, B AND C

Neomycin, a basic antibiotic produced by *S. fradiae*, was isolated by Waksman and Lechevalier in 1949.[28] The fermentation broth was acidified to pH $2 \cdot 0$–$2 \cdot 5$, clarified by stirring with charcoal, filtered, neutralized and the antibiotic adsorbed onto an inorganic cation exchange material. Elution by 10 per cent aqueous ammonium chloride solution was succeeded by adsorption onto charcoal, from which the antibiotic was eluted as the hydrochloride by methanolic hydrochloric acid. Evaporation of the eluate yielded the crude salt which was purified further by chromatography or by crystallization as the picrate.[29]

Neomycin shows some similarities to streptothrycin and streptomycin in chemical and biological properties but was clearly differentiated by its counter-current distribution pattern, which also demonstrated that it was a mixture of several similar components.[29] Further studies resulted in the isolation of three distinct entities, neomycins A,[30] B[31] and C.[32] Neomycin A was shown, subsequently, to be a common degradation product of neomycins B and C.

Structures

Neomycins B and C were found to be isomeric compounds, $C_{23}H_{46}N_6O_{12}$, which when treated with methanolic hydrogen chloride gave the same amorphous amine-hydrochloride, but the accompanying methyl glycosides were different.[32] The hydrochloride of the common degradation product, neamine, was

4

eventually obtained in a crystalline form and found to be identica
with neomycin A.[32, 33]

Neobiosamines B and C. The methyl glycosides obtained by
methanolysis of neomycins B and C were designated methy

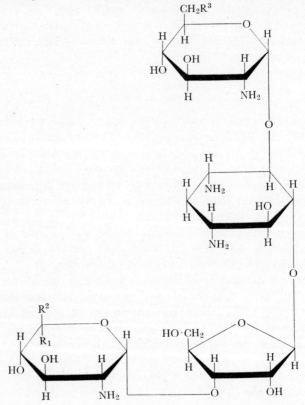

	R¹	R²	R³
Neomycin B	—CH₂NH₂	H	—NH₂
Neomycin C	H	—CH₂NH₂	—NH₂
Paromomycin I	—CH₂NH₂	H	—OH
Paromomycin II	H	—CH₂NH₂	—OH

neobiosaminides B and C. Both were found to be mixtures of anomeric α- and β-glycosides that were readily hydrolysed to the respective isomeric neobiosamines, $C_{11}H_{22}N_2O_8$ (identical muta-rotation values).[34]

The production of furfural during the hydrolysis of the methyl neobiosaminides suggested the presence of a pentose moiety and this was confirmed by the isolation of the aldopentose D-ribose, $C_5H_{10}O_5$, from the hydrolysis of their N,N'-dibenzoyl derivatives by hydrochloric acid.[35] The distinguishing feature of both neobiosamines was evidently a diaminohexose and it remained only to identify these components (neosamines B and C) to determine the structure of the two disaccharides.

Reduction of neosamine B (the diaminohexose obtained by acid hydrolysis of neobiosamine B) by sodium borohydride afforded a tetrahydroxydiamine, neosaminol B, which readily formed an N,N'-bis(2,4-dinitrophenyl) derivative (22). The results of periodate and periodate-permanganate oxidations of (22) proved the presence of three adjacent hydroxyl groups and a terminal aminomethyl group; thereby establishing neosaminol B as a 2,6-diamino-1,3,4,5-tetrol.[36]

The production of N-dinitrophenyl-L-serine by the oxidation of (22) (from C-1, C-2 and C-3) proved that neosamine B had the D-configuration at C-2[36] and the derivation of L-isoserine from methyl neobiosaminide B (from C-4, C-5 and C-6) established the L-configuration at C-5.[37,40] On the basis of these results, together with additional evidence obtained from the study of rotational increments in cuprammonium solutions, neosamine B was assigned the L-idose stereochemistry.[37]

Periodate oxidation of neosamine B gave rise to negligible amounts of formaldehyde, proving it to be an aldohexose and similar oxidative studies of methyl neobiosaminide B and neobiosaminol B established pyranose structures for both components of neobiosamine B.[36] The D-ribose unit was shown to be linked at C-3 by an α-glycosidic bond to the C-1 of neosamine B and the structure of neobiosamine B is represented, therefore, by formula (23)[36,38] (Chart 5.4).

Neosamine C, obtained by the hydrolysis of neobiosamine C, is also a diaminohexose and its structure, together with that of the parent disaccharide, was determined by similar methods,[39]

CHART 5.4

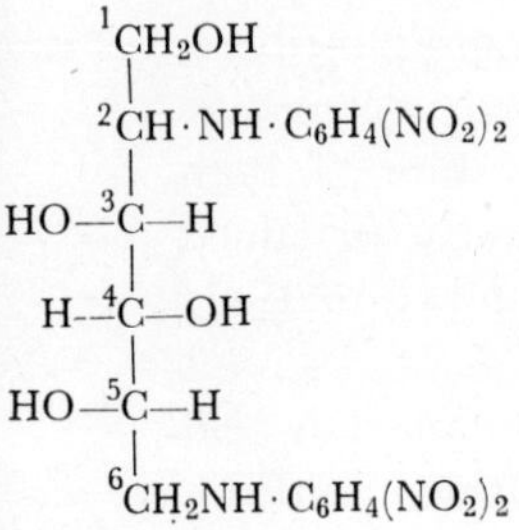

^{1}CH$_2$OH

^{2}CH·NH·C$_6$H$_4$(NO$_2$)$_2$

HO—^{3}C—H

H—^{4}C—OH

HO—^{5}C—H

^{6}CH$_2$NH·C$_6$H$_4$(NO$_2$)$_2$

(22)

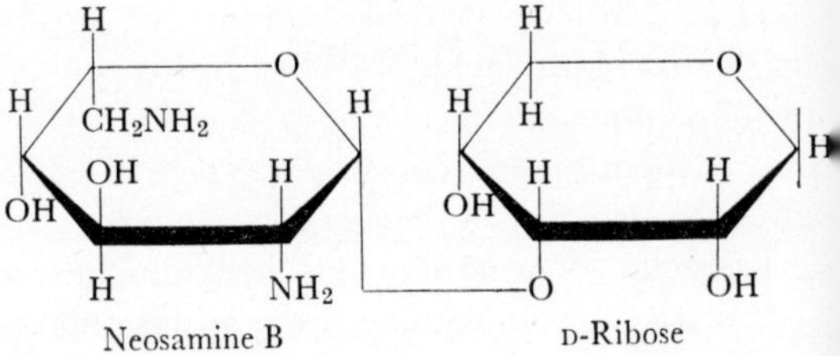

Neosamine B

D-Ribose

Neobiosamine B

(23)

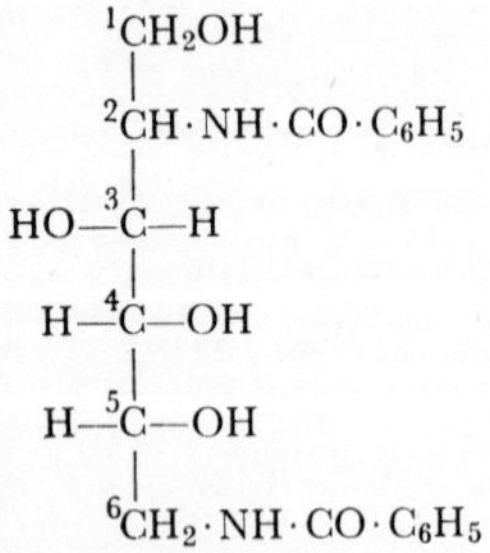

^{1}CH$_2$OH

^{2}CH·NH·CO·C$_6$H$_5$

HO—^{3}C—H

H—^{4}C—OH

H—^{5}C—OH

^{6}CH$_2$·NH·CO·C$_6$H$_5$

(24)

Neosamine C

D-Ribose

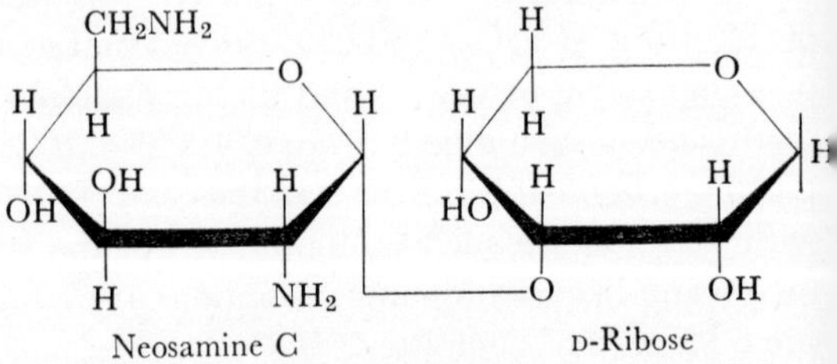

Neobiosamine C

(25)

N,N'-dibenzoyl neosaminol C (24) consumed 2 mol. of sodium periodate and further oxidation of the reaction products by bromine-water, followed by hydrolysis gave L-serine (from C-1, C-2 and C-3) and glycine. Methyl N,N'-dibenzoylneobiosaminide C also reacted with 2 mol. equiv. of periodate and on further oxidation yielded D-isoserine (from C-4, C-5 and C-6). The formation of isoserine established neosamine C as an aldohexose, the presence of a vicinal glycol grouping showed that it had a pyranose structure and accordingly, neosamine C was assigned the D-glucose stereochemistry. Nuclear magnetic resonance determinations demonstrated the presence of an α-glycosidic linkage in neobiosamine C[38] and degradative studies on hexa-acetyl neomycin C showed that, as in the case of neobiosamine B, it linked C-3 of the D-ribose residue molecule and C-1 of the neosamine C moiety; hence (25) represents the structure of neobiosamine C (Chart 5.4).[40]

It will be seen, therefore, that neosamine B and neosamine C differ only in the stereochemistry of the aminomethyl group attached to C-5, and this is consequently the sole distinguishing feature between the respective neobiosamines and neomycins.

Neamine (Neomycin A). Neamine, $C_{12}H_{26}N_4O_6$, the common basic degradation product of neomycins B and C, when treated with hydrochloric acid, gave a diaminocyclohexanetriol (26) and selective hydrolysis of its pentabenzoate afforded the N,N'-dibenzoyl derivative (27). Periodic acid oxidized (27) to a dialdehyde, characterized as the *bis*diethylmercaptal (28), and Raney nickel desulphurization of this derivative afforded *meso*-2,4-dibenzoylaminopentane (29). One portion of the neamine molecule was thus shown to be a 1,3-diaminocyclohexane-4,5,6-triol[41] and, on the basis of its lack of optical activity and presumed biogenetic relationship with streptamine, an all-*trans* configuration (26), corresponding to 2-deoxystreptamine, was suggested (Chart 5.5). This proposal has now received confirmation from optical rotatory evidence obtained by Hichens and Rinehart[42] and the absolute stereochemistry of the molecule (30) has been determined[42] (cf. streptidine p. 78).

The identity of the remaining portion of neamine was determined by degradation of its tetra(N-acetyl) derivative.[41] Hydrolysis by aqueous hydrochloric acid gave almost equal amounts of 2-deoxystreptamine (26) and neosamine C, the diamino-sugar that had also been isolated from neobiosamine C in earlier degradative studies. Tetra (N-acetyl) neamine consumed two molecular equivalents of periodate thus establishing a C-4 or a C-6 glycosidic linkage in deoxystreptamine and a pyranose structure for neosamine C. The application of Hudson's rule to the molecular rotations of derivatives of methyl neosaminide C indicated an α-glycosidic

CHART 5.5

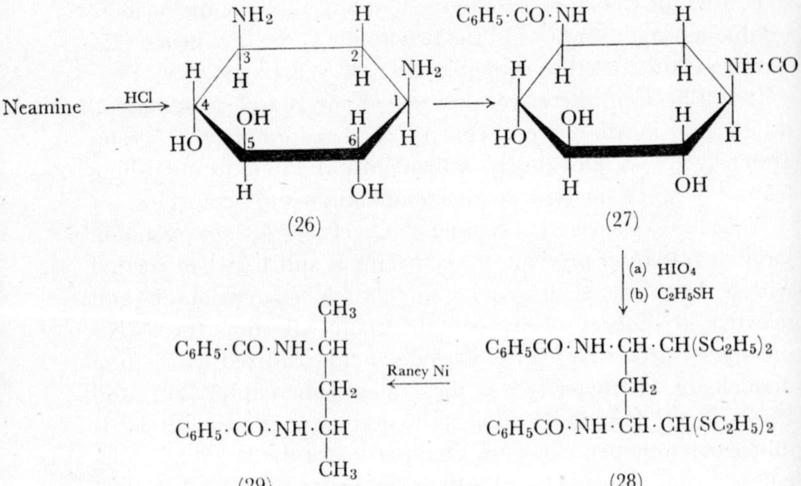

linkage and the isolation of 6-O-methyldeoxystreptamine, from the hydrolysis of the fully N-acetylated, O-methylated derivatives of neomycins B and C, completed the evidence necessary to establish (31) as the structure of neamine (neomycin A).[39, 40]

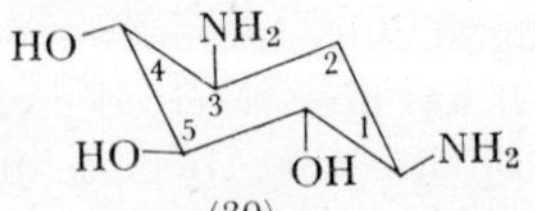

Further degradative studies on neomycins B and C and their derivatives[40] confirmed the presence in both cases of glycosidic

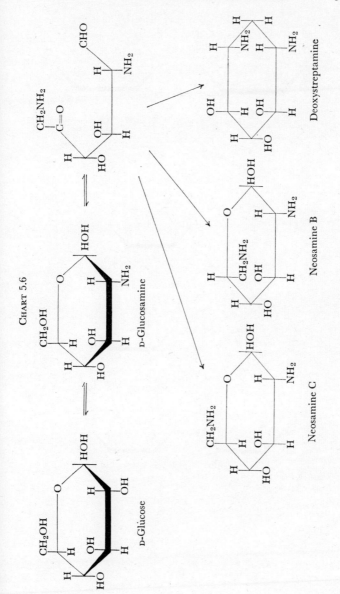

CHART 5.6

(Neosamine C)
(Deoxystrept

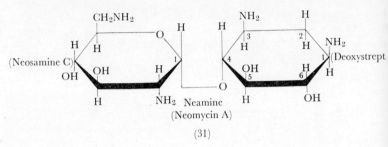

Neamine
(Neomycin A)
(31)

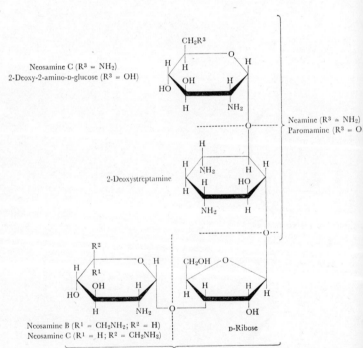

Neosamine C (R^3 = NH_2)
2-Deoxy-2-amino-D-glucose (R^3 = OH)
Neamine (R^3 = NH_2)
Paromamine (R^3 = O
2-Deoxystreptamine
Neosamine B (R^1 = CH_2NH_2; R^2 = H)
Neosamine C (R^1 = H; R^2 = CH_2NH_2)
D-Ribose

Neobiosamines B and C
(32)

	R^1	R^2	R^3
Neomycin B (32a)	$—CH_2NH_2$	H	NH_2
Neomycin C (32b)	H	$—CH_2NH_2$	NH_2
Paromomycin I (32c)	$—CH_2NH_2$	H	OH
Paromomycin II (32d)	H	$—CH_2NH_2$	OH

bonds between C-1 of the D-ribose units in the neobiosamines and C-5 of the 2-deoxystreptamine unit of neamine and, by a study of the nuclear magnetic resonance spectra of the antibiotics,[38] they were shown to be β-linkages. It was also demonstrated that, although the D-ribose moieties existed in the pyranose form in the neobiosamines, they had the furanose structures in the parent antibiotics.[40] The evidence to establish the structures of neomycins B and C was thus complete and they are represented by formulae (32a) and (32b) respectively.[37,42]

Biogenesis

Rinehart et al.[37] have obtained evidence, from studies on the incorporation of [1-14C]glucose, [6-14C]glucose and [1-14C]-glucosamine, that both the neosamine units and 2-deoxystreptamine are derived from D-glucose according to the scheme outlined in Chart 5.6†

Sufficient evidence is not yet available, however, to determine the order in which the glycosidic bonds are formed.

PAROMOMYCINS I AND II

Paromomycin was isolated by Coffey et al.[44], in 1959, from cultures of S. rimosus forma paromycinus obtained from a soil sample collected in Colombia. The antibiotic, isolated by methods similar to those used for the neomycins, possessed broad-spectrum anti-bacterial activity, in vitro, and, on oral administration to rats, it proved toxic to Entamoeba histolytica.[45]

Structure

Haskell et al.[46] found that methanolysis of paromomycin I gave a basic product, paromamine, and a mixture of anomeric glyco-sides, α- and β-methyl parobiosaminides. Paromamine (33), $C_{12}H_{25}N_3O_7$, was shown to be an α-glycoside formed from

† Reproduced from *Antimicrobial Agents and Chemotherapy*, 1962, by kind permission of the authors and publishers.

2-deoxy-2-amino-D-glucose joined at C-1 to the C-4 of a 2-deoxy-streptamine unit.

2-Deoxy-2-amino-D-glucose   2-Deoxystreptamine

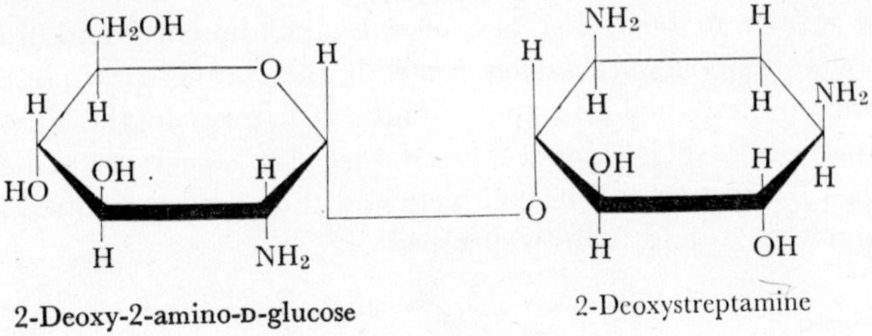

Paromamine

(33)

Parobiosamine, $C_{11}H_{22}N_2O_8$, was characterized as an O-(diaminohexosyl)-D-ribose in which both units had pyranose structures and the basic component, paromose, was found to be a 2,6-dideoxy-2,6-diaminohexose joined to C-3 of the D-ribose unit by an α-glycosidic linkage.[46] Rinehart et al.[40] proved that paromose and neosamine B were identical and that parobiosamine corresponded to neobiosamine B (23).

Further degradative studies on paromomycin I and evaluation of its nuclear magnetic resonance spectrum established that the stereochemistry of the 2-deoxystreptamine unit[42] and the glycosidic linkages in paromomycin and neomycin B were identical. As in the case of the neomycins, the D-ribose unit in paromomycin I was found to have the furanose structure; the antibiotic therefore has the structure (32c), differing from neomycin B only in the replacement of the neosamine C unit by a 2-deoxy-2-amino-D-glucose residue.[37,40]

A minor component, paromomycin II has been isolated from commercial paromomycin. Strong acid hydrolysis afforded neosamine C and the structure (32d) has been proposed.[38]

Clinical Applications

The medicinal product, which contains all three neomycins, provides a stable antibiotic with a broad spectrum of activity. It i widely used for treating topical infections and its lack of absorption from the gastrointestinal tract makes it suitable for sterilization of the gut. Its nephrotoxic and ototoxic actions demand caution in parenteral administration but it has been used in the treatment of serious systemic infections caused by gram-negative bacteria.[43]

Paromomycin possesses the antimicrobial properties common to this group of antibiotics and, in addition, it is toxic to *E. histolytica*. It is poorly absorbed from the alimentary tract and has proved effective in curing amoebic dysentery, shigellosis and salmonellosis.[47]

The Kanamycins

Like the other members of this group the kanamycins are basic, water-soluble antibiotics active against *M. tuberculosis*, gram-positive and gram-negative bacteria. They were isolated by Umezawa *et al*. from cultures of *S. kanamyceticus* obtained from soil collected in the Nagarov district of Japan.[48]

Kanamycin A was separated from fermentation broths by adsorption onto a carboxylic ion-exchange resin in the sodium cycle and elution by aqueous dilute hydrochloric acid. The eluate was neutralized, diluted, the product readsorbed onto the resin in the ammonium cycle and eluted by 0·2 N aqueous ammonium hydroxide. The concentrated eluate was added to methanol, the solution adjusted to pH 8·0–8·2 by the addition of dilute sulphuric acid and the crystalline sulphate separated.[49]

Paper chromatography[49] and ion-exchange chromatography[50] revealed the presence of two minor congeners, kanamycins B and C. Kanamycin B was isolated by counter-current distribution of the salicylidene derivatives and by chromatography;[51] kanamycin C was obtained by ion-exchange chromatography of the mother liquors from the crystallization of kanamycin sulphate.[52]

Structures

Kanamycin A, $C_{18}H_{36}N_4O_{11}$, the major component, was more resistant to acids and alkalies than the neomycins, but on refluxing

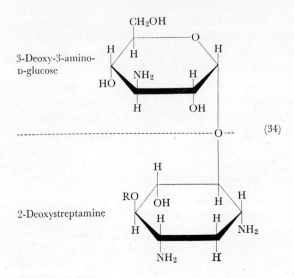

3-Deoxy-3-amino-
D-glucose

(34)

2-Deoxystreptamine

Kanamycin A (34a) R =   (6-Deoxy-6-
D-glucose)

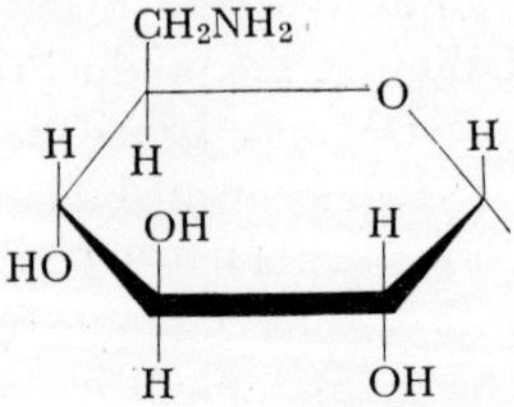

Kanamycin B (34b) R =   Diaminohexose (structure unknown)

Kanamycin C (34c) R =   (2-Deoxy-2-
D-glucose)

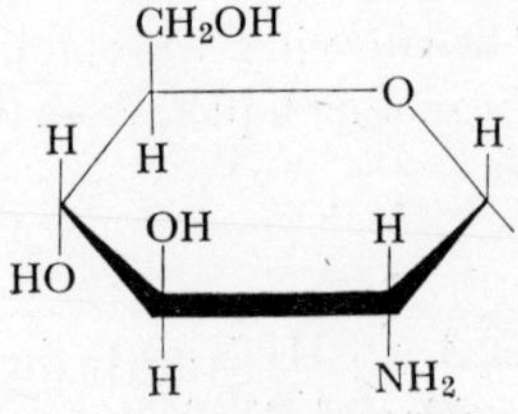

with 6 N hydrochloric acid it yielded 2-deoxystreptamine[49,53] and two amino sugars identified as 6-deoxy-6-amino-D-glucose[53] and 3-deoxy-3-amino-D-glucose.[53,54] Hydrolysis of fully methylated kanamycin A afforded the 5-methyl ether of 2-deoxystreptamine and the survival of the deoxystreptamine unit when kanamycin A was oxidized by periodate confirmed that the glycosidic linkages were at the C-4- and C-6-positions.[54] The infrared spectrum of kanamycin A was indicative of two α-glycosidic linkages and the strong dextrarotation of the deca-acetate supported this view.[55]

Kanamycin B. Hydrolysis of tetra(N-acetyl)kanamycin B yielded di(N-acetyl)-2-deoxystreptamine, 3-deoxy-3-amino-D-glucose and an, as yet unidentified, diaminohexose.[51]

Kanamycin C. Hydrochloric acid hydrolysis of tetra(N-acetyl)-kanamycin C, $C_{18}H_{32}N_4O_{11}(CH_3CO)_4$, gave 3-deoxy-3-amino-D-glucose and paromamine (33).[56] The structure of paromamine was known and the determination of the absolute stereochemistry of 2-deoxystreptamine[42] established the structure of kanamycin C as (34c). The isomeric kanamycin A may be assumed to have structure (34a) and kanamycin B will be represented by (34b).[37]

Clinical Applications

The kanamycin complex is absorbed rapidly on intramuscular injection but poorly absorbed when administered orally. It has a degree of ototoxicity but, used with discretion, its lack of cross resistance makes it useful against staphylococcal infections, especially refractory urinary tract infections that have failed to respond to other antibiotics. It is not as effective as the other members of this group of antibiotics in the treatment of tuberculosis.[47]

References

1. WAKSMAN, *Streptomycin*, Williams and Wilkins, Baltimore, 1949, p. 1.
2. WAKSMAN and WOODRUFF, *Proc. Soc. Exp. Biol. Med.* **49**, 207 (1942).
3. SHATZ, BUGIE and WAKSMAN, *ibid.* **55**, 66 (1944).
4. SHATZ and WAKSMAN, *ibid.* **57**, 244 (1944).
5. HINSHAW and FELDMAN, *Proc. Staff Meeting Mayo Clinic*, **20**, 313 (1945).
6. TISHLER, *Streptomycin*, Williams and Wilkins, Baltimore, 1949, p. 32.

7. BRINK and FOLKERS, *ibid.* p. 55.
8. CARTER, CLARK, DICKMAN, LOO, MEEK, SKELL, STRONG, ALBERI, BARTZ, BINKLEY, CROOKS, HOOPER and REBSTOCK, *Science,* **103**, 553 (1946).
9. PECK, HOFFHINE, PEEL, GRABER, HOLLY, MOZINGO and FOLKERS, *J. Amer. Chem. Soc.* **68**, 776 (1946).
10. WOLFROM, OLIN and POLGLASE, *ibid.* **72**, 1724 (1950).
10a. DYER and TODD, *J. Amer. Chem. Soc.* **85**, 3897 (1963).
11. KUEHL, FLYNN, HOLLY, MOZINGO and FOLKERS, *ibid.* **68**, 536 (1946).
12. BRINK, KUEHL, FLYNN and FOLKERS, *ibid.* **68**, 2405 (1946); *ibid.* **70**, 2085 (1948).
13. KUEHL, FLYNN, BRINK and FOLKERS, *ibid.* **68**, 2679 (1946).
14. FRIED, WALZ and WINTERSTEINER, *ibid.* **68**, 2746 (1946).
15. KUEHL, BISHOP, FLYNN, BRINK and FOLKERS, *ibid.* **70**, 2613 (1948).
16. KUEHL, FLYNN, BRINK and FOLKERS, *ibid.* **68**, 2096 (1946).
17. KUEHL, PECK, HOFFHINE, PEEL and FOLKERS, *ibid.* **69**, 1234 (1947); KUEHL, PECK, HOFFHINE, PEEL and FOLKERS, *ibid.* **70**, 2321 (1948); KUEHL, PECK, HOFFHINE and FOLKERS, *ibid.* **70**, 2325 (1948).
18. WOLFRAM, CRON, DE WALT and HUSBAND, *ibid.* **76**, 3675 (1954).
19. SCHENCK and SPIELMAN, *ibid.* **67**, 2276 (1945).
20. BARTZ, CONTROULIS, CROOKS and REBSTOCK, *ibid.* **68**, 2163 (1946).
21. TATSUOKA, KUSUKA, MIYAKE, INOUE, HITOMI, SHIRAISHI, IWASAKI and IMANISHI, *Pharm. Bull. (Tokio)*, **5**, 343 (1957).
22. FRIED and TITUS, *J. Biol. Chem.* **168**, 391 (1947).
23. FRIED and STAVELY, *J. Amer. Chem. Soc.* **74**, 5461 (1952).
24. PERLMAN and LANGLYKKE, *ibid.* **70**, 3968 (1948).
25. BENEDICT, STODOLA, SHOTWELL, BORUD and LINDENFELSER, *Science*, **112**, 77 (1950).
26. STODOLA, SHOTWELL, BORUD, BENEDICT and RILEY, *J. Amer. Chem. Soc.* **73**, 2290 (1951).
27. HUNTER, *Microbiol.* **2**, 312 (1956).
28. WAKSMAN and LECHEVALIER, *Science*, **109**, 305 (1949).
29. SWART, HUCHISON and WAKSMAN, *Archiv. Biochem.* **24**, 92 (1949).
30. PECK, HOFFHINE, GALE and FOLKERS, *J. Amer. Chem. Soc.* **71**, 2590 (1949).
31. REGNA and MURPHY, *ibid.* **72**, 1045 (1950).
32. DUTCHER, HOSANSKY, DONIN and WINTERSTEINER, *ibid.* **73**, 1384 (1951).
33. PECK, HOFFHINE, GALE and FOLKERS, *ibid.* **75**, 1018 (1953); FORD, BERGY BROOKS, GARRETT, ALBERTI, DYER and CURTIS, *ibid.* **77**, 5311 (1955).
34. RINEHART, WOO, ARGOUDELIS and GIESBRECHT, *ibid.* **79**, 4567 (1957).
35. RINEHART, WOO, ARGOUDELIS and GIESBRECHT, *ibid.* **79**, 4568 (1957).
36. RINEHART, ARGOUDELIS, CULBERTSON, CHILTON and STREIGLER, *ibid.* **82**, 2970 (1960).
37. RINEHART, HICHENS and ARGOUDELIS, *Antimicrobial Agents and Chemotherapy* 1961 American Society for Microbiology, Detroit (1962), p. 268; RINEHART HICHENS, FOGHT and CHILTON, *ibid.* 1962, p. 193.
38. RINEHART, CHILTON, HICHENS and PHILLIPSBORN, *J. Amer. Chem. Soc.* **84**, 3216 (1962).
39. RINEHART, WOO and ARGOUDELIS, *ibid.* **80**, 6461, (1958); RINEHART and WOO, *ibid.* **80**, 6468 (1958); **83**, 643 (1961).

40. RINEHART, HICHENS, ARGOUDELIS, CHILTON, CARTER, GEORGIADIS, SCHAFFNER and SCHILLING, *ibid.* **84**, 3218 (1962).

41. KUEHL, BISHOP and FOLKERS, *ibid.* **73**, 881 (1951); CARTER, DYER, SHAW, RINEHART and HICHENS, *ibid.* **83**, 3723 (1961).

42. HICHENS and RINEHART, *ibid.* **85**, 1547 (1963).

43. WAKSMAN, *Neomycin*, Rutgers University Press, New Brunswick, N. Jersey, 1953.

44. COFFEY, ANDERSON, FISHER, GALBRAITH, HILLEGAS, KOHBERGER, THOMPSON, WESTON and EHRLICH, *Antibiotics and Chemotherapy*, **9**, 730 (1959).

45. THOMPSON, BAYLES, HERBST, OLSZEWSKI and MEISENHELDER, *ibid.* **9**, 618 (1959).

46. HASKELL, FRENCH and BARTZ, *J. Amer. Chem. Soc.* **81**, 3480, 3481, 3482 (1959).

47. PRATT, *J. Pharm. Sci.* **51**, 1 (1962).

48. TAKEUCHI, HIKITI, NITTA, YAMAZAKI, ABE, TAKAYAMA and UMEZAWA, *J. Antibiotics (Japan)*, Ser. A. **10**, 107 (1957).

49. CRON, JOHNSON, PALERMITI, PERRON, TAYLOR, WHITEHEAD and HOOPER, *J. Amer. Chem. Soc.* **80**, 752 (1958); MAEDA, UEDA, YAGISHITA, KAWAJI, KONDO, MURASE, TAKEUCHI, OKAMI and UMEZAWA, *J. Antibiotics (Japan)*, Ser. A. **10**, 228 (1957).

50. ROTHROCK, GOEGELMAN and WOLF, *Antibiotics Annual*, 1958–9, Medical Encyclopedia Inc., New York, 1959, p. 796.

51. SCHMITZ, FARDIG, O'HERRON, ROUSCHE and HOOPER, *J. Amer. Chem. Soc.* **80**, 2911 (1958); WAKASAWA, SUGANO, ABE, FUKALSA and KAWASI, *J. Antibiotics (Japan)*, Ser. A. **14**, 180 (1961); *Chem. Abs.* **57**, 3566 (1962).

52. MURASE, WAKASAWA, ABE and KAWAJI, *J. Antibiotics (Japan)*, Ser. A. **14**, 156 (1961); *Chem. Abs.* **56**, 9204 (1962).

53. CRON, FARDIG, JOHNSON, SCHMITZ, WHITEHEAD, HOOPER and LEMIEUX, *J. Amer. Chem. Soc.* **80**, 2342 (1958).

54. CRON, FARDIG, JOHNSON, WHITEHEAD, HOOPER and LEMIEUX, *ibid.* **80**, 4115 (1958).

55. CRON, EVANS, PALERMITI, WHITEHEAD and HOOPER, *ibid.* **80**, 4741 (1958).

56. MURASE, KAISHA and KAWASAKI, *J. Antibiotics (Japan)*, Ser. A. **14**, 367 (1961); *Chem. Abs.* **57**, 9940 (1962).

CHAPTER VI

Antibiotics Derived Mainly from Acetate or Propionate Units

1. Fused-ring Systems

ACETIC acid, propionic acid, and their simple derivatives are frequently utilized in nature as building units in the biosynthesis of organic compounds; it is not surprising, therefore, to find that many antibiotics are derived from them. To effect a convenient segregation, the large number of clinically useful antibiotics belonging to this group has been divided into three sections, on the basis of their general molecular structure. Those with fused-ring structures are described in this chapter.

The tetracyclines, which all possess a common hydronaphthacene skeleton, have proved to be a most valuable group of broad-spectrum antibiotics. Griseofulvin, on the other hand, has a heterocyclic nucleus containing a spiran ring junction. It is almost devoid of antibacterial action but its fungicidal properties have revolutionized the treatment of many fungal infections that affect man and animals. Fusidic acid, a recent addition to the list of antibiotics in clinical use, also represents a different type of chemical structure and has as its nucleus the perhydro-1,2-cyclopentanophenanthrene system of the steroids. Antibacterial activity has been discovered recently among other compounds of this type and they present an interesting addition to the already large variety of chemical structures found among the antibiotics.

It has been established that the tetracyclines and griseofulvin are formed, mainly, from acetate units and, although no work on the biogenesis of fusidic acid has been published, it seems reasonable to assume, that like other steroids, it is also derived from this source.

The Tetracyclines

The tetracyclines comprise a group of antibiotics characterized by their common hydronaphthacene skeleton and broad spectra of antibacterial activity. Chlortetracycline (aureomycin), the first member of the group to be isolated, was discovered by Duggar[1] in 1948 among the metabolic products of *Streptomyces aureofaciens*. 5-Oxytetracycline (terramycin) was isolated two years later from *S. rimosus* fermentations by Finlay *et al.*[2]

Tetracycline was first prepared by hydrogenolysis of 7-chlor-tetracycline[3, 4] but strains of streptomyces capable of producing this compound directly have since been discovered.[5, 6] More recently, a new family of antibiotics based on 6-demethyltetracycline has been isolated by McCormick *et al.*[7] using mutant strains of *S. aureofaciens*.

All the tetracyclines are amphoteric and many crystalline salts with strong acids and strong bases have been prepared. Each has three ionizable groups, with pK_a's ranging from *ca.* 3·3 to 9·7. Their common chromophoric system gives rise to characteristic

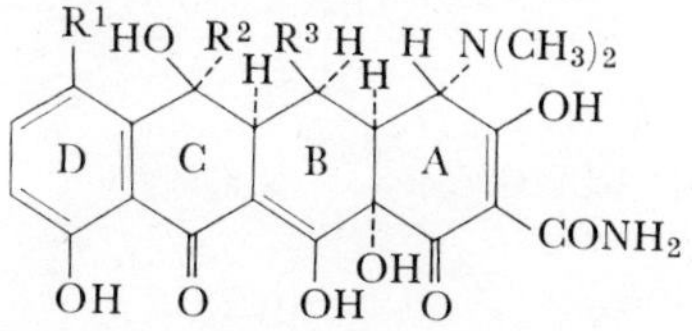

	R^1	R^2	R^3
Tetracycline	H	CH_3	H
7-Chlortetracycline (aureomycin)	Cl	CH_3	H
5-Oxytetracycline (terramycin)	H	CH_3	OH
6-Demethyltetracycline	H	H	H

adsorption spectra that extend into the visible region, imparting a yellow colour to all the members of the family. The tetracyclines form chelates with many metal ions and it has been suggested that this property is responsible, in part, for their antibacterial activity.

Numerous methods have been devised for isolating the tetracyclines. They may be precipitated from the filtered culture medium, at pH 8–10 in the presence of a divalent cation, as the salt with a cationic surface active agent, as the calcium or the mixed barium–magnesium salts, or at pH 1–1·5 as the chelate compound with ferric iron. The crude tetracyclines may be purified by ion-exchange chromatography or *via* their salts, from which they are regenerated by treatment with mineral acids.[8]

Structure

5-*Oxytetracycline*

Although 7-chlortetracycline (aureomycin) was the first member of the group to be isolated, 5-oxytetracycline (terramycin) was the first to yield the secrets of its structure.[9] The elegant work that led to the solution of this problem laid the foundations for subsequent degradative studies in this field.

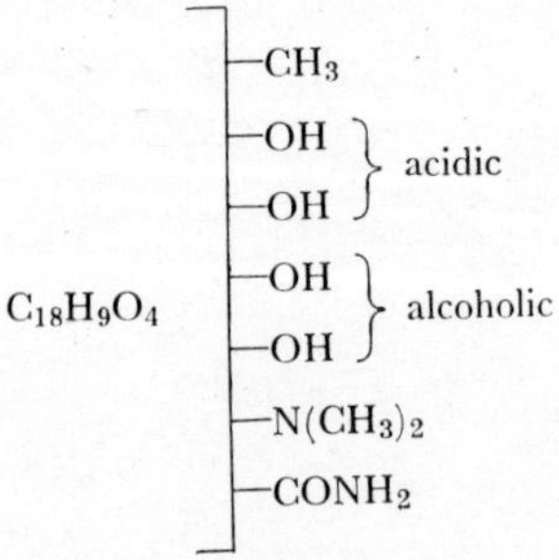

$$C_{18}H_9O_4 \begin{cases} -CH_3 \\ \left. \begin{array}{l} -OH \\ -OH \end{array} \right\} \text{acidic} \\ \left. \begin{array}{l} -OH \\ -OH \end{array} \right\} \text{alcoholic} \\ -N(CH_3)_2 \\ -CONH_2 \end{cases}$$

(1)

5-Oxytetracycline is an amphoteric substance with pK_a values of 3·5, 7·6 and 9·2 but, in spite of being almost unique among natural products for the variety of its functional groups, ultraviolet and infrared spectra contributed, initially, little definite information on its structure. The antibiotic forms a crystalline dihydrate, $C_{22}H_{24}N_2O_9 \cdot 2H_2O$; the free base was found to possess eight active hydrogen atoms and reaction with diazomethane afforded a dimethyl derivative. The diacetyl derivative still possessed two acidic functions; the nitrogen atoms were proved to belong to a dimethylamino- and a carboxamido-group, and a C-methyl group was also detected.

CHART 6.1

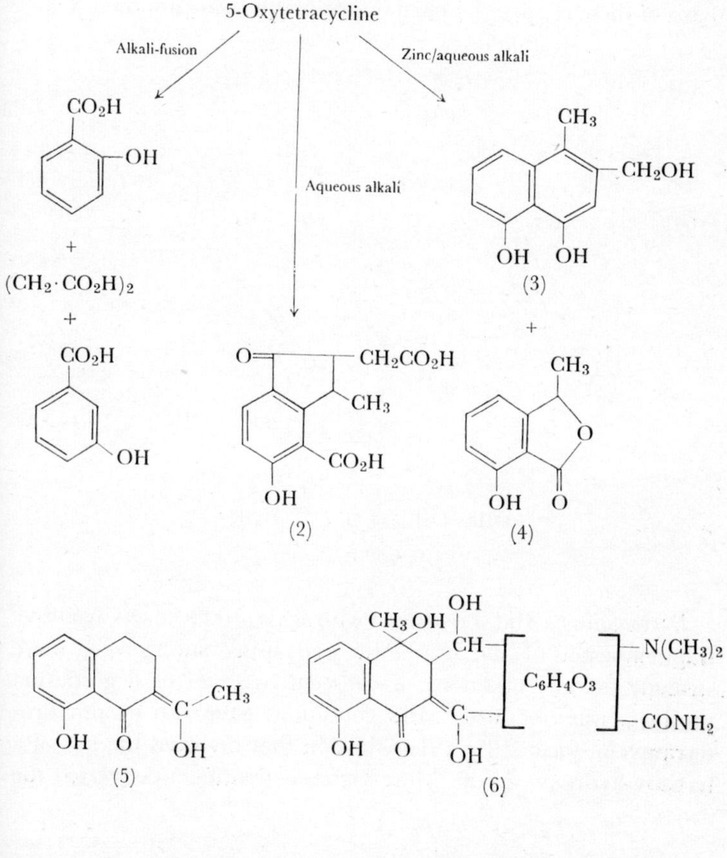

5-Oxytetracycline

This information, summarized in formula (1), provided the foundation for the brilliant degradative studies, by Woodward and his colleagues,[9] that revealed the structure of the molecule.

Degradation by Alkali. Treatment of 5-oxytetracycline with aqueous alkali caused both degradation and rearrangement (Chart 6.1), yielding terracinoic acid (2) as the principal product.[9] Aqueous alkali in the presence of zinc dust gave rise to terranaphthol (3) and the methylphthalide (4). Fusion with alkali produced succinic, salicylic and 3-hydroxybenzoic acids.

The ultraviolet absorption spectrum of the model compound (5) was found to be similar to that of the antibiotic and, on the basis of these results, the partial formula (6) was proposed.

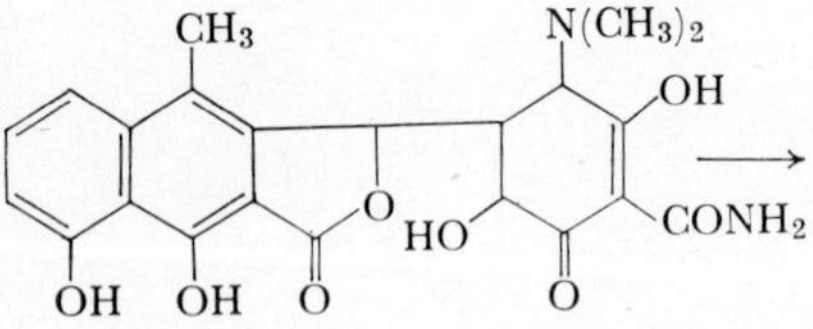

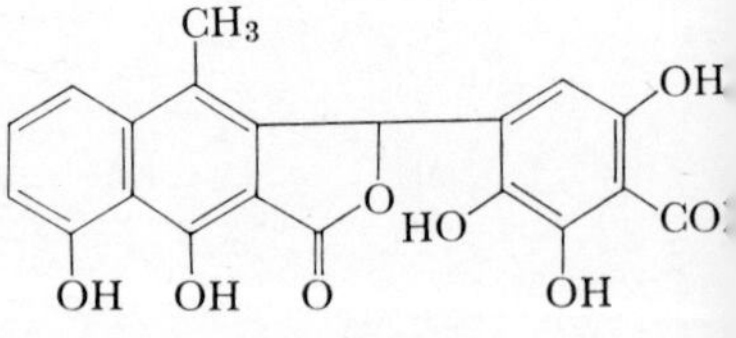

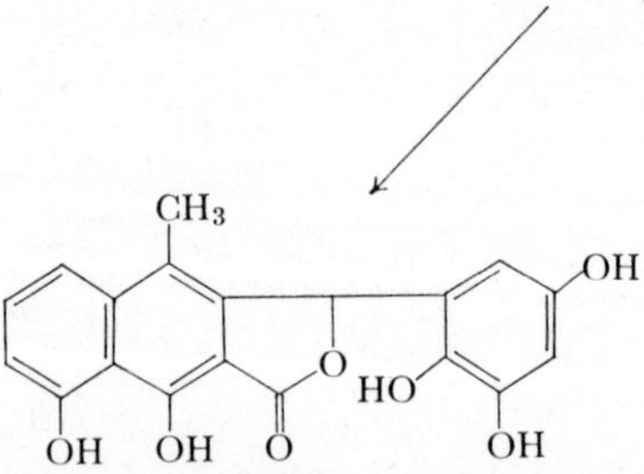

Degradation by Acid. Treatment with acids produced less extensive fragmentation of the antibiotic and using successively more strongly acidic conditions, a consecutive series of degradation products was obtained. Mild conditions gave rise to anhydro-terramycin, formed by a dehydration that involved the loss of a tertiary hydroxyl group. More vigorous treatment converted the anhydro derivative to a mixture of the isomeric α- and β-apoterra-mycins (7), which differ in the stereochemistry of the cyclohexene ring substituents. Prolonged reaction with aerated dilute acid caused further degradation to terrinolide (8) which, on more vigorous treatment, gave the decarboxamido derivative (9).

Reductive Degradation. Reduction of 5-oxyterramycin by zinc and acetic acid resulted in the elimination of the dimethylamino group, and more prolonged treatment caused the additional loss of an atom of oxygen (by hydrogenolysis of a hydroxyl group) accom-panied by a distinct change in the ultraviolet absorption spectrum. Treatment of the latter product by acids led to the loss of 2 mol. of water, to give the red naphthacene derivative (10) which, on distillation from zinc dust, was converted into naphthacene, the parent hydrocarbon (11).

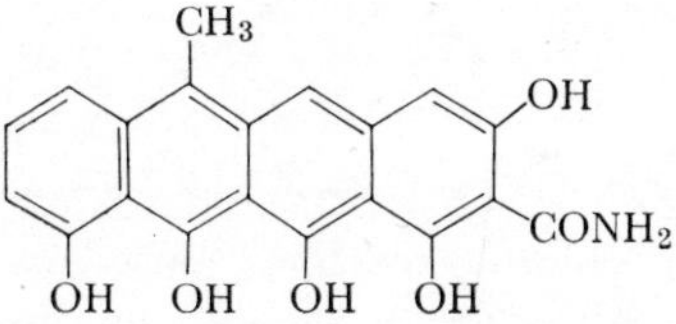

(10) 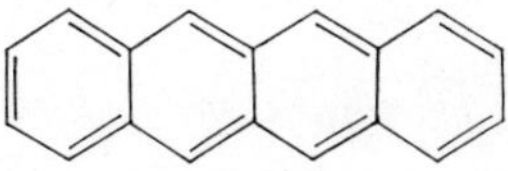   (11)

When the identities of the foregoing degradation products were established, the nature of all the substituents became apparent and only the locations of the dimethylamino group and the hydroxyl group that were removed by zinc/acetic acid remained to be determined. The foregoing evidence indicated that one of these substituents was at 4 and the other at 12a, but failed to differentiate between these alternatives. It had already been observed, however, that removing the dimethylamino group had little effect on the ultraviolet absorption spectrum of the molecule, whereas loss of the tertiary hydroxyl group produced a major change. The hydroxyl group must, therefore, occupy position 12a, since the loss of this substituent would permit a new pattern of enolization, and the dimethylamino group is evidently sited at position 4.

With the exception of C-5, the stereochemistry of all the centres in the 5-oxytetracycline molecule has been settled unequivocally.

The X-ray diffraction studies by Donohue et al.[10] support the structure (12) but the evidence for the configuration of the C-5 hydroxyl is incomplete. Tekeuchi and Buerger[11] prefer the epimeric (α) configuration for this group but a consideration of the general structure of the molecule and the principle of maximum hydrogen bonding favour Donohue's interpretation.[10]

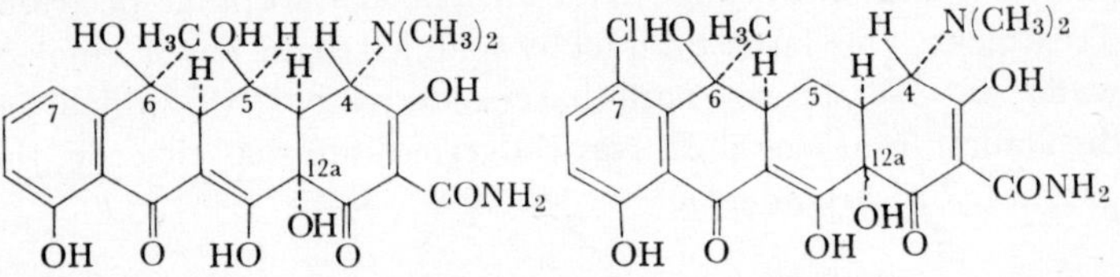

(12)   (13)

7-Chlortetracycline

The empirical formula of chlortetracycline (aureomycin), $C_{22}H_{23}N_2O_8Cl$, showed that it differed from 5-oxytetracycline by possessing a chlorine atom and containing one less hydroxyl group. The close resemblances between the ultraviolet absorption spectra and acidity constants of these two antibiotics indicated the presence of similar polycarbonyl systems, and the degradation of dedimethylaminochlortetracycline to naphthacene (11) confirmed the presence of a common tetracyclic nucleus.[12] Once the structure of 5-oxytetracycline was known it was soon demonstrated that chlortetracycline possessed a chlorine atom at C-7 and lacked the C-5 hydroxyl present in oxytetracycline. The stereochemistry of the molecule was established by X-ray diffraction studies[10] and its structure is represented by (13).

The absence of a hydroxyl group at C-5 led to a fragmentation pattern for 7-chlortetracycline (Chart 6.2) that differed considerably from that associated with 5-oxytetracycline. Degradative studies (carried out concurrently with the work on 5-oxytetra-

CHART 6.2

7-Chlortetracycline   (13)

| OH⁻

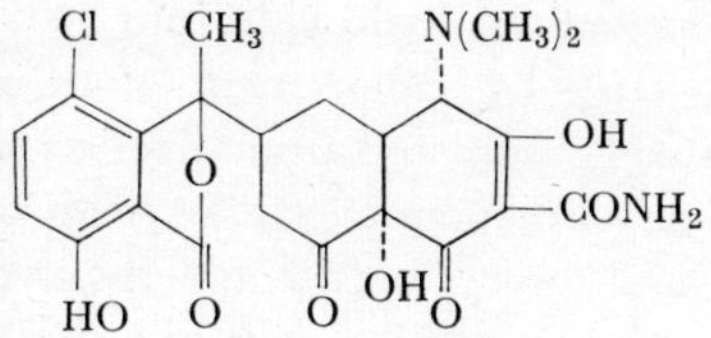

(14)

| Na₂S₂O₄, OH⁻

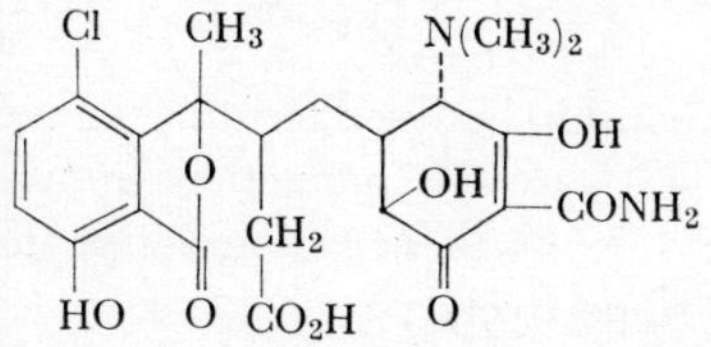

(15)

| OH⁻

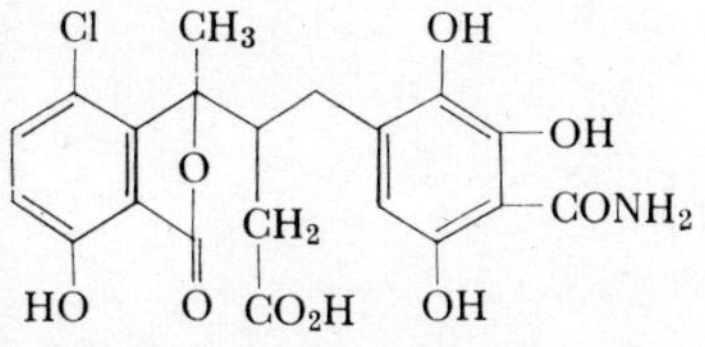

(16)

| O₂, OH⁻

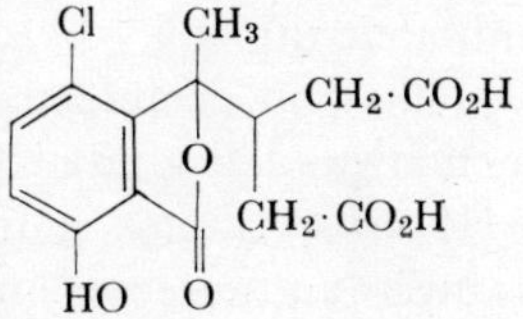

(17) 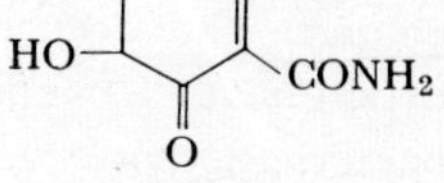   (18)

cycline) disclosed that treatment with alkali opened ring C to yield the phthalide (14) whereas, under similar conditions, rings B and C of 5-oxytetracycline are cleaved to give terracinoic acid (2).[13]

Alkaline sodium hydrosulphite opened ring B of (14) to give a mixture of the stereoisomeric α- and β-aureomycinic acids (15), which were both converted by 5 N sodium hydroxide into dedimethylaminoaureomycinic acid (16), by replacement of their dimethylamino groups with hydroxyl groups and aromatization of ring A. Aerial oxidation, in alkaline solution, cleaved (16) yielding the phthalidylglutaric acid (17) and the cyclopentene derivative (18). This interesting reaction sequence, together with the study of other degradation products, afforded confirmation of structure (13) for chlortetracycline.

Tetracycline

When the close structural relationship between terramycin and aureomycin became apparent it was agreed to name the common nucleus (19), tetracycline, and to define these antibiotics as the 5-oxy- and 7-chloro- derivatives respectively.

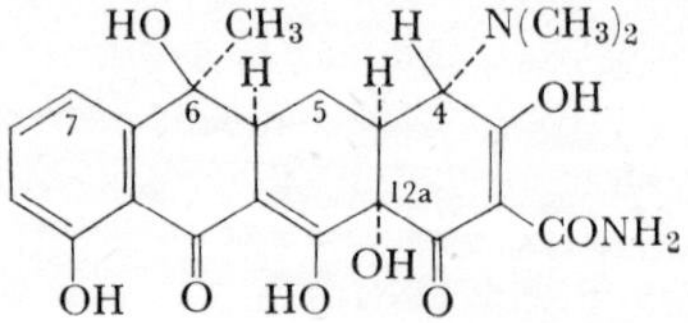

(19)

Tetracycline, itself, was first prepared by catalytic hydrogenolysis of 7-chlortetracycline[3,4] and, subsequently, strains of *Streptomyces* were isolated that produced the antibiotic directly.[5,6] Its analysis and ultraviolet spectrum showed that no deep-seated changes had occurred during the reduction, and degradative experiments[4] confirmed the structure (19). Its, *in vitro*, antibacterial activity was similar to that of terramycin and aureomycin.

6-Demethyltetracyclines

In 1957 two new tetracycline-like antibiotics were isolated from mutant strains of *S. aureofaciens*.[14] The ultraviolet absorption spectrum of one was superimposable on that of tetracycline and the spectrum of the other was identical with that recorded for 7-chlortetracycline.[14] Both compounds were degraded to naphthacene (11). Their greater stability to acids and alkalis pointed to a structural difference in ring C and further degradative studies[15,16] established that they were 6-demethyltetracycline (20; R = H) and 7-chloro-6-demethyltetracycline (20; R = Cl).

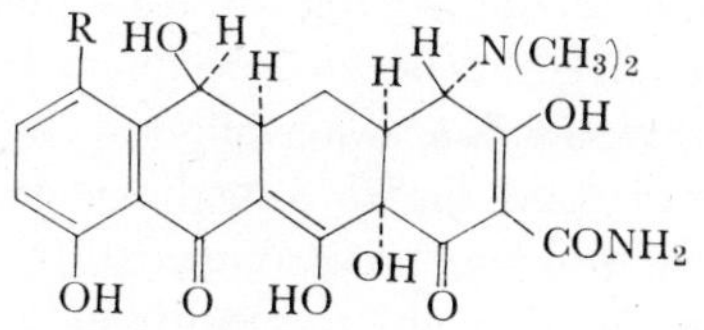

(20)

The excellent antibacterial properties of both these compounds showed that neither the 7-chloro, the 5-hydroxy nor the 6-methyl substituents were essential to antibiotic activity.

Total Synthesis

Ten years were to elapse after the determination of the structures of the tetracyclines before confirmation was obtained by total synthesis. In 1959 Boothe, Kende, Fields and Wilkinson[17] achieved the total synthesis of (±) 4-dedimethylamino-12a-deoxy-6-demethylanhydro-7-chlortetracycline (21), an analogue with *ca.* 5 per cent of the antibacterial activity of tetracycline. This success was followed by the syntheses of several closer analogues[17a] and in 1962 Conover, Butler, Johnston, Korst and Woodward[18] synthesized the fully biologically active prototype, 6-demethyl-6-deoxytetracycline (32) (Chart 6.3).

Like many naturally occurring compounds the substituents of the tetracycline molecule are in the thermodynamically stable

conformation and by the equilibration of appropriate inter-
mediates it proved possible to duplicate, completely, the stereochemistry of the natural antibiotics.

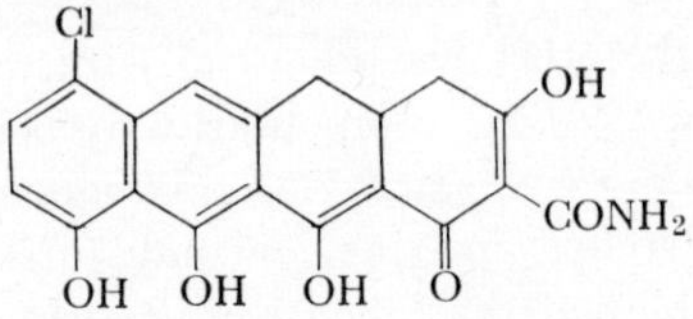

(21)

Dimethyl succinate was condensed with methyl 3-methoxy-
benzoate (22) to give the benzoylsuccinic ester (23). Michael
addition of methyl acrylate was followed by hydrolysis and
decarboxylation to yield the β-(3-methoxybenzoyl)adipic acid
(24). The ketone function was removed by hydrogenolysis,
chlorination introduced a chloro-substituent into the benzene
ring and treatment of the product with liquid hydrogen fluoride
caused cyclodehydration to 3-(5-chloro-8-methoxytetral-1-onyl)-
propionic acid (25). Condensation of the corresponding ester with
dimethyl oxalate gave a β-keto ester that was hydrolysed and
decarboxylated, in acid solution, to yield the tricyclic intermediate
(26). Reaction of (26) with n-butyl glyoxylate gave the n-butyl-
carboxylmethylene derivative which combined with dimethylamine stereospecifically to yield the base (27). The ketone function
at C-3, that served to activate the adjacent position and to
equilibrate the molecule in the thermodynamically stable form,
was reduced by sodium borohydride to an equatorial (α) hydroxyl
group and treatment with p-toluenesulphonic acid gave the
corresponding lactone (28). The lactone was converted by zinc
dust in formic acid into the acid (29; R = Cl) and the chlorine
atom in the aromatic ring then removed by hydrogenolysis to
give (29; R = H).

The mixed anhydride of (29) and isopropylcarbonic acid was
condensed with the magnesium derivative of ethyl N-t-butyl-
malonamate to give the acylmalonamate (30), which was cyclized

CHART 6.3

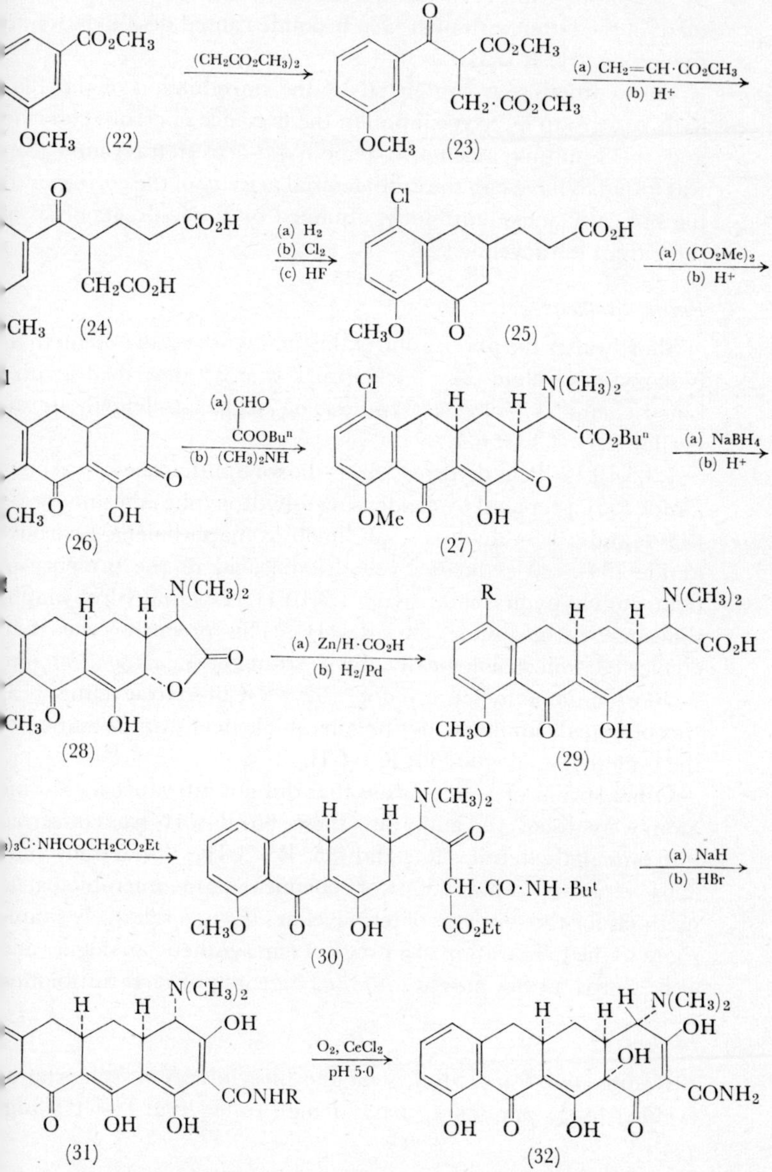

CO_2CH_3

OCH₃ (22)

$\xrightarrow{(CH_2CO_2CH_3)_2}$

(23) — with CO_2CH_3, $CH_2\cdot CO_2CH_3$, OCH₃

$\xrightarrow[\text{(b) } H^+]{\text{(a) } CH_2=CH\cdot CO_2CH_3}$

(24) — CO_2H, CH_2CO_2H, CH₃

$\xrightarrow[\text{(c) HF}]{\text{(a) } H_2 \;\; \text{(b) } Cl_2}$

(25) — Cl, CO_2H, CH₃O

$\xrightarrow[\text{(b) } H^+]{\text{(a) } (CO_2Me)_2}$

(26) — CH₃, O, OH

$\xrightarrow[\text{(b) } (CH_3)_2NH]{\text{(a) CHO, COOBu}^n}$

(27) — Cl, H, $N(CH_3)_2$, CO_2Bu^n, OMe, O, OH

$\xrightarrow[\text{(b) } H^+]{\text{(a) } NaBH_4}$

(28) — H, $N(CH_3)_2$, CH₃O, OH, O

$\xrightarrow[\text{(b) } H_2/Pd]{\text{(a) } Zn/H\cdot CO_2H}$

(29) — R, H, $N(CH_3)_2$, CO_2H, CH₃O, OH

...₃C·NHCOCH₂CO₂Et

(30) — H, $N(CH_3)_2$, CH₃O, O, OH, $CH\cdot CO\cdot NH\cdot Bu^t$, CO_2Et

$\xrightarrow[\text{(b) HBr}]{\text{(a) } NaH}$

(31) — H, H, $N(CH_3)_2$, OH, O, OH, OH, CONHR

$\xrightarrow[\text{pH } 5\cdot0]{O_2,\ CeCl_2}$

(32) — H, H, $N(CH_3)_2$, OH, OH, CONH₂, OH, O, OH, O

by sodium hydride to the tetracyclic amide $(31; R = Bu^t)$. Treatment of the latter with hydrogen bromide caused de-alkylation to the amide $(31; R = H)$.

The synthesis was completed by the introduction of the 12a-hydroxyl group by oxygenation in the presence of cerous chloride and the resulting racemic 6-demethyl-6-deoxytetracycline (32) was found to have half the antibacterial activity of the corresponding optically active antibiotic, obtained by the hydrogenolysis of the parent tetracycline.[18a]

Partial Synthesis

Shortly after the publication of the total synthesis of 6-demethyl-6-deoxytetracycline (32), McCormick et al.[19] described a combined chemical–biological synthesis of 7-chloro-6-demethyltetracycline (37) (Chart 6.4).

1,3,5,10,12 - Pentahydroxy - 6,11 - dioxonaphthacene - 2 - carboxamide (35), prepared by condensing 3-hydroxyphthalic anhydride (33) and 1,3-dihydroxy-5,8-dimethoxynaphthalene-2-carboxamide (34) was reduced by hydriodic acid in the presence of potassium hypophosphite giving 1,3,10,11,12-pentahydroxynaphthacene-2-carboxamide $(36; R = H)$. This precursor was then converted, microbiologically, by a strain of S. aureofaciens into 7-chloro-6-demethyltetracycline (37). 7-Chlortetracycline (13) was obtained, similarly, by the microbiological transformation of the 6-methyl analogue $(36; R = CH_3)$.

Other strains of S. aureofaciens that did not introduce a chlorine atom were discovered and, using these $(36; R = H)$ was converted into 6-demethyltetracycline and $(36; R = CH_3)$ into tetracycline. This elegant combination of chemical and microbiological methods for the synthesis of tetracyclines opens a relatively simple route to the preparation of a range of semisynthetic analogues and also affords further insight into the biogenesis of these antibiotics.

Biogenesis

Radioactive-tracer studies on the biosynthesis of 7-chlortetracycline, by S. aureofaciens, have demonstrated that $[1-^{14}C]$- and

[2-^{14}C]acetate,[20] [2-^{14}C]glycine and [CH$_3$-^{14}C]methionine[21] all produce high levels of ^{14}C incorporation. Birch *et al.*[22] showed that the methyl and chlorine atoms are introduced directly and

CHART 6.4

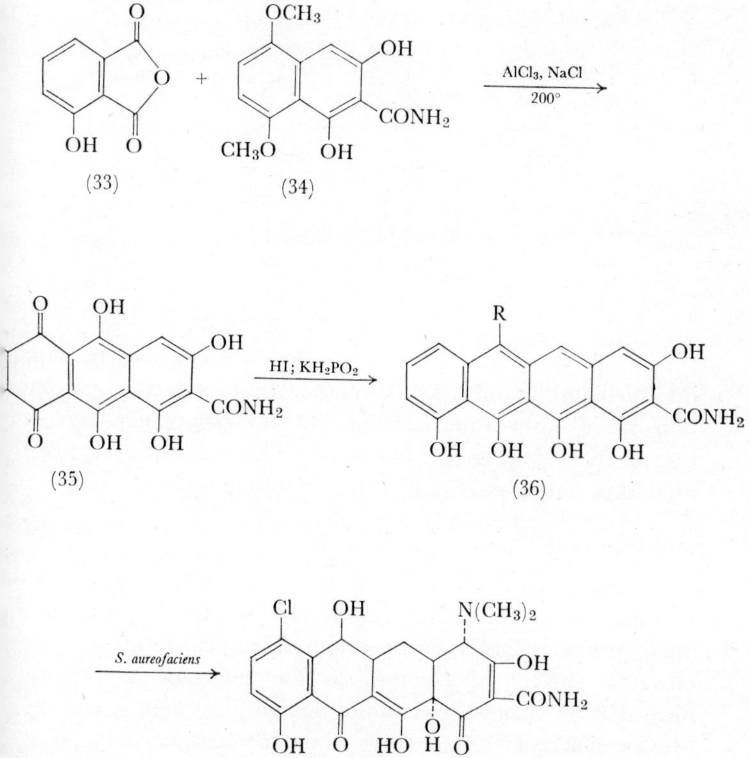

(33)   (34)

AlCl$_3$, NaCl
200°

(35)

HI; KH$_2$PO$_2$

(36)

S. aureofaciens

(37)

suggested that, whereas the greater part of the molecule is derived from acetate units linked head-to-tail, the larger part of ring A is derived from glutamic acid.[22] Gatenbeck's[23] results, on the other hand, indicate that the hydronaphthacene ring system is derived entirely from acetate units and the carboxamido group is formed from carbon dioxide produced in the fermentation. On the basis of these results the alternative early phases of the biosynthesis may be represented by (38), where the dotted arrows indicate functions introduced directly into the poly-β-ketonemethylene ring system (Gatenbeck) or derived from glutamic acid (Birch).

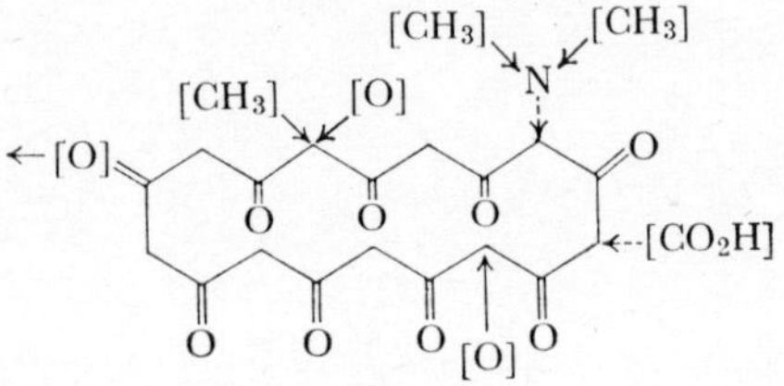

(38)

McCormick *et al.* have proved (36; $R = CH_3$) to be a late intermediate[19] and have established that oxidative hydroxylation of 5a(6)-anhydrotetracyclines (42) at C-6, succeeded by reduction of the resulting 5a(11a)-dehydrotetracyclines (45), are the final steps in the biogenesis of these antibiotics.[24]

Structure and Activity

The therapeutic value of the tetracyclines has prompted the synthesis of numerous derivatives. In addition to the various analogues produced by fermentation, it has been found possible to effect a variety of changes to the molecule by chemical means[17a, 25, 26] and a selection of these is illustrated in Chart 6.5. McCormick *et al.*[26] have carried out a comparison of the, *in vitro* antibacterial activities (measured against *Staph. aureus*) of these compounds with those of several tetracyclines produced by fermentation; the results are summarized in Table 6.1.

It is evident, from these results, that the 7-chloro-, 5-hydroxy-, 6-hydroxy- and 6-methyl-substituents are not essential to anti-bacterial activity. The stereochemistry of the ring system and the

CHART 6.5

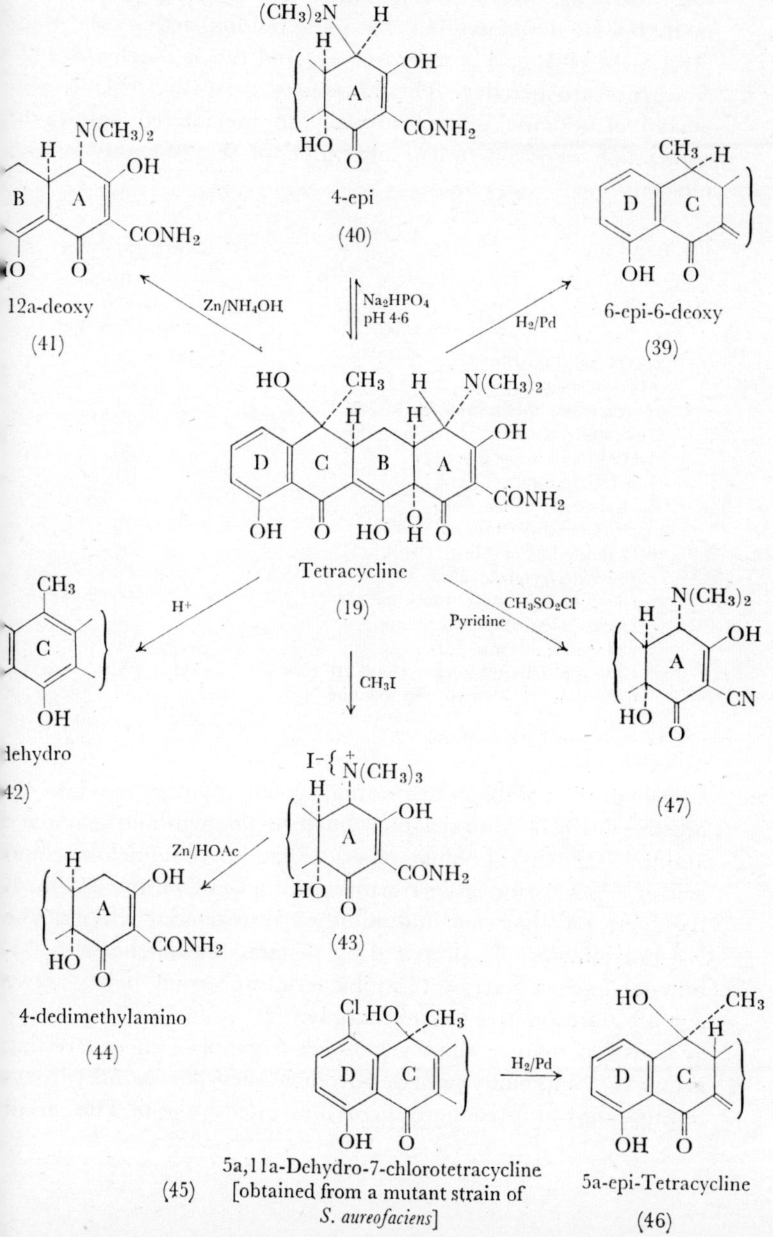

4-epi

(40)

12a-deoxy

(41)

Zn/NH₄OH

Na₂HPO₄
pH 4-6

H₂/Pd

6-epi-6-deoxy

(39)

Tetracycline

(19)

H⁺

CH₃SO₂Cl
Pyridine

CH₃I

(47)

dehydro

42)

Zn/HOAc

I⁻ { N(CH₃)₃ }

(43)

4-dedimethylamino

(44)

5a,11a-Dehydro-7-chlorotetracycline
[obtained from a mutant strain of
S. aureofaciens]

(45)

H₂/Pd

5a-epi-Tetracycline

(46)

substituents is, however, very important. Although the 4-dedi-methylamino derivative (44) has some residual activity the 4-epi (40), 5-epi (46), 5a,11a-dehydro (45) and the 5a,6-dehydro (42) analogues are inactive. The 12a-deoxy derivative (41) is also devoid of activity, due presumably to the altered pattern of enolization and consequent alteration of the geometry of the molecule.

TABLE 6.1

Modified tetracycline	Relative, in vitro, activity (tetracycline = 100)
Tetracyclinonitrile (47)	1
4-Epi-tetracycline (40)	6
Tetracycline methiodide (43)	1
Dedimethylaminotetracycline (44)	15
†5-Hydroxytetracycline (12)	80
12a-Deoxytetracycline (41)	1
5a-Epi-tetracycline (46)	1
5a(6)-Dehydrotetracycline (42)	6
†6-Demethyltetracycline (20; R = H)	100
6-Epi-6-deoxytetracycline (39)	70
†6-Deoxy-6-demethyltetracycline (32)	200
6-Deoxy-5-hydroxytetracycline	50
†7-Chlorotetracycline (13)	350
†7-Chloro-6-demethyltetracycline (20; R = Cl)	300
7-Chloro-5a(11)-dehydrotetracycline (45)	1

† Produced by fermentation.

Dehydration of the 2-carboxamido group affords the relatively inactive nitrile (47) but reaction with formaldehyde and secondary amines[27] (e.g. morpholine, piperidine and pyrollidine) or amino acids[27a] (e.g. lysine) gives rise to a series of water soluble Mannich bases, e.g. (A) that have undiminished antibacterial activity. The N-t-butylamides (B), prepared by reacting the nitrile with iso-butene, have a narrower antibacterial spectrum being active against gram-positive organisms only.[18a]

The 6-methylene tetracyclines also comprise an interesting group of compounds prepared from tetracycline or 5-hydroxy-tetracycline by the reaction scheme illustrated opposite. The parent antibiotic, when reacted with N-chlorosuccinimide in 1,2-di-methoxyethane, yielded an 11a-chloro-6,12-hemiketal (48) which was dehydrated by liquid hydrogen fluoride to an 11a-chloro-6-methylene derivative (49). Reduction of this product by sodium hydrosulphite afforded the corresponding 6-methylene derivative (50; R = H) or (50; R = OH).

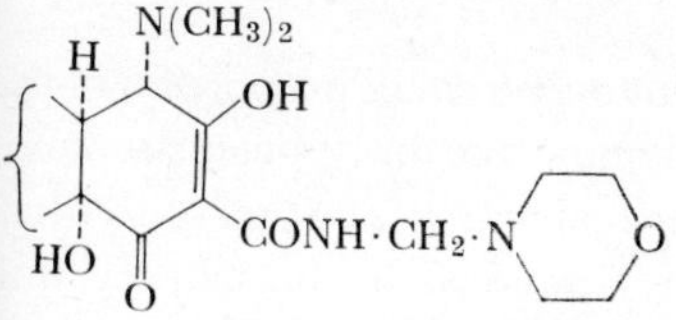

(A) 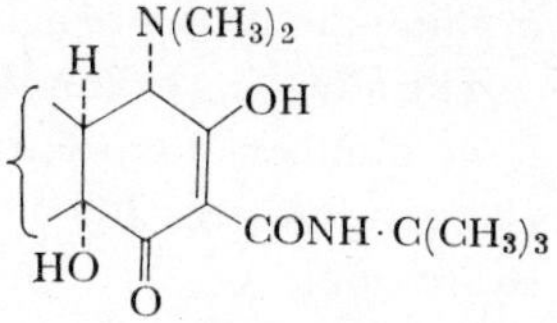   (B)

Reaction of the intermediate (49; R = OH) with N-chloro-succinimide in liquid hydrogen fluoride gave a 7,11a-dichloro compound and reduction by hydrosulphite furnished 7-chloro-5-hydroxy-6-methylenetetracycline.[28]

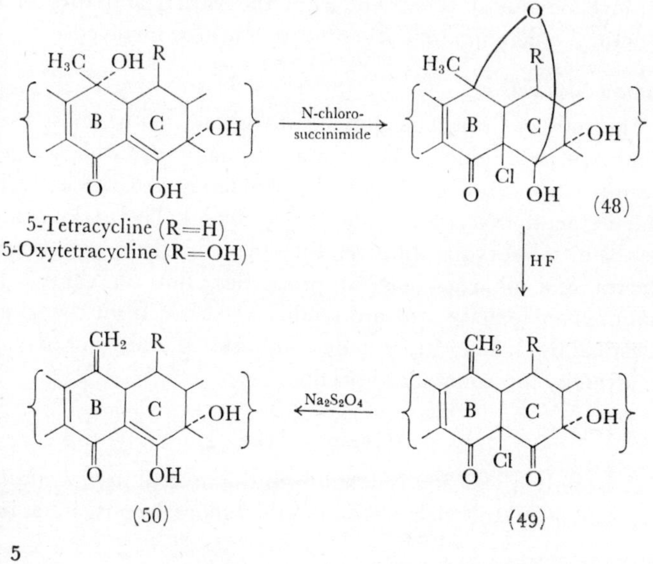

5-Tetracycline (R=H)
5-Oxytetracycline (R=OH)

(48)

(50)   (49)

In vitro assays against *Klebsiellae pneumoniae* showed the 6-methylene analogues to be slightly more active than the corresponding tetracyclines. 5-Oxy-6-methylenetetracycline was 2–3 times as active as tetracycline and 7-chloro-5-oxy-6-methylenetetracycline showed a sixfold enhancement.[28] On hydrogenation the 6-methylenetetracyclines give a mixture of the corresponding 6α- and 6β-methyl-6-deoxy analogues. The α-isomers (cf. tetracycline) are the more active.[18a]

The foregoing examples represent only a small proportion of the large number of tetracycline analogues that have been prepared (Barrett lists over 200 in his recent review[17a]), but serve to illustrate some of the fundamental reactions of the tetracycline molecule and the effect of a variety of structural modifications on antibacterial activity.

The tetracyclines form strong chelates with many metal ions and it has been suggested that their antibiotic activity arises from their inhibition of protein synthesis by the removal of essential trace-metals. Support for this hypothesis is afforded by the ability of magnesium ions to inhibit the actions of 7-chloro- and 5-oxy-tetracycline but it is evident from the varied activities of the structural analogues that other factors must be involved.[17a]

Clinical Applications

The tetracyclines have proved to be one of the most useful families of antibiotics. They are active against a wide range of gram-positive and gram-negative bacteria, rickettsiae, spirochaetes, actinomycetes and the larger viruses. The various members show slight quantitative differences in their antibacterial spectra and pharmacological properties, but all exhibit low mammalian toxicity and are readily absorbed from the gastro-intestinal tract. They are usually administered orally but may also be given by intramuscular injection.

Griseofulvin

Griseofulvin was first isolated from the mycelium of *Penicillium griseofulvum* by Raistrick *et al.* in 1939;[29] more recently it has been recognized as a metabolic product of many species of Penicillia.[30] Its capacity to inhibit the growth of several types of fungi was reported in 1946[31] and in 1958 Gentles[32] found it to be effective in curing experimental ringworm infections in guinea-pigs. Griseofulvin is absorbed efficiently from the gastrointestinal tract, it is concentrated selectively in the keratinaceous tissues and has proved very effective for treating fungal infections of the skin.

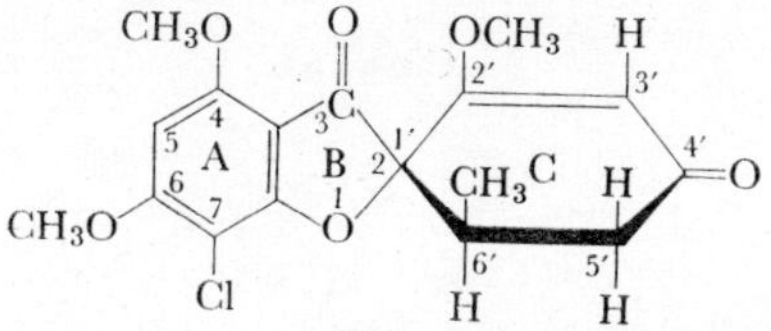

(51)

Griseofulvin

Raistrick et al.[29] extracted griseofulvin from the mycelium of P. griseofulvum with ether. The extract was evaporated to dryness and the residue further extracted with boiling benzene. The benzene solution, on cooling, deposited a nitrogenous product; crude griseofulvin was obtained by evaporation of the mother liquors and purified by crystallization from ethanol.

The antibiotic is now produced commercially in stirred, aerated fermentors using mutant strains of P. patulum.[33]

Structure

The work of Grove et al. leading to the elucidation of the structure and absolute configuration of griseofulvin has been reviewed recently.[34] Early studies showed that the molecule of griseofulvin, $C_{17}H_{17}ClO_6$, contained three methoxyl groups, an ethylenic bond and a reactive carbonyl group. One of the methoxyl groups was readily hydrolysed by dilute acids to give a product with acidic properties (53) and this was converted into a neutral alcohol (54) by catalytic hydrogenation.[35] The ultraviolet spectrum of the alcohol was similar to that of phloracetophenone and successive degradation of (53) by alkaline hydrogen peroxide, permanganate and periodate gave the substituted salicylic acid (57).[36] Fission of griseofulvin by 2 N sodium methoxide also gave rise to (57) thus confirming the presence of an aromatic ring and the relative positions of its two methoxyl and chlorine substituents. The concurrent formation of orcinol monomethyl ether (56) in the last reaction indicated that griseofulvin possessed a second six-membered carbocyclic ring,[37] and its point of attachment to the

CHART 6.6

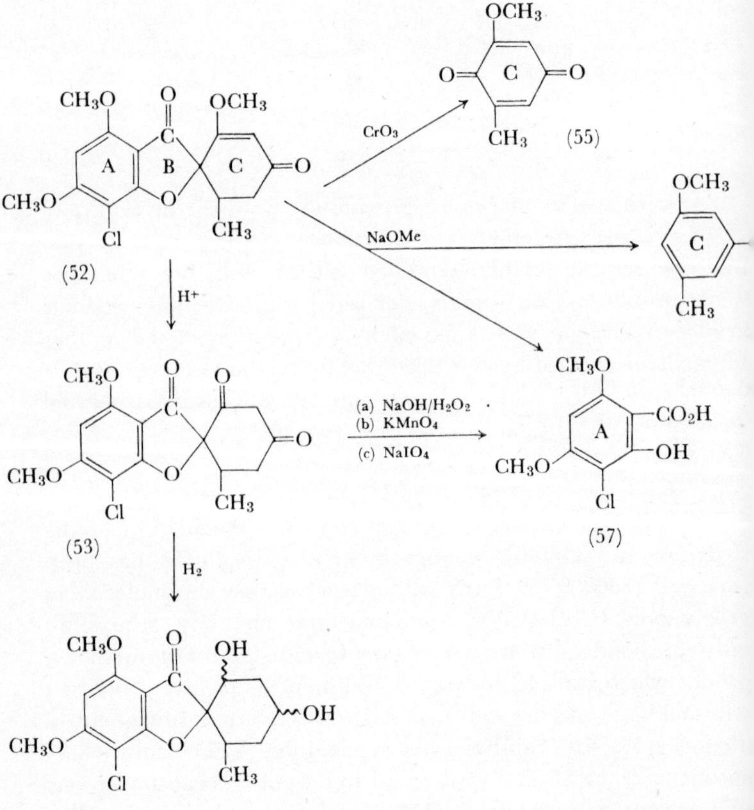

remainder of the molecule was proved by the formation of 3-methoxy-2,5-toluquinone (55) when griseofulvin was oxidized by chromic oxide.[36] The infrared spectrum of griseofulvin was consistent with the presence of the methyl enol-ether of a 1,3-diketone[38] and the infrared and ultraviolet spectra of the alcohol (54) both indicated the presence of a second, unreactive, carbonyl group (Chart 6.6).[35,38]

Consideration of the empirical formula, the fragmentation pattern and the spectroscopic evidence led to the conclusion that the structure of griseofulvin was represented by formula (52) and confirmation has been gained by several unambiguous syntheses. The griseofulvin molecule has centres of asymmetry at positions 2 and 6', its absolute configuration has been determined by X-ray diffraction[39] and the complete structure is represented by formula (51).

Syntheses

Griseofulvin, its epimers, and several analogues have been prepared by total synthesis. A number of routes have been developed, the most direct starting from benzophenones or coumaranones.

From benzophenones. Synthetic 3-chloro-2,4'-dihydroxy-2',4,6-trimethoxy-6'-methylbenzophenone (70) was oxidized efficiently

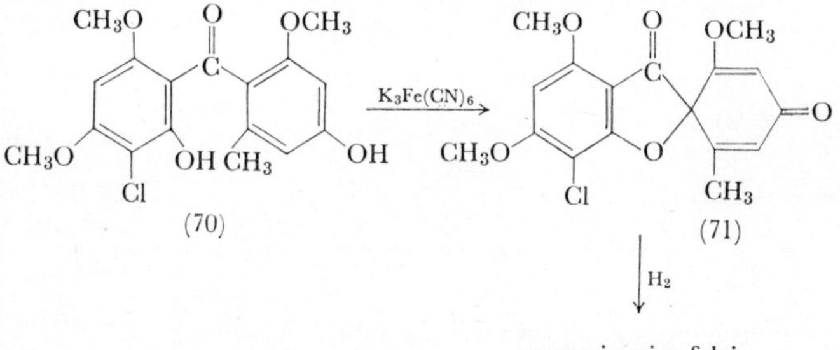

(70)   (71)

racemic griseofulvin

by alkaline potassium ferricyanide (*via* a one electron transfer mechanism) to racemic 5',6'-dehydrogriseofulvin (71).[40,41] Selective reduction of the 5',6'-double bond of (71) was achieved by hydrogenation, using either a selenium poisoned rhodium-charcoal catalyst[40] or a palladium–charcoal catalyst in a non-hydroxylic solvent.[41] Resolution of the resulting racemic griseofulvin gave a product identical with the natural antibiotic.

7-Dechloro- and 7-fluoro-7-dechloro-griseofulvin have also been prepared by this route.[42]

From coumaranones. Several syntheses of griseofulvin and its epimers from coumaranones have been achieved. One of the most elegant is due to Stork and Tomasz,[43] who found that the reaction between 7-chloro-4,6-dimethoxycoumaran-3-one (72)

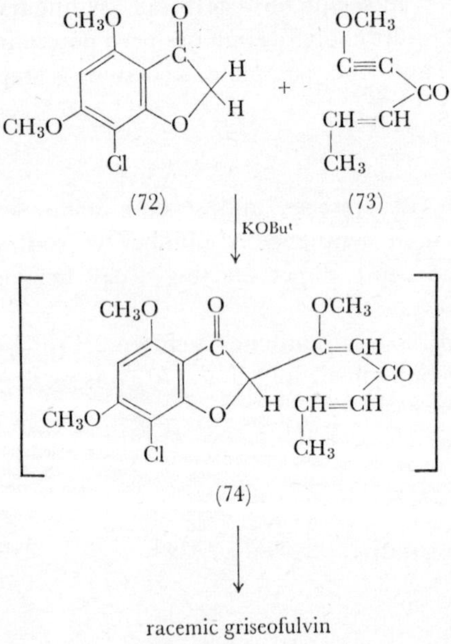

and methoxyethynylpropenyl ketone (73) in the presence of potassium t-butoxide resulted directly, by double Michael addition, in the formation of racemic griseofulvin.

The stereospecificity of this reaction is most surprising, since the two possible C-2 epimers of the intermediate (74) have roughly the same stability. The course of the second Michael addition must therefore be under kinetic control and it has been noted by the authors, that the product obtained corresponds to the conformation of (74) that possesses the greatest overlap of electron donor and acceptor systems.

Biogenesis

The biogenesis of griseofulvin has been studied extensively and several steps in the process have been identified.[34] The growth of the mould in a medium containing [14C]acetate produced a labelling pattern that showed the skeleton of the molecule to be derived from seven acetate units.[44] It is generally accepted that the acetate units are linked together to form a poly-β-ketomethylene intermediate of the type (75).

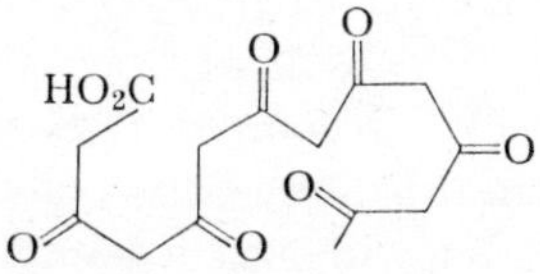

(75)

Internal condensation of this precursor and subsequent methylation and chlorination is thought to afford the benzophenone (70)[45] and this to be converted into (−)-dehydrogriseofulvin (71) by oxidative radical coupling. Griseofulvin then results from a stereospecific reduction of the 5′,6′-double bond. The isolation of (70) and (71) from fermentation broths of *P. patulum* supports this hypothesis.[45]

Chemical Reactions of Griseofulvin

Griseofulvin has proved a very versatile substrate for the preparation of analogues and isomers. Many of the transformations and reactions that the molecule will undergo have been reviewed by Grove[34] and a selection is depicted in Chart 6.7.

Acid hydrolysis of griseofulvin (52) yields griseofulvic acid

(53),[35] reaction with p-toluenesulphonic acid in methanol affords the isomeric isogriseofulvin (59)[35] and methanolic ammonia gives rise to griseofulvamine (62).[35] With phosphorus oxychloride and lithium chloride in the presence of a small amount of water isogriseofulvin (59) gives the 2'-chloride (60); under similar conditions, griseofulvamine (62) affords the isomeric 4'-chloride (63). In a like manner the 4'-amine, obtained by the reaction of isogriseofulvin (59) with methanolic ammonia yields the 2'-chloride (60) and griseofulvin was converted into (63). The 2'- and 4'-chlorides both react with alkylmercaptans in the presence of triethylamine to give the corresponding enol thioethers (61) and (64), and with lower alcohols and phenols to give ethers.[46]

Sodium borohydride reduces the 4'-keto group of griseofulvin to give griseofulvol (58)[47], and magnesium iodide etherate cleaves the 4-phenolic ether to give (65), which can be readily re-alkylated.[48]

Griseofulvic acid (52) reacts with diazomethane giving a mixture of griseofulvin (51) and isogriseofulvin (59) in which the former predominates, but with p-toluenesulphonic acid in methanol isogriseofulvin is formed preferentially.[35]

Griseofulvic acid (52) with aqueous alkali yields *nor*griseofulvic acid (66)[48] and also undergoes fission of ring C, succeeded by loss of carbon dioxide and internal Knoevenagel reaction to give the tetrahydrobenzofuran, decarboxygriseofulvic acid, (67).[38]

The chlorine atom of griseofulvic acid may be removed by hydrogenolysis in an alkaline medium to give (69).[49]

As would be expected of a β-diketone, the 3'-position of griseofulvic acid is very reactive and 3'-derivatives (68) are formed readily with electrophilic reagents, e.g. $PhCH_2^+$, Cl^+ or NO_2^+.[50, 51] These products may, like the parent acid, be converted into the corresponding griseofulvin or isogriseofulvin analogues.

By the interpolation of these and other reactions several hundred analogues have been prepared and the reactions illustrated in Chart 6.7 serve to indicate the potentialities in this field.

CHART 6.7

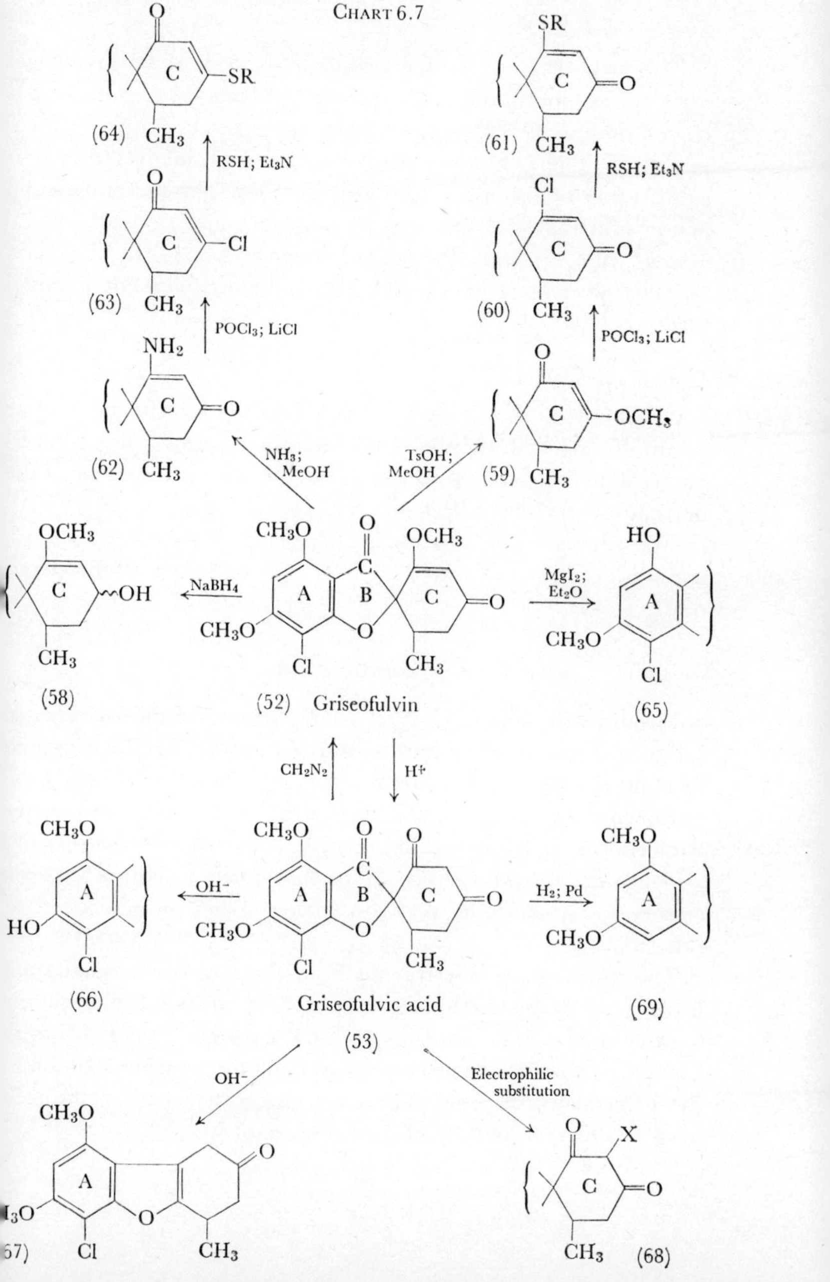
(64)
RSH; Et3N
(63)
POCl3; LiCl
(62)
NH3; MeOH
TsOH; MeOH
(61)
RSH; Et3N
(60)
POCl3; LiCl
(59)
(58)
NaBH4
(52) Griseofulvin
MgI2; Et2O
(65)
CH2N2
H+
(66)
OH−
Griseofulvic acid
(53)
H2; Pd
(69)
OH−
Electrophilic substitution
(67)
(68)

Structure and Activity

The stereochemistry of griseofulvin is critical for biological activity; all four isomers have been synthesized but only that corresponding to the natural antibiotic possesses fungicidal properties.[52] The 7-chloro-substituent is not essential, its removal or substitution by bromine or fluorine does not eliminate fungicidal action and many of the ring C analogues and derivatives also possess high, *in vitro*, fungicidal activity. None has, however, proved superior to griseofulvin for the systemic treatment of fungal infection.[34]

Clinical Applications

Griseofulvin causes a characteristic curling of the fungal hyphae by interfering with their cell-wall metabolism but it has no antibacterial activity. Its fungicidal spectrum covers a number of the dermatophytes that affect animals and humans and it is particularly useful in the treatment of superficial mycotic infections, including ringworm of the skin, hair and nails. It is administered orally.

Fusidic Acid

Fusidic acid, isolated in 1962, from a strain of *Fusidium coccineum* is one of the most recent additions to the group of antibiotics used in clinical practice. The sodium salt was found to possess good antibacterial activity, *in vitro*, against a number of gram-positive bacteria (including penicillin resistant strains of *Staph. aureus*) and also against *Bacillus subtilis*, *Clostridium tetani* and *Mycobacterium tuberculosis*. It exhibited very low toxicity when administered to rats.[53]

The antibiotic was extracted from the clarified fermentation broth (pH 5) by methyl isobutyl ketone, transferred from the organic phase into aqueous sodium hydroxide (pH 11) and isolated as a benzene solvate by acidifying the aqueous solution in the presence of benzene. The pure unsolvated acid crystallized from an ethereal solution of the benzene solvate.[53]

Structure

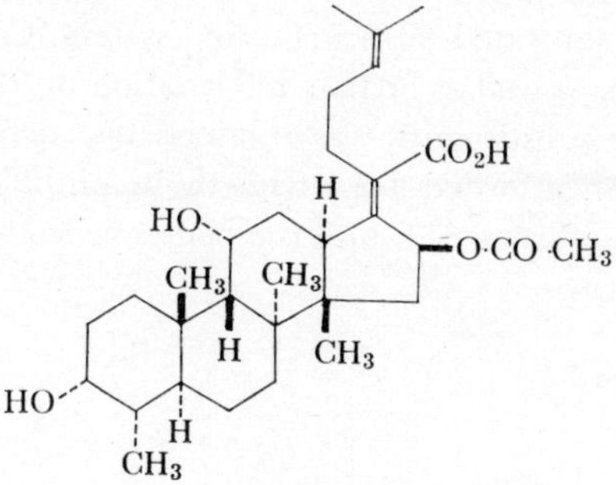

Fusidic acid

Elementary analysis and equivalent weight determinations agreed well with the empirical formula, $C_{31}H_{48}O_6$, and it was also established that, in addition to a carboxyl group, fusidic acid contained an acetoxy group and two hydroxyl groups, one of which was readily esterified (76). A dihydro derivative was obtained by catalytic hydrogenation using a palladium catalyst and with platinum oxide in glacial acetic acid a tetrahydro derivative was formed.

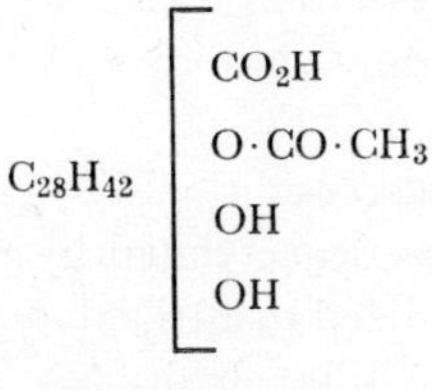

$$
C_{28}H_{42}
\begin{bmatrix}
CO_2H \\
O \cdot CO \cdot CH_3 \\
OH \\
OH
\end{bmatrix}
$$

(76)

Comparison between the ultraviolet spectra of the parent acid and its reduction products indicated that the more readily reduced unsaturated linkage was an isolated trisubstituted double bond, and the more resistant double bond was part of a fully substituted

α,β-unsaturated carboxylic acid system. No further unsaturation was detected and the structure could therefore only be accommodated by a saturated tetracyclic ring system. Confirmation of this hypothesis, as well as further information on the nature and position of the substituents, was obtained by selenium dehydrogenation, which afforded 1,2,5-trimethylnaphthalene (77), 1,8-dimethylphenanthrene (78) and the pentacyclic compound (79).

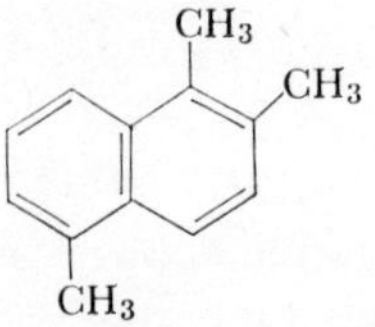

It was concluded that fusidic acid belonged to the steroid family: the presence of methyl groups at C-4 and C-14 was inferred from the formation of 1,8-dimethylphenanthrene, and the isolation of 1,2,5-trimethylnaphthalene pointed to the presence of a methyl group at C-8 or C-9. The absence of 1,2,8-trimethylphenanthrene amongst the dehydrogenation products was unexpected and indicated that, unlike most steroids and triterpenes, fusidic acid lacked a methyl group at C-13.

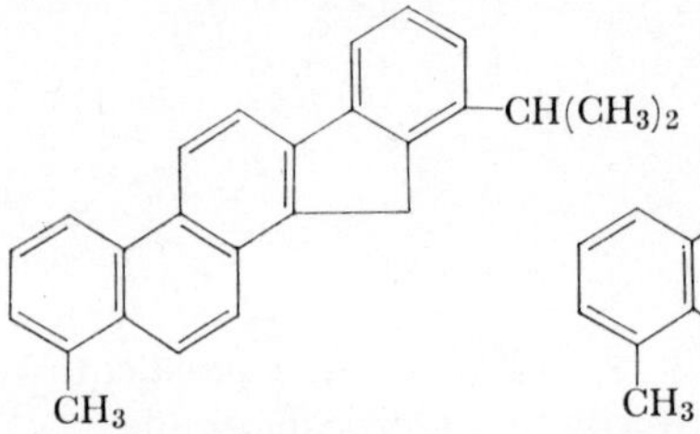

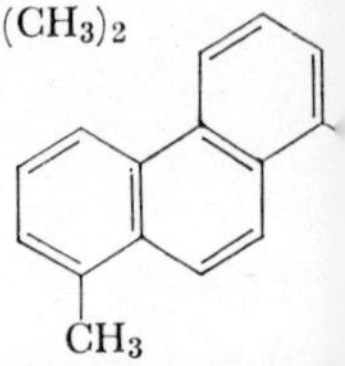

Oxidation of tetrahydrofusidic acid by chromium trioxide gave a diketo-acid which was deacetylated by alkaline hydrolysis and the product further oxidized to a triketo-acid. Examination of the infrared spectra of the diketohydroxyl- and the triketo-acid showed that both the free hydroxy groups of fusidic acid were secondary and attached to six-membered rings whereas the acetoxy group, although also secondary, was attached to a five-membered ring.

Ozonolysis of methyl dihydrofusidate followed by zinc–acetic acid reduction gave methyl 2-hydroxy-6-methylheptanoate (80).

Ozonolysis of methyl dideuterofusidate proved that the tri-substituted double bond was also located in the side chain, which therefore possessed the structure (81).

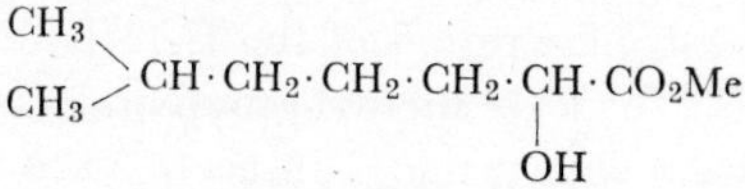

$$CH_3 \diagdown CH \cdot CH_2 \cdot CH_2 \cdot CH_2 \cdot CH \cdot CO_2Me$$
$$CH_3 \diagup \qquad\qquad\qquad\qquad\quad | $$
$$OH$$

$$(80)$$

$$CH_3 \diagdown C=CH \cdot CH_2 \cdot CH_2 \cdot C \cdot CO_2H$$
$$CH_3 \diagup \qquad\qquad\qquad\quad \|$$

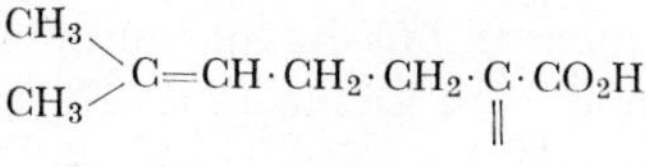

$$(81)$$

The interpretation of the optical rotatory dispersion curves, the ultraviolet, infrared and nuclear magnetic resonance spectra of fusidic acid and a study of its reduction and oxidation products provided most of the additional information necessary to define its structure.[54, 54a] Confirmation was obtained for the presence of

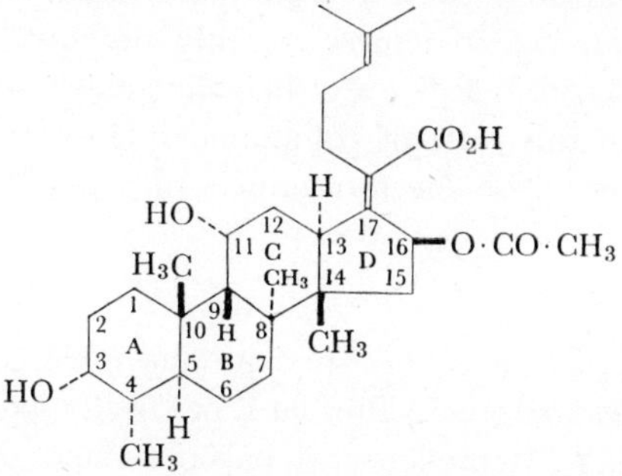

$$(82)$$

methyl groups at C-4 and C-14 and the hydroxyl groups were assigned to positions 3 and 11, that at C-3 having the axial con-figuration. The attachment of the side chain at position C-17 is in accord with biogenetic considerations, and the acetoxy group at C-16 was initially assigned the α-configuration on the basis of the molecular rotation differences between the acetate and the parent alcohol. Evidence was also adduced for the equatorial configuration of the C-4 methyl group and the *trans*-fusion of rings A and B.[54]

By further elegant degradative work, Arigoni *et al.*[55] have established the α-configuration of the C-11 hydroxyl group, the β-configuration of the C-14 methyl group and, contrary to earlier findings, they have shown the C-16 acetoxyl to be β-orientated. The stereochemistry of the B/C and C/D ring junctions proved particularly unexpected and interesting. As is usual, both pairs of rings have *trans*-junctions, but the configurations of the angular substituents at positions 8, 9, 13 and 14 (i.e. α, β, α and β respectively) are the opposite of those normally encountered in naturally occurring steroids.

These authors have pointed out that their proposed structure for fusidic acid (82) bears a steric similarity to a hypothetical intermediate in the biogenesis of lanosterol[56] and consider that the antibiotic may result from an aberrant lanosterol biosynthesis.[55]

Antibacterial properties are rarely associated with steroids or triterpenes, but the structures recently proposed for the antibiotics cephalosporin P_1[57] and helvolic acid[58] show that they also belong to this class of compounds. These substances may therefore prove to be the forerunners of a new family of antibiotics.

Clinical applications

Fusidic acid has a low oral-toxicity and is well absorbed from the gastro-intestinal tract. Thus far it has been used principally in the treatment of staphylococcal infections and shows no cross resistance with other antibiotics in current use.[59]

References

1. DUGGAR, *Ann. N.Y. Acad. Sci.* **51**, 177 (1948).
2. FINLAY, HOBBY, P'AN, REGNA, ROUTIEN, SEELEY, SHULL, SOBIN, SOLOMONS, VINSON and KANE, *Science*, **111**, 85 (1950).
3. BOOTHE, MORTON, PETISI, WILKINSON and WILLIAMS, *J. Amer. Chem. Soc.* **75**, 4621 (1953).

4. CONOVER, MORELAND, ENGLISH, STEPHENS and PILGRIM, *ibid.* **75**, 4622 (1953).
5. MINIERI, FIRMAN, MISTRETTA, ABBEY, BRICKER, RIGLER and SOKOL, *Antibiotics Annual*, 1953–4, Medical Encyclopedia Inc., New York, 1953, p. 81.
6. U.S.P. 2,866,595 (1959).
7. McCORMICK, SJOLANDER, HIRSCH, JENSEN and DOERSCHUK, *J. Amer. Chem. Soc.* **79**, 4561 (1957).
8. BURSTALL, *Manuf. Chemist*, **31**, 474 (1960).
9. HOCHSTEIN, STEPHENS, CONOVER, REGNA, PASTERNACK, GORDON, PILGRIM, BRUNINGS, and WOODWARD, *J. Amer. Chem. Soc.* **75**, 5455 (1953).
10. DONOHUE, DUNITZ, TRUEBLOOD and WEBSTER, *ibid.* **85**, 851 (1963).
11. TAKEUCHI and BUERGER, *Proc. Nat. Acad. Sci. U.S.* **46**, 1366 (1960).
12. STEPHENS, CONOVER, HOCHSTEIN, REGNA, PILGRIM, BRUNINGS and WOODWARD, *J. Amer. Chem. Soc.* **74**, 4976 (1952); STEPHENS, CONOVER, PASTERNACK, HOCHSTEIN, MORELAND, REGNA, PILGRIM, BRUNINGS and WOODWARD, *ibid.* **76**, 3568 (1954).
13. WALLER *et al.*, *ibid.* **74**, 4978, 4979, 4980, 4981 (1952).
14. McCORMICK, SJOLANDER, HIRSCH, JENSEN and DOERSCHUK, *ibid.* **79**, 4561 (1957).
15. WEBB, BROSCHARD, COSNLICH, STEIN and WOLF, *ibid.* **79**, 4563 (1957).
16. BOOTHE, GREEN, PETISI, WILKINSON and WALLER, *ibid.* **79**, 4564 (1957).
17. BOOTHE, KENDE, FIELDS and WILKINSON, *ibid.* **81**, 1006 (1959).
17a. BARRETT, *J. Pharm. Sci.* **52**, 309 (1963).
18. CONOVER, BUTLER, JOHNSTON, KORST and WOODWARD, *J. Amer. Chem. Soc.* **84**, 3222 (1962).
18a. STEPHENS, BEEREBOOM, RENNHARD, GORDON, MURAI, BLACKWOOD and VON WITTENAU, *ibid.* **85**, 2643 (1963).
19. McCORMICK, JOHNSON, SJOLANDER and REICHENTHAL, *ibid.* **83**, 1692, 1694 (1963).
20. SNELL, WAGNER and HOCKSTEIN, *Proceedings of the Internation Conference on the Peaceful Use of Atomic Energy*, Geneva, Aug. 8–20th. Vol. 12, p. 431, United Nations, New York (1955); SNELL, BIRCH and THOMSON, *J. Amer. Chem. Soc.* **82**, 2402 (1960).
21. MILLER, McCORMICK, and DOERSCHUK, *Science*, **123**, 1030 (1956).
22. BIRCH, SNELL and THOMSON, *J.* 425 (1962).
23. GATENBECK, *Biochem. Biophys. Res. Commun.* **6**, 422 (1962).
24. McCORMICK, MILLER, JOHNSON, ARNOLD and SJOLANDER, *J. Amer. Chem. Soc.* **84**, 3023 (1962).
25. BOOTHE, *Antimicrobial Agents and Chemotherapy*, 1962, Amer. Soc. for Microbiol. Ann Arbor, 1963, p. 213.
26. McCORMICK, JENSEN, MILLER and DOERSCHUK, *J. Amer. Chem. Soc.* **82**, 3381 (1960).
27. GOTTSTEIN, MINOR and CHENEY, *ibid.* **81**, 1198 (1959).
27a. TUBARO and RAFFALDONI, *Boll. chim. farm.* **100**, 9 (1961).
28. BLACKWOOD, BEEREBOOM, RENNHARD, WITTENAU and STEPHENS, *J. Amer. Chem. Soc.* **83**, 2773 (1961).
29. OXFORD, RAISTRICK and SIMONART, *Biochem. J.* **33**, 240 (1939).

30. BRIAN, CURTIS and HEMMING, *Trans. Brit. Mycol. Soc.* **38**, 305 (1955).
31. BRIAN, CURTIS and HEMMING, *ibid.* **29**, 173 (1946); GROVE and McGOWAN, *Nature*, **160**, 574 (1947).
32. GENTLES, *ibid.* **182**, 476 (1958).
33. B.P. 788,118.
34. GROVE, *Quart. Revs.* **17**, 1 (1963).
35. GROVE, MACMILLAN, MULHOLLAND and ROGERS, *J.* 3949 (1952).
36. GROVE, ISMAY, MACMILLAN, MULHOLLAND and ROGERS, *J.* 3958 (1952).
37. GROVE, MACMILLAN, MULHOLLAND and ROGERS, *ibid.* 3977 (1952).
38. GROVE and McGOWAN, *Chem. and Ind.* 647 (1949).
39. BROWN and SIM, *J.* 1050 (1963).
40. DAY, NABNEY and SCOTT, *Proc. Chem. Soc.* 284 (1960); *J.* 4067 (1961).
41. KUO, HOFFSOMMER, SLATES, TAUB and WENDLER, *Chem. and Ind.* 1627 (1960).
42. TAUB, KUO and WENDLER, *Chem. and Ind.* 557, 1617 (1962).
43. STORK and TOMASZ, *J. Amer. Chem. Soc.* **84**, 310 (1962).
44. BIRCH, MASSY-WESTROP, RICKARDS and SMITH, *J.* 360 (1958).
45. BIRCH, *Proc. Chem. Soc.* **3** (1962); RHODES, BOOTHROYD, McGONAGLE and SOMERFIELD, *Biochem. J.* **81**, 28 (1961).
46. STEPHENSON, WALKER, WARBURTON and WEBB, *J.* 1282 (1962).
47. KYBURZ, GELEICK, FREY and BROSSI, *Helv. Chim. Acta*, **43**, 2083 (1960).
48. ARKLEY, ATTENBURROW, GREGORY and WALKER, *J.* 1260 (1962).
49. ARKLEY, GREGORY and WALKER, *J.* 1603 (1963).
50. GREGORY, HOLTON, ROBINSON and WALKER, *J.* 1269 (1962).
51. WALKER, WARBURTON and WEBB, *J.* 1277 (1962).
52. BROSSI, BAUMANN and BURKHARDT, *Helv. Chim. Acta*, **45**, 1292 (1962).
53. GODTFREDSEN, JOHNSEN, LORCK, ROHOLT and TYBRING, *Nature*, **193**, 987 (1962).
54. GODTFREDSEN and VANGEDEL, *Tetrahedron*, **18**, 1029 (1962).
54a. ARIGONI, VON DAEHNE, GODTFREDSEN, MARQUET and MELERA, *Experientia*, **19**, 521 (1963).
55. ARIGONI, VON DAEHNE, GODTFREDSEN, MELERA and VANGEDAL, *Experientia*, **20**, 344 (1964).
56. ESCHENMOSER, RUZICKA, JEGER and ARIGONI, *Helv. Chim. Acta.* **38**, 1850 (1955).
57. HALSALL, JONES and LOWE, *Proc. Chem. Soc.* **16** (1963).
58. ALLINGER and COKE, *J. Org. Chem.* **26**, 4522 (1961); LYNCH, WILSON, BUDZIKIEWICA, DJERASSI, *Experientia*, **19**, 211 (1963); MELERA, *ibid.* **19**, 565 (1963).
59. GODTFREDSEN ROHOLT and TYBRING, *Lancet*, **i**, 928 (1962).

CHAPTER VII

Antibiotics Derived Mainly from Acetate or Propionate Units

2. The Macrolides

THE macrolides, so called because they possess macrocyclic lactonic nuclei, are produced by various strains of streptomyces and are often accompanied by congeners with similar antibacterial activities. Amongst the members of this group erythromycin, carbomycin, oleandomycin and the spiramycins have all gained places as therapeutic agents. They are active, principally, against gram-positive bacteria but also combat a few gram-negative organisms of the *Haemophilus–Brucella* group. Each of these antibiotics has an amino sugar linked glycosidically to the nucleus and a neutral sugar joined to the nucleus or to the amino sugar. The structures of these components are shown below.

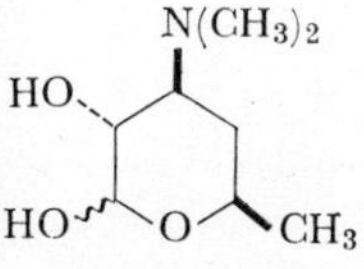

D-Desosamine

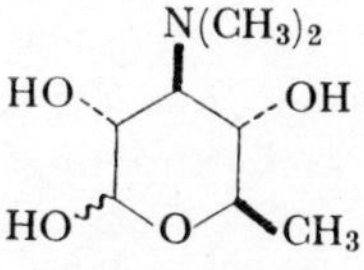

D-Mycaminose

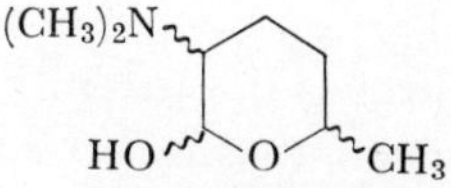

5-Dimethylamino-6-methyl-2-hydroxypyran

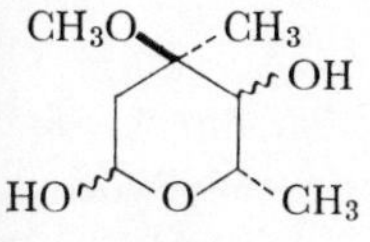

L-Cladinose

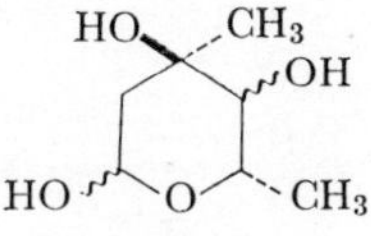

L-Mycarose

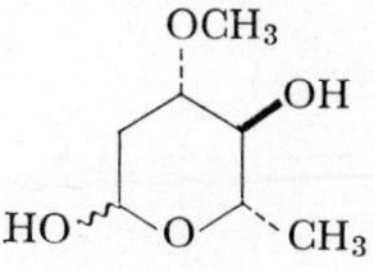

Oleandrose

135

Desosamine is present in erythromycin and oleandomycin, mycaminose occurs in carbomycin and the spiromycins but 5-dimethylamino-6-methyl-2-hydroxypyran is found only in the spiramycins, where it constitutes a second amino sugar residue. Of the neutral sugars, mycarose is common to carbomycin and the spiramycins, and cladinose and oleandrose are present in erythromycin and oleandomycin respectively.

All these sugars are 6-deoxy-pyranosides, those with a basic substituent belong to the D-series whereas the neutral sugars belong to the L-series. Mycaminose differs from desosamine only in having a hydroxyl group at C-4 and cladinose has been shown to be 3-O-methylmycarose.

The structures of erythromycin, magnamycin and oleandomycin have been determined but those of the spiramycins have not been elucidated completely. The instability of the aglycone-nuclei has made these investigations particularly difficult and the solution of the many problems encountered ranks amongst the greatest achievements in the field of natural product chemistry.

Erythromycin

Erythromycin was isolated from culture filtrates of *Streptomyces erythreus* by McGuire *et al.*[1] in 1952. It proved active against many gram-positive bacteria, several strains of rickettsiae and some viruses; it also showed low toxicity to mammals.

The antibiotic was isolated from the fermentation filtrates by adjusting the pH to 9·0 and extracting the weakly basic components into amyl acetate. The product was then transferred to an aqueous phase at pH 4·0, addition of alkali precipitated the free base and final purification was accomplished by crystallization from aqueous acetone.[2]

Structure

Erythromycin, $C_{37}H_{67}NO_{13}$, behaves as a monoacidic base and its infrared spectrum indicated the presence of a polyhydroxy-keto-lactone system. Mild acid hydrolysis gave a crystalline base, erythralosamine, $C_{29}H_{49}NO_8$, and a high boiling liquid, cladinose, $C_8H_{16}O_4$. More drastic hydrolysis of erythromycin or erythralosamine produced a complex mixture of degradation products from which an amino sugar, desosamine, $C_8H_{17}NO_3$, was isolated.[2,3,4]

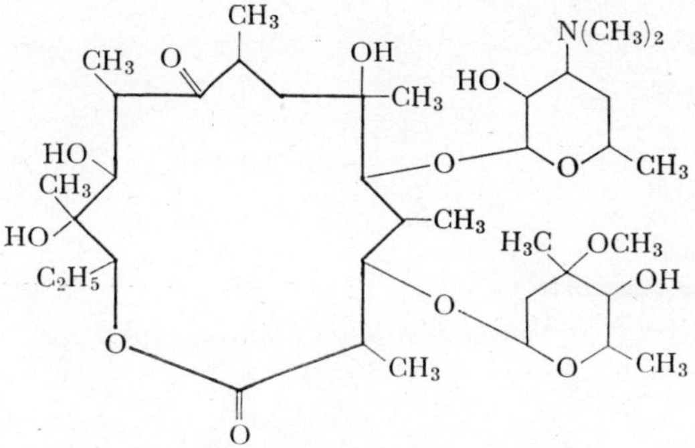

Erythromycin

Cladinose. Cladinose was found to possess one methoxyl group and its infrared spectrum was consistent with the presence of two hydroxyl groups. It reacted with methanol in the presence of hydrogen chloride to give methyl cladinoside and, as would be expected of an aldose, it was oxidized by aqueous bromine to a γ-lactone (2). The methoxyl group of (2) was readily eliminated in the presence of dilute alkali and reaction of the resulting unsaturated lactone (3), first with base and then with sodium periodate, gave β-formylcrotonic acid (4) and acetaldehyde. It was thus evident that the methyl and methoxyl groups of the γ-lactone (2) were both β to the carbonyl group and that cladinose had a six-carbon chain with a terminal methyl group and hydroxyl groups at positions 4 and 5. Methyl cladinoside did not give a positive iodoform reaction, indicating that the carbon atom α to the methyl group was part of the ring and establishing a pyranose structure for the glycoside (Chart 7.1). Cladinose was evidently a 2,6-dideoxy-3-C-methyl-3-O-methylhexose (1)[3,5] and it was shown to have the same configuration as mycarose,[5a] a component of carbomycin. It is, however, not yet certain whether mycarose has the L-*lyxo* or L-*ribo* configuration (see p. 146), the stereochemistry of cladinose at C-4 is, consequently, in doubt but that of the other centres is as indicated in (1).

CHART 7.1

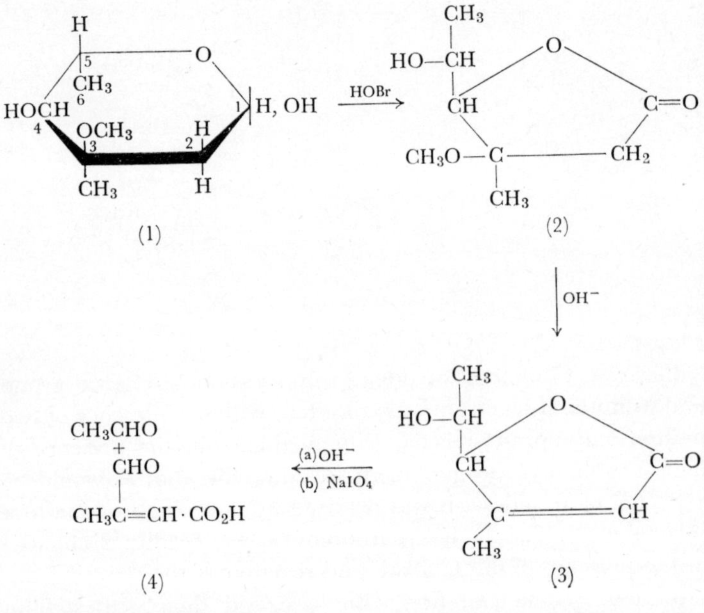

Desosamine. The presence of a β-dimethylamino-aldehyde grouping in desosamine, was suggested by the ready elimination of dimethylamine when the sugar was treated with aqueous sodium hydroxide, and a positive iodoform test indicated the presence of the potential sequence CH_3CO- or $CH_3CH(OH)-$.

Oxidation of desosamine by 1 mol. equiv. of sodium periodate proceeded at a rate consistent with the presence of *cis* hydroxyl groups and gave the dimethylaminopentose (6). Two mol. equiv. of the oxidant caused more extensive degradation, yielding crotonaldehyde (7) (derived from β-hydroxy butyraldehyde), 2 mol. equivs. of formic acid and dimethylamine.

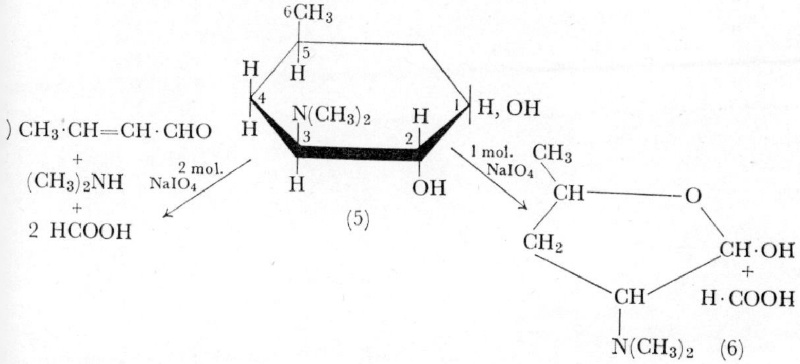

$$CH_3 \cdot CH = CH \cdot CHO$$
$$+$$
$$(CH_3)_2NH$$
$$+$$
$$2 \; HCOOH$$

Desosamine readily formed methyl desosaminide which, in contrast to the parent sugar, did not reduce Fehlings solution or liberate dimethylamine on reaction with alkali. This behaviour is consistent with the expected differences between an amino aldose and its glycoside and with the foregoing evidence identified desosamine as a 3,4,6-trideoxy-3-dimethylaminohexose.[2, 3] From the evidence deduced from nuclear magnetic resonance measurements[5b] and further degradative studies[5c] desosamine was accorded the D-*xylo* configuration and its structure is represented by formula (5).

Erythronolide. The instability of the aglycone produced by the removal of cladinose and desosamine defeated initial attempts to determine its structure. Reduction of the carbonyl function in erythromycin by sodium borohydride, however, produced a more stable dihydro derivative from which the sugars could be cleaved without further extensive decomposition.[6] The remaining portion of the molecule, dihydroerythronolide, $C_{21}H_{40}O_8$, had an infrared spectrum characteristic of a polyhydroxylactone[6] and, on reaction with 2 mol. equiv. of sodium periodate, gave a mixture of a C_9 hydroxy-keto-aldehyde (8) and a C_{12} dicarbonyl ester (9). These two fragments accounted for all the carbon atoms in dihydroerythronolide and, owing to difficulties in separating, their structures were determined by the action of reductive, oxidative and alkaline reagents on the mixture[7] (Chart 7.2).

CHART 7.2

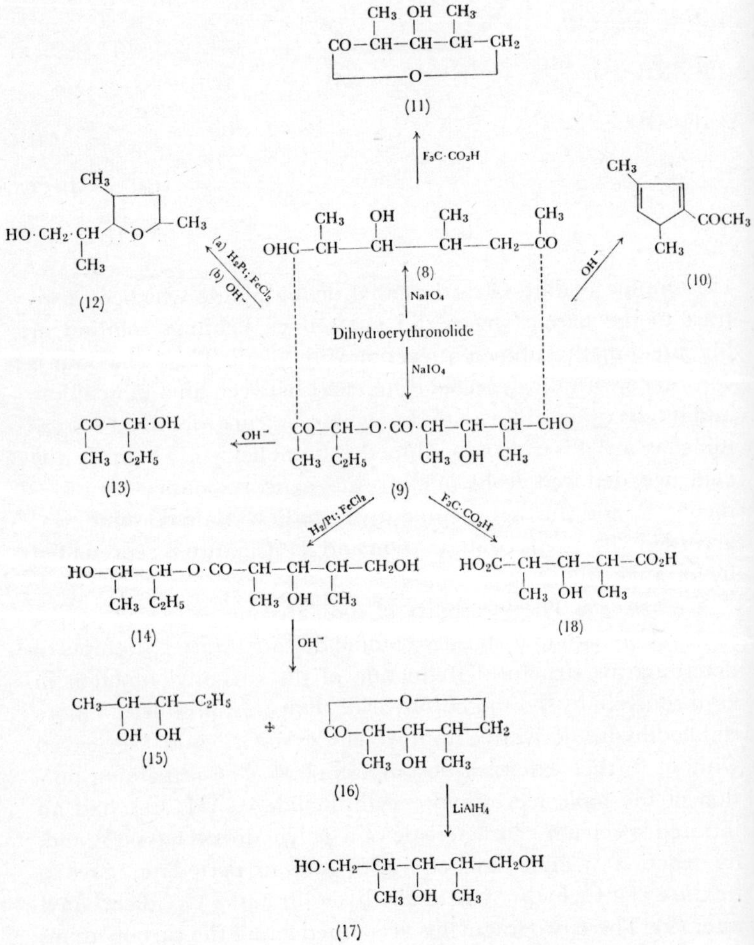

Catalytic reduction in the presence of ferrous chloride, succeeded by mild alkaline hydrolysis, converted (8) into the tetrahydrofuranyl carbinol (12) and transformed (9) first to the triol (14) which was readily cleaved to erythropentane-2,3-diol (15) and the lactone (16). The identity of the latter compound was established by its reduction with lithium aluminium hydride to 2,3-dimethylpentane-1,3,5-triol (17). Aqueous sodium hydroxide caused cyclization and dehydratiot. of the C_9 moiety yielding the substituted cyclopentadiene (10) and hydrolysed the C_{12} fraction liberating the alcoholic component, 3-hydroxypentan-2-one (13). Oxidation by pertrifluoracetic acid oxidized the aldehydic and ketonic functions in (8) and (9) giving, in the first case, an intermediate ester that cyclized spontaneously to the lactone (11) and, in the second case, a diester which, on hydrolysis, gave *meso*-α,α'-dimethyl-β-hydroxy-glutaric acid (18).

From a consideration of these reactions it was concluded that the C_9 and C_{12} moieties had the structures (8) and (9) respectively, that they were linked at the points indicated by the dotted lines and that dihydroerythronolide was a 14 membered lactone represented by (19).

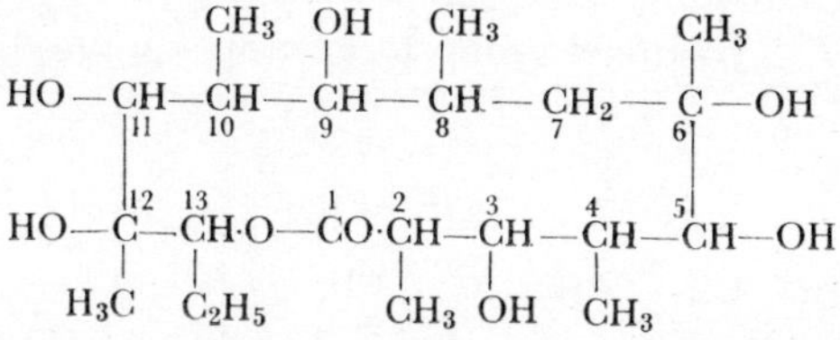

(19)

The stereochemistry of carbon atoms C-2, C-3, C-4, C-8, C-9, C-10 and C-13 was established from the configurations of (18), (11) and (15) but that of the remaining asymmetric centres has not been elucidated.

To determine the structure of erythromycin, it remained only to ascertain the position of the ketone group and the points of attachment of the cladinose and desosamine residues. The answer to the first of these problems became apparent when, by study of its infrared spectrum and oxidative degradation products, the spiro-ketal structure (20) was established for erythralosamine,[6, 8] proving that C-9 was the site of the ketone group in the parent antibiotic.

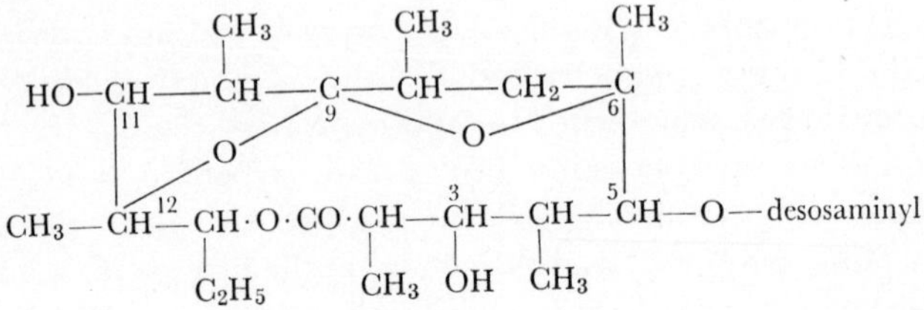

$$
\begin{array}{ccccccc}
& \mathrm{CH_3} & & \mathrm{CH_3} & & \mathrm{CH_3} & \\
& | & & | & & | & \\
\mathrm{HO-CH} & \!\!-\!\!\mathrm{CH} & \!\!-\!\!\mathrm{\underset{9}{C}} & \!\!-\!\!\mathrm{CH} & \!\!-\!\!\mathrm{CH_2} & \!\!-\!\!\mathrm{\underset{6}{C}} & \\
\;\;\;\;\;| _{11} & & | & & | & \\
& & \mathrm{O} & & \mathrm{O} & & \\
& & | & & | & & \\
\mathrm{CH_3-\underset{12}{CH}} & \!\!-\!\!\mathrm{CH\cdot O\cdot CO\cdot CH} & \!\!-\!\!\mathrm{\underset{3}{CH}} & \!\!-\!\!\mathrm{CH} & \!\!-\!\!\mathrm{\underset{5}{CH}} & \!\!-\!\!\mathrm{O} & \!\!-\!\!\text{desosaminyl} \\
| & | & | & | & | & \\
\mathrm{C_2H_5} & \mathrm{CH_3} & \mathrm{OH} & \mathrm{CH_3} & &
\end{array}
$$

(20)

O-Desosaminyldihydroerythronolide reacted with only 1 mol. equiv. of periodate, showing that the sugar residue was linked to a carbon atom adjacent to another carrying a hydroxyl group, i.e. C-5, C-6, C-11 or C-12, and the ready elimination of desosamine from erythralosamine by alkali requires that its point of attachment must be capable of activation by a carbonyl group. Only C-5 fulfils all these requirements, activation being possible by elimination of the C-3 hydroxyl group to give an α,β-unsaturated lactone.[8]

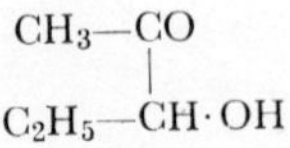

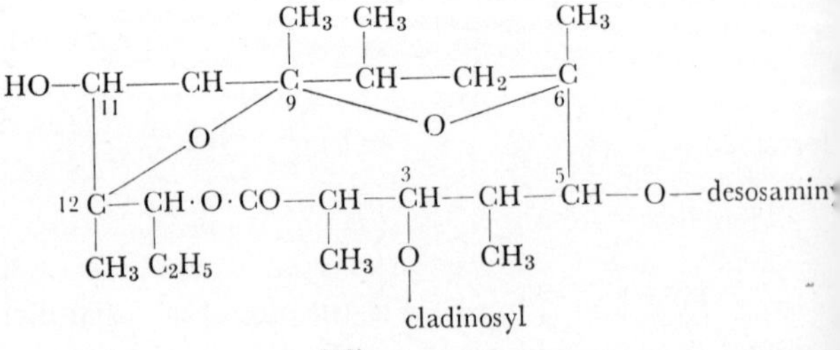

(21) (22)

Periodate oxidation of erythromycin N-oxide succeeded by alkaline hydrolysis afforded the ketol (21) proving, thereby, that

the C-11 and C-12 hydroxyl groups in the antibiotic were unsubstituted. The cladinose residue could, therefore, only be attached to C-3 or C-6, and the latter possibility was excluded when anhydroerythromycin, which is formed from erythromycin by mild acid treatment, was shown to have the structure (22).[8] The structure of erythromycin is therefore represented by (23).

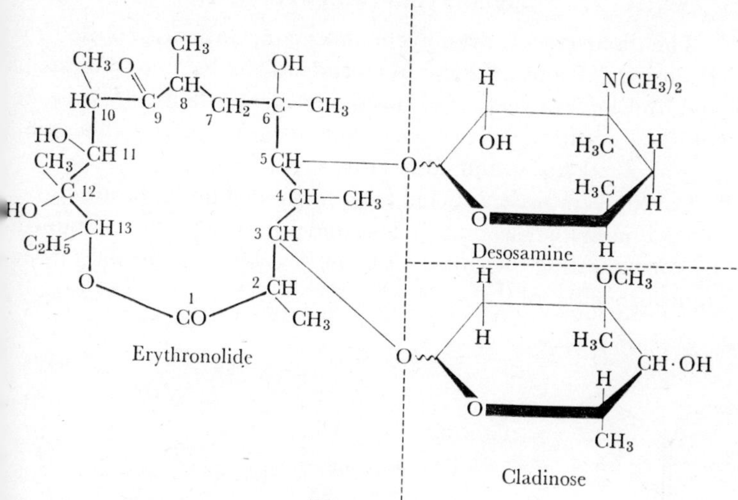

Erythronolide

Desosamine

Cladinose

(23)

Erythromycins B and C

These two congeners accompany erythromycin in *S. erythreus* fermentations. Erythromycin B differs from erythromycin in lacking the C-12 hydroxyl[9] whereas erythromycin C lacks the methoxy group in the cladinose molecule.[10] Their antibacterial spectra are very similar to that of erythromycin.

Clinical Applications

Erythromycin is similar to penicillin in antibacterial activity but is unaffected by penicillinase. It is absorbed from the gastrointestinal tract but blood levels obtained after administration of the base are variable. The antibiotic forms monoesters; the stearate and ethyl carbonate are better absorbed than the parent antibiotic and are preferred for oral administration. The hemisuccinate, hemiglutarate and hemiphthalate form water soluble salts but the salt of erythromycin with glucoheptonic acid is the derivative used most frequently for aqueous preparations.

Carbomycin (Magnamycin)

The discovery of carbomycin (magnamycin) was reported by Tanner et al.[11] in 1952 and independently by Pagano, Weinstein and McKee[12] a year later. It is produced by strains of *S. halstedii* and like erythromycin is active against gram-positive bacteria, strains of rickettsiae and large viruses.

Carbomycin was extracted from the fermentation broth into a water immiscible solvent at pH 6·6 and the crude product obtained by concentrating the extract was purified by crystallization from aqueous methanol.[13]

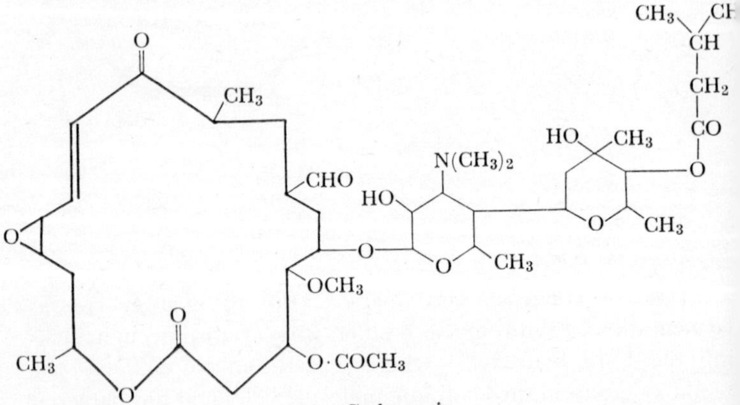

Carbomycin

Structure

The molecule of carbomycin consists of a polysubstituted macrocyclic lactone linked glycosidically to a disaccharide. It is one of the most complex of the macrolide antibiotics and the elucidation of its structure by Woodward et al. represents an outstanding achievement in the interpretation of degradative and diagnostic evidence. Carbomycin, $C_{42}H_{67}NO_{16}$, was found to be a mono-acidic base, and alkaline hydrolysis liberated dimethylamine, acetic acid and isovaleric acid. Its ultraviolet and infrared adsorption spectra showed maxima characteristic of an α,β-unsaturated ketone and a saturated aldehyde group; the presence of the latter being confirmed by the spectra of its thiosemicarbazone and oxime.[13]

Mild acid hydrolysis split the glycosidic linkage of the disaccharide yielding the isovaleryl derivative of a new sugar, mycarose;[13] more drastic conditions also liberated a dimethyl-amino sugar, mycaminose.[14] Methanolysis of carbomycin gave isovaleryl methyl mycaroside and a crystalline base, $C_{30}H_{47}NO_{12}$, that was designated carimbose.[15]

4-*Isovaleryl methylmycaroside*. Alkaline hydrolysis of the neutral methanolysis product, $C_{13}H_{24}O_5$, liberated isovaleric acid and gave a mixture of anomeric methyl glycosides that were converted into the parent carbohydrate (25) mycarose, by treatment with aqueous acid. Mycarose reduced hot Fehling's solution slowly, it was found to contain two C-methyl groups, three active hydrogen atoms and exhibited no significant ultraviolet absorption. When reacted with one mol. of periodate, acetoacetaldehyde (27) (isolated as the pyrazole formed by reaction with 2,4-dinitro-phenylhydrazine) was formed. Two mol. of the oxidant gave acetaldehyde, formic acid and a smaller quantity of 1,3,5-triacetyl benzene (formed by trimerization of acetoacetaldehyde).[15]

In alkaline solution, 3 mol. of periodate were consumed and acetylacetic acid was produced in the place of (27).[15a] Mycarose was also readily oxidized to a δ-lactone, $C_7H_{12}O_4$ (26) by hypo-bromite (Chart 7.3).[15]

The nature of the degradation products and the analytical evidence proved that mycarose is a 2,6-dideoxy-3-C-methyl-hexose; on the basis of further degradative studies it was assigned the L-*xylo* configuration[15b] but concurrent nuclear magnetic resonance measurements [15c] and synthetic studies[15d] favoured a L-*ribo* structure. The stereochemistry at C-3 and C-5 is the same for both proposed structures, but until a decision between the two configurations is reached, the stereochemistry at C-4 and the complete structure of mycarose (25) cannot be settled.† Since methyl isovalerylmycaroside does not react with periodate its structure must be represented by (24)[15] (Chart 7.3).

CHART 7.3

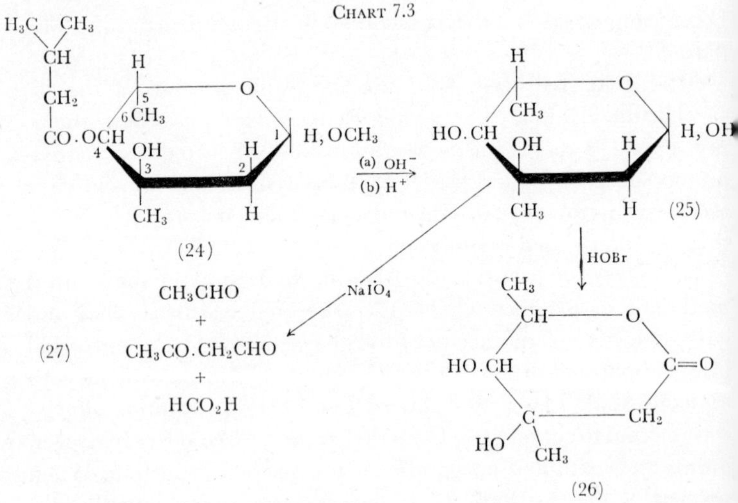

$Mycaminose$, $C_8H_{17}NO_4$, isolated after vigorous acid hydrolysis of carbomycin, contained one C-methyl group, it reduced Fehlings solution and liberated dimethylamine when treated with alkali. Acetylation gave rise to two isomeric triacetates and partial oxidation by periodate yielded formic acid and a new dimethyl-aminotetrose, $C_7H_{15}NO_3$ (29). The production of formic acid and the reducing properties of mycaminose confirmed the presence of a potential —CH(OH)·CHO grouping. A positive iodoform reaction indicated a terminal CH_3·CH(OH)— group and this sequence was confirmed by the formation of acetaldehyde on further oxidation. The absence of formaldehyde among the

† More recent synthetic studies favour the L-$ribo$ configuration (Overend and Williams; private communication).

products of periodate oxidation excluded the presence of a terminal —CH_2OH group and hence the possibility of a branched chain structure.

When mycaminose and the derived dimethylamino tetrose (29) were treated with alkali, the former lost dimethylamine much more rapidly and the latter failed to reduce Fehling solution. These observations are consistent with the presence of a β-dimethylamino-carbonyl system in mycaminose, and an α-dimethyl-amino-carbonyl system in the tetrose (29).

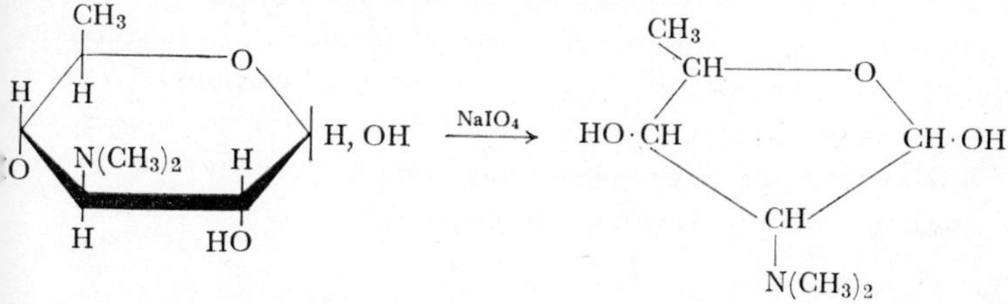

(28)   (29)

It was suggested, by analogy with desosamine, that mycaminose, had a pyranose structure[16]; syntheses of the sugar from methyl 2,3-anhydro-α-D-allopyranoside[16a] and methyl 6-deoxy-α-D-glucoside[16b] confirmed this hypothesis and also established that mycaminose is 3,6-dideoxy-3-dimethylamino-D-glucose (28).

Carimbose. The conditions necessary to cleave mycaminose from carimbose led to fragmentation of the aglycone. The macrocyclic lactone could not be stabilized by reduction, as in the case of erythronolide and its structure had to be deduced by examining the degradation products of carbomycin, carbomycin B, carimbose and their tetrahydro-derivatives.[17]

The molecule of carimbose, $C_{22}H_{31}O_8$—O—(mycaminosyl), contained eight oxygen atoms, exclusive of the glycosidic linkage. Analysis confirmed the presence of a methoxyl and an acetoxy group, and spectroscopic studies furnished evidence for the presence of an α,β-unsaturated ketone and an aldehydic group, leaving the function of three oxygen atoms to be identified.

Palladium-catalysed hydrogenation of carbomycin and carimbose gave tetrahydro-derivatives, and further stepwise reduction of their aldehyde and ketone groups, by platinum-catalysed hydrogenation and sodium borohydride, yielded fully saturated compounds. Vigorous alkaline hydrolysis of these products gave rise to $\alpha,\beta:\gamma,\delta$-unsaturated carboxylic acids, which were presumed to be derived by cleavage of a lactone ring, and thus revealed the position of two further oxygen atoms.

Treatment of carbomycin with potassium iodide yielded carbomycin B, a congener that possessed a conjugated dienone system.[14] This transformation was best explained by the presence of an α,β-epoxide adjacent to the unsaturated carbonyl system. It accounted for the remaining unidentified oxygen atom in the carbomycin molecule and revealed the partial structure (30) for carbomycin and (31) for the corresponding tetrahydro-derivative.

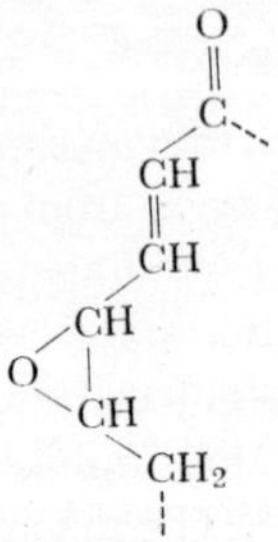

(30) 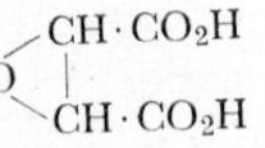   (32) 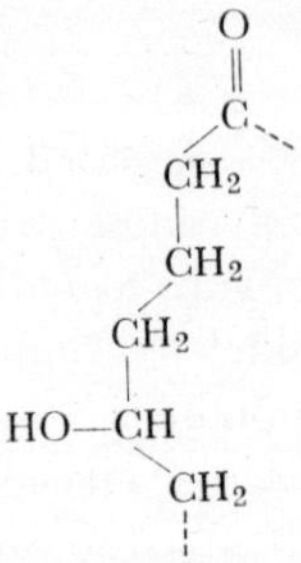   (31)

The presence of the epoxide was confirmed by the isolation of ethylene oxide *cis*-dicarboxylic acid (32) from the oxidation of carbomycin by nitric acid.

Further insight into the structure of the macrocyclic lactone was gained by the study of a C_{13}-methoxytricarboxylic acid (33), $C_{13}H_{18}O_7$, obtained by alkaline hydrolysis of the periodate-permanganate oxidation products of both carbomycin and carimbose (Chart 7.4). The ultraviolet absorption spectrum of this large fragment was characteristic of a conjugated dienoic acid, and the

CHART 7.4

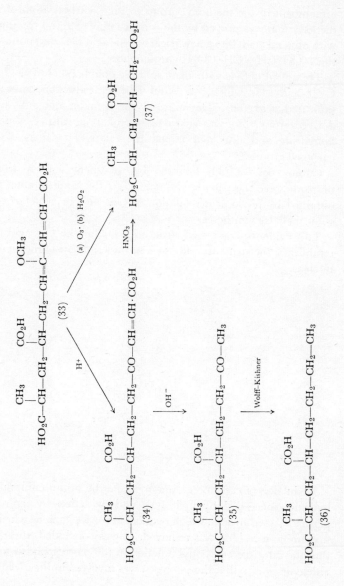

attachment of the methoxyl group to the γ-carbon atom of the diene system was proved by the conversion of (33), on treatment with mineral acid, into a new tricarboxylic acid (34) that possessed the $-CO \cdot CH = CH \cdot CO_2H$ chromophore.

Treatment of (34) with alkali split the double bond to yield the C-10 acid (35) which, on Wolff–Kishner reduction, gave the saturated acid (36). The infrared spectrum of the anhydride derived from (36) was characteristic of a substituted glutaric anhydride and thus determined the relative positions of the carboxyl groups.

Ozonization of (33) followed by treatment with hydrogen peroxide gave the tribasic C-8 acid (37); the same product was obtained by nitric acid oxidation of (34) and its structure was confirmed by synthesis.

This evidence confirmed structure (33) for the C_{13} acid and established the structure (38) for a second segment of the lactone nucleus.

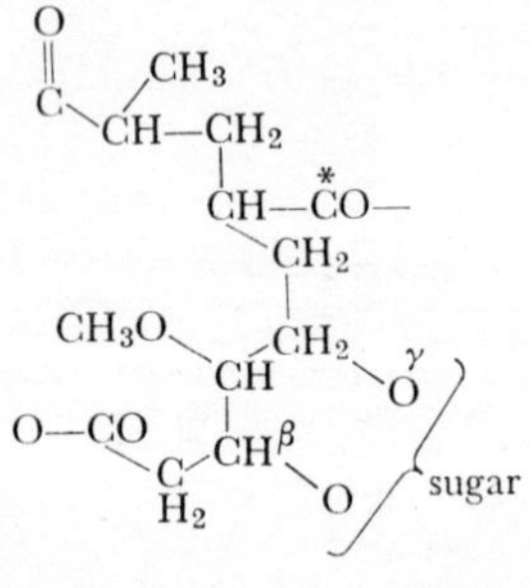

(38)

Reduction of carimbose dimethylacetal by lithium aluminium hydride, succeeded by hydrolysis and oxidation by hydrogen peroxide, gave an acid, which readily formed a γ-lactone when the mycaminose residue was removed. It was concluded, therefore, that the asterisked carbonyl function in (38) corresponded to the aldehyde group, that the γ-oxygen was involved in the glycosidic linkage and it followed that the acetoxy group was attached to the carbon atom β to the carbonyl of the lactone group.

The final evidence for the structure of the lactone nucleus was obtained by oxidative degradation of carbomycin B and its

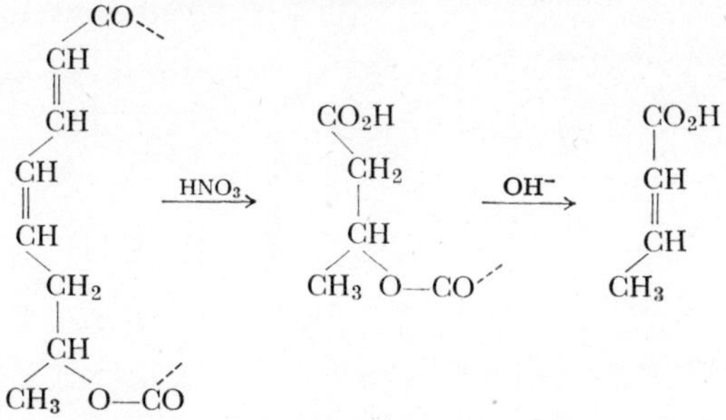

Carbomycin B

(40)   (41)   (42)

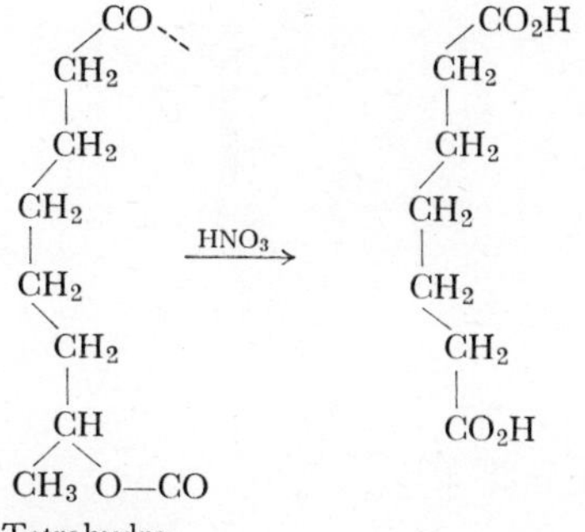

Tetrahydro carbomycin B

(43)   (44)

tetrahydro-derivative by nitric acid. Oxidation of carbomycin B and subsequent alkaline hydrolysis gave crotonic acid (42) by β-elimination of the acyloxy group in (41). The presence of a methyl group α to the lactone oxygen atom was thus established and the formation of pimelic acid (44) from tetrahydrocarbomycin

6

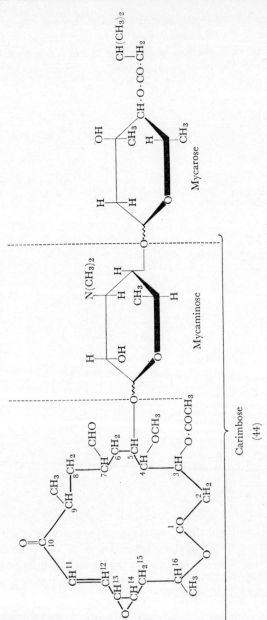

B confirmed the presence of a carbon chain containing five methylene groups.

The corresponding partial structures of carbomycin B and tetrahydrocarbomycin B are represented, therefore, by (40) and (43) respectively and when taken in conjunction with the partial structures (30) and (38) complete the evidence required to assign the structure of the carbomycin nucleus.

The positions of the glycosidic linkages of mycaminose were deduced by physical measurements. Because carimbose was a stronger base than carbomycin it was inferred that the mycarose residue was attached through a hydroxyl adjacent to the dimethylamino group, and the pK_a shifts of carbomycin and carimbose upon acetylation indicated that the dimethylamino group in the latter was flanked by two hydroxyl groups. Mycaminose must, therefore, be linked to the lactone nucleus *via* its C-1' hydroxyl and to mycarose by its C-4' hydroxyl.

Exhaustive methylation studies on carbomycin confirmed these deductions which together with the preceding evidence are consistent with the structure (44) for carbomycin.[17]

Carbomycin B

Carbomycin B, isolated from carbomycin mother liquors,[14] has been shown by Woodward[17] to be a congener of carbomycin in which the α,β epoxide group is replaced by a double bond. There is evidence that it is the immediate precursor in the biogenesis of carbomycin.

Clinical Applications

Carbomycin is used mainly for infections due to gram-positive bacteria that are resistant to penicillins. Its absorption on oral administration is less reliable than that of erythromycin.

Oleandomycin

Oleandomycin, discovered in 1954 by Sobin, Routien and Lees, is elaborated by a strain of *S. antibioticus*[18] and possesses antibacterial properties similar to those of the other macrolides.

The antibiotic was extracted from the mycelium with methyl isobutyl ketone and the extract concentrated *in vacuo*. The basic products were extracted into water (pH 2·0) and the aqueous phase, freed from the organic solvent, was extracted with ether at pH 6·5. The crude antibiotic was obtained by evaporation of the ethereal extract and purified by re-crystallization from ethyl acetate.[19]

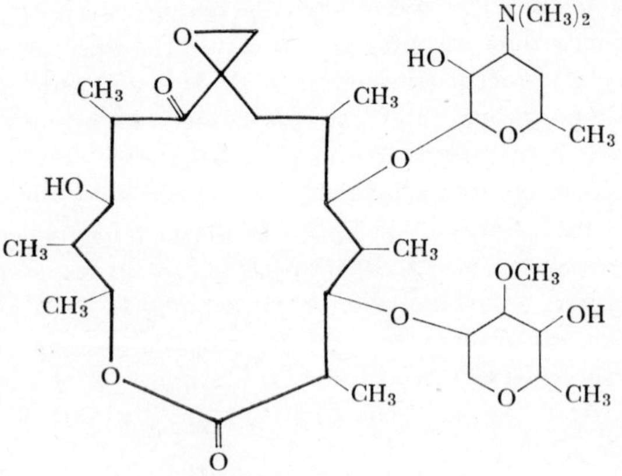

Oleandomycin

Structure

The macrolide structure of oleandomycin, $C_{35}H_{61}NO_{12}$, was inferred from its physical and chemical properties[20] and acid hydrolysis yielded two sugars, desosamine $C_8H_{17}NO_3$ (45) and L-oleandrose $C_7H_{14}O_4$ (46).[21]

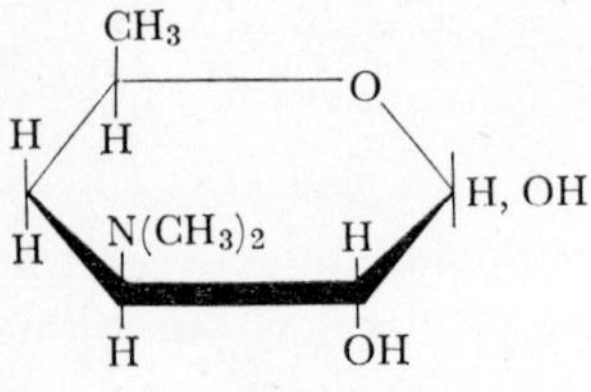

(45) 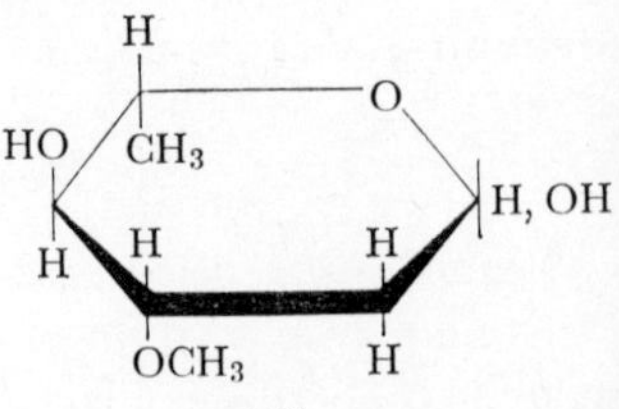   (46)

The former had already been obtained from the degradation of erythromycin and the latter had been isolated, previously, from the oleander plant.[22]

Els *et al.*[21] deduced that both sugar residues were linked directly to the macrolide nucleus, which was shown to contain hydroxyl and methyl substituents, as well as a saturated ketone and an epoxide.

The nucleus of oleandomycin was more stable than that of erythromycin or carbomycin and much of the evidence for its structure was gained from the properties and reactions of the intact lactone.[23] In dilute alkaline solution oleandomycin lost a free hydroxyl group yielding an α,β-unsaturated ketone, anhydro-oleandomycin (47). Methanolysis of this product (47) removed the L-oleandrose residue affording a mixture of desosaminylanhydrolide (48) and the corresponding methoxyhydrin (49), the latter arising from the addition of methanol across the epoxide ring.

Hydrobromic acid opened the epoxide ring of desosaminylanhydrolide (48) yielding the corresponding bromohydrin which, on hydrolysis by aqueous hydrogen bromide in benzene, furnished the anhydrolide bromohydrin (50) and desosamine. Treatment of (50) by base regenerated the epoxide, affording anhydrolide (51), the aglycone corresponding to anhydro-oleandomycin (47).

Nuclear magnetic resonance studies on derivatives of anhydrolide (51) and on model compounds proved to be of great value in elucidating its structure and established the presence of the following functions

(a) an exocyclic methylene epoxide
(b) two secondary hydroxyl groups
(c) the structural sequence $-CO \cdot C(CH_3) = CH - CH <$
(d) the structural sequence $-CO \cdot O \cdot CH(CH_3) - CH <$
(e) four C-methyl groups in addition to those present in (c) and (d).

Sodium borohydride reduced the ketone group in anhydrolide (51) and the acid obtained on hydrolysis of this product, when treated with hypoiodite, gave a positive iodoform test, establishing, thereby, the presence of a C-methyl group α to the lactone oxygen atom. Periodate-permanganate oxidation of damylanhydrolide (48) oxygenated the double bond and nitric acid cleaved this

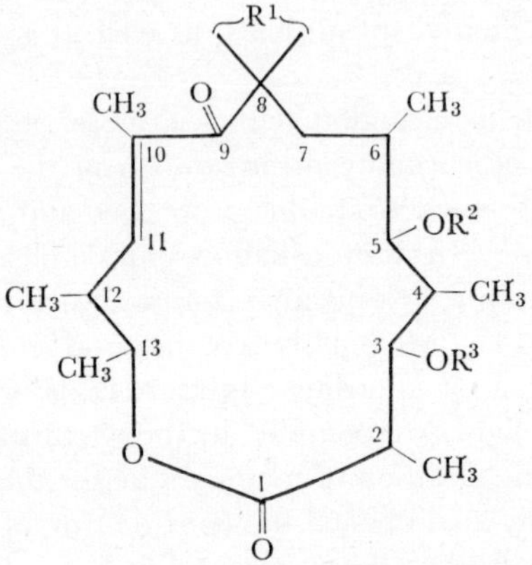

(47) $R^1 = \overset{CH_2}{\underset{O}{<|}}$ $R^2 = $ Desosaminyl $R^3 = $ L-oleandrosyl

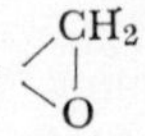

(48) $R^1 = \overset{CH_2}{\underset{O}{<|}}$ $R^2 = $ Desosaminyl $R^3 = $ H

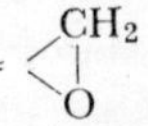

(49) $R_1 = \overset{CH_2OCH_3}{\underset{OH}{<}}$ $R^2 = $ Desosaminyl $R^3 = $ H

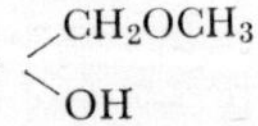

(50) $R^1 = \overset{CH_2Br}{\underset{OH}{<}}$ $R^2 = $ H $R^3 = $ H

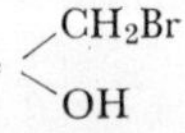

(51) $R^1 = \overset{CH_2}{\underset{O}{<|}}$ $R^2 = $ H $R^3 = $ H

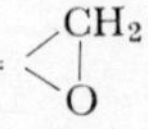

product, affording an acidic lactone, $C_{11}H_{16}O_7$, (52). The determination of the lactone's structure, which was achieved by identifying the products of further oxidative degradation, proved to be a great step forward and established the structure of half the macrocyclic nucleus (C-3 → C-10). Confirmation for the C-5 → C-8 sequence was afforded by the isolation of methyl succinic acid from the oxidation of oleandomycin with nitric acid, and the concurrent production of *meso*-3-hydroxy-2,4-dimethylglutaric acid established the nature of the C-1 → C-5 portion of the lactone nucleus.[23]

CHART 7.5

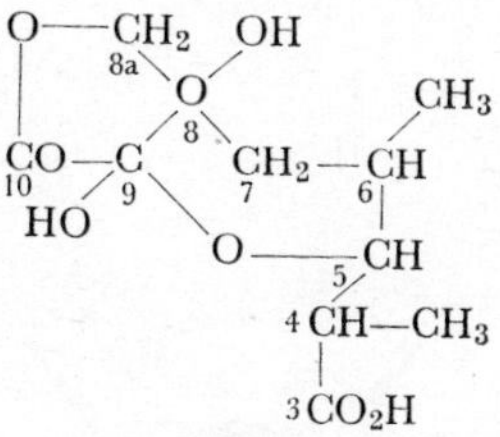

(52)

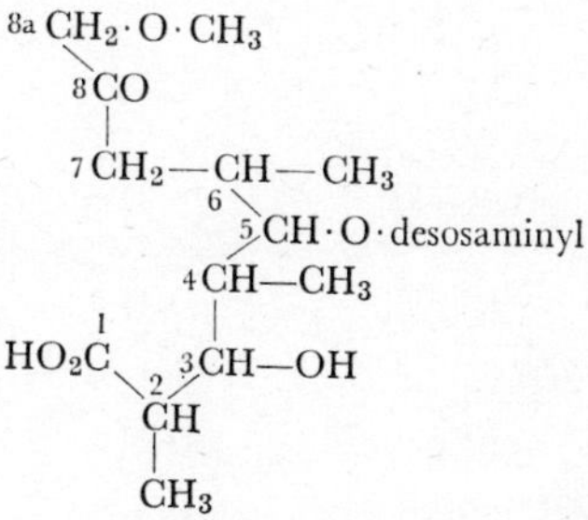

(53)

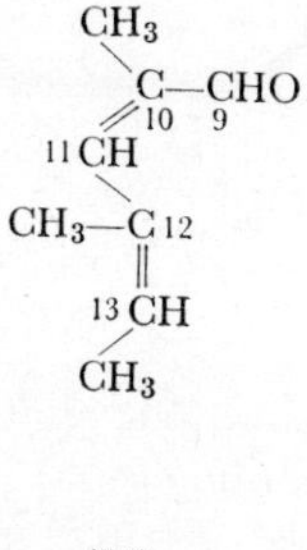

(54)

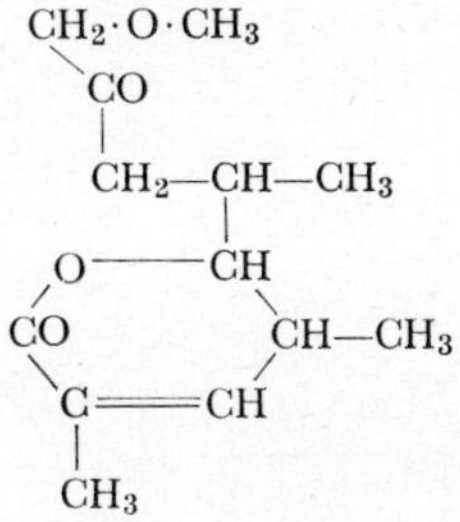

(55)

Hydrogenation and acetylation of the methoxyhydrin (49) reduced the carbonyl group and acetylated the desosamine residue. Periodate oxidation of this product afforded an α,β-unsaturated aldehyde which, on deacetylation and hydrolysis, gave the acid (53) and the dienaldehyde (54). The latter product is formed by vinylogous β-elimination of the C-13 oxygen; its structure establishes the position of the original ketone relative to the lactone oxygen and also defines the nature of the sequence C-9 → C-13. The acid (53) did not form a lactone but treatment with benzene-hydrochloric acid caused dehydration, removed the desosamine residue and furnished the lactone (55) (Chart 7.5).

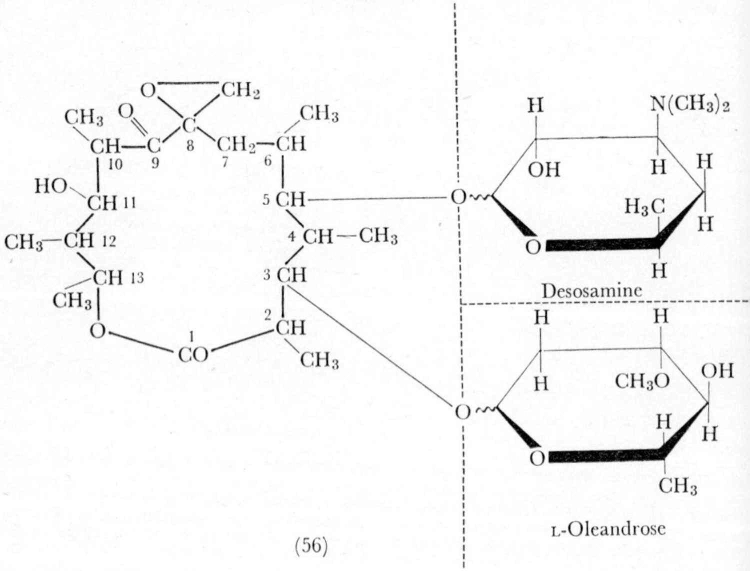

(56)

The identities of the fragments (52), (53) and (54) established the structure of the C_{13}-lactone and the formation of (55) proved that the desosamine residue was attached at C-5. It had already been demonstrated that the oleandrose residue was not linked to the desosamine moiety[21] and it must, consequently, be attached at C-3. The structure of oleandomycin is, therefore, represented by (56)[23] and the similarity to erythromycin (23) will be readily discernible.

Clinical Applications

Like other members of the macrolidic group, oleandomycin is active against gram-positive organisms and has proved useful for treating staphylococcal infections refractory to erythromycin, penicillin and the tetracyclines. The bitter taste of oleandomycin is masked in the triacetyl derivative in which the two sugars and the nucleus each carry an acetyl residue. This derivative is better absorbed than the parent antibiotic on oral administration.

The Spiramycins

Spiramycin was obtained from the culture filtrates of *S. ambofaciens*, by Pinnert-Sindico *et al.* in 1954, by an extraction process that paralleled closely the systems used to isolate the other macrolides.[24] The antibiotic proved to be heterogeneous and was separated into three fractions by counter-current distribution.[25] These components, spiramycins I, II and III, closely related in physical properties and antibacterial activity, were found to be identical with foromacidines A, B and C, isolated independently by Prelog *et al.* from a related streptomyces.[25, 26]

Structures

Phosphoric acid hydrolysis showed that spiramycins II and III are, respectively, the acetic and propionic esters of spiramycin I. Unlike erythromycin, carbomycin and oleandomycin the molecules of all the spiramycins contained two atoms of nitrogen. Mycarose (57), 5-dimethylamino-6-methyl-2-hydroxypyran (58) (a new dimethylamino sugar) and mycaminose (59) were isolated by stepwise acid hydrolysis. The intermediate neo-spiramycins and forocidines proved to be stable moieties but the nuclei disintegrated when the mycarose residue was removed[25, 26, 27, 28] (Chart 7.6).

The presence of a macrocyclic lactonic nucleus in the forocidines was demonstrated by the derivation of an unsaturated monobasic acid, $C_{21}H_{42}O_2$, from hexahydroforocidine B. The ultraviolet absorption-spectra of the forocidines and their precursors (λ max. 232 mμ) is characteristic of a conjugated diene system, the nature of a number of the functional groups was established by analysis and, by calculating its empirical formula from those of the forma-cidines and mycosamine, Paul and Tchelitcheff were able to propose the partial structure (60) for the common nucleus.[29]

CHART 7.6

Spiramycins   I $C_{46}H_{78}N_2O_{15}$
                    II $C_{47}H_{80}N_2O_{16}$
                    III $C_{48}H_{82}N_2O_{16}$

H+ ↓

Neo-spiramycins I $C_{38}H_{66}N_2O_{12}$
                    II $C_{48}H_{68}N_2O_{13}$ +   Mycarose
                    III $C_{41}H_{70}N_2O_{13}$

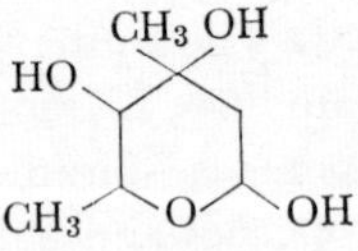

(57)

H+ ↓

Forocidines   A $C_{30}H_{51}NO_{11}$
                  B $C_{32}H_{53}NO_{12}$ +
                  C $C_{33}H_{55}NO_{13}$

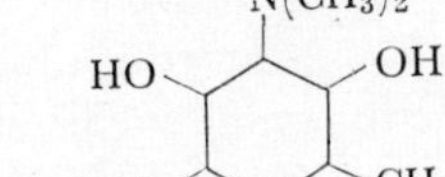

(58)

H+ ↓

Fragmentation products   +   Mycaminose

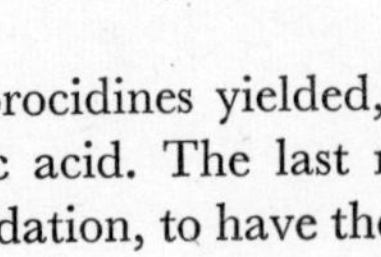

(59)

Permanganate oxidation of the forocidines yielded, hydroxy butyric, fumaric and a C_{13} tribasic acid. The last mentioned product was proved, by further degradation, to have the structure

(61) which, it will be seen, is isomeric with the degradation product (33) obtained by the oxidation of carbomycin.

The close relationship between the spiramycins and the carbomycins has been further demonstrated by the more recent work of Paul and Tchelitcheff[29a] who have shown that the structures

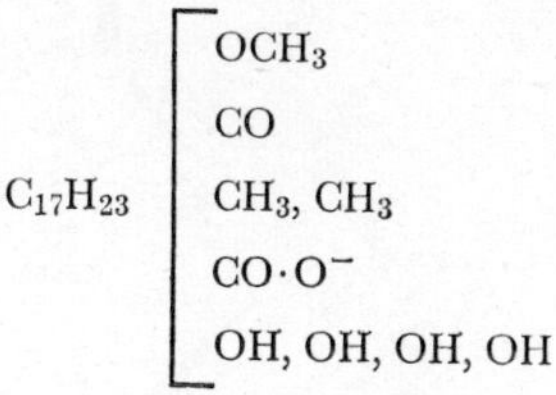

$$
C_{17}H_{23}
\begin{bmatrix}
OCH_3 \\
CO \\
CH_3, CH_3 \\
CO \cdot O^- \\
OH, OH, OH, OH
\end{bmatrix}
$$

(60)

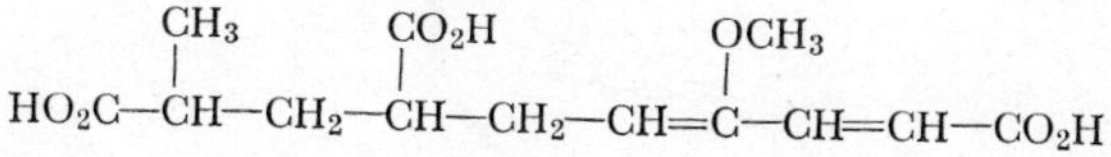

(61)

of the spiramycins are represented by (62). Only the arrangement of the 3 carbon-atom system enclosed by the square brackets remains to be settled as, on the present evidence, the alternative structure

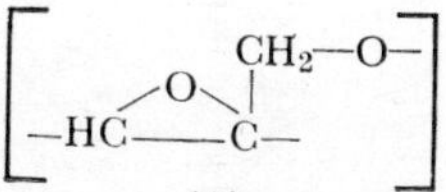

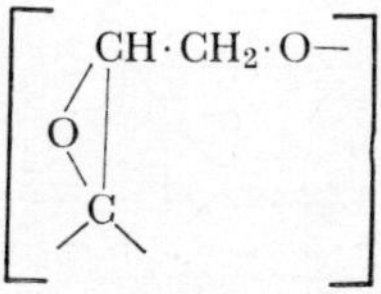

cannot be excluded.†

† The author is indebted to Professor R. Paul and Dr. S. Tchelitcheff for the advance information, from their forthcoming publication in the *Bull. Soc. chim. France*, that they have resolved this ambiguity and shown that the first of these alternatives (A) represents the correct structure of this 3 carbon segment.

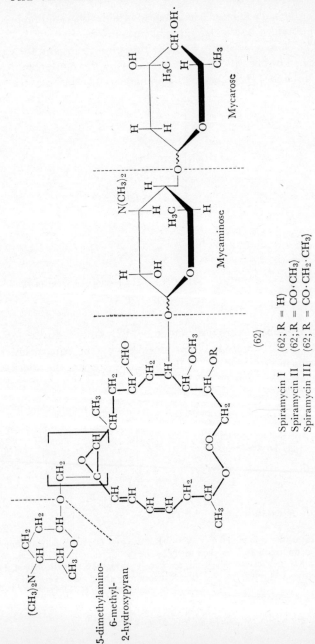

(62)

Spiramycin I   (62; R = H)
Spiramycin II (62; R = CO·CH₃)
Spiramycin III (62; R = CO·CH₂·CH₃)

Clinical Applications

The antibacterial spectrum of spiramycin resembles that of erythromycin. It is not destroyed by gastric secretions and is useful in the treatment of gram-positive infections resistant to other antibiotics.

Biogenesis of the Macrolides

The biogenesis of many natural products by the condensation of acetate units has been established.

This concept has proved useful in helping to determine their structures and it is probable that the lactone ring of carbomycin is formed in this way.[30] The regular substitution of methyl groups on the alternate carbon atoms of the erythromycin nucleus does not, however, fit this pattern and Woodward suggested that, in this case, the molecule is formed predominantly from propionate units.[30] Evidence to support this hypothesis has been provided by studying the utilization of ^{14}C-labelled acetic, propionic, pyruvic and succinic acids by growing cultures of *S. erythreus*.[31] Of these precursors, propionic acid was incorporated into the macrocyclic lactone system of erythromycin with the greatest efficiency. The activity was concentrated almost entirely in the lactone ring and confirmed the intact incorporation of propionate. Later experiments[33] have shown that the methyl group of [methyl-^{14}C]-methyl malonate is incorporated as efficiently as the methyl group of propionate and Grisebach[32] has suggested that their co-enzyme A derivatives may be complementary precursors.

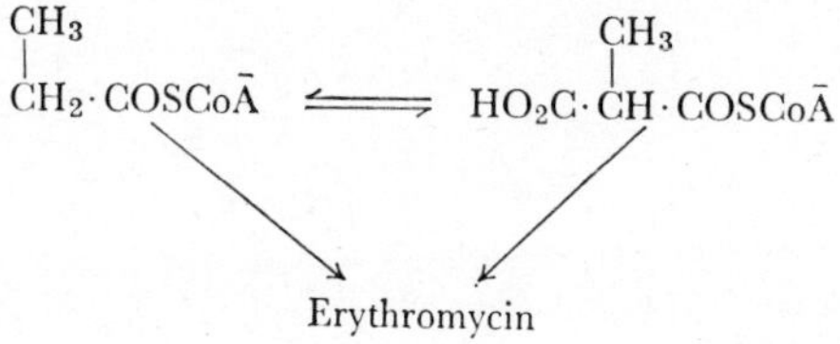

$$\begin{array}{ccc}
\text{CH}_3 & & \text{CH}_3 \\
| & & | \\
\text{CH}_2 \cdot \text{COSCoA} & \rightleftharpoons & \text{HO}_2\text{C} \cdot \text{CH} \cdot \text{COSCoA}
\end{array}$$

Erythromycin

CHART 7.7 †

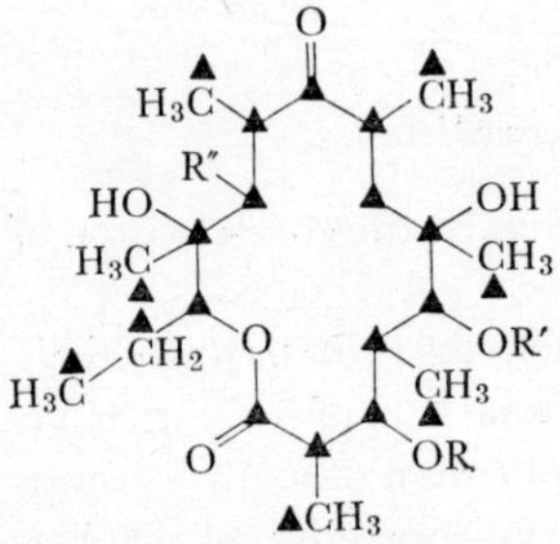

Erythromycin

R = Cladinosyl
R' = Desosaminyl
R" = OH

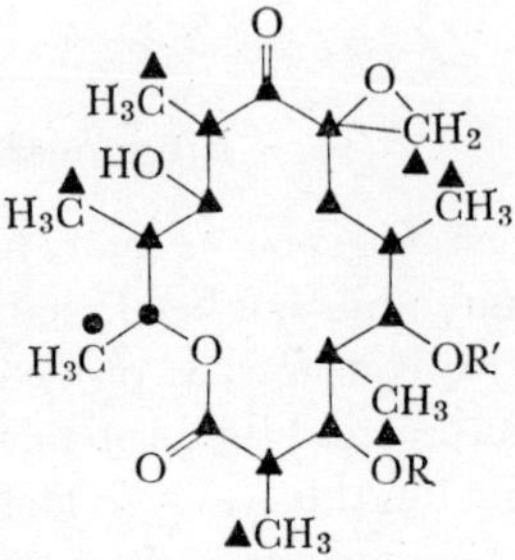

Oleandomycin

R = Oleandrosyl
R' = Desosaminyl

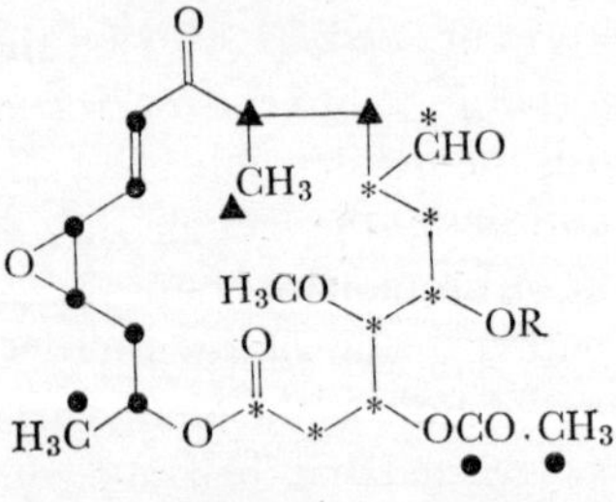

Carbomycin

R = Isovaleryl-mycarosyl-mycaminosyl

In the accompanying diagrams

● represents an acetate unit
▲ represents a propionate unit
* represents acetate and other precursors derived from glucose or succinic acid

† Reproduced from *J. Roy. Inst. Chem.* **88**, 332 (1964) by kind permission of the authors and publishers.

The information obtained obtained by degrading macrolides formed by micro-organisms in the presence of isotopically labelled precursors has been the subject of an excellent summary by Grisebach and Hofheinz [34].

The accumulated evidence on the biogenesis of erythromycin completely validates Woodward's hypothesis, and shows that its macrocyclic-lactone ring is derived entirely from seven propionate units. The lactone ring of oleandomycin, which is structurally similar to that of erythromycin has a very similar biogenetic origin being derived from one acetate and six propionate units.

The biogenesis of carbomycin, however, presents a more complicated picture. The C-11 → C-16 sequence and the C-16 methyl group are known to be derived from eight acetate units whereas C-8, C-9 and the C-9 methyl group are derived from propionic acid. Other precursors, which are readily formed from glucose or succinic acid, appear to be involved in the formation of the C-1 → C-7 sequence. The activity derived from [3,4-^{14}C]-glucose, for example, being localized in the C1 → C-4 segment. The precise nature of the precursors for the C-1 → C-7 sequence and the manner in which the aldehyde is formed have not yet been determined; the task is rendered particularly difficult by the instability of the aglyconic lactone.

Little information is available on the biogenesis of the spiro-mycins, but their structural similarity to carbomycin points to a similar biogenetic origin.

The contributions of the various precursor units to the structures of the lactone rings of erythromycin, oleandomycin are shown in Chart 7.7.

The cladinose and desosamine residues of erythromycin are formed from other sugars [35] (e.g. glucose, fructose or sucrose) and the C-methyl groups of cladinose, as well as the N-methyl groups of desosamine, are derived from the methyl group of L-methionine. [36]

References

1. McGuire, Bunch, Anderson. Boaz, Flynn, Powell and Smith, *Antibiotics and Chemotherapy*, **2**, 281 (1952).
2. Clark, *ibid.* **3**, 663 (1953).
3. Flynn, Sigal, Wiley and Gerzon, *J. Amer. Chem. Soc.* **76**, 3121 (1954).
4. Hasbrouck and Garven, *Antibiotics and Chemotherapy*, **3**, 1040 (1953).
5. Wiley and Weaver, *J. Amer. Chem. Soc.* **77**, 3422 (1955); **78**, 808 (1956).
5a. Inch, Lehman and Weber, *Chem. and Ind.* 1619 (1962).
5b. Hofheinz and Grisebach, *Tetrahedron Letters*, 377, No. 9 (1962).
5c. Bolton, Foster, Stacey and Webber, *Chem. and Ind.* 1945 (1962).
6. Wiley, Gerzon, Flynn, Sigal and Quarck, *J. Amer. Chem. Soc.*, **77**, 3676 (1955); Sigal, Wiley, Gerzon, Flynn, Quarck and Weaver, *ibid.* **78**, 388 (1956).
7. Wiley, Gerzon, Flynn, Sigal and Quarck, *ibid.* **77**, 3677 (1955); Gerzon, Flynn, Sigal, Wiley, Monahan and Quarck, *ibid.* **78**, 6396 (1956).
8. Wiley, Gerzon, Flynn, Sigal, Weaver, Quarck, Chauvette and Monahan, *ibid.* **79**, 6062 (1957).
9. Wiley, Segal, Weaver, Monahan and Gerzon, *ibid.* **79**, 6070 (1957).
10. Wiley, Gerzon, Flynn, Segal, Weaver, Quarck, Chauvette and Monahan, *ibid.* **79**, 6074 (1957).
11. Tanner, English, Lees and Routien, *Antibiotics and Chemotherapy*, **2**, 441 (1952).
12. Pagano, Weinstein and McKee, *ibid.* **3**, 899 (1953).
13. Wagner, Hockstein, Murai, Messina and Regna, *J. Amer. Chem. Soc.* **75**, 4684 (1953).
14. Hockstein and Murai, *ibid.* **76**, 5080 (1954).
15. Regna, Hockstein, Wagner and Woodward, *ibid.* **75**, 4625 (1953).
15a. Paul and Tchelitcheff, *Bull. Soc. Chim. (France)*, 442 (1957).
15b. Foster, Inch, Lehmann, Thomas, Webber and Wyer, *Proc. Chem. Soc.* 254 (1962).
15c. Hofheinz, Grisebach and Friebolin, *Tetrahedron*, **18**, 1265 (1962).
15d. Lemal, Pacht and Woodward, *ibid.* **18**, 1275 (1962).
16. Hockstein and Regna, *J. Amer. Chem. Soc.*, **77**, 3353 (1955).
16a. Foster, Inch, Lehman, Stacey and Webber, *J.* 2116 (1962).
16b. Richardson, *ibid.* 2758 (1962).
17. Woodward, *Angew Chem.* **69**, 50 (1957).
18. Sobin, English and Celmer, *Antibiotics Annual*, 1954–55, Medical Encyclopedia, New York, 1955. p. 827.
19. U.S. Patent 2,757,123.
20. Celmer, Murai and Els, *Antibiotics Annual*, 1957–58, Medical Encyclopedia, New York (1958), p. 476.
21. Celmer, Murai and Els, *J. Amer. Chem. Soc.* **80**, 3777 (1958).
22. Blindenbacker and Reichstein, *Helv. Chim. Acta*, **31**, 2061 (1948).
23. Hockstein, Els, Celmer, Shapiro and Woodward, *J. Amer. Chem. Soc.* **82**, 3225 (1960).
24. Pinnert-Sindico, Ninet, Preud'homme and Cosar, *Antibiotics Annual*, 1954–55, Medical Encyclopedia Inc. New York, p. 724.

25. PAUL and TCHELITCHEFF, *Bull. Soc. Chem. France*, 443 (1957).
26. CORBAZ, ETTLINGER, GAÜMANN, KELLER-SCHIERLEIN, KRADOLFER, KYBURZ, NEIPP, PRELOG, WETTSTEIN and ZÄHNER, *Helv. Chim. Acta*, **39**, 304 (1956).
27. PAUL and TCHELITCHEFF, *Bull. Soc. Chem. France*, 1059 (1957).
28. PAUL and TCHELITCHEFF, *ibid.* 734 (1957).
29. PAUL and TCHELITCHEFF, *ibid.* 150 (1960).
29a. PAUL and TCHELITCHEFF, (private communication).
30. WOODWARD, *Angew. Chem.* **68**, 13 (1956).
31. VANĔK, BABICKY, LIEBSTER and VERES, *2nd Int. Conf. Peaceful Uses of Atomic Energy*, Czeckoslovakia (1958).
32. GRISEBACH, ACHENBACH and HOFHEINZ, *Z. Naturf.* **15B**, 560 (1960).
33. KANEDA and CORCORAN, *Fed. Proc.* **20**, 273 (1961).
34. GRISEBACH and HOFHEINZ, *J. Roy. Inst. Chem.* **88**, 332 (1962).
35. MAJER, LIEBSTER, VERES, DOLĔXILOVÁ and VANĔK, *Prague Symp. on Antibiotics*, Abstracts of Comminications (1959).
36. MAJER, PŮŽA, DOLĔZILOVÁ and VANĔK, *Chem. and Ind.* **668** (1961); CORCORAN, *J. Biol. Chem.* **235**, p.c. 27 (1961).

CHAPTER VIII

Antibiotics Derived Mainly from Acetate or Propionate Units

3. The Polyene Antibiotics

Antifungal Polyenes

The antifungal polyene antibiotics comprise a large group of compounds produced by various strains of streptomycetes. They exhibit polyene absorption bands in the ultraviolet and visible regions of the spectrum; all are relatively insoluble in water and many undergo light catalysed auto-oxidation.

These antibiotics inhibit the growth of a variety of moulds including yeasts but possess no antibacterial activity. They show relatively high toxicity when administered parenterally but are much less toxic when given by mouth.

They have been conveniently classified as tetra-, penta-, hexa- and heptaenes according to the complexity of the polyene chromophore responsible for their absorption spectra.[1,2]

Polyene groups	*Absorption maxima* (mμ)
Tetraene	290, 305, 318
Pentaene	325, 340, 358
Hexaene	340, 356, 378
Heptaene	360, 378, 405

The structures of two antifungal polyenes have been determined. Pimaricin, a tetraene, was first thought to be a C_{24}^- polyene-lactone linked glycosidically to the furanose form of the amino sugar, mycosamine[3] but, more recently, the alternative structure (1) has been proposed.[3a] The latter formulation of pimaricin, as a C_{25}^- lactone attached to the pyranose form of mycosamine, is more compatible than the former with the concept of an acetate-derived biogenetic pathway.

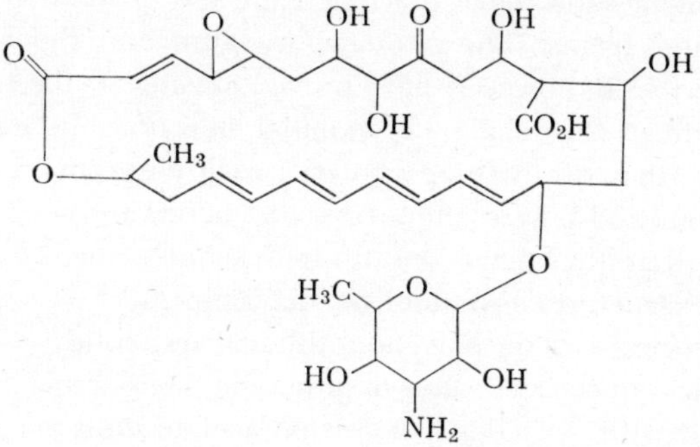

(1)

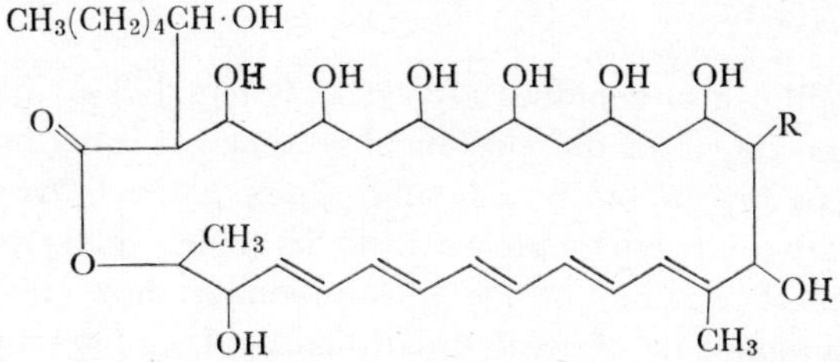

(2)

The pentaene, lagosin (2; R = OH) also has a macrocyclic lactonic nucleus containing conjugated unsaturation but lacks a carbohydrate component.[4] The structure (2; R = H) has been proposed for the closely related aglyconic pentaene, filipin[4] but an alternative C_{37} structure has also been suggested.

The infrared spectra of many other polyene antibiotics have absorption bands characteristic of a lactone group and the results of saponification studies on the perhydro derivatives provide evidence of macrolide structures.[5] It seems probable, therefore, that the antifungal polyenes are, in general, unsaturated macrolides with an architectural pattern similar to that of the antibiotics described in Chapter VII.

The instability, insolubility and, in some cases, the toxicity of the polyene macrolides have precluded the use of most of them as therapeutic agents. The tetraene, nystatin, and the heptaene, amphotericin B, however, have proved of value in the treatment of a number of fungal and monilial infections in man. Like pimaricin they are both amphoteric, each possessing a free carboxyl group and a mycosamine residue. There is also good evidence to show that they have unsaturated lactonic nuclei but their complete structures have not been determined.

The biogenesis of the polyene antifungal antibiotics has not been elucidated but the structures of pimaricin, lagosin and filipin are consistent with their derivation from acetate units *via* a poly-β-ketomethylene intermediate.

Fumagillin

Fumagillin also contains a polyene system but it differs, in many respects, from the antifungal polyenes. It is not produced by a streptomycete but by a mould, *Aspergillus fumigatus*, it lacks fungicidal activity but is noteworthy for its amoebicidal properties. The recent determination of its constitution has shown that fumagillin is a monoester of decatetraenedioic acid, and not a polyene macrolide.

Nystatin (Fungicidin)

Nystatin was isolated by Hazen and Brown from growing cultures of *Streptomyces noursei*.[6] The mould produced two antibiotics. The more water-soluble was identified as cycloheximide (actidione) and the less soluble, nystatin, was extracted from the mycelium by aqueous methanol and precipitated by adding ether to the methanolic solution.[6] Nystatin showed low oral toxicity in mammals and proved active, *in vitro* and *in vivo*, against many fungi and yeasts.[6, 7]

Structure

The purified, crystalline antibiotic, $C_{46}H_{77}NO_{19}$, formed a biologically active sodium salt and gave a monomethyl ester when treated with diazomethane.[8] Its ultraviolet absorption spectrum revealed the presence of conjugated tetraene and diene systems and, on catalytic hydrogenation, six moles of hydrogen were absorbed, giving a fully saturated derivative devoid of antifungal activity. The infrared spectrum of nystatin contained absorption bands characteristic of a carboxyl group, a carbonyl function (probably part of a lactone group) and a number of hydroxyl groups. The presence of four C-methyl substituents and a primary amino group was also established.[8] Vigorous acid hydrolysis of nystatin destroyed the greater part of the molecule but liberated a novel amino sugar, mycosamine, which has proved to be a component of several other polyene antibiotics.

Mycosamine, $C_6H_{13}NO_4$, has neither methoxy nor N-methyl substituents but contains a C-methyl group. It exhibited the weak reducing properties common among 6-deoxyaminoaldohexoses and the absence of absorption in the carbonyl region of the infrared spectrum indicated the presence of a pyranose or furanose ring. Methyl N-acetylmycosaminide (3; $R^1 = COCH_3$; $R^2 = CH_3$) did not react with periodate but N-acetylmycosamine (3; $R^1 = COCH_3$; $R^2 = H$) was converted by 1 mol. of the oxidant, into an amorphous product which consumed 1 mol. of base, giving formic acid and a 2-acetamido-2,5-deoxypentose (4), $C_7H_{13}NO_4$.[9]

The representation of mycosamine by (3; $R^1 = R^2 = H$) is consistent with these findings and received confirmation by the oxidation of methyl N-ethylmycosaminide (3; $R^1 = C_2H_5$; $R^2 = CH_3$) (prepared by the LiAlH$_4$ reduction of ethyl N-acetylmycosaminide) by periodate to give the known D'-methoxy-D-methyl-diglycolic aldehyde (5).[9] This degradation also established the

D-configuration for C-5 and further studies proved that mycosamine had the D-mannose stereochemistry; both its structure and configuration were confirmed by an unambiguous synthesis.[10]

Clinical Applications

Nystatin is used to treat monilial infections due to *Candida albicans* that may arise by primary infection, or result from the use of broad-spectrum antibiotics. Given orally it is effective in combating intestinal monilial infections and applied topically it will eradicate many fungal infections of the skin.

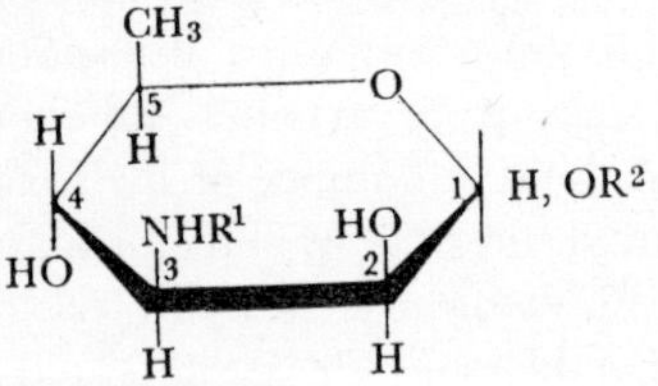

(3) 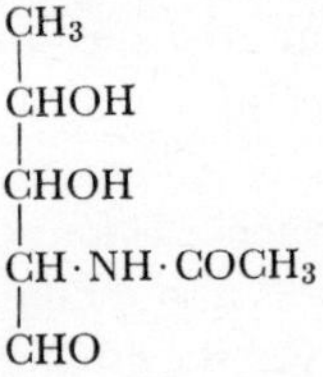   (4) 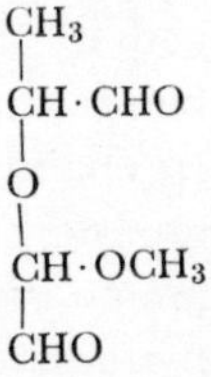   (5)

Amphotericin B

A streptomycete culture isolated from a soil sample obtained from the Orinoco River area of Venezuela was found, by Gould *et al.*[11], to produce a mixture of two antibiotics that possessed promising antifungal activity *in vitro*. The antibiotics were extracted from the mycelium or the whole broth by water-saturated butanol. The extract was dried by azeotropic distillation whereupon two components, designated amphotericins A and B, were precipitated. The crude product was slurried with a methanolic solution of calcium chloride and amphotericin A was removed as a soluble clacium chloride complex. Amphotericin B, the major component, remained undissolved.[12] Amphotericin A was precipitated from the methanolic solution by the addition of water and the B component was purified by crystallization from acidified dimethylformamide. Amphotericin B proved more active against fungi than amphotericin A but had a narrower spectrum of antifungal activity.[11]

Structure

Amphotericin A shows ultraviolet absorption characteristic of a conjugated tetraene, whereas amphotericin B appears to contain a conjugated heptaene system; as their names imply both compounds are amphoteric.

Catalytic hydrogenation of amphotericin B gave a fully saturated derivative which, like perhydronystatin, was devoid of anti-fungal activity and exhibited an infrared absorption band characteristic of a lactone or ester carbonyl. Its neutralization equivalent, 970–980, agreed with the tentative empirical formula $C_{46}H_{87}NO_{20}$ for the perhydro-derivative and $C_{46}H_{73}NO_{20}$ for the parent antibiotic.[13]

Sulphuric acid catalysed acetolysis yielded an acetyl derivative of mycosamine, the amino sugar present in pimaricin and nystatin. The aglycone fragment must therefore have the empirical formula $C_{40}H_{62}O_{17}$.[13] No further information on the structures of amphotericins A or B has yet been published.

Clinical Applications

Amphotericin B is poorly absorbed on oral administration. When administered by intravenous infusion side reactions have been observed but, used with discretion, it has proved successful in the treatment of deep-seated mycotic infections, some of which have been refractory to other modes of therapy. Amphotericin B inhibits phosphate uptake in non-proliferating suspensions of *C. albicans* and is thought to exert its fungistatic action by this mechanism.[14]

Fumagillin

Fumagillin was isolated in 1951 by Eble and Hanson[15] from growing cultures of *A. fumigatus*. It showed negligible antibacterial or antifungal activity but created interest by its amoebicidal properties.[16]

The defatted culture filtrate was extracted with chloroform, and the organic phase concentrated under reduced pressure. An acetone solution of the residue cooled to $-30°$ deposited crude fumagillin which was purified by crystallization from aqueous methanol.[16]

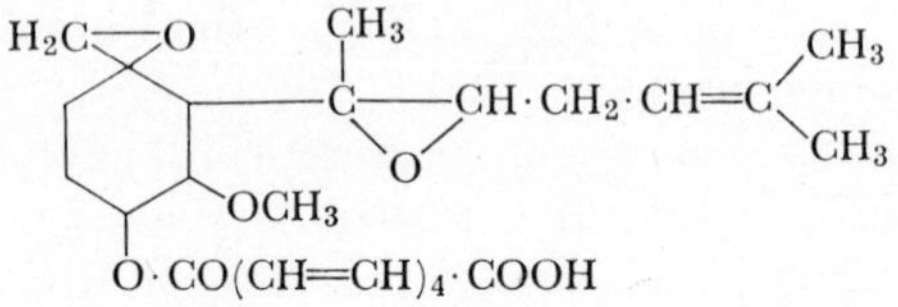

Fumagillin

Structure

The structure of fumagillin, $C_{26}H_{34}O_7$, has been elucidated by Tarbell *et al.* and in a recent publication they have collated all the relevant evidence.[17] The initial investigations demonstrated that fumagillin was an ester, and hydrolysis gave an unsaturated dibasic acid together with a neutral alcohol. The molecular formula, $C_{10}H_{10}O_4$, and the ultraviolet absorption spectrum of the acid were consistent with its formulation as deca-2,4,6,8-tetraene-1,8-dioic acid (6).

$$HO_2C.(CH{=}CH)_4CO_2H$$
$$(6)$$

This structure was confirmed both by synthesis and by the isolation of sebacic acid from the hydrolysis of hydrogenated fumagillin.

Analysis of the alcohol, $C_{16}H_{26}O_4$, established the presence of a methoxyl and a secondary hydroxyl group. Its nuclear magnetic resonance spectrum indicated the presence of an isopropylidene group and confirmation for this was gained by the production of acetone on ozonolysis. Hydrogenation of the alcohol gave a dihydroderivative which was readily reduced, by lithium aluminium hydride, to yield a diol, and reduction under more vigorous conditions gave a triol. There was no evidence, in the infrared spectrum, for the presence of a carbonyl group and it was concluded, therefore, that both the remaining oxygen atoms were present in ring systems.

In the presence of acids or alkalis the alcohol underwent a remarkable variety of intramolecular rearrangements. The lability of the molecule made the elucidation of its structure very difficult but, by an elegant series of researches, the nature of these reactions was finally established.[17] Both ring oxygens were shown to be present in oxirane systems, the alcohol was proved to have the structure $(7; R = H)$ and fumagillin to be the corresponding ester formed with decatetraenedioic acid $(7; R = CO(CH=CH)_4 \cdot CO_2H)$.

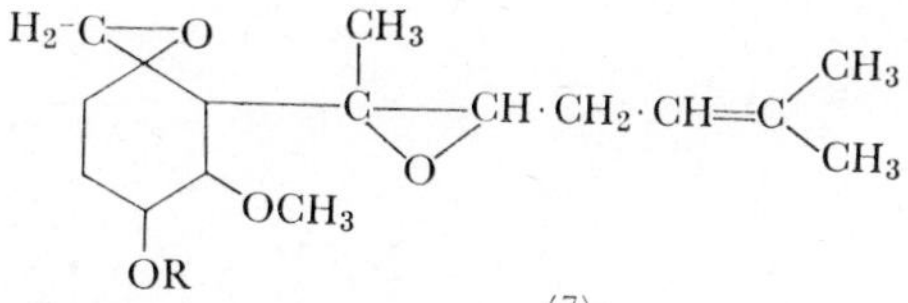

(7)

Clinical Applications

Fumagillin is used in the treatment of amoebic dysentery. Unlike other antibiotics used to treat amoebiasis, it does not suppress symbiotic bacteria but acts directly on *Entamoeba histolytica*.[18]

References

1. BALL, BESSEL and MORTIMER, *J. Gen. Microbiol.* **17**, 96 (1957).
2. OROSHNIK, VINING, MEBANE and TABER, *Science*, **121**, 147 (1955).
3. PATRICK, WILLIAMS, WOLF and WEBB, *J. Amer. Chem. Soc.* **80**, 6688 (1958); PATRICK, WILLIAMS and WEBB, *ibid.* **80**, 6689 (1958).
3a. CEDER, WAISVISZ, VAN DER HOEVEN and RYHAGE, *Chimia*, **17**, 352 (1963).
4. DHAR, THALLER and WHITING, *Proc. Chem. Soc.* 310 (1960).
5. SHAFFNER and BOROWSKI, *Antibiotics and Chemotherapy*, **11**, 724 (1961).
6. HAZEN and BROWN, *Proc. Soc. Exp. Biol. and Med.* **76**, 93 (1951).
7. WELCH, *Antibiotics, Med. and Clin. Therapy*, **2**, 79 (1956); STERNBERG, TARBET, NEWCOMER, HUDDLESON, WIER, WRIGHT and EGEBERG, *Antibiotics Annual*, 1953–54, Medical Encyclopedia Inc., New York (1954), p. 199.
8. DUTCHER, BOYACK and FOX, *ibid.* 1953–54, p. 191; DUTCHERS, WALTERS and WINTERSTEINER, *Therapy of Fungus Diseases*, Little, Brown, Boston (1955), p. 168.

9. WALTERS, DUTCHER and WINTERSTEINER, *J. Amer. Chem. Soc.* **79**, 5076 (1957).
10. VON SALTZA, REID, DUTCHER and WINTERSTEINER, *ibid.* **83**, 2785 (1961).
11. GOLD, STOUT, PAGANO and DONOVICK, *Antibiotics Annual*, 1955–56, Medical Encyclopedias Inc., New York (1956), p. 579.
12. VANDEPUTTE, WATCHTEL and STILLER, *ibid.* p. 587.
13. DUTCHER, YOUNG, SHERMAN, HIBBITS and WALTERS, *ibid.* 1956–57, p. 866.
14. BOYD, *Manuf. Chem.* **32**, 318 (1961).
15. EBLE and HANSON, *Antibiotics and Chemotherapy*, **1**, 54 (1951).
16. McCOWAN, CALLENDER and LAWLIS, *Science*, **113**, 202 (1951).
17. TARBELL, CARMAN, CHAPMAN, CREMER, CROSS, HUFFMAN, KUNSTMANN, McCORKINDALE, McNALLY, ROSOWSKY, VARINO and WEST, *J. Amer. Chem. Soc.* **83**, 3096 (1961).
18. *New and Nonofficial Drugs*, 1963, Lippincott, Philadelphia (1963), p. 108.

CHAPTER IX

Miscellaneous Antibiotics

Novobiocin

THE antibiotics streptonivicin produced by *Streptomyces niveus*,[1] cathomycin obtained from cultures of *S. spheroides*[2] and cardelmycin a metabolic product of a non-specified streptomyces[3] were all isolated independently in 1955. Comparison of their chemical and biological properties proved them to be identical,[3] whereupon the original names were abandoned and the antibiotic renamed novobiocin.

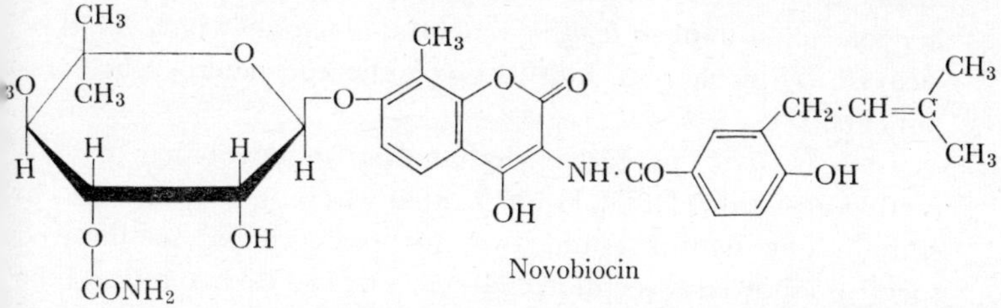

Novobiocin

Novobiocin proved active against many gram-positive bacteria and inhibited a limited range of gram-negative organisms.[4] It was well tolerated by animals and unusually high concentrations of the antibiotic were found in the serum after oral administration.[5]

The filtrate from the fermentation broth was evaporated and the residue dissolved in water. The precipitate formed when the aqueous solution was acidified (pH 2·0) was removed, dried and triturated with acetone. The acetone soluble fraction was isolated, extracted with methanol, the methanolic solution evaporated and the residue triturated with petroleum ether. The insoluble residue was dissolved in aqueous sodium hydroxide, the solution filtered and the crude antibiotic precipitated by the addition of acid. Final purification was achieved by crystallization from aqueous acetone.[2]

Structure

The molecule of novobiocin is made up from three units, a central heterocyclic moiety to which a sugar unit and a substituted benzoic acid are attached. The structure of the antibiotic was determined independently by Folkers *et al.*[6] and Hinman *et al.*[7]

Novobiocin, $C_{31}H_{36}N_2O_{11}$, is an unsaturated dibasic acid and hydrogenation gave a biologically-active dihydro derivative. Methanolic hydrogen chloride split the glycosidic linkage yielding the methyl glycoside of a neutral nitrogen-containing sugar and also brought about a change in the aglycone fragment since this product, cyclonovobiocic acid, was monobasic. Treatment of the antibiotic with hot acetic anhydride liberated the substituted benzoic acid fragment leaving a neutral glycoside which could be cleaved, by alcoholysis, into its glycosidic and heterocyclic components.

The Glycosidic Component. Methanolysis of novobiocin gave a methyl glycoside (1), $C_{10}H_{19}NO_6$, that was found, by analysis, to contain one hydroxyl and two methoxy groups. Its infrared spectrum showed absorption characteristic of a carbamate and the presence of this group was confirmed by the liberation of carbon dioxide and ammonia on alkaline hydrolysis. The mixture of anomeric methyl noviosides (2), $C_9H_{18}O_5$, obtained by this last reaction, gave acetone when oxidized by chromic acid and reacted with 1 mol. of sodium periodate to produce a dialdehyde. The methyl glycoside (1) was stable to sodium periodate but the parent sugar (3), obtained by mild acid hydrolysis, consumed 1 mol. of the oxidant with the formation of formic acid.[6] These findings furnished evidence for the presence of a *gem*-dimethyl group in the sugar moiety, they also proved that the free hydroxyl was located

CHART 9.1

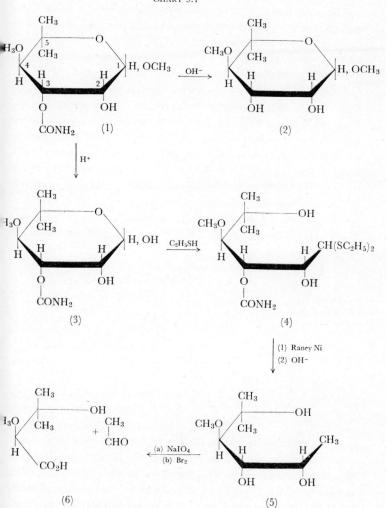

α to the glycosidic link, at position 2, and that the carbamic ester occupied position 3.[6, 7]

The positions of the remaining substituents were disclosed by a sequence of reactions commencing with the conversion of (3) into the corresponding diethyl mercaptal (4) (Chart 9.1). Desulphurization of (4) by Raney nickel to the 1-deoxy derivative followed by alkaline hydrolysis of the carbamoic ester gave the triol (5). Oxidative fission of (5) by sodium periodate yielded acetaldehyde and a non-volatile product which, on further oxidation by bromine, was converted into (−)-α-methoxy-β-hydroxyisovaleric acid (6), a known compound.[6] The location of the methoxy and the *gem*-dimethyl substituent, at positions 4 and 5 respectively, was thus established. Methyl 3-O-carbamoylnovioside was shown to have the same configuration as L-lyxose[8] and its complete structure is therefore represented by formula (1).

The Substituted Benzoic Acid. The monobasic acid (7; R = Ac), $C_{14}H_{16}O_4$, obtained by the action of hot acetic anhydride on

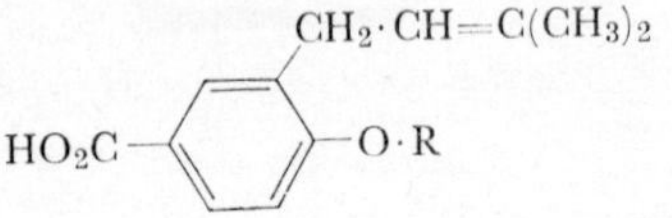

(7)

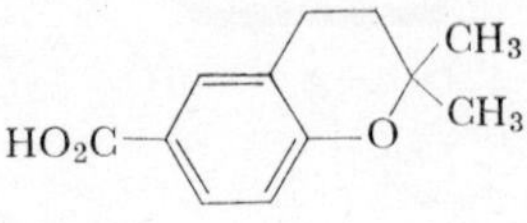

(8)

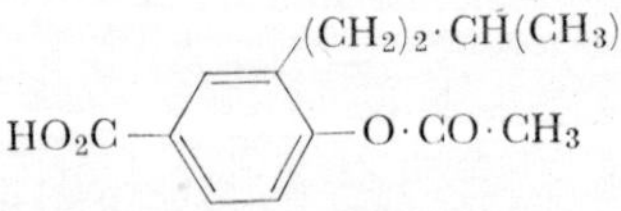

(9)

novobiocin, exhibited infrared absorption indicative of an ester-carbonyl group and, ethylenic and C—O linkages. Alkaline hydrolysis caused de-acetylation and the resulting acid (7; R = H) showed ultraviolet absorption characteristic of a *p*-hydroxybenzoic acid. The presence of an isopropylidene group was inferred from an infrared absorption band at 842 cm^{-1} and confirmed by the production of acetone after successive oxidations of (7; R = Ac) by osmium tetroxide and periodate. It was thus evident that the benzoic acid carried an isopentenyl side chain and its position, *ortho* to the hydroxyl group, was evident from the facile cyclization of (7; R = H), by ethanolic hydrochloric acid, to 2,2-dimethyl-chroman-6-carboxylic acid (8).

The monobasic acid derived from novobiocin must, therefore, be 4-acetoxy-3-(isopent-2'-enyl) benzoic acid (7; R = Ac). The corresponding dihydroderivative (9) was obtained by hydrogenation of (7; R = Ac) and by acetic anhydride degradation of dihydro-novobiocin.[6, 7]

The Heterocyclic Component. The structure of the centre unit was determined by studying the degradation of novobiocin and dihydronovobiocin (Chart 9.2). Acetic anhydride cleavage of novobiocin and subsequent methanolysis of the neutral glycoside (10) afforded an amphoteric compound (11), $C_{10}H_9NO_4$. Its chemical properties were consistent with the presence of an aromatic-heterocyclic nucleus containing an acidic enol-function and carrying a methyl-, a phenolic hydroxyl- and an amino-substituent.[7]

The similarity of the properties and reactions of the amphoteric product to those of 3-amino-4-hydroxycoumarin prompted a series of model experiments. It was demonstrated that when 3-benz-amido-4-hydroxycoumarin (12) was heated in acetic anhydride, formation of the 4-acetoxy derivative was followed by cleavage of the amide bond and cyclization to yield the oxazole (13). The similarity of their reactions and close relationship between the ultraviolet spectra of (10) and (13) left no doubt that (10) was also an oxazole derived from a 3-amino-4-hydroxycoumarin.

The remaining details of the heterocyclic component's structure became apparent when alkali-hydrolysis was found to give 2,4-dihydroxy-3-methylbenzoic acid (14) and fusion with alkali yielded 2-methylresorcinol (15). These experiments defined the positions of the methyl and hydroxyl substituents and established (11) as the structure of the central portion of the antibiotic molecule.[7]

An alternative proof of structure stemmed from the methanolysis

CHART 9.2

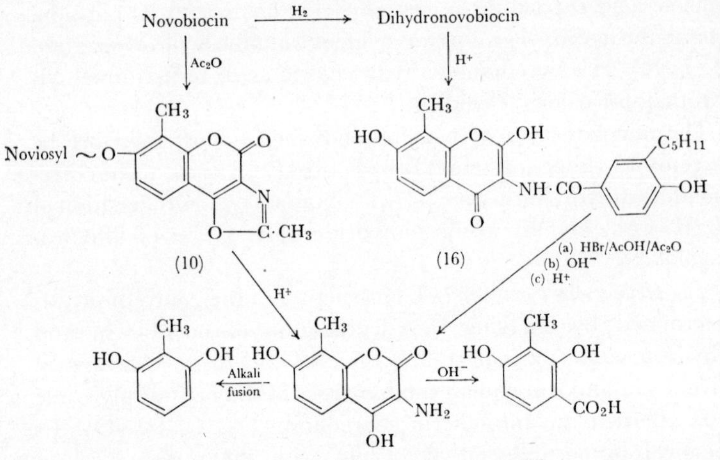

(15) (11) (14)

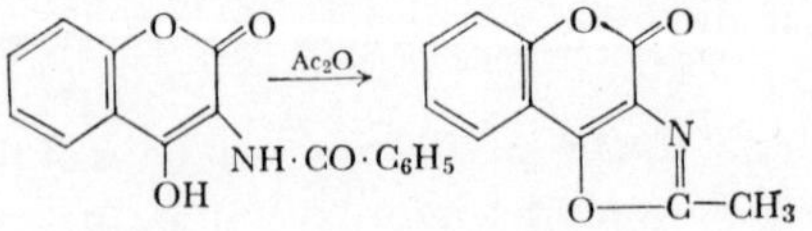

(12) (13)

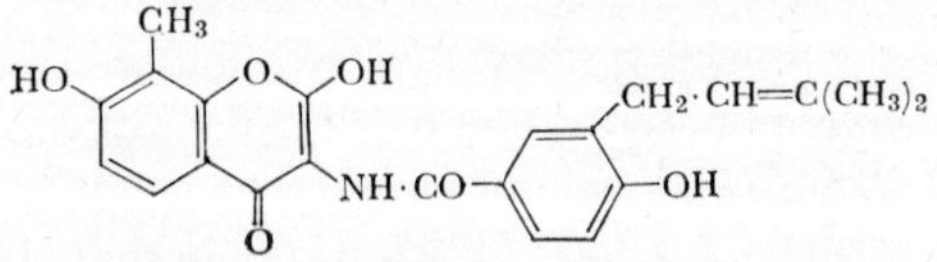

(17)*

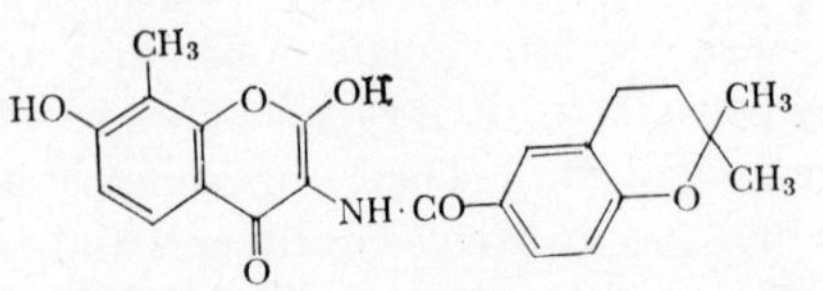

13 089

(18)*

* Although the heterocyclic moiety of novobiocin is a 4-hydroxycoumarin, the infrared spectra of many of the degradation products indicate that they are derivatives of the tautomeric 2-hydroxychromone.

of dihydronovobiocin which split the glycosidic bond to yield dihydronovobiocic acid (16). Fission of the amide bond of (16) by hydrogen bromide in acetic acid gave the 3,7-diacetyl derivative of (11) which was converted into (11) by successive hydrolyses (in aqueous dioxan) with dilute alkali and dilute hydrochloric acid.[6]

The absence of ester carbonyl absorption in the infrared spectrum of dihydronovobiocic acid confirmed the amide linkage between the coumarin and benzoic acid units and established the structures (17) and (16) for novobiocic acid and its dihydro derivative. The acid-catalysed cyclization of the isopentenyl substituent with the adjacent phenolic hydroxyl group explained the derivation of cyclonovobiocic acid (18) by methanolysis of novobiocin. The structures (16), (17) and (18), have been confirmed by synthesis.[9] From a comparison of the molecular rotation of novobiocin with those of α- and β-methyl noviosides, it was inferred that the glycosidic linkage in the antibiotic was α[10] and, since it must involve the phenolic hydroxyl of the coumarin residue, the structure of novobiocin will be represented by (19).

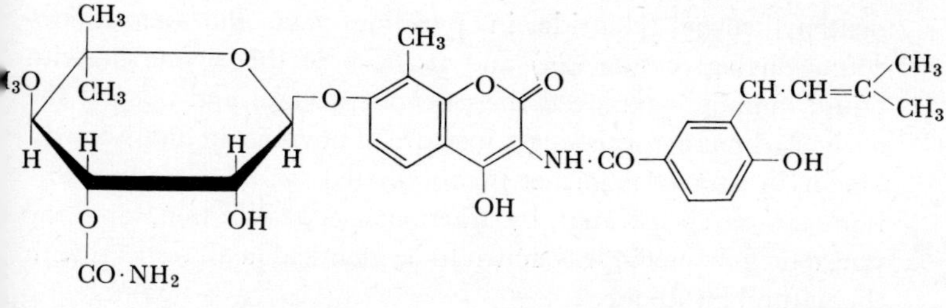

Isonovobiocin is an isomeric form of the antibiotic produced by the action of mild alkali (pH 10·0) on aqueous solutions of novobiocin.[11] Degradative studies showed that isonovobiocin differed from the parent compound only in the transposition of the carbamoyl group from position 3 to position 2 of the sugar moiety (20). In spite of this apparently minor change in structure the iso-analogue is devoid of antibacterial activity.[11]

7

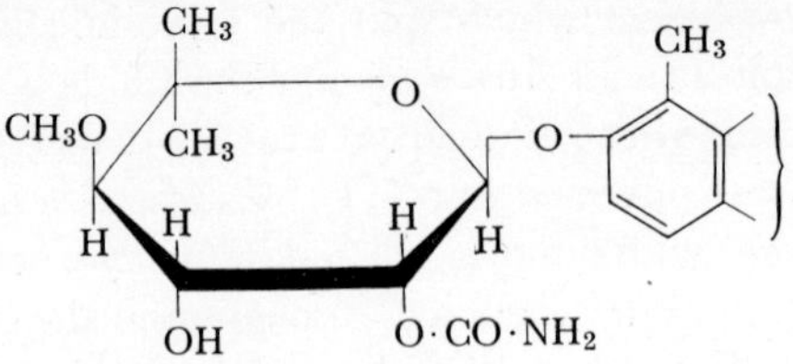

(20)

Synthesis

The structure of novobiocin (19) has been confirmed by the following synthesis (Chart 9.3).[12] The reaction between 2,3-O-carbonyl-β-noviosyl chloride and 4-benzyloxy-7-hydroxy-8-methylcoumarin in quinoline, in the presence of silver oxide, yielded the α-glycoside (21). Removal of the benzyl group by hydrogenolysis, succeeded by reaction with phenyl diazonium chloride gave the 3-phenylazo derivative which, on reduction, afforded 3-amino-7-(2,3-O-carbonyl-α-noviosyloxy)-4-hydroxy-8-methylcoumarin (22). Acylation of (22) by 4-acetoxy-3-iso-pentenylbenzoyl chloride in pyridine gave the benzamido-coumarinyl glycoside (24) and reaction of this precursor with liquid ammonia removed the phenolic acetate and opened the cyclic carbonate furnishing a mixture of novobiocin and isonovo-biocin, in which the former predominated (ca. 80 per cent). The isomers were separated by fractional crystallization, and the synthetic novobiocin was shown to be identical in all respects with the natural antibiotic.

Biogenesis

The addition of various labelled precursors to S. niveus fermenta-tions and degradation of the resulting antibiotic, demonstrated that novobiocin is derived, principally, from D-glucose and tyrosine. Addition of either D-[1-^{14}C]glucose or D-[6-^{14}C]glucose resulted in a high level of ^{14}C incorporation into the noviose unit, and the

CHART 9.3

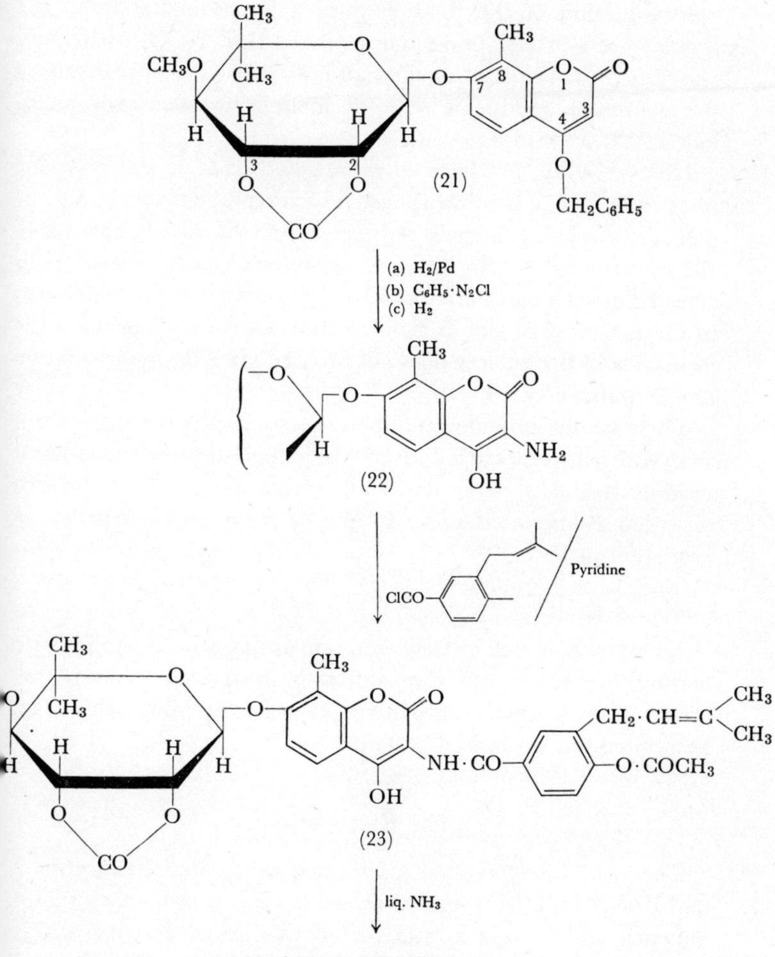

(a) H₂/Pd
(b) C₆H₅·N₂Cl
(c) H₂

Noviobiocin (19); 80 per cent
Isonovobiocin (20) 20 per cent

retention of the position of the original labelling indicated the utilization of the intact hexose skeleton.[13]

Degradation of the product formed by fermentation in the presence of L-[$^{14}CH_3$]methionine proved that the O-methyl and gem-dimethyl groups of noviose and also the C-methyl group of the coumarin residue arise from methyl transfer from methionine.[14]

Kenner et al.[15] have demonstrated that L-[^{14}C]tyrosine (generally labelled) is incorporated with equal efficiency into the benzoic acid and coumarin residues, supplying 7 carbon atoms to the former and 9 to the latter. Experiments with carboxyl-[^{18}O]-tyrosine showed that the carboxylate oxygen of tyrosine is included in the heterocyclic ring indicating that, unlike coumarin,[16] the formation of this moiety does not proceed via ortho-hydroxylation and lactonization.[15]

These results provide an almost complete picture of the units from which novobiocin is derived; the methylation of the coumarin residue at C-8 is particularly interesting as it affords the first recorded example of methyl transfer from methionine to an aromatic nucleus.[14]

Clinical Applications

Novobiocin is well absorbed on oral administration and is used mainly for treating infections due to gram-positive bacteria that are resistant to other antibiotics. No cross resistance with other antibiotics has yet been detected.

The Ristocetins

The two closely related antibiotics, designated Ristocetins A and B were isolated from *Norcardia lurida* fermentations by Philip, Schenck and Hargie in 1957.[17] Both showed activity against gram-positive organisms and exhibited low acute toxicities.[18] The antibiotics were adsorbed onto charcoal from the filtered broth and eluted with acidified aqueous acetone. Separation of the two components was achieved by carbon chromatography using aqueous sulphuric acid/acetone as the eluent. The ristocetins were obtained as the free bases by passage over mixed ion-exchange resins in the hydroxyl- and hydrogen-ion forms and purified by crystallization from water and ethanol.

Ristocetins A and B are both amphoteric and both contain amino and phenolic groups. On acid hydrolysis each yielded four reducing sugars, identified as arabinose, glucose, mannose and rhamnose. Both ristocetins have molecular weights in the range 2500–4000, their infrared spectra are indistinguishable and only minor differences were found in the ultraviolet absorption spectra of their sulphates. They were, however, clearly distinguished by paper-strip chromatography and ristocetin B proved to have four times the antibacterial activity of ristocetin A.

Clinical Applications

The ristocetins are not absorbed on oral administration, intramuscular injection causes pain and they are normally administered intravenously. Cross resistance with other commonly used antibiotics has not been detected and they are of value in the treatment of infections caused by resistant strains of *Staphylococci* and several other cocci.[18]

Vancomycin

Vancomycin was isolated from cultures of *S. orientalis* by McCormick *et al.*[19] It proved particularly active against gram-positive cocci and was well tolerated by animals and man.[20]

Vancomycin is amphoteric and was isolated, from the culture filtrates, by adsorption onto an ion-exchange resin (OH phase) from which it was eluted by mixtures of glacial acetic acid, ethanol and acetone. Further purification steps that included charcoal-chromatography and formation of a picrate afforded the antibiotic and its sulphate in crystalline form.[21]

Elemental analysis of vancomycin indicated the presence of 16–17 per cent carbohydrate, 8·7 per cent nitrogen and 4·27 per cent organically bound chlorine. Its ultraviolet and infrared absorption spectra suggest the presence of hydroxyl or amino, amide and aromatic groups.[19,21] Glucose, L-aspartic acid, N-methyl-D-leucine, glycine and alanine have been identified among the products obtained by acid hydrolysis. The molecule has also been found to contain two 3-chloro-4-hydroxyphenyl residues and a system that gives rise to 3-methylhex-4-enoic acid. There is also tentative evidence for two 2-hydroxyphenyl moieties.[21,22]

The molecular weight of vancomycin has been estimated as 1560 or 3200 but nothing is yet known of the mode of arrangement of its components.

Clinical Applications

Vancomycin is not absorbed from the gastro-intestinal tract and is very useful for combating intestinal micrococcal infections. For systemic action it is administered intravenously and has been used successfully in the treatment of staphylococcal infections resistant to other antibiotics.[23]

Puromycin

Puromycin was isolated by Porter *et al.* in 1952, from culture filtrates of *S. albo-niger*.[24] It was found to be active against *Entamoeba histolytica* infections in rats and guinea pigs,[25] *Trypanosoma* infections in mice[24,26] and inhibited mammary adenocarcinoma implants in the C_3H mouse.[27]

Structure

Puromycin, $C_{22}H_{29}N_7O_5$, is a diacidic base and analysis showed the presence of one amino group, one methoxyl group, two N-methyl groups and five active hydrogen atoms. The infrared absorption spectrum indicated the presence of a carboxamide group.

Alcoholysis of puromycin afforded three fragments.

1. An amphoteric compound characterized as a dimethylamino purine by its ultraviolet and infrared spectra and shown to be 6-dimethylaminopurine by comparison with an authentic sample.

2. An amino acid identified as O-methyl-L-tyrosine.

3. An amino pentose identified as 3-deoxy-3-amino-D-ribose by comparison of its infrared spectrum, melting point, and rotation with an authentic specimen.[28]

Further degradative studies[29] revealed that the D-ribose is attached to the purine in a β-furanosyl structure and established that puromycin is 6-dimethylamino-9-[3-deoxy-3-(O-methyl-L-tyrosylamino)-β-D-ribofuranosyl]-purine (24). Confirmation of this structure has been gained by the total synthesis of the antibiotic.[30]

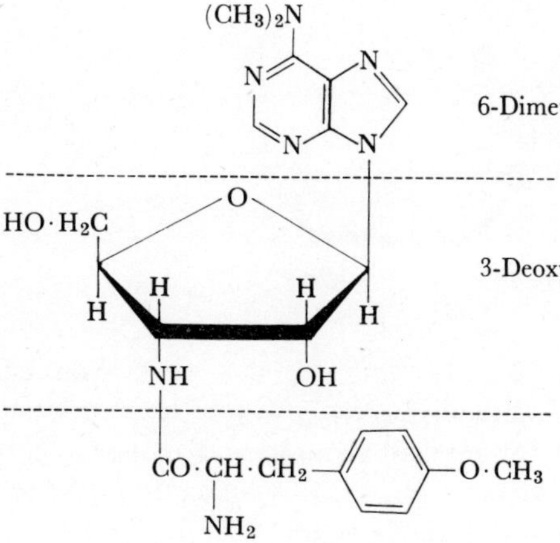

6-Dimethylaminopurine

3-Deoxy-3-amino-D-ribose

O-Methyltyrosine

(24)

Puromycin

The antimicrobial and tumour-inhibiting properties of puromycin provoked considerable interest and a large number of analogues has been prepared in the search for more active compounds.

Alkaline cleavage of the N-phenylthiourea derivative of puromycin gave the amino nucleoside (25; R = NMe$_2$)[31] and although this compound had no antibacterial activity it was more effective than puromycin in protecting mice against T. equiperdum[32] and mammary adenocarcinoma.[33]

A number of puromycin analogues have been prepared by N-acylation of (25; R = NMe$_2$) with a variety of α-amino acids. None had activities superior to puromycin and, since all were less active than the parent aminonucleoside, against *T. equiperdum* and adenocarcinoma, it has been suggested that the amino acids are removed *in vivo* and that (25; R = NMe$_2$) is the active agent.[31]

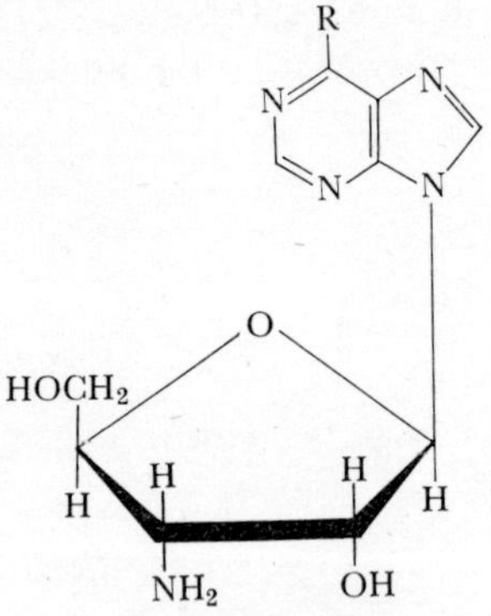

(25)

Replacement of the dimethylamino group in the 6-position of the purine residue by other dialkylamino and monoalkylamino groups gave some analogues (e.g., 25; R = NEt$_2$, NPr$_2$, NMe(Pr) and HNBu) that were more active against *T. equiperdum* than the aminonucleoside (25; R = NMe$_2$)[34] but their anti-tumour activities showed no striking differences. The 6-amino analogue, 3-deoxy-3-aminoadenosine (25; R = NH$_2$), is a more effective carcinolytic than (25; R = NMe$_2$) but it is much more toxic.[35]

The 3-deoxy-3-amino-D-ribose moiety appears to be essential, and its replacement by D-ribose resulted in the loss of biological activity.[36]

Promising clinical trials of puromycin in the treatment of human sleeping sickness have been reported[37] and temporary alleviation of advanced neoplastic diseases in humans has been observed;[38] the search for more active analogues is continuing apace.

References

1. HOEKSEMA, JOHNSON and HINMAN, *J. Amer. Chem. Soc.*, **77**, 6710 (1955).
2. KACZKA, WOLF, RATHE and FOLKERS, *ibid.* **77**, 6404 (1955).
3. WELCH and WRIGHT, *Antibiotics and Chemotherapy*, **5**, 670 (1955).
4. WILKINS, LEWIS and BARBIERS, *ibid.* **6**, 149 (1956).
5. TAYLOR, MILLER and VANDER BROOK, *ibid.* **6**, 162 (1956).
6. SHUNK, STAMMER, KACZKA, WALTON, SPENCER, WILSON, RICHTER, HOLLY and FOLKERS, *J. Amer. Chem. Soc.* **78**, 1770 (1956).
7. HINMAN, CARON and HOEKSEMA, *ibid.* **78**, 2019 (1956); **79**, 3789 (1957).
8. WALTON, RODIN, STAMMER, HOLLY and FOLKERS, *ibid.* **78**, 5454 (1956).
9. SPENCER, STAMMER, RODIN, WALTON, HOLLY and FOLKERS, *ibid.* **78**, 2655 (1956); **80**, 140 (1958).
10. WALTON, RODIN, HOLLY, RICHTER, SHUNK and FOLKERS, *ibid.* **82**, 1489 (1960).
11. HINMAN, CARON and HOEKSEMA, *ibid.* **79**, 5321 (1957).
12. VATERLAUS, DOEBEL, KISS, RACHLIN and SPIEGELBERG, *Experientia*, **19**, 383 (1963).
13. BIRCH, HOLLOWAY and RICKARDS, *Biochem. Biophys. Acta*, **57**, 143 (1962).
14. BIRCH, CAMERON, HOLLOWAY and RICKARDS, *Tetrahedron Letters*, **No. 25**, 26 (1960).
15. CHAMBERS, KENNER, ROBINSON and WEBSTER, *Proc. Chem. Soc.* 291, (1960); BUNTON, KENNER, ROBINSON and WEBSTER, *Tetrahedron*, **19**, 1001 (1963).
16. KOSUGE and CONN, *J. Biol. Chem.* **236**, 1617 (1961).
17. PHILIP, SCHENCK and HARGIE, *Antibiotics Annual*, 1956–57, p. 699, Medical Encyclopedia Inc., New York (1957).
18. GRUNDY, SINCLAIR, THERIAULT, GOLDSTEIN, RICKHER, WARREN, OLIVER and SYLVESTER, *ibid.* p. 687.
19. McCORMICK, STARK, PITTENGER, PITTENGER and McGUIRE, *ibid.* 1955–6, p. 606.
20. ZIEGLER, WOLFE and McGUIRE, *ibid.* 1955–56, p. 612; ANDERSON, WORTH, HARRIS and CHEN, *ibid.* 1956–57, p. 75.
21. HIGGINS, HARRISON, WILD, BUNGAY and McCORMICK, *ibid.* 1957–58, p. 906.
22. JOHNSON, *Diss. Abs.* **23**, 2695 (1963).
23. PRATT, *J. Pharm. Sciences*, **51**, 1 (1962).
24. PORTER, HEWITT, HESSELTINE, KRUPKA, LOWERY, WALLACE, BOHONOS and WILLIAMS, *Antibiotics and Chemotherapy*, **2**, 409 (1952).
25. TAYLOR, SHERMAN and BOND, *J. Amer. Chem. Soc.* **76**, 4497 (1954).
26. HEWITT, WALLACE, GUMBLE, GILL and WILLIAMS, *Amer. J. Trop. Med. Hyg.* **2**, 254 (1953).
27. TROY, SMITH, PERSONEUS, MOSER, JAMES, SPARKS, STEVENS, HALLIDAY, McKENZIE and OLESON, *Antibiotics Annual*, 1953–54, Medical Encyclopedia Inc., New York (1953), p. 186.
28. WALLER, FRYTH, HUTCHINGS and WILLIAMS, *J. Amer. Chem. Soc.* **75**, 2025 (1953).
29. FRYTH, WALLER, HUTCHINGS and WILLIAMS, *ibid.* **80**, 2736 (1958).
30. BAKER, SHAUB, JOSEPH and WILLIAMS, *J. Amer. Chem. Soc.* **77**, 12 (1955).

31. BAKER, JOSEPH and WILLIAMS, *ibid.* **77**, 1 (1955).
32. HEWITT, GUMBLE, WALLACE and WILLIAMS, *Antibiotics and Chemotherapy*, **4**, 1222 (1954).
33. BENNETT, HALLIDAY, OLESON and WILLIAMS, *Antibiotics Annual*, 1954–55, Medical Encyclopedia Inc., New York (1955), p. 766.
34. GOLDMAN, MARSICO and ANGIER, *J. Amer. Chem. Soc.* **78**, 4173 (1956); GOLDMAN and MARSICO, *J. Med. Chem.* **6**, 413 (1963).
37. GOLDMAN, HARSICO and WEISS, *J. Med. Chem.* **6**, 410 (1963).
35. KISSMAN, PIDACKS and BAKER, *J. Amer. Chem. Soc.* **77**, 18 (1955).
36. TRINCAO, NOGUEIRA, PINTO and MÜHLPFORDT, *Antibiotics Annual*, 1955–56, Medical Encyclopedia Inc. New York (1956), p. 596.
38. WRIGHT *et al.*, *Arch. Internal. Med.* **96**, 61 (1955).

CHAPTER X

The Modes and Sites of Action of Antibiotics

THE classification of antibiotics according to their possible biogenetic origins and chemical structures does not, in many cases,
parallel their grouping on the basis of their antibacterial spectra.
Although members of groups such as the tetracyclines, the antibiotics derivable from sugars, or the macrolides possess similar
antibacterial properties, the range and intensity of an antibiotic's
activity may be changed considerably by minor modifications to
its structure and, as will be seen from Table 10.1; compounds with
such different chemical structures as penicillin and novobiocin or
chloramphenicol and the tetracyclines have similar antimicrobial
effects.

There is obviously no readily discernible correlation between
chemical structure and biological activity, but studies of the
modes and sites of action of a number of the more widely used
antibiotics have shown that their classification on the basis of the
latter properties bears some similarities to their grouping according to antibacterial spectra.[1-4]

The mode and site of action of an antibiotic must, inevitably,
be governed by its chemical structure but considerable advances
in our knowledge of bacteriology will be needed, before all these
factors can be linked rationally.

Antibiotics are used to combat a large number of pathogens that
range in size and complexity from the larger viruses to protozoa.
Bacteria constitute the largest single group, they can be readily

TABLE 10.1

Antibacterial spectra of antibiotics

Type of organism	Species	Principal disease	Penicillin G	Bacitracin	Novobiocin	Chloramphenicol	Tetracyclines	Macrolides	Polymyxins	Streptomycin	Neomycins	Griseofulvin	Polyene-antifungals
Rickettsias	Rickettsia prowazeki	Epidemic Typhus				○	●						
Gram-positive bacteria	Staphylococcus aureus, Diplococcus pneumoniae, Streptococcus pyogenes, Corynebacterium diphtheriae, Clostridium welchii, Clostridium tetani	Pyogenic infections, Pneumonia, Scarlet fever, Tonsilitis, Diphtheria, Gas gangrene, Tetanus	●●● ●●●	●○○ ○○○	●●○ ○	●○	●●● ○○	●●● ●○○		○○○	● ○		
Acid-fast bacteria	Mycobacterium tuberculosis	Tuberculosis								●			
Gram-negative bacteria	Salmonella typhi, Salmonella paratyphi A and B, Shigella dysenteriae, Klebsiella pneumoniae, Escherichia coli, Bordetella pertussis, Haemophilus influenzae, Pseudomonas aeruginosa, Proteus sp., Neisseria gonorrhoeae, Neisseria meningitidis	Typhoid fever, Enteric fever, Dysentery (bacillary), Pneumonia, Urinary infections, Gastro-enteritis, Whooping cough, Respiratory infections, Pyogenic and urinary infections, Gonorrhoea, Meningitis	●●	○	○ ○	●●○●● ●● ●●	○○●●● ○●○ ●●	○○ ●○	○○○ ○●	○●● ○○○○○○	●○○ ○○		
Spirochaetes	Treponema pallidum, Leptospira icterohaemorrhagiae	Syphilis, Weil's disease	●○			●	●○	○					
Fungi (Yeasts)	Trichophyton sp., Microsporum sp., Candida albicans and systemic fungal infections	Ring-worm infections, s. Candidiasis and systemic fungal infections										●	●

cultured *in vitro*, and consequently, they have been the test organisms used most frequently to study the action of antibiotics. To be clinically effective, systemic antibacterial agents must inhibit the infective organisms without causing appreciable damage to the host and may exert their selective toxic action either indirectly, by blocking the production or supply of a necessary nutrient, or directly, by interfering with the structure or metabolism of the bacterial cells. Bacterial and animal-tissue cells have many nutrients in common and the indirect mode of action is not highly selective. There are, however, significant differences between their structures; these afford better possibilities for selective inhibition and most antibiotics appear to act in this way.

The Bacterial Cell

Bacteria comprise a varied group of small micro-organisms, they are generally unicellular but the cells may grow attached to one another in clusters, chains, rods or filaments. Bacterial cells vary in size and shape, a typical spherical coccus being about $1 \cdot 2 \, \mu$ in diameter and the cylindrically shaped bacilli having widths ranging from $0 \cdot 5$ to $1 \cdot 0 \, \mu$ and lengths varying from $1 \cdot 0$ to $5 \cdot 0 \, \mu$. Vibrios have curved elongated cells, those of the spirilla are spirally coiled but nonflexible and cells of spirochaetes resemble thin coiled filaments.

Unlike animal or plant cells, bacterial cells do not contain morphologically distinct nuclei and, when unstained bacteria are examined, the protoplast shows no differentiation into nucleus and cytoplasm. The presence of nuclear bodies, which appear to increase by growth and simple fission, can however, be demonstrated by suitable staining methods (e.g. the Feulgen test for deoxyribonucleic acids). Only a single body is usually present in resting cells but when nuclear division precedes cell division two, four or more may be observed simultaneously.

The nuclear bodies, which contain the hereditary determinants, are surrounded by the cytoplasm, a viscous material

8

containing a variety of soluble nutrients and metabolites, and numerous small granules of protein and ribonucleic acid. In many species of bacteria, granules of other important insoluble nutrients can also be detected during certain stages of the cell's development.

The cytoplasm is contained by the elastic cytoplasmic membrane which is *ca* 5–10 mμ thick. It is made up largely of protein and lipid and acts as an osmotic barrier. Its role is not, however,

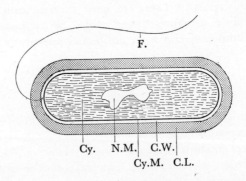

Fig. 10.1. Diagrammatic representation of the longitudinal section through an idealized monotrichous bacillus, illustrating the components described in this chapter *viz.* nuclear material (N.M.), cytoplasm and cytoplasmic granules (Cy.), the cytoplasmic membrane (Cy.M.), the cell wall (C.W.) the capsular layer (C.L.) and a flagellum (F.).

entirely passive and certain of its protein components are responsible for the transport of amino acids, sugars, pyrimidines and purines into the cytoplasm. The active components display a specificity towards the substance they transport and their formation is gene-controlled.[5]

The cytoplasmic membrane has limited mechanical strength and is supported by the bacterial cell wall, which is usually *ca.* 10–25 mμ in thickness and accounts for 15–40 per cent of the cell's dry weight. Although freely permeable to solute molecules its rigid structure gives shape and stability to the cell and it is capable in some cases, of sustaining osmotic pressures as high as 20 atmospheres.[6]

The components of bacterial cell walls differ qualitatively from those of the walls of other cells. The majority contain muramic acid, D-alanine and D-glutamic acid and some also contain diaminopimelic acid; none of these amino acids is present in animal tissues. Although similar in character, quantitative differences have been detected in the compositions of the cell walls of different types of bacteria. They are all composed of mucopolysaccharides but, whereas those of gram-positive organisms contain 2–4 per cent lipid and 4 or less amino acids, those of gram-negative bacteria contain 11–20 per cent lipid and a wide range of amino acids. Their carbohydrate compositions also vary and are characteristic of their gram-positive or gram-negative nature.[7]

In certain circumstances, some bacteria develop a relatively thick gelatinous covering layer or capsule which consists of polymeric-polysaccharides or -polypeptides[7] and motile strains possess filamentous appendages (flagella) that are used to effect locomotion. No simple description can encompass all the characteristics of the various types of bacteria, not all possess capsular layers or flagella and the differentiation between the bacterial wall and the cytoplasmic membrane is less well defined in gram-negative than in gram-positive organisms. Nevertheless, the foregoing generalizations outline the structural characteristics that are of recognized importance in the mechanism of antibacterial action.

The investigation of the structure and composition of the capsular layers, the cell walls and the cytoplasmic membranes of bacteria have been assisted considerably by the discovery of a range of enzymes that permit the successive removal of these components and also, by the development of physical techniques for their isolation. Parallel studies on bacteria grown in the presence of various antibiotics have provided further valuable information and, by these means, the modes and sites of action of several antibiotics have been established.[4–7]

The bacterial cell is clearly vulnerable to selective attack at several points and research, to date, indicates that most antibiotics exert their toxic action on bacteria by impairing either

1. the structure and/or synthesis of the bacterial cell wall or,
2. the function and/or synthesis of the cytoplasmic membrane or,
3. the intracellular synthesis of protein and/or nucleic acids.[4]

Antibiotics that Inhibit the Synthesis of Bacterial Cell Walls

During the growth and division of bacteria, the linkages within the cell walls are being continuously broken and replaced. Any disturbance of this process during these phases will lead to distortion and possibly to cytolysis, and it is now established that several important antibiotics act by inhibiting cell-wall synthesis.

Penicillin G. The mode of action of penicillin G has been studied more extensively than that of any other antibiotic. When added to growing cultures of *Staph. aureus*, at sub-lethal concentrations, the cells become distorted in shape, and the antibiotic's ability to inhibit cell-wall synthesis in gram-positive bacteria is now well established.

Penicillin G prevents the incorporation of amino acids, from the culture medium, into the walls of staphylococcal cells[8] and Park *et al.*[9] have demonstrated that the treatment of growing cultures of *Staph. aureus* with the antibiotic, causes the accumulation of several uridine-5′-nucleotides (Park nucleotides) within the bacterial cells. Muramic acid, D-glutamic acid, DL-alanine and L-lysine were found to be components of the predominant 'Park nucleotide' and of the staphylococcal cell wall, and shown to be present in the same relative amounts in both structures.

Pursuing a similar theme, Baddiley *et al.*[10] have found that cytidenediphosphate-ribitol also accumulates within the cells under similar conditions. They have suggested that this may arise from a block in the biosynthesis of teichoic acid, a ribitol phosphate polymer that is also an important component of the cell walls of certain gram-positive bacteria.[11]

The structure of the predominant uridine nucleotide induced by penicillin in a strain of *Staph. aureus* has been determined

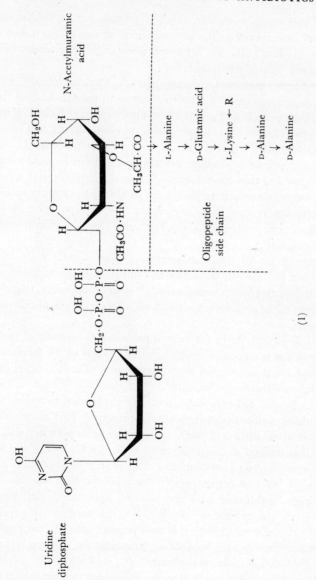

(1)

(1; R = H) and a similar product containing an additional L-alanyl unit linked to the second amino group of the L-lysine residue (1; R = L-alanyl), is formed when cultures of *Streptomyces faecalis* are treated similarly.[12]

It has been concluded, therefore, that the Park nucleotides, and cytidinediphosphate-ribitol are precursors in the synthesis of the staphylococcal cell wall and that their utilization is blocked by the antibiotic. This view is consistent with the observations, by Collins and Richmond,[13] that the active centres of the penicillin G and N-acetylmuramic acid molecules are similar both in nature and disposition and they have suggested, that the antibacterial action of the antibiotic results, in part, from its ability to saturate appropriate receptor sites; thus preventing the incorporation of N-acetylmuramic acid residues (e.g. Formula 1) into the mucopeptide of the cell wall.

Examination of the components of *Staph. aureus* cells after inhibition by labelled penicillin has shown that the antibiotic is held in the cytoplasmic membrane.[14] It seems therefore, that this is the site of the antibiotic's action and, *a priori*, the site of cell-wall synthesis.

Cephalosporin C. As in the case of penicillin G, growth of *Staph. aureus* in the presence of Cephalosporin C leads to the formation of 'Park nucleotides' and the incorporation of amino acids into the cell-wall fraction is inhibited.[15]

D-Cycloserine. Like the two preceding antibiotics, D-cycloserine also inhibits cell-wall synthesis but the principal 'Park nucleotide' isolated from cultures of *Staph. aureus* grown in its presence, differs from that formed in the presence of penicillin G, by the absence of a terminal D-alanyl-D-alanine unit in the oligopeptide side chain.[16] Ito and Strominger[17] have proved that whereas the L-alanine, D-glutamic acid and L-lysine units are added singly during the biogenesis of (1; R = H), the terminal dipeptide moiety is preformed before it is incorporated into the nucleotide. D-Cycloserine has also been shown to inhibit the enzyme responsible for forming D-alanyl-D-alanine.[18]

From these observations, it seems reasonable to assume that the antibacterial activity of D-cycloserine results from its ability to prevent the formation of cell-wall mucopeptide, by interfering with D-alanine metabolism. This hypothesis is compatible with the observation that D-cycloserine does not compete with penicillin for the same receptor sites and hence may be assumed to inhibit mucopeptide synthesis at a different stage.

Novobiocin. Like the preceding antibiotics, novobiocin gives rise to 'Park nucleotides'[19] and has additional properties that are also indicative of the inhibition of cell-wall synthesis.[20] It does not, however, compete with penicillin for receptor sites.

Bacitracins. The antibacterial actions of the bacitracins resemble those of penicillin in almost all respects. Both antibiotics show cross resistance, compete for the same receptor sites and produce similar 'Park nucleotides'.[4]

Antibiotics that Affect the Permeability of the Cytoplasmic Membrane

The cytoplasmic membrane has been proposed as the site of cell-wall biosynthesis and is known to serve both as an osmotic barrier and as a medium for the selective transport of nutrients and metabolites into the cell.[4] The 'surface active antibiotics' described in this section are basic polypeptides, and exert their bactericidal effect by increasing the membrane's permeability.

Polymyxins. The antibacterial action of the polymyxins has been studied in detail and they have been shown to cause the release of amino acids and purine- and pyrimidine-derivatives from the cytoplasm into the external medium.[21] Unlike the antibiotics that affect cell-wall synthesis, the 'surface active' antibiotics exhibit no lag-phase before their antibacterial action is manifest, nor do they appear more active during the growth and division of bacteria.

Newton[21] found that the polymyxins combine with the phospholipid components of the cytoplasmic membrane, and it is thought that the antibacterial effect of this group of antibiotics may derive from the presence and disposition of the lipophilic and lipophobic groups in their molecules. These substituents could enable the antibiotics to become orientated between lipid and protein films, thereby disorganizing the lipoprotein membrane and imparing its function as an osmotic barrier.[4, 22]

Tyrocidins and Gramicidin S. These substances are typical 'surface active' antibiotics and cause rapid release of amino acids and nutrients from the cells of sensitive organisms.[23] Few[24] has suggested that the different antibacterial spectra of this group of antibiotics may be due to the greater tendency for the tetra-amino molecule of polymyxin B to be adsorbed onto the high phospholipid-containing gram-negative cell. The low lipid phosphorus content of gram-positive bacteria would, on the other hand, favour the monobasic tyrocidin or the dibasic gramicidin S.

Gramicidins A, B and C do not increase the permeability of the cytoplasmic membrane but act by interfering with intracellular oxidative-phosphorylation.[25]

Antibiotics that Interfere with Intracellular Protein Synthesis

The antibiotics that interfere with the synthesis of proteins within bacterial cells are effective against both gram-positive and gram-negative organisms. Protein synthesis is a fundamental process in all living cells and the selective toxic action of this group of antibiotics on bacteria may be due, either to their inability to penetrate the membranes of animal-tissue cells, or to much higher intracellular concentrations being necessary for comparable inhibition.

Chloramphenicol. Chloramphenicol does not affect cell-wall synthesis or the integrity of the cytoplasmic membrane[26] but, as was first demonstrated by Gale and Folkes,[27] it inhibits intracellular protein synthesis. It has been shown, more recently, to cause considerable modification to the nature of the ribonucleic acid (RNA) synthesized within sensitive cells; a high proportion of the RNA formed in its presence having a molecular weight only one-tenth or one-twentieth that of the normal RNA.[28] The low molecular weight RNA is less stable than the form normally present in the cytoplasm of bacterial cells; a similar type is encountered in animal tissues where it is thought to participate in peptide formation.[29]

Tetracyclines. The effects of the tetracyclines on bacteria resemble, closely, those exhibited by chloramphenicol. Protein synthesis is hindered,[17] RNA production is accelerated, and the RNA accumulating is of low molecular weight.[30]

Streptomycin. The mode of action of streptomycin has not been fully elucidated. It was shown by Umbreit to block the condensation of pyruvate and oxalate and to inhibit several other enzymatic oxidative systems[31] whilst Davis *et al.*[32] have suggested that it impairs the synthesis of membranes in growing cells. More recently, Spotts and Stanier[33] have proposed that streptomycin acts by preventing the attachment of messenger RNA to the ribosomes in sensitive cells.

Antifungal Antibiotics

Griseofulvin. In addition to the information gained on the modes of action of antibacterial antibiotics, studies on antibiotics with other types of activity have also been carried out. Among these, griseofulvin is particularly interesting.

Griseofulvin is active, *in vitro* and *in vivo*, against dermatophytes (fungi causing infections of the skin) and some plant pathogens; it has no antibacterial activity.[34] When grown in the presence of griseofulvin the fungi become distorted and the tips of the hyphae appear stunted or curled. This effect, which appears to be caused by interference with the organization of the cell-wall material, results in a severe restriction of growth, and is shown only by fungi that contain chitin as a major cell-wall constituent; those with cell walls based on cellulose are unaffected.[35]

It has been suggested that griseofulvin produces distortion of the fungal hyphae by interfering with the biosynthesis of the chitinous elements of the cell wall, either by inhibiting chitin-synthesizing enzymes or by its biosynthetic incorporation to give a modified chitin.[36] On oral administration, it is absorbed rapidly into the blood stream of man and animals and then combined into the keratin-containing tissues as they are formed.[37] The tissues in which griseofulvin is retained are thus the very ones that are susceptible to infection by the types of fungi against which the antibiotic is most active.

Griseofulvin is particularly effective in controlling mycotic infections of the skin, hair and nails. Its incorporation into the newly formed tissues renders them resistant to fungal invasion, and the infection is gradually eliminated as the older infected tissue is exfoliated.

Polyene Antifungals. This group of compounds exert their antimycotic activity by inhibiting the endogenous respiration of fungi.[38]

Modes of Action and Antibacterial Activity

It will be apparent from this brief survey that the present knowledge of the modes of action of antibiotics is fragmentary. Only a few examples have been studied and their classification on the basis of this property is shown in Table 10.2. As might be expected antibiotics with similar modes of action often show similar specta of antibacterial activity, but there are significant exceptions that probably arise, in some cases, from the differences in the structures of the cells of gram-positive and gram-negative bacteria, and, in others, from as yet unknown factors.

TABLE 10.2

Classification of Antibiotics according to their Modes of Action.[4]

Antibiotics that inhibit cell-wall synthesis	Antibiotics that impair the function of the cytoplasmic membrane	Antibiotics that interfere with intracellular protein synthesis
Penicillin G	Polymyxins	Chloramphenicol
D-Cycloserine	Tyrocidins	Tetracyclines
Novobiocin	Gramicidin S	Erythromycin
Bacitracins		Puromycin
		Streptomycin

The chemical structures of the antibiotics must be the dominant factor in determining their modes of action, but it will undoubtedly be some time before this relationship is understood and can be correlated with antibacterial activity.

The knowledge gained in the meantime may, however, permit a more logical approach to the synthesis of analogues or derivatives of antibiotics possessing superior chemotherapeutic indices and improved spectra of activity.

References

1. GOLDBERG and LUCKEY, *Antibiotics Their Chemistry and Non-Medicinal Use*, Ed. Goldberg, Van Nostrand, New York, (1958). p. 1.
2. PARK, *Symp. Soc. gen. Microbiol*, **8**, 49 (1958).
3. NEWTON, *ibid.* **8**, 62 (1958).
4. GALE, *Pharmacol. Rev.* **15**, 481 (1963).
5. COHEN and MONOD, *Bact. Rev.* **21**, 169 (1957).
6. MITCHELL and MOYLE, *Sym. Soc. gen. Microbiol.* **6**, 150 (1956).
7. SALTON, *Bact. Rev.* **25**, 77 (1961).
8. GALE and FOLKES, *Biochem. J.* **53**, 493 (1953).
9. PARK, *J. Biol. Chem.* **194**, 877 (1952); PARK and STROMINGER, *Science*, **125**, 99 (1957).
10. ARMSTRONG, BADDILEY, BUCHANAN, CARRS and GREENBERG, *J.* 4344 (1958).
11. BUCHANAN, GREENBERG, CARSS, ARMSTRONG and BADDILEY, *8th Int. Congress of Biochemistry Vienna* (1958) (*abs.*).
12. MANDELSTAM, LOERCHER and STROMINGER, *J. Biol. Chem.* **237**, 2683 (1962).
13. COLLINS and RICHMOND, *Nature*, **195**, 142 (1962).
14. COOPER, *Bact. Rev.* **20**, 28 (1956).
15. ABRAHAM, *Pharmacol. Rev.* **14**, 473 (1963).
16. STROMINGER, THRENN and SCOTT, *J. Amer. Chem. Soc.* **81**, 3803 (1959).
17. ITO and STROMINGER, *J. Biol. Chem.* **237**, 2689, 2696 (1962).
18. STROMINGER, ITO and THRENN, *J. Amer. Chem. Soc.* **82**, 998 (1960).
19. STROMINGER and THRENN, *Biochem. biophys. Acta*, **33**, 280 (1959).
20. BROCK and BROCK, *Arch. Biochem. Biophys.* **85**, 176 (1959).
21. NEWTON, *Bact. Rev.* **20**, 14 (1956).
22. NEWTON, *Sym. Soc. gen. Microbiol.* Churchill, Lond. (1958), Vol. 8, p. 62.
23. GALE and TAYLOR, *J. gen. Microbiol.* **1**, 77 (1947); BRICAS and FROMAGEOT, *Advance. Protein Chem.* **8**, 1 (1953).
24. FEW, *Proc. 22nd Int. Cong. Surface Activity*, Butterworth, Lond. (1957), p. 168.
25. HOTCHKISS, *Advance Enzymol.* **4**, 153 (1944).
26. HANCOCK and PARK, *Nature*, **181**, 1050 (1958).
27. GALE and FOLKES, *Biochem. J.* **53**, 483, 493; **55**, 721 (1953).
28. GALE, *Amino Acids and Polypeptides with Antimetabolic Activity*, Churchill, Lond. (1958), p. 19.
29. HOAGLAND, ZAMECNIK and STEPHENSON, *Biochem. biophys. Acta*, **25**, 215 (1957).
30. CASCIO, *Giorn. Microbiol.* **7**, 85 (1959).
31. UMBREIT, *J. Bact.* **66**, 75 (1953);
32. ANAND, DAVIS and ARMITAGE, *Nature*, **185**, 23 (1960).
33. SPOTTS and STANIER, *ibid.* **192**, 633 (1961).
34. *Brit. Med. J.* **i**, 1659 (1963).
35. AYTOUN, *Ann. Bot.* **20**, 297 (1956).
36. BRIAN, *Ann. Bot.* **13**, 59 (1949).
37. GENTLES, BARNES and FANTES, *Nature*, **183**, 256 (1959).
38. LAPDEN, MORGAN and SLOCUM, *J. Bacteriol.* **74**, 297 (1957); DROUHET, HIRTH and LEBEURIER, *Ann. N.Y. Acad. Sci.* **89**, 134 (1960).

Antibiotics used in Clinical Practice

Physical Constants

Antibiotic	Empirical formula	Melting point (°C)	Optical rotation [α]$_D$	Solvent	Ultraviolet absorption λ max. (mμ)	ε	Solvent	pK_a	References
Amphotericin B	$C_{46}H_{73}NO_{20}$	>170 (decomp.)	−33·6°	0·1 N HCl aq.					1
Bacitracin A	$C_{65}H_{100}N_{16}O_{16}S$	199·5–200·5	−56°	CHCl$_3$	254	3,000	H$_2$O	6·0	2
Carbomycin	$C_{42}H_{67}NO_{16}$	217–218			240 330	15,500 76	EtOH		3
Cephalosporin C	$C_{16}H_{21}N_3O_8S$		+103° (Na salt)	H$_2$O	260	9,000	H$_2$O (Na salt)	<2·6 3·1 9·8	4
Chloramphenicol	$C_{11}H_{12}Cl_2N_2O_5$	149·7–150·7	−25·5°	EtOAc	278	9,600	H$_2$O		5
Chlortetracycline	$C_{22}H_{23}ClN_2O_8$	168–169	−275°	MeOH	267 359	14,500 11,800	0·01 N HCl/EtO	3·4 7·4 9·2	6

Name	Formula	M.p.	[α]	Solvent	(226)	(3,000)	(H₂O)	pK	No.
D-Cycloserine	C₃H₆N₂O₂	154–155	+116	H₂O	226	3,000	H₂O	4.4 / 7.3	7
6-Demethyl-tetracycline	$C_{21}H_{22}N_2O_7$	203–209 (hydrochloride hemihydrate)	−259°	0·1 N H₂SO₄ aq.	267 / 359	14,500 / 12,000	0·1 HCl/EtOH	3·4 / 7·2 / 9·2	8
Erythromycin	$C_{37}H_{67}NO_{13}$	135–140 / 190–193	−73·5°	MeOH	278	27	H₂O	8·6	9
Gramicidin S	$C_{60}H_{92}N_{12}O_{10}$	268–270	−292°	H₂O					10
Griseofulvin	$C_{17}H_{17}ClO_6$	220	+354°	CHCl₃	236 / 291 / 325	4,300 / 4,300	MeOH		11
Fumagillin	$C_{26}H_{34}O_7$	194–195	−26·2°	EtOH					12
Fusidic Acid	$C_{31}H_{48}O_6$	192–193	−9°	CHCl₃					13
Kanamycin A	$C_{18}H_{36}N_4O_{11}$		+146°	0·1 N H₂SO₄ aq.					14
Kanamycin B	—		+135°	H₂O					15
Kanamycin C	$C_{18}H_{36}N_4O_{11}$		+126°	H₂O					16
Neomycin B	$C_{23}H_{46}N_6O_{12}$		+83°	0·2 N HCl aq.					17
Neomycin C	$C_{23}H_{46}N_6O_{12}$		+121°	0·2 N H₂SO₄ aq.					
Novobiocin	$C_{31}H_{36}N_2O_{11}$	152–156 / 174–178	−27°	NaOH/EtOH	307 / 324	36,600 / 27,300	0·1 N NaOH aq. / 0·1 N HCl aq.	4·7 / 10·0	18
Nystatin	$C_{46}H_{77}NO_{19}$	>169 (decomp.)	+21°	pyridine	291 / 304 / 319	580 / 800 / 750	MeOH		19
Oleandomycin	$C_{35}H_{61}NO_{12}$	110 (decomp.)	−65°	MeOH	290	50	MeOH	8·5	20

Antibiotic	Empirical formula	Melting point (°C)	Optical rotation		Ultraviolet absorption			pK_a	References
			$[\alpha]_D$	Solvent	λ max. (mμ)	ϵ	Solvent		
Oxytetracycline	$C_{22}H_{24}N_2O_9$	184·5–185·5	+26·5°	MeOH	270 359	16,600 13,300	0·1 N HCl/MeOH	3·5 7·6 9·2	21
Paromomycin	$C_{23}H_{45}N_5O_{14}$		+64°	H_2O				6·3 8·4	22
Penicillin G	$C_{16}H_{18}N_2O_4S$		+269°	MeOH	252 257 264	300 240 180	H_2O	2·7	23
Polymyxin B$_1$	$C_{55}H_{98}N_{16}O_{13}$		−85·2°	EtOH aq.					24
Polymyxin E	$C_{51}H_{100}N_{16}O_{13}$		−98·7°	N·HCl aq.					25
Puromycin	$C_{22}H_{29}N_7O_5$	175–177	−11°	EtOH	275	20,300 19,500	0·1 N NaOH 0·1 N HCl		25a
Ristocetin A	M.W. 2,500–4,000		120–133°	H_2SO_4 aq.	280		H_2O		26
Ristocetin B			140–149°	H_2SO_4 aq.	280		H_2O		
Spiramycin I	$C_{45}H_{78}O_{15}N_2$	133–137	−96°	MeOH	232	28,800	⎫ ⎬ H_2O ⎭	7·6	27
Spiramycin II	$C_{47}H_{80}O_{16}N_2$	130–133	−80°	MeOH	232	28,800		7·6	
Spiramycin III	$C_{48}H_{82}O_{16}N_2$	128–131	−85°	MeOH	232	28,800		7·6	
Streptomycin	$C_{21}H_{39}N_7O_{12}$		−86°	H_2O					28
Tetracycline	$C_{22}H_{24}N_2O_8$	160–168	−239°	MeOH	268 355	18,000 13,200	0·1 N HCl aq.	8·3 10·2	29
Tyrocidin A	$C_{66}H_{87}N_{13}O_{13}$	240–242	−111°	H_2O/EtOH	282 268	~13,000 ~17,000	HCl aq. 0·1 N HCl aq.		30
Vancomycin	M.W. 3,200–3,500	280 (decomp.) (sulphate)	−32°	H_2O	282	~11,000	0·1 N NaOH aq.	5·0	31
Viomycin	$C_{17-18}H_{31-35}N_9O_8$								32

References

1. Dutcher, Young, Sherman, Hibbits and Walters, *Antibiotics Annual*, 1956–57, Medical Encyclopedia Inc. New York (1957), p. 866.
2. Newton and Abraham, *Biochem. J.* **53**, 604 (1953).
3. Dutcher, Vandeputte, Fox and Heuser, *Antibiotics and Chemotherapy*, **3**, 910 (1953).
4. Newton and Abraham, *Biochem. J.* **62**, 651 (1956).
5. Ehrlich, Bartz, Smith, Joslyn and Burkholder, *Science*, **106**, 417 (1947); Bartz, *J. Biol. Chem.* **172**, 445 (1948).
6. Broschard, Dornbush, Gordon, Hutchings, Kohler, Krupka, Kushner, Lefemine and Pidacks, *Science*, **109**, 199 (1949); Stephens, Conover, Pasternack, Hockstein, Moreland, Regna, Pilgrim, Brunings and Woodward, *J. Amer. Chem. Soc.* **76**, 3568 (1954).
7. Kuehl, Wolf, Trenner, Peck, Howe, Hunnewell, Downing, Newstead and Folkers, *ibid.* **77**, 2344 (1955).
8. McCormick, Sjolander, Hirsch, Jensen and Doerschuk, *ibid.* **79**, 4561 (1957).
9. Flynn, Sigal, Wiley and Gerzon, *ibid.* **76**, 3121 (1954).
10. Gause and Brazhnikova, *Lancet*, **i**, 715 (1944); Synge, *Biochem. J.* **39**, 363 (1945).
11. Grove, MacMillan, Mulholland and Rogers, *J.* 3949 (1952).
12. Tarbell, Hoffman, Al-Kazimi, Page, Ross, Vogt and Wargotz, *J. Amer. Chem. Soc.* **77**, 5610 (1955).
13. Gottfriedsen and Vangedal, *Tetrahedron*, **18**, 1029 (1962).
14. Cron, Johnson, Palermiti, Perron, Taylor, Whitehead and Hooper, *J. Amer. Chem. Soc.* **80**, 752 (1958).
15. Schmitz, Fardig, O'Herron, Rousche and Hooper, *ibid.* **80**, 2911 (1958).
16. Murase, Wakazawa, Abe and Kawaji, *J. Antibiotics (Japan)*, *Ser. A*, **14**, 156 (1961); *Chem. Abs.* **56**, 9204 (1962); *ibid.* **57**, 9940 (1962).
17. Dutcher, *Neomycin*, Ed. Waksman, Inst. Microbiol., Rutgers, 1958, p. 73.
18. Kaczka, Wolf, Rathe and Folkers, *J. Amer. Chem. Soc.* **77**, 6404 (1955).
19. Dutcher, Boyack and Fox, *Antibiotics Annual*, 1953–54, Medical Encyclopedia Inc., New York, 1954, p. 191.
20. Celmer, Els and Murai, *ibid.* 1957–58, p. 476; *idem. J. Amer. Chem. Soc.* **80**, 3777 (1958).
21. Regna, Solomons, Murai, Timreck, Brunings and Lazier, *J. Amer. Chem. Soc.* **73**, 4211 (1951).
22. Brit. Pat. 797,568; Haskell, French and Bartz, *J. Amer. Chem. Soc.* **81**, 3480–83 (1959).
23. Clarke, Johnson and Robinson, *The Chemistry of Penicillin*, Princeton Univ. Press, Princeton (1949), p. 81.
24. Vogler, Studer, Lanz, Lergier, Bohni and Fust, *Helv. Chem. Acta*, **46**, 2823 (1963).
25. Wilkinson (private communication).
25a. Waller, Fryth, Hutchings and Williams, *J. Amer. Chem. Soc.* **75**, 2025 (1953).

26. PHILIP, SCHENCK and HARGIE, *Antibiotics Annual*, 1956–57, Medical Encyclopedia Inc., New York, 1957, p. 699.
27. PAUL and TCHELITCHEFF, *Bull. soc. chim. France*, 443 (1957).
28. HEUSER, DOLLIVER and STILLER, *J. Amer. Chem. Soc.* **75**, 4013 (1953).
29. BOOTHE, MORTON, PETISI, WILKINSON, WILLIAMS, *ibid.* **75**, 4621 (1953); CONOVER, MORELAND, ENGLISH, STEPHENS and PILGRIM, *ibid.* **75**, 4622 (1953).
30. BATTERSBY and CRAIG, *ibid.* **74**, 4019 (1952).
31. MCCORMICK, STARK, PITTENGER, PITTENGER and MCGUIRE, *Antibiotics Annual*, 1955–56, Medical Encyclopedia Inc., New York, 1956, p. 606.
32. FINLAY, *Am. Rev. Tuberc.* **63**, 1 (1951); BARTZ, *ibid.* **63**, 4 (1951).

Antibiotics with Antitumour Activity

THE search for a substance that will inhibit, selectively, the growth of cancer cells in humans has not yet yielded a satisfactory therapeutic agent. A number of compounds have, however, proved sufficiently active in inhibiting tumours transplanted into rodents, to justify clinical trials and a few of these have achieved a limited success.

Several antibiotics have shown promise in early studies. The carcinolytic activities of D-cycloserine, gramicidin J_2 and puromycin have been mentioned already, and in addition to these, sarkomycin, L-azaserine, 6-diazo-5-oxo-L-*nor*leucine, the actinomycins and etamycin have also provoked interest by their tumour-inhibiting properties.

All these compounds have proved too toxic, at carcinolytic levels, to permit long term therapeutic use but the study of their structures and modes of action can provide valuable information on the metabolism of cancer cells, and the synthesis of analogues may yield compounds with higher therapeutic indices.

Sarkomycin

Sarkomycin, an optically active liquid, was isolated from cultures of *Streptomyces erythrochromogenes* by Umezawa *et al.*, in 1953. It showed weak antibacterial activity but inhibited a variety of rodent tumours.[1]

Structure

Oxidation of sarkomycin gave succinic acid, and catalytic hydrogenation afforded a crystalline, optically active methyl cyclopentanonecarboxylic acid, $C_7H_{10}O_3$. Wolff–Kishner reduction of this product, succeeded by reaction with thionyl chloride and then with ammonia, yielded the methyl cyclopentane-carboxamide (2). The derivation of succinic acid from sarkomycin requires a four carbon sequence terminating in an oxidizable group, and the conclusion that the hydrogenation product was a 2-methylcyclopentan-1-one-3-carboxylic acid (3) was confirmed by comparison with the synthetic DL-acid. Ozonolysis of sarkomycin yielded formaldehyde, revealing the presence of an exocyclic methylene group and completing the evidence establishing the structure (1) for the antibiotic.[2]

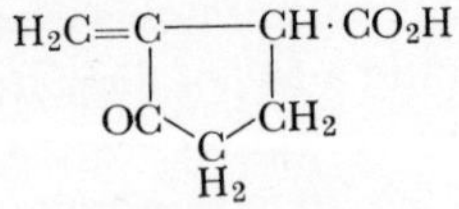

$$H_2C=C \text{------} CH \cdot CO_2H$$
$$OC \quad \quad CH_2$$
$$C$$
$$H_2$$

(1)

The DL- and the optically active forms of the antibiotic have been synthesized.[3]

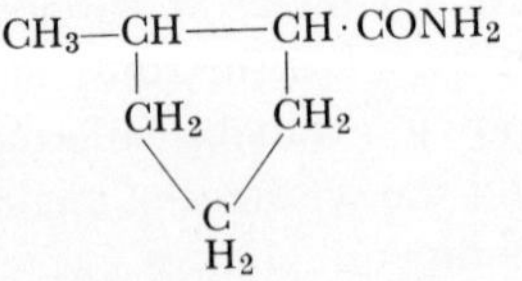

$$CH_3-CH \text{------} CH \cdot CONH_2$$
$$CH_2 \quad CH_2$$
$$C$$
$$H_2$$

(2)

$$CH_3-CH \text{------} CH \cdot CO_2H$$
$$CO \quad CH_2$$
$$C$$
$$H_2$$

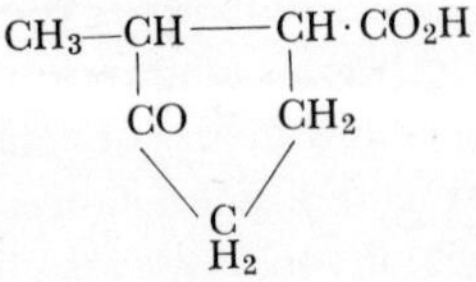

(3)

The synthetic D- and L-forms of sarkomycin have antitumour activities similar to the DL-form.[4]

There have been reports of the successful treatments of neoplastic conditions with sarkomycin[5] but other workers have failed to parallel these results.[6]

L-Azaserine

$$N_2CH \cdot CO_2 \cdot CH_2 \cdot CH(NH_2) \cdot CO_2H$$

$$(4)$$

m.p. 146–162° (decomp.) $[\alpha]_D^{20°}$ $-0.4°$ (H_2O)

λ max. 250 mμ ϵ 19,000

L-Azaserine was isolated independently, in 1954, by Stock *et al.*[7] and by Bartz *et al.*,[8] from strains of a streptomyces later identified as *S. fragilis*.[9] It showed limited antibacterial and antifungal activity, but created interest by its ability to inhibit the growth of the Crocker mouse sarcoma 180 in rodents.[7, 10]

Structure

L-Azaserine, $C_5H_7N_3O_7$, gave a positive ninhydrin reaction, showing that it was an α-amino acid and the evolution of two-thirds of the molecular nitrogen on treatment with concentrated mineral acid, together with confirmatory evidence from its ultra-violet and infrared absorption-spectra, indicated the presence of an aliphatic diazo group.

$$CH_3CO \cdot CH_2CH(NH_2) \cdot CO_2H$$

$$(5)$$

The conversion of the antibiotic into O-acetyl-L-serine (5), by hydrogenolysis, provided the additional evidence required to prove that it was O-diazoacetyl-L-serine (4)[11] and this structure has been confirmed by synthesis.[12]

When administered to humans L-azaserine gave rise to un-wanted side-effects but indications of synergistic action with 6-aminopurine have led to continued interest.[13]

6-Diazo-5-oxo-L-norleucine (DON)

$$N_2CH_2 \cdot CO \cdot CH_2 \cdot CH_2 \cdot CH(NH_2) \cdot CO_2H$$

(7)

m.p. 144–145° (decomp.) $[\alpha]_D^{26°} +21°$ (H_2O)

λ max. 244 and 274 mμ ϵ 6,400 and 11,700 respectively

6-Diazo-5-oxo-L-norleucine (DON) was first isolated by Ehrlich *et al.*,[13a] from a strain of streptomyces found in a sample of Peruvian soil. Its biological activities resemble those of L-azaserine.

Structure

The presence of an α-amino acid and an aliphatic diazoketone group in DON, $C_6H_9N_3O_3$, were readily established. The formation of L-glutamic acid (8) when the antibiotic was oxidized by periodate established the skeletal structure of the molecule but failed to define the position of the diazoketone group, since (8) could be derived from either 6-diazo-5-oxo-L-norleucine or 6-diazo-5-oxo-4-aminohexanoic acid.

$$HO_2C \cdot CH_2 \cdot CH_2 \cdot CH(NH_2) \cdot CO_2H$$

(8)

$$HO_2C \cdot CH \cdot CH_2 \cdot CH_2 \cdot CH(NH_2) \cdot CO_2H$$

(9)

This ambiguity was resolved by subjecting the antibiotic to the Wolff rearrangement. The production of α-aminoadipic acid demonstrated that the precursor was 6-diazo-5-oxo-L-norleucine (7) since the alternative structure would have given β-aminoadipic acid.[14] This structure has been confirmed by several syntheses.[15]

DON proved more active than L-azaserine in inhibiting mouse sarcomas but less effective in rat systems. Its side-effects resembled those produced by L-azaserine and it also enhanced the effect of 6-mercaptopurine.[13]

L-Azaserine and DON both inhibit the utilization of glutamine in purine biosynthesis and probably act as specific alkylating agents. Several analogues of each compound have been synthesized and none has shown activity comparable to the natural antibiotic; the optical-enantiomers proved completely inactive.[16]

The Actinomycins

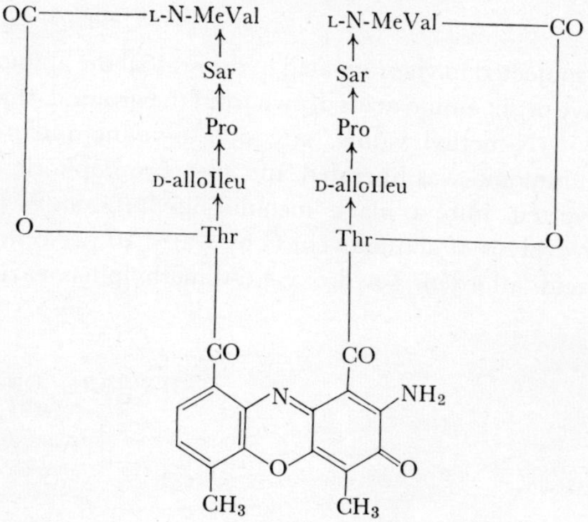

(10)

Actinomycin C$_3$
m.p. 235° (decomp.) $[\alpha]_D^{17°}$ –328° (EsOH)
λ max. 443 mμ ε 18.8 (MeOH)

Actinomycin, a red antibiotic, was isolated in 1940 by Waksman and Tishler[17] from cultures of *S. antibioticus*; other species of streptomyces[18] and a species of *Micromonospora*[19] have also yielded the same type of product. It was active against gram-positive bacteria and the recognition of its cytostatic properties prompted interest in this antibiotic as a potential anti-tumour agent.

It was soon discovered that actinomycin comprised a number of closely related compounds. Brockman et al.[20] identified three different actinomycins and Roussos and Vining[21] discovered a further three. It was demonstrated by paper chromatography that all six products were heterogeneous. Each comprised a mixture of analogous compounds, several having components in common and their interrelationship has been defined by Johnson and Brockman in their excellent reviews.[22, 23]

Structure

When subjected to vigorous acid hydrolysis all the actinomycins yielded five or six amino acids drawn from the group, L-threonine, L-proline, L-N-methyl valine, sarcosine, D-valine and D-alloisoleucine; ammonia was liberated and the chromophoric nucleus was converted into a black melanin-like product.[18,24] Less drastic hydrolysis of actinomycin C by warm 20 per cent hydrochloric acid afforded 2-hydroxy-4,6-dimethylphenoxazin-3-one

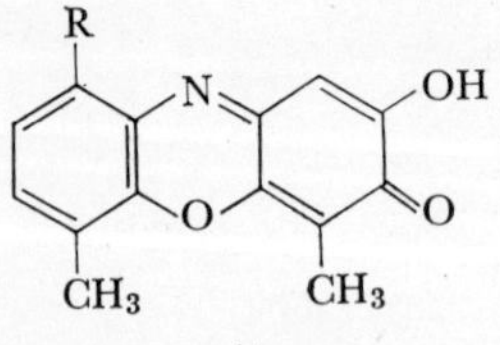

(11)

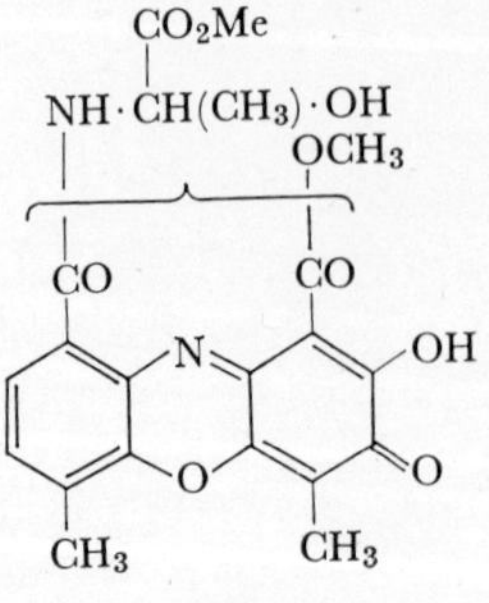

(12)

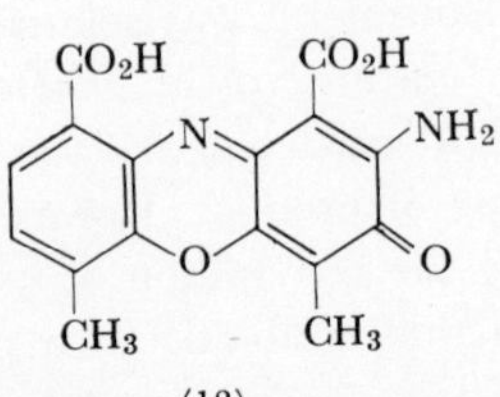

(13)

$(11; R = H)$[25] and even milder conditions gave the carboxylic acid, actinocinin $(11; R = CO_2H)$.[26] A dimethyl ester containing L-threonine as the only amino acid residue (12) was also obtained from the products of this last reaction, providing evidence that this amino acid was joined by an amide link to a carboxyl group attached to the heterocyclic nucleus.

Further degradative studies demonstrated that the actinomycins were polypeptide derivatives of actinocin (13) and molecular weight determinations (1200–1300) indicated the presence of *ca.* 10 amino acid residues.

The infrared spectrum of actinomycin C_3 had absorption bands characteristic of a lactone (1754 cm.$^{-1}$) and degradative studies established the presence of lactone bridges between the threonine residues and the terminal N-methyl valine moieties.[27,28] The arrangement of the remaining amino acids was determined by the isolation of dipeptide fragments obtained by hydrazinolysis, and actinomycin C_3 was shown to have the structure (10).[28]

A large number of actinomycins have now been isolated and the amino acid sequences in the side chains of several have been determined. Typical examples are actinomycin C_1 and D (now proved to be identical) in which both D-alloisoleucine residues in (10) are replaced by valine residues, and actinomycin C_2 where the D-alloisoleucine residue in the peptide attached to the quinone-ring is replaced by valine.[23]

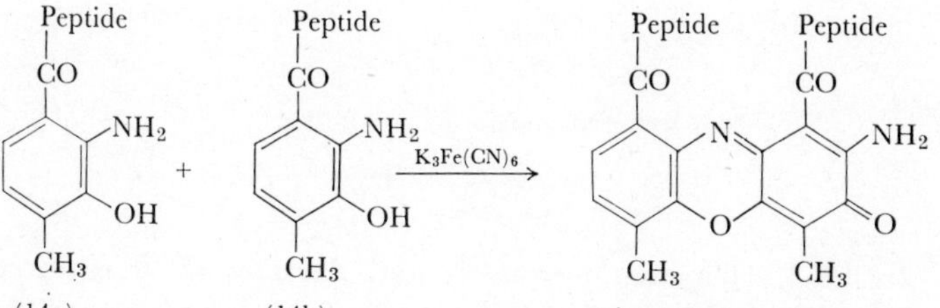

Actinomycin analogue

A number of simpler analogues have been prepared by the oxidative condensation of mono-, di-, tri- and tetra-peptide derivatives of 3-hydroxy-4-methylanthranilic acid (14a and 14b).[23] The biogenesis of the actinomycins probably proceeds by a similar route.

Encouraging results have been reported on the use of actinomycins C and D in the treatment of Hodgkin's disease but the high toxicity of these antibiotics precludes their general use as carcinolytic agents.[29] More success may perhaps be achieved with synthetic analogues.

Etamycin

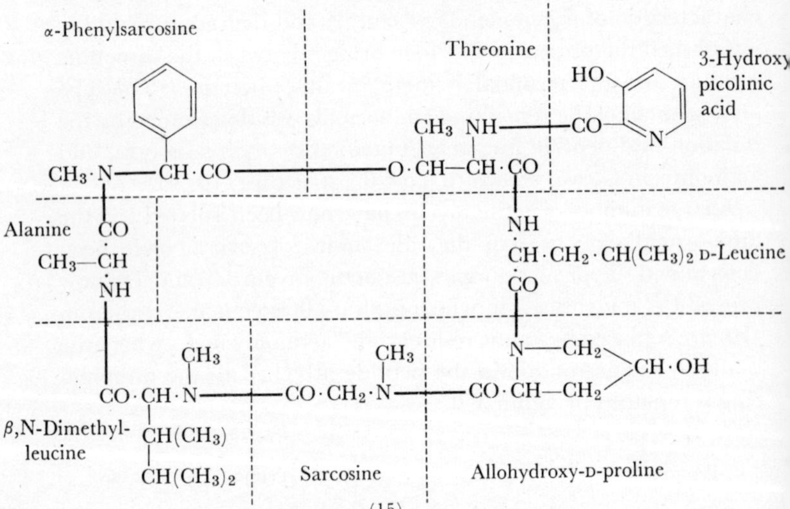

(15)

m.p. 168–170° λ max. 304 mμ ϵ 8100

$[\alpha]_D$ +62° (CHCl$_3$)

In 1954, Heinemann et al.[30] and Bartz et al.[31] reported, independently, the isolation of etamycin from cultures of streptomyces species. The antibiotic proved active against gram-positive bacteria and *Mycobacterium tuberculosis*; it also produced reversible leucopenia in dogs.[30, 32]

Structure

Early degradative studies showed that etamycin was a poly-peptide and established the presence of 3-hydroxypicolonic acid, D-leucine, allohydroxy-D-proline, L-alanine and L-threonine.[30, 31] Subsequent work by Sheehan and his colleagues[33] led to the identification of three additional amino acids, L-α-phenylsarcosine, L-β,N-dimethylleucine and L-sarcosine, and demonstrated the presence of a macrocyclic peptide lactone. Elucidation of the amino acid sequence established (15) as the structure of etamycin.[33]

It is noteworthy that of the eight amino acid residues only two occur as components of animal protein and allohydroxy-D-proline, L-α-phenylsarcosine, 3-hydroxypicolinic acid and L-β,N-dimethyl leucine have not been encountered, previously, in nature.

The general structure of etamycin bears some resemblance to that of the actinomycins. Their molecules each possess a hetero-cyclic carboxylic acid as the N-terminal residue of a macrocyclic peptide lactone and contain both D- and (N-methyl)-amino acids.

References

1. UMEZAWA, TAKEUCHI, NITTA, YAMANOTO and YAMAOKA, *J. Antibiotics* (*Japan*), Ser. A. **6**, 101 (1953); UMEZAWA, YAMANOTO, TACEUCHI, OSATO, OKAMI; YAMAOKA, OKUDA, NITTA, YAGASHITA, UTAHARA and UMEZAWA, *Antibiotics and Chemotherapy*, **4**, 514 (1954).
2. HOOPER, CHENEY, CRON, FARDIG, JOHNSON, JOHNSON, PALERMITI, SCHMITZ and WHEATLEY, *ibid*. **5**, 585 (1955).
3. TOKI, *Bull. Chem. Soc. Japan*, **30**, 450 (1957); **31**, 333 (1958).
4. TOKI, *J. Antibiotics* (*Japan*), Ser. *A*, **10**, 226 (1957).
5. MOMOSE and KOBAYASHI, *ibid. Ser. A*, **8**, 137 (1955) (and references therein).
6. BURCHENAL, *Antibiotics Annual*, 1957–58, Medical Encyclopedia Inc., New York (1958), p. 1043.
7. STOCK, REILLY, BUCKLEY, CLARKE and RHOADS, *Nature*, **173**, 71 (1954).
8. BARTZ, ELDER, FROHARDT, FUSARI, HASKELL, JOHANNESSEN and RYDER, *ibid*. **173**, 72 (1954).
9. ANDERSON, EHRLICH, SUNG HUANG SUN and BURKHOLDER, *Antibiotics and Chemotherapy*, **6**, 100 (1956).
10. FUSARI, FROHARDT, RYDER, HASKELL, JOHANNESSEN, ELDER and BARTZ, *J. Amer. Chem. Soc.* **76**, 2878 (1954).
11. FUSARI, HASKELL, FROHARDT and BARTZ, *ibid*. **76**, 2881 (1954).
12. MOOR, DICE, NICOLAIDES, WESTLAND and WITTLE, *ibid*. **76**, 2884 (1954).

13. REILLY, *Amino Acids and Peptides with Antimetabolic Activity*, Ed. WOLSTEN-HOLME and O'CONNOR, Churchill, London, 1958, p. 62.

13a. EHRLICH, COFFEY, FISHER, HILLEGAS, KOHBERGER, MACHAMER, RIGHTSEL and ROEGNER, *Antibiotics and Chemotherapy*, **6**, 487 (1956).

14. DION, FUSARI, ZBIGNIEW, JAKUBOWSKI, ZORA and BARTZ, *J. Amer. Chem. Soc.* **78**, 3075 (1956).

15. DE WALD and MOORE, *J. Amer. Chem. Soc.* **80**, 3941 (1958).

16. BUCHANAN, *Amino Acids and Polypeptides with antimetabolic activity*, Ed. WOLSTENHOLME and O'CONNOR, Churchill, London, 1958, p. 75.

17. WAKSMAN and TISHLER, *J. Biol. Chem.* **142**, 519 (1942).

18. BROCKMAN, GRUBHOFER, KASS and KALBE, *Ber.* **84**, 260 (1951).

19. FISHER, CHARNEY and BOLHOFER, *Antibiotics and Chemotherapy*, **1**, 571 (1951).

20. BROCKMAN, *Angew. Chem.* **66**, 1 (1954); BROCKMAN and GRÖNE, *Ber.* **87**, 1036 (1954).

21. ROUSSOS and VINING, *J.* 2469 (1956).

22. JOHNSON, *Symposium on Antibiotics and Mould Metabolites*, The Chemical Society, London, 1956, p. 82; BROCKMAN, *Angew. Chem.* **72**, 939 (1960); *Forst. Chem. Org. Naturstoffe*, **18**, 1 (1960).

23. BROCKMAN, *Chemistry of Natural Products. Int. Symp. Australia*, 1960, Butterworths, London (1961), p. 405.

24. DALGLIESH, JOHNSON, TODD and VINING, *J.* 2946 (1950).

25. BROCKMAN and MUXFELDT, *Angew. Chem.* **68**, 67 (1956).

26. BROCKMAN and GRÖNE, *ibid.* **68**, 66 (1956).

27. BROCKMAN and FRANCK, *Ber.* **87**, 1767 (1954).

28. BROCKMAN, BOHNSACK, FRANCK, GRÖNE, MUXFELDT and SÜLING, *Angew. Chem.* **68**, 70 (1956).

29. FARBER, *Amino Acids and Peptides with antimetabolic activity*, Ed. WOLSTENHOLME and O'CONNOR, Churchill, London, 1958, p. 138.

30. HEINEMANN, GOUREVITCH, LEIN, JOHNSON, KAPLAN, VANAS, and HOOPER, *Antibiotics Annual*, 1954–55, Medical Encyclopedia Inc., New York, 1955, p. 728.

31. BARTZ, STANDIFORD, MOLD, JOHANNESSEN, RYDER, MARETZKI and HASKELL, *ibid.* p. 777.

32. DICKISON, CULL and TISCH, *ibid.* p. 733. EHRLICH, COFFEY, FISCHER, GALBRAITH, KNUDSEN, SARBER, SCHLINGMAN, SMITH and WESTON, *ibid.* p. 790.

33. SHEEHAN, ZACHAU and LAWSON, *J. Amer. Chem. Soc.* **80**, 3349 (1958).

Index

L'acteur
et le système

Michel Crozier
Erhard Friedberg

L'acteur
et le système

Les contraintes
de l'action collective

Éditions du Seuil

La première édition de ce livre
a paru en 1977 aux Éditions du Seuil
dans la collection « Sociologie politique »,
et en 1981 dans la collection « Points Politique ».

EN COUVERTURE : Groupe de statuettes olmèques en jade,
La Venta, Musée national d'anthropologie, Mexico.
Archives Kodansha Limited, Tokyo.

ISBN 2-02-018220-3
ISBN « Points Politique » : 2-02-005839-1
(ISBN 1ʳᵉ publication : 2-02-004677-6)

Remerciements

Cet ouvrage est le résultat d'un long travail d'élaboration poursuivi au Centre de sociologie des organisations, à l'université Harvard, au Centre des sciences de Berlin-Ouest et au Cycle supérieur de sociologie de l'Institut d'études politiques de Paris. Nous tenons à remercier tous nos collègues de ces diverses institutions, universitaires, chercheurs et étudiants qui nous ont aidés de leurs remarques et de leurs critiques.

Nous avons bénéficié l'un et l'autre d'autre part de l'aide de fondations scientifiques dont la générosité nous a beaucoup facilité le travail. L'un de nous a été l'hôte du Center for Advanced Studies in the Behavioral Sciences à Stanford où il a entrepris la rédaction. L'autre a été soutenu tout au long de la rédaction de cet ouvrage par l'Internationales Institut für Management und Verwaltung du Centre des sciences de Berlin-Ouest et tout particulièrement par son directeur, le professeur Fritz W. Scharpf. Tous les deux, enfin, nous avons été les hôtes de la Fondation Rockefeller à la Villa Serbelloni où nous avons pu ensemble achever la rédaction. Nous exprimons toute notre gratitude à ces institutions et à leurs dirigeants.

Un travail sociologique, enfin, même d'ordre théorique, ne peut manquer de se nourrir des nombreuses expériences de recherche sur le terrain de ses auteurs. Que les responsables du CNRS, du CORDES, de la DGRST et de la Fondation Ford, dont le soutien financier nous a permis d'entreprendre et de mener à bien ces recherches, trouvent ici l'expression de notre gratitude. Enfin, que tous ceux qui ont contribué à ces enquêtes soient remerciés, et plus particulièrement peut-être toutes les personnes qui, dans les administrations, les entreprises et les institutions politiques et sociales que nous avons analysées, ont bien voulu, en répondant à nos questions, nous aider à aller plus loin.

Michel Crozier   Erhard Friedberg

Avant-propos

Cet ouvrage est d'abord le fruit d'une pratique de recherche, celle de l'analyse sociologique des organisations. L'un d'entre nous en a fait les premiers essais, il y a plus de vingt ans, sur des organisations administratives et industrielles. Au sein du Centre de sociologie des organisations, nous l'avons ensuite progressivement enrichie et étendue à des champs et à des problèmes plus complexes.

La réflexion sur cette pratique a été stimulée de façon décisive par les difficultés que nous avions à en communiquer les éléments et la démarche dans nos expériences d'enseignement devant des publics d'étudiants, de chercheurs et de praticiens les plus divers. Ces difficultés nous ont conduits progressivement à prendre conscience des caractéristiques originales de notre démarche et à nous interroger sur les problèmes théoriques que nos choix pratiques soulevaient, bref, à expliciter et à développer un *mode de raisonnement* particulier qui nous semblait se dégager de nos analyses. C'est ce mode de raisonnement que nous voudrions présenter dans ce livre. C'est le problème qu'il pose qui nous a amenés à choisir le mode d'exposition que nous y avons adopté.

Ce mode de raisonnement, en effet, n'est pas un simple raisonnement empirique qui se dégagerait naturellement d'une expérience d'enquête à partir de l'utilisation de quelques techniques concrètes. Il correspond, en fait, au résultat d'une série de choix théoriques successifs que nous avons dû effectuer pour résoudre les problèmes de recherche auxquels nous étions confrontés, sans nous rendre compte forcément sur le moment de leur portée et impact réels. Il s'appuie de ce fait sur un ensemble de propositions cohérentes qui expriment un engagement très affirmé et un pari théorique au niveau où nous nous placions, celui de l'analyse. Avec et après tant d'autres, nous croyons, en effet, qu'il n'y a rien de plus pratique qu'une bonne théorie et que ni l'originalité sémantique ni l'obscurité, qui généralement l'accompagne, ne sont nécessaires à sa présentation.

Que le lecteur ne se méprenne donc pas sur la signification de ce pari théorique. Nous n'avons pas cherché à formuler un ensemble de lois générales sur la substance, les caractéristiques et les étapes de développement des organisations et des systèmes. Nous n'avons pas davantage tenté de fournir des préceptes normatifs tels que les affectionnent les spécialistes du management qui croient toujours pouvoir élaborer un modèle de « bonne organisation » et présenter un guide des moyens et des mesures nécessaires pour le réaliser. Nous présentons une série de propositions simples sur les problèmes soulevés par l'existence de ces ensembles complexes, mais intégrés, qu'on appelle organisations, et sur les moyens et instruments que les hommes ont inventés pour les surmonter, c'est-à-dire pour assurer et développer leur coopération en vue de buts communs.

De telles propositions ne pouvaient être élaborées qu'à partir d'analyses contrôlées des rapports humains au sein d'organisations concrètes. Mais le mode de raisonnement qu'elles contribuent à fonder et dans lequel elles s'articulent dépasse, lui, le champ strict des organisations fermées, bien définies, comme, par exemple, les entreprises ou les administrations publiques. Il peut être utilisé pour l'analyse des ensembles ou « systèmes » organisés beaucoup plus lâches, comme le système politico-administratif local ou le système des relations industrielles, tout aussi bien que pour l'analyse des décisions qui se prennent à l'intérieur des unes ou des autres. Il permet enfin d'envisager autrement le problème du changement et, partant, de poser d'autres questions à l'histoire. Bref, ce mode de raisonnement ne vise pas tant les organisations, comme objet social spécifique, que l'action organisée des hommes. Celle-là constitue le véritable sujet de ce livre.

Une telle orientation, dont la logique nous était apparue

petit à petit au cours de nos recherches, s'est à nouveau précisée au cours de la rédaction de cet ouvrage et nous a fait écarter tour à tour la formule du manuel et la formule du traité scientifique. Le premier parce que nous pensions que notre biais personnel était trop fort pour que nous puissions présenter avec la sérénité nécessaire les diverses approches actuellement utilisées et leur fondement théorique. Le second parce qu'il apparaissait prématuré de vouloir traiter de façon exhaustive, à la manière d'un traité, l'ensemble des problèmes que le renouvellement de notre sujet nous forçait à aborder.

Aussi avons-nous choisi la voie de l'essai scientifique. Nous n'y apportons ni mise au point exhaustive du savoir ni même un état complet des questions en matière d'organisation, de systèmes et de décision. Nous y proposons, en revanche, à partir d'une première généralisation, des résultats concrets obtenus à travers nos recherches, les *éléments d'une problématique*, c'est-à-dire simplement une façon différente de raisonner sur les problèmes de l'action collective, donc organisée, des hommes, sur les conditions qui la rendent possible et les contraintes qu'elle impose.

Cet essai est finalement et avant tout une réflexion sur les rapports de l'acteur et du système. C'est en effet autour de l'existence de ces deux pôles opposés que se structure le raisonnement que nous apportons. L'acteur n'existe pas en dehors du système qui définit la liberté qui est la sienne et la rationalité qu'il peut utiliser dans son action. Mais le système n'existe que par l'acteur qui seul peut le porter et lui donner vie, et qui seul peut le changer. C'est de la juxtaposition de ces deux logiques que naissent ces contraintes de l'action organisée que notre raisonnement met en évidence.

Les contraintes
de l'action collective

A quelles conditions et au prix de quelles contraintes l'action collective, c'est-à-dire l'action organisée, des hommes est-elle possible ? C'est la question centrale de ce livre. Car, si l'action collective constitue un problème si décisif pour nos sociétés, c'est d'abord et avant tout parce que *ce n'est pas un phénomène naturel*. C'est un *construit social* dont l'existence pose problème et dont il reste à expliquer les conditions d'émergence et de maintien.

Contrairement à l'idée que nous en avons couramment, en effet, contrairement aussi à la façon dont psychologues, sociologues et analystes divers ont pu poser — et posent encore et toujours — les problèmes d'organisation, nos modes d'action collective ne sont pas des données « naturelles » qui surgiraient en quelque sorte spontanément et dont l'existence irait de soi. Ils ne sont pas le résultat automatique du développement des interactions humaines, d'une sorte de dynamique spontanée qui porterait les hommes en tant qu'« êtres sociaux » à s'unir, à se grouper, à s'« organiser ». Ils ne sont pas davantage la conséquence logique et déterminée d'avance de la « structure objective » des problèmes à résoudre, c'est-à-dire de la somme des déterminations extérieures que l'« état des forces productives », le « stade de développement technique et économique » feraient peser sur les hommes. Ils ne constituent rien d'autre que des solutions toujours spécifiques, que des acteurs relativement autonomes, avec leurs ressources et capacités particulières, ont créées, inventées, instituées pour résoudre les problèmes posés par l'action collective et, notamment, le plus fondamental de ceux-ci, celui de leur coopération en vue de l'accomplissement

d'objectifs communs, malgré leurs orientations divergentes.

Et en cette matière, il n'y a ni fatalité ni déterminisme
simple. Ces solutions ne sont ni les seules possibles, ni les
meilleures, ni même les meilleures relativement à un
« contexte » déterminé. Ce sont toujours des solutions
contingentes au sens radical du terme, c'est-à-dire largement *indéterminées* et donc *arbitraires*. Mais elles n'en sont
pas moins contraignantes. En tant que modes d'articulation
et d'intégration de comportements divergents et contradictoires, elles supposent et instituent à la fois une structuration humaine, c'est-à-dire un minimum d'« organisation »,
des champs de l'action sociale. Cette structuration peut
être relativement formalisée et consciente, ou elle peut
avoir été « naturalisée » par l'histoire, la coutume, les
croyances, au point de paraître évidente. Elle n'en reste
pas moins toujours et fondamentalement un *artefact
humain* qui — en orientant les comportements des acteurs
et en circonscrivant leur liberté et leurs capacités d'action
— rend possible le développement des entreprises collectives des hommes, mais conditionne en même temps
profondément leurs résultats. Avant de critiquer ces solutions, avant éventuellement d'en proposer de nouvelles, il
importe de les *connaître*, c'est-à-dire d'en comprendre la
logique et la rationalité propres, en s'interrogeant sur les
problèmes que les hommes ont tenté de résoudre à travers
elles et sur les difficultés et contraintes qui en résultent.

Cette interrogation peut se résumer et se concrétiser à
travers la mise en évidence et l'élucidation des *effets contre-
intuitifs ou « effets pervers »* qui caractérisent les affaires
humaines[1]. Dans leur acception la plus générale, ceux-ci
désignent les effets inattendus, non voulus et à la limite

---

1. Les premières analyses des effets contre-intuitifs et le terme lui-
même sont dus à J. Forrester, *Urban Dynamics,* Cambridge, Mass.,
MIT Press, 1970. Mais ils ne sont finalement que la redécouverte sous
un autre nom de ces « conséquences inattendues de l'action » que
Robert K. Merton avait mises en lumière dès 1936 dans un célèbre
article. Cf. R.K. Merton, « The Unanticipated Consequences of
Purposive Social Action », *American Sociological Review,* vol. 1,
1936, p. 894-904.

aberrants sur le plan collectif d'une multitude de choix individuels autonomes et, pourtant, chacun à son niveau et dans son cadre, parfaitement rationnels. Ils marquent le décalage, voire l'opposition souvent fatale entre les orientations et les intuitions des acteurs et l'effet d'ensemble de leurs comportements dans le temps, ce mécanisme fondamental qui fait qu'en voulant le bien nous réalisons le mal.

De nombreux exemples de cette opération de magie noire viennent à l'esprit, qui englobent tous les niveaux de la vie sociale. On la voit à l'œuvre dans ce que Marx a décrit avec le théorème sur la baisse tendancielle du taux de profit, comme dans la loi d'airain de l'oligarchie chère à R. Michels[2] et à beaucoup de penseurs politiques depuis, ou encore dans la dynamique perverse qui veut que des parents, dans le souci de faire bénéficier leurs enfants d'une pédagogie anti-autoritaire, finissent par créer des structures à certains égards plus « disciplinaires »[3] que les écoles maternelles « habituelles »[4].

Il est sans doute inutile de poursuivre cette énumération. Toutes nos actions risquent d'aboutir au contraire de ce que nous cherchions à réaliser : l'effet contre-intuitif est au cœur même de tout effort d'action collective.

Malgré ses implications morales évidentes, ce dilemme ne peut être résolu en renvoyant la discussion au niveau des finalités. Car ce n'est pas uniquement, ni même avant tout, une question de finalités de l'action ou de motivation des acteurs[5]. Ni nos intentions, ni nos motivations, ni nos objectifs, ni nos relations transcendantales avec le sens de l'histoire ne sont une garantie ou une preuve de la réussite

2. R. Michels, *Les Partis politiques,* Paris, Giard et Brière, 1913 ; Flammarion, 1971 et 1978.

3. Au sens de M. Foucault, *Surveiller et Punir,* Gallimard, 1975, dans la mesure où elles instituent un quadrillage permettant un contrôle plus serré des enfants par leurs parents.

4. Toute l'institution de l'éducation dans nos sociétés développées, et pas seulement là, est en fait le champ de tels effets contre-intuitifs, comme l'ont montré, chacun à sa manière, R. Boudon et I. Illich. Cf. R. Boudon, *L'Inégalité des chances,* Paris, A. Colin, 1973 ; I. Illich, « Comment éduquer sans école ? », *Esprit,* juin 1971.

5. Et ajoutons qu'il est heureux qu'il en soit ainsi. Car sinon, tout changement autre que totalitaire serait exclu.

de nos entreprises. L'enfer, on le sait bien, est pavé de bonnes intentions. C'est que le dilemme se situe à un autre niveau, celui des moyens que nous utilisons, ou plutôt de la *médiation inéluctable* entre les fins que nous poursuivons, d'une part, et les « moyens » humains que nous sommes obligés d'employer pour les atteindre, d'autre part. Cette médiation, ce sont les construits d'action collective, et la structuration des champs qu'ils instituent.

L'effet contre-intuitif peut apparaître de prime abord comme un dilemme logique inhérent en quelque sorte à la structure des problèmes matériels à résoudre. C'est en fait comme tel qu'il a été compris par tout un courant d'analyse anglo-saxon centré sur l'étude des problèmes des biens collectifs, des choix publics et des difficultés qui en résultent pour l'action collective[6]. Mais si on veut bien y regarder de plus près, il s'agit aussi, sinon avant tout, d'un *effet d'organisation* ou d'un *effet de système*. Si les résultats de l'action collective sont contraires aux volontés des acteurs, ce n'est jamais dû seulement aux propriétés intrinsèques des problèmes « objectifs », pour autant qu'une telle distinction ait un sens[7]. C'est aussi toujours à cause de la structuration sociale du champ de l'action, c'est-à-dire à cause des propriétés de l'organisation et/ou des systèmes d'action organisés, bref, des construits d'action collective à travers lesquels ces problèmes sont traités, et sans lesquels ils ne pourraient pas l'être, voire ne seraient pas ce qu'ils sont.

Prenons, pour concrétiser cette proposition, un exemple simpliste qui a fait les délices des spécialistes de la théorie des jeux : le *dilemme du prisonnier*.

Il s'agit, on s'en souvient, du dilemme devant lequel se trouvent deux criminels qui ont été arrêtés pour le même crime, mais contre lesquels la police ne peut avoir de

---

6. Dans un livre remarquable, Mancur Olson synthétise parfaitement bien tout l'acquis d'une réflexion sur l'action collective encore trop ignorée en France. Cf. M. Olson, *The Logic of Collective Action*, Cambridge, Mass., Harvard University Press, 1965.
7. Car aucun problème n'existe en soi. Il n'a d'existence que pour autant qu'il y ait un construit capable de le traiter. Mais ce construit à son tour le redéfinira, le transformera pour pouvoir le traiter.

preuve matérielle autre que la dénonciation qu'elle pourrait obtenir de l'un ou l'autre. Dans cette situation, chacun des deux prisonniers n'a que deux stratégies pour « s'en tirer » : soit nier les faits, soit incriminer l'autre. Si tous les deux nient, la police n'a pas de preuve pour ces charges : elle ne pourra obtenir que la condamnation de chacun d'eux à un an de prison pour des délits mineurs. Si l'un des prisonniers accepte de devenir le *crown-witness* en dénonçant l'autre, le dénonciateur est libéré, l'autre condamné à vingt ans de prison. Si les deux se dénoncent mutuellement, chacun d'eux écopera dix ans de prison.

Connaissant ces conséquences, chaque prisonnier sait que la réussite de sa propre stratégie dépendra de celle adoptée par l'autre. Mais, étant détenus séparément, ils n'ont aucune possibilité de communiquer et de se concerter. La structure logique du problème est telle que s'ils agissent « rationnellement », c'est-à-dire en fonction de leurs intérêts personnels, ils dénonceront leur complice et se retrouveront en prison pour dix ans. Soulignons-le : aucun jugement sur la « nature humaine » n'est impliqué ici : on suppose simplement que chacun d'eux essayera de gagner et préférera ses propres intérêts à ceux de l'autre. La connaissance du résultat n'y change rien : les deux sont pris dans une « logique infernale » qui les mène fatalement à l'échec et qui est la conséquence de la structure du problème.

Une seule chose pourrait faire la différence et permettre à chacun de s'en tirer à meilleur compte : la capacité de faire confiance à l'autre, et avec elle la certitude que celui-ci ne le dénoncera pas. Cette remarque peut paraître mettre en jeu une dimension éthique. C'est vrai, mais, comme c'est souvent le cas, l'éthique peut et doit s'analyser ici comme un construit social, comme une invention humaine qui structure le champ d'action de telle façon que, dans la poursuite de leurs intérêts propres, les acteurs ne se ruinent pas mutuellement. Il suffit d'ailleurs pour s'en convaincre de regarder ce qui se passe dans le « milieu ». La « loi du silence » peut parfaitement se comprendre comme un construit humain créé et maintenu par apprentissage et sanction. D'abord simple mesure de rétorsion, elle devient peu à peu principe organisateur relativement autonome, manipulé certes par ceux capables de l'imposer et de s'en servir, mais qui forme la base implicite ou explicite de toute activité collective se déployant dans ce contexte particulier.

Action collective et organisation sont donc complémentaires. Ce sont les deux faces indissociables d'un même problème : celui de la structuration des champs à l'intérieur desquels l'action, toute action, se développe. On ne peut concevoir une action collective déterminée seulement par les propriétés « intrinsèques » des problèmes à résoudre : elle serait prise dans des dilemmes insolubles. Ce n'est que l'organisation au sens de redéfinition des problèmes à travers une structuration humaine des champs qui permet de surmonter ces impasses logiques et les effets contre-intuitifs « primaires » qui en découlent. Mais dans la mesure même où elle est un moyen pour contrôler et réguler ceux-ci, l'organisation en produira d'autres, qui sont en quelque sorte les « effets pervers » de sa propre fabrication, les effets contre-intuitifs « secondaires » proprement systématiques, ceux en fait que nous rencontrons dans la vie courante.

Ni les objectifs ni les motivations des acteurs ne sont ici en cause. Ceux-ci agissent « rationnellement » dans le cadre de construits qui, eux, sont arbitraires. Ils sont les prisonniers des *moyens* qu'ils ont utilisés pour régler leur coopération et qui circonscrivent jusqu'à leurs capacités de se définir de nouvelles finalités. Ils peuvent changer de moyens, et transformer ces construits, et même le devront s'ils veulent durablement changer les résultats de l'action collective. Mais ils ne peuvent pas s'en passer entièrement, ils ne peuvent pas faire disparaître cette contrainte : il n'y a pas de champ neutre, non structuré. La transparence sociale est impossible.

Dès lors, pour comprendre les problèmes et difficultés de l'action collective, il faut porter l'analyse sur cette structuration des champs, et s'interroger sur les mécanismes à travers lesquels elle opère et aussi s'opère. C'est ici que l'analyse des organisations peut apporter une contribution à notre avis décisive à la constitution d'un nouveau mode de raisonnement sur les affaires humaines. Parmi toute la gamme de structurations possibles d'un champ d'action, l'organisation constitue, en effet, la forme la plus visible et la plus formalisée, celle qui est au moins partiellement instituée et contrôlée de façon consciente. Elle peut donc nous fournir un modèle en quelque sorte expérimental de l'effet système, dans un cadre certes plus artificiel, mais dans lequel il s'agit bien du même problème : celui de la coopération et de l'interdépendance entre acteurs poursuivant des intérêts divergents sinon contradictoires. Comme l'a bien montré Herbert Simon, l'étude de la machine artificielle permet de progresser dans la compréhension de l'organisme naturel qu'il s'agit précisément d'étudier[8].

Traiter l'organisation dans cette perspective non pas comme une donnée naturelle dont l'existence irait de soi, mais comme un *problème à expliquer,* consiste toutefois à renverser la tendance dominante des théoriciens de l'organisation qui vont de la nature vers l'organisation, et à utiliser la réflexion sur l'organisation (phénomène plus artificiel et plus facile à analyser) pour la compréhension de la « nature ». S'interroger sur l'organisation comme problème, c'est donc essayer d'élaborer un mode de raisonnement permettant d'analyser et de comprendre la « nature » et les difficultés de l'action collective.

Mais revenons à notre point de départ : les modes d'organisation en tant que solutions construites, donc artificielles, des problèmes d'action collective, et essayons de préciser. Quels sont ces problèmes ?

A un premier niveau, c'est tout d'abord celui de la coopération. Toute entreprise collective — on ne nous démentira pas sur ce point — repose sur un minimum d'intégration des comportements des individus ou groupes, bref, des acteurs sociaux concernés, qui poursuivent, chacun, des objectifs divergents, voire contradictoires.

8. Pour une bonne discussion du caractère heuristique de l'artificiel qui dépasse de beaucoup d'ailleurs notre problème, on lira avec beaucoup de fruit l'essai de H. Simon, *La Science des systèmes, Science de l'artificiel,* Paris, Ed. de l'Epi, 1974.

Très schématiquement, cette intégration peut être réalisée de deux façons. Ou bien par la contrainte ou son corollaire, la manipulation affective et/ou idéologique, bref, par la soumission imposée ou consentie des volontés « partielles » des participants à la volonté et aux objectifs de l'ensemble[9]. Ou bien par le contrat, c'est-à-dire la négociation et le marchandage, qui peut se dérouler de façon explicite aussi bien qu'implicite[10]. Mais la négociation, les relations contractuelles ne s'établissent pas naturellement. Ce sont des processus difficiles dans lesquels les acteurs ne s'engagent que moyennant protections, car ils sont doublement menaçants pour eux. D'une part, ils impliquent toujours la reconnaissance de relations de pouvoir et de dépendance, et des contraintes qui en découlent ; d'autre part, leur dynamique propre peut être telle que toutes les parties concernées en souffrent.

Les *construits d'action collective* dans leurs différentes modalités constituent la solution. Par eux, les problèmes sont redéfinis et les champs d'interaction aménagés ou « organisés » de telle façon que dans la poursuite de leurs intérêts spécifiques les acteurs ne mettent pas en danger les résultats de l'entreprise collective, voire les améliorent. Bref, ils organisent des modes d'intégration qui assurent la nécessaire coopération entre acteurs sans supprimer leurs libertés, c'est-à-dire leurs possibilités de poursuivre des objectifs contradictoires.

Car de tels construits opèrent *indirectement* et ne déterminent pas les comportements des acteurs. Ils instituent ce qu'on pourrait le mieux conceptualiser comme des *jeux structurés* de façon plus ou moins lâche, plus ou moins formalisée, plus ou moins consciente et dont la nature et les règles indiquent une série de stratégies gagnantes possibles. Parmi ces stratégies, les acteurs pourront et devront choisir. Ils peuvent aussi — si leurs ressources le permettent — jouer contre, c'est-à-dire adopter une stratégie

9. Nous laissons ici de côté le problème des processus d'élaboration des objectifs de l'ensemble.
10. Cette distinction est évidemment analytique. Toute situation sociale réelle renferme, en fait, les deux modalités à des degrés divers.

momentanément perdante dans l'espoir ou avec l'objectif d'un retournement du ou des jeux en leur faveur[11]. Quoi qu'il en soit, ces jeux restent ouverts et leur contrainte indirecte : elle est le résultat du fait qu'un acteur, aussi longtemps qu'il veut continuer à jouer et s'assurer simultanément que sa participation au jeu lui soit profitable, devra adopter une *des* stratégies gagnantes possibles. Mais ce faisant, il contribuera *nolens, volens,* à l'accomplissement des objectifs de l'ensemble[12].

Mais allons plus loin. Dans la mesure même où elle n'est pas naturelle, l'action collective n'est pas un exercice gratuit. C'est toujours une coalition d'hommes contre la nature en vue de résoudre des problèmes matériels. Les construits inventés à cet effet redéfinissent et réaménagent certes ces problèmes. Mais ni leurs configurations et modalités concrètes ni leurs résultats ne peuvent être abstraits des propriétés et de la structure « intrinsèque » de ces derniers et, notamment, de l'élément le plus fondamental de celles-ci : l'*incertitude*.

Aussi loin que l'on pousse l'analyse « rationnelle » de sa structure logique ou « naturelle », tout problème matériel comporte toujours une part appréciable d'incertitude, c'est-à-dire d'*indétermination,* quant aux modalités concrètes de sa solution. Dans le cas contraire, il ne constitue plus un problème au sens vrai du terme, puisqu'il pourrait être résolu par une machine ou tout autre mécanisme automatique.

Or l'incertitude en général ou des incertitudes spécifiques, comme nous le verrons, constituent la ressource fondamentale dans toute négociation. S'il y a incertitude, les acteurs capables de la contrôler l'utiliseront dans leurs

---

11. Ils peuvent aussi naturellement commettre des erreurs, se tromper sur la nature du jeu, oublier les règles, etc., et ce faisant découvrir de nouvelles opportunités et de nouvelles stratégies gagnantes.

12. La contrainte et la coercition peuvent ici s'analyser comme un cas limite où l'intégration est obtenue en quelque sorte par la prescription impérative de comportements, ce qui peut se conceptualiser comme un type particulier de jeu négatif, un jeu structuré par des punitions, et non plus des récompenses.

tractations avec ceux qui en dépendent. Car ce qui est incertitude du point de vue des problèmes est pouvoir du point de vue des acteurs : les rapports des acteurs, individuels ou collectifs, entre eux et au problème qui les concerne, s'inscrivent donc dans un champ inégalitaire, structuré par des relations de pouvoir et de dépendance. En effet, les acteurs sont inégaux devant les incertitudes pertinentes du problème. Ceux qui par leur situation, leurs ressources ou leurs capacités (qui sont, bien entendu, toujours personnelles et sociales puisqu'on ne peut concevoir de champ non structuré) sont capables de les contrôler, utiliseront leur pouvoir pour s'imposer face aux autres.

Quelles que soient leurs modalités concrètes, qu'ils prennent la forme de jeux organisationnels relativement formalisés ou celles de jeux plus lâches et empiriques articulés dans une sorte de système organisé, les construits d'action collective développés pour traiter ces problèmes se bâtissent toujours sur les incertitudes « objectives » découlant des caractéristiques techniques, économiques, ou autres, de ces derniers. Au moins dans le court terme, celles-ci s'imposent comme des données de fait [13]. Domineront alors ceux des acteurs qui seront capables d'affirmer et d'imposer leur maîtrise des incertitudes les plus cruciales [14]. Mais la redéfinition des problèmes et, avec elle, la restructuration des champs qu'opèrent ces construits permettront de créer des incertitudes « artificielles » » pour contrecarrer les incertitudes « naturelles » et de réduire ainsi les gains et les pertes des uns et des autres à des dimensions plus acceptables.

C'est même là une condition de leur développement et de leur stabilisation. En d'autres termes, aucun problème,

13. Dans une perspective à plus long terme, toutes ces caractéristiques et les contraintes qui en découlent, peuvent et doivent, bien entendu, être considérées, elles aussi, comme des construits humains, comme une structuration antérieure des champs qui ne va nullement de soi, mais peut être mise en question et transformée.

14. La définition du problème revêt, bien entendu, ici une importance cruciale. Définir un problème, c'est toujours aussi déterminer les incertitudes pertinentes, et c'est donc aussi circonscrire indirectement avec elles la structure de pouvoir du construit humain qui devra le traiter.

finalement, n'existe comme tel. Pour être traité, il doit toujours être repris et redéfini, soit pour l'ajuster aux caractéristiques des jeux déjà en opération, soit pour permettre la création de ces incertitudes « artificielles » sans lesquelles aucun marchandage, aucun jeu n'est possible. Bref, entre la structure « objective » d'un problème et sa solution dans l'action collective s'intercale une médiation autonome, celle des construits d'action collective, qui impose ses propres exigences et sa propre logique. Comme de plus on ne perçoit que ce que l'on sait résoudre, et que l'on ne sait résoudre du moins dans le court terme que ce qui est traitable dans le cadre de construits existants, la conclusion est claire. Instruments pour la solution de problèmes, les construits d'action collective sont aussi des contraintes pour ces solutions, s'ils ne les empêchent pas totalement.

Il ne suffit donc pas de changer de finalités pour changer les résultats de l'action collective. Pour prendre un exemple grossier, qu'il se déploie dans le cadre du capitalisme triomphant des Etats-Unis vers le tournant du siècle, ou dans la Russie des soviets après la révolution prolétarienne d'Octobre, le taylorisme reste un taylorisme et charrie, en tant que mode de structuration des activités collectives, sa propre logique d'organisation des rapports humains. A ce niveau, les moyens sont plus importants que les fins.

Etayée sur les incertitudes « naturelles »[15] des problèmes à résoudre, toute structure d'action collective se constitue comme système de pouvoir. Elle est phénomène, effet et fait de pouvoir. En tant que construit humain, elle aménage, régularise, « apprivoise » et crée du pouvoir pour permettre aux hommes de coopérer dans des entreprises collectives. Toute analyse sérieuse de l'action collective doit donc mettre le pouvoir au centre de ses réflexions. Car l'action collective n'est finalement rien d'autre que de la politique quotidienne. Le pouvoir est sa « matière première ».

---

15. Répétons qu'une telle formulation ne peut être qu'un abus de langage puisqu'un problème n'existe que s'il est déjà redéfini dans le cadre d'un construit existant, dont les propriétés conditionnent aussi les incertitudes pertinentes.

Cette affirmation peut paraître triviale, tant sont nombreuses les références au « pouvoir », à l'« exercice du pouvoir », aux « rapports de domination » dans le langage courant comme dans les analyses scientifiques de la vie sociale. Nous n'en finissons plus à cet égard de régler son compte à la rationalité techniciste dominante du *one best way* [16] et à son soubassement philosophique et moral, le rationalisme positiviste et scientiste du siècle dernier, dont les représentants les plus illustres, de Hegel à Lénine en passant par Saint-Simon, Marx et Comte ont tous prédit — chacun à sa façon — la « fin du politique » : c'est-à-dire l'avènement de la société rationnelle, rendue à elle-même et maîtresse d'elle-même, l'ère de la transparence sociale où, selon la formule consacrée de Saint-Simon, le gouvernement des hommes sera remplacé par l'administration des choses [17]. Nous n'avons de cesse de traquer l'institué, l'autorité établie sous toutes ses formes (la famille, l'Eglise, l'école, la médecine, la psychiatrie, etc.) et de la démasquer comme ce qu'elle est : un rapport de force et de domination qui, en tant que tel, est toujours et irréductiblement contingent, c'est-à-dire ne reposant sur aucune justification, sur aucune « nécessité » trans-historique ou méta-culturelle. Bref, tout est politique, puisque le pouvoir est partout.

16. Rendue célèbre, parce que formulée explicitement par Taylor qui à cet égard ne mérite ni cet excès d'honneur ni cet excès d'indignité puisqu'il n'a fait que reprendre et appliquer une dimension fondamentale d'un climat intellectuel et d'un mode de raisonnement qui le précède et le dépasse de toutes parts.

17. Il faudrait probablement remonter beaucoup plus loin et beaucoup plus près de nous. Beaucoup plus loin, parce que toutes les utopies — de Platon à Thomas More — sont fondées sur le mythe de la transparence sociale, mythe dont les positivismes bourgeois et marxistes ne sont que la formulation « scientifique ». Plus près de nous, parce que beaucoup d'écrits contemporains réinstituent ce mythe. Pour ne prendre qu'un exemple, la « société relationnelle » de J. Attali (*La Parole et l'Outil*, Paris, PUF, 1975) ne cache, derrière un langage compliqué, rien d'autre que la société fraternelle, la société harmonieuse où cette pathologie des « sociétés explosives » — le pouvoir — sera réduite à sa « partie incompressible » (p. 197). C'est probablement la raison pour laquelle le pouvoir — s'il est beaucoup question de lui — n'est jamais vraiment analysé dans ce livre.

L'impression, toutefois, trompe. L'omniprésence du mot cache en fait l'escamotage de l'analyse du phénomène qu'il recouvre. Ou bien le pouvoir est exclu entièrement du champ d'investigation et de réflexion, soit qu'il ne constitue qu'un « bouche-trou » pour un raisonnement par ailleurs déterministe, une sorte de catégorie résiduelle à laquelle on a recours pour expliquer ce qui n'a pu l'être par d'autres procédés, soit que son emploi équivaille en fait à un véritable abus de langage, comme dans les versions structuralistes et ultra-déterministes du marxisme à la Althusser ou à la Poulantzas [18]. Ou bien il est inclus dans ce champ et pris en compte dans l'analyse, mais sous une forme totalement réifiée qui en interdit l'étude. Il est conceptualisé comme un attribut, comme une propriété qui oppose ceux qui en ont à ceux qui n'en ont pas, comme un mécanisme impersonnel, une chose qui s'impose aux acteurs sociaux de l'extérieur, sans que d'ailleurs il soit jamais précisé d'où. Selon l'orientation idéologique et normative de l'analyste, les accents sont ici mis différemment : ce qui pour le conservateur n'est qu'exercice d'une autorité légitime et nécessaire, est abus de pouvoir, domination et répression des potentialités humaines pour le critique. Mais des deux côtés, on trouve la même tendance à identifier le pouvoir à l'autorité, à l'Etat, à l'ordre

---

18. On ne répétera jamais assez que, dans un cadre théorique qui affirme la détermination rigoureuse des éléments d'un ensemble par la structure de cet ensemble, *il n'y a pas de place pour le concept de pouvoir*. Dire que le pouvoir d'une classe sociale, d'un groupe, d'une collectivité, est sa capacité de réaliser ses intérêts objectifs spécifiques n'a strictement pas de sens. Ou plutôt, cela n'a de sens que si l'on admet que les membres de cette classe, groupe, collectivité auraient pu s'organiser et agir autrement. Or, une telle éventualité est précisément exclue d'une approche qui conceptualise les classes sociales comme des structures objectives, et leurs relations comme un système objectif dont les acteurs ne sont que les supports et qui est gouverné, jusqu'à ses déterminations les plus concrètes, par les lois — elles aussi objectives — de son montage. Cf. à cet égard N. Poulantzas, *Pouvoir politique et Classes sociales,* Paris, Maspero, 1966, et sa controverse avec R. Miliband, « The Problem of the Capitalist State », *New Left Review,* vol. 58, novembre-décembre 1969, p. 67-78, ainsi que les développements intéressants de S. Lukes, *Power : A Radical View,* Londres, MacMillan, 1974.

institué, et le même refus à l'envisager dans toute sa richesse et sa dynamique contradictoire en l'analysant enfin comme ce qu'il est réellement : une dimension irréductible et inéluctable de l'instituant tout autant que de l'institué, du mouvement tout autant que de la stabilité, bref, de l'action sociale tout court[19].

Le pouvoir reste bien l'éternel blanc dans nos théories de l'action sociale[20]. Au fur et à mesure que s'affaissent les anciens mythes, ce blanc est simplement recouvert par d'autres mythes qui, plus « modernes » sur certains points, reproduisent la même ignorance totale des mécanismes de pouvoir. Nous voulons, bien sûr, parler des modèles et analogies thermodynamiques, organiques, biologiques, linguistiques, cybernétiques, ou autres, dont l'utilisation croissante dans les sciences de l'action a de quoi inquiéter, sinon surprendre. Qu'on nous entende bien. Maniés à bon escient et avec toute la prudence nécessaire dans ce genre de « transplantations », les emprunts des concepts et découvertes d'autres disciplines peuvent être utiles et ouvrir des perspectives intéressantes sinon toujours très nouvelles. Mais poussées au-delà de la métaphore, de tels emprunts peuvent devenir — et deviennent effectivement — contre-productifs, parce qu'ils ne peuvent prendre en compte une dimension fondamentale des systèmes humains : leur caractère politique. Cela est particulièrement net pour l'analogie cybernétique qui sous-tend une

19. En ce sens, les sociétés analysées par P. Clastres ne sauraient être considérées — comme elles l'ont été par la mode pseudo-subversive parisienne — comme des sociétés sans pouvoir. Ce sont tout au plus, si l'on suit les analyses de Clastres, des sociétés qui ne connaissent pas un mode particulier du pouvoir : l'Etat. Cf. P. Clastres, *La Société contre l'Etat,* Paris, Minuit, 1974.
20. C'est finalement aussi le reproche que l'on peut faire à un livre aussi important que celui de C. Castoriadis, *L'Institution imaginaire de la société,* Paris, Seuil, 1975. Critique magistrale du marxisme comme incarnation spécifique des schémas positivistes et des fantasmes rationalisateurs du monde gréco-occidental, ce livre constitue par son sujet même une réflexion implicite sur le pouvoir. Mais, très curieusement, le pouvoir, les phénomènes politiques de l'auto-institution de la société prônée par l'auteur ne sont ni vraiment explicités ni traités comme des contraintes spécifiques et relativement autonomes.

part croissante des « analyses de systèmes » contemporaines. Nous y reviendrons souvent au cours de cet ouvrage, mais disons tout de suite que cet engouement pour la cybernétique dans un contexte de plus en plus sensibilisé aux effets de pouvoir a de quoi laisser perplexe : car le modèle cybernétique reproduit la même incapacité qu'on critique par ailleurs [21]. C'est le modèle d'un système *réglé par* — et donc *asservi à* — un régulateur central, donc d'un système non politique opérant dans un champ dont on postule la fluidité et la transparence. Par certains côtés, nous serions tenté de dire que la cybernétique — tout au moins dans son utilisation pour l'étude de systèmes sociaux — n'est que la réédition d'un fonctionnement particulièrement plat et creux qui reproduit les travers du rationalisme positiviste le plus éculé : rationalité *a priori,* logique normativo-déductive, mode de raisonnement mécaniste ignorant le caractère stratégique de l'interaction humaine [22]. C'est peut-être là la raison même de son succès : la cybernétique rassure parce que, sous les dehors d'un langage ésotérique, elle permet encore une fois d'esquiver le vrai débat et d'éviter de tirer toutes les conséquences du caractère irréductiblement indéterminé, c'est-à-dire politique, des systèmes sociaux.

Contre ces nouvelles illusions scientistes et/ou technocratiques, on ne répétera jamais assez cette constatation fondamentale : *il n'y a pas de systèmes sociaux entièrement réglés ou contrôlés.* Les acteurs individuels ou collectifs qui les composent ne peuvent jamais être réduits à des fonctions abstraites et désincarnées [23]. Ce sont des acteurs à

---

21. Cf. *infra* nos analyses sur les systèmes d'action concrets.

22. L'accouplement fonctionnalisme/cybernétique n'est pas fortuit. Il est implicite dans bon nombre de travaux du courant structuro-fonctionnaliste américain. Il est tenté de façon plus explicite par N. Luhmann — le « Parsons allemand » — dont les travaux constituent une tentative de synthèse d'une théorie fonctionnaliste radicalisée des systèmes sociaux et des travaux cybernétiques.

23. Des praticiens des organisations — pour peu qu'ils veuillent bien regarder la réalité en face — pourraient à cet égard tranquilliser bon nombre de chercheurs et intellectuels toujours tentés d'attribuer aux grandes organisations un pouvoir conditionnant qu'elles n'ont guère en réalité.

part entière qui, à l'intérieur des contraintes souvent très lourdes que leur impose « le système », disposent d'une marge de liberté qu'ils utilisent de façon stratégique dans leurs interactions avec les autres. La persistance de cette liberté défait les réglages les plus savants, faisant du pouvoir en tant que médiation commune de stratégies divergentes le mécanisme central et inéluctable de régulation de l'ensemble.

Mais le pouvoir dont il est question ici ne saurait être assimilé à celui que détiendrait une autorité établie. Le pouvoir n'est pas le simple reflet et produit d'une structure d'autorité, qu'elle soit organisationnelle ou sociale, pas plus qu'il n'est un attribut, une propriété dont on pourrait s'approprier les moyens comme autrefois on croyait s'approprier les moyens de production par la nationalisation[24]. Il n'est au fond rien d'autre que le résultat toujours contingent de la mobilisation par les acteurs des sources d'incertitudes pertinentes qu'ils contrôlent dans une structure de jeu donné, pour leurs relations et tractations avec les autres participants à ce jeu. C'est donc une *relation* qui, en tant que médiation spécifique et autonome des objectifs divergents des acteurs, est toujours liée à une structure de jeu : cette structure en effet définit la pertinence des sources d'incertitudes « naturelles » et « artificielles » que ceux-ci peuvent contrôler[25].

---

24. C'est là la conception sous-jacente aux travaux de G. Mendel, reprise malheureusement par P. Rosanvallon dans son excellent livre sur l'autogestion. Cf. P. Rosanvallon, *L'Age de l'autogestion,* Paris, Seuil, 1976. On voit bien l'intérêt d'une formule (« l'appropriation des moyens de pouvoir ») qui fait pendant en l'élargissant à la formule marxiste de l'appropriation des moyens de production. Mais, même comme métaphore, cette formule est dangereuse, car elle perpétue — même malgré elle — la conception erronée selon laquelle le pouvoir s'approprie. Or, il n'y a pas d'appropriation du pouvoir, pour la simple raison qu'il s'agit d'une relation qui, en tant que telle, est inséparable de l'interaction humaine et qu'aucun construit d'action collective ne peut faire disparaître sans supprimer son fondement : l'autonomie des individus. Cf. à cet égard nos développements au chap. xv.

25. C'est aussi l'idée qui récemment a fait son apparition dans l'œuvre de M. Foucault, d'abord de façon presque incidente dans *Surveiller et Punir* (Paris, Gallimard, 1975, notamment p. 29-33), puis reprise et explicitée dans *la Volonté de savoir* (Paris, Gallimard, 1977,

Il nous faut donc nous débarrasser de cette conception purement négative et répressive du pouvoir qui s'est affirmée dans les dernières années à travers les divers courants de l'analyse institutionnaliste, socio-analytique ou autres, et de critique néo-marxiste ou simplement radicale en économie [26], psychiatrie et pédagogie, conception qui voit, dans l'existence de relations de pouvoir et des problèmes qu'elles soulèvent, le simple produit — à la limite pathologique — et la preuve de la prégnance d'une structure d'autorité, d'un mode de domination sociale, d'un institué qu'il suffirait de casser pour faire disparaître aussitôt les problèmes du pouvoir [27].

Non pas qu'il n'y ait des rapports de pouvoir oppressifs et aliénants, non pas que nos structures et modes d'action

---

notamment p. 121-135). Cela devrait à notre avis marquer un tournant dans la réflexion de Foucault. La reconnaissance explicite du phéno-mène de pouvoir comme une relation, comme une médiation inéluctable et autonome entre les projets collectifs des hommes et leur réalisation, en effet, si elle ne doit pas rester un simple effet rhétorique, oblige à sortir de la logique stricte du discours pour centrer l'analyse sur les processus concrets à travers lesquels ce discours peut s'incarner dans les faits. En somme, elle conduit à une autre démarche, qui, en partant de l'acteur, cherche à étudier la structuration de son champ d'action, et avec elle la médiation qu'en tant que construit de pouvoir avec sa dynamique propre celle-ci impose au discours. La lecture des analyses par ailleurs fascinantes de *Surveiller et Punir,* comme de l'argumentation très développée dans *la Volonté de savoir,* qui, il est vrai, ne constitue encore qu'un exposé program-matique et méthodologique pour des études approfondies à venir, laisse à cet égard insatisfait. L'exposé très articulé de cette nouvelle conceptualisation du pouvoir y apparaît un peu comme une idée abstraite, comme une greffe qui a du mal à prendre racine dans un raisonnement par ailleurs constitué et qui n'est pas véritablement repensé ni dans sa visée d'ensemble ni dans sa démarche générale.

26. C'est cette conception qui parcourt de bout en bout le dernier livre de J. Attali, *La Parole et l'Outil, op. cit.*

27. On peut voir dans cette perspective la raison principale du caractère volontariste, pour ne pas dire idéaliste au sens philosophique du terme, de la pratique et du style d'intervention des courants institutionnalistes, socio-analytiques, etc., qui ressemblent souvent à d'immenses *happenings* où l'intervenant joue en quelque sorte le rôle d'un leader charismatique, d'une sorte de gourou, et d'où la manipula-tion (sœur aînée de l'idéalisme) affective et/ou idéologique n'est jamais totalement absente.

collective n'instituent des rationalités d'action et des modes de contrôle social, avec tout ce que cela signifie. Mais s'arrêter à cette constatation, c'est tronquer la réalité et se fermer les yeux devant l'essentiel : le pouvoir comme dimension fondamentale et inéluctable de toute relation sociale qui peut toujours s'analyser comme un embryon d'action collective impliquant marchandage et intégration. Car le pouvoir constitue un mécanisme quotidien de notre existence sociale que nous utilisons sans cesse dans nos rapports avec nos amis, nos collègues, notre famille, etc.[28]. L'homme n'exploite pas les sources d'incertitudes à sa disposition parce qu'il serait « mauvais », ou parce qu'il serait corrompu par une société ou un système pervers. Ses relations aux autres sont toujours des relations de pouvoir dans la mesure même où il existe, c'est-à-dire demeure un acteur relativement autonome, au lieu d'être un simple moyen. Et il ne peut le rester qu'en utilisant son autonomie, c'est-à-dire sa capacité à marchander sa « bonne volonté », son comportement face aux autres[29].

On ne peut éviter le problème. L'action et l'intervention de l'homme sur l'homme, c'est-à-dire le pouvoir et sa face « honteuse », la manipulation et le chantage, sont consubstantiels à toute entreprise collective, précisément parce *qu'il n'y a pas* déterminisme structurel et social, et parce *qu'il ne peut* jamais y avoir conditionnement total. Et son existence pose des problèmes spécifiques qu'il faut — et faudra toujours — résoudre. Si critiques que nous puissions et devions être à l'égard des arrangements structurels et hiérarchiques hérités du passé et constamment réinstitués par l'action présente, s'en libérer ne suffira pas pour faire disparaître ces problèmes. Ce n'est possible qu'en supprimant le pouvoir. Or supprimer le pouvoir ne signifie rien d'autre en fin de compte que supprimer la possibilité, mais

28. C'est là aussi l'intuition profonde et toute la richesse des travaux de R.D. Laing sur la famille et la schizophrénie. Cf. R.D. Laing, *The Divided Self*, Londres, Tavistock, 1956 (trad. fr., *Le Moi divisé*, Paris, Stock, 1971) ; et R.D. Laing et A. Esterson, *Sanity Madness and the Family*, Londres, Tavistock, 1964.

29. C'est bien à notre avis le sens véritable du fameux « L'enfer, c'est les autres », de Jean-Paul Sartre.

aussi le droit, des acteurs de faire autre chose que ce qui est attendu d'eux, bref, supprimer leur autonomie pour les réduire à l'état de machines [30].

D'une certaine façon, dire qu'il n'y a pas d'action sociale sans pouvoir n'est qu'une autre manière de dire qu'il n'y a pas — et ne peut y avoir — de champ non structuré. Car si toute structure suppose, crée et reproduit du pouvoir, c'est-à-dire des inégalités, des rapports de dépendance, des mécanismes de contrôle social, on peut affirmer aussi qu'il ne peut y avoir non plus de pouvoir sans structures. Car, les structures, par les cloisonnements, les entraves à la communication, les détours pour l'action qu'elles imposent, fournissent les protections nécessaires pour affronter les phénomènes de pouvoir, c'est-à-dire, finalement, pour rendre possible la coopération des hommes.

Reconnaître ces données ne signifie nullement que l'on croit que toutes les structurations se valent ni, à plus forte raison, que les structurations actuelles sont inévitables parce qu'elles correspondraient à quelques fonctions universelles et suffisamment stables pour rendre tout changement impossible, sinon en fait superflu. De telles conclusions fatalistes, sinon lénifiantes, et, en tout cas, faussement relativistes, ne sont nullement impliquées ici, bien au contraire. Dans la mesure même où il s'agit de construits humains irréductiblement contingents, c'est-à-dire non déterminés, ni leur création ni leur évolution ne reposent sur aucune loi universelle, sur aucune nécessité ou tendance historique. Ce sont des solutions toujours spécifiques que les hommes avec leurs ressources et capacités du moment ont inventées pour structurer leurs interactions dans et pour la résolution de problèmes communs. Et en tant que telles, elles sont toujours révocables. D'autres solutions peuvent et doivent être inventées et instituées

30. C'est ce que semble oublier J. Attali quand il demande aux anthropologues d'indiquer ce qui est incompressible en matière de pouvoir et d'inégalités. Cf. J. Attali, *La Parole et l'Outil, op. cit.*, p. 197. Quelle peut donc être la « part incompressible » de l'autonomie d'un acteur dans la société relationnelle ?

pour permettre l'articulation et le maintien dans un ensemble de plus de liberté et d'autonomie pour chaque acteur, de plus de diversité, d'incohérences et donc de richesses pour leurs interactions. Mais il n'y a dans cette invention aucune automaticité, aucune nécessité logique ou « objective », aucun « telos » transhistorique. En tant que restructuration, ou structuration autre des champs, elle est création, elle est conquête institutionnelle toujours aléatoire et problématique. Reconnaître le caractère construit de nos modes d'organisation, de nos modes d'action collective, c'est donc aussi reconnaître le caractère construit du changement. C'est reconnaître que le changement constitue un problème, non pas tant parce qu'il serait nécessaire ou difficile, que *parce qu'il n'est pas naturel*[31].

Une telle réflexion sur le changement comme problème nous oblige tout d'abord à écarter un modèle de changement qui sommeille en chacun de nous : celui du réformateur autoritaire, du despote éclairé, qu'il soit technocrate compétent et soucieux du bien supérieur de la collectivité, agissant au nom de sa connaissance rationnelle des problèmes, ou qu'il soit commissaire du peuple investi de la mission historique de guide du prolétariat. S'il est vrai qu'il n'y a pas de champ non structuré, s'il est vrai que toute solution aux problèmes de l'action collective est contingente, qu'il n'y a en la matière ni une seule ni une meilleure façon de faire, mais toujours *plusieurs,* alors le changement, à quelque niveau qu'il se situe, ne peut plus se définir comme l'imposition — ou la traduction dans les faits — d'un modèle *a priori* conçu au départ par des sages quelconques et dont la rationalité devra être défendue contre les résistances irrationnelles des acteurs, résistances qui ne seraient que l'expression de leur attachement borné aux routines passées ou de leur conditionnement par — et aliénation dans — les structures de domination existantes[32].

---

31. Ce sera là l'objet de notre dernière partie : Réflexions sur le changement.
32. La notion de « résistance au changement » qui a fait couler tant d'encre, notamment dans la littérature organisationnelle, devrait être rayée du vocabulaire. Non qu'il n'y ait pas de résistances. Mais celles-

Il faut jeter aux oubliettes une fois pour toutes cette vision du changement, elle aussi héritée du xixe siècle. Le changement n'est ni le déroulement majestueux de l'histoire dont il suffirait de connaître les lois ni la conception et la mise en œuvre d'un modèle plus « rationnel » d'organisation sociale. Il ne peut se comprendre que comme un processus de création collective à travers lequel les membres d'une collectivité donnée *apprennent* ensemble, c'est-à-dire *inventent et fixent* de nouvelles façons de jouer le jeu social de la coopération et du conflit, bref, une nouvelle praxis sociale, et acquièrent les capacités cognitives, relationnelles et organisationnelles correspondantes. C'est un *processus d'apprentissage collectif* permettant d'instituer de nouveaux construits d'action collective qui créent et expriment à la fois une nouvelle structuration du ou des champs.

L'alternative aux formules de changement technocratiques et/ou autoritaires ne peut être que l'extension et la généralisation progressive de l'expérimentation, c'est-à-dire de l'apprentissage collectif et institutionnel à tous les niveaux, ou plutôt l'organisation des conditions rendant une telle extension possible. Nous reviendrons encore au cours de cet ouvrage sur les problèmes et difficultés de l'apprentissage de nouveaux modes d'action collective. Soulignons seulement une conclusion qui s'impose comme centrale : la transformation de nos modes d'action collective pour permettre plus d'initiative et plus d'autonomie des individus ne passe pas par *moins d'organisation*, mais par *plus d'organisation*, au sens de structuration consciente des champs d'action.

L'accroissement et la multiplication considérables des difficultés, complications et contradictions [33], qui découlent

---

ci ne sont le plus souvent que l'expression de l'appréciation tout à fait raisonnable et légitime par les lecteurs concernés des risques que comporte pour eux tout changement conçu en dehors d'eux et visant avant tout à « rationaliser » leurs comportements, c'est-à-dire à les rendre plus prévisibles en supprimant leurs sources d'incertitudes.

33. Contradictions qui semblent insurmontables dans le cadre des construits existants, mais qui ne le sont que dans ce cadre.

presque logiquement d'une augmentation de la liberté et de l'autonomie des acteurs individuels et collectifs, ne pourront être maîtrisés et résolus ni par la table rase ni par un coup de baguette magique, mais par le renforcement et l'aménagement conscient de l'ensemble des construits collectifs à travers lesquels l'action sociale dans tous les domaines est canalisée, régulée et, en fait, rendue possible.

C'est dire que la transformation nécessaire et souhaitable de nos modes d'action collective met en jeu beaucoup plus que la simple découverte et/ou utilisation à d'autres fins d'une nouvelle technique permettant de répondre à des besoins nouveaux [34], ou l'instauration de nouvelles procédures d'information, de prise de décision ou de désignation des responsables. Toutes les mesures prises dans ce sens ont leur utilité et leur importance. Mais elles ne prennent toute leur place et toute leur signification que dans une stratégie de changement, à travers laquelle doivent se développer l'innovation sociale, l'invention de nouveaux construits d'action collective, l'élaboration réussie et collective d'une nouvelle construction systémique, qui permette à la fois le développement de nouvelles capacités relationnelles chez les acteurs individuels et collectifs, l'institution de nouveaux jeux et mécanismes de gouvernement et, avec eux, l'affirmation de nouveaux instruments intellectuels, de nouvelles rationalités et de nouveaux objectifs pour l'action.

Dans ce contexte et dans cette perspective, un rôle particulier revient à la connaissance. Dans la mesure même, en effet, où ce n'est pas tant la rigueur des principes, la rationalité du modèle proposé ou la pureté des intentions qui commandent les résultats d'une action et d'une réforme, mais l'impact de celle-ci sur les mécanismes de jeux, les construits d'action collective existants, il devient urgent de *connaître* ces construits et les pratiques et comportements réels qu'ils recouvrent afin d'en compren-

---

34. Pendant un temps, on a cru voir dans l'ordinateur l'instrument technique rendant l'autogestion possible. Depuis, on a bien dû déchanter. L'ordinateur sans capacités organisationnelles nouvelles n'est qu'un instrument supplémentaire de routinisation.

dre le rôle et la signification dans l'ensemble social et d'en mesurer la force de résistance et les capacités d'évolution.

La constitution de cette connaissance, et son utilisation de plus en plus indispensable dans nos actions de changement, n'est pas possible sans une profonde transformation de notre mode de raisonnement et de notre méthodologie de l'action. Ce renouvellement conceptuel et pratique passe par la reconnaissance de la réalité et de l'universalité des phénomènes de pouvoir qui constituent le fondement même de l'action organisée. C'est donc par leur examen dans ce cadre artificiel que sont les organisations que nous allons commencer la discussion de l'ensemble des résultats de recherche dont nous disposons.

PREMIÈRE PARTIE

L'organisation comme problème

1

L'acteur et sa stratégie

I. LA MARGE DE LIBERTÉ DE L'ACTEUR

Nous vivons généralement avec une image tout à fait fausse de l'action organisée. Nous surévaluons beaucoup trop la rationalité du fonctionnement des organisations. Cela nous conduit, d'une part, à admirer inconsidérablement leur efficacité ou, au moins, à croire qu'elle va de soi et, d'autre part, à manifester des craintes tout à fait exagérées devant la menace d'oppression qu'elles feraient peser sur les hommes. Les comparaisons qui nous viennent à l'esprit sont de type mécanique. Organisation évoque avant tout un ensemble de rouages compliqués, mais parfaitement agencés. Cette horlogerie semble admirable tant qu'on l'examine seulement sous l'angle du résultat à obtenir : le produit qui tombe en bout de chaîne. Elle change en revanche radicalement de signification si on découvre que ces rouages sont constitués par des hommes. Elle devient alors le cauchemar des « temps modernes ».

Malgré certains efforts de visionnaires acharnés à réaliser leurs rêves technocratiques, la réalité n'a jamais approché même de très loin de cette fiction. Toutes les analyses un peu poussées de la vie réelle d'une organisation ont révélé à quel point les comportements humains pouvaient y demeurer complexes et combien ils échappaient au modèle simpliste d'une coordination mécanique ou d'un déterminisme simple [1].

1. Malgré les différences de contexte et d'objectifs, les mêmes conclusions peuvent être tirées sur ce point aussi bien des très nombreuses recherches effectuées sur des entreprises industrielles

La raison première de cet écart entre la réalité et la théorie, c'est que, même dans les situations les plus extrêmes, l'homme garde toujours un minimum de liberté et qu'il ne peut s'empêcher de l'utiliser pour « battre le système »[2].

On peut, il est vrai, tout en reconnaissant l'existence de ces pratiques, les considérer comme des exceptions que le système peut tolérer parce qu'elles ne mettent pas en question son efficacité et n'atténuent que très marginalement son caractère oppressif. Mais cette position trop facile n'est pas défendable. Si les hommes sont capables de battre le système même dans les situations les plus extrêmes, comment se fait-il qu'ils se laissent dominer par lui dans des situations beaucoup moins contraignantes ? Peut-on soutenir sérieusement que les effets de la manipulation et du conditionnement sont beaucoup plus puissants que ceux de la contrainte ? Toutes les études confirment au contraire ce

---

depuis la célèbre grande première de Hawthorne que de toutes celles qui ont été menées par la suite sur des organisations administratives, ou même sur des institutions aussi contraignantes que des prisons ou des asiles. On pourra consulter dans une très abondante littérature, pour les organisations industrielles : F.J. Roethlisberger et W.J. Dickson, *Management and the Worker,* Cambridge, Mass., Harvard University Press, 1939 ; C.J. Walker et R.H. Guest, *The Man on the Assembly Line,* Cambridge, Mass., Harvard University Press, 1952 ; E. Jacques, *The Changing Culture of the Factory,* New York, Wiley, 1952 ; A.W. Gouldner, *Patterns of Industrial Bureaucracy,* New York, Free Press of Glencoe, 1954 ; T. Lupton, *On the Shop-Floor,* Oxford, Pergamon, 1963. Pour les organisations administratives : P. Selznick, *TV A and the Grass Roots,* Berkeley, University of California Press, 1949 ; P. Blau, *The Dynamics of Bureaucracy,* Chicago, University of Chicago Press, 1955 ; M. Crozier, *Le Phénomène bureaucratique,* Paris, Seuil, 1963 et 1971. Et pour les prisons et hôpitaux psychiatriques : D.R. Cressey, « Prison Organizations », *in* J.G. March, *Handbook of Organizations,* Chicago, Rand Mc Nally, 1965, p. 1023-1070 ; E. Goffman, *Asiles,* Paris, Minuit, 1968 ; et A. Lévy, *Les Paradoxes de la liberté dans un hôpital psychiatrique,* Paris, Ed. de l'Epi, 1969.

2. Goffman en montre de nombreux exemples dans son analyse du vécu des hôpitaux psychiatriques. Déjà, les récits de témoins des camps de concentration avaient montré que même l'extrême terreur n'interdisait pas tout à fait le développement de rapports humains autonomes.

que le bon sens suggère, à savoir que le conditionnement n'a d'impact véritable que s'il s'ajoute à la contrainte. Il ne peut lui servir de substitut.

Dans toutes les organisations non totalitaires au moins, les acteurs utilisent en fait leur marge de liberté de façon si extensive qu'il n'est pas possible de considérer leurs arrangements particuliers comme de simples exceptions au modèle rationnel. Pour ne prendre qu'un exemple très simple, la conduite d'un individu face à ses supérieurs hiérarchiques au sein d'une organisation ne correspond absolument pas à un modèle simple d'obéissance et de conformisme, même tempéré par la résistance passive. Elle est le résultat d'une négociation et elle est en même temps un acte de négociation. Certes, l'autonomie du subordonné dans son travail et les traditions techniques et sociales de son métier, parce qu'elles déterminent largement la possibilité qu'on a non seulement de le remplacer, mais aussi de connaître la nature exacte des problèmes qu'il a à résoudre, donc de le contrôler, définissent de façon relativement étroite le champ de cette négociation. Mais la conduite du subordonné sera aussi fonction des possibilités qui s'offrent à lui de se coaliser avec ses collègues et de mobiliser ainsi leur solidarité. Elle dépendra en même temps de sa capacité à tirer de ces divers éléments et, plus particulièrement, de sa capacité à construire ses rapports avec autrui, à communiquer, à nouer et à renverser des alliances et, plus profondément peut-être, à supporter les tensions psychologiques qu'entraîne nécessairement tout risque de conflit. Elle dépendra enfin et surtout du choix qu'il fera du meilleur parti à prendre à partir d'une connaissance intuitive de tous ces éléments.

Même dans ces situations de dépendance et de contrainte, non seulement les hommes ne s'adaptent donc pas passivement aux circonstances, mais ils sont capables de jouer sur elles et ils les utilisent beaucoup plus souvent qu'on ne croit de façon active. Ainsi telle règle ou telle prescription formelle qui apparaissent d'abord comme des contraintes seront « détournées » de leur sens pour devenir une protection contre le supérieur. Ainsi un comportement « agressif » de colère qui paraît l'expression d'une pulsion affective non raisonnée de l'individu sera utilisé par lui comme un instrument pour se faire respecter et pour imposer son point de vue dans une situation non structurée et potentiellement conflictuelle. Comme, de leur côté, les supérieurs vont utiliser les ressources que leur offre le contexte dans lequel ils se trouvent et les capacités qu'ils ont pu développer et que, d'autre part, les conduites des partenaires vont s'influencer profondément les unes les autres en fonction des péripéties de la négociation, on admettra que c'est une réalité autrement complexe et en même temps contingente qui se révèle derrière le schéma d'horlogerie déterministe de départ.

Certes, le modèle officiel prescriptif n'est pas sans influence. Il détermine dans une large mesure le contexte de l'action et donc les ressources des acteurs. Certes, on peut dire que les acteurs ne sont jamais totalement libres et que d'une certaine manière ils sont « récupérés » par le système officiel. Mais c'est seulement à condition de reconnaître en même temps que ce système, en revanche, est tout autant influencé et même corrompu par les pressions et manipulations des acteurs. Au lieu de considérer uniquement les pratiques informelles comme des exceptions ou des accommodements dans le cadre de la logique traditionnelle, il faut donc aussi renverser la perspective pour essayer de comprendre le système officiel lui-même à partir d'une analyse plus réaliste des difficultés auxquelles il se heurte et même, en allant plus loin, comme une réponse à ces pratiques informelles et comme une solution aux problèmes que celles-ci posent.

La même réflexion s'applique à toutes les théories déterministes du comportement au sein d'une organisation. Au lieu de considérer les comportements imprévus comme des exceptions, n'est-il pas en fin de compte plus fructueux de les utiliser comme des points de départ pour comprendre les limites et la signification réelle des contraintes et des conditionnements ?

Nous avons nous-mêmes dans un précédent ouvrage insisté sur le fait que, dans une organisation, l'homme ne pouvait être considéré seulement *comme une main,* ce que supposait implicitement le schéma taylorien d'organisation, ni même non plus seulement comme une *main et un cœur,* comme le réclamaient les avocats du mouvement des relations humaines. Nous avons souligné que les uns et les autres oubliaient qu'il est aussi et avant tout une *tête, c'est-à-dire une liberté,* ou en termes plus concrets, un agent autonome qui est capable de calcul et de manipulation et qui s'adapte et invente en fonction des circonstances et des mouvements de ses partenaires[3].

De ce fait, une organisation ne peut être analysée comme l'ensemble transparent que beaucoup de ses dirigeants voudraient qu'elle soit. Elle est le royaume des relations de pouvoir, de l'influence, du marchandage, et du calcul. Mais elle n'est pas davantage l'instrument d'oppression qu'elle apparaît à ses détracteurs, car ces relations conflictuelles ne s'ordonnent pas selon un schéma logique intégré. Elles constituent le moyen pour d'innombrables acteurs de se manifester et de peser sur le système et sur leurs partenaires même si c'est de façon très inégale[4].

Contre les illusions des théoriciens de la domination et du conditionnement, mais aussi contre les fantasmes de toute-puissance et de simplification qui surgissent constamment chez les hommes d'action, il faut donc affirmer avec force que la conduite humaine ne saurait être assimilée en aucun cas au produit mécanique de l'obéissance ou de la pression des données structurelles. Elle est toujours l'expression et la mise en œuvre d'une liberté, si minime soit-elle[5].

---

3. M. Crozier, *Le Phénomène bureaucratique, op. cit.,* p. 202.
4. Il est impossible de comprendre la vie réelle et la dynamique d'une organisation si l'on n'admet pas l'attachement très fort, et parfois passionné, de ses membres les plus démunis, ou si l'on veut les plus « exploités » à une liberté qui ne paraît pas, vue rapidement du dehors, tellement bénéfique pour eux. Nous y reviendrons. Cf. *infra* nos développements sur le changement, 5e partie.
5. Cette constatation, qui — répétons-le — devrait être de bon sens, n'est pas toujours facilement admise dans le contexte actuel. Elle fournit pourtant le seul schéma d'explication et d'interprétation pouvant réellement rendre compte de la variabilité et de la plasticité de la conduite humaine qui déjoue toujours la plus savante des constructions « motivationnelles » ou « structurelles » *a priori.* Elle seule permet d'intégrer la gamme complète des comportements empiriquement observables dans une même situation « objective », y compris les comportements limites entièrement passifs.

Elle traduit un choix à travers lequel l'acteur se saisit des opportunités qui s'offrent à lui dans le cadre des contraintes qui sont les siennes [6]. Elle n'est donc jamais entièrement prévisible car elle n'est pas déterminée mais, au contraire, toujours contingente [7].

II. LIMITES DES RAISONNEMENTS A PRIORI

Si l'on admet que l'acteur individuel dans toute organisation dispose d'une marge de liberté irréductible dans la poursuite de ses activités, il devient illusoire de vouloir chercher l'explication des comportements empiriquement observables dans la rationalité de l'organisation, dans ses objectifs, ses fonctions et ses structures, comme s'il s'agissait là d'un ensemble de données auxquelles les individus ne pourraient plus que s'adapter et qu'ils finiraient par intérioriser pour y conformer leur conduite. La tentation est alors grande de renverser entièrement la démarche, et de partir non plus de l'organisation, mais de l'acteur, pour chercher à comprendre le rapport entre l'individu et l'organisation à partir d'une réflexion et d'une analyse de l'acteur, de ses objectifs et de la logique de son action.

Pour séduisante qu'elle apparaisse de prime abord, une telle démarche — comme nous voudrions le montrer maintenant — aboutit dans la pratique à des impasses comparables à celles du modèle rationnel. Raisonnant en effet de façon générale — pour ne pas dire universelle — et non différenciée sur un acteur posé de façon abstraite et isolée de son contexte, de tels modèles sont obligés — pour « boucler » en quelque sorte leur analyse et pour aboutir à des propositions concrètes — d'avoir recours à une série de postulats *a priori* sur le comportement humain. Ces postu-

---

6. Contraintes qu'il peut éventuellement dépasser mais toujours à un certain coût.
7. Contingent au sens radical du terme, c'est-à-dire *à la fois* dépendant d'un contexte, des opportunités et contraintes (matérielles et humaines) qu'il fournit, *et* indéterminé, donc libre.

lats constituent autant de mécanismes de simplification qui ne résistent guère à une analyse empirique sérieuse.

Le premier type de simplification est bien représenté par les premiers travaux de Chris Argyris. Celui-ci a cherché à montrer que, derrière les conflits apparents entre partenaires et les objectifs rationnels de chacun d'eux, une négociation plus profonde, inéluctable, se déroulait entre l'organisation et l'individu, négociation qui pouvait se comprendre à partir d'une réflexion sur les besoins matériels, mais surtout psychologiques, des individus et les lois de leur émergence et évolution [8].

S'inspirant de la théorie motivationnelle de Maslow [9], Argyris diagnostique en effet chez l'individu une série de besoins psychologiques hiérarchisés que celui-ci cherche à satisfaire par sa participation à l'organisation. Et il se propose de comprendre les étapes de développement, les dysfonctions et conflits organisationnels par l'analyse de la façon dont l'organisation a ou n'a pas pu satisfaire les besoins des individus. Le concept central dans une telle perspective — qui est aussi un précepte normatif — devient

---

8. La pensée d'Argyris a constamment évolué sur ce point. Nous développons ici les implications contenues dans des livres comme : *Integrating the Individual and the Organization,* New York, Wiley, 1964 (trad. fr., *Participation et Organisation,* Paris, Dunod, 1970) et *Organization and Innovation,* Homewood, Ill., Irwin, 1965. Dans ses nouveaux ouvrages et particulièrement ceux rédigés avec Donald Shon, il adopte un point de vue totalement différent. Cf. *infra,* p. 427.

9. Maslow conceptualise les besoins psychologiques de l'homme comme une hiérarchie. A la base de celle-ci se trouvent les besoins physiologiques (nourriture, vêtements, etc.), qui priment tous les autres tant qu'ils ne sont pas satisfaits. Viennent ensuite les besoins de sécurité (sécurité devant le chômage, etc.), suivis par les besoins sociaux (besoin de se sentir accepté par autrui, etc.) que l'école des interactionnistes a soulignés plus particulièrement, et enfin les besoins de personnalité (dignité, accomplissement de soi, etc.). Ne sont importants pour Maslow que les besoins qui ne sont pas encore satisfaits. Ainsi dans une société de pénurie totale, si les besoins physiologiques ne sont pas encore satisfaits, les besoins sociaux ne sont pas pertinents pour l'explication du comportement humain. Dans une telle société, le postulat taylorien de l'*homo economicus* s'appliquerait donc. On voit facilement le parti mécaniste qu'on peut tirer — et qu'on a effectivement tiré — d'une telle analyse. Cf. A.H. Maslow, *Motivation and Personality,* New York, Harper, 1954.

celui de « congruence » ou *fit* entre les structures organisationnelles et les besoins psychologiques des individus
traités les uns et les autres comme des variables indépendantes.

Un tel modèle, on le voit bien, privilégie indûment le
rapport individuel de l'acteur à l'organisation et fait de
celle-ci une entité abstraite totalement détachée des acteurs
qui la constituent. Il conduit, d'autre part, à réifier les
besoins psychologiques des individus en fonction d'un
postulat normatif difficile à admettre, selon lequel il existe
pour les individus — et par voie de conséquence aussi pour
les organisations — un modèle idéal de santé psychologique et morale, et à interpréter tout le jeu organisationnel
uniquement sur une telle dimension psychologique et
morale [10]. Pratiquement, en conséquence, il ne permet pas
beaucoup mieux que le modèle rationnel de rendre compte
de la complexité des comportements humains au sein d'une
organisation qui déjouent toujours la plus savante des
constructions motivationnelles *a priori* [11].

Une deuxième simplification, abstraite cette fois, a été
plus largement utilisée. Elle consiste à étudier la rencontre
entre l'individu et l'organisation, non plus à partir des
besoins théoriques de l'individu, mais à partir d'un schéma
économique de marché. On postulera que l'individu va
chercher de toute façon à obtenir une rétribution équiva-
lente à la contribution qui est effectivement la sienne [12]. La

10. Nous ne sommes plus très loin en fait du *one best way* taylorien
qui se trouve en quelque sorte remis sur sa tête. On a seulement
remplacé la rationalité du résultat matériel, économique, par la
rationalité du résultat psychologique. Nous aurons encore à revenir
sur les dilemmes soulevés par ce raisonnement qui anime de façon
beaucoup plus explicite et caricaturale ce qu'il est convenu d'appeler
la « nouvelle psychologie organisationnelle ». Cf., ci-après le chap.
XIV, consacré aux problèmes d'intervention.

11. Il est symptomatique de ce type de dilemme que, par exemple,
devant des comportements d'apathie qu'il constate, Argyris en soit
réduit à pratiquer une sorte de marxisme à rebours et à parler de
besoins « refoulés » ou « réprimés ». Cf. C. Argyris, *Organisation et
Participation, op. cit.*, notamment p. 73.

12. Pour un bon exposé de ce modèle présenté dans un cadre de
recherche, cf. A. Zaleznik *et al.*, *The Motivation, Productivity and
Satisfaction of Workers*, Boston, Harvard Business School, 1958. Cf.

négociation qu'il conduira avec l'organisation se placera toujours dans les limites de cette équation fondamentale. La complication considérable que créent les différences d'appréciation des acteurs, en ce qui concerne contribution et rétribution, peut être résolue en faisant appel à la théorie du cadre de référence : les critères d'appréciation du bilan que fait l'acteur dépendant simplement du cadre de référence qui est le sien et qui tient à la fois à son milieu naturel (donnée de fait) et à son milieu d'aspiration (choix d'objectif). Ce modèle réductionniste permet à la fois de tenir compte des objectifs les plus courants de l'individu et de les projeter sur un modèle simple de négociation, qui constituera un commun dénominateur de toutes les relations complexes qui sont la trame de la vie de l'organisation.

Le malheur c'est qu'un tel modèle, qui est comme le précédent un modèle *a priori,* ne semble pas du tout fondé empiriquement. Toutes les observations de l'acteur en situation, nous allons le voir par la suite, paraissent montrer, en effet, que celui-ci ne se détermine pas du tout en fonction d'un bilan qu'il établirait, de ce qu'il a donné et de ce qu'il a reçu, mais, au contraire, en fonction des opportunités qu'il distingue dans la situation et de ses capacités à s'en saisir. Il n'y a ni juste récompense ni juste prix au niveau des objectifs de l'acteur. Même si celui-ci utilise très souvent des arguments de ce type, c'est la possibilité d'obtenir un profit, une augmentation, une promotion, un avantage matériel ou moral qui le détermine ; les arguments qui justifient ces demandes sont généralement découverts chemin faisant, voire après coup.

Par leur démarche, enfin, ces deux modèles tendent à négliger sinon à méconnaître tout à fait la contrainte autonome que représente le contexte organisationnel. Or,

---

également, en France, L. Karpik, « Trois concepts sociologiques : le projet de référence, le statut social et le bilan individuel », *Archives européennes de sociologie,* n° 2, 1965, p. 191-222 : et « Attentes et satisfactions au travail », *Sociologie du travail,* n° 4, 1966, p. 389-416. Ajoutons que Karpik semble s'être détourné depuis de ce type d'analyse.

celui-ci n'est ni neutre ni transparent par rapport aux besoins ou objectifs des acteurs qui, s'ils ne manquent pas d'influencer le comportement des individus, ne constituent pas les sources de clivage déterminantes pour le fonctionnement de l'organisation [13]. Celle-ci oppose aux acteurs sa propre opacité, sa propre « pesanteur » et les oblige ainsi à des compromis, à des détours dans leur action, les forçant à la limite à tricher avec leurs propres objectifs ou à « biaiser » avec les « besoins » de leur personnalité.

C'est ce qui explique pourquoi les deux modèles sont en fait incapables d'expliquer la genèse et l'existence de groupes au sein d'une organisation. Le premier modèle, nous l'avons fait observer, était centré sur l'individu et ignorait l'existence des groupes. Le second modèle permet apparemment d'en tenir compte. Et, de fait, la plupart des analyses qu'il suscite sont en réalité des réflexions sur les comportements de groupes, définis selon les cas par des variables démographiques ou écologiques extérieures à l'organisation, par leurs cadres de référence, leurs objectifs, etc., et traités de ce fait comme un phénomène naturel, allant de soi.

Mais une telle façon de procéder ne permet pas d'expliquer la genèse et l'existence de groupes, car elle ne permet pas de faire la distinction entre des catégories abstraites de personnel et les groupes concrets de personnes. Comme nous aurons l'occasion de le montrer, en effet, un groupe, tout autant qu'une organisation, est un construit humain et n'a pas de sens en dehors du rapport à ses membres. Parler des objectifs d'une catégorie abstraite, comme par exemple celle des gens qui souhaitent une promotion, nous semble une facilité dangereuse, car, si les membres de cette catégorie peuvent avoir des comportements similaires sur ce point, l'entité qu'ils représentent ne peut avoir ni volonté ni capacité d'action.

Même dans le cas d'ensembles concrets de personnes en

---

13. Ou disons qu'il n'y a aucune raison pour admettre *a priori* qu'ils constituent des sources décisives de clivages. C'est seulement l'analyse empirique des processus organisationnels qui permet d'apporter la réponse, c'est-à-dire la prise en compte, précisément, des contraintes de l'organisation.

contact les unes avec les autres, l'existence d'un groupe capable de volonté et d'action ne va absolument pas de soi, elle doit être prouvée. Et si l'on essaie de comprendre comment et pourquoi un groupe peut se constituer, on s'aperçoit que la similitude des griefs ou l'affirmation d'objectifs partagés sont beaucoup moins décisives que l'existence d'un atout commun qu'on peut utiliser (l'opportunité) et la possession d'une capacité suffisante d'interaction ou si l'on veut de coopération qui permet le développement d'une action commune, donc l'utilisation de l'opportunité présente.

Les résultats d'une enquête sur les comportements d'un certain nombre de groupes concrets au sein d'une grande entreprise américaine sont extrêmement éclairants à cet égard [14]. Des différences extrêmement fortes existent entre ces groupes qui ne semblent tenir ni à l'équilibre matériel contribution-rétribution ni au cadre de référence de leurs membres. Un certain nombre de groupes sont tout à fait apathiques. Ils ne sont pas placés dans une situation favorable dans le processus de production. Ils ne contrôlent aucun élément important dans la vie de l'usine et ils n'ont pas réussi à découvrir ou à se créer la moindre opportunité. On constate parallèlement qu'ils n'ont développé aucune capacité de coopération et qu'en fait ils n'ont pas d'existence concrète.

D'autres groupes, en revanche, que l'auteur appelle *groupes stratégiques* pour certains d'entre eux et *groupes conservateurs* pour certains autres, disposent d'un bon système de communication, sont capables d'actions coordonnées et cohérentes et interviennent de façon décisive dans la vie de l'usine [15]. Entre les deux se placent des

14. Cette étude très remarquable constitue encore à ce jour la meilleure analyse en profondeur de ce phénomène, que l'on prend trop facilement comme allant de soi, l'existence de groupes concrets au sein d'une organisation. On se rapportera à l'ouvrage qui en a été tiré : L.R. Sayles, *Behavior of Industrial Work Groups,* New York, Wiley, 1958.

15. Les groupes stratégiques sont des groupes qui ont encore des opportunités à saisir et qui sont donc, avant tout, offensifs, et les groupes conservateurs sont des groupes qui ont, temporairement au moins, obtenu le maximum et qui cherchent davantage à défendre leur situation.

groupes dits *erratiques* qui sont capables d'action, et même d'actions très vigoureuses, mais seulement de façon intermittente et pour une activité de type explosif.

Ces différences de comportement apparaissent finalement comme relativement rationnelles si l'on tient compte de trois éléments : la situation stratégique dans le circuit de production ; le degré de qualification professionnelle, dans la mesure du moins où il commande la liberté de l'autonomie dans la tâche ; le degré d'interaction entre les membres du groupe enfin. Si l'on considère la qualification comme une donnée et la situation stratégique comme une opportunité, le problème devient celui de l'utilisation de cette opportunité, et on peut interpréter alors le degré d'interaction comme un témoignage de la capacité collective du groupe.

Le problème essentiel dans cette perspective devient celui de la genèse de ce construit humain qu'on peut ainsi mettre en évidence. Pour qu'il se développe, il faut une *opportunité* et une *capacité*. Les groupes apathiques ne possédant ni l'une ni l'autre. Les groupes erratiques disposent d'opportunités mais ils ont énormément de mal à les saisir car le trop grand nombre de leurs membres et les caractéristiques de leurs relations leur rendent très difficile de se coaliser de façon continue et organisée [16]. Les groupes stratégiques et conservateurs dont les membres sont moins nombreux et les capacités d'intervention plus grandes ont pu, au contraire, se constituer avec le temps des capacités considérables. Ils ne sont pas seulement capables de se saisir des opportunités existantes, mais ils peuvent aussi réussir à s'en créer de nouvelles. Les groupes erratiques, toutefois, peuvent éventuellement découvrir le moyen de s'organiser et ainsi de mieux utiliser les opportunités qui sont les

16. Notons au passage que ce genre de réflexion permet de comprendre un phénomène très fréquent qui contredit les idées reçues : dans la plupart des circonstances que l'on connaît à l'intérieur d'ensembles organisés, ce ne sont pas les gros bataillons qui ont l'avantage, mais les petits groupes, seuls capables d'agir de façon suivie, et qui, eux, sont éventuellement capables de mobiliser les gros bataillons.

leurs[17]. Les groupes apathiques de leur côté peuvent, en développant une capacité, découvrir des opportunités ou développer une capacité en découvrant une opportunité. Rien n'est ici donné à l'avance et pour toujours[18].

III. LA DÉMARCHE STRATÉGIQUE

Si on prend un peu de recul, on voit bien les deux raisons convergentes qui permettent d'expliquer pourquoi achoppent régulièrement tous ces modèles d'analyse, fondés pourtant sur cette liberté des acteurs que nous avons nous-mêmes mise au centre de notre réflexion. C'est que, braqués sur la liberté des acteurs, ils méconnaissent la contingence de leurs comportements. D'une part, en effet, ces raisonnements, en isolant les acteurs, conduisent à imputer à ceux-ci une liberté et une rationalité illimitées, à les traiter en fait comme des acteurs souverains et rationnels négociant librement entre eux les conditions de leur coopération[19]. Mais d'autre part, pour parvenir à traiter la complexité qui en résulte, ils opèrent une réduction en fonction d'un modèle *a priori* : normes de santé, tant des individus que des organisations, modèle économique de négociation, modèle social de divisions en groupes et catégories.

17. Pour une analyse très fine et suggestive de tels processus, on se rapportera à D. Kergoat, *Bulle d'or ou l'Histoire d'une mobilisation ouvrière*, Paris, Seuil, coll. « Esprit », 1973, et du même auteur : « Emergence et création d'un système d'action collective à travers une expérience d'autogestion en mai 68 », *Sociologie du travail*, n° 3, 1970, p. 274-292.

18. Ces premières remarques naturellement ne peuvent être qu'un peu hâtives. Elles prendront tout leur sens quand nous aurons examiné les mécanismes du jeu — instrument fondamental de l'action organisée — à l'intérieur et à l'occasion desquels ces construits peuvent s'élaborer. Cf. chap. III.

19. Le modèle de l'acteur souverain et rationnel est un modèle profondément ancré dans notre culture et qui joue un rôle essentiel dans nos raisonnements. Nous y reviendrons plus longuement dans les deux dernières parties de cet ouvrage consacrées aux problèmes de la décision et du changement.

Or, cette réduction que l'on opère ainsi arbitrairement ne correspond absolument pas à la réduction qui est effectivement opérée dans la réalité. L'organisation, nous l'avons dit, peut et doit être considérée comme un ensemble de mécanismes réducteurs qui restreignent considérablement les possibilités de négociation des acteurs et qui permettent ainsi de résoudre les problèmes de la coopération. Au lieu donc d'exagérer la liberté et la rationalité de l'acteur pour ensuite la restreindre arbitrairement, ne serait-il pas plus efficace et aussi plus réaliste de renverser la démarche pour essayer de reconstruire la liberté et la rationalité, toujours limitées et contingentes, de l'acteur, en reliant sa conduite au contexte dans lequel on l'observe, et pour proposer à partir de là une interprétation des mécanismes concrets de réduction eux aussi toujours contingents qui maintiennent l'organisation comme un ensemble intégré ?

March et Simon ont proposé depuis longtemps déjà un modèle de rationalité qui permet d'opérer ce renversement. Nous raisonnons, disent-ils, en suivant une logique *a priori,* selon laquelle l'homme, dans une perspective synoptique, chercherait la meilleure solution à tout problème. Ce raisonnement est beaucoup trop encombrant mais, en même temps, il est faux. L'être humain est incapable d'optimiser. Sa liberté et son information sont trop limitées pour qu'il y parvienne. Dans un contexte de *rationalité limitée,* il décide de façon séquentielle et choisit pour chaque problème qu'il a à résoudre la première solution qui correspond pour lui à un seuil minimal de satisfaction [20].

20. Reprenant les résultats de toute une série d'études de décisions au sein de grandes organisations, March et Simon ont montré, d'une part, que les problèmes étaient résolus de façon séquentielle et non pas synoptique et que, d'autre part, de multiples contraintes — cognitives, affectives, organisationnelles — empêchaient les acteurs de rechercher la solution optimale et les poussaient au contraire à arrêter leurs choix sur la première solution permettant d'atteindre un seuil minimal de satisfaction. Cf. J.G. March et H.A. Simon, *Organizations,* New York, Wiley, 1958 (trad. fr., *Les Organisations,* Paris, Dunod, 1965) ; et H.A. Simon, *Administrative Behavior,* New York, MacMillan, 1957. Nous reviendrons, dans les chapitres consacrés aux problèmes de la décision, à toutes les implications d'une telle proposition. Cf. *infra,* chap. X.

Si l'on admet ce modèle général de réflexion, alors les termes de la discussion changent. Tous les acteurs n'ont qu'une liberté restreinte et ne sont capables corrélativement que d'une rationalité limitée. Autrement dit, les acteurs — leur liberté et leur rationalité, leurs objectifs et leurs « besoins » ou si l'on veut leur affectivité — sont des construits sociaux et non pas des entités abstraites[21]. Dès lors, le problème n'est plus celui du modèle d'explication choisi, mais celui de la *démarche de recherche* qui permettra de découvrir les conditions matérielles, structurelles, humaines du contexte qui limitent et définissent cette liberté et cette rationalité, et, partant, le sens des comportements empiriquement observables.

Cette démarche, dont les premiers éléments sont déjà apparus dans la présentation des faits que nous avons apportés à la discussion, peut être définie autour du concept central de *stratégie*. Pour comprendre ce concept et l'usage que nous en faisons, il faut partir des observations empiriques suivantes :

1. L'acteur n'a que rarement des objectifs clairs et encore moins des projets cohérents : ceux-ci sont multiples, plus ou moins ambigus, plus ou moins explicites, plus ou moins contradictoires. Il en changera en cours d'action, en rejettera certains, en découvrira d'autres, chemin faisant, voire après coup, ne serait-ce que parce que des conséquences imprévues et imprévisibles de son action l'obligent à « reconsidérer sa position » et à « réajuster son tir » : ce qui est « moyen » à un moment sera donc « fin » à un autre, et *vice versa*. Il s'ensuit qu'il serait illusoire et faux de considérer son comportement comme toujours réfléchi, c'est-à-dire médiatisé par un sujet lucide calculant ses mouvements en fonction d'objectifs fixés au départ.

2. Pourtant son comportement est *actif*. S'il est toujours contraint et limité, il n'est jamais directement déterminé ;

---

21. Ce point a été souligné avec force et justement par K.E. Weick dans son analyse riche et stimulante des processus organisationnels, lorsqu'il parle d'un « environnement institué » par les acteurs *(enacted environment)*. Cf. K.E. Weick, *The Social Psychology of Organizing*, Reading, Mass., Addison-Wesley, 1967, notamment p. 63-71.

même la passivité est toujours d'une certaine manière le résultat d'un choix.

3. Et c'est un comportement qui a toujours un sens ; le fait qu'on ne puisse le rapporter à des objectifs clairs ne signifie pas qu'il ne puisse être rationnel, tout au contraire. Au lieu d'être rationnel par rapport à des objectifs, il est rationnel, d'une part, par rapport à des opportunités et à travers ces opportunités au contexte qui les définit et, d'autre part, par rapport au comportement des autres acteurs, au parti que ceux-ci prennent et au jeu qui s'est établi entre eux.

4. C'est enfin un comportement qui a toujours deux aspects : un aspect offensif : la saisie d'opportunités en vue d'améliorer sa situation ; et un aspect défensif : le maintien et l'élargissement de sa marge de liberté, donc de sa capacité à agir. Cette opposition se retrouve sans qu'il y ait nécessairement équivalence dans une perspective temporelle (gains à court terme contre investissement), l'important restant la dualité et non pas la signification des termes.

5. Il n'y a donc plus, à la limite, de comportement irrationnel. C'est l'utilité même du concept de stratégie que de s'appliquer indifféremment aux comportements en apparence les plus rationnels et à ceux qui semblent tout à fait erratiques[22]. Derrière les humeurs et les réactions

22. Notons en passant la parenté évidente de cette approche avec celle de la « sociologie interprétative » *(verstehende Soziologie)* de M. Weber, *Wirtschaft und Gesellschaft,* Cologne, Berlin, Kiepenheuer & Witsch, 1964, notamment p. 1-42, et de A. Schütz, *Der sinnhafte Aufbau der sozialen Welt : Eine Einleitung in die verstehende Soziologie,* Vienne, 1932, qui constitue une tentative de synthèse entre les vues de M. Weber et les thèses de la philosophie phénoménologique d'E. Husserl. L'œuvre d'A. Schütz (cf. aussi *Collected Papers,* M. Natanson ed., La Haye, Nijhoff, 1964) connaît actuellement un regain d'intérêt, tant aux Etats-Unis qu'en Allemagne et en Angleterre, où des courants de recherche « ethnométhodologiques » ou « goffmanniens » s'en inspirent. Cf. notamment P.L. Berger et T.H. Luckmann, *The Social Construction of Reality : A Treatise in the Sociology of Knowledge,* New York, Doubleday, 1966 ; H. Garfinkel, *Studies in Ethnomethodology,* Englewood Cliffs, N.J., Prentice Hall, 1967 ; E. Goffman, *The Presentation of Self in Everyday Life,* New York, Doubleday, 1959 (trad. fr., *La Mise en scène de la vie quotidienne,* Paris, Minuit, 1973, 2 vol.) ; et surtout *Asiles, op. cit.*

affectives qui commandent ce comportement au jour le jour, il est en effet possible à l'analyste de découvrir des *régularités* qui n'ont de sens que par rapport à une *stratégie*. Celle-ci n'est donc rien d'autre que le *fondement inféré ex post des régularités de comportement observées* empiriquement. Il s'ensuit qu'une telle « stratégie » n'est nullement synonyme de volonté, pas plus qu'elle n'est nécessairement consciente. Pour prendre un cas limite, on pourra de la même façon parler de la « stratégie rationnelle » d'un schizophrène qui, devant des pressions extrêmes auxquelles il ne peut faire face avec les ressources à sa disposition, « adopte » un comportement schizophrène, c'est-à-dire « choisit » la schizophrénie pour « résoudre ses problèmes »[23]. Ou, en paraphrasant Sartre, on pourrait dire que l'évanouissement de peur devant un danger imminent et inéluctable constitue la « stratégie » d'un individu qui — ne pouvant changer le monde qui le menace — choisit de changer la conscience qu'il a de ce monde en s'évanouissant[24].

La réflexion sur l'acteur, toutefois, n'est pas suffisante puisque son comportement ne peut se concevoir en dehors du contexte d'où il tire, nous l'avons vu, sa rationalité. La principale vertu du concept de stratégie, c'est de forcer au dépassement et de le rendre possible. Alors que la réflexion en termes d'objectifs tend à isoler l'acteur de l'organisation à qui elle l'oppose, la réflexion en termes de stratégie oblige à chercher dans le contexte organisationnel la rationalité de l'acteur et à comprendre le construit organisationnel dans le vécu des acteurs[25].

23. Cf. R.D. Laing, *The Divided Self, op. cit.,* dont les travaux montrent amplement la fécondité de cette démarche inspirée directement de la phénoménologie existentialiste.

24. Cf. J.-P. Sartre, *Esquisse d'une théorie des émotions,* Paris, Hermann, 1960 (réédition).

25. Pour une discussion plus approfondie des répercussions d'une telle approche sur la méthodologie de recherche, cf. nos développements dans l'annexe : Théorie et pratique de la démarche de recherche.

IV. STRATÉGIE ET POUVOIR

Mais comment pouvons-nous aborder ce que nous appelons de façon imprécise, en fonction de la perspective dans laquelle nous l'envisageons, le contexte organisationnel (vision passive) ou le construit organisationnel (vision active) ? Un second concept est maintenant indispensable, c'est celui de *pouvoir,* qui va permettre d'éclairer autrement l'acteur et sa stratégie, et de compléter, dans une perspective empirique pratique, la démarche stratégique.

Pour concrétiser ce qui est ici en cause, reprenons le cas, maintenant bien connu, des ateliers du Monopole industriel [26].

On se souvient des caractéristiques du contexte organisationnel des ateliers de production du Monopole. Trois catégories de personnel s'y trouvent face à face : les *chefs d'ateliers* qui, malgré leur nom, sont plutôt des contremaîtres chargés de la surveillance générale dans les ateliers ; les *ouvriers de production,* de qualification faible (ils seraient OS dans l'industrie privée), affectés aux machines ; les *ouvriers d'entretien,* enfin (une douzaine par atelier), très qualifiés au contraire, responsables chacun de l'entretien courant et des petites réparations de trois à six machines qui sont attribuées à chacun d'eux personnellement et de façon fixe.

La séparation entre ces trois catégories est très nette. Le contenu de la fonction de chacune est clair, profondément distinct de celle des autres et ne porte ni aux échanges ni à la coopération. Cela d'autant moins que personne dans l'une ou l'autre catégorie ne peut espérer ou craindre d'être promu ou rétrogradé de l'une à l'autre.

L'organisation technique des ateliers renforce cette impression de fixité et d'impersonnalité du contexte struc-

---

26. Nous ne reprendrons ici ce cas qu'à très grands traits. Pour une analyse détaillée, on se rapportera à M. Crozier, *Le Phénomène bureaucratique, op. cit.,* p. 79-148.

turel. La rationalisation et la spécialisation des tâches sont très poussées. Des normes de production — établies de manière « objective » — et des primes de rendement règlent la fabrication. Chaque agent est spécialisé et sait ce qu'il a à faire et comment. Surtout, rien dans l'atelier n'est laissé au hasard ou à l'arbitraire des individus : des règles impersonnelles prévoient en effet une solution à tout problème qui pourrait se poser[27].

Bref, rien, en principe, n'est laissé à l'arbitraire des individus et à la négociation interpersonnelle. Il ne devrait plus y avoir de raisons de tensions ou de conflits puisque tout est prévu d'avance et que chacun se trouve à sa place.

Mais le contexte organisationnel des ateliers ne se résume pas à un ensemble de dispositions ou de données structurelles et techniques. C'est aussi, voire avant tout, un ensemble de relations qui, formant le vécu des acteurs, témoignent des stratégies qu'ils poursuivent dans ce contexte les uns à l'égard des autres, et renvoient aux relations de pouvoir sur lesquelles se fonde le construit organisationnel des ateliers. Reprenons donc les données sur les attitudes et comportements des acteurs réunies par l'enquête.

Les *relations entre ouvriers de production et chefs d'ateliers,* tout d'abord, sont faibles et peu valorisées. Les ouvriers de production, qui ne se sentent guère engagés ni affectivement ni psychologiquement dans les relations qu'ils ont avec leurs « chefs », ne manifestent ni beaucoup d'appréhension ni beaucoup de respect pour leur rôle d'encadrement. Mais, dans l'ensemble, les relations sont plutôt bonnes et surtout sans histoires. Des deux côtés, la note dominante en semble être la sérénité. Les relations interpersonnelles sont cordiales et tolérantes, mais finale-

---

27. Par exemple, un règlement d'ancienneté très strict codifie en détail les solutions à apporter au problème de la répartition des postes de travail entre les ouvriers de production, ou leur déplacement d'un poste à un autre. Ainsi, il est prévu qu'en cas de vacance (maladie, départ, panne de machine, etc.) le poste doit revenir à la personne la plus ancienne en grade parmi celles qui sont volontaires. Et, s'il n'y a pas de volontaire, la personne la moins ancienne dans l'atelier sera déplacée.

ment ni les ouvriers de production ni les chefs d'ateliers ne semblent y attacher une grande importance.

Les *relations entre ouvriers de production et ouvriers d'entretien,* en revanche, sont marquées par un climat tendu et conflictuel. Les ouvriers de production semblent profondément engagés psychologiquement et affectivement dans ces relations et font preuve d'une hostilité sourde qu'on se serait plutôt attendu à trouver dans leurs relations avec les chefs d'ateliers. Selon eux, il y a fort peu d'entente entre les deux groupes d'ouvriers. Les ouvriers d'entretien, eux, voient dans les ouvriers de production « leurs » subordonnés et ne se privent pas d'intervenir fréquemment dans leur travail. Leur opinion sur eux — fort semblable à celle des chefs d'ateliers — est marquée d'un profond paternalisme. Ils jugent les ouvriers de production négligents, déclarent qu'ils ne comprennent pas les nécessités de la technique et qu'ils ne travaillent pas assez.

Mais ces tensions ont du mal à s'exprimer ouvertement et, surtout, à se personnaliser. Du côté des ouvriers de production, les jugements sont toujours beaucoup plus sévères à l'égard du service d'entretien en général qu'à l'égard de leur propre ouvrier d'entretien. Même constatation chez les ouvriers d'entretien : conscients des difficultés des rapports avec les ouvriers de production, ils reconnaissent ces difficultés quand ils parlent des rapports entre leurs collègues et les ouvriers de production, mais ils les minimisent quand ils parlent des rapports avec leurs *propres* ouvriers de production.

Les *relations entre ouvriers d'entretien et chefs d'ateliers,* enfin, sont ouvertement hostiles et conflictuelles et comportent pour chaque partenaire une forte charge émotionnelle. Les ouvriers d'entretien critiquent sévèrement la compétence des chefs d'ateliers et leur dénient en outre toute importance dans les ateliers. Les chefs d'ateliers, quant à eux, s'ils sont également critiques à l'égard des ouvriers d'entretien, font cependant preuve dans leurs réponses de quelque embarras, comme s'ils hésitaient à s'engager sur ce terrain. Par ailleurs, on peut remarquer que les ouvriers d'entretien semblent d'autant plus satisfaits de leur travail et de leur situation personnelle qu'ils se montrent par ailleurs agressifs à l'égard des chefs d'ateliers. En revanche, les chefs d'ateliers semblent d'autant plus satisfaits de leur situation personnelle qu'ils se montrent par ailleurs résignés.

Ce vécu relationnel reprend sens et cohérence si on se rappelle la position prédominante des ouvriers d'entretien qui sont, en fait, les véritables « patrons » des ateliers. La mise en évidence de cette structuration du pouvoir, et des opportunités ou contraintes qu'elle impose ou fournit respectivement aux différentes catégories de personnel, permet de comprendre la rationalité des stratégies dominantes que l'on peut déceler dans chacune d'elles.

Et tout d'abord, sa mise en évidence permet de comprendre la signification « rationnelle » de l'agressivité dont tous les *ouvriers d'entretien* — indépendamment de leurs « personnalités » — font preuve, notamment dans leurs commentaires sur les chefs d'ateliers. Certes, ils occupent une situation très favorable face à leurs concurrents ; mais c'est une situation en quelque sorte « usurpée », car leur « pouvoir » est illégitime, non reconnu par la ligne hiérarchique. Leur « agressivité » à l'encontre des chefs d'ateliers — jointe aux méthodes qu'ils emploient pour garder le monopole de la compétence en matière de réparations — peut ainsi s'analyser comme une stratégie visant à tenir ceux-ci à distance dans un état d'infériorité, pour prévenir toute tentative de contestation. On comprend aussi mieux dans cette perspective que leur satisfaction croisse en même temps que leur « agressivité », cette dernière étant la condition, en même temps que le signe, de leur réussite.

Les *chefs d'ateliers,* en revanche, se trouvent dans une situation où ils sont relativement démunis. Ils n'ont, en effet, aucun moyen d'exercer réellement l'autorité hiérarchique que leur confère l'organigramme. A moins de quitter l'organisation, c'est en acceptant leur situation d'infériorité, en diminuant leur engagement et en se résignant qu'ils arrivent le mieux à tirer leur épingle du jeu. Car ils savent d'expérience qu'ils ne pourront pas changer véritablement les données de leur situation. La « participation apathique », la résignation dont font preuve les chefs d'ateliers peuvent elles aussi se comprendre comme une stratégie dont on découvre la « rationalité » en la rapportant à la structure de pouvoir.

Les *ouvriers de production,* enfin, se trouvent sous la dépendance directe et personnalisée des ouvriers d'entretien, dont le bon vouloir leur est indispensable. Ces derniers les dominent donc sur toute la ligne, même sur le plan syndical où ils fournissent les leaders[28]. Aussi, les ouvriers de production tiennent-ils à garder de bonnes relations avec eux, tout au moins ouvertement. Mais simultanément, de façon sourde et biaisée, ils font sentir leur hostilité aux ouvriers d'entretien qui d'ailleurs, nous l'avons vu, en sont bien conscients[29]. Référés à leur situation dans le champ de pouvoir des ateliers du Monopole, de tels attitudes ou comportements « ambivalents » ou « hypocrites » reprennent leur sens : ils sont un excellent moyen pour les ouvriers de production pour à la fois garder de bonnes relations avec les ouvriers d'entretien, tout en pesant sur eux pour les empêcher d'abuser par trop de leur situation dominante.

On voit donc que, malgré un modèle d'organisation tout à fait exceptionnel — tout proche en théorie du modèle de l'organisation rationnelle —, l'analyse empirique du vécu des acteurs permet de déceler, chez chacune des catégories de personnel, l'existence d'une stratégie dominante stable, autonome et bien caractérisée qui ne pouvait pas être prévue et qui, effectivement, n'avait pas été prévue par ceux qui ont présidé à l'élaboration de l'organigramme.

---

28. Cependant, du fait que les ouvriers de production élisent les leaders syndicaux, ils retrouvent une parcelle de pouvoir qu'ils peuvent faire valoir face aux ouvriers d'entretien. Certes, ceux-ci répliquent à ce chantage en brandissant périodiquement la menace fort redoutée de quitter le syndicat commun, pour fonder le leur propre. Mais il reste que, sur ce plan, les ouvriers d'entretien sont vulnérables. Ils ne peuvent donc aller trop loin.

29. Seule l'analyse des relations de pouvoir peut expliquer pourquoi ce climat tendu ne dégénère pas en conflit ouvert. La dépendance des ouvriers de production est trop grande. Il y a en fait partage de rôle au sein du groupe des ouvriers de production. Seuls ceux qui ne sont pas en contact direct avec les ouvriers d'entretien se permettent une critique ouverte. Les autres (les conducteurs) dirigent leurs critiques sur d'autres points.

Le cas des ateliers du Monopole industriel permet donc d'analyser de façon presque expérimentale — à cause de la clarté et de la simplicité mêmes des données — le développement d'un construit organisationnel. Ce construit est fondé sur l'instauration de relations de pouvoir là où le législateur industriel avait cru ou voulu organiser des rapports simplement techniques. Ce construit correspond donc à une certaine structuration du pouvoir entre les parties en présence, structuration tout entière caractérisée — nous l'avons déjà dit — par la situation privilégiée et la supériorité des ouvriers d'entretien qui, à travers leur monopole d'entretien et de réparation, déterminent et la fréquence et la durée des arrêts des machines, et, par là, l'ampleur des inconvénients que de tels arrêts comportent pour les ouvriers de production. Et les stratégies en présence ne se comprennent que par rapport à cette structuration du pouvoir qu'elles conditionnent en retour[30].

Pour essayer de comprendre la dynamique de la vie organisationnelle, il faut donc maintenant passer à une analyse de ce phénomène, de ses fondements, de sa logique propre. C'est là l'objet du prochain chapitre.

---

30. C'est ainsi qu'il faut souligner avec force — pour prévenir tout malentendu — que l'importance particulière des pannes dans les ateliers du Monopole n'est pas inhérente à la technologie utilisée. Des sondages dans d'autres usines à l'étranger utilisant les mêmes machines ont en effet montré que les pannes y étaient moins fréquentes et étaient réparées plus vite. Si elle s'appuie donc bien sur une donnée technologique, l'importance de la panne est elle-même construite, à travers la stratégie des ouvriers d'entretien qui en tirent leur pouvoir. C'est une donnée tout autant humaine que technique. C'est ce que confirme l'étude récente d'un sociologue anglais sur les usines anglaises de cigarettes. Cf. P. Clark, « The Cultural Context of Bureaucratic Pathologies and Routine Organizations », *in* C.J. Lammers, *Organizations Unlike and Alike : Towards a Comparative Sociology of Organizations*, Londres, Sage Publications, 1978.

2

Le pouvoir comme fondement de l'action organisée

Un contexte, un construit, avons-nous dit, ce sont avant tout des relations. Dans la perspective stratégique qui est la nôtre, ces relations sont des relations de pouvoir. Si donc la réflexion sur la stratégie de l'acteur constitue le point de départ indispensable de la démarche, car c'est l'acteur seul qui est le porteur et le témoin du construit organisationnel, c'est la réflexion sur le pouvoir qui va nous permettre d'analyser ce construit, car, en tant que mécanisme fondamental de stabilisation du comportement humain, c'est le pouvoir qui est le fondement de l'ensemble de relations qu'il constitue[1].

Nous allons l'aborder en continuant à suivre la démarche stratégique, c'est-à-dire en commençant par une réflexion sur la relation de pouvoir du point de vue des acteurs[2].

1. On ne peut se dispenser de passer par le vécu de l'acteur pour comprendre un ensemble de relations qui n'ont pas de sens en dehors de ce vécu. En revanche, ce sont les aspects de pouvoir inséparables de la perspective d'organisation qui vont donner un sens à ce vécu.
2. Les thèses développées dans ce chapitre sont le fruit d'approfondissements successifs réalisés à partir des premières propositions de Michel Crozier. On en trouvera une première exposition dans l'article « Pouvoir et Organisation », *Archives européennes de sociologie*, vol. 5 (1), 1964, p. 52-64, et dans *la Société bloquée*, Paris, Seuil, 1970. Nous nous sommes servis en outre des réflexions que Jean-Pierre Worms a présentées au cours d'une série de séminaires au Centre de sociologie des organisations.

I. LE POUVOIR DU POINT DE VUE DES ACTEURS

Le phénomène du pouvoir est simple et universel, mais le concept de pouvoir est fuyant et multiforme. Nous allons donc partir d'une formulation simple de ce qui constitue en quelque sorte le dénominateur commun de toutes les manifestations du pouvoir : quel que soit en effet son « type », c'est-à-dire ses sources, sa légitimation, ses objectifs ou ses méthodes d'exercice, le pouvoir — au niveau le plus général — implique toujours la possibilité pour certains individus ou groupes d'agir sur d'autres individus ou groupes[3].

Pour vague qu'elle soit, une telle formulation a l'avantage de ne pas préjuger d'une théorie sur l'essence du pouvoir, de s'appliquer également à toute forme de pouvoir et surtout de diriger l'attention sur ce qui constitue à nos yeux l'essentiel : le caractère relationnel du pouvoir. En effet, agir sur autrui, c'est entrer en relation avec lui[4] ; et c'est dans cette relation que se développe le pouvoir d'une personne A sur une personne B.

Le pouvoir est donc une relation, et non pas un attribut des acteurs. Il ne peut se manifester — et donc devenir contraignant pour l'une des parties en présence — que par

---

3. C'est ce qu'a voulu dire le politiste américain Robert A. Dahl en définissant le pouvoir par la « capacité d'une personne A d'obtenir qu'une personne B fasse quelque chose qu'elle n'aurait pas fait sans l'intervention de A ». Cf. R.A. Dahl, « The Concept of Power », *Behavioral Sciences,* n° 2, 1957, p. 201-215 ; et « Power », *Encyclopedia of the Social Sciences,* vol. 12, New York, 1968, p. 405-415. La séduisante simplicité d'une telle définition ne doit cependant pas cacher ses lacunes évidentes, et notamment : l'impossibilité d'une telle définition de distinguer entre pouvoir intentionnel et influence à l'insu d'un des protagonistes, la méconnaissance de la spécificité du pouvoir de A selon l'action demandée, enfin le biais très sensible dans le sens d'une perspective de « détention » du pouvoir considéré encore comme un attribut des acteurs.

4. On pourrait aussi renverser la proposition et dire qu'entrer en relation avec quelqu'un, c'est — de façon plus ou moins explicite selon les cas — mettre en œuvre une relation de pouvoir.

sa mise en œuvre dans une relation[5] qui met aux prises
deux ou plusieurs acteurs dépendants les uns des autres[6]
dans l'accomplissement d'un objectif commun qui conditionne leurs objectifs personnels. Plus précisément encore,
il ne peut se développer qu'à travers l'*échange* entre les
acteurs engagés dans une relation donnée. Car, dans la
mesure où toute relation entre deux parties suppose
échange et adaptation de l'une à l'autre et réciproquement,
le pouvoir est inséparablement lié à la négociation : *c'est
une relation d'échange, donc de négociation* dans laquelle
deux personnes au moins sont engagées.

De là découlent un certain nombre de considérations qui
permettent de préciser davantage la nature de cette relation.

D'une part, c'est une *relation instrumentale*. Dire cela
n'est pas nier que son existence entraîne toujours toute une
série de phénomènes affectifs extrêmement puissants qui
conditionnent profondément son déroulement[7]. Cela ne
signifie pas davantage que toutes les conséquences et tous
les effets d'une relation de pouvoir soient toujours conscients ou intentionnels. Pour reprendre l'exemple de D.
Wrong[8], il n'est bien sûr pas dans l'intention d'une mère
surprotectrice et dominatrice de « féminiser » le caractère
de son fils. Là comme ailleurs, l'action motivée des
individus entraîne son lot de conséquences imprévisibles,
inattendues et « dysfonctionnelles ». Enfin, on n'exclut pas
par là de l'analyse toutes les formes de domination et de
contrôle social qui — parfaitement intériorisées par les

5. Nous y reviendrons plus loin. Remarquons simplement qu'il ne
s'agit pas bien entendu d'une relation abstraite, mais d'une relation en
situation, donc contingente aux acteurs et à la structure dans laquelle
ils agissent.
6. Cet aspect de « dépendance », voire d'interdépendance, con-
substantiel à toute relation de pouvoir, a été justement souligné
par R.E. Emerson, « Power-Dependence Relations », *American
Sociological Review,* vol. 27, 1962, p. 31-41.
7. La capacité de vivre des relations de pouvoir constitue un des
aspects centraux de la capacité relationnelle des individus. Nous y
reviendrons au chap. VI, consacré aux rapports entre organisation et
culture.
8. Cf. D. Wrong, « Some Problems in Defining Social Power »,
American Journal of Sociology, vol. 73, 1968, p. 673-681.

différents acteurs — donnent naissance aux phénomènes bien connus sous les termes « d'ajustement déférentiel » ou « d'ajustement par anticipation »[9] et qui, de ce fait, ne nécessitent plus un engagement conscient de ressources de la part de l'un quelconque des acteurs[10]. Dire que toute relation de pouvoir est instrumentale vise simplement à souligner que, comme toute relation de négociation, le pouvoir ne se conçoit que dans la perspective d'un but qui, dans une logique instrumentale, motive l'engagement de ressources de la part des acteurs.

D'autre part, c'est une *relation non transitive* : si une personne A peut facilement obtenir d'une personne B une action X, et B peut obtenir cette même action d'une personne C, il se peut néanmoins que A soit incapable de l'obtenir de C. Mais si le pouvoir est ainsi inséparable des

9. C'est-à-dire qu'un des acteurs ajuste son comportement d'avance aux souhaits perçus ou simplement anticipés de l'autre.

10. Ce sont aussi ces effets de domination que visent Bachrach et Baratz à travers leur concept de « non-décisions ». S'insérant dans la *Community power debate,* controverse qui s'est développée aux Etats-Unis au début des années soixante à partir notamment des livres de R. Dahl, *Who Governs ?,* New Haven, Yale University Press, 1961, et de C.W. Mills, *The Power Elite,* New York, Oxford University Press, 1956, ils argumentent que la structure de pouvoir d'une collectivité ne peut sérieusement être étudiée à travers seulement l'analyse des décisions effectivement prises. On doit aussi tenir compte de « non-décisions », dans la mesure même où le pouvoir de certains groupes se manifeste non pas dans ce qu'ils sont capables d'accomplir, mais surtout dans ce qu'ils sont capables de bloquer, c'est-à-dire dans leur capacité de produire ou d'obtenir des « non-décisions » sur certains thèmes ou dans certains domaines de l'action publique. Cf. P. Bachrach et M.S. Baratz, « Two Faces of Power », *American Political Science Review,* vol. 56, 1962, p. 947-952 ; et « Decisions and Non-Decisions : An Analytical Framework », *American Political Science Review,* vol. 57, 1963, p. 632-642. Pour intéressante que soit cette distinction, l'apport de cette contribution à une compréhension nouvelle du phénomène de pouvoir nous semble limité par le glissement très sensible déjà mentionné — et d'ailleurs sous-jacent à l'ensemble de la controverse autour de la *community power* — vers une perspective de « détention » du pouvoir considéré peu ou prou comme un attribut des acteurs. Paradoxalement, une telle perspective empêche de poser véritablement le problème de la *sur-détermination structurelle* de l'exercice du pouvoir — *donc du pouvoir en tant que relation* —, sur-détermination que les auteurs visent précisément à souligner à travers le concept de « non-décisions ».

acteurs engagés dans une relation, il l'est aussi des actions demandées : chaque action constitue un enjeu spécifique autour duquel se greffe une relation de pouvoir particulière. Ainsi, A obtiendra facilement de B une action X, plus difficilement une action Y, et sera impuissant à obtenir une action Z qu'en revanche une autre personne C obtiendra, elle, facilement.

Enfin, c'est une *relation réciproque, mais déséquilibrée.* Elle est réciproque, car qui dit négociation, dit échange. Or, si une des deux parties en présence n'a plus aucune ressource à engager dans une relation, elle n'a plus rien à échanger : elle ne peut donc plus entrer dans une relation de pouvoir à proprement parler. En d'autres termes, si B ne peut plus marchander sa volonté de faire ce que A lui demande, il ne peut plus y avoir de relation de pouvoir entre les deux, car B cesse alors d'exister en tant qu'acteur autonome face à A, pour ne devenir qu'une chose [11]. Mais c'est aussi une relation déséquilibrée. Si A et B ont les mêmes atouts et que donc l'échange est égal, il n'y a pas de raison de considérer que l'une des personnes se trouve en situation de pouvoir à l'égard de l'autre. Mais que l'échange soit déséquilibré en faveur de l'une ou de l'autre, et que cette inégalité corresponde à la situation respective des deux parties : on sera alors en droit de parler de relation de pouvoir [12].

11. Exister revient ainsi à rentrer dans un champ de pouvoir, puisque je ne peux exister qu'en marchandant aux autres ma volonté de faire ce qu'ils me demandent, ou en ne répondant pas aux « attentes » qu'ils ont à mon égard. L'accès à des sources de pouvoir, c'est-à-dire à des possibilités alternatives de comportement, et l'*utilisation effective* de ces possibilités se révèlent ainsi comme pré-condition non seulement de tout rapport à l'autre, mais aussi de tout processus de personnalisation, d'accès à l'identité.

12. C'est précisément l'étude du pouvoir en tant que relation qui oblige à remonter aux sur-déterminations situationnelles et structurelles qui seules peuvent expliquer le déroulement des relations de pouvoir observées. Le pouvoir conceptualisé comme relation devient ainsi un instrument de recherche permettant d'explorer et d'analyser les situations respectives des acteurs ainsi que les règles structurelles qui régissent leurs transactions. Nous reviendrons ci-après sur la contingence structurelle des relations de pouvoir ; pour les aspects méthodologiques de cette démarche, nous renvoyons à l'annexe méthodologique en fin d'ouvrage.

Le pouvoir peut ainsi se repréciser comme une relation d'échange, donc réciproque, mais où les termes de l'échange sont plus favorables à l'une des parties en présence. *C'est un rapport de force, dont l'un peut retirer davantage que l'autre, mais où, également, l'un n'est jamais totalement démuni face à l'autre.* Ou, paraphrasant la définition déjà citée de R. Dahl, on pourrait dire que le pouvoir de A sur B correspond à la capacité de A d'obtenir que dans sa négociation avec B les termes de l'échange lui soient favorables [13].

Quelle est la source, quels sont les fondements du pouvoir ? La réponse à cette question semble aller de soi : ce sont tout naturellement les atouts, les ressources et les forces de chacune des parties en présence, bref, leur puissance respective qui détermineront le résultat d'une relation de pouvoir. Mais encore convient-il de préciser davantage ce qu'on entend par « puissance ». En effet, qu'est-ce qui s'échange à travers une relation de pouvoir ? Ce ne sont pas tant les forces ou la puissance des différentes parties prenantes que leurs *possibilités d'action.* Car A ne s'engage pas dans une relation de pouvoir avec B dans le seul but de mesurer ses forces avec lui. Il a un objectif plus précis : obtenir de B un comportement dont dépend sa propre capacité d'action. Autrement dit, par son seul comportement, B contrôle en quelque sorte la possibilité de A d'atteindre ses objectifs. Et plus B sera capable de marchander sa volonté d'accomplir l'acte que A lui demande, c'est-à-dire plus les ressources à la disposition de B lui permettront de garder son comportement futur imprévisible pour A, plus le rapport de force qui prévaudra lui sera favorable, et plus son pouvoir sur A sera grand dans cette relation précise. *Le pouvoir réside donc dans la marge de liberté dont dispose chacun des partenaires engagés dans une relation de pouvoir*, c'est-à-dire dans sa

---

13. Ce point a été souligné et argumenté avec force par T.C. Schelling lorsqu'il plaide pour l'abandon du postulat de symétrie dans la théorie des jeux. Cf. T.C. Schelling, *The Strategy of Conflict,* Cambridge, Mass., Harvard University Press, 1960, notamment appendice B, p. 267-290 (éd. 1973, Oxford University Press Paperback).

possibilité plus ou moins grande de refuser ce que l'autre lui demande. Et la force, la richesse, le prestige, l'autorité, bref, les ressources que possèdent les uns et les autres n'interviennent que dans la mesure où ils leur fournissent une liberté d'action plus grande.

Il peut être utile ici d'ouvrir une parenthèse et de confronter ce raisonnement à celui apparemment opposé que soutient Schelling dans un livre remarquable déjà cité[14]. Dans des analyses riches, stimulantes et souvent amusantes, l'auteur multiplie en effet les exemples de situations — ou plutôt de jeux et de structures de jeux[15] — où « gagne » non pas celui qui réussit à garder son comportement futur imprévisible et à se ménager une marge de manœuvre, mais celui qui, au contraire, la réduit à néant en se liant les mains, *rendant ainsi son comportement futur parfaitement prévisible.* C'est le pouvoir du faible qui n'a plus d'alternative, de celui qui « ayant brûlé ses vaisseaux » se trouve « le dos au mur ». Ou, pour reprendre un exemple de l'auteur, c'est le pouvoir de ces cheminots-grévistes qui réussissent à arrêter un train « briseur de grève » en se ligotant sur les rails.

Schelling surestime un peu à notre avis la généralité et l'universalité des situations qu'il étudie. Ces jeux ont des conditions structurelles et une dynamique particulières[16]. A y regarder de plus près, on s'aperçoit que ce sont des jeux où chacun des partenaires/adversaires a un besoin plus ou moins urgent, mais toujours impératif, de se coordonner et de s'arranger avec l'autre, et — qui plus est — avec un autre qu'il ne peut choisir, mais qui lui est donné au départ. La logique fondamentale de tels jeux est donc

14. Cf. T.C. Schelling, *The Strategy of Conflict, op. cit.*

15. Il s'agit d'une tentative d'extension de la théorie des jeux à des jeux « mixtes » (conflit/négociation) à somme non nulle.

16. En réintroduisant dans ses analyses des stratégies incluant et utilisant le hasard, c'est-à-dire des stratégies où les promesses faites ou les menaces proférées sont atténuées par leur caractère conditionnel, Schelling nuance lui-même son raisonnement en accordant de nouveau une place centrale à la manipulation par chacun des partenaires/ adversaires, de leur propre marge de liberté et de celle de l'autre. Cf. T.C. Schelling, *op. cit.,* notamment 3ᵉ partie, « Strategy with a random Ingredient », p. 173-203.

celle du *monopole bilatéral,* c'est-à-dire d'une structure qui limite déjà singulièrement la marge de manœuvre de chacun des partenaires/adversaires. Pour reprendre l'exemple de l'auteur, se ligoter sur les rails n'a à la limite de sens que parce qu'il y a les rails, c'est-à-dire une structure qui restreint drastiquement la liberté d'action de l'autre — en l'occurrence le conducteur du train — en ne lui laissant le choix qu'entre la capitulation ou le massacre.

De telles conditions structurelles se retrouvent, bien que rarement, dans la réalité [17]. Mais il faut bien voir que, même dans les cas concrets que nous connaissons, le fait de rendre son comportement futur parfaitement prévisible a une signification et comporte des conséquences qui dépassent le jeu lui-même. Cela revient toujours en fait à *changer la nature du jeu,* ou à *déplacer les enjeux et les zones d'incertitudes,* à profiter des circonstances pour forcer l'autre à se placer sur un autre terrain beaucoup moins favorable ou à céder. Pour reprendre notre exemple de tout à l'heure, devant les grévistes ligotés sur les rails, l'enjeu n'est plus l'arrêt ou le passage du train, ni même l'arrêt ou la continuation de la grève. *C'est celui de mort d'hommes.* Et devant ce nouvel enjeu, les *grévistes en tant que groupe* (et donc indirectement les grévistes ligotés) maîtrisent une zone d'incertitude majeure : celle du comportement futur de leur groupe — et d'autres groupes solidaires — au cas où les grévistes ligotés seraient écrasés par le train. Bref, en se ligotant sur les rails, les grévistes mettent le conducteur du train — et surtout la compagnie ayant affrété ce train « briseur de grève » — en demeure de choisir entre les conséquences relativement prévisibles d'un arrêt du train et les conséquences plus imprévisibles, voire proprement incalculables (émeutes, mouvements de solidarité, etc.) de la mort des grévistes. C'est pourquoi il est probable que le train s'arrêtera.

Mais que changent les conditions du jeu élargi introduit

17. Elles sont, il est vrai, prédominantes dans les problèmes sur lesquels travaille particulièrement Schelling. Il s'intéresse, en effet, à la dynamique des relations internationales dans un contexte d'équilibre de la terreur entre *deux* super-puissances.

par les grévistes, que, par exemple, la solidarité entre
cheminots soit nulle ou que la vie humaine, ou plus
simplement la vie de grévistes, n'ait aucune valeur dans une
société donnée, et on pourra s'attendre à une autre
« solution » du conflit : les conséquences d'un accident
mortel étant négligeables, la zone d'incertitude maîtrisée
par les grévistes ligotés sera tout simplement non pertinente. Le train continuera son chemin. Le faible restera le
faible.

Le pouvoir d'un individu ou d'un groupe, bref, d'un
acteur social, est bien ainsi fonction de l'ampleur de la *zone
d'incertitude* que l'imprévisiblité de son propre comportement lui permet de contrôler face à ses partenaires. Mais —
nous l'avons déjà fait comprendre — pas n'importe quelle
zone d'incertitude : encore faut-il que celle-ci soit *pertinente* par rapport au problème à traiter et par rapport aux
intérêts des partis en présence, que ce soit en somme une
zone d'incertitude dont l'existence et la maîtrise conditionnent la capacité d'action des uns et des autres. Et la
stratégie de chacun des partenaires/adversaires s'orientera
donc tout naturellement vers la *manipulation de la prévisibilité* de son propre comportement et de celui d'autrui, soit
directement, soit indirectement en modifiant en sa faveur
les conditions structurelles et les « règles » qui régissent ses
interactions avec autrui[18]. En d'autres termes, il s'agira
pour lui d'élargir autant que possible sa propre marge de
liberté et d'arbitraire pour garder aussi ouvert que possible
l'éventail de ses comportements potentiels, tout en
essayant de restreindre celui de son partenaire/adversaire,
et de l'enfermer dans des contraintes telles que son
comportement devienne au contraire parfaitement connu
d'avance.

18. C'est bien là, en fait, l'objet véritable des analyses de Schelling.
Son livre s'intéresse aux moyens et stratégies (promesses, menaces,
chantages) qui permettent à un acteur d'utiliser les contraintes
structurelles d'une situation pour déplacer le jeu/marchandage/conflit
qui l'oppose à l'autre, sur un terrain qui lui est favorable. Et il
démontre que se lier les mains est effectivement une stratégie possible
— sans toutefois spécifier suffisamment les conditions structurelles qui
circonscrivent la validité et l'efficacité d'une telle stratégie.

Résumons et illustrons ce raisonnement par un exemple dont la structure économiste volontairement simple sinon simpliste nous permettra de fixer les idées, et que nous pourrons ensuite enrichir au fur et à mesure de nos analyses ultérieures.

M. Dupont, riche notable dans une petite ville de province, demande à M. Durand, modeste artisan, de faire une réparation à sa maison. Une relation de pouvoir s'établit entre eux, du fait même de cette demande. Et le prix que M. Dupont acceptera de payer en échange de cette réparation sera fonction du rapport de force qui prévaudra[19]. Si M. Durand est le seul dans la ville capable d'effectuer la réparation demandée, s'il a suffisamment de commandes et si, pour des raisons diverses, M. Dupont ne peut s'adresser à l'extérieur de la ville, la zone d'incertitude que maîtrise M. Durand par son simple comportement, est maximum : en effet, son client n'a pas le choix. Le rapport de force est nettement déséquilibré en sa faveur. Mais M. Dupont n'est pas totalement démuni. Il peut, en effet, refuser de faire effectuer la réparation si les conditions posées par M. Durand lui apparaissent exorbitantes. Et il peut même renverser la relation en sa faveur s'il peut s'adresser à d'autres artisans et mettre M. Durand ainsi en concurrence. A moins que ces artisans à leur tour ne se mettent d'accord entre eux et éliminent ainsi de nouveau la possibilité de choix de M. Dupont, ce qui, *mutatis mutandis,* nous ramène à la situation de départ.

Analyser une relation de pouvoir exige donc toujours la réponse à *deux séries de questions*. Premièrement, quelles sont les ressources dont chaque partenaire dispose, c'est-à-dire quels sont les *atouts* qui, dans une situation donnée, lui permettent d'élargir sa marge de liberté ? Deuxièmement, quels sont les critères qui définissent la *pertinence* de ces ressources et leur *caractère plus ou moins* mobilisable,

19. De toute évidence, de telles transactions s'établissent à l'intérieur des contraintes d'un marché de tels services dont nous ne voulons naturellement pas mettre en question l'existence. Notre raisonnement empirique porte sur la marge de liberté que laisse le marché, et conduit à une réflexion plus générale sur le développement même de tels marchés.

c'est-à-dire quel est l'*enjeu* de la relation et quelles sont les *contraintes structurelles* dans lesquelles elle s'inscrit ?

La première de ces questions nous renvoie aux ressources de toutes sortes (individuelles, culturelles, économiques, sociales) dont un acteur peut disposer du fait de sa situation sociale globale et qui définissent le *cadre temporel, spatial et social* dans lequel sa stratégie devra à tout moment s'inscrire. Un tel inventaire permettra de préciser et d'introduire dans l'analyse les inégalités entre acteurs, inégalités qui tiennent à leur insertion commune et à leur position respective dans un champ social structuré.

La connaissance de la situation sociale d'un acteur permet tout d'abord de saisir les *possibilités qu'il a de diversifier ses domaines d'investissement,* c'est-à-dire de jouer sur plusieurs relations de pouvoir à la fois [20]. Car la multiplicité des engagements d'un acteur constitue pour lui un atout considérable, et cela d'un double point de vue. D'une part, elle lui fournit une protection contre les risques de pertes inhérentes aux relations de pouvoir, dans la mesure où elle lui permet de répartir ses mises et d'éviter ainsi que « tous ses œufs ne se trouvent dans le même panier ». D'autre part, elle fournit de meilleures possibilités de jeux offensifs. Jouant sur plusieurs relations de pouvoir, un acteur pourra ainsi cumuler les ressources provenant d'autres engagements et les investir massivement dans une relation spécifique pour renforcer sa situation dans celle-ci.

Illustrons ce propos en élargissant notre exemple de tout à l'heure. M. Dupont, en tant que notable, entretient les meilleures relations avec le percepteur de la localité. De ce fait, il pourra, par une intervention judicieuse, faciliter grandement les négociations que M. Durand doit mener périodiquement avec l'administration fiscale pour l'établissement de son forfait d'imposition. Ajoutons à cela que, par son métier, M. Dupont est administrateur de biens. De ce fait, il tient entre ses mains un volume important de commandes que M. Durand peut avoir intérêt à obtenir,

---

20. L'exemple longuement discuté de Schelling est particulièrement éclairant à cet égard.

sans que pour chacune de ces commandes sa compétence particulière soit aussi indispensable que pour la réparation de la maison propre de M. Dupont. Dans la situation ainsi redéfinie, ce dernier dispose donc d'atouts sérieux qui lui permettent d'« ouvrir » le jeu et de redresser sa situation dans la relation très spécifique analysée plus haut, même si *a priori* le rapport de force n'y est pas en sa faveur.

La situation sociale des acteurs permet ensuite de comprendre comment chacun d'eux peut appréhender et utiliser le *facteur temps* dans les relations de pouvoir. Toute relation de pouvoir — cela va de soi — se déroule dans le temps. On peut même penser que la dimension temporelle est une condition essentielle pour qu'une relation de pouvoir puisse se développer puisqu'elle constitue une autre — et parfois la seule — source de diversification des mises. En effet, un acteur ne peut accepter de perdre dans le court terme que si cette perte lui paraît momentanée et qu'il peut espérer gagner par la suite. Mais surtout, le temps est aussi une dimension de la marge de manœuvre d'un acteur. La capacité de se fixer un horizon temporel plus lointain dans une relation de pouvoir devient de ce fait un atout sérieux [21]. En d'autres termes, si, pour des raisons matérielles, M. Durand a un besoin urgent et immédiat des revenus provenant de la réparation demandée par M. Dupont, et que cette réparation ne revêt pas la même urgence pour ce dernier, soit parce qu'il s'agit d'un problème mineur, soit parce qu'il possède d'autres lieux d'habitation, la marge de négociation de M. Durand, « coincé » dans le court terme, sera affaiblie face à M. Dupont qui pourra au contraire « voir venir ».

La prise en compte des ressources respectives dont disposent les différents acteurs engagés dans une relation de pouvoir complique donc considérablement le schéma initial. Elle nous montre que, devant une même relation de

---

21. Elle peut même devenir le principal atout d'un acteur. En effet, dans une situation de total dénuement, il n'aura plus rien à perdre : le temps lui-même le laisse indifférent. Face à un acteur « pressé », cette indifférence au temps peut devenir l'atout qui lui permet de retrouver du pouvoir à partir d'une situation de faiblesse.

pouvoir, différents acteurs n'ont pas les mêmes possibilités alternatives ni les mêmes horizons temporels, bref, les mêmes possibilités de *mesurer leur engagement,* d'ajuster leurs mises et donc de limiter le risque de perdre que comporte toute relation de pouvoir[22]. Du fait de leur situation sociale, les acteurs n'ont pas les mêmes « capacités stratégiques »[23].

En situant les acteurs dans un champ social structuré, et en montrant comment les capacités stratégiques de ceux-ci sont délimitées par la position qu'ils détiennent dans ce champ, une telle analyse permet de reformuler de façon beaucoup plus opératoire des notions telles que « pouvoir social », « puissance » ou « emprise sociale ». Celles-ci se définissent maintenant par la capacité supérieure[24] d'un joueur d'étendre le champ d'exercice d'une relation de pouvoir et de la porter sur un terrain où le rapport de force lui sera favorable. Elle permet ainsi d'intégrer dans la réflexion les inégalités sociales entre acteurs qui font que certains auront dès le départ plus de chances que d'autres de s'établir en situation de domination. En d'autres termes, et en reprenant encore l'exemple de tout à l'heure, malgré sa faiblesse dans une relation particulière, la probabilité est forte que M. Dupont gagnera en fin de compte : ses engagements plus nombreux lui permettront tout simplement d'élargir le jeu de telle façon que le rapport de force final lui sera favorable.

Cependant, s'il est *probable* que cela se passera de cette façon, il n'en va pas *nécessairement* ainsi. Car, si les

---

22. Moins on pourra mesurer ses engagements, moins on sera prêt à s'engager : d'où la mise en œuvre de stratégies protectrices bien connues qui s'expriment à travers des comportements de « retrait » ou « d'apathie ».

23. Comme d'ailleurs une même ressource n'augmente pas de la même façon les « capacités stratégiques » des acteurs. Là comme ailleurs, il existe des processus cumulatifs qui permettent à certains d'utiliser comme ressource ce qui à d'autres n'apportera rien. Là comme ailleurs, on « prête plus facilement aux riches ». Bien plus, une même ressource « objective » sera perçue et effectivement mobilisée par certains acteurs, alors qu'elle ne pourra être utilisée par d'autres.

24. Capacité susceptible, cette fois, d'une analyse empirique.

inégalités économiques et sociales entre acteurs sont une donnée fondamentale pour comprendre le déroulement d'une relation de pouvoir donnée, elles ne se reflètent que rarement telles quelles et mécaniquement dans celle-ci. Des contraintes structurelles particulières à une situation précise peuvent les atténuer, voire les annuler. C'est qu'il ne suffit pas de regarder les ressources à la disposition des acteurs. Encore faut-il que celles-ci soient *mobilisables* dans la relation spécifique, et qu'elles soient *pertinentes* par rapport aux objectifs de l'autre. En d'autres termes, si aucune intervention n'est tolérée dans l'établissement des forfaits des artisans, et si les commandes que détient M. Dupont en tant qu'administrateur de biens ne tombent guère dans la spécialité de M. Durand, les ressources particulières de M. Dupont perdent une grande partie de leur pertinence : elles ne sont plus mobilisables dans la relation. Et grâce à ces contraintes structurelles spécifiques qui, au moins sur le moment, s'imposent aux deux, le rapport de pouvoir peut se retourner en faveur du « faible », M. Durand[25].

Après avoir étudié une relation de pouvoir du point de vue des acteurs qui y sont engagés, il faut donc renverser la perspective et s'interroger sur les *contraintes structurelles* qui caractérisent une situation de négociation donnée. C'est à travers l'analyse structurale de ces contraintes qui s'imposent à tous les acteurs engagés dans une relation de pouvoir donnée, que l'on pourra répondre à la deuxième question posée plus haut : quelles sont les ressources qu'un acteur peut effectivement mobiliser dans une relation de pouvoir, et quel est leur degré de *pertinence* ?

---

25. Notons que le marché totalement égalitaire sur lequel raisonne la science économique n'est qu'un cas limite largement théorique d'ailleurs, dans lequel la transaction ne porte que sur l'échange de biens mesurables, sans que les ressources et les possibilités d'action inégales des acteurs puissent être utilisées pour « fausser le marché ». Pour qu'un tel jeu puisse se constituer et se maintenir, on en conviendra aisément, des contraintes très complexes doivent s'exercer. *Le marché est un construit.*

II. POUVOIR ET ORGANISATION

C'est à ce niveau qu'interviennent les caractéristiques structurelles d'une organisation. Celles-ci structurent et délimitent le champ d'exercice des relations de pouvoir entre les membres d'une organisation, et définissent ainsi les conditions auxquelles ceux-ci peuvent négocier les uns avec les autres. Elles constituent les *contraintes* qui s'imposent à tous les participants.

Tout d'abord, l'organisation rend possible le développement de relations de pouvoir et en fonde la permanence. En effet, le pouvoir — nous l'avons vu — n'existe pas en soi. Il ne peut s'exercer que dans une relation par laquelle deux acteurs acceptent de se lier — ou se trouvent de fait liés — l'un à l'autre pour l'accomplissement d'une tâche donnée ; par laquelle, en d'autres termes, ils s'insèrent, au moins provisoirement, dans un ensemble organisé.

Pouvoir et organisation sont ainsi indissolublement liés l'un à l'autre. Des acteurs sociaux ne peuvent atteindre leurs objectifs propres que grâce à l'exercice de relations de pouvoir ; mais en même temps, ils ne peuvent disposer de pouvoir les uns sur les autres qu'à travers la poursuite d'objectifs collectifs dont les contraintes propres conditionnent très directement leurs négociations[26].

Ensuite, les structures et les règles gouvernant le fonctionnement officiel d'une organisation déterminent les lieux où des relations de pouvoir pourront se développer. En définissant des secteurs où l'action est plus prévisible que dans d'autres, en mettant sur pied des procédés plus ou moins faciles à maîtriser, elles créent et circonscrivent des *zones d'incertitude organisationnelles* que les individus ou

---

26. Cela ne veut pas dire qu'un acteur ne peut nouer des relations de pouvoir que dans une organisation ; c'est le contraire qui se passe, comme nous l'avons amplement montré. Cela signifie simplement que, quel que soit le degré de formalisation d'un « ensemble organisé », l'existence de relations de pouvoir est synonyme de l'existence d'un minimum « d'organisation » des rapports entre les hommes.

les groupes tenteront tout naturellement de contrôler pour les utiliser dans la poursuite de leurs propres stratégies, et autour desquelles se créeront donc des relations de pouvoir. Car le pouvoir, les capacités d'action des individus ou des groupes au sein d'une organisation dépendent en fin de compte du contrôle qu'ils peuvent exercer sur une source d'incertitude affectant la capacité de l'organisation d'atteindre ses objectifs à elle, et de l'importance comme de la pertinence de cette source d'incertitude par rapport à toutes les autres qui conditionnent également cette capacité. Ainsi, plus la zone d'incertitude contrôlée par un individu ou un groupe sera *cruciale* pour la réussite de l'organisation, plus celui-ci disposera de pouvoir[27].

Enfin, *l'organisation régularise le déroulement des relations de pouvoir.* Par son organigramme et par sa réglementation intérieure, elle contraint la liberté d'action des individus et des groupes en son sein et, de ce fait, conditionne profondément l'orientation et le contenu de leurs stratégies. Par ce biais, elle réintroduit un minimum de prévisibilité dans le comportement de chacun, et ceci de deux façons. D'un côté, l'organisation affecte la *capacité* de jouer de ses membres en déterminant les atouts que chacun d'eux peut utiliser dans les relations de pouvoir. De l'autre, elle conditionne leur *volonté* de réellement se servir de ces

---

27. C'est ce que Hickson *et al.* ont voulu formaliser dans leur *strategic contingency model of intraorganizational power,* dans lequel le pouvoir d'une sous-unité dans une organisation donnée est une fonction : 1) de sa capacité de maîtriser (*cope with*) une source d'incertitude pour l'organisation ; 2) de la plus ou moins grande substituabilité de cette capacité ; 3) de sa plus ou moins grande centralité dans l'organisation en question. Cf. D.J. Hickson, C.R. Hinings, C.A. Lee, R.E. Schneck et J.M. Pennings, « A Strategic Contingency Theory of Intra-Organizational Power », *Administrative Science Quarterly,* vol. 16, 1971, p. 216-229. Une telle formulation est certainement utile, notamment pour décrire et mesurer la distribution du pouvoir au sein d'une organisation à un moment *t.* Mais là réside aussi sa limite. Car, en traitant ces sources d'incertitudes comme des données ou des ressources « objectives », une telle approche néglige de s'interroger sur les conditions de négociations qui définissent les possibilités des sous-unités d'utiliser vraiment le pouvoir que leur confère la maîtrise d'une source d'incertitude, et ne permet guère d'expliquer le fonctionnement d'une organisation à travers la dynamique du système de pouvoir qui la sous-tend.

atouts dans la poursuite de leurs stratégies, en fixant les *enjeux,* c'est-à-dire ce que chacun peut espérer gagner ou risque de perdre en engageant ses ressources dans une relation de pouvoir.

Toutes les ressources à la disposition d'un acteur ne sont en effet ni également *pertinentes* ni également *mobilisables* au sein d'une organisation donnée. Par ses objectifs et la nature des activités qui en découlent, celle-ci en valorise certaines et en écarte d'autres. Il ne sert à rien de savoir jouer du violon dans un atelier de mécanique. En revanche, si vous êtes l'un des rares à connaître tous les mystères d'une machine extrêmement complexe et centrale pour la bonne marche de cet atelier, votre possibilité de négociation, votre pouvoir s'en trouveront considérablement accrus. Ensuite, l'organisation établit les canaux de communication entre ses membres, et définit ainsi les possibilités d'accès des uns et des autres aux informations dont ils ont besoin dans leurs stratégies respectives. Enfin, l'organisation investit certains de ses membres d'une autorité légitime sur d'autres, c'est-à-dire de pouvoirs particuliers de sanction ou de récompense. En d'autres termes, elle met aux mains de certains des atouts propres qui peuvent donner à ceux-ci un poids plus grand dans les négociations. Pour reprendre notre exemple, il n'est pas indifférent que la personne qui connaît tous les mystères de la machine en question soit en même temps le chef officiel de l'atelier ou un simple ouvrier sans prérogatives formelles. La stratégie, et donc le comportement de cette personne, comme de tous les autres membres de l'atelier, s'en trouveront au contraire profondément affectés.

Mais disposer des *atouts* nécessaires ne suffit pas. Encore faut-il que les membres de l'organisation acceptent de les engager dans des relations de pouvoir particulières. Or dans la mesure même où l'organisation ne constitue jamais pour ses membres qu'un champ d'investissement stratégique parmi d'autres, il n'y a à l'engagement de ceux-ci aucune automaticité, comme nous l'avons déjà souligné. Ils n'accepteront de mobiliser leurs ressources et d'affronter les risques inhérents à toute relation de pouvoir qu'à condition de trouver dans l'organisation des *enjeux suffi-*

samment pertinents au regard de leurs atouts et de leurs objectifs, et *suffisamment importants* pour justifier une mobilisation de leur part[28]. C'est à ce niveau encore qu'intervient l'organisation. Par la façon dont, par exemple, elle organise la promotion interne, par le nombre et l'importance des zones d'incertitudes organisationnelles qu'elle laisse subsister aux interstices de la réglementation, par les conditions d'accès qu'elle fixe pour telle ou telle position et les prérogatives et avantages qu'elle y attache, elle écarte certains individus ou groupes de la compétition autour d'une source de pouvoir donnée en définissant la possibilité de gain de chacun. Toutes les zones d'incertitudes organisationnelles ne constituent pas des enjeux pour tous les membres de l'organisation. La compétition s'organise autour de quelques enjeux ou objectifs intermédiaires types[29]. Prenons, par exemple, la fonction d'entretien dans un atelier de production. Dans la mesure où le fonctionnement satisfaisant de l'atelier dépend du bon entretien des machines, celui qui en est chargé en retire du pouvoir et pourra donc obtenir un certain nombre d'avantages auxquels il tient. De ce fait, cette fonction peut devenir un enjeu pour tous ceux qui ailleurs possèdent les qualifications requises pour y prétendre, et qui — en mobilisant ces atouts — pourront tenter d'en obtenir le contrôle pour l'utiliser dans la poursuite de leurs propres stratégies. Mais, à supposer qu'une prescription statutaire vienne interdire l'accès à cette fonction aux célibataires et que tous les candidats potentiels dans l'atelier soient précisément dans ce cas, elle cessera aussitôt d'être un enjeu pour eux. Les jeux sont faits d'avance, ils n'ont plus rien à gagner. Ils « investiront » donc leurs « mises » ailleurs.

28. En d'autres termes, leur « participation » à l'organisation variera en fonction des enjeux qu'ils perçoivent.

29. L'enjeu peut ainsi se repréciser comme un *moyen* dont plusieurs acteurs ont simultanément besoin pour poursuivre chacun sa stratégie particulière et pour la maîtrise duquel il y aura donc compétition.

III. LES TYPES DE POUVOIR SÉCRÉTÉS
PAR L'ORGANISATION

Les relations de pouvoir concrètes qui se nouent au sein d'une organisation ne sont donc jamais le décalque pur et simple des rapports de force et des modes de domination inhérents à la structure sociale, aux rapports de production et à la division technique et sociale du travail qui en découle. Dire cela ne signifie pas — comme semble le croire S. Clegg — que l'on ignore les inégalités structurelles qui caractérisent les possibilités d'action des différents « joueurs » au sein d'une organisation[30]. Bien sûr, les négociations entre ceux-ci seront sur-déterminées par ces inégalités, et leurs résultats ne pourront pas à eux seuls faire disparaître ces mêmes inégalités. Bien sûr, pour reprendre l'exemple que Clegg tire du jeu d'échecs, dans le jeu organisationnel, la reine (le directeur pour parler gros) se trouvera généralement dans une situation considérablement et le plus souvent irréversiblement privilégiée par rapport au simple pion (l'ouvrier), puisqu'un certain nombre de règles culturelles et légales non négociables en la circonstance ouvriront plus de possibilités d'action à l'une qu'à l'autre. Dans le même ordre d'idées, il est évident aussi que la reine (le directeur) n'est pas libre de faire ce que bon lui semble : de même que des règles inchangeables limitent la reine dans sa liberté de manœuvre, de même un directeur d'entreprise est-il contraint dans le choix de ses politiques par la logique et la rationalité d'un mode de production et d'échange dominant.

Mais savoir et admettre cela ne permet nullement de rendre compte des particularités de fonctionnement d'une organisation : une même logique d'action — on l'observe quotidiennement — s'accommode d'une diversité considérable de situations et s'incarne dans des politiques différentes. Or, s'agissant d'analyses organisationnelles, c'est

---

30. Cf. S.R. Clegg, *Power, Rule and Domination*, Londres, Routledge & Kegan Paul, The International Library of Sociology, 1975.

cette diversité qui intéresse le chercheur, c'est elle qu'il doit comprendre et expliquer. Et il ne pourra le faire qu'en rapportant le déroulement des relations de pouvoir au sein d'une organisation aux contraintes structurelles propres à celle-ci en tant que champ d'action relativement autonome. Car c'est à l'intérieur de ces contraintes, autour de l'organigramme et des règles officielles que l'organisation sécrète ses propres sources de pouvoir dont il faut maintenant dire quelques mots.

Il semble qu'en première approximation on puisse distinguer quatre grandes sources de pouvoir correspondant aux différents types de sources d'incertitudes particulièrement pertinentes pour une organisation : celles découlant de la maîtrise d'une compétence particulière [31] et de la spécialisation fonctionnelle ; celles qui sont liées aux relations entre une organisation et son ou, mieux, ses environnements ; celles qui naissent de la maîtrise de la communication et des informations ; celles enfin qui découlent de l'existence de règles organisationnelles générales.

Avant de développer ces points, toutefois, il faut clairement souligner les limites de tout recensement typologique de ce genre. De toute évidence, il ne peut avoir d'autre but que de fixer les idées et d'illustrer de façon concrète un mode de raisonnement. Car, comme toutes les ressources que les acteurs utilisent dans la poursuite de leurs stratégies, les sources d'incertitudes organisationnelles ne sont pas des données objectives et univoques [32]. Ancrées bien sûr dans les exigences de certaines technologies ou certains processus de production, ancrées aussi dans les caractéristiques et particularités de la structure formelle d'une organisation donnée, bref, dans tout ce qu'on pourrait appeler les données « objectives » d'une situation, elles sont simultanément une partie intégrante du système humain qui soustend l'organisation, une réponse aux problèmes propres dont celui-ci est porteur, et en tant que telle aussi des

31. Ce qu'on appelle généralement, dans la théorie sociologique, « expertise ».
32. Bien entendu, cette distinction n'a qu'une valeur analytique. Dans la réalité, types de pouvoir et types de zones d'incertitude se trouvent le plus souvent mêlés, parfois inextricablement.

construits humains. Elles doivent donc aussi s'analyser comme des artéfacts, comme autant de béquilles que les acteurs organisationnels — se servant des données « objectives » d'une situation en fonction de leurs ressources matérielles et culturelles propres — « inventent » pour pouvoir bâtir et vivre leurs échanges au sein d'un ensemble finalisé.

Il faut donc se garder de tout raisonnement du genre : telle source d'incertitude « objective », structurelle aux mains de tel groupe, donc tel pouvoir, donc tel comportement ou telle stratégie de la part de ce groupe. Il n'y a en la matière aucun déterminisme simple. Là comme ailleurs, une source d'incertitude n'« existe » et ne prend sa signification pour et dans les processus organisationnels qu'à travers son investissement par les acteurs qui s'en saisissent pour la poursuite de leurs stratégies[33]. Or, l'existence « objective » d'une source d'incertitude ne nous dit rien sur la volonté ou plus simplement la capacité des acteurs de véritablement saisir et utiliser l'opportunité qu'elle constitue. C'est ainsi, comme nous l'avons déjà montré dans le cas du Monopole industriel ci-dessus, qu'une même source d'incertitude de nature apparemment technique peut devenir une source de pouvoir importante et conditionner profondément le fonctionnement d'une organisation ou, au contraire, rester relativement mineure et inexploitée dans une autre qui utilise pourtant la même technologie.

Quelques mots d'abord de la première grande source de pouvoir dont nous avons, en fait, déjà abondamment parlé dans la mesure où elle est plus apparente. C'est celle qui tient à la possession d'une compétence ou d'une spécialisation fonctionnelle difficilement remplaçable. L'expert est le seul qui dispose du savoir-faire, des connaissances, de l'expérience du contexte qui lui permettent de résoudre certains problèmes cruciaux pour l'organisation. Sa posi-

---

33. C'est pourquoi l'analyse qualitative prendra toujours le pas dans une telle perspective sur la quantification. C'est ce qui rend aussi très critiquable l'approche de David Hickson et de ses collègues. Cf. D.J. Hickson, C.R. Hinings, C.A. Lee, R.E. Schneck et J.M. Pennings, « A Strategic Contingency Theory of Intra-Organizational Power », *art. cit.*

tion est donc bien meilleure dans la négociation aussi bien avec l'organisation qu'avec ses collègues. Du moment que de son intervention dépend la bonne marche d'une activité, d'un secteur, d'une fonction très importante pour l'organisation, il pourra la négocier contre des avantages ou des privilèges. Le mécanisme est bien connu et on ne lui voit guère d'exception. Qu'on pense à la situation privilégiée des services d'entretien dans la plupart des ateliers, ou bien aux avantages détenus par les castes d'experts en France. Qu'on pense à l'évolution de la structure de pouvoir dans les grandes entreprises ou plutôt dans les grands groupes industriels qui a fait passer le pouvoir des mains des familles bourgeoises à celles de managers capables de contrôler les grandes incertitudes dans ces ensembles encore mal intégrés.

L'« expertise » proprement dite est relativement limitée. Peu de personnes, dans une société complexe comme la nôtre, sont vraiment les seules capables de résoudre un problème dans un ensemble donné. Mais énormément de personnes ont un monopole de fait parce qu'il est trop difficile et trop coûteux de les remplacer, parce qu'elles ont réussi en général par une organisation de groupe à rendre ou à maintenir les connaissances et expériences particulières qu'elles possèdent, ésotériques ou inaccessibles. A la limite, toute personne au sein d'une organisation possède un minimum d'« expertise » dont elle se sert pour négocier. Il lui suffit pour cela de tirer parti de la difficulté qu'on éprouverait à la remplacer (coût de la recherche, de la mise au courant, etc.).

La deuxième grande source de pouvoir qu'on trouve dans une organisation est liée à toutes les incertitudes qui se développent autour des *relations entre l'organisation et son environnement*. Elle est relativement proche de la première puisqu'on pourrait tout simplement considérer le contrôle de l'environnement comme une forme d'« expertise ». Aucune organisation ne peut exister sans établir des relations avec son ou, mieux, ses environnements[34]. Car

---

34. Nous reviendrons sur ce problème plus loin de façon approfondie (2ᵉ partie, chap. IV et V).

elle en dépend doublement : d'une part, pour obtenir les
ressources matérielles et humaines nécessaires à son fonctionnement (fournitures, personnel, etc.) ; d'autre part,
pour placer ou « vendre » son produit, qu'il s'agisse d'un
bien matériel ou d'une prestation immatérielle. De ce fait,
les « environnements pertinents » d'une organisation,
c'est-à-dire les segments de la société avec lesquels elle est
ainsi en relation, constituent pour elle toujours et nécessairement une source de perturbation potentielle de son
fonctionnement interne, et donc une zone d'incertitude
majeure et inéluctable. Et les individus et les groupes qui,
par leurs appartenances multiples, leur capital de relations
dans tel ou tel segment de l'environnement, seront capables de maîtriser, tout au moins en partie, cette zone
d'incertitude, de la domestiquer au profit de l'organisation,
disposeront tout naturellement d'un pouvoir considérable
au sein de celle-ci. C'est le *pouvoir dit du « marginal-
sécant*[35] », c'est-à-dire d'un acteur qui est partie prenante
dans plusieurs systèmes d'action en relation les uns avec les
autres et qui peut, de ce fait, jouer le rôle indispensable
d'intermédiaire et d'interprète entre des logiques d'action
différentes, voire contradictoires. Le voyageur de commerce, avec son capital de relations extérieures, mais aussi
l'ouvrier responsable syndical, dont le comportement peut
être déterminant dans le déclenchement d'une grève, en
sont des exemples parmi d'autres.

Mais le pouvoir ne découle pas seulement des données
« objectives » de la technique, de la tâche et des multiples
problèmes que créent des rapports avec l'extérieur[36]. Il
naît aussi de l'utilisation active par les acteurs des places et
positions qu'ils occupent dans les processus mêmes de
fonctionnement.

L'organisation crée du pouvoir simplement par la façon

35. Ce concept a été proposé par H. Jamous dans son étude du
processus de décision aboutissant à la réforme des études médicales.
Cf. H. Jamous, *Contribution à une sociologie de la décision : la
réforme des études médicales et des structures hospitalières*, Paris,
Copédith, 1968. Cf. *infra*, chap. XII, p. 344-370.
36. Cette objectivité n'est en fait qu'apparente, car toutes les
tâches, toutes les techniques sont aussi des construits humains.

dont elle organise la *communication et les flux d'information* entre ses unités et entre ses membres. C'est ainsi que, pour pouvoir convenablement remplir la tâche ou la fonction assignées à son poste, un individu aura besoin d'informations provenant d'autres postes détenus par d'autres individus. Et si, pour des raisons diverses, il ne peut pas les court-circuiter ou se passer de leur concours, ceux-ci, de par la simple place qu'ils occupent dans un réseau de communication donné, disposeront d'un pouvoir sur cette personne ; car la façon dont ils transmettront leurs informations (avec plus ou moins de retard, de façon plus ou moins filtrée ou « maquillée », etc. [37]) affectera profondément la capacité d'action du destinataire. Aucune réglementation n'y pourra rien. Ce dernier ne pourra parer à cette situation que si, à son tour, il possède des informations (ou maîtrise une autre source d'incertitude) qui affectent la capacité de jouer de ses correspondants. Et le même processus de chantage et de contre-chantage, de négociation et de marchandage se développera donc autour de la maîtrise et de la transmission des informations pertinentes pour les uns et les autres [38]. Une bonne illustration en est fournie par la situation et la stratégie des cadres subalternes de l'agence comptable analysée par Michel Crozier [39]. Pour prendre ses décisions, le cadre supérieur de cette organisation a besoin des informations sur les situations concrètes de travail que les cadres subalternes sont chargés de lui transmettre. De ce fait, ces derniers disposent d'un pouvoir sur lui qu'ils utilisent pour influencer le contenu des décisions prises : ils

---

37. Ou tout simplement en transmettant passivement, et sans aucune élaboration propre de leur part, *toutes* les données en leur possession. Le destinataire de ces informations, incapable d'opérer lui-même le tri entre ce qui est important et ce qui l'est moins, incapable aussi souvent de percevoir la véritable signification de ces informations qui lui parviennent pêle-mêle, se trouvera finalement tout aussi paralysé que s'il y avait eu rétention volontaire.

38. Ce n'est que dans une telle perspective que l'on peut comprendre la stratégie des directions, ou des supérieurs en général, qui — à travers un mélange de secret et de publicité plus ou moins consciemment dosé — utilisent l'information à leur disposition pour se ménager une marge de manœuvre supplémentaire.

39. Cf. M. Crozier, *Le Phénomène bureaucratique, op. cit.*, p. 23-78.

biaisent les informations pour obtenir des décisions favorables à leurs intérêts. Cela d'autant plus facilement et d'autant plus systématiquement qu'étant donné leur situation organisationnelle, ils sont en concurrence les uns avec les autres et que c'est là leur *seul* moyen d'influencer les décisions du supérieur dont le contenu conditionne pourtant leur propre capacité de maintenir une atmosphère de travail convenable dans leurs sections respectives. Mais ils ne peuvent aller trop loin dans cette voie. Car c'est le cadre supérieur qui prend les décisions dont ils dépendent. Et des informations trop manifestement fausses et biaisées peuvent avoir pour conséquence que celui-ci aille voir directement ce qui se passe à la base, sapant par là la source même de leur pouvoir. Et sans prétendre que l'ensemble de ces considérations soit toujours et nécessairement présent et explicite pour les cadres subalternes, on conçoit aisément que leur stratégie réelle sera aussi subtile qu'elle sera éloignée des images d'Epinal qui voudraient que l'information descende ou monte selon les critères rationnels définis par la structure et les règles de l'organisation.

L'*utilisation des règles organisationnelles* constitue la quatrième des sources de pouvoir que nous avons distinguées. Nous la traitons en dernier dans la mesure où elle est, plus que les autres, un construit et peut se comprendre comme une réponse directoriale au problème posé par l'existence des trois autres sources de pouvoir. Déjà, nous avions aperçu en discutant du pouvoir tiré de la maîtrise de l'information que l'autorité directoriale pouvait utiliser à son bénéfice les circuits d'informations nécessaires à la coopération. Nous retrouvons, ici, une problématique analogue. Les règles sont en principe destinées à supprimer les sources d'incertitude. Mais le paradoxe c'est que non seulement elles n'arrivent pas à les évacuer complètement, mais encore elles en créent d'autres qui peuvent immédiatement être mises à profit par ceux-là mêmes qu'elles cherchent à contraindre et dont elles sont censées régulariser les comportements.

Le meilleur exemple en est fourni par les négociations et marchandages qui ont lieu autour de l'application de la règle. Il est généralement admis que la règle est un moyen aux mains du supérieur pour obtenir un comportement conforme de la part de ses subordonnés. En prescrivant de façon précise ce que ceux-ci doivent faire, elle réduit leur marge de liberté et augmente donc le pouvoir du supérieur.

Mais on peut faire une autre analyse selon laquelle l'effet rationalisateur de la règle se révèle n'être pas à sens unique. Si elle restreint bien la liberté des subordonnés, elle en fait autant pour la marge d'arbitraire du supérieur. Celui-ci ne peut plus exercer son pouvoir de sanction, par exemple, que dans des circonstances bien précises. Du même coup, la règle devient un moyen de protection pour les subordonnés, qui peuvent se réfugier derrière elle contre l'arbitraire de leur supérieur. S'ils savent appliquer la règle, le supérieur sera démuni à leur égard. Comme, normalement, pour la bonne marche d'un service il faut faire plus que ce qui est prescrit par la règle, comme, d'autre part, le supérieur est lui-même jugé sur les résultats de son service, il se trouve en fait en position de faiblesse. Car il n'a aucun moyen pour obtenir de ses subordonnés qu'ils fassent plus que ce que demande la règle.

Comment le supérieur peut-il faire pour rétablir la situation? La plupart du temps, il n'aura pas une seule, mais plusieurs règles à sa disposition. Et il va tout simplement tolérer que ses subordonnés dérogent à certaines d'entre elles. Ainsi il disposera d'un moyen de chantage à leur égard. En faisant peser sur eux la menace de suspendre sa tolérance, de recommencer à appliquer strictement toutes les règles existantes, il peut inciter ses subordonnés à un effort particulier là où cela lui semble nécessaire. Mais il sait qu'il ne peut aller trop loin, car alors les subordonnés, le prenant au mot, c'est-à-dire prenant les règles à la lettre, les retourneront contre lui en se retranchant derrière elles[40].

---

40. Dans une analyse très fine, H. Popitz a montré l'importance et les fonctions positives remplies par l'ignorance et le manque de sanction des infractions aux règles juridiques. Cf. H. Popitz, *Ueber die Präventivwirkung des Nichtwissens*, Tübingen, Mohr (Recht und Staat 350), 1968. Cf. aussi les analyses que A.W. Gouldner consacre aux fonctions des règles bureaucratiques. Cf. A.W. Gouldner, *Patterns of Industrial Bureaucracy, op. cit.*

Tout en réduisant l'incertitude quant au comportement des subordonnés, la règle en crée donc une autre qui tient à la question de savoir jusqu'à quel point ces derniers choisiront de l'utiliser comme une protection contre l'arbitraire du supérieur. Et beaucoup plus que dans les prescriptions précises qu'elle édicte, le pouvoir qu'elle confère réside donc dans les possibilités de chantage et de négociation qu'elle crée. Le pouvoir du supérieur, c'est en fin de compte le pouvoir de créer des règles entre lesquelles il pourra ensuite jouer pour obtenir de ses subordonnés les comportements qu'il juge souhaitables.

En étudiant de cette sorte une organisation du point de vue des relations de pouvoir à travers lesquelles les acteurs organisationnels utilisent les zones d'incertitude à leur disposition pour négocier sans cesse leur propre bon vouloir et pour imposer dans la mesure du possible leurs propres orientations aux autres acteurs, on découvre tout naturellement une deuxième structure de pouvoir, parallèle à celle codifiée et légitimée dans et par l'organigramme officiel. Sa mise en évidence permet de mieux cerner l'étendue et la portée réelles de l'autorité officielle conférée par l'organigramme, elle permet aussi d'apprécier la marge de manœuvre réelle dont disposent les différents acteurs dans leurs négociations respectives, bref, elle permet de situer et de comprendre les « anomalies », les « écarts » que l'on ne manque jamais d'observer entre la façade officielle d'une organisation et les processus réels qui caractérisent son fonctionnement. Complétant, corrigeant, voire annulant les prescriptions formelles, cette structure de pouvoir constitue en fait le véritable organigramme de l'organisation. C'est par rapport à elle, finalement, que s'orientent et se forment les stratégies des uns et des autres.

3

Le jeu comme instrument
de l'action organisée

Résumons-nous. *Une situation organisationnelle donnée ne contraint jamais totalement un acteur.* Celui-ci garde toujours une marge de liberté et de négociation. Grâce à cette *marge de liberté* (qui signifie source d'incertitude pour ses partenaires comme pour l'organisation dans son ensemble), *chaque acteur dispose ainsi de pouvoir sur les autres acteurs,* pouvoir qui sera d'autant plus grand que la source d'incertitude qu'il contrôle sera pertinente pour ceux-ci, c'est-à-dire les affectera de façon plus substantielle dans leurs capacités propres de jouer et de poursuivre leurs stratégies. Et son comportement pourra et devra s'analyser comme l'expression d'une stratégie rationnelle visant à utiliser son pouvoir au mieux pour accroître ses « gains », à travers sa participation à l'organisation. En d'autres termes, il tentera à tout instant de mettre à profit sa marge de liberté pour *négocier sa « participation »,* en s'efforçant de « manipuler » ses partenaires et l'organisation dans son ensemble de telle sorte que cette « participation » soit « payante » pour lui.

La mise en œuvre de telles stratégies — nous l'avons dit — comportera toujours deux aspects contradictoires et complémentaires. En effet, chaque acteur s'efforcera simultanément de *contraindre les autres membres* de l'organisation pour satisfaire ses propres exigences (stratégie offensive [1]) et *d'échapper à leur contrainte* par la protection systématique de sa propre marge de liberté et de manœuvre (stratégie défensive). L'importance respective de ces deux orientations stratégiques variera, bien entendu, dans le temps et dans l'espace en fonction de la situation et des atouts propres à chaque acteur. Elles coexisteront cependant toujours dans toute stratégie d'action. Et leur mise en œuvre sera associée aux innombrables relations de pouvoir et de marchandage qui lient les différents acteurs les uns aux autres. Elles constitueront avec celle-ci l'ossature et la trame même du fonctionnement de l'organisation, car elles fournissent la nécessaire médiation commune des objectifs divergents poursuivis par chacun de ses membres.

La vision de l'organisation à laquelle on aboutit en suivant ce raisonnement est beaucoup plus complexe, plus « incohérente » et conflictuelle aussi que celle à laquelle nous conduit notre propre compréhension « spontanée » du phénomène. On le voit bien, le fonctionnement d'une organisation ne peut plus correspondre dans cette perspective à la vue taylorienne d'un ensemble mécanique de rouages agencés et mus par une rationalité unique. Il ne peut pas davantage se comprendre comme l'expression de mécanismes impersonnels ou d'impératifs fonctionnels qui assureraient « spontanément » la satisfaction des « besoins » d'intégration et d'adaptation d'un système dont la structure nous serait donnée au départ. L'organisation n'est ici en fin de compte rien d'autre qu'un univers de conflit, et son fonctionnement le résultat des affrontements entre les rationalités contingentes, multiples et divergentes d'acteurs relativement libres, utilisant les sources de pouvoir à leur disposition. Les conflits d'intérêt, les incohérences, les « pesanteurs structurelles » qui en résultent, ne sont pas les manifestations d'on ne sait quelles « dysfonctions organisationnelles ». Ils sont la rançon qu'une organisation doit payer pour exister, et la condition même de sa

---

1. Abandonner provisoirement sa propre marge de manœuvre peut être dans certains cas la tactique appropriée pour contraindre l'autre, comme nous l'avons montré dans notre discussion des analyses de Schelling.

capacité à mobiliser les contributions de ses membres et à obtenir d'eux ce « bon vouloir » sans lequel elle ne peut fonctionner convenablement.

Nous sommes ainsi conduits à mettre en question la notion même « d'objectifs communs » dont on postule trop facilement l'existence. Il peut y avoir des objectifs partagés. Il n'y a pas — et ne peut y avoir — d'unicité des objectifs au sein d'une organisation. Et cela pour deux raisons. D'abord, parce que la division du travail inhérente à toute activité organisée fait que, selon sa place dans l'organigramme, selon la fonction qui lui est dévolue, chaque membre de l'organisation aura une vision particulière, « déformée », des objectifs de celle-ci[2]. Cette vision, il n'aura guère tendance à la corriger, car il sera généralement de son intérêt de considérer l'objectif limité et intermédiaire qui lui est assigné comme l'objectif principal[3]. Bref, chacun hiérarchisera de façon différente les objectifs de l'organisation et ajustera son action en conséquence[4] sur un plan général, ensuite, parce que dans un univers de rareté où les bénéfices et avantages de toutes sortes créés par l'organisation sont limités, les individus et groupes sont de toute évidence en compétition les uns avec les autres pour leur distribution.

On ne peut donc parler des objectifs ou de la rationalité

2. C'est ce qu'ont bien montré March et Simon en analysant les limites quasi structurelles que la parcellisation des objectifs impose aux capacités cognitives des autres acteurs. Cf. J.G. March et H.A. Simon, *Les Organisations, op. cit.*

3. Il sera effectivement de son intérêt de réussir à faire admettre que son apport est décisif pour la survie et le développement de l'ensemble. Et pour y parvenir, il faut que ses partenaires acceptent son raisonnement partiel et partial.

4. On en arrive ainsi aux situations bien connues où — pour ne prendre que cet exemple — les commerciaux entreront en conflit avec les ingénieurs de la production parce que les raffinements techniques que ceux-ci apportent aux produits de la firme en alourdissent les prix de revient, si bien qu'il devient difficile ensuite de placer ces produits sur le marché. Les uns argumenteront qu'il faut jouer le moyen terme car la demande s'adaptera si le produit est supérieur ; les autres rétorqueront que la place sur le marché doit être absolument prise et gardée maintenant. Les uns et les autres chercheront en fait à faire de leur apport la contribution décisive pour la survie de l'ensemble.

d'une organisation comme s'ils existaient en soi, en dehors et au-dessus des individus ou groupes, qui seuls peuvent les porter et leur donner vie en les incluant dans leurs stratégies et en les actualisant dans leurs comportements. A la limite, l'organisation elle-même n'existe qu'à travers les objectifs et rationalités *partiels* des individus ou groupes en son sein.

S'il en est ainsi, si une organisation est bien ce lieu d'affrontement et de conflit que nous avons décrit, alors son existence même, en tant que cadre d'action collective, devient précaire et problématique. Car, contrairement à ce que semblent supposer certains tenants de l'analyse « systémique » en assimilant abusivement des organisations à des systèmes « organiques » ou « cybernétiques » autorégulés, ni l'intégration ou la cohésion d'une organisation ni, à plus forte raison, sa persistance ne sont des données naturelles et automatiques.

L'une et l'autre sont, au contraire, constamment menacées par les tendances centrifuges introduites par l'action motivée de ses membres qui, dans la poursuite de leurs stratégies personnelles toujours divergentes sinon contradictoires, cherchent tout naturellement à protéger, voire à élargir leur propre zone de liberté en réduisant leur dépendance à l'égard des autres, ou — dit autrement — *en limitant et restreignant l'interdépendance qui les lie aux autres parties en présence*[5]. A la limite, on pourrait dire qu'une organisation existe non pas tant à cause que malgré l'action de ses membres.

Arrêtons-nous un instant à ce point. Quand nous disons que l'organisation — comme généralement toute structure d'action collective — est à tout instant menacée d'éclatements parce que ses participants cherchent à poursuivre leurs stratégies personnelles et parce qu'il n'existe ni de

---

5. Dans un important article, A.W. Gouldner a souligné l'autonomie de certaines parties d'une organisation et le *manque de réciprocité* qui caractérise parfois leurs relations. Cf. A.W. Gouldner, « Reciprocity and Autonomy in Functional Theory », *in* N.J. Demerath et R.A. Peterson, *System, Change and Conflict*, New York, Free Press, 1967.

rationalité absolue[6] ni de légitimité incontestée à leur opposer, nous ne voulons pas, bien sûr, nier le fait que la plupart des organisations subsistent et fonctionnent. Nous cherchons simplement à mettre en évidence que le fait organisationnel fait problème et à cerner précisément la nature de ce problème que les hommes doivent résoudre pour constituer et maintenir une organisation.

Ce problème ne consiste pas seulement à intégrer toutes les activités indispensables à la poursuite d'un résultat, mais aussi à intégrer les relations de pouvoir et les stratégies des acteurs qui assurent l'exécution de ces activités. Cette formulation peut paraître après tout très simple. Mais elle va à l'encontre, en fait, du raisonnement sous-jacent à la plupart des théories de l'organisation.

Les auteurs, tout d'abord, qui restent attachés au modèle rationnel classique éludent tout à fait le problème ou, si l'on veut, le considèrent comme résolu. Puisqu'on peut, croient-ils, hiérarchiser toutes les rationalités et les intégrer dans une seule, l'organisation peut se trouver parfaitement définie par ses objectifs et les données technologiques, économiques, écologiques qui s'imposent à elle, comme autant de contraintes. Les données humaines dans cette perspective ne constituent qu'une autre contrainte, plus difficile peut-être, qui oblige à des accommodements et à des exceptions mais dans les limites tolérables. Le contrat constitue le meilleur moyen, généralement, de traiter cette contrainte.

Cette vision craque seulement lorsque l'on réussit à démontrer, comme nous avons cru pouvoir le faire, qu'il n'y a pas de dichotomie entre l'organisation toute-puis-

---

6. On peut ainsi étendre le schéma de March et Simon. Toute organisation doit se maintenir dans un contexte non seulement de *rationalité limitée (bounded rationality)* découlant tout autant des relations de pouvoir entre acteurs que des limites cognitives indivi- duelles et/ou structurelles déjà soulignées par March et Simon, mais aussi de *légitimité problématique (bounded legitimacy)* due à l'absence ou à la précarité de l'intégration normative des acteurs, et d'*interdé- pendance incomplète (bounded interdependence)* due à la réduction, voire à la remise en cause, dans les stratégies des acteurs, de leur intégration fonctionnelle.

sante, en un sens parfaite incarnation de la rationalité, et l'acteur individuel qui demeure quantité négligeable, car il n'a d'autre choix que de s'adapter à cette rationalité ou de s'en aller. D'un côté, en effet, l'organisation est humaine et se trouve donc incapable de dépasser la rationalité limitée, seule concevable pour l'esprit humain[7]. De l'autre, l'acteur individuel est un agent libre qui garde dans toutes ses activités, et non pas seulement au moment de son engagement de départ, sa capacité de calcul et de choix, c'est-à-dire sa capacité d'élaborer des stratégies qui, de son point de vue, sont rationnelles.

L'analyse des relations de pouvoir et de leur complexité ne nous laisse aucun doute à ce sujet. L'ordre relatif imposé par les dirigeants à cet ensemble complexe d'inter-actions n'est jamais, malgré les apparences, un ordre préétabli. Il est influencé par les pressions de chaque partenaire et il est toujours remis en question.

Paradoxalement, ce problème est éludé tout autant, mais autrement, par les divers courants interactionnistes, goffmaniens et ethno-méthodologiques[8]. Ayant découvert le jeu complexe des stratégies interpersonnelles d'acteurs en situation, les auteurs se sont polarisés sur elles au point d'oublier totalement les organisations. Ils restent, en effet, enfermés dans une vision trop exclusivement phénoméno-logique qui laisse entière la question centrale des méca-nismes régulateurs assurant l'intégration des comporte-ments des acteurs au sein des structures collectives. Ils ouvrent ainsi la porte à deux types d'explications qui, pour être contradictoires, nous semblent également éluder le problème évoqué ci-dessus. Le premier, auquel correspond notamment une bonne partie des analyses goffmaniennes, fait reposer l'intégration sur l'ajustement mutuel entre acteurs, sur une sorte de modèle du marché des interac-

---

7. Puisque nous vivons dans un monde de rationalité limitée. On verra au chap. IX toutes les implications qu'entraîne une telle proposition.

8. Cf. E. Goffman, *La Mise en scène de la vie quotidienne, op. cit.* ; H. Garfinkel, *Studies in Ethnomethodology, op. cit.* ; A. Cicourel, *Method and Measurement in Sociology,* New York, Free Press, 1964.

tions et des significations[9]. Le deuxième, lui, est celui de la domination universelle et omniprésente[10] qui fait reposer l'intégration sur les rapports de pouvoir plus larges de la société et de la culture, reproduits tels quels dans les situations d'interaction dans l'organisation. En d'autres termes, dans une telle vision, les mêmes phénomènes de domination qui sont l'essence du jeu social sont revécus concrètement à la base, sans qu'on ait besoin de faire appel pour les comprendre à ces institutions intermédiaires qui les incarnent. Celles-ci sont en quelque sorte considérées comme des courroies de transmission parfaitement neutres.

Il y a donc, par un singulier retournement, un certain parallélisme entre les deux positions. Ni d'un côté ni de l'autre, l'organisation ne fait problème parce que, d'un côté, elle est trop parfaite, de l'autre, elle est transparente[11].

Cette difficulté à saisir le phénomène organisationnel comme un phénomène totalement autonome et artificiel, dont il faut expliquer l'existence comme celle d'un construit contingent et non pas comme celle d'une conséquence de lois plus générales, affecte finalement profondément aussi, bien que de manière beaucoup moins évidente, la grande majorité des auteurs, particulièrement anglo-saxons, qui ont cherché à constituer une théorie des organisations à partir de l'approche structuro-fonctionnaliste[12].

9. C'est aussi l'optique implicite du livre de D. Silverman, *La Théorie des organisations*, Paris, Dunod, 1973, qui fournit une bonne présentation de l'orientation de ce courant.

10. Ce modèle semble vouloir se répandre parmi les sociologues à visée phénoménologico-structuraliste, dont le livre de S. Clegg, *Power, Rule and Domination, op. cit.*, fournit une bonne illustration.

11. Nous reviendrons plus longuement sur cet aspect ci-après, chap. VII.

12. Cf. notamment, T. Parsons, « A Sociological Approach to the Theory of Organizations », *Structure and Process in Modern Societies*, New York, Free Press of Glencoe, 1964 ; R.K. Merton, « The Role-Set : Problems in Sociological Theory », *British Journal of Sociology*, vol. 8, 1957, p. 106-120 ; R.K. Merton, *Social Theory and Social Structure*, New York, Free Press of Glencoe, 1957 (2e éd., trad. fr., et adaptation par H. Mendras, *Eléments de théorie et de méthode sociologique*, Paris, Plon, 1965) ; A.W. Gouldner, « Organizational Analysis », *in* R.K. Merton *et al.* (eds.), *Sociology Today*, New York, Basic Books, 1959, parmi beaucoup d'autres.

Les deux notions classiques qu'ils utilisent, l'intégration normative de l'action et le concept de rôles, offrent un premier niveau de compréhension indispensable qui a permis en son temps de dépasser l'interprétation mécaniste du modèle rationnel.

Dans une perspective étroite de socialisation, on voit bien comment les individus peuvent être façonnés par les normes de leurs rôles, elles-mêmes renforcées par les attentes de leurs partenaires et appuyées sur l'existence de valeurs intégratives. Mais dans la perspective plus complexe qui découle de la mise en évidence des relations de pouvoir, dans un ensemble organisé, cet appareil conceptuel apparaît franchement insuffisant pour rendre compte de stratégies d'acteurs capables de liberté et non pas seulement de comportements isolés d'acteurs passifs.

La théorie structuro-fonctionnaliste achoppe, en effet, sur une conceptualisation trop rationnelle de rôles articulés les uns sur les autres par un *deus ex machina* dans un tout cohérent. Même si on laisse de côté le problème de la genèse de ces rôles, il reste que nos analyses contredisent le point essentiel du fait sur lequel repose la théorie, à savoir que les occupants d'un rôle organisationnel donné se conforment naturellement aux attentes de leurs partenaires de rôle. Dans le jeu de relations de pouvoir, en effet, être en mesure de s'écarter des attentes et normes associées à son « rôle » est un atout et une source de pouvoir « ouvrant » la possibilité de marchandage. A l'inverse, être enfermé dans son « rôle » constitue une évidente infériorité pour l'acteur qui, devenu parfaitement prévisible, n'a plus rien à marchander.

C'est pourquoi nous découvrons dans toutes nos analyses à côté, et, si l'on peut dire, derrière le jeu de la socialisation, une tendance instinctive plus ou moins consciente de tous les acteurs à biaiser avec les fonctions qui leur ont été attribuées et à les transformer de façon à pouvoir échapper aux attentes et aux pressions de leurs partenaires et à pouvoir ainsi maintenir, voire élargir, leur marge de liberté. Certes, il existe des différences considérables de ce point de vue au sein d'une organisation. Mais tout le monde semble capable de jouer avec son rôle en mettant à profit les ambiguïtés, incohérences et contradictions qu'il recèle [13].

C'est ce que leur théorie empêche les meilleurs protagonistes de l'approche structuro-fonctionnaliste, comme Robert Kahn [14] et ses collègues, de reconnaître. En bons prêtres de la clarté et de la cohérence des rôles, ils traquent les situations de conflits de rôle comme des signes de situations « anormales », sinon pathologiques. Pour eux, les conflits, les ambiguïtés de rôle sont des occasions de *stress,* et comme tels apparaissent comme une des sources de l'angoisse moderne. Ils ne semblent pas remarquer que les situations pathologiques sont toujours celles de personnes qui vivent ces ambiguïtés et ces contradictions dans une position d'infériorité, et non pas celles de personnes qui sont gagnantes ou au moins du bon côté d'un conflit.

Si tel est le cas, il nous semble difficile de soutenir qu'on puisse faire reposer la constitution et le maintien de l'organisation sur le gouvernement d'un ensemble de rôles et sur l'intégration normative de l'action qui l'accompagne et qui en résulte. Nous ne prétendons certes pas qu'il ne puisse jamais y avoir intégration normative par respect des valeurs, des principes de fonctionnement et du rituel des

13. Incohérences et contradictions que les acteurs ne reçoivent pas seulement passivement de la situation, mais qu'ils susciteront et inventeront si l'occasion leur en est donnée.

14. Il faut noter que l'approche structuro-fonctionnaliste elle-même n'est pas centrée sur l'organisation, phénomène artificiel, mais sur la société, phénomène naturel. Sans nous arrêter sur ce point, qui peut lui-même être contesté et mis en question, remarquons qu'on voit bien que, dans cette perspective, la théorie des organisations n'est pour Parsons qu'une application de la théorie générale. Les critiques que l'on porte en général contre le fonctionnalisme ne peuvent donc être que d'une tout autre nature que celles qui sont les nôtres sur ce phénomène concret que l'on peut directement appréhender. Nous serons amenés à reprendre et à reformuler notre critique ci-après, dans la 3e partie de cet ouvrage, consacrée à l'analyse des systèmes d'action concrets. L'ouvrage de R. Kahn *et al., Organizational Stress,* New York, Wiley, 1964, fournit une excellente illustration de l'hypertrophie conceptuelle et méthodologique et de la modestie, pour ne pas dire la banalité, des résultats auxquels conduit une certaine analyse en termes de rôle, non seulement pour l'analyse organisationnelle, mais pour la théorie en général.

fonctions, ni que l'individu ne soit pas souvent enserré dans les pressions que lui imposent les attentes convergentes de ses partenaires. Mais le fait qu'il y échappe toujours plus ou moins, et que c'est dans cet effort constant qu'il cherche et trouve l'occasion d'exercer sa liberté, signifie que ce mode de raisonnement qui fait de l'acteur un récepteur passif des injonctions normatives est tout à fait insuffisant [15].

Beaucoup de chercheurs ont critiqué comme nous ce modèle qui semble statique, incapable de rendre compte du changement au sein de l'organisation et de sa vie profonde. Il reste toutefois qu'il paraît difficile de lui substituer un autre modèle. Ou bien, en effet, on pousse la critique plus vivement comme David Silverman [16], mais on tend à ce moment, comme nous l'avons vu, à éluder le problème de l'intégration. Ou bien, dans une vision trop facilement « systémique », on se concentre sur les besoins, les impératifs fonctionnels du système et on tend corrélativement à négliger sinon à ignorer les acteurs, leurs stratégies et leur liberté. C'est le cas d'Amitai Etzioni [17] dont l'ouvrage plein de remarques de détail extrêmement aiguës ne débouche pas sur un modèle vraiment différent du modèle structuro-fonctionnaliste. C'est le cas aussi des théoriciens du courant des « contingences structurelles » comme Charles Perrow ou J. D. Thompson ou David Hickson qui assouplissent le modèle rationnel au sommet, mais ne reconnaissent pas à l'acteur sa liberté stratégique et retombent de ce fait dans

15. La contrainte n'est certes pas absente d'un tel raisonnement. Mais à y regarder de plus près, il s'agit toujours d'une contrainte intériorisée. Pour une critique ancienne, mais toujours suggestive et pertinente d'une telle conception, cf. D. Wrong, « The Over-Socialized Conception of Man in Modern Sociology », *American Sociological Review*, vol. 26, avril 1961, p. 183-193, repris in N.J. Demerath et R.A. Peterson (eds.), *System, Change and Conflict, op. cit.* Nous avons nous-mêmes critiqué les analyses de Robert K. Merton sur les comportements bureaucratiques de ce point de vue, cf. *Le Phénomène bureaucratique, op. cit.*, p. 238-239.

16. D. Silverman, *La Théorie des organisations, op. cit.*

17. A. Etzioni, *A Comparative Analysis of Complex Organizations*, New York, Free Press, 1961 (2e éd. augmentée, 1967).

un déterminisme normatif économique ou technique équivalent à la théorie des rôles[18].

La tentative intéressante d'un théoricien allemand que nous avons déjà cité, N. Luhmann, de sortir du dilemme en radicalisant et en « phénoménologisant » la théorie struturo-fonctionnaliste, ne nous semble pas plus concluante sur ce point[19].

A travers ses analyses, Luhmann essaie de répondre, d'une part, à la question pendante sur la genèse des structures de rôle (quel est le *deus ex machina*?) et, d'autre part, à la question sur la capacité du système à motiver ses membres malgré leurs orientations divergentes de départ qui rendent illusoire tout postulat d'une intégration normative totale. A la première de ces questions, il répond par une radicalisation et, si on veut, par une phénoménologisation de l'approche fonctionnaliste : pour lui les systèmes sociaux, leurs structures et leurs processus doivent eux-mêmes se comprendre à partir de leur *fonction* qui est de réduire la complexité autrement insupportable du monde. Ce sont autant de « stratégies » de sélection et de fixation de sens sans lesquelles tout, c'est-à-dire rien, serait possible[20]. A la deuxième question, il répond par sa théorie de

18. On nous excusera de discuter à peine ici d'auteurs dont l'apport est fort intéressant. Nous avons choisi de présenter leur contribution dans le prochain chapitre.

19. Pour une bonne introduction à la théorie structuro-fonctionnaliste de Luhmann, cf. N. Luhmann, « Soziologie als Theorie sozialer Systeme », *in* N. Luhmann, *Soziologische Aufklärung,* Opladen, Westdeutscher Verlag, 1970, p. 113-136. Pour une saisie plus complète du cadre conceptuel et du projet scientifique de Luhmann, on lira, en outre, N. Luhmann, *Zweckbegriff und Systemrationalität,* Tübingen, J.C.B. Mohr, 1968 (Francfort, Suhrkamp, 1973), dans lequel est exposée la conception luhmannienne de la « rationalité systémique ». Pour une critique d'ensemble très suggestive et pertinente, cf. K. Grimm, *Niklas Luhmanns « soziologische » Aufklärung,* Hambourg, Hoffmann & Campe, 1974, et G. Schmid, *Funktionsanalyse und politische Theorie,* Düsseldorf, Bertelsmann Universitätsverlag, 1974, surtout chap. VII, p. 108-145.

20. Stuctures, processus et systèmes n'ont pas ici — il faut le noter — de statut ontologique. En tant que stratégies, ils sont toujours problématisables et remplaçables par d'autres stratégies fonctionnellement équivalentes. Cf. à cet égard, *Zweckbegriff und Systemrationalität, op. cit.* (Suhrkamp), notamment p. 166-257 ; et « Soziologie als

la formalisation des systèmes sociaux qu'il analyse comme le processus par lequel est différencié pour chaque position structurelle du système un *rôle* minimum de *membre* qui n'officialise que les attentes de comportement nécessaires à la survie de l'ensemble et que chaque acteur accepte une fois pour toutes en entrant dans le système[21]. Bref, légitimés par leur fonction qui les raccroche en quelque sorte au problème de l'ordre du monde, les systèmes sont capables de motiver leurs membres en créant des « rôles de membre » dont le contenu — librement accepté — assure l'intégration minimum des acteurs nécessaires à leur survie[22].

Les analyses luhmanniennes ne manquent pas d'ingéniosité. Mais, par des détours souvent sinueux, elles retrouvent finalement un cadre conceptuel bien connu, celui du modèle rationnel classique des ingénieurs, complété par le modèle libéral du contrat[23]. L'un et l'autre sont seulement un peu « problématisés », le premier grâce à l'emploi de la théorie cybernétique des systèmes, le second grâce à la théorie des rôles de membres. Malgré les apports et analyses phénoménologiques, le fait organisationnel demeure en fin de compte envisagé comme un fait de

---

Theorie sozialer Systeme », *art. cit.*, p. 113-136. Remarquons néanmoins que la question s'impose : Stratégie de qui : du système, d'un méta-acteur, du monde ? On voit bien que, par là, le *deus ex machina* de la théorie structuro-fonctionnaliste, chassé d'un endroit, se réintroduit subrepticement par un autre.

21. Pour la formulation du concept de rôle de membre, cf. N. Luhmann, *Funktion und Folgen formaler Organisation,* Berlin, Duncker & Humblot, 1964.

22. Luhmann dit à cet égard que le rôle de membre peut se comprendre comme une sorte de « loyauté capitalisée » qui fait qu'en entrant « librement » dans ce rôle de membre, l'individu non seulement accepte les attentes formalisées qui y sont associées, mais aussi les changements futurs qui affecteront ces attentes selon les procédures prévues à cet effet. Cf. N. Luhmann, *Zweckbegriff und Systemrationalität, op. cit. (Suhrkamp),* p. 340.

23. C'est ainsi qu'à maintes reprises dans *Funktion und Folgen formaler Organisation,* et notamment dans l'analyse des fonctions de la formalisation, on a l'impression de se trouver devant des réformations — en langage fonctionnaliste — des propositions de M. Weber sur les avantages de la bureaucratie.

nature et non pas comme un construit humain contingent. Le caractère libre et inventif du comportement humain, d'autre part, disparaît tout à fait puisqu'il est entendu que l'acteur accepte une fois pour toutes les contraintes cybernétiques de fonctionnement du système en entrant dans son rôle de membre.

Si Luhmann a raison en soulignant qu'il n'est pas nécessaire que les participants adhèrent aux objectifs d'une organisation pour que sa survie soit assurée, son cadre d'analyse ne lui permet pas de résoudre et d'expliquer le problème qui se trouve ainsi posé. Car ce n'est pas en escamotant la dimension politique consubstantielle à toute action organisée qu'on pourra expliquer le problème déterminant que nous avons mis en lumière, le problème de l'intégration des stratégies autonomes de membres gardant leur liberté. On ne peut en trouver l'explication ni dans la structure comme une donnée — les hommes doivent s'adapter aux rôles que définit une structure définie par d'autres hommes — ni dans la structure comme une fonction — les hommes doivent s'adapter aux rôles minimaux qu'une structure, elle-même réponse nécessaire au problème de l'ordre du monde, leur impose.

L'échec de ces tentatives successives nous semble dû au fait qu'on n'a pas jusqu'ici considéré suffisamment le *comment* de l'intégration avec des outils analytiques. Si l'on nous permet un rapprochement caricatural, les ethnométhodologues possèdent un outil pour comprendre les interactions, les fonctionnalistes ont dégagé un problème. Il faut employer l'outil pour comprendre non pas le problème en général, mais les solutions spécifiques et contingentes que les hommes y ont apportées dans et par leurs interactions.

Ce n'est pas toutefois, on s'en doute, avec l'outil ethnométhodologique que nous allons travailler, mais avec cette démarche stratégique dont nous avons commencé à montrer le mode de raisonnement dans le chapitre précédent.

II. LE RÔLE DE LA STRUCTURE FORMELLE

Essayons de poser le problème non plus à partir de la structure ou à partir du « système », mais à partir de l'acteur. Au lieu de nous demander comment l'organisation motive ses membres, demandons-nous pourquoi ceux-ci ne profitent pas davantage de la situation de supériorité qui peut être la leur. Et reprenons, pour ce faire, la dynamique inhérente à toute relation de pouvoir.

L'expert, qui maîtrise face aux autres une source d'incertitude cruciale pour eux, utilisera naturellement le pouvoir dont il dispose ainsi pour accroître ses avantages face aux autres, voire à leurs dépens. Mais il ne pourra le faire que d'une *certaine façon et dans certaines limites*. Car pour qu'il puisse continuer de disposer de son pouvoir, il lui faut « continuer le jeu ». Il ne pourra le faire qu'en satisfaisant au moins partiellement les attentes des autres à son égard, c'est-à-dire en contrôlant, au moins partiellement, ce qui constitue « sa » source d'incertitude. C'est donnant-donnant. Un acteur ne peut exercer du pouvoir sur les autres et les « manipuler » à son profit qu'en se laissant « manipuler » en retour et en les laissant exercer du pouvoir sur lui [24].

En reprenant le cas du Monopole industriel, il est évident, par exemple, que si les pannes de machine constituent l'atout essentiel dans la stratégie de pouvoir des ouvriers d'entretien, des pannes trop fréquentes, qui risqueraient d'immobiliser complètement la production, supprimeraient par là même toute possibilité d'une stratégie de pouvoir pour ceux qui contrôlent cette source d'incertitude. D'où — *formulé à l'extrême* — le *dilemme* suivant qui confronte les ouvriers d'entretien : comment faut-il entretenir les machines pour qu'à la fois elles marchent suffisam-

---

24. Pour éviter tout malentendu, précisons tout de suite que ceci ne postule nullement un quelconque équilibre. Des relations de pouvoir — répétons-le — sont toujours intrinsèquement en déséquilibre, même si elles comportent en même temps et nécessairement une part de réciprocité.

ment bien pour ne pas compromettre la production, tout en continuant de poser suffisamment de problèmes pour que l'entretien reste une source d'incertitude cruciale [25] ?

On objectera, à juste titre, que c'est là une formulation extrême qui n'est vraie « qu'en dernier ressort », et que bien d'autres facteurs viennent limiter la possibilité des ouvriers d'entretien de tirer profit de leur situation privilégiée [26]. L'objection cependant tombe à plat dans la mesure où la prégnance même de ces autres contraintes trouve son fondement dans cette limite fondamentale de toute relation de pouvoir qu'aucun acteur ne peut éviter ou éluder sous peine de renoncer à poursuivre sa stratégie personnelle, voire de cesser d'exister face aux autres [27]. C'est parce que — pour pouvoir disposer d'une source de pouvoir face aux

25. En d'autres termes, et contrairement à ce que soutient Luhmann dans un livre récent, non seulement le pouvoir des ouvriers d'entretien ne s'effondre pas si l'« alternative à éviter » (la panne de machine) se réalise ; leur pouvoir dépend même d'une certaine façon de ce que cette « alternative à éviter » ne puisse de temps en temps être évitée. Cf. N. Luhmann, *Macht,* Stuttgart, Ferdinand Enke, 1975, p. 23.

26. C'est tout d'abord la nécessité — dans l'entreprise, voire en dehors — de vivre côte à côte avec les ouvriers de production. Les attitudes réservées, sinon hostiles, de ceux-ci sont donc une arme pour contenir les ouvriers d'entretien, et retrouvent ici toute leur « rationalité », comme nous l'avons montré. C'est ensuite l'interdépendance des situations des uns et des autres. Les ouvriers d'entretien savent qu'en abusant par trop de leur situation de pouvoir, ils pourraient provoquer un mécontentement tel que la direction serait obligée de s'en préoccuper, ce qui pourrait avoir pour conséquence sa tentative de rationaliser l'entretien et de réduire ainsi l'emprise de la zone d'incertitude qu'ils contrôlent. C'est enfin l'existence d'un certain nombre de valeurs communes aux uns et aux autres : la « solidarité que l'on se doit entre ouvriers », la conception de ce que devrait être « une juste journée de travail » empêchent aussi les ouvriers d'entretien d'exploiter leurs avantages aussi loin qu'ils pourraient le souhaiter.

27. Dans la mesure où le seul moyen que j'ai pour éviter que l'autre me traite comme un moyen, comme une simple chose, c'est de rendre mon comportement imprévisible, c'est-à-dire d'exercer du pouvoir. Cela veut dire qu'il n'y a pas de formule univoque et claire pour décrire le comportement humain : celui-ci est toujours contradictoire. S'il est bien vrai, par exemple, que chaque acteur cherche à « réduire la complexité » que présente pour lui l'imprévisibilité du comportement des autres, il veillera *en même temps* à augmenter la complexité que son propre comportement représente pour les autres.

autres — il est obligé de satisfaire *partiellement* leurs
attentes à son égard, que *ceux-ci deviennent une contrainte*
pour lui. C'est aussi pour cette raison qu'il doit peu ou prou
accepter qu'un certain nombre de « règles du jeu » destinées précisément à assurer le maintien de leurs relations, et
à préserver ainsi la possibilité de chaque acteur de continuer à jouer, viennent limiter son arbitraire et structurer
ses négociations avec les autres[28].

Au niveau d'une organisation, ces limites inhérentes à
toute relation de pouvoir trouvent leur correspondant dans
les limites et contraintes qu'impose la nécessité de survie de
celle-ci, nécessité sur laquelle s'appuie en dernière analyse
l'ensemble des règles — formelles ou informelles, peu
importe ici — qui régissent et structurent le déroulement
des conflits et marchandages entre les divers participants.
Car la réalisation des objectifs personnels que les uns et les
autres poursuivent à travers leur engagement dans celle-ci
implique en effet sa survie. C'est pourquoi les « règles du
jeu » organisationnelles[29] deviennent contraignantes pour
tous les participants : c'est qu'elles s'appuient sur une
source d'incertitude qui s'impose à tous, à savoir la
possibilité de survie de l'organisation et, avec elle, de leurs
capacités même de jouer[30].

---

28. Nous retrouvons ici le lien indissoluble entre pouvoir et
organisation analysé plus haut, au chapitre précédent.

29. Les règles du jeu organisationnelles — comme d'ailleurs les
règles formelles qui, répétons-le, ne sont nullement identiques à elles
— n'agissent pas directement. *Ce ne sont pas des attentes de rôle.*
Contrairement à ces dernières, ou à des règles de savoir-vivre, elles ne
prescrivent pas directement le comportement à tenir dans différentes
situations. Leur portée et leur contrainte sont indirectes : elles
limitent la liberté d'action des participants en structurant les enjeux et
en définissant les stratégies gagnantes possibles que les participants
peuvent poursuivre dans les « jeux » qui se déroulent au sein de
l'organisation. Cf. *infra*, section 4.

30. La dépendance des divers acteurs organisationnels à l'égard de
cette source d'incertitude centrale n'est, bien entendu, pas la même
pour tous. Cette différence même est un des paramètres essentiels
pour définir la marge de manœuvre, et donc indirectement le pouvoir,
dont disposent les uns et les autres en son sein. Un acteur qui a des
solutions de rechange, qui dispose de ce fait d'une réelle alternative,
peut adopter des stratégies infiniment plus « risquées » que celui qui
est « coincé » dans le jeu.

C'est leur maîtrise de cette source d'incertitude qui, en dernière analyse, confère aux dirigeants, et encore, quoi qu'on en dise, aux détenteurs du capital, le pouvoir qui est le leur. Entendons-nous bien. Cette incertitude est fondamentale mais elle est vague, abstraite même pour la vie de tous les jours. Tout le problème du dirigeant ou des dirigeants qui la contrôlent sera de trouver le moyen de monnayer cette force de dissuasion trop difficile à utiliser, de la transformer en possibilités limitées mais concrètes d'influence. D'un certain point de vue, ils ne sont pas différents des ouvriers d'entretien du Monopole. Il serait utile pour eux dans le moment, mais trop dangereux pour l'avenir, que le problème de la survie comme le problème de la panne se pose souvent. Ils ont disposé, en revanche, à la création de l'organisation et à certains moments privilégiés de la survie, d'une influence considérable pour organiser structures et règles de telle sorte qu'elles leur donnent la maîtrise de sources d'incertitude artificielles beaucoup plus pratiques et maniables que la menace de catastrophe[31].

Vues dans cette perspective, structures et règles ont deux aspects contradictoires. D'un côté, elles sont des contraintes qui, à un moment donné, s'imposent à tous les membres d'une organisation, même aux dirigeants qui les ont créées, mais, de l'autre, elles ne sont elles-mêmes que le produit de rapports de force et de marchandages antérieurs. Elles constituent en quelque sorte l'*institution-nalisation*[32] *provisoire et toujours contingente* de la solution que des acteurs relativement libres avec leurs contraintes et ressources, bref avec leurs capacités de négociation du moment ont trouvée au difficile problème de leur coopération[33]

---

31. C'est dans la mesure où des règles juridiques ou des coutumes, résultats les unes et les autres de négociations et de marchandages beaucoup plus complexes à un niveau plus élevé partiellement sociétal, limitent cette possibilité d'utilisation des structures et des règles que certains groupes dirigeants, par exemple les détenteurs du capital, perdent leur pouvoir.

32. Institutionnalisation — est-il besoin de le préciser? — ne signifie nullement formalisation.

33. Coopération, au sens le plus neutre du terme, impliquant simplement acceptation temporaire et provisoire d'une certaine inter-dépendance.

au sein d'un ensemble finalisé. Et en tant que telles, elles ne sont ni neutres ni incontestées.

Elles ne sont pas neutres parce qu'en structurant le champ de négociation elles privilégient certains acteurs au détriment d'autres, et parce que les zones d'incertitudes artificielles qu'elles constituent et créent sont utilisées par les acteurs en présence, simultanément, comme outils et comme protections dans la poursuite de leurs stratégies propres. De ce fait, leur codification constituera toujours un enjeu majeur dans les conflits de pouvoir qui opposent les membres d'une organisation [34].

Elles ne sont pas non plus incontestées. En fonction des atouts nouveaux dont il peut disposer, chaque individu ou groupe en présence s'efforcera au contraire de modifier en sa faveur le rapport de force qu'elles ont en quelque sorte « institutionnalisé », en les vidant autant que possible de leur substance, c'est-à-dire de leur caractère contraignant, pour récupérer ainsi une partie de sa liberté et de sa capacité d'action. C'est dire que les règles elles-mêmes sont investies et sous-tendues par des relations de pouvoir qui seules leur donnent vie et rigueur.

L'exemple des phénomènes de pouvoir qui se greffent sur les relations d'autorité est saisissant à cet égard. Le supérieur — nous l'avons vu — ne peut réellement exercer son autorité formelle qu'en utilisant des procédés de chantage face à ses subordonnés. C'est seulement en

---

34. On comprend ainsi mieux les difficultés que l'on rencontre chaque fois qu'on veut changer les organisations. Tout changement organisationnel, dans cette perspective, est en effet beaucoup plus que changer quelques cases sur un organigramme ou même « adapter » les ouvriers aux exigences d'une nouvelle technologie. C'est, en fait, restructurer un système d'action en redistribuant les zones d'incertitudes cruciales, et, de ce fait, une grande partie des atouts et ressources que les différents groupes au sein de l'organisation peuvent mobiliser dans leurs marchandages. Et par là, on peut affecter très directement — ceci étant beaucoup plus important que le « coût psychologique » du changement dont on parle tant — la capacité qu'ont les membres de l'organisation à négocier leur participation et donc, finalement, à jouer le rôle que l'on attend d'eux. La fameuse « résistance au changement » retrouve ici toute sa justification et aussi toute sa légitimité. Cf. ci-dessous, 5ᵉ partie, pour nos développements sur le changement.

manifestant une certaine tolérance à l'égard de certaines transgressions des règles existantes dont se rendent coupables ses subordonnés qu'il obtiendra, en échange, de leur part, le comportement coopératif dont il a besoin pour mener à bien ses propres tâches. Sans cette possibilité de chantage, son autorité risque d'être une attribution largement formelle et théorique.

Une telle perspective — il faut le souligner — a des répercussions profondes sur le statut même que l'on accordera à tout ce qui constitue la structure formelle d'une organisation. En effet, celle-ci n'a plus ici ni existence ni rationalité propres. Elle ne tient sa prégnance et ne trouve sens et signification que par rapport à la structure de pouvoir et aux règles du jeu organisationnelles. En fin de compte, elle n'est rien d'autre qu'une *codification* (formalisation) également provisoire, également contingente et, surtout, toujours *partielle* des règles du jeu qui ont prévalu dans le système d'action sous-jacent à l'organisation. Mais si elle nous indique l'existence d'un tel système d'action[35], elle ne nous permet à elle seule de connaître ni l'étendue et la configuration empirique de celui-ci[36], ni les caractéristiques et les règles des jeux qui s'y jouent, ni les modes de régulation à travers lesquels ces jeux sont articulés les uns aux autres. Et si, de toute évidence, elle remplit des « fonctions » par rapport à ces jeux et par rapport au problème fondamental de la coopération d'acteurs relativement autonomes qu'il s'agit de résoudre, aucune logique *a priori* ne peut nous dire quelles sont ces fonctions et quelle est leur signification.

Il s'ensuit que l'étude du fonctionnement des organisations ne peut se faire dans l'abstrait ni à partir d'une quelconque rationalité *a priori,* fût-elle systémique. Elle passe par l'observation et la mesure des attitudes, comportements et stratégies de ses membres, par l'évaluation de

35. Son existence elle-même doit être démontrée à travers la mise en évidence de relations de pouvoir.

36. Comme nous le montrerons plus loin, les frontières juridiques d'une organisation ne coïncident que rarement avec celles du système d'action sous-jacent. Cf. *infra,* chap. v, ainsi que nos développements dans la 3ᵉ partie, consacrée aux systèmes d'action.

leurs ressources spécifiques ainsi que des contraintes de toutes sortes qui limitent leur marge de manœuvre et pèsent sur leurs stratégies, pour essayer de comprendre la rationalité de ces attitudes, comportements et stratégies en reconstruisant structures, nature et règles des jeux qu'ils jouent [37].

On est donc renvoyé à une approche cas par cas. C'est là une démarche à la fois modeste et ambitieuse. Modeste dans la mesure où — démarche expérimentale et inductive — elle se veut avant tout une *méthode d'analyse et de compréhension* de la réalité sociale, et s'interdit d'élaborer une « théorie des organisations » ou des « lois » ou préceptes généraux qui définiraient de façon *a priori* ce que devrait être la « bonne » organisation. Ambitieuse, parce qu'en expliquant le fonctionnement des organisations à partir des stratégies de leurs membres, c'est-à-dire en analysant les organisations comme des systèmes d'action qui se constituent et se maintiennent à travers l'action motivée des individus ou groupes qui en font partie, elle déborde largement son domaine initial d'investigation pour aborder celui des conditions de développement de l'action organisée des hommes, et de ses contraintes propres. Non pas une sociologie des organisations, mais une sociologie de l'action organisée.

III. LE JEU COMME INSTRUMENT DE L'ACTION ORGANISÉE

Les analyses qui précèdent, et qui mettent l'accent sur la contingence des données structurelles de toute situation organisationnelle et sur la place prépondérante des stratégies diverses des acteurs concernés, restent cependant encore partielles. Si la vision qu'elles donnent d'une lutte d'homme contre homme correspond bien aux moments de crises organisationnelles où resurgissent de façon beaucoup

37. Pour les implications méthodologiques de cette démarche, nous renvoyons à l'annexe de cet ouvrage.

plus crue et brutale les rapports de force entre acteurs caractéristiques de leurs sytèmes de pouvoir[38], elles laissent de côté l'ensemble des phénomènes de socialisation, des « pesanteurs structurelles » qui ordinairement, en période de routine, tiennent une place si importante dans les organisations comme d'ailleurs dans toute la vie sociale. Or celles-ci ne sont pas toujours en crise, tant s'en faut, pas plus d'ailleurs que les individus ne remettent en cause quotidiennement les règles qui fondent et canalisent — nous le savons bien — l'interaction sociale. Sans tomber dans les impasses évoquées et critiquées plus haut, une analyse fidèle et complète de la réalité organisationnelle se doit donc d'intégrer aussi ces aspects-là.

Il ne s'agit pas, en effet, de nier la contrainte sans laquelle aucune structure d'action collective ne saurait subsister. Nous connaissons tous, pour en avoir éventuellement fait l'expérience, le caractère contraignant de certaines situations ou certaines positions organisationnelles pour le comportement de ceux qui s'y trouvent. Mais le problème est de comprendre comment cette contrainte opère et comment, dès lors, on peut l'intégrer dans l'analyse.

Or, à cet égard, il nous semble effectivement qu'utiliser la notion de rôle autrement que comme une convention de langage qui a l'avantage mais aussi l'inconvénient de faire image[39] est une façon de trancher cette question. Elle revient à accepter la contrainte comme une donnée en choisissant le « système », avec ses « besoins », ses « nécessités », comme point de départ de la recherche, avec tous les dangers de réification et de raisonnement déterministe qu'un tel point de départ comporte. Car il conduit presque immanquablement à voir déterminisme là

38. C'est pourquoi les crises organisationnelles constituent toujours des moments privilégiés pour *analyser* les organisations.

39. Nous avons vu la place centrale de la théorie des rôles dans l'analyse structuro-fonctionnaliste de Luhmann. Katz et Kahn, de leur côté, définissent explicitement le « rôle » comme le concept-clef permettant de lier niveaux individuels et organisationnels de l'analyse. Cf. D. Katz et R.L. Kahn, *The Social Psychology of Organizations*, New York, Wiley, 1966, p. 197.

où il n'y a que contrainte, à voir conditionnement là où il y a choix. En effet, qu'entend-on au juste en disant que le rôle de tel acteur dans un ensemble est de faire telle chose ? De deux choses l'une. Ou bien l'on désigne par là ce que cet acteur *devrait* faire, auquel cas on ne fait aucune référence à son comportement réel, mais on se borne à décrire les prescriptions formelles qui définissent la position dans l'ensemble, ou à expliciter les exigences normatives qu'associent à cette position les impératifs fonctionnels de survie et d'adaptation de l'ensemble. Ou bien on désigne par là le comportement empiriquement observable de l'acteur, auquel cas on le réduit — implicitement ou explicitement — aux prescriptions et aux attentes associées à sa position.

C'est là la limite essentielle de toute analyse organisationnelle en termes de rôle : *elle repose sur une problématique univoque qui est celle de l'adaptation*. En effet, sous peine d'en rester à des propositions purement formelles et/ou normatives [40], elle est obligée de réduire le comportement des individus aux attentes de leur rôle, c'est-à-dire de les considérer comme enfermés — même si c'est de leur plein gré — dans des positions où un ensemble de contraintes préexistantes détermine quelle devra être leur conduite qui, dès lors, ne peut être qu'*adaptative et passive*. Les individus sont des supports de structures, ils sont conditionnés par leur rôle [41]. La « déviance » sous toutes ses formes est anormale, voire pathologique, due à une mauvaise perception ou une mauvaise compréhension du rôle [42], bref au fonctionnement défectueux de l'ensemble : le conditionnement est la règle.

---

40. C'est bien là — nous l'avons dit — le reproche principal que l'on peut formuler à l'égard des analyses que Luhmann développe dans le cadre de son esquisse d'une théorie générale des systèmes formalisés. Cf. N. Luhmann, *Funktion und Folgen formaler Organisation, op. cit.*

41. L'analyse de R.K. Merton sur l'émergence de la personnalité bureaucratique constitue un bon exemple d'une telle problématique du conditionnement.

42. A la limite, aussi à une sorte de « ruse systémique » qui fait que, pour mieux assurer sa reproduction, le système « tolère », voire « provoque », certaines déviances.

Pour éviter ces difficultés qui sont de l'ordre du raisonnement, et pour pouvoir restituer aux individus leur statut d'acteurs autonomes dont la conduite constitue la mise en œuvre d'une liberté, si minime soit-elle, il nous faut changer de problématique.

La nouvelle problématique que nous proposons est fondée sur le *concept de jeu.* Il ne s'agit pas d'une opposition de vocabulaire mais d'un changement de logique. Au lieu de nous centrer sur une série de concepts bien délimités, structure, rôle, personne, qui ne nous permettent pas d'appréhender les phénomènes que nous jugeons essentiels et qui sont des phénomènes de relations, de négociations, de pouvoir et d'interdépendance, nous nous centrons sur les mécanismes d'intégration de ces phénomènes eux-mêmes. Le jeu pour nous est beaucoup plus qu'une image, c'est un mécanisme concret grâce auquel les hommes structurent leurs relations de pouvoir et les régularisent tout en leur faisant — en se laissant — leur liberté.

Le jeu est l'instrument que les hommes ont élaboré pour régler leur coopération. C'est l'instrument essentiel de l'action organisée. Le jeu concilie la liberté et la contrainte. Le joueur reste libre, mais doit, s'il veut gagner, adopter une stratégie rationnelle en fonction de la nature du jeu et respecter les règles de celui-ci. Cela veut dire qu'il doit accepter pour l'avancement de ses intérêts les contraintes qui lui sont imposées. S'il s'agit d'un jeu de coopération, comme c'est toujours le cas dans une organisation, le produit du jeu sera le résultat commun recherché par l'organisation[43]. Ce résultat n'aura pas été obtenu par la commande directe des participants, mais par l'orientation qui leur aura été donnée par la nature et les règles de jeux que chacun d'eux joue et dans lesquelles ils cherchent leur propre intérêt. Ainsi défini, le jeu est un construit humain. Il est lié aux modèles culturels d'une société et aux capacités des joueurs, mais il reste contingent comme tout

---

43. Dans la mesure où celle-ci ou plutôt ses dirigeants auront compris leur dépendance à l'égard des structures, c'est-à-dire des jeux déjà établis, et auront su les orienter.

construit. La structure n'est en fait qu'un ensemble de jeux. La stratégie ou les stratégies de chacun des participants n'est que le ou les partis qu'ils adoptent dans le jeu, et c'est la nature du jeu qui leur donne leur rationnalité.

En d'autres termes, au lieu de considérer le fonctionnement d'une organisation comme le produit de l'adaptation, par des processus divers, d'un ensemble d'individus ou de groupes avec leurs propres motivations aux procédures et « rôles » prévus par celle-ci, nous proposons de le considérer comme le résultat d'une série de jeux auxquels participent les différents acteurs organisationnels et dont les règles formelles et informelles — en définissant notamment les possibilités de gains et de pertes des uns et des autres — délimitent un éventail de stratégies rationnelles, c'est-à-dire « gagnantes » qu'ils pourront adopter s'ils veulent que leur engagement dans l'organisation serve leurs espoirs personnels, ou du moins ne les contrarie pas. Dans une telle conceptualisation de l'organisation comme un ensemble de jeux articulés les uns aux autres [44], le phénomène proprement sociologique de l'intégration des conduites des acteurs n'est donc pas interprété comme la conséquence directe de l'apprentissage d'un ensemble de comportements interdépendants avec leurs normes et valeurs correspondantes. Il est analysé comme la conséquence *indirecte* de la contrainte fondamentale qui oblige chaque participant — s'il veut continuer à jouer et s'assurer simultanément que son engagement dans l'ensemble soit « payant » pour lui ou tout au moins ne lui « coûte » pas trop — à tenir compte des exigences et règles prévalant dans les jeux qui se jouent dans l'organisation, et ainsi à contribuer *nolens, volens*, à l'accomplissement des objectifs de celle-ci.

Dire qu'il y a jeu n'implique donc nullement ni une

44. Ces jeux, en effet, ne sont pas identiques à tous les niveaux de l'organisation. Pour ne mentionner que cette dimension, des différences considérables peuvent, par exemple, exister entre les jeux à la base et les jeux au sommet d'une organisation. Mais ces jeux ne sont pas pour autant indépendants les uns des autres, mais reliés entre eux de façon non aléatoire par une série de mécanismes de régulation plus généraux. Cf. *infra*, chap. IX, nos développements à ce sujet.

quelconque égalité de départ entre joueurs[45] ni un quelconque consensus sur les règles mêmes du jeu[46]. Certes, il est probable que des processus de socialisation se mettront en place autour de structures de jeux relativement stables. Mais ils ne sont nullement nécessaires au maintien du jeu. Car la contrainte que celui-ci impose ne porte pas sur des comportements déterminés, mais sur une gamme de stratégies possibles parmi lesquelles l'acteur opère un choix qui, à terme ou immédiatement, peut provoquer une modification du jeu lui-même. Celui-ci reste toujours ouvert.

Reprenons, pour illustrer notre propos, l'exemple des ateliers du Monopole industriel. En effet, le système d'action que nous y avons mis en lumière peut facilement se conceptualiser comme un jeu à trois acteurs et, qui plus est, comme un jeu à somme nulle : ce que l'un gagne, l'autre le perd[47]. Cette caractéristique fait que le jeu est particulièrement contraignant pour chacun des participants. Mais ce caractère contraignant ne provient pas d'un quelconque consensus entre les acteurs ; il est dû simplement au fait qu'aussi longtemps qu'ils veulent continuer de jouer, il n'y a pour aucun d'eux de stratégie rationnelle (ou gagnante) possible qui ne l'oblige à un comportement favorable aux

45. C'est tout le contraire qui est le cas, puisque les « règles du jeu » préexistantes définissent des possibilités inégales de gains et de pertes. Cf. T.C. Schelling, *The Strategy of Conflict, op. cit.*, p. 99-118, pour une analyse des structures et conséquences inégalitaires des jeux à somme non nulle, et son plaidoyer pour l'abandon du postulat irréaliste de l'égalité des joueurs.

46. C'est notamment Cohen qui impute, à notre avis indûment, un tel postulat à une interprétation en termes de jeu. Cf. P.S. Cohen, *Modern Social Theory*, Londres, Heinemann, 1968.

47. Tout au moins en première approximation et si l'on veut bien accepter le traitement du Monopole industriel comme système clos. Cf., à cet égard, la formalisation de J.-L. Peaucelle, « Théorie des jeux et sociologie des organisations », *Sociologie du travail*, n° 1, 1969. De façon plus générale, il faut mettre en garde contre toute tentative, prématurée à notre avis, de pousser l'analyse organisationnelle dans la voie d'une formalisation ou d'une modélisation inspirée de la théorie des jeux. Nos connaissances des phénomènes empiriques sont encore trop limitées pour que ces modèles puissent être autre chose que des simplifications grossières — et, de ce fait, rapidement stériles — de la réalité qu'il s'agit précisément de connaître avant de vouloir la formaliser.

objectifs de l'ensemble et qui ne contribue au maintien du jeu lui-même[48]. Certes, ils peuvent choisir de perdre. Mais dans la mesure où, normalement, il leur faut gagner ou tout au moins éviter de perdre, bref, dans la mesure où il leur faut « tirer leur épingle du jeu[49] », ils seront amenés à adopter de telles stratégies gagnantes. D'où la contrainte[50]. D'où aussi la persistance du jeu.

Nous avons déjà fait allusion au dilemme fondamental des ouvriers d'entretien, véritables privilégiés du jeu. Nous pouvons le montrer tout autant pour les ouvriers de production : étant donné leur situation, étant donné aussi et, peut-être surtout, la structure du jeu qu'ils trouvent en entrant dans l'organisation et auquel ils ne peuvent se soustraire sans quitter celle-ci, ils ne peuvent — sous peine de compromettre les gains possibles de leur engagement dans le Monopole — se « mettre mal » avec les ouvriers d'entretien. Ils vont donc les ménager et respecter leurs prérogatives tout en essayant — par les moyens détournés que nous avons vus — de faire peser sur eux des pressions affectives indirectes. L'effet d'une telle stratégie est clair :

48. En ce sens, les critères de rationalité et de satisfaction pouvant être utilisés par les acteurs sont eux-mêmes conditionnés par la structure et le type de jeu auquel ils participent. Nous reviendrons sur ce point dans nos développements consacrés aux problèmes de la décision. Cf. *infra*, 4ᵉ partie.

49. Il ne faut pas se méprendre sur le caractère apparemment neutre de cette expression. Elle illustre en fait le mécanisme fondamental à travers lequel il peut y avoir contrainte. En effet, on peut choisir de « tirer son épingle du jeu » de façon très différente parfois : on peut choisir des stratégies plus ou moins offensives ou défensives. Mais à moins de sortir du jeu, on sera confronté aux conséquences de ces stratégies, conséquences elles-mêmes structurées en fonction des « règles du jeu » qui prévalent.

50. Contrainte — ajoutons tout de suite — d'autant plus grande que les acteurs seront dépendants de ce jeu et pourront, de ce fait, moins risquer d'y perdre. Il faut donc toujours ajouter une dimension supplémentaire à l'analyse : celle de la *centralité* d'un jeu particulier dans l'ensemble du champ stratégique d'un acteur. De façon plus générale, on retrouve ici le problème du non-conformisme qui, de tout temps, a été le privilège des « riches », au sens le plus général et le moins monétaire du mot, c'est-à-dire d'acteurs qui disposent d'un grand nombre de possibilités alternatives d'action et qui, de ce fait, peuvent diversifier le plus leurs engagements.

elle renforce la position des ouvriers d'entretien tout en les rappelant à l'ordre pour qu'ils ne négligent pas trop leur mission « officielle » de réparer les pannes des machines. Le moins qu'on puisse dire, c'est qu'une telle stratégie ne contribue pas à désintégrer la marche des ateliers. Il en va pareillement pour les chefs d'ateliers. Placés dans une situation « perdante », tout les pousse, dans un souci de tirer au moins leur épingle du jeu, à minimiser leurs engagements et à adopter un comportement de retrait. A quel point ce type de jeu peut être contraignant, ressort clairement de la sanction ayant frappé ce chef d'atelier, cité plus haut, qui voulait se mêler de la réparation des machines. En fin de compte, il a dû partir, pour avoir refusé de « jouer le jeu »[51].

Que l'apprentissage des contraintes du jeu produise aussi l'acquisition d'un système de normes et de valeurs correspondant à la stratégie rationnelle découverte et mise en œuvre, cela est probable. Mais on voit bien que le processus lui-même a ici un statut et un sens différents : il n'est plus antérieur au jeu, mais postérieur, et ne constitue pas une condition automatique ni même nécessaire pour le maintien du jeu lui-même. Le cas limite d'un comportement apparemment schizophrène et/ou parfaitement cynique, se trouvant en contradiction flagrante et permanente avec les normes et valeurs admises et/ou professées par un acteur donné, n'est pas exclu dans cette perspective, même s'il reste peu plausible empiriquement. Bref, la socialisation ne peut plus ici être considérée comme le produit déterminé d'avance d'une adaptation passive. C'est un processus relativement ouvert et plein de surprises *a priori* dans la mesure où il est toujours médiatisé par un sujet agissant qui garde une zone de liberté à l'intérieur des limites du jeu auquel il participe[52].

51. En même temps, un tel exemple montre qu'il y a d'autres stratégies possibles qui peuvent être choisies par des acteurs disposant d'autres ressources et pouvant, de ce fait, prendre davantage de risques dans ce jeu. Nous y reviendrons ci-après.
52. Cela a des répercussions profondes notamment sur la notion d'attitudes. Celles-ci se rapprochent ici d'une sorte de rationalisation

Car il faut bien voir qu'une telle perspective n'élimine pas la liberté et la possibilité de choix des acteurs. Ceux-ci peuvent, tout d'abord et dans la mesure du possible, restructurer leur champ stratégique de façon à réduire leurs mises — et donc leurs possibilités de pertes — dans un jeu donné. Ils peuvent aussi — à l'inverse — chercher à restructurer le jeu de telle façon que d'autres ressources à leur disposition y deviennent et pertinentes et mobilisables[53]. A défaut, ils peuvent — pour des raisons passibles chaque fois d'une analyse empirique — accepter des risques plus grands dans l'espoir d'un retournement du jeu en leur faveur, et se tenir à cette stratégie malgré des pertes initiales. Pour prendre une image parlante, un acteur reste toujours libre, par exemple, d'ignorer les leçons de l'expérience et de continuer de frapper sa tête contre un mur dans l'espoir — peut-être illusoire — qu'un jour ce mur finira bien par céder. Et il se peut effectivement que contre toute attente ce mur cède, ce qui voudrait dire, en termes de jeu, qu'une nouvelle stratégie gagnante pourra se substituer aux stratégies jusqu'alors dominantes, bref que la nature du jeu aura changé.

En fonction de la plus ou moins grande diversité des stratégies « autorisées » par un jeu, on pourra imaginer toute une gamme de situations, allant du jeu à stratégie unique, donc fermée, à des jeux très ouverts, en passant par l'éventualité, la plus typique des organisations, d'un jeu où il n'y a qu'un nombre limité de stratégies « gagnantes ». On voit bien que, dans cette perspective, un jeu définissant une stratégie unique — donc un seul « comportement de rôle » — ne constitue qu'un cas exceptionnel qui doit être expliqué à son tour et qui, lui, peut avoir des conséquences

---

que les acteurs font de leurs comportements présents et futurs dans les jeux qu'ils jouent. Elles peuvent, de ce fait, être utilisées comme des indicateurs des choix que les individus opèrent dans les potentialités de leurs situations. Pour un traitement plus approfondi de cette question, cf. l'annexe méthodologique.

53. C'est ce qu'a plus particulièrement analysé Schelling dans son livre déjà cité. Cf. T.C. Schelling, *The Strategy of Conflict, op. cit.*

pathologiques[54]. Dans la grande majorité des cas, en revanche, une marge de liberté subsiste, et les acteurs la mettront à profit pour *choisir leurs conduites* — ou leurs « comportements de rôle » —, en tenant compte des caractéristiques du jeu telles que, eux, les perçoivent avec leurs capacités affectives, cognitives et culturelles propres[55].

Selon les capacités propres des acteurs[56], selon la configuration particulière de leurs champs stratégiques respectifs et selon la structure et les « règles » des jeux auxquels ils participent dans l'organisation, les stratégies peuvent donc varier plus ou moins considérablement : elles peuvent être plus ou moins risquées, plus ou moins agressives ou, au contraire, plus ou moins défensives. De toute façon, celles qui sont choisies ne sont pas forcément les seules possibles[57]. Alors, parler de rôle dans un tel

54. Précisément, parce que les capacités requises pour cette seule stratégie possible ne sont pas également à la disposition des acteurs. Un exemple du Monopole industriel en fournit une bonne illustration. Le mode de comportement des ingénieurs techniques — responsables au niveau de la direction de chaque usine de la marche des services d'entretien — était remarquablement semblable dans quinze des dix-huit usines visitées. C'est que le jeu qu'ils devaient jouer avec les directeurs, les directeurs adjoints et les contrôleurs ne permettait qu'une seule stratégie de comportement que l'on retrouvait alors dans quinze usines. Trois exceptions seulement. La première était due à un changement provisoire de l'équilibre de pouvoir entre les membres de la direction, des gros travaux d'investissement renforçant momentanément le pouvoir du directeur face à son ingénieur technique. Les deux autres situations s'expliquaient, elles, véritablement à partir de l'« inadaptation » des individus à leurs rôles : dépression nerveuse, maladie étaient les signes d'une situation pathologique au sens fort du terme.

55. C'est précisément là que réside tout l'intérêt de l'étude des attitudes : celles-ci révèlent au chercheur les *choix subjectifs* des acteurs.

56. Qui sont bien entendu personnelles et sociales, un champ social non structuré n'existant pas. Cf. *infra,* chap. VI, nos développements sur Organisation et Culture.

57. Ou disons qu'il est plus fructueux de considérer qu'elles ne sont pas les seules possibles, quitte à démontrer empiriquement le contraire. Comme dans l'ensemble de ce livre, il ne s'agit donc ici que de définir une perspective de recherche qui renverse en quelque sorte la charge de la preuve : ce qui est l'exception, et ce qu'il s'agit de démontrer, ce n'est plus la marge de manœuvre de l'acteur, mais *l'absence* de cette marge de liberté.

contexte prend une tout autre signification. L'homogénéité et la stabilité relatives des choix, et donc des stratégies auxquelles renvoie cette notion, n'impliquent plus ici un mode de comportement unique, mais l'existence d'un *ensemble structuré de stratégies possibles* dans une situation et à l'intérieur d'un jeu donnés. Le « rôle » tel que l'entend l'analyse classique pourrait ainsi se reconceptualiser comme un état d'équilibre relativement stable entre, d'une part, une *stratégie dominante et majoritaire* et, d'autre part, une ou plusieurs stratégies minoritaires, état d'équilibre défini par un seuil au-delà duquel il y aurait basculement, une nouvelle stratégie dominante prenant la place de l'ancienne avec toutes les conséquences que cela comporte pour le jeu et, partant, pour l'ensemble.

Une telle perspective assouplit et enrichit considérablement l'analyse classique en termes de rôles, si elle ne la fait pas éclater entièrement. Car ce qui se trouve défini ici et ce qui conditionne la stabilité et la persistance de l'ensemble, ce n'est que très indirectement le comportement même des acteurs appelés à jouer tel ou tel rôle. C'est une répartition entre un ensemble de stratégies possibles, répartition que les acteurs devront certes respecter s'ils veulent que le jeu reste stable, mais à l'intérieur de laquelle ils pourront aussi *expérimenter* d'autres « comportements de rôle » sans qu'immédiatement ils soient sanctionnés pour leur « déviance [58] ».

C'est pourquoi, d'un point de vue méthodologique et de stratégie de recherche, les écarts, les irrégularités deviennent ici tout aussi importants pour l'analyse sinon plus que les régularités et les modes de comportements dominants. Car l'existence de ces « minorités » (dans un « rôle » donné) montre qu'il y a choix, et non seulement contrainte, et que d'autres stratégies sont possibles, permettant d'obtenir les mêmes « récompenses » ou éventuellement d'autres plus importantes, par des voies non majoritaires. Bien plus, la réussite même de ces stratégies minoritaires — en entraînant une restructuration des diverses stratégies

---

58. Sans oublier qu'il reste aussi possible de jouer *contre* le jeu, comme nous l'avons montré plus haut.

coexistant dans un rôle donné — peut à terme aboutir à une transformation du jeu lui-même[59].

Forçant le chercheur à tenir compte de la marge de liberté et, partant, des possibilités d'expérimentation, d'invention et de découverte dont disposent les individus à l'intérieur d'un « rôle » donné, une telle perspective permet, tout d'abord, de rendre compte plus facilement des arbitrages permanents, mais aussi changeants, que ceux-ci opèrent entre les différents « rôles », éventuellement contradictoires, qu'ils sont amenés à occuper du fait de leur participation simultanée à différents ensembles structurés et aux jeux qui s'y jouent. Ensuite et surtout, elle permettra de comprendre comment le changement peut surgir de l'interaction elle-même, sans référence aucune aux « besoins » ou « impératifs fonctionnels » du système ou de l'ensemble. En partant des caractéristiques et règles des jeux auxquels participent les individus et des ressources à leur disposition, on pourra, par exemple, analyser quelles modifications dans l'agencement de leurs atouts permettront à un ou plusieurs d'entre eux de « découvrir », voire de créer, de nouvelles opportunités d'action à l'intérieur de leur « rôle » et de les exploiter en inventant et en mettant en œuvre de nouvelles stratégies qui — en déclenchant une restructuration des diverses stratégies possibles à l'intérieur d'un rôle — peuvent aboutir à une transformation d'ensemble du jeu.

L'intérêt et l'avantage essentiels d'une analyse en termes de « stratégies » et de « jeux », c'est qu'elle permet d'ouvrir une perspective de recherche capable de rendre compte du caractère contraint et préstructuré de l'action collective, tout en traitant le comportement humain comme

---

59. Il faut toutefois se méfier à cet égard d'une hypothèse par trop « diffusionniste ». Car ne pas suivre une stratégie majoritaire peut, par moments, constituer un avantage décisif que l'on défendra aussi longtemps que possible. Il s'ensuit dans une telle perspective que les « minoritaires » n'auront aucun intérêt à devenir « majoritaires », mais encourageront au contraire les « majoritaires » à poursuivre leur stratégie, c'est-à-dire contribueront, en fait, à soutenir la stratégie « majoritaire » qu'ils critiquent indirectement par leur propre comportement.

ce qu'il est : l'affirmation et l'actualisation d'un *choix* dans un ensemble de possibles. En partant des conduites des acteurs en situation considérées comme l'expression d'une *stratégie rationnelle dans les limites d'un jeu à découvrir,* elle force le chercheur à reconstruire ce jeu à partir des comportements observables et, ce faisant, à démontrer la nature et l'étendue des contraintes en même temps que les modalités à travers lesquelles ces contraintes peuvent devenir prégnantes. Bref, elle souligne le caractère socialement construit et maintenu de toute structure d'action collective, dont les règles du jeu commandent certes les choix des individus, mais dont le maintien est en retour conditionné par ces choix. Cela n'écarte pas la possibilité qu'il existe des « rôles » ou « ensembles de stratégies » relativement stables et contraignants. Un rapport de force stable entre deux ou plusieurs acteurs peut bien donner — et donne effectivement — naissance à des stratégies dominantes réciproques également stables. Mais cette stabilité dépend ici non pas des attentes de rôles réciproques et des valeurs communes ou impératifs fonctionnels du « système » qui les sous-tendraient, mais d'un rapport de force tel que le définissent et le vivent les acteurs en situation et tel qu'il est médiatisé et stabilisé par les caractéristiques et règles des jeux auxquels les acteurs ne peuvent pas ne pas participer.

IV. LE « MANAGEMENT REVISITÉ »

A la lumière de ce qui précède, nous pouvons clarifier notre définition, ci-dessus, de la structure formelle comme la codification provisoire d'un état d'équilibre entre les stratégies de pouvoir en présence. On voit bien, en effet, que, tout comme les règles du jeu, cette codification concerne quelque chose de beaucoup plus vague, flou et indirect que des règles simples prescrivant ou interdisant certaines actions. Assurément, de telles règles existent et jouent un certain rôle, mais l'essentiel des régulations est ailleurs. Car ce ne sont pas des conduites qui sont codifiées, mais des types de jeu rendant à leur tour certains comportements, certaines stratégies des acteurs, plus vraisemblables que d'autres.

Une telle vision permet de souligner tout d'abord que, si dans les organisations il y a contrainte, il ne saurait y avoir déterminisme, et que dans toute situation structurée il subsiste un élément de liberté dont les acteurs peuvent se saisir [60]. Une telle perspective permet aussi de prendre une vue plus réaliste des possibilités réelles de changement et d'intervention dans le fonctionnement des organisations, et de relativiser du même coup le rôle souvent démesuré qu'on attribue à cet égard aux dirigeants.

En effet, dans quelle situation ceux-ci se trouvent-ils, de quels atouts propres disposent-ils ? Pour le comprendre, il faut partir de la zone de pouvoir qu'ils contrôlent et par référence à laquelle seulement leur autorité et leurs prérogatives formelles prennent sens et signification. Or, ce pouvoir réside en ce que ce sont eux qui le plus directement et le plus fortement [61] contrôlent la survie de l'ensemble et, avec elle, la stabilité et les régulations mêmes des jeux dont dépendent à leur tour — nous l'avons déjà montré — les capacités de jouer des autres participants. Et c'est ce qu'on attend d'eux : qu'ils assurent les conditions de reproduction de l'ensemble. Toutes proportions gardées, ils se trouvent par là dans la situation de la banque de jeu, ou mieux dans celle du croupier qui distribue les enjeux et tient la roulette, et contre lequel — mais aussi avec lequel — tous les participants d'une certaine façon doivent jouer [62].

Placés ainsi dans une situation prédominante, ils vont

60. Ou, plutôt, que la situation entièrement contrainte où la codification concerne des conduites effectives, constitue un cas limite qu'il faut expliquer et analyser à son tour.

61. Bien que non exclusivement, comme nous l'avons déjà montré.

62. A cela près qu'ici ce n'est pas une bille incarnant le hasard qui détermine les gains et les pertes de chacun, mais des règles du jeu produites partiellement par une structure de pouvoir plus large (celle de la société), émises partiellement par le croupier lui-même et, de toute façon, sujettes à variation.

tout naturellement essayer d'exploiter ces atouts pour structurer les jeux à leur profit, c'est-à-dire en faveur de leurs objectifs et/ou de ceux de l'organisation. Mais leur marge de manœuvre et leurs possibilités d'action ne sont pas illimitées à cet égard.

Tout d'abord, ils sont contraints par l'environnement et par les sanctions que celui-ci peut exercer à l'égard de l'organisation, dans la mesure où des acteurs situés en dehors de leur zone d'emprise directe peuvent — par leurs comportements — menacer la survie et la réussite de l'ensemble. Et ils sont d'autant plus contraints par ces sanctions qu'il existe des possibilités plus grandes de mesurer les « performances », les résultats de l'action, tant au sein de l'organisation que dans son environnement[63].

Ensuite, dépendant eux aussi de la survie et de la réussite de l'ensemble[64], ils se trouvent dans une situation qui — toutes proportions gardées — est comparable à celle de tout expert dont nous avons montré le dilemme, à l'exemple des ouvriers d'entretien du Monopole industriel. Leur pouvoir d'intervention, leurs moyens d'action trouvent ici une limite importante. Pour canaliser et structurer les jeux organisationnels à leur profit (et/ou à celui des objectifs de l'organisation), ils pourront certes se servir — et se serviront effectivement — des différents leviers plus concrets à leur disposition, tels que, par exemple, l'information, les canaux de communication et d'interaction, la création ou la répartition des enjeux organisationnels à travers la politique de personnel, l'organisation des carrières, les arbitrages d'investissement, etc. Mais dans tous ces domaines leurs actions s'inscriront dans des marges souvent plus étroites qu'on ne le croit de prime abord. C'est ainsi qu'à travers un mélange savamment dosé de

---

63. Nous reviendrons sur ces points dans les chapitres suivants.

64. Soulignons tout de suite que ce critère de survie peut lui-même être très élastique et recouvrir des réalités extrêmement différentes. C'est ainsi que, dans une économie de croissance généralisée, la « nécessité » de croître, d'augmenter son chiffre d'affaires, par exemple, d'un certain pourcentage, peut devenir une contrainte tout aussi décisive que la survie à proprement parler qui peut n'être pas problématique, au moins dans le court terme.

secret et de publicité, tout dirigeant tentera d'utiliser la maîtrise de l'information pour créer des zones d'incertitudes artificielles pour les autres et de peser, par ce biais, sur l'orientation de leurs stratégies. Il retiendra certaines informations, en divulguera d'autres et, de façon générale, en biaisera et en manipulera le contenu lorsqu'il les transmettra à ses collaborateurs. Mais à trop les manipuler, il finirait par ôter toute signification aux informations transmises, ce qui ne manquera pas de se répercuter sur les informations qu'il reçoit et qui forment la base essentielle de son travail[65]. De même, émettre des règles organisationnelles pour structurer davantage, ou autrement, les jeux constitue toujours une arme à double tranchant : comme nous l'avons déjà montré, en effet, elles lient les mains autant de celui qui les émet que de celui ou de ceux qu'elles visent. Et si, dans la confusion engendrée par l'absence de règles, les dirigeants n'ont plus guère de possibilités d'intervention, la prolifération de règles, au contraire, réduit leurs possibilités d'influence. Et, à l'instar du contremaître qui réclame des règles tout en passant son temps à tolérer que « ses » ouvriers les enfreignent, les dirigeants ne pourront tirer leur épingle du jeu et parvenir

---

65. Combien de fois n'a-t-on pas entendu dire : « C'est un problème de communication, c'est un problème d'information » (sous-entendu : si seulement les gens étaient « correctement informés » et voulaient bien communiquer réellement entre eux, de tels problèmes n'existeraient pas). Loin de nous l'idée qu'il n'y aurait pas dans ce domaine de sérieux progrès à faire. Il ne faut cependant pas se dissimuler les limites sur lesquelles bute très rapidement toute politique d'information. Pour la raison très simple que l'information est une denrée rare, et que sa communication et son échange ne sont pas des processus neutres et gratuits. Informer l'autre, lui communiquer des éléments qu'il ne possède pas, c'est se dévoiler, c'est renoncer à des atouts qu'on aurait pu marchander, c'est aussi se rendre vulnérable face aux tentatives d'emprise de l'autre. Bien plus, on peut avoir intérêt à n'avoir pas perçu ou entendu une information, si cette information tendait à réduire sa propre marge de manœuvre. Il n'est donc pas surprenant qu'en cette matière — peut-être plus qu'en toute autre — les acteurs (*tous* les acteurs) adoptent un *comportement stratégique* et ne s'engagent à communiquer et à s'informer que moyennant *garanties* et *contreparties*. Nous reprendrons ce problème dans la 5e partie.

à leurs fins qu'en faisant simultanément des choses contradictoires et en assumant eux-mêmes ces contradictions :
leur « duplicité » est en quelque sorte inscrite dans les
faits.

Enfin, et ceci découle en partie de ce qui précède, les
dirigeants sont contraints par le caractère inévitablement
partiel et indirect de leurs interventions. En effet, sauf
exceptions et/ou circonstances de crise grave, ils ne créent
pas ces jeux *ex nihilo,* ni ne peuvent les changer radicalement. Ces jeux existent déjà, et, en tant que construits
politiques et culturels, disposent d'une certaine autonomie
et d'une certaine permanence. En restructurant dans la
mesure du possible les enjeux, en changeant les atouts
des uns et des autres, leurs circuits et canaux d'interaction, leurs possibilités diverses de coalition, etc., les
dirigeants peuvent certes influencer et infléchir le déroulement et l'issue de ces jeux. Mais leurs actions dans ce
sens sont toujours *partielles* dans la mesure même où
ils n'en maîtrisent pas tous les paramètres, et *indirectes,*
parce que médiatisées et infléchies à leur tour par la
logique et les régulations propres des jeux antérieurs et
présents.

Aucune recette technique ne pourra changer cet état de
fait. Rationaliser les structures, développer un climat plus
libéral et participatif, affirmer un leadership charismatique
et personnalisé, bref, tous les moyens et instruments
d'action « classiques » peuvent être utilisés et peuvent
avoir une certaine efficacité — même mesurable — pour
créer des jeux plus ouverts et plus satisfaisants pour tous les
participants. Mais dans la mesure où les régulations des
jeux existants constituent toujours pour eux une médiation
fondamentale, chacun de ces instruments comporte aussi
en contrepartie son lot de conséquences aussi inattendues
que, le plus souvent, imprévisibles et contraires aux buts
poursuivis, telles que ces cercles vicieux bien connus —
pour ne nommer que ceux-là — de la réglementation et du
contrôle autour de la rationalisation, ou de la loyauté, de la
déférence et de la passivité autour d'un leadership charismatique ou d'une politique d'intégration. Il ne faut donc
pas considérer ces instruments comme des absolus, mais,

au contraire, les mettre en perspective, les relativiser comme autant de possibilités alternatives, voire parallèles, d'agir sur les jeux pour en infléchir le déroulement, et les évaluer à la lumière de leurs risques et limitations intrinsèques.

DEUXIÈME PARTIE

L'organisation
et l'environnement

4

Les limites d'une théorie
de la contingence structurelle

Jusqu'ici, l'essentiel de notre analyse a porté sur ce qu'on pourrait appeler le *système d'action interne* d'une organisation. A dire vrai, la logique même de la démarche stratégique nous a conduits à déborder ce cadre d'analyse, volontairement restreint, et à y réintroduire les interférences multiples et inévitables qui s'établissent entre ce « système d'action interne » d'une organisation et le contexte technique, économique, social et culturel dans lequel celle-ci se trouve insérée. En montrant, d'une part, qu'on ne pouvait comprendre la stratégie d'un acteur au sein d'une organisation qu'en la replaçant dans l'ensemble des jeux auxquels il participait simultanément, en identifiant, d'autre part, la maîtrise des relations avec des segments de l'environnement comme une source de pouvoir à l'intérieur d'une organisation, nous avons fait ressortir — au moins implicitement — la *porosité* et la *fluidité* des « frontières organisationnelles » et la difficulté, sinon l'impossibilité, qu'il y avait à déterminer une fois pour toutes une ligne de démarcation claire et précise entre ce qui est « interne » et ce qui est « externe ». Il est donc temps, maintenant, de dépasser cette simplification de la réalité, qui ne pouvait se justifier que dans une perspective analytique, pour centrer l'analyse, dans cette partie, sur les rapports qui s'instaurent entre une organisation et son environnement.

Aucune organisation — est-il besoin de le rappeler ? — n'existe dans l'abstrait. Elle fait partie d'une société donnée, qui a atteint un certain niveau de développement technique, économique et culturel, qui est caractérisée par une certaine structure sociale et qui charrie certaines valeurs auxquelles ses membres sont plus particulièrement attachés. En circonscrivant et en définissant une série de conditions et d'exigences relatives à leurs structures et à leur fonctionnement, ces données s'imposent en quelque sorte aux organisations. Quels que soient en effet leurs objectifs manifestes et/ou latents, celles-ci ne peuvent en faire abstraction dans la mesure même où — pour assurer leur fonctionnement satisfaisant — elles dépendent doublement de leur environnement. Tout d'abord, elles doivent y trouver des ressources de toutes sortes. Ensuite, elles doivent y placer les « produits » de toute nature qu'elles ont fabriqués. A travers cette double dépendance — qui peut se subdiviser à l'infini, car ni les ressources nécessaires ni les « produits » ne sont uniques mais, au contraire, multiples et diversifiés — s'affirme en quelque sorte « la possibilité et la capacité de sanction » que l'environnement détient face aux organisations. C'est pourquoi les données techniques, économiques, sociales et culturelles qui y prévalent deviennent contraignantes pour celles-ci : leur réussite, sinon leur survie, en dépend [1].

C'est l'analyse de cette dépendance qui constitue le thème unificateur de tout un courant de recherches à orientation « structurelle », qui s'est affirmé progressivement au cours des années soixante [2], en réaction, notam-

---

1. Cela mériterait une discussion plus approfondie, notamment sur la genèse et la nature de ces « données » et « exigences » qui « s'imposent » aux organisations. Nous y reviendrons au cours de cette partie. Précisons simplement ici que ces « données » et « exigences » ne tombent évidemment pas du ciel. Elles sont elles-mêmes le produit de structures sociales (celles de la société) qui reflètent des relations et équilibres de pouvoir entre des individus, des groupes et des catégories sociales dont les intérêts sont divergents, sinon contradictoires. Cette évidence devait être rappelée, car elle seule peut expliquer que, d'une part, ces « exigences » et « données » ne soient pas univoques, mais au contraire fluctuantes, souvent ambiguës, parfois même contradictoires, et que, d'autre part — comme nous le montrerons (cf. *infra,* chap. IX) —, les organisations interviennent également, et de façon souvent substantielle, dans la définition et la constitution même de celles-ci.

2. Ce courant, d'ailleurs, s'est développé essentiellement dans le monde anglo-saxon, avec, comme principal support rédactionnel, la

ment, à une approche des organisations trop exclusivement centrée sur l'analyse des processus internes à travers des études de cas qualitatives et quasi ethnologiques[3]. Mieux connu sous le nom de *théorie de la contingence structurelle*, ce courant de recherches s'est efforcé d'inventorier et de décrire les principales dimensions de cette dépendance, et d'en mesurer — à l'aide d'analyses statistiques poussées sur des échantillons d'organisations — l'importance et l'impact respectifs sur les structures et le fonctionnement des organisations[4]. Deux séries de questions caractérisent en fait sa démarche. Quels types de variables affectent les caractéristiques (le plus souvent structurelles) des organisations, et jusqu'à quel point ? Quelle est l'influence de ces caractéristiques sur le niveau de performance de ces mêmes organisations ?

Centrée d'emblée sur les organisations en tant qu'entités structurées qu'elle considère comme les seules unités pertinentes pour l'analyse[5], une telle approche « quantita-

---

revue *Administrative Science Quarterly* publiée à l'université Cornell aux Etats-Unis. Ses principaux représentants sont Blau, Hage et Aiken, Hall, Lawrence et Lorsch, Perrow aux Etats-Unis, Tom Burns, Derek Pugh, Hickson, Joan Woodward en Grande-Bretagne.

3. Qu'on pense aux travaux de W.F. Whyte, de L. Sayles, de A. Zaleznik, de Walker et Guest, et d'autres se situant dans le courant des relations humaines, et aux premières études de la bureaucratie de Bendix, Gouldner, Selznick, et aussi de Blau. Curieusement, ce dernier a ensuite complètement délaissé cette approche pour devenir un des principaux protagonistes de l'orientation « structurelle » des années soixante.

4. Cf. P.M. Blau, « The Comparative Study of Organizations », *Industrial and Labor Relation Review,* vol. 18, avril 1965, p. 323-338.

5. D'où l'émergence d'un champ, voire d'un concept sociologique nouveau, celui de *formal organization* ou *complex organization,* organisation formalisée ou complexe qui — en opposition à l'organisation sociale plus diffuse (la famille, la communauté, etc.) — se caractérise par l'existence d'objectifs ou de buts explicites, d'une structure formalisée et d'un corps de règles conçues pour modeler les comportements en vue de l'accomplissement des objectifs. Cf. à cet égard, parmi une littérature abondante, P.M. Blau et W.R. Scott, *Formal Organizations : A Comparative Approach,* Londres, Routledge & Kegan Paul, 1963. Pour évidente qu'une telle distinction apparaisse de prime abord, elle ne résiste pourtant pas à une analyse sérieuse. A y regarder de plus près, en effet, elle ne repose sur rien

tive », et apparemment plus scientifique, du phénomène organisationnel, a permis de souligner utilement l'importance de l'environnement et du contexte (surtout technologique) des organisations pour la compréhension de leurs processus internes. Les recherches menées dans cette perspective ont ainsi apporté une ouverture et un élargissement des analyses organisationnelles à des problèmes qu'on avait eu trop tendance à ignorer auparavant. Mais leur traitement du rapport organisation-situation comme un simple rapport de dépendance unilatérale traduit une démarche et un raisonnement dont le réductionnisme techniciste et les partis pris déterministes conduisent peu ou prou à nier l'autonomie du construit humain sous-jacent à toute organisation. C'est ce que nous voudrions montrer maintenant à travers une analyse critique des travaux les plus représentatifs de ce courant de recherches, avant de nous interroger dans les chapitres suivants sur le fondement, les limites et la signification de cette autonomie du phénomène organisationnel en tant que construit politique — et donc culturel [6] — permettant l'intégration des stratégies de pouvoir divergentes des acteurs-participants [7].

---

d'autre que sur une reprise non critique des catégories du sens commun dans le langage et la démarche scientifiques. Non pas qu'il n'y ait de différences entre, par exemple, une entreprise industrielle et une famille. Mais en acceptant d'emblée et telle quelle une certaine classification de la réalité qu'il faudrait au contraire mettre en question, une telle conceptualisation postule la différence au lieu d'en faire un problème de recherche. Toutes choses égales par ailleurs, l'étude de l'organisation formelle est à la sociologie des organisations ce que la science administrative est à la sociologie de l'Etat : là, comme ici, un objet d'étude est réifié au lieu d'être constitué à travers la recherche même ; il s'ensuit que, là comme ici, l'étude du *devrait être* (le formel, le juridique) prime la recherche sur ce qui *est* et sur la signification de ce qui *est*.

6. Au sens où tout phénomène politique est un fait culturel et non naturel.

7. Pour alléger la lecture de ce chapitre consacré à une critique des prémisses et de la démarche de la *structural contingency theory,* nous avons volontairement limité la présentation des travaux analysés à des résumés extrêmement succincts de leurs thèses et résultats principaux. Pour une étude plus approfondie de ces recherches, nous renvoyons le lecteur intéressé aux articles et ouvrages cités dans les notes bibliographiques en bas de page.

I. LA TECHNOLOGIE OU LES TENTATIONS
D'UN DÉTERMINISME TECHNOLOGIQUE

De tous les facteurs « contextuels » (tels que l'origine et l'histoire d'une organisation, sa taille, sa technologie, sa localisation, etc.), c'est la technologiqe qui la première a fait l'objet d'investigations empiriques approfondies dans une recherche pionnière de Joan Woodward en Angleterre[8]. Sur un très large et très complet échantillon d'entreprises industrielles dans l'Essex, celle-ci a la première mené à bien une étude empirique fouillée de l'influence de la technologie sur les structures organisationnelles et sur les « performances » des entreprises[9]. Woodward fait intervenir les critères de la complexité et de la prévisibilité des techniques de production employées. A une extrémité de l'échelle, se trouve la *production unitaire*

8. Cf. J. Woodward, *Management and Technology*, Londres, HMSO, 1958 ; et *Industrial Organization : Theory and Practice*, Londres, Oxford University Press, 1965.

9. Les incidences et les implications de la technologie sur les relations interpersonnelles, sur les normes et les attitudes des ouvriers ont, bien entendu, très tôt fait l'objet d'analyses, souvent poussées, de la part des représentants du courant interactionniste déjà mentionné, et plus généralement dans nombre de travaux de sociologie industrielle consacrés aux problèmes des *changements technologiques*, Cf., parmi d'autres, les travaux de W.F. Whyte, « An Interaction Approach to the Theory of Organizations » *in* M. Haire (ed.), *Modern Organization Theory*, New York, Wiley, 1959 ; C.J. Walker et R.H. Guest, *The Man on the Assembly Line*, Cambridge, Mass., Harvard University Press, 1952 ; L. Sayles, *op. cit.* ; R. Blauner, *Alienation and Freedom : The Factory Worker and his Industry*, Chicago, University of Chicago Press, 1964 ; et plus près de nous, R. Sainsaulieu et W. Ackermann, « L'étude sociologique du changement technique : pour une analyse stratégique », *Bulletin du CERP*, vol. 19, 1970, p. 1-22 ; A. Touraine *et al.*, *Les Travailleurs et les Changements techniques*, Paris OCDE, 1965. L'originalité de la recherche de Woodward, et en cela elle est bien représentative de ce courant structurel dont elle est d'ailleurs une des fondatrices, c'est d'avoir essayé d'étudier l'influence de la technologie au niveau des caractéristiques structurelles de l'*organisation en tant qu'entité*.

(par exemple, la mise au point d'un prototype, les petites séries en fonction de commandes spécifiques) caractérisée par la non-complexité et la non-prévisibilité. A l'autre, la *production en continu* (par exemple, la production de produits chimiques dans une entreprise multifonctionnelle); entre les deux, la *production de masse* (par exemple, la chaîne de montage)[10]. L'étude de Woodward fait apparaître des corrélations statistiques entre ces types technologiques et les structures organisationnelles des firmes étudiées : avec le degré de complexité/prévisibilité des technologies augmentent, notamment, le nombre de niveaux hiérarchiques et la proportion des cadres. Ces résultats correspondent aux hypothèses de départ. D'autres, en revanche, sont inattendus : c'est au milieu de l'échelle, et non pas dans les technologies les plus sophistiquées, que la spécialisation entre les cadres fonctionnels (les « experts ») et hiérarchiques (les « administrateurs »), d'une part, la bureaucratisation des structures, d'autre part, sont les plus fortes.

Pour expliquer ces résultats surprenants, Woodward propose de réfléchir à ce qu'elle appelle le « *problème essentiel* » posé par un système technologique, et auquel doit répondre la structure organisationnelle. Elle en conclut qu'il n'y a pas de structures organisationnelles bonnes en soi, mais des structures *adaptées* aux problèmes que pose — ou aux contraintes qu'impose — une technologie donnée. C'est ainsi qu'elle montre que les entreprises, qui, dans son échantillon, ne réussissent pas, c'est-à-dire qui ont un taux de profitabilité inférieur à la moyenne de leur catégorie technologique, sont aussi celles dont les caractéristiques structurelles sont les moins typiques de cette même catégorie, et *vice versa*.

Cette relativisation empirique du *one best way* de la théorie classique (*un* modèle optimal d'organisation quelle que soit la situation), en fonction de la variable technologique (*des* modèles optimaux en fonction de la technologie utilisée), reste cependant critiquable à plus d'un titre. Sans

10. Il va de soi que, dans une même entreprise, plusieurs catégories peuvent coexister.

nous arrêter longuement sur les lacunes et insuffisances de la conceptualisation que Woodward propose de la technologie[11], soulignons simplement les dangers d'un déterminisme technologique auquel risque d'aboutir une interprétation simpliste de ces résultats, au terme de laquelle les exigences d'une technologie, *via* la contrainte de la performance, déterminent les structures organisationnelles[12]. Un tel « impérialisme technologique[13] » est démenti par les résultats propres des recherches de Woodward : en effet, relativement nombreuses sont les entreprises qui, malgré des taux de réussite inférieurs à la moyenne de leur catégorie, subsistent et maintiennent leurs structures a-typiques par rapport à leur catégorie. La simple existence de telles « aberrations » suffit à montrer que le marché n'est pas cet univers darwinien où ne survivent que les plus aptes[14], que, donc, la contrainte de la performance est moins forte — et, par contrecoup, la marge de manœuvre

11. Comme Harvey l'a justement souligné, elle néglige le contenu même des tâches, comme les changements de produits qui adviennent à l'intérieur d'une technologie donnée. Cf. E. Harvey, « Technology and the Structure of Organizations », *American Sociological Review,* vol. 33, 1968, p. 247-259. Woodward et les membres de son groupe ont proposé récemment eux-mêmes d'autres conceptualisations. Ainsi, ils ont étudié si le nombre de stades de production et l'étendue de la gamme de produits ne constituaient pas des critères de différenciation organisationnelle plus féconds. Cf. J. Rackman et J. Woodward, « The Measurement of Technical Variables », *in* J. Woodward (ed.), *Industrial Organizations : Behavior and Control,* New York-Londres, Oxford University Press, 1970.

12. Ce sont notamment les utilisateurs des travaux de Woodward qui ont succombé à cette tentation. Mais Woodward, elle-même, n'y a pas toujours résisté.

13. Après tout, les variations structurelles à l'intérieur d'une même catégorie technologique sont relativement importantes. Le reproche d'impérialisme technologique a été formulé par D.J. Hickson *et al.,* « Operations Technology and Organization Structure : An Empirical Reappraisal », *Administrative Science Quarterly,* vol. 14, 1969, p. 378-397.

14. Ou que tout au moins l'aptitude à la survie — pour continuer cette image — ne saurait se mesurer simplement par quelques indicateurs économiques. Notons en passant que nous touchons ici un thème — celui de la *contrainte de la performance* — sur lequel nous aurons encore à revenir tant il est central à tous les travaux qui se situent dans cette perspective structurelle.

réelle laissée par la technologie est plus large — que ne le postule une telle interprétation[15].

Bien qu'essentiellement théoriques et non empiriques, nombre de travaux de C. Perrow[16] se situent dans une orientation semblable. Partant d'une conceptualisation plus proprement sociologique de la technologie, il a proposé un cadre comparatif pour l'étude des organisations, fondé sur une typologie des liens existant entre les techniques de production entendues au sens le plus large et les structures et modes de fonctionnement des organisations.

Dans sa démarche, la ou les technologies utilisées dans une organisation donnée peuvent se conceptualiser comme des processus dans lesquels des *inputs divers* (les matières premières, qu'elles soient matérielles comme dans une entreprise industrielle, ou humaines comme dans le cas d'écoles ou d'hôpitaux psychiatriques ou autres) sont *transformés* par un traitement approprié que les membres de l'organisation doivent *rechercher*. Deux variables clefs définissent donc la nature d'une technologie. La première a trait à la *nature même de la matière première*, c'est-à-dire

15. Woodward et les membres de son équipe en sont d'ailleurs devenus conscients. Dans leurs travaux plus récents, ces chercheurs se sont orientés vers une conceptualisation de la technologie en terme de *variété* des processus de production (les degrés d'incertitude et d'imprévisibilité qui y sont attachés), ce qui les a amenés à concentrer leur attention de plus en plus sur les *systèmes de contrôle de la production* considérés comme des déterminants beaucoup plus directs des structures et des comportements. Cf. J. Woodward (ed.), *Industrial Organization : Behavior and Control*, op. cit.

16. Dans l'ensemble des publications de Perrow, dont l'orientation et l'affiliation théoriques ont connu quelques fluctuations au cours des années soixante, nous nous référons essentiellement ici aux travaux théoriques visant à élaborer un cadre comparatif pour l'analyse des organisations. Cf. C. Perrow, « A Framework for the Comparative Analysis of Organizations », *American Sociological Review*, vol. 32, 1967, p. 194-208 ; et *Organizational Analysis : A Sociological View*, Londres, Tavistock, 1970, notamment p. 75-85. Ajoutons que, dans un livre plus récent, Perrow semble à nouveau avoir repris ses distances par rapport à son propre cadre comparatif comme par rapport au courant de la contingence structurelle auquel ce dernier renvoie. Cf. C. Perrow, *Complex Organizations*, Glenview, Ill., Scott & Foresman, 1972, notamment p. 163-170 et p. 177-204.

essentiellement sa *variabilité,* que l'on peut opérationnaliser par le nombre et la fréquence des exceptions auxquelles l'organisation — ou l'individu chargé de l'opération — doit s'attendre. La deuxième recouvre la *nature de la recherche* à laquelle doivent se livrer les membres d'une organisation pour trouver une solution appropriée aux problèmes posés par la transformation de la matière première [17]. En croisant ensuite ces deux variables après les avoir dichotomisées (en « inputs » comportant *peu* ou au contraire *beaucoup* d'exceptions à la règle ; en comportements de recherche *analysables* ou au contraire *non analysables*) [18], Perrow obtient quatre grands types de technologie.

Limitant son analyse à un seul secteur d'entreprise (la production) et à deux groupes seulement dans ce secteur (l'encadrement moyen et la maîtrise), Perrow montre ensuite que chacun de ces quatre types comporte des conséquences très précises sur quatre dimensions organisationnelles principales : la marge de manœuvre laissée à chacun des deux groupes, leur pouvoir, les processus de coordination utilisés en leur sein, leur degré d'interdépendance. Bref, chacun de ces types correspond à une certaine structure organisationnelle et entraîne des modes de comportement déterminés.

L'intérêt évident d'une telle conceptualisation originale de la technologie ne doit pas cacher les limites du modèle proposé par Perrow. Tout d'abord, il comporte une série de simplifications qui en limitent singulièrement la validité opérationnelle. D'une part, en effet, on peut penser que le plus souvent plusieurs types de technologies coexisteront au sein d'une organisation donnée : comment alors déterminer leur influence respective ? D'autre part, et surtout, la dichotomisation des deux principales variables définissant une technologie ne doit pas induire en erreur : en réalité, il s'agit, bien sûr, de deux continuums dont la combinaison

17. C'est ce que Perrow appelle le *search behavior,* le comportement de recherche d'une solution pour la transformation d'une matière première donnée.
18. Cela recoupe en grande partie une distinction plus classique entre procédés de fabrication programmables, donc routinisables, et d'autres qui ne le sont pas.

donnerait en fait lieu à une infinité de variantes structurelles possibles que le modèle ne permettrait plus ni d'inventorier ni d'interpréter.

Ensuite, en définissant la technologie à partir d'un ensemble de dimensions considérées implicitement comme des faits objectifs qui s'imposent aux acteurs sans que ceux-ci aient aucune prise sur eux, un tel modèle se cantonne dans une perspective statique et se donne comme résolu le problème qu'il s'agit précisément de comprendre et d'expliquer : celui de savoir *pourquoi, comment et dans quelles limites* les caractéristiques d'une technologie deviennent contraignantes pour les acteurs et dans quelle mesure, au contraire, ceux-ci peuvent « jouer » avec ces contraintes. Car, de toute évidence, la « variabilité » de la matière première pas plus que le caractère « analysable » ou « non analysable » d'un *search behavior* ne sont des données immuables et intangibles auxquelles les acteurs ne peuvent que s'adapter passivement. Ces deux dimensions constituent elles-mêmes des enjeux dans les négociations et marchandages entre les acteurs organisationnels concernés, et, en tant que tels, reflètent aussi en partie les « règles du jeu » qui prévalent dans les sytèmes d'action sous-jacents à une organisation ou à ses différentes sous-unités. L'exemple déjà analysé des ateliers du Monopole industriel illustre clairement ce point. Comme l'ont montré d'autres enquêtes menées dans des entreprises comparables, utilisant la même technologie au sens de Perrow, voire les mêmes machines, l'importance stratégique des pannes n'y est pas seulement, ni même avant tout, une donnée technique [19]. Cette importance, ce sont les ouvriers d'entretien qui la leur donnent, en faisant disparaître les diagrammes des machines et les instructions d'entretien, en veillant jalousement, et avec les moyens que l'on sait, à conserver leur monopole d'entretien, etc. Bref, tout autant qu'une donnée technique, ces pannes sont une *donnée humaine,* indissociablement liée aux modes de négociation

---

19. Cf. notamment P. Clark, « The Cultural Contexts of Bureaucratic Pathologies and Routine Organizations », *art. cit.,* pour une analyse de l'industrie des cigarettes en Grande-Bretagne.

entre groupes et aux types de jeux qui prévalent dans le Monopole.

C'est pour avoir méconnu cet aspect essentiel dans son modèle technologique que Perrow ne parvient pas réellement à intégrer le changement dans son analyse, autrement que sous la forme d'un postulat général selon lequel, dans un but d'efficacité, les organisations tentent — consciemment ou inconsciemment — d'ajuster le mieux possible les structures aux technologies[20]. On voit immédiatement les relents déterministes et les dangers de réification que comporte un tel recours au *deus ex machina* des « besoins » ou des « volontés » des organisations conceptualisées comme des systèmes naturels[21]. Il faut en effet s'entendre. Ou bien l'utilisation du mot « tentent » sous-entend que les organisations pourront ne pas parvenir à établir un tel ajustement, auquel cas on ne voit pas ce qu'ajoute cette hypothèse au schéma ni même, à la limite, pourquoi on prend la peine de la présenter. Ou bien ce mot signifie effectivement un lien de détermination et, dans ce cas, les dangers signalés plus haut sont bien réels, et le raisonnement qui sous-tend le modèle tombe sous les mêmes critiques que celles adressées à Woodward[22].

---

20. Perrow écrit à ce sujet : « We must assume here that, in the interest of efficiency, organizations, wittingly or *unwittingly, attempt to maximise* the congruence between their technology and their structure... let us assume that they have all studied the sociology of complex organizations and have adapted their structures to fit their technology. » Cf. C. Perrow, *Organizational Analysis : A Sociological View, op. cit.*, p. 80 (c'est nous qui soulignons).

21. Plus peut-être que Woodward, et à coup sûr de façon plus explicite, Perrow fait ici preuve de ce qu'on a pu nommer un impérialisme technologique. Comme l'a souligné Argyris (cf. *The Applicability of Organizational Sociology, op. cit.*, p. 37), cette *hypothèse est tautologique* : la technologie est une variable clef dans des systèmes qui recherchent l'ajustement le meilleur possible des structures aux technologies.

22. Tout comme Woodward, Perrow semble surestimer la contrainte de la performance, et l'incidence des structures organisationnelles sur cette performance. Nous y reviendrons.

II. LE « CONTEXTE ORGANISATIONNEL »
OU LES DANGERS D'UN DÉTERMINISME MULTIVARIÉ

C'est l'influence d'autres facteurs contextuels — et notamment de l'un d'entre eux, la *taille organisationnelle* — qui se trouve au centre des travaux de Peter M. Blau qui, après ses premières recherches très différentes sur la bureaucratie [23], s'est progressivement tourné vers cette approche structurelle. C'est également ce facteur qui se trouve au centre des recherches d'un certain nombre d'auteurs anglo-saxons, comme Richard H. Hall [24], Derek Pugh, David J. Hickson, entre autres.

C'est probablement Peter Blau qui présente l'argumentation la plus élaborée et la plus ambitieuse concernant les effets structurels de la taille organisationnelle [25]. A partir d'une étude quantitative de toutes les agences d'emploi et de leurs sous-unités aux Etats-Unis, il se propose de formuler une théorie formelle [26] et déductive de la différenciation structurelle des organisations du point de vue notamment spatial, fonctionnel, hiérarchique et occupationnel. Ses conclusions, relativement simples, pourraient se résumer ainsi : avec une intensité et un effet déclinants,

23. Cf. notamment P.M. Blau, *The Dynamics of Bureaucracy*, Chicago, University of Chicago Press, 1955.

24. Cf. R.H. Hall, « Intraorganizational Structural Variation : Application of the Bureaucratic Model », *Administrative Science Quarterly*, vol. 7, p. 295-308, et « The Concept of Bureaucracy : An Empirical Assessment », *American Journal of Sociology*, vol. 69, 1963, p. 32-40 ; et R.H. Hall, J.E. Haas et J.N. Johnson, « Organizational Size, Complexity and Formalization », *American Sociological Review*, vol. 32, 1967, p. 903-912.

25. Cf. P.M. Blau, « The Formal Theory of Differentiation in Organizations », *American Sociological Review*, vol. 35, 1970, p. 201-218 ; P.M. Blau et R.A. Schoenherr, *The Structure of Organizations*, New York, Basic Books, 1971.

26. Blau souligne fortement qu'il n'est concerné que par les aspects formels des organisations étudiées, laissant de côté tout ce qui est phénomène informel ou ce qui a trait au comportement des membres de ces organisations. Cf. aussi P.M. Blau et R.W. Scott, *Formal Organizations : A Comparative Approach, op. cit.*

l'accroissement de la taille des organisations entraîne une différenciation structurelle plus grande. D'où un double effet : d'une part, une économie de personnel administratif, dans la mesure où une plus grande homogénéité des tâches à l'intérieur des unités facilite le contrôle ; d'autre part, une augmentation du personnel administratif, dans la mesure où une plus grande différenciation exige davantage de coordination. Cependant, des mécanismes autorégulateurs existent qui — en limitant l'accroissement de la taille organisationnelle — viennent modérer l'effet de différenciation structurelle, permettant d'éviter que les bénéfices d'une plus grande différenciation ne soient compensés, et au-delà, par un accroissement des coûts de coordination administrative.

Nous ne reprendrons pas ici les critiques féroces, et malheureusement justifiées, que C. Argyris a adressées aux derniers travaux de Blau [27]. Ceux-là nous semblent, quant à nous, une illustration particulièrement « parlante » des pièges formalistes qui guettent constamment une recherche organisationnelle fondée sur de telles prémisses structurelles. En effet, on ne peut manquer d'être frappé par la disproportion entre l'ampleur des moyens mis en œuvre par Blau [28] et la minceur, pour ne pas dire la banalité, de ses résultats qui ne vont guère au-delà de ce qu'enseignait déjà la théorie classique des organisations [29], et qui restent critiquables à plus d'un titre même si l'on accepte cette perspective très limitée [30].

27. Cf. C. Argyris, *The Applicability of Organizational Sociology, op. cit.,* notamment p. 1-20.
28. La recherche de Blau fut une des plus larges, une des plus chères aussi, jamais entreprises dans le champ de la sociologie des organisations.
29. Argyris considère à cet égard que la recherche de Blau est davantage une vérification du degré d'application des règles générales du service public qu'une contribution originale à une nouvelle théorie, fût-elle formelle, des organisations. Cf. Argyris, *The Applicability of Organizations, op. cit.,* p. 16-17.
30. On peut notamment faire remarquer que Blau fait preuve d'un véritable impérialisme de la taille organisationnelle et que, d'autre part, il semble se fier excessivement aux organigrammes officiels des organisations étudiées dont nombre d'études empiriques ont pourtant souligné le caractère souvent théorique ou tout simplement *faux.*

Bien que, dans les résultats de leurs travaux, le facteur taille tienne également une place importante, sinon prééminente, D. S. Pugh, D. J. Hickson *et al.* se refusent à lui accorder d'emblée cette place centrale. Critiquant ce qu'ils appellent une approche unitaire ou unidimensionnelle, qui conduit à privilégier *a priori* une variable contextuelle (la technologie, la taille, les objectifs, etc., d'une organisation) aux dépens de toutes les autres, ils plaident, eux, pour une approche multidimensionnelle pour saisir l'influence du contexte sur les structures organisationnelles[31].

Dans leur recherche sur un échantillon d'organisations de travail (*work-organizations*) dans les Midlands autour de Birmingham en Angleterre, sept facteurs contextuels (origine et histoire de l'organisation, le type d'appropriation et de contrôle, la taille, la « charte[32] », la technologie, la localisation et la dépendance à l'égard de l'extérieur[33]) ont ainsi été utilisés comme variables indépendantes dans une analyse de régression multivariée en vue de prédire trois grandes dimensions structurelles préalablement établies de façon empirique : « structuration des activités », « concentration de l'autorité », et *line-control of workflow*[34]. A partir des résultats de cette analyse, les auteurs

31. Pour une critique de l'approche unitaire, cf. notamment C.R. Hinings *et al.*, « An Approach to the Study of Bureaucracy », *Sociology*, vol. 1, 1967, p. 61-72. Pour l'exposition de leur propre cadre conceptuel, cf. D.S. Pugh *et al.*, « A Conceptual Scheme for Organizational Analysis », *Administrative Science Quarterly*, vol. 8, 1963, p. 289-315.

32. Signifiant les objectifs officiels, la « fonction sociale » manifeste de l'organisation.

33. Il s'agit essentiellement de la dépendance de la société mère, accessoirement aussi de quelques grands fournisseurs ou clients. Le traitement de la dépendance dans les travaux du groupe d'Aston a fait l'objet d'une critique de la part de H. Aldrich qui nous semble cependant manquer l'essentiel, dans la mesure où sa critique ne porte en réalité que sur le *traitement incomplet* de la dépendance, et non pas sur sa conceptualisation même.

34. Pouvant se traduire par contrôle hiérarchique personnel des flux de travail. Il s'agit d'une dimension allant du contrôle personnel vers des procédures ou mécanismes impersonnels de contrôle. Pour plus de détails sur ces dimensions et sur leur détermination, cf. D.S. Pugh *et al.*, « Dimensions of Organization Structure », *Adminis-*

montrent que la structure organisationnelle est un phénomène essentiellement multidimensionnel et que, par conséquent, un concept unitaire tel que celui de bureaucratie n'a plus qu'une utilité limitée puisque les structures organisationnelles peuvent varier sur chacune de ces dimensions[35]. De même, ils relativisent et complètent les conclusions de Woodward, en montrant que la technologie n'a d'effet direct et important que sur les variables structurelles directement en prise sur les flux de travail. Plus l'organisation est petite, plus les effets structurels de la technologie sont larges; mais plus l'organisation est grande, et plus d'autres facteurs, tels que la taille ou la dépendance, auront des effets d'ensemble importants et plus les effets propres de la technologie seront restreints[36].

A travers cette revue, qui n'est pas exhaustive, de quelques travaux particulièrement significatifs de cette perspective de recherche, on voit bien le projet général qui la sous-tend : il s'agit ici d'étudier de façon systématique, et si possible statistique, les relations existantes entre différents facteurs contextuels (et notamment la taille organisationnelle) et les structures organisationnelles pour développer, à partir de là, des lois causales expliquant les variations structurelles empiriquement observables des organisations.

De prime abord, les apports de telles analyses ne sont, certes, pas négligeables. Elles ont notamment permis de

---

trative Science Quarterly, vol. 13, 1968, p. 65-105. Pour les résultats de cette analyse multivariée, cf. D.S. Pugh *et al.,* « The Context of Organization Structures », *Administrative Science Quarterly,* vol. 14, 1969, p. 91-114.

35. Cf. D.S. Pugh *et al.,* « Dimensions of Organization Structure », *art. cit. ;* aussi C. R. Hinings *et al.,* « An Approach to the Study of Bureaucracy », *art. cit. ;* cf. aussi des résultats semblables chez R.H. Hall, « The Concept of Bureaucracy ; An Empirical Assessment », *art. cit.*

36. Cf. D.J. Hickson *et al.,* « Operations Technology and Organization Structure : An Empirical Reappraisal », *art. cit.,* notamment p. 391-396. Remarquons que par là ils se rapprochent de l'analyse de J.D. Thompson sur le « noyau technologique » *(technological core)* quelque peu contradictoire avec leurs propres analyses. Cf. J.D. Thompson : *Organizations in Action,* New York, McGraw Hill, 1967.

mettre en évidence la multiplicité des influences du
« contexte » sur les structures des organisations, d'en
mesurer plus précisément la complexité et de relativiser
ainsi une approche centrée trop exclusivement sur les
contraintes imposées par la technologie[37]. Cependant,
force est de constater que leurs résultats restent partiels (après
tout, même des analyses multivariées laissent inexpliquée une
part appréciable de la variance structurelle), que leur valeur
explicative reste faible et fragile et qu'elle comporte des
conséquences normatives fallacieuses, sinon dangereuses.

Cela tient, en premier lieu, au *caractère formaliste* de ces
recherches. En effet, se contentant d'articuler des corrélations statistiques entre variables structurelles et contextuelles dans des modèles formels d'évolution structurelle
des organisations, elles font des structures organisationnelles — c'est-à-dire, en fait, des caractéristiques de la
structure formelle qui dans la réalité se prêtent le plus
facilement à une étude quantifiée — la seule médiation
entre les variables « contextuelles » et les performances des
organisations, elles accordent à ces caractéristiques formelles une valeur explicative privilégiée sinon exclusive[38].
Or, de toute évidence, une telle assimilation de la réalité
organisationnelle aux arrangements prévus par la structure
formelle (au sens le plus large) est abusive et ne résiste pas

37. Encore qu'il semble que le désaccord entre Woodward et Pugh
repose en grande partie sur un malentendu. En effet, comme il ressort
de l'analyse de Hickson *et al.* (cf. « Operations Technology and
Organization Structure : An Empirical Reappraisal », *art. cit.*), les
deux auteurs n'étudient pas exactement le même champ. Ainsi, les
résultats de Woodward sous-estiment les effets de la taille organisationnelle parce qu'ils portent surtout sur des structures directement en
prise sur les processus techniques. A l'inverse, Pugh sous-estime les
effets de la technologie parce qu'il étudie essentiellement la structuration des activités moins directement en prise directe avec les processus
techniques.

38. Certes, les positions théoriques de départ sont souvent beaucoup plus élaborées et nuancées, notamment chez Pugh. C'est
l'exigence (prématurée à notre sens) de quantification à tout prix qui a
forcé les auteurs à adopter peu à peu une telle position réductionniste,
dans la mesure même où l'opérationnalisation et la quantification de
schémas explicatifs plus complexes se heurtent à des difficultés encore
insurmontables.

à une vérification empirique même superficielle. Celle-là montrerait, au contraire, la force et l'importance des processus informels qui se développent, précisément, parce que la structure formelle ne règle pas tout et que les acteurs disposent toujours d'une marge de manœuvre qu'ils utilisent pour interpréter, manipuler et biaiser les prescriptions qu'elle contient. Il est sans doute inutile de s'apesantir longuement sur ce problème que nous avons illustré amplement dans la partie précédente.

Ce point cependant est d'importance. Car l'incertitude quant au statut et à l'impact précis des phénomènes mesurés conduit légitimement à s'interroger sur la signification même des mesures proposées et des modèles qu'elles fondent. Que mesure-t-on précisément, par exemple, en se servant d'un « score de formalisation » que l'on a établi en comptant le nombre de documents écrits existant dans une organisation donnée ? Que signifie, d'autre part, un « score de spécialisation » défini par le nombre de services spécialisés dans chacune des seize fonctions organisationnelles, ou un « score de centralisation » déterminé à partir d'une analyse des niveaux différents auxquels peuvent se prendre près de quarante décisions types [39], et que ces mesures nous *apprennent-elles* sur les modèles de relations et sur les modes de fonctionnement caractéristiques des mêmes organisations ? Dès lors, comment doit-on interpréter les résultats d'une comparaison internationale de Hickson *et al.* [40], d'où les auteurs concluent que le contexte des organisations est *culture-free*, c'est-à-dire charrie des contraintes qui

---

39. Ajoutons que ces données sont obtenues par des interviews structurées auprès des *dirigeants* d'entreprise et d'autres *cadres supérieurs* pour autant qu'il en est besoin pour compléter les informations. Cf. D.J. Hickson *et al.*, « The Culture Free Context of Organization Structure : A Tri-National Comparison », *Sociology*, vol. 8, 1974, p. 59-81 ; et « Grounds for Comparative Organization Theory : Quicksand or Hard-Core ? », *in* C.J. Lammers, *Organizations Unlike and Alike : Towards a Comparative Sociology of Organizations, op. cit.*

40. Cf. D.J. Hickson, *et al.*, « The Culture-Free Context of Organization Structure : A Tri-National Comparison », *art. cit. ;* et « Grounds for Comparative Organization Theory : Quicksand or Hard-Core ? », *art. cit.*

s'imposent de façon comparable, quels que soient les univers culturels des sociétés dans lesquelles sont placées les organisations ? A la lumière de ce qui précède, ne peut-on pas penser que cette concordance est finalement peu significative, et qu'à la limite la validité internationale sinon universelle des relations établies par le modèle n'est que la contrepartie et le reflet de son formalisme [41] ?

C'est leur préoccupation quasi exclusive des caractéristiques formelles des organisations qui explique aussi pourquoi ces recherches n'arrivent guère à dépasser une *description statique* de la réalité. Au mieux, elles se bornent à présenter une série de corrélations statistiques entre les structures organisationnelles (traitées comme variables dépendantes) et les facteurs contextuels, corrélations qui ne nous apprennent à peu près rien sur la seule question qui compte, à savoir *comment,* à *quelles conditions* et à travers *quels mécanismes de médiation* ces facteurs contextuels affectent et modifient (et dans quel sens) les *règles du jeu* qui gouvernent les interactions dans le système d'action sous-jacent à l'organisation. Au pire, de telles recherches — en interprétant les corrélations comme des relations causales — aboutissent à une conception extrêmement mécaniste et déterministe du changement organisationnel.

La tentative de D. S. Pug *et al.* de construire — à partir des résultats de leurs analyses factorielles — une *séquence causale* du développement organisationnel est une illustration de cette façon de procéder, des problèmes qu'elle soulève et des écueils qui la menacent [42]. D'une part, et les

---

41. C'est bien ainsi que l'on peut interpréter — nous semble-t-il — les résultats de Child et Kieser dans une étude comparative des rôles des dirigeants et des processus décisionnels dans des firmes allemandes et britanniques : des effets structurels comparables de la taille organisationnelle ont des *conséquences différentes* quant au fonctionnement des firmes. Cf. J. Child et A. Kieser : « Organization and Managerial Roles in British and West German Companies : An Examination of the Culture-Free Thesis », *in* C.J. Lammers, *Organizations Unlike and Alike : Towards a Comparative Sociology of Organizations, op. cit.*

42. Cf. D.S. Pugh *et al.*, « An Empirical Taxonomy of Structures of Work Organizations », *Administrative Science Quarterly*, vol. 14, 1969, p. 115-126.

auteurs y insistent eux-mêmes[43], les associations qu'ils établissent, et la classification qu'ils proposent sur cette base, sont purement descriptives et ne permettent en rien d'expliquer ce développement. Une telle explication ne pourrait se fonder que sur la connaissance qualitative des processus sous-jacents, connaissance que des corrélations statistiques ne fournissent pas[44]. Mais, d'autre part — et l'ambiguïté que laissent planer les auteurs est significative à cet égard —, leur tentative montre bien les risques qui menacent constamment de telles recherches de tomber dans un déterminisme[45] relativement simpliste du type : tel facteur contextuel — telle structure organisationnelle[46]. A cet égard, l'utilisation de procédés multivariés ne fait qu'étendre le champ des déterminants recensés et analysés ; elle ne change pas le mode de raisonnement. Or, de toute évidence, celui-ci est inadéquat pour saisir un phénomène social aussi complexe que les organisations et en

43. Pugh *et al.* restent en effet ambigus à cet égard : d'un côté, ils proposent une série d'*hypothèses causales* à partir de leurs corrélations ; d'un autre côté, cependant, ils insistent sur le fait que leurs résultats ne montrent que des corrélations statistiques, rien de plus. Cf. aussi D.S. Pugh *et al.,* « The Context of Organization Structures », *art. cit.*

44. Comme l'a remarqué J. Child, sous forme presque d'une boutade, il se pourrait très bien que l'association entre la taille des organisations et leur « bureaucratisation » soit le fait de la présence plus nombreuse dans ces grandes organisations de dirigeants « professionnels » davantage influencés par les enseignements du « management » qui met encore aujourd'hui l'accent sur un ensemble de préceptes dont l'application conduit à « bureaucratiser » une organisation. Cf. J. Child, « Organizations : A Choice for Man », *in* J. Child (ed.), *Man and Organization,* Londres, George Allen & Unwin, 1973. Pour être plus près de la boutade, cette remarque n'en illustre pas moins la complexité des processus en cause, complexité abusivement réduite par l'approche analysée ici.

45. Déterminisme toujours incomplet au demeurant, puisqu'on n'arrive jamais à recenser et à analyser la *totalité* des variables pertinentes. Mais, bien que partielle dans ses résultats, une telle approche n'en reste pas moins déterministe par le *raisonnement* qu'elle emploie.

46. Une ambiguïté supplémentaire vient augmenter ici la confusion. On ne sait, en effet, jamais si un tel jugement est un constat de réalité (cela *est*) ou une formulation prescriptive et normative (cela *devrait être* comme cela).

rendre compte. Non pas que le « contexte » ne constitue pas une contrainte. C'est précisément parce qu'il n'est que cela — c'est-à-dire un ensemble de facteurs limitant mais n'éliminant jamais complètement la capacité de choix des acteurs organisationnels — que le contexte ne peut légitimement être considéré comme déterminant les structures, voire les modes de fonctionnement des organisations.

III. LES CONTRAINTES EXTÉRIEURES OU L'ADAPTATION DES ORGANISATIONS AUX EXIGENCES DE LEURS ENVIRONNEMENTS

Ce sont les types d'équilibres qui s'instaurent entre les structures et les modes de fonctionnement interne des organisations et différents états de leurs environnements économiques et sociaux, et plus généralement les contraintes découlant des nécessités et des difficultés des rapports à l'environnement, qui forment le centre d'intérêt des recherches très diverses que nous allons maintenant aborder [47].

Dans une des premières recherches consacrées à ces problèmes Burns et Stalker [48] s'interrogent sur le degré d'adaptation de structures organisationnelles plus ou moins

47. Parmi les très nombreux travaux consacrés à ces problèmes, mentionnons notamment : T. Burns et G.M. Stalker, *The Management of Innovation,* Londres, Tavistock, 1961 ; F.E. Emery et E.L.Trist, « The Causal Texture of Organizational Environment », *Human Relations,* vol. 18, 1965, p. 21-32, trad. fr., « La texture causale de l'environnement des organisations » ; *Sociologie du travail,* n° 4, 1964 ; J. Hage et M. Aiken, *Social Change in Complex Organizations,* New York, Random House, 1970 ; P.R. Lawrence et J.W. Lorsch, *Organization and Environment : Managing Differentiation and Integration,* Harvard Business School, 1967 (trad. fr., *Adapter les structures de l'entreprise,* Paris, Ed. d'Organisation, 1974) ; et J.D. Thompson, *Organizations in Action, op. cit.*

48. Cf. T. Burns et G.M. Stalker, *The Management of Innovation, op. cit.*

bureaucratiques à différents états de l'environnement économique et social. A partir de l'étude d'une vingtaine de firmes britanniques opérant dans différents types de marchés, ils dégagent deux modèles idéal-typiques d'organisation, chacun adapté plus particulièrement à un certain état de l'environnement économique et social.

D'un côté, ils décrivent ce qu'ils appellent le *modèle mécanique* d'organisation, caractérisé par un organigramme très élaboré et contraignant, une très faible communication, une très forte centralisation du pouvoir de décision au sommet. A ce premier modèle s'oppose point par point le modèle organique d'organisation[49]. Les auteurs montrent que le modèle mécanique a tendance à apparaître dans une situation caractérisée par un environnement stable (peu d'innovation technologique, marché régulier), alors que le modèle organique est une réponse possible (ou nécessaire ?) à un environnement socio-économique turbulent[50].

Selon une démarche semblable, mais avec une volonté plus affirmée de formalisation et de conceptualisation, Emery et Trist[51] soulignent les interrelations causales des éléments dans l'environnement. Ils distinguent quatre types d'environnement selon leurs taux de changement et la prévisibilité de leurs orientations : « calme et dispersé », « calme et groupé », « perturbé et réactionnel », enfin « turbulent ». Chaque environnement, correspondant en gros à une structure économique du marché, constitue une trame causale pour la structure de l'organisation et le type de rapport qu'elle établit avec « l'extérieur », jusqu'à devenir lui-même une « matrice organisationnelle » dont

---

49. Il s'agit, bien entendu, de types idéaux au sens webérien, c'est-à-dire de constructions abstraites qui ne se retrouvent pas telles quelles dans la réalité. Les organisations réelles se rapprocheront tantôt de l'un, tantôt de l'autre extrême.

50. Cf. aussi les travaux de Stinchcombe qui arrive à des résultats semblables : A.L. Stinchcombe, « Bureaucratic and Craft Administration of Production : A Comparative Study », *Administrative Science Quarterly,* vol. 4, 1959, p. 168-187.

51. Cf. F.E. Emery et E.L. Trist, « The Causal Texture of Organizational Environment ». *art. cit.*

les régulations propres régissent les interactions entre les organisations en présence [52].

Avec un autre point de départ, Paul R. Lawrence et Jay Lorsch arrivent à des conclusions comparables [53]. Leurs analyses partent d'une réflexion sur la contradiction fondamentale entre, d'une part, la nécessité d'une différenciation organisationnelle entendue au sens large [54] pour pouvoir traiter valablement et efficacement avec un environnement lui aussi fractionné, et, d'autre part, la nécessité d'intégration organisationnelle, c'est-à-dire de procédures permettant de maîtriser les tendances centrifuges et de résoudre les conflits nés de la différenciation. La conclusion à laquelle aboutissent Lawrence et Lorsch est simple : il y a une relation fondamentale entre : *a)* les variables externes (l'incertitude, la diversité et la nature des contraintes de l'environnement) ; *b)* les états internes de différenciation et d'intégration ; *c)* les procédures de résolution des conflits. Et dans la mesure où les structures et procédures organisationnelles d'une entreprise tiennent compte de cette relation, elle atteindra un niveau de performance plus ou moins élevé [55]. En d'autres termes, il n'y a pas de recette universelle en la matière : la « bonne » dose d'intégration et de différenciation dépend des caractéristiques de l'environnement et des problèmes

52. Nous aurons encore à revenir sur ce point, mais disons tout de suite qu'on ne voit pas pourquoi une telle « matrice organisationnelle » n'apparaîtrait qu'à la fin de cette évolution. L'interaction entre organisations n'obéit-elle pas toujours à un certain nombre de régulations fondamentales ? Et ne peut-on pas penser que ce n'est pas tant l'existence ou l'absence de telles « règles du jeu » qui fait la différence, que le caractère plus ou moins formalisé de ces règles et la plus ou moins grande conscience qu'en ont les acteurs ? Si on suit cette logique, on se rend bien compte que le champ interorganisationnel a toujours existé ; s'il n'a pas été étudié autant qu'il l'aurait fallu, cela est surtout dû à la myopie d'une problématique organisationnelle qui étudie les organisations sans véritablement problématiser les processus qui les constituent.

53. Cf. P.R. Lawrence et J.W. Lorsch, *Organization and Environment : Managing Differentiation and Integration, op. cit.*

54. C'est-à-dire du point de vue tant des structures organisationnelles que des orientations et des préférences des acteurs.

55. Cf. P.R. Lawrence et J.W. Lorsch, *op. cit.* (trad. fr., p. 139).

qu'il pose à l'organisation. Celle-ci est contingente[56].

Expression et manifestation de l'acceptation croissante en même temps que de l'utilité d'une perspective de « système ouvert » dans les études organisationnelles, ces recherches ont considérablement fait progresser notre compréhension des organisations. Mais elles restent encore prisonnières d'une conception de l'environnement comme un ensemble de « facteurs » impersonnels dont les caractéristiques « objectives » s'imposent en quelque sorte d'emblée et automatiquement aux organisations. Il en découle une conception *unilatérale* des influences de l'environnement qui — en négligeant ou en méconnaissant les possibilités des organisations de « jouer » avec les « exigences » et contraintes de l'environnement, voire de les manipuler à leur tour — privilégie plus ou moins explicitement les processus d'adaptation des organisations.

Car, de toute évidence, l'environnement n'est pas un champ unifié et homogène. Il est constitué au contraire par une multiplicité de champs fractionnés, sinon cloisonnés les uns par rapport aux autres et qui charrient des « exigences » fluctuantes, ambiguës, et souvent divergentes sinon contradictoires. Il en découle un premier élément d'indétermination, et donc de *liberté* et de *choix* dans la relation entre une organisation et son environnement, comme l'a justement souligné J. Child dans une excellente critique du *structural contingency model*[57]. Mais il faut aller plus loin et s'interroger sur cette relation même. En effet, pas plus qu'une organisation, les « exigences » de l'environnement ne sont des « facteurs » désincarnés qui s'imposent à l'organisation par des mécanismes impersonnels et/ou automatiques. Elles ne deviennent contraignantes pour une organisation — et à la limite n'existent[58] — qu'à

56. C'est à Lawrence et Lorsch que l'on doit le terme — qui a fait recette depuis — de *structural contingency theory* (théorie de la contingence structurelle).
57. Cf. J. Child, « Organizational Structure, Environment and Performance : The Role of Strategic Choice », *Sociology,* vol. 6, 1972, p. 1-21 et notamment p. 3-5.
58. C'est en ce sens que K.E. Weick parle d'un environnement *institué* par l'organisation *(enacted environment)*. Nous souscrivons à

travers leur actualisation dans l'action d'un certain nombre d'individus ou de groupes, bref, d'acteurs sociaux placés à l'intérieur et à l'extérieur de l'organisation *stricto sensu* qui, consciemment ou inconsciemment, les incorporent et les utilisent dans et pour leurs stratégies personnelles.

Ce point avait été déjà amplement souligné par Chandler [59] dans les conclusions qu'il avait tirées de son étude de l'histoire institutionnelle de quelques firmes géantes des Etats-Unis (Dupont de Nemours, General Motors, Standard Oil (New Jersey) et Sears Roebuck). Chandler montre que la stratégie d'une firme dans le temps détermine sa structure, et que cette stratégie à son tour doit s'analyser comme la volonté de cette firme d'utiliser ses ressources au mieux en fonction des possibilités du marché [60]. Certes, il souligne à plusieurs reprises l'importance des changements dans l'environnement pour le choix d'une nouvelle stratégie, voire fait dc ces changements un facteur clef dans le choix de nouvelles structures. Mais en faisant intervenir la variable intermédiaire de la stratégie, il insiste en même temps sur le *caractère médiatisé* des influences extérieures : pour lui, les « exigences » de l'environnement n'ont d'influence sur la structure des organisations que dans la mesure et jusqu'au point où elles sont reprises dans les stratégies de celles-ci telles qu'elles sont formulées par leurs dirigeants ou, pour reprendre la

---

son analyse, en nuançant seulement son insistance, à notre avis trop exclusive, sur des mécanismes de perception et de signification. Une telle perspective phénoménologique trop radicale néglige la prégnance des faits ; il ne s'agit pas ici seulement de perception, mais *surtout* de mécanismes de pouvoir qui, eux, conditionnent la capacité et la volonté de perception. Cf. K.E. Weick, *The Social Psychology of Organizing, op. cit.*, notamment p. 63-72.

59. Cf. A.D. Chandler, *Strategy and Structure*, Cambridge, Mass, MIT Press, 1962 (trad., *Stratégies et Structures de l'entreprise*), Paris, Ed. d'Organisation.

60. Ce résumé très succinct ne rend naturellement pas justice à la richesse des analyses de Chandler qui insiste sur le caractère ouvert, expérimental — et finalement peu déterminé d'avance —, des processus de changements structurels et organisationnels analysés dans son livre.

formulation de Cyert et March, par leurs « coalitions dominantes [61] ».

On pourrait interpréter dans le même sens une série de résultats des études déjà citées de Burns et Stalker qui s'inscrivent en faux par rapport à leurs hypothèses de départ. Dans leur échantillon, ils ont en effet trouvé des entreprises où les changements dans l'environnement non seulement n'ont pas entraîné les modifications organisationnelles auxquelles on aurait pu s'attendre, mais où, de surcroît, on voit le modèle mécanique accentuer tous ses traits malgré — ou peut-être à cause — des changements très importants qui ont rendu leurs environnements beaucoup moins stables et réguliers qu'auparavant. Et leur tentative d'expliquer ces écarts surprenants à travers l'analyse des systèmes de pouvoir et de prestige sous-jacents au mode de fonctionnement de ces organisations [62] souligne indirectement le caractère « politique » des rapports à l'environnement et les éléments de liberté et d'autonomie dont dispose toute organisation face aux « exigences » extérieures [63].

61. Cf. R.M. Cyert et J.G. March, *A Behavioral Theory of the Firm,* New York, Prentice Hall, 1963.

62. Ajoutons que T. Burns s'est très vite détourné du mode de raisonnement dominant de ce courant, pour centrer ses réflexions sur les mécanismes politiques sous-jacents à l'action organisée. Cf. à cet égard, T. Burns, « Micro-politics : Mechanisms of Institutional Change », *Administrative Science Quarterly,* vol. 6, 1961, p. 257-281 ; et « On the Plurality of Social Systems », *in* J.R. Lawrence (ed.), *Operational Research and The Social Sciences,* Oxford, Pergamon Press 1966.

63. De même, le Suédois R. Normann montre dans une étude comparative de treize cas d'entreprises que les structures de pouvoir et les systèmes de valeurs prévalant dans les différentes entreprises jouent un rôle critique pour prédire les réactions de celles-ci à de nouvelles idées et informations émanant de l'environnement. Cf. R. Normann, « Organizational Innovativeness : Product Variation and Reorientation », *Administrative Science Quarterly,* vol. 16, 1971, p. 203-215.

IV. L'ORGANISATION DEVANT LES CONTRAINTES DE SA SITUATION : ADAPTATION UNILATÉRALE OU INTERSTRUCTURATION ?

Résumons-nous : quels qu'aient été les mérites de la « théorie de la contingence structurelle », qui a certainement correspondu à un important renouvellement conceptuel — et surtout pratique — des études organisationnelles [64], elle nous semble pourtant reproduire — fût-ce sur un autre plan — ce qu'on pourrait appeler le *biais techniciste* de la théorie classique des organisations. Certes, la démarche suivie et les moyens mis en œuvre sont ici autrement complexes. Il ne s'agit plus d'appliquer des principes *a priori,* mais de procéder à une évaluation empirique serrée de la situation en vue d'identifier les exigences auxquelles il faudra répondre et les problèmes qu'il faudra résoudre dans et par le développement de structures organisationnelles efficaces parce que adéquates. Pour être plus sophistiquée, une telle perspective — en n'analysant les problèmes qu'en termes économico-techniques et en privilégiant plus ou moins explicitement les aspects structurels du fonctionnement des organisations — n'en exclut pas moins du champ de ses réflexions une interrogation pourtant fondamentale : celle sur les acteurs qui, concrètement, ont à faire face et à résoudre ces différents problèmes, ou mieux sur les systèmes de relation et de négociation, sur les modèles de jeu à travers lesquels ceux-ci devront y faire face et dont les contraintes propres conditionneront toujours les types de solutions possibles.

---

64. En réfutant empiriquement les illusions d'un *one best way* universel, ce courant a notamment démontré la nécessité de préciser, en les diversifiant, les préceptes d'un art de l'organisation, et en a simultanément fourni les premiers outils. Cette pertinence pratique des travaux les plus féconds de ce courant (et notamment ceux de Woodward, de Burns et Stalker et de Lawrence et Lorsch) est justement soulignée par Lupton. Cf. T. Lupton, *Management and the Social Sciences,* Harmondsworth, Penguin Books, 1971, 2ᵉ éd.

Comme auparavant, on reste dans une perspective étroitement économique et technique qui voit dans l'efficacité des organisations une simple fonction de l'adéquation plus ou moins optimale de leurs structures aux caractéristiques — traitées comme objectives — de leurs situations[65].

Méconnaissant l'autonomie et donc les contraintes propres du construit humain sous-jacent à une organisation[66], une telle optique « technicienne » est intimement liée à un mode de raisonnement dont les présupposés déterministes sous-jacents aboutissent en fin de compte à réduire le changement organisationnel à un processus quasi mécanique d'adaptation unilatérale. En effet, partant de la constatation que le degré d'adaptation des caractéristiques structurelles d'une organisation aux données techniques ou économiques de sa situation conditionne, voire commande, sa capacité d'atteindre le niveau d'efficacité et de performance nécessaire à sa survie et à sa réussite, on déduit que, pour maintenir sa capacité de survie face à un environnement changé, cette organisation n'aura d'autres possibilités que de changer sa structure. De cette première proposition qui mériterait déjà d'être spécifiée, on en arrive un peu vite à la conclusion[67] que — sous peine de tolérer une moindre performance, voire de péricliter à plus ou moins long terme —, une organisation devra nécessairement et toujours chercher à optimiser l'ajustement entre sa structure et les exigences véhiculées par sa technologie ou son environnement ; qu'en d'autres termes, le changement organisationnel se fera en réponse aux impératifs fonctionnels des « besoins » de survie et d'efficacité des organisations conçues comme systèmes naturels.

Pour séduisant qu'il soit de prime abord, un tel raisonne-

---

65. C'est bien le sens du reproche général que formule C. Argyris à l'adresse de ce courant de recherche. Cf. C. Argyris, *The Applicability of Organizational Sociology, op. cit.*

66. Autonomie que démontrent indirectement les résultats « aberrants » déjà cités de Burns et Stalker.

67. Largement implicite d'ailleurs, sauf chez Perrow qui a le « mérite » de formuler très explicitement une telle hypothèse. Cf. C. Perrow, *Organizational Analysis : A Sociological View, op. cit.* p. 80.

ment repose sur deux postulats largement implicites. Le premier de ces postulats veut que le marché, en tant que mécanisme de sanction de l'environnement, ne laisse survivre que les organisations les plus aptes, que, par conséquent, dans un environnement fondamentalement hostile, le seuil de la survie d'une organisation soit plus ou moins identique à celui de sa réussite[68]. Le deuxième considère que les arrangements structurels ont une incidence décisive sur le niveau de performance d'une organisation. Or, ni l'un, ni l'autre de ces deux postulats ne résiste à l'épreuve d'une vérification empirique.

D'une part et d'abord, la réussite n'est une contrainte ni aussi impérative ni aussi étroitement définie que semblent le penser les théoriciens de ce courant. Au contraire — comme le montre la présence dans les échantillons de Woodward ou de Lawrence et Lorsch d'entreprises fonctionnant sur un mode non typique, à moindres performances —, la différence peut être grande entre le niveau de performance nécessaire à la réussite d'une organisation et celui indispensable à sa survie. Cette différence définit la plage de tolérance de l'environnement, c'est-à-dire la marge de manœuvre à l'intérieur de laquelle une organisation est relativement libre de fixer ses propres objectifs et ses propres normes de performance, qui correspondront le plus souvent à un niveau d'efficacité seulement satisfaisant et non pas optimal[69].

---

68. Si une telle conception darwinienne de la survie des plus aptes dans l'univers hostile du marché peut correspondre à la situation de quelques rares secteurs industriels des Etats-Unis — ce paradis de la libre entreprise —, elle semble, en revanche, totalement irréaliste dans le contexte des économies administrées d'Europe.

69. Cf., à cet égard, les réflexions sur la rationalité limitée chez H.A. Simon, *Administrative Man, op. cit.*, et chez J.G. March et H.A. Simon, *Les Organisations, op. cit.*, et les travaux sur la firme de R.M. Cyert et J.G. March, *A Behavioral Theory of the Firm, op. cit.*, et notamment leurs développements *sur l'organizational slack* (mou ou superflu organisationnel). Il faut souligner, d'ailleurs, que les normes et les objectifs sont eux-mêmes le fruit de transactions avec l'environnement, comme le rappellent J.D. Thompson et W.J. McEwen, « Organizational Goals and Environment : Goal-Setting as an Interaction-Process », *American Sociological Review,* vol. 23, 1958, p. 23-31, et qu'à travers ce processus, les organisations ont la

D'autre part et ensuite, les recherches empiriques montrent précisément que les arrangements structurels n'ont finalement que des incidences faibles et indirectes sur le niveau de réussite d'une organisation. C'est ce qui semble ressortir des travaux de R. E. Caves sur les facteurs de « réussite » de l'industrie anglaise [70]. De même, les travaux ultérieurs de Lawrence et Lorsch semblent indiquer que la « bonne » dose d'intégration et de différenciation peut être obtenue à travers une gamme relativement large d'arrangements structurels [71]. Bien plus, les recherches de J. Pennings [72] suggèrent que des organisations « non adaptées » aux données objectives de leur situation réussissent très bien, et que donc les prescriptions normatives du modèle ne peuvent s'appuyer sur aucun déterminisme empirique [73].

Il faut donc bien se rendre à l'évidence : il n'y a en cette matière aucun déterminisme, aucune automaticité. L'ensemble structuré de rapports humains, qui sous-tend l'organisation et qui seul lui donne vie, n'est pas façonné

---

possibilité d'organiser et de façonner à leur tour leur environnement, comme nous le montrerons plus loin. Ajoutons qu'on se trouve ici devant le problème de la *mesurabilité des résultats* de l'action, au double sens du terme : d'une part, l'existence d'une *technique de mesure,* d'autre part, d'une *capacité collective et culturelle* suffisante pour accepter et tolérer la mesure des résultats. Nous y reviendrons.

70. R.E. Caves *et al., Britain's Economic Prospects,* Londres, George Allen & Unwin, 1968, cité *in* J. Child, « Organizational Structure, Environment and Performance : The Role of Strategic choice », *art. cit.,* p. 12.

71. Cf. P.R. Lawrence et J.W. Lorsch, *Developing Organizations : Diagnosis and Action,* Reading, Mass., Addison-Wesley, 1969.

72. J. Pennings, « Environment, Structure and Performance of Complex Organizations », *in VIIIe Congrès de l'Association Internationale de sociologie,* Toronto, 1974.

73. Cela avait été déjà le sens et l'orientation des travaux du Tavistock-Institute en Grande-Bretagne, centrés autour du concept de « système socio-technique » et qui tendaient à montrer que, si la technologie est bien une contrainte importante, elle laisse néanmoins une marge de manœuvre et donc d'expérimentation relativement large. Cf. entre autres E.L. Trist, *et al., Organizational Choice,* Londres, Tavistock, 1963 ; et E.J. Miller et A.K. Rice, *Systems of Organization,* Londres, Tavistock, 1967. Le rôle de pionnier du Tavistock-Institute dans les années cinquante peut être beaucoup mieux perçu aujourd'hui.

passivement par des contraintes situationnelles. Il obéit à sa propre logique, à sa propre rationalité. Car il correspond à un ensemble de relations de pouvoir articulé sous forme de jeux dans le cadre desquels des acteurs relativement autonomes poursuivent leurs intérêts divergents et négocient leur participation à l'ensemble. Et selon les fonctions qu'ils occupent, selon les sources de pouvoir qu'ils contrôlent, ces acteurs seront tout naturellement amenés à agir en sorte que les solutions adoptées pour résoudre les problèmes posés par la technologie, l'environnement, bref, la situation soient compatibles avec au moins le maintien de leur propre capacité de négociation au sein de l'organisation. En d'autres termes, la perception de ces problèmes et la réponse qui y sera apportée seront fonction des stratégies des acteurs à l'intérieur des jeux auxquels ils participent au sein de l'organisation et dans leurs relations avec « l'extérieur [74] ».

En fait, on est en présence de tout autre chose que d'une adaptation unilatérale de l'organisation aux contraintes de sa situation. Comme dans tout processus concret d'interaction, on se trouve devant des mécanismes d'échange et d'influence réciproques [75] à travers lesquels l'organisation structure sa situation (au sens le plus large) tout autant

---

74. C'est ainsi que, par exemple, dans le domaine technologique, des études au CSO ont montré que les « exigences » identiques d'une seule et même technologie (la gestion par ordinateur) ont été absorbées et infléchies par la logique et les régulations propres des systèmes d'action sous-jacents aux entreprises dans lesquelles elles s'inséraient. Cf. à cet égard C. Ballé et J.-L. Peaucelle, *Le Pouvoir informatique dans les entreprises,* Paris, Ed. d'Organisation, 1972, et les rapports de C. Ballé, *La Définition d'une politique informatique,* et *L'Organisation de l'informatique,* Paris, CSO, 1975.

75. Ce point a été souligné par de nombreux acteurs travaillant dans le domaine des relations interorganisationnelles. Cf. notamment S. Levine et P. White, « Exchange and Interorganizational Relationships », *Administrative Science Quarterly,* vol. 10, 1961, p. 583-601, qui soulignent la dépendance de l'organisation à l'égard de son environnement pour la mobilisation des ressources nécessaires à son fonctionnement ; E. Litwak et L.F. Hylton, « Interorganizational Analysis : A Hypothesis on Coordinating Agencies », *Administrative Science Quarterly,* 1962, p. 395-420, qui montrent le caractère réciproque de cette dépendance.

qu'elle est structurée par elle, ou, mieux, à travers lesquels une organisation — en s'adaptant à sa situation — la constitue et l'institue à son tour.

Poser le problème ainsi — il faut le souligner — ne revient pas à nier la prégnance des contraintes situationnelles sur le système d'action d'une organisation. C'est tout simplement intégrer celles-ci dans un champ d'investigation plus vaste qui permette de leur rendre leur véritable statut : celui de contraintes limitant la rationalité et la liberté de choix des acteurs, mais ne l'éliminant pas. Et il s'agit alors de rechercher plus concrètement comment, à quelles conditions et dans quelles limites le type de solution apporté aux problèmes posés par la situation affecte les capacités de négociation et les possibilités de jeu des différents acteurs au sein de l'organisation, et *inversement* comment et dans quelles limites la logique des jeux organisationnels détermine les réactions et réponses aux contraintes de la situation, voire ces contraintes elles-mêmes. Tout comme le fonctionnement interne d'une organisation, les solutions apportées aux problèmes posés par son environnement au sens large constituent des *construits politiques et culturels* et doivent être analysées comme tels [76].

Pour sortir de la perspective scientiste étroite dont reste prisonnière une approche en termes de contingences structurelles, et pour échapper aux implications déterministes qu'elle entraîne aussi bien en ce qui concerne les structures

---

76. On peut reprocher à cet égard à J. Child de trop identifier le rapport à l'environnement ou aux contraintes de la technologie à un problème de prise de décision stratégique. Car la façon dont une organisation « gère » ses rapports à l'environnement par exemple, n'est pas seulement le résultat de l'évaluation qui fait la coalition dominante des décideurs des interactions avec l'environnement considérées comme cruciales et des choix structurels que ces mêmes décideurs mettent en œuvre à partir de cette évaluation. Elle est aussi le reflet de la capacité collective que l'organisation, en tant que système d'action avec ses régulations propres, possède pour bâtir ses échanges avec l'extérieur. Bien plus, comme nous essayerons de le montrer dans la 4e partie, consacrée aux problèmes de la décision, aucune décision ne peut être analysée et appréhendée indépendamment du système d'action qui la produit.

qu'en ce qui concerne l'évolution, il faut en fait opérer un véritable déplacement de l'objet d'étude. Ce n'est pas tant le système d'action interne soumis à des déterminants de la situation qu'il faut étudier, que les *mécanismes de régulation gouvernant l'ensemble du système organisation-environnement,* dont la structuration en réseaux de pouvoir et d'échange reliant les divers acteurs concernés est alors passible du même type d'analyse en termes de pouvoir et de stratégies des acteurs que celle déjà utilisée pour étudier le système d'action « interne » d'une organisation [77].

---

77. Nous reviendrons plus loin sur toutes les implications d'un tel déplacement du champ, qui revient en fait à la constitution d'un nouvel objet d'étude, les systèmes d'action concrets. Cf. *infra,* 3ᵉ partie.

5

Le rapport à l'environnement comme processus de pouvoir et d'échange : les transactions à la frontière

L'environnement n'est pas un ensemble de variables indépendantes : il constitue une série de systèmes ou de sous-systèmes très différemment structurés et il présente de ce fait une série de problèmes spécifiques que des acteurs organisationnels également spécifiques doivent résoudre. Ceux-là ne pourront le faire qu'en entrant en relation avec d'autres acteurs au sein et en dehors de l'organisation proprement dite et en s'engageant avec ceux-ci dans des relations de pouvoir et d'échange qui viennent donc étendre les limites du système d'action pertinent sous-jacent à l'organisation, mais qui, par leurs régulations propres, définissent à leur tour les « exigences » de l'environnement et le type de réponse que les acteurs organisationnels pourront y apporter.

En d'autres termes, de même que le fonctionnement « interne › d'une organisation doit être conceptualisé comme le produit d'un ensemble articulé de jeux dont les règles contraignent les acteurs y participant et à travers lesquels s'opère l'intégration partielle de leurs stratégies divergentes, de même les rapports à l'environnement peuvent être considérés comme les produits d'autres jeux qui débordent les frontières formelles de l'organisation et dont la logique et les règles propres — en définissant les possibilités et les capacités d'action des différentes parties prenantes — deviennent la *médiation* fondamentale des influences de l'environnement.

Si l'on veut comprendre la dynamique qui peut s'instaurer entre une organisation et son environnement, et saisir les processus d'échange et d'influence réciproque qui la caractérisent, il faut donc analyser la genèse, le maintien et les mécanismes de régulation de tels jeux ainsi que leur articulation aux jeux proprement organisationnels. C'est ce que nous nous proposons de faire ici, en utilisant dans ce contexte élargi les mêmes concepts et le même mode de raisonnement stratégique que nous avons employés pour l'étude du système d'action « interne » d'une organisation.

I. LA STRUCTURATION DE L'ENVIRONNEMENT : LES « RELAIS ORGANISATIONNELS »

Dans l'accomplissement de ses « objectifs » — nous l'avons déjà dit —, toute organisation, quelle qu'elle soit, doit négocier avec *son environnement*[1]. C'est dire que, dans les termes mêmes de l'analyse stratégique, différents acteurs dans l'*environnement pertinent*[2] d'une organisation

---

1. Pour éviter tout malentendu, précisons d'emblée que, bien entendu, les organisations n'agissent pas dans la réalité comme des acteurs autonomes. Ce ne sont que des structures d'action qui contraignent et rendent possibles tout à la fois les actions des acteurs qui en font partie et qui sont obligés d'en demeurer solidaires aussi longtemps qu'ils ne les ont pas quittées. Le fait de personnaliser les organisations, comme nous le faisons ici, ne doit donc pas donner l'impression que nous considérons les organisations comme des acteurs unifiés avec leurs « besoins », leurs « objectifs », etc. Il ne s'agit que d'une figure de style, d'un raccourci commode pour l'exposition mais qui ne doit pas cacher la réalité des processus complexes qu'il recouvre.

2. Au lieu de raisonner de façon indifférenciée sur l' « environnement » en général, il semble plus fructueux d'introduire un premier découpage dont le principe de référence extrêmement grossier et approximatif ne peut être fourni que par les *tâches et les objectifs* de l'organisation considérée. L'*environnement pertinent* de celle-ci ne recoupe donc pas l'ensemble de cet univers extérieur que l'on désigne couramment par « environnement ». Son étendue est plus restreinte : il inclut l'ensemble des acteurs sociaux dont les comportements conditionnent plus ou moins directement la capacité de cette organisation de fonctionner de façon satisfaisante et d'atteindre ses objectifs

détiennent face à elle des sources d'incertitude majeures et inéluctables qu'elle doit à tout moment chercher à contrôler et à maîtriser pour assurer son maintien et son développement. C'est ce qui explique qu'autour des rapports nécessaires à l'environnement se reconstituent des relations de pouvoir. En effet, pour contrôler ces sources d'incertitudes extérieures, l'organisation doit tenter de *stabiliser* et de *personnaliser* ces univers abstraits et mouvants. Une première réponse possible à ce problème sera la création en son sein de services spécialisés dans les rapports avec tel ou tel segment de son environnement pertinent et chargés d'en connaître les problèmes et les tendances, bref, de l'informer sur ce qui s'y passe et de proposer des stratégies adéquates pour y faire face.

Cela pose le problème analysé par Lawrence et Lorsch dans leur ouvrage précité[3] : celui de la différenciation interne des organisations opérée par les nécessités des rapports à l'environnement. En effet, dans l'accomplissement de leurs missions, les acteurs placés dans ces services spécialisés seront presque inévitablement amenés à s'identifier avec les besoins, les problèmes, voire les « mentalités » dans les segments de l'environnement distinct avec

---

sans nous cacher que, *mutatis mutandis,* ces objectifs ne sont pas, bien entendu, des données objectives, mais bien le produit des rapports de pouvoir et de marchandage qui structurent le système d'action sous-jacent à l'organisation et à ses échanges avec les acteurs dans son environnement pertinent. Pour une distinction semblable entre environnement « général » et « spécifique », cf. R. Hall, *Organizations, Structures and Processes,* Englewood Cliffs, NJ, Prentice Hall, 1972 ; et J.D. Thompson, *Organizations in Action, op cit.* Cf. aussi les développements plus généraux dans une perspective interorganisationnelle, notamment de W. Evan, « The Organization-Set », *in* J.D. Thompson, *Approaches to Organizational Design,* Pittsburgh, Pittsburg University Press, 1966 ; de R. Warren, « The Interorganizational Field as a Focus of Investigation », *in Administrative Science Quarterly,* vol. 12, 1967, p. 396-419, et de H. Turk « Interorganizational Networks in Urban Society », *American Sociological Review,* vol. 35, 1970, p. 1-19. Nous reprendrons cette problématique interorganisationnelle dans les chapitres consacrés aux systèmes d'action concrets.

3. Cf. P.R. Lawrence et J.W. Lorsch, *Organization and Environment : Managing Differentiation and Integration, op. cit.*

lesquels ils doivent maintenir de bons contacts et à les privilégier par rapport aux exigences du fonctionnement interne ou de la réussite de l'organisation dont ils font partie.

a) *Le concept de relais.*

Cette différenciation structurelle interne des organisations en fonction des nécessités d' « organiser » les relations avec leurs environnements pertinents [4] ne constitue cependant qu'une partie de la réponse. Car à leur tour, ces services plus spécialisés ne pourront convenablement remplir leurs missions, c'est-à-dire toucher effectivement le segment de l'environnement visé, qu'à travers la constitution d'un certain nombre de réseaux plus permanents, structurés autour de quelques interlocuteurs ou *relais* privilégiés qui deviennent ainsi indispensables à leur action [5].

Dans la réalité, ces relais peuvent être de nature diverse. Ce sont les fournisseurs, les banquiers, les sous-traitants, les agences de placement de la main-d'œuvre, voire les syndicats ouvriers, les réseaux de représentants, voire de détaillants dans le cas d'une entreprise commerciale ; ce peuvent être les associations de parents d'élèves, voire certains bailleurs de fonds dans le cas d'une école privée ;

4. Différenciation structurelle qui n'a rien d'automatique, comme le montrent bien les travaux de Lawrence et Lorsch qui contredisent par là les hypothèses trop mécanistes de certains théoriciens de la taille, tels que Blau.
5. Nous nous appuyons ici sur les recherches et les réflexions développées au cours des années soixante par les membres du Centre de sociologie des organisations à l'occasion, notamment, de leurs études sur l'administration publique française et, tout particulièrement, sur les travaux de P. Grémion qui a développé une approche initiale pour l'analyse de l'action administrative au niveau local en France. Cf. P. Grémion, « Introduction à une étude du système politico-administratif local », *Sociologie du travail,* nº 1, 1970, p. 51-73 ; et *Pouvoir local, pouvoir central : essai sur la fin de l'administration républicaine,* thèse de doctorat, Paris, université René Descartes, 1975, publiée sous le titre : *Le Pouvoir périphérique,* Paris, Seuil, 1976.

ce peuvent être des élus politiques, les syndicats professionnels et plus généralement toutes les associations représentant les « ressortissants » dans le cas d'une administration
publique. Quoi qu'il en soit, leur rôle face à l'organisation
comportera toujours deux aspects.

Tout d'abord, les relais sont censés *représenter le segment
d'environnement* visé par tout ou partie de l'organisation.
Ils sont choisis pour *informer* celle-ci de la situation qui
caractérise leurs segments respectifs et des conséquences
qui en découlent pour elle. Ils contribuent ainsi à son
fonctionnement, soit en facilitant la mobilisation des ressources nécessaires, soit en améliorant les possibilités de
diffusion des produits pour leur meilleure adéquation aux
exigences des segments d'environnement qu'ils représentent. Or, ils ne pourront jouer cette partie de leur rôle
qu'en établissant avec les représentants de l'organisation
un certain nombre de règles plus ou moins explicites et
formalisées selon les cas, qui porteront sur les conditions
générales d'obtention des ressources ou de diffusion des
produits et qui, de ce fait, gouverneront, en les régulari-
sant, les échanges entre l'organisation et son environnement pertinent.

A travers ce processus, cependant, leur « rôle » de
représentant d'un segment d'environnement auprès de
l'organisation se double d'une deuxième dimension qui est
en quelque sorte l'image renversée du premier : celui de
*représentant de l'organisation et de ses intérêts auprès de
leurs segments d'environnement* au sein desquels ils doivent
imposer le respect des règles établies avec l'organisation.
Bras allongés de l'environnement face à l'organisation, les
relais sont aussi les agents de celle-ci dans l'environnement.
Ces deux aspects de leur rôle sont inséparables parce que
complémentaires. L'un ne va pas sans l'autre : structurellement les relais ont une double face et doivent vivre avec les
contradictions qui en sont la conséquence [6].

6. *Mutatis mutandis,* on est ici en présence des mêmes mécanismes
que ceux qui jouent dans la relation entre une organisation et ses
membres, et de façon plus générale, dans toute relation de pouvoir.
Les membres d'une organisation ne peuvent « manipuler » l'ensemble
qu'en se laissant « manipuler » à leur tour. La même constatation vaut

Cette situation ambivalente des relais, et les contraintes propres qui en découlent pour leur action, permettent de comprendre l'étendue mais aussi les limites du pouvoir qu'ils contrôlent face à l'organisation, et de caractériser le type et la logique du jeu qui s'instaurera entre ces partenaires.

Dans la mesure, en effet, où ils parviennent effectivement à concilier et à remplir les deux fonctions souvent contradictoires de leur rôle, ils se retrouvent en position de force face à l'organisation pour laquelle ils sont alors des *réducteurs d'incertitude*[7] indispensables. Et ils tirent de cette situation un pouvoir de chantage non négligeable face à l'organisation qu'ils utiliseront tout naturellement pour obtenir d'elle un certain nombre d'avantages en retour[8]. En d'autres termes, tout comme les membres proprement dits d'une organisation, *ils négocieront toujours — implicitement ou explicitement — leur capacité à réduire l'incertitude.* Mais leur pouvoir à cet égard n'est pas illimité : la relation

---

pour les relais. On retrouve par là une problématique plus générale : celle de la *représentation*. En effet, en tant que représentant, le relais est structurellement un « traître » en puissance, dans la mesure où il ne peut remplir son rôle qu'en s'autonomisant au moins partiellement par rapport aux « intérêts légitimes » de ses mandants, voire en en sacrifiant une partie. C'est la prise de conscience croissante de ce dilemme fondamental entre fidélité et trahison par rapport aux intérêts des mandants qui nous semble à l'origine de la crise que connaît aujourd'hui la représentation comme mécanisme fondamental pour l'articulation des intérêts collectifs. Cf. les développements consacrés à ces problèmes *in* P. Grémion, *Le Pouvoir périphérique, op. cit.*

7. Tous les relais — est-il besoin de le rappeler ? — ne se valent pas à cet égard. Leur pouvoir face à l'organisation variera, bien entendu, dans le temps et dans l'espace, en fonction de la *pertinence* et du *caractère plus ou moins crucial* — pour la survie de l'organisation — de la source d'incertitude qu'ils contrôlent dans l'environnement, ainsi qu'en fonction de leur *substituabilité* plus ou moins facile dans leur rôle même de relais. Nous reviendrons ci-après sur ce dernier élément, dont la manipulation constitue une donnée de base de la stratégie des partenaires d'une telle relation.

8. Pour eux-mêmes et pour leurs mandants : ces deux aspects sont en effet interdépendants. Obtenir des avantages pour ses mandants augmente l'emprise du relais sur eux et, de ce fait, sa capacité d'action en tant que leur représentant.

de dépendance est réciproque. En effet, tout en étant indispensables à l'organisation, ils en dépendent aussi puisqu'une partie plus ou moins importante de leur capacité d'action et de leur pouvoir propres (donc de leur possibilité de poursuivre leurs objectifs personnels) est liée précisément à leur fonction de relais, c'est-à-dire indirectement à l'existence de l'organisation dont ils deviennent ainsi au moins partiellement solidaires[9]. Et le rapport de force qui prévaudra dans ces négociations sera à son tour fonction des contraintes de la situation et des atouts propres de chacun des partenaires/adversaires qui y sont engagés, ainsi que de leurs capacités respectives de mobiliser effectivement ces atouts en leur faveur dans une relation donnée, et notamment de leur capacité de faire monnayer par l'autre leur volonté de continuer la relation[10].

b) *La structuration des jeux entre segments organisationnels et relais : la logique du monopole.*

Dans l'analyse de ces relations, il importe de ne pas perdre de vue une de leurs caractéristiques essentielles qui les distingue nettement de celles prévalant entre une organisation et ses membres : la liberté en principe plus

9. Avec cette nuance importante que la liberté de chaque partenaire/adversaire de sortir d'une telle relation est ici *a priori* plus grande. Nous y reviendrons ci-après.

10. L'essentiel n'étant pas ici les ressources « objectives » à la disposition des acteurs, mais leur *utilisation effective* dans une relation de pouvoir donnée, on conçoit qu'une telle démarche ne se prête que difficilement à la quantification, voire exige le plus souvent une enquête clinique approfondie, si l'on veut réellement saisir les phénomènes qu'il s'agit d'expliquer. La méconnaissance de cette difficulté constitue à notre sens la principale faiblesse du *resource-dependence-model,* tel qu'il est utilisé notamment dans les travaux d'Aldrich. A force de décomposer les phénomènes pour les rendre passibles d'une analyse statistique, Aldrich finit par perdre de vue complètement la signification de ce qu'il mesure. Cf. H. Aldrich, « The Environment as a Network of Organization : Theoretical and Methodological Implications », Communication présentée au VIIIe Congrès de l'Association internationale de sociologie, Toronto, 1974.

grande de chacun des partenaires/adversaires de quitter la relation.

C'est dire que la substituabilité de chacun des partenaires/adversaires deviendra un des enjeux mêmes — sinon l'enjeu central — de toute relation de cet ordre. C'est là, nous semble-t-il, l'axe permettant d'interpréter de façon cohérente les mécanismes et principes de fonctionnement sous-jacents aux équilibres de pouvoir extrêmement différents que l'analyse empirique met en évidence entre une organisation et ses relais. Nous pensons en effet pouvoir faire légitimement l'hypothèse que, derrière la diversité des configurations particulières, une même logique est à l'œuvre qui structure les stratégies des différents acteurs et, partant, conditionne les jeux auxquels ils se livrent. Cette logique, paradoxalement pour une société dite libérale, voire libérale avancée, est une logique de monopole.

Non pas qu'il n'y ait des situations où chacun des partenaires/adversaires aura en fait intérêt — pour des raisons chaque fois à spécifier — à jouer la différenciation plutôt que le monopole. Non pas qu'il ne soit possible aux relais de peser sur l'organisation sans disposer de monopole, ni à l'organisation de manipuler ses relais sans avoir réussi à s'imposer comme leur seul interlocuteur acceptable. D'autres jeux peuvent être envisagés dans lesquels on peut chercher à s'imposer non plus comme intermédiaire, mais comme informateur ou comme régulateur dans un ensemble concurrentiel ouvert [11]. Mais s'il existe déjà des

---

11. Le relais personnalisé est indispensable tant qu'il n'existe pas d'autres moyens pour l'organisation d'atteindre l'environnement pertinent dont elle dépend pour son marché, par exemple. Le recours au relais personnalisé, toutefois, signifie canalisation des communications, hiérarchie des relations, dépendance et contre-dépendance. Mais on peut court-circuiter les relais classiques personnels, les notables, les négociants, agents et intermédiaires divers en organisant des relais impersonnels, en utilisant, par exemple, les médias comme organe d'information et en élaborant des procédés statistiques pour analyser les caractéristiques d'une clientèle et suivre son comportement. A l'informateur privilégié qui traduit et façonne la demande peuvent ainsi se substituer le sondage, l'analyste professionnel, le consultant. A un certain niveau de développement d'un marché, on peut concevoir l'émergence de nouvelles fonctions de régulation totalement différentes des rôles d'intermédiaires traditionnels. Quan-

virtualités de cet ordre, le jeu prédominant est un jeu dans lequel chacun cherche à s'imposer face à l'autre comme le seul interlocuteur possible, tout en essayant de se ménager à soi-même des solutions et des partenaires de rechange.

Dans le cadre de la relation de pouvoir la plus simple, telle que nous avons pu la découvrir sous-jacente à toute situation d'organisation, nous avons montré que la négociation pouvait être reconstruite en logique à partir d'un raisonnement sur la prévisibilité. Chacun cherche à enfermer l'autre dans un raisonnement prévisible, tout en gardant la liberté de son propre comportement. Celui qui gagne, celui qui peut manipuler l'autre, donc orienter la relation à son avantage, est celui qui dispose d'une plus grande marge de manœuvre. Tout se passe donc comme s'il y avait équivalence entre prévisibilité et infériorité.

Il n'en va pas autrement dans la relation entre une organisation et ses relais. Quel est alors le problème ? Il s'agit pour chacun des deux partenaires d'accaparer une certaine fonction sociale dans un ensemble très peu structuré (au sens de : consciemment organisé) et donc extrêmement lourd et difficile à connaître et, à plus forte raison, à transformer : représenter une demande sociale, c'est-à-dire la constituer, l'ordonner, la rendre opérationnelle en la représentant dans le cas du relais ; satisfaire une demande sociale qui existe et qu'elle a éventuellement contribué à créer (peu importe ici) dans le cas de l'organisation. Si le relais est indépendant et dispose d'interlocuteurs de rechange, s'il peut jouer avec plusieurs organisations, et si l'organisation doit passer par lui pour atteindre ses clients, il est en position de force. Si l'organisation, au contraire, a réussi à se constituer en interlocuteur obligatoire car elle est seule à pouvoir répondre à la demande que le relais exprime, le relais se trouve en fait intégré par l'orga-

---

tité de professions et de secteurs d'activité, depuis les assurances jusqu'à la politique, pourraient être réétudiés dans cette perspective. On peut même dire que, d'une façon générale, toutes les activités humaines impliquant connaissance et contact avec une clientèle particulière relèvent d'une démarche de cet ordre.

nisation, donc dépendant, donc en situation d'infériorité.

Certes, le jeu n'est pas terminé avec l'intégration des relais dans l'organisation. Avec les zones organisationnelles d'incertitude qu'ils contrôlent, les relais vont retrouver le moyen de jouer avec des interlocuteurs beaucoup plus diversifiés dans l'organisation. Mais leur intégration les fait en quelque sorte « rentrer dans les rangs » et change fondamentalement la nature du jeu. Ils gardent, certes, beaucoup plus d'autonomie que l'analyse habituelle n'en accorde à des acteurs organisationnels. Mais ils doivent désormais obéir à des règles qu'ils ne peuvent que très partiellement influencer, et les jeux dans lesquels ils sont engagés sont plus formalisés et plus contraignants. Surtout, il leur est beaucoup plus difficile de les transformer. Ils peuvent toujours quitter l'organisation individuellement, mais ils peuvent beaucoup moins facilement entraîner les cellules qu'ils contrôlent. Leur pouvoir de négociation directe a donc beaucoup diminué [12].

En utilisant comme dimension d'analyse le degré de monopole [13] dont dispose chaque partenaire face à l'autre tant dans le temps que dans l'espace, on pourrait ranger l'éventail des situations et équilibres de pouvoir possibles sur un continuum. A l'un de ses extrêmes, on trouverait un système de négociations biaisé en faveur de l'organisation dans la mesure où celle-là se trouve en situation de monopole et où, de ce fait, l'environnement n'a que peu de moyens de sanction par rapport à elle. A la limite, on assistera à la *colonisation des relais* par les exigences

---

12. Ce changement dans la nature du jeu souligne la spécificité organisationnelle, les caractéristiques et conditions de l'organisation comme cas particuliers dans la catégorie générale des « systèmes organisés ». Nous y reviendrons dans la 3ᵉ partie de cet ouvrage, notamment au chap. IX.

13. Pour éviter tout malentendu, disons tout de suite qu'un tel monopole peut s'établir à différents niveaux que l'analyse empirique devra soigneusement distinguer. Ainsi, une multiplicité matérielle de relais possibles peut rester parfaitement virtuelle et théorique si un relais réussi — pendant certaines périodes, à certains endroits, pour certains problèmes, etc. — à se différencier des autres de telle façon que l'organisation n'a en fait plus le choix.

internes de l'organisation[14]. Une première illustration concrète[15] pourrait en être fournie par les relations de sous-traitance qui lient telle ou telle grande entreprise à une foule de petits fournisseurs ne travaillant que pour elle. Un autre exemple serait les relations qui s'instaurent entre un parti politique très idéologisé et centralisé et ses élus qui, dans un régime électoral de scrutin de liste, dépendent de lui et de son rayonnement pour être élus.

A l'autre bout du continuum, on se trouverait au contraire devant une constellation où, face à des organisations accomplissant des « fonctions sociales » similaires et étant donc en concurrence les unes avec les autres, un ou plusieurs relais ont réussi chacun à établir leur monopole sur la représentation de différents segments d'environnement dont le concours est indispensable pour la survie de ces mêmes organisations. Celles-ci ne disposant alors que de peu de moyens de pression face à leurs « relais », le rapport de pouvoir jouera en faveur de ces derniers. Et on pourra alors observer le cas extrême, mais non aberrant, d'une *colonisation de l'organisation* par ses relais et les exigences extérieures qu'ils représentent ou véhiculent. Différents exemples viennent à l'esprit pour illustrer ce cas. On pourrait penser à une entreprise qui, face à des difficultés de toute sorte, est obligée de se plier aux exigences de restructuration émises par son pool bancaire. Dans un autre ordre d'idées, on pourrait aussi penser à la situation de certaines villes américaines où la « machine » politique, initialement créée pour assurer l'élection de la municipalité, finissait souvent par investir et conditionner totalement la politique poursuivie par celle-ci. Enfin, une profession comme celle des assurances dans la situation

---

14. Nous nous retrouvons alors dans la situation d'intégration plus ou moins complète du relais que nous venons d'analyser. Ajoutons simplement qu'une telle intégration aura pour conséquence une perte de contact croissante de l'organisation par rapport à son environnement ; perte de contact qui ne pourra être combattue que part la création de *nouveaux* relais, création qui se heurtera toujours à la résistance des relais existants. Nous y reviendrons.

15. De tels exemples ne peuvent, bien entendu, qu'être tout à fait approximatifs.

fluctuante qui a été et reste pour un moment la sienne en
France offre toute une série de cas intermédiaires dans ce
continuum : de l'agent libre conservant une possibilité de
choix très grande jusqu'au démarcheur à la merci de la
compagnie [16].

c) *L'autonomisation des relations entre segments
organisationnels et relais.*

Cependant, quelle que soit la constellation de l'anneau
de relais qui entoure l'organisation, et quel que soit le type
d'équilibre qui a prévalu, les systèmes de négociation et de
pouvoir qui se créent ainsi auront toujours une certaine
permanence.

Cela pour deux raisons complémentaires. D'une part, de
telles négociations ne constituent jamais des événements
ponctuels. Découlant des nécessités du fonctionnement
d'une organisation, elles s'inscrivent au contraire dans un
processus durable d'échange. De ce fait, les sytèmes de
relation qui les médiatisent auront tendance à perdurer.
D'autre part, chaque partenaire a intérêt à maintenir un
minimum de stabilité dans la mesure où chacun retire de
cette relation un pouvoir spécifique qui accroît sa propre
capacité de poursuivre ses objectifs. En effet, plus leurs
relations avec leurs relais dans l'environnement sont stables, plus les acteurs du segment organisationnel correspondant pourront s'appuyer sur ces relations et sur ces
relais pour renforcer leur main dans leurs stratégies intra-
organisationnelles [17]. Et réciproquement pour les relais :

16. L'analyse de tels systèmes de relation doit toujours tenir
compte d'une perspective diachronique. En effet, du fait de leur
moindre formalisation, ces jeux entre segments organisationnels et
relais sont beaucoup plus sensibles aux *fluctuations dans le temps* des
ressources et possibilités d'action de chacun des partenaires. Colonisé
par ses relais à un moment *t*, un segment organisationnel peut se créer
plus d'autonomie à leur égard à un moment *t* + 1, et inversement.

17. Il s'ensuit que la maîtrise de telles relations constituera toujours
un enjeu capital dans les conflits entre les membres de l'organisation.
On retrouve ici la relation à l'environnement comme source d'incertitude intraorganisationnelle. Cf. *supra*, chap. II.

plus sont stables les relations qui leur permettent d'avoir accès à l'organisation et d'influencer le « produit » de celle-ci, plus ils peuvent en tirer du pouvoir auprès de la « clientèle » qu'ils représentent et renforcer par là leur rôle de représentant. Bref, donner au moins partiellement satisfaction à l'autre constitue pour chacun des deux partenaires un moyen commode pour accroître sa propre capacité d'action [18]. Les enjeux sont interdépendants.

La prégnance déjà mentionnée et soulignée d'une logique de la recherche d'un « monopole » de relation, logique qui sous-tend des transactions entre segments organisationnels et « leurs » relais respectifs, trouve ici une de ses principales explications : s'imposer face à l'autre comme seul interlocuteur possible et le forcer ainsi à passer par lui devient en effet pour chaque partenaire un des moyens privilégiés pour assurer cette stabilité [19]. Cela se traduira, sur le plan empirique, dans les comportements bien connus de la chasse gardée mais aussi du chantage au « court-circuitage [20] ».

On voit bien qu'on se trouvera le plus souvent en présence d'un processus cumulatif et réciproque de renforcement du pouvoir respectif des acteurs pour peu que les uns et les autres veuillent bien « jouer le jeu ». De sorte qu'autour de cette relation binaire entre un segment

18. Commode, parce que déjà existant.

19. Bien entendu, les nuances que nous avons apportées ici, précédemment à cette perspective, valent aussi ici.

20. Une telle analyse permet de voir sous un autre jour les difficultés bien connues que les administrations publiques éprouvent à coordonner les multiples centres de décision souvent concurrents, mais toujours extrêmement cloisonnés, qui coexistent en son sein. La multiplicité de ces centres de décision, loin de n'être que la manifestation d'une tendance des structures administratives à perdurer, pourrait se lire comme la seule possibilité — à la limite savamment entretenue — dont disposent les relais de l'administration pour atténuer et contrebalancer quelque peu le pouvoir que celle-ci tire de son « monopole » administratif. Le cloisonnement, à son tour, pourrait s'interpréter comme la tentative — à la limite parfaitement « rationnelle » elle aussi — par les différents segments administratifs de limiter la concurrence potentielle entre eux et de rétablir leur monopole à un autre niveau.

organisationnel et « son » ou « ses » relais, on verra très
vite se cristalliser un embryon de système d'action doué de
ses caractéristiques propres, obéissant à ses propres mécanismes de régulation et sécrétant donc ses propres « règles
du jeu », destinées précisément à préserver les possibilités
de négociation et d'action de chacun des partenaires. Bref,
un système d'action relativement *autonome* dont la logique
propre sera irréductible à la finalité première et à la
rationalité instrumentale qui ont présidé à sa naissance.

Si une telle orientation nous semble bien correspondre à
la dynamique générale sous-jacente aux transactions entre
une organisation et son environnement pertinent, les
données propres à chaque situation imposeront, bien sûr,
des limites plus ou moins étroites à son développement.
Autrement dit, l'*autonomisation de ces systèmes de relation*
sera d'autant plus grande qu'une situation donnée leur
assurera plus de stabilité. Cela dépendra, d'une part, des
données proprement structurelles qui déterminent notamment la possibilité réelle de chaque acteur de remplacer son
ou ses partenaires par d'autres partenaires. Mais une telle
mise en concurrence n'aura de portée réelle que si,
parallèlement, on dispose d'une technique de mesure
acceptée par les parties prenantes permettant d'apprécier
leurs « performances » respectives [21].

En d'autres termes, si les relais réussissent à maintenir
dans l'obscurité les modalités concrètes et le degré de leur
contrôle sur un segment d'environnement donné, et à
rendre ainsi difficile, sinon impossible, tout jugement sur
leur représentativité réelle, ou si, inversement, la nature
ambiguë, diffuse, peu articulée ou articulable des « exigences » des différents segments d'environnement ne per-

---

21. L'importance de la mesure du résultat mériterait, bien sûr, des
développements plus longs. Disons simplement ici que son rôle
essentiel nous semble résider en ce que — en rendant prégnante et
tangible la contrainte du résultat — elle offre le moyen d'*instrumenta-
liser* en les médiatisant une partie des processus politiques caractéristiques de l'action collective et, ce faisant, contribue à les rendre plus
clairs et rationnels. La mesure constitue un principe de réalité dont
l'existence permet sinon de régler les rapports de pouvoir du moins de
délimiter et de clarifier le champ dans lequel ils s'exercent.

met guère d'apprécier réellement la capacité de l'organisation à y répondre et laisse donc largement à celle-ci le soin de définir cette « demande sociale [22] », la possibilité toute virtuelle de changer de partenaire perdra beaucoup de son attrait pour l'un et pour l'autre et ne se fera le plus souvent que dans des circonstances exceptionnelles. L'autonomie du système de relation liant un segment organisationnel à ses relais s'en trouvera renforcée.

On pourrait ainsi imaginer un premier cas théorique qui marquerait en quelque sorte le degré minimal d'autonomie. En effet, dans une constellation où tant l'organisation que ses relais se trouvent en situation de concurrence parfaite et où existe une technique de mesure permettant d'apprécier les résultats des uns et des autres, *le jeu de pouvoir des acteurs se trouve étroitement soumis à une rationalité instrumentale*. L'organisation ne pourra peser sur ses relais que dans la mesure où ses services sont « efficaces » et répondent effectivement aux « demandes extérieures ». Inversement, les relais ne pourront s'imposer face à elle qu'à la condition de maintenir leur représentativité et d'être ainsi « utiles » à l'organisation. Chaque partenaire se trouvant contraint par les « nécessités » de son rôle », le système de relation ne disposera que de peu d'autonomie.

A l'autre extrême, on pourrait imaginer un deuxième cas théorique où cette autonomie serait maximale. En effet, si tant l'organisation que ses relais disposent d'un monopole face à l'autre et si les résultats de l'action des uns et des autres ne sont guère mesurables, *la stabilité du jeu se trouve en quelque sorte inscrite dans les faits*. A moins d'un bouleversement radical des données, chaque partenaire est obligé de passer par l'autre et de coopérer avec lui, quelles que soient les satisfactions réelles qu'il en obtient. On assistera alors à la constitution d'un système de relation extrêmement intégré et autonome où les phénomènes d'identification entre acteurs, de complicité, voire de

22. On voit aisément le profit que l'une ou l'autre partie pourra tirer d'un tel état de choses et la tentation pour chacune de *créer* de telles situations.

symbiose, pourront se développer librement de part et d'autre et qui, de ce fait, aura tendance à perdurer bien au-delà des conditions qui lui ont donné naissance. En s'épaulant les uns les autres, *segments organisationnels et relais se coloniseront mutuellement*[23].

Quel que soit, cependant, leur degré d'autonomie par rapport à leur finalité instrumentale, on voit bien que ces systèmes de relations constitueront toujours une contrainte propre qui pèsera sur le fonctionnement interne d'une organisation, et sur sa capacité de développement et de changement. Bien loin de n'être qu'une courroie de transmission des influences extérieures sur le « système interne », l'organisation des rapports à l'environnement peu devenir un *facteur supplémentaire de rigidité*. En effet, sans être totalement colonisés par leurs relais, les différents acteurs qui, dans l'organisation, sont en contact avec eux n'en dépendent pas moins d'eux pour leur action. Il s'ensuit qu'ils ne pourront redéfinir leurs objectifs et, partant, leurs stratégies qu'à la condition de changer l'équilibre des relations avec ceux-ci ou de tisser de nouveaux réseaux de solidarité avec l'extérieur[24].

Mais ils ne sont pas libres de le faire à leur guise, car ils rencontreront alors le plus souvent la résistance des relais existants. Le pouvoir de ceux-ci dépend en effet — ainsi que nous l'avons déjà montré — de la stabilité des structures auxquelles ils ont accès. Ils mettront donc tout

23. Sans correspondance, bien entendu, aux données d'une telle situation idéale typique, les systèmes de relation entre l'administration publique française et les groupes sociaux sous sa tutelle semblent se rapprocher d'un tel modèle, comme le montre l'analyse de J.-P. Worms, « Le préfet et ses notables », *Sociologie du travail*, n° 3, 1966, p. 249-276. Ce point est repris dans l'étude de cas ci-après et dans la 3e partie, chap. VIII.

24. La réalité de ces contraintes et leur importance sont attestées par de très nombreuses analyses empiriques. Nous l'illustrerons nous-mêmes à travers le cas du ministère de l'Industrie ci-après. Mention-nons simplement le dilemme bien connu de bon nombre de services de police qui, dans leur lutte contre le crime, dépendent souvent lourdement d'un réseau d'indicateurs qu'ils se sont construit pénible-ment et dont le maintien restreint par moments étroitement leur liberté d'action.

en œuvre pour sauvegarder cette stabilité. Bien plus, la légitimité de leurs propres rôles — et, partant, de leur pouvoir en tant que relais — étant en partie liée aux objectifs et fonctions de l'organisation, les relais deviendront peu à peu les garants de ceux-ci. Ils se transformeront en filtres des impulsions venant de l'extérieur et notamment de celles qui mettaient en cause leur représentativité et avec elle leur capacité d'action même en tant que relais [25]. L'organisation sera de ce fait protégée de bouleversements trop brutaux, mais en contrepartie sa rigidité structurelle se trouvera accrue.

On le voit bien, le rapport à l'environnement ne saurait être réduit à une simple influence extérieure suivie d'adaptation unilatérale. Il s'agit, en fait, d'un processus permanent d'échange à travers lequel une organisation s'ouvre, pour ainsi dire sélectivement, au système de pouvoir plus large auquel elle participe, et par lequel elle en intègre des parties de façon plus ou moins permanente dans son propre système d'action pour ainsi pouvoir « l'adapter » à son tour à ses exigences propres [26].

Les conséquences de cette approche pour l'analyse organisationnelle sont importantes. Car, dans une telle perspective, l'extension et les limites du système d'action pertinent qui sous-tend une organisation, et conditionne en dernier ressort la capacité d'action de ses membres, ne sauraient être définies de façon *a priori* par les frontières officielles de celle-ci, ni par des critères formels tels que l'appartenance ou la non-appartenance à cette même organisation. *Elles deviennent elles-mêmes problème et objet de recherche* [27] et ne pourront être déterminées qu'en

---

25. On arrive ainsi à mieux comprendre comment une organisation peut à proprement parler « ignorer » pendant longtemps des changements souvent importants qui affectent son environnement, surtout si l'on ajoute que le segment organisationnel sera souvent complice de telles stratégies.

26. En analysant les mécanismes de cooptation mis en œuvre par la Tennessee Valley Authority, P. Selznick fournit un exemple saisissant d'une telle intégration sélective de l'environnement. Cf. P. Selznick, *TVA and the Grass Roots, op. cit.*

27. Et point seulement de recherche ! La manipulation — intuitive ou consciente, peu importe — des frontières du système d'action

fin de parcours, lorsqu'on aura inventorié le *ressort* de l'organisation, c'est-à-dire « l'extension et la nature de la population individuelle ou groupale intéressée par les *effets* de l'organisation et susceptible d'y réagir », et lorsqu'on aura pu analyser son « élasticité », c'est-à-dire les moyens et les processus qui existent « pour mobiliser ou démobiliser les membres du ressort[28] ». On verra alors que certains acteurs, qui ne sont pas à proprement parler des « membres » de l'organisation, entretiennent avec elle des relations si constantes et si « réglementées », implicitement sinon explicitement, que pratiquement plus rien ne les distingue des membres formels de celle-ci. On verra aussi que les frontières réelles du système d'action pertinent sont fluctuantes, pouvant se déplacer au gré des circonstances : toujours plus larges que les limites formelles d'une organisation, elles s'étendront ou au contraire se rétréciront en fonction des problèmes à traiter par celle-ci et en fonction de la conjoncture dans laquelle elle se trouve[29]. C'est en

---

pertinent par les acteurs concernés qui en sont capables, c'est-à-dire en fin de compte l'élargissement ou le rétrécissement par ceux-ci du champ de pouvoir pertinent, peut constituer pour eux un des moyens essentiels pour changer en leur faveur les données d'une situation et les « règles du jeu » qui gouvernent leurs interactions avec d'autres. Nous avons déjà illustré l'importance de telles manipulations des frontières d'un jeu dans notre analyse de certains exemples de Schelling (cf. *The Strategy of Conflict, op. cit.*). De nombreux exemples empiriques l'attestent également. C'est ainsi que, dans l'analyse d'une fusion administrative, nous avons montré comment certains acteurs ont réussi à renforcer leur main dans les négociations intra-organisationnelles en mobilisant à leur rescousse leurs interlocuteurs — ou « relais » — dans l'environnement. Cf. J.-C. Thoenig et E. Friedberg, « The Power of the Field Staff », *in* A.F. Leemans, *Managing Administrative Change,* La Haye, Nijhoff, 1976 ; pour un autre exemple frappant de ce processus, cf. également P. Grémion, *Le Pouvoir périphérique, op. cit.*

28. Ces concepts très féconds pour l'analyse organisationnelle ont été forgés par R. Pagès à partir d'une étude diachronique de la crise de direction dans une école privée à Paris. Cf. R. Pagès, « L'élasticité d'une organisation en crise de direction », *Sociologie du travail,* n° 4, 1965 ; et *L'Inégalité des systèmes d'emprise à différents niveaux et leur interaction,* document ronéotypé, Laboratoire de psychologie sociale, Paris, février-juin 1967.

29. De tout cela il ressort clairement que les périodes de *crise* organisationnelle constituent toujours des moments privilégiés pour

tout cas ce système d'action plus large qu'il faut délimiter et dont il faut analyser les mécanismes de régulation si l'on veut comprendre et expliquer les phénomènes et processus qui s'observent au sein même d'une organisation [30].

A un niveau plus général enfin, on voit bien que cette approche permet de relativiser fondamentalement le statut même de l'organisation formalisée en tant qu'objet privilégié de recherche. Selon ses objectifs et ses intérêts, en effet, le chercheur pourra l'étudier pour elle-même ou l'utiliser comme entrée en matière pour autre chose, c'est-à-dire la considérer comme un segment particulièrement visible, formalisé et conscient — et se prêtant, de ce fait, plus facilement à une étude empirique — d'un système d'action plus large dont la recherche devra permettre de découvrir et d'analyser les mécanismes de régulation. Dans ce cas, elle ne sera pour lui que l'indice de l'existence d'un tel système d'action, et son analyse qu'un moyen pour structurer sous forme d'hypothèses ce champ d'étude plus vaste [31]. En d'autres termes, à travers un tel renversement des priorités de recherche, l'analyse stratégique des organisations dans leur environnement peut devenir un moyen heuristique particulièrement fécond pour l'étude des sys-

---

l'analyse. C'est pendant les crises que se dévoilent le plus facilement et le plus clairement les équilibres de pouvoir qui sous-tendent les transactions entre membres de l'organisation. C'est aussi pendant les crises que la réactivation de son « ressort » sera la plus intense, certains acteurs, normalement « en dehors » des jeux organisationnels, mobilisant alors leurs ressources pour peser de façon aussi contraignante que possible sur le déroulement des processus et conflits intra-organisationnels.

30. La substituabilité des relais pourra être un indice précieux à cet égard. Comme nous l'avons déjà montré, en effet, plus il est difficile de se défaire d'un relais, plus celui-ci fera partie du système d'action pertinent à comprendre et à délimiter, plus il sera un « membre » de fait.

31. Sans préjuger par là le degré de centralité de l'organisation dans ce système d'action plus vaste. Comme nous le montrerons à l'aide de l'exemple du ministère de l'Industrie ci-après, il faut, en effet, se garder d'assimiler le point de départ empirique de la recherche au *centre* du système à découvrir. Parfois, l'organisation ne sera qu'un segment plus ou moins marginal de ce système dont les centres de pouvoir véritables se trouvent ailleurs.

tèmes d'action plus diffus qui, à tous les niveaux, structurent l'action collective des hommes[32].

II. EXEMPLE D'UNE « NON-ORGANISATION » : LE CAS DU MINISTÈRE DE L'INDUSTRIE

Pour concrétiser le mode d'approche que nous venons de présenter, nous avons choisi l'exemple d'une organisation administrative — celui du ministère de l'Industrie en France. Ce ministère constitue, en effet, un cas singulier — à certains égards peut-être un cas limite[33] — où l'observateur en arrive à perdre tout à fait la notion d'organisation. Pour rendre compte des faits observés, il faut, en effet, tout de suite élargir le champ d'investigation et chercher en dehors de cette organisation les raisons et les explications des phénomènes et processus qui s'y déroulent. Ce ministère n'apparaît plus alors que comme un lieu apparent d'intégration organisationnelle. Ce n'est ni l'organe capable d'opérer une médiation autonome entre fins et moyens de l'action industrielle de l'Etat ni même l'endroit où cette médiation pourrait s'exercer.

a) *Structures formelles et phénomènes informels.*

En simplifiant, on pourrait dire qu'au moment de l'enquête[34] le ministère de l'Industrie était composé d'une

32. Nous ne faisons que mentionner cet aménagement de la perspective d'analyse, nous réservant d'y revenir plus en détail dans la 3e partie de cet ouvrage consacrée à l'analyse des « systèmes d'action concrets ».

33. Mais nous faisons l'hypothèse qu'à des degrés divers — et chaque fois à déterminer empiriquement — les phénomènes mis en lumière ici se retrouvent dans toutes les organisations.

34. Cette enquête a été menée à la fin de 1969, et ses résultats ont été publiés dans un rapport ronéotypé : E. Friedberg, *Le Ministère de l'Industrie et son environnement,* Paris, CSO, micro-fiches AUDIR, Hachette, 1970. Cf. également E. Friedberg, « Verwaltungsreform,

série de *directions verticales,* découpées en fonction des grands secteurs industriels sous sa tutelle[35] et dans lesquelles la plus grande partie de ses ressources était concentrée, et d'une *direction horizontale* de synthèse, chargée de la coordination interne du ministère et de sa représentation, notamment auprès des autres administrations.

Instances de médiation et de contact entre intérêts étatiques et industriels, les directions verticales avaient une double mission. Elles devaient suivre et analyser au jour le jour l'évolution et les problèmes de leurs secteurs industriels en vue d'en informer les instances administratives concernées et de proposer et de préparer des actions ou interventions appropriées[36], en même temps qu'elles devaient représenter et faire valoir les initiatives et politiques étatiques auprès des industriels de leur ressort. La direction horizontale, quant à elle, avait un rôle plus proprement administratif. Sa création correspondait à la volonté de rationaliser et surtout d'unifier les initiatives sectorielles des directions verticales et de renforcer ainsi la position de négociation du ministère à l'extérieur, à travers notamment l'« élaboration d'un ensemble d'informations et de connaissances[37] » permettant la définition d'une

---

Organisationssoziologie und Politikwissenschaft », *Osterreichische Zeitschrift für Politikwissenschaft,* 1973, nº 2, p. 145-159. Pour une vue d'ensemble sur l'évolution des systèmes d'action de l'Etat en matière de politique industrielle, cf. E. Friedberg, « Administration et Entreprises », *in* M. Crozier *et al., Où va l'administration française ?,* Paris, Ed. d'Organisation, 1974. Ajoutons que, malgré des changements importants dans la structure formelle intervenus depuis l'enquête, l'essentiel de nos résultats restent valables.

35. Telles que la direction des industries chimiques, celle du fer et de l'acier, celles des industries mécaniques, électriques et électroniques, celle des industries textiles et diverses, etc. Ajoutons cependant que nombre de secteurs industriels ne tombent pas sous la tutelle du ministère, tels que les secteurs de la construction, les chantiers navals, l'armement, etc., mais sont rattachés à des ministères spécialisés.

36. Une de leurs missions essentielles à cet égard était l'examen des demandes de subventions soumises par les industriels de leur secteur, et l'émission d'*avis techniques* sur ces dossiers.

37. Connaissances d'autant plus importantes pour le ministère que ses prérogatives décisionnelles formelles étaient très faibles, comme nous le verrons.

stratégie intégrée et hiérarchisée du développement industriel. Le tout, enfin, était chapeauté par le ministre et son
cabinet, sorte de conseil privé d'une quinzaine de membres
recrutés parmi les hauts fonctionnaires venant du ministère
lui-même, mais surtout d'autres administrations [38].

Cette description sommaire d'une structure formelle,
somme toute banale, doit être complétée par deux autres
remarques.

La première de ces remarques concerne la configuration
particulière des systèmes de décision étatiques en matière
industrielle en France, et la place qu'y détenait le ministère
de l'Industrie. Celui-là, en effet, disposait de très peu de
moyens propres. L'action de l'Etat en la matière était prise
en charge, en fait, par un système de décision beaucoup
plus vaste composé d'une multiplicité de centres de décision dispersés à travers l'appareil administratif ou para-
administratif, et poursuivant, chacun dans son domaine,
ses propres objectifs de façon relativement autonome et
surtout cloisonnée [39]. De sorte que, pour la plupart des
décisions importantes en la matière, le ministère de l'Industrie ne pouvait agir seul, mais avait besoin de convaincre et

---

38. Ajoutons qu'une direction fonctionnelle s'occupait de la gestion
du personnel et du budget. Son rôle, toutefois, était des plus limités,
du fait même que les décisions en matière de politique du personnel lui
échappaient et que l'autonomie de fait des directions verticales
réduisait considérablement ses prérogatives en matière budgétaire. La
faiblesse de son rôle constituait, d'ailleurs, un bon indicateur de
l'éclatement vertical dont souffrait le ministère, comme nous le
montrerons.

39. La diversification était tout d'abord *sectorielle,* comme nous
l'avons déjà indiqué : la « tutelle sectorielle » des différents secteurs
industriels était partagée par un grand nombre de ministères tels que,
bien sûr, le ministère de l'Industrie, mais aussi celui des Transports,
des Armées, des Travaux publics, des PTT, etc. Elle était aussi
fonctionnelle : les différentes directions du ministère des Finances se
partageaient les compétences en matière d'incitations fiscales ou
financières, de politique de prix ou de promotion des exportations, et
un certain nombre d'organismes publics ou parapublics, tels que le
Crédit national, le Crédit hôtelier et d'autres organismes de prêt ou
d'assistance à l'industrie étaient chargés d'attributions strictement
délimitées en matière de financement des entreprises. Pour plus de
détails, cf. E. Friedberg, « Administration et Entreprises », *art. cit.*

d'entraîner au moins un, sinon plusieurs autres acteurs administratifs concernés[40]. Bref, sa capacité d'action dépendait largement de sa capacité de persuasion et d'influence auprès d'autres administrations[41].

La deuxième remarque concerne les caractéristiques plus « informelles » du ministère qui conditionnent profondément les modalités de son fonctionnement. C'étaient, d'une part, la prédominance et la prégnance de la « verticalité » comme principe d'organisation du ministère qui se trouvait éclaté en une multiplicité de directions verticales jalouses de leurs prérogatives, cloisonnées les unes par rapport aux autres et vivant et travaillant en quelque sorte en circuit fermé avec « leurs » secteurs industriels. L'enracinement et la capacité de résistance d'un tel mode de fonctionnement étaient attestés par l'échec patent des tentatives répétées de créer une direction horizontale de synthèse, capable d'intégrer le ministère et de coordonner effectivement les initiatives éparses de ses directions[42]. C'était, d'autre part, l'existence au sein du ministère d'une structure d'influence et de pouvoir nettement déséquilibrée en faveur de certaines directions. Cette inégalité entre directions verticales — qui était contraire, bien sûr, à l'égalité formelle de l'organigramme, mais aussi plus forte, semblait-il, que dans d'autres ministères comparables — marquait tous les aspects de la vie organisationnelle du ministère de l'Industrie et aboutissait à créer un véritable fossé entre les directions « fortes » et d'autres « faibles », des directions prestigieuses et d'autres qui ne l'étaient pas.

40. Et notamment les différentes directions du ministère des Finances, acteur prédominant, quoique lui-même éclaté, du système.

41. Ajoutons qu'il n'en fut pas toujours ainsi. Pendant la période de pénurie dans l'immédiat après-guerre, le rôle du ministère — en tant que répartiteur des matières premières — était grand. De même, le ministère domina par la suite le domaine de la réglementation du commerce extérieur, domaine qui ne perdit vraiment son importance que vers le milieu des années soixante. Le véritable déclin du ministère — d'ailleurs inégal selon les directions, comme nous le montrerons ci-après — date de cette époque.

42. La direction horizontale, « nouvelle formule », issue de la réforme de 1970 a — *mutatis mutandis* — connu le même échec, comme l'atteste la réforme de 1974.

La compréhension des modalités de fonctionnement du ministère et des contraintes pesant sur sa capacité d'action et de changement passe par l'explication de ces deux phénomènes, et d'abord du second, dont l'analyse nous permettra ensuite de mieux comprendre les raisons du premier, et d'en mieux situer la signification.

On pouvait, certes, avoir recours tout d'abord à des facteurs structurels ou contextuels « objectifs » pour expliquer la disparité de pouvoir et de prestige entre directions verticales. C'est ainsi que les directions « fortes » pouvaient s'appuyer sur une série de moyens d'intervention autonomes et directs qui manquaient aux directions « faibles ». De même, les premières avaient la responsabilité de secteurs oligopolistiques bien structurés, alors que les secondes avaient en face d'elles des structures industrielles nettement plus dispersées et hétérogènes. Mais d'autres facteurs jouaient en sens inverse. C'est ainsi que l'intervention de l'Etat dans l'industrie mécanique, électrique et électronique (domaine d'une direction faible) était sans commune mesure avec celle dans l'industrie des métaux non ferreux (domaine d'une direction forte). De même, l'importance stratégique de différents secteurs industriels pour le développement économique ou technologique du pays ne correspondait pas à la hiérarchie entre directions : après tout, des secteurs tels que celui de la machine-outil ou celui de l'électronique (tous deux domaines d'une direction faible) étaient aussi, sinon plus, « importants » et centraux à cet égard que l'industrie des métaux non ferreux déjà mentionnée.

Il n'est sans doute pas utile de continuer cette énumération. L'explication à ce niveau restait partielle, sinon franchement contradictoire. La situation s'éclairait mieux, en revanche, lorsqu'on centrait l'analyse non plus sur les structures des services ministériels ou sur telle ou telle caractéristique de leurs environnements, mais sur le *problème* auquel ces services étaient confrontés en tant qu'acteurs dans les systèmes de décision de l'Etat en matière industrielle et sur l'ensemble des ressources et contraintes qui délimitait leur marge de manœuvre dans ce contexte élargi.

b) *Hiérarchie entre directions et systèmes d'action.*

En grossissant et simplifiant l'analyse, on pourrait dire que ce problème est celui de l'élaboration — par ces services — d'une « expertise » propre qui puisse fonder leur capacité d'influence tant auprès des industriels de leur ressort qu'auprès de leurs interlocuteurs administratifs. Ce sont les configurations particulières des systèmes d'action, dont ces services sont tributaires dans ce processus et dont les régulations propres délimitent étroitement leurs capacités d'action, qui permettent de comprendre la hiérarchisation particulière du ministère et, indirectement, la persistance d'une structure verticale éclatée et cloisonnée.

Au-delà du cadre plus favorable déjà mentionné dont elles disposaient et qui a certainement contribué à leur réussite, la capacité d'influence et d'action, bref, le poids et le pouvoir plus grands des directions fortes semblaient en effet liés directement à leur capacité de mobiliser et de manipuler des réseaux de relations et de relais à l'extérieur, grâce à la présence au sein du ministère (et notamment du cabinet du ministre), dans les différents centres de décision administratifs et dans les secteurs industriels de leur ressort, de dirigeants liés par une formation et une carrière communes, à savoir des membres du corps des Mines.

Tout d'abord, la présence des ingénieurs des Mines à la tête des entreprises du ressort de ces directions comportait un certain nombre d'avantages. Du fait d'une formation et d'un début de carrière en commun, les dirigeants de part et d'autre de la barrière parlaient le même langage et étaient unis par des liens interpersonnels souvent étroits. Accédant de ce fait plus facilement aux informations nécessaires, les fonctionnaires de ces directions se trouvaient dans une position meilleure pour élaborer une stratégie industrielle cohérente pour leurs secteurs — le plus souvent, d'ailleurs, avec la collaboration directe des entreprises concernées.

A ce premier réseau « vertical » s'en ajoutait cependant un deuxième « horizontal », à l'intérieur même de l'appareil de l'Etat. En effet, à travers les membres du corps des

Mines, les directions fortes disposaient de relais dans tous les centres de décision importants. En outre, elles employaient elles-mêmes des membres des autres grands corps chargés, le plus souvent, des relations avec leurs secteurs administratifs d'origine. De sorte qu'elles étaient là aussi capables d'entretenir des relations informelles et suivies avec les autres administrations concernées par leurs problèmes, et de se tenir informées des activités, préoccupations et projets de celles-ci.

Les directions fortes se trouvaient ainsi au centre de réseaux d'informations et de relations qui leur permettaient de contrôler, au moins partiellement, leurs environnements pertinents et qui avaient fourni les fondements d'un processus cumulatif de renforcement de leur rôle. Grâce à leurs contacts étroits avec les états-majors des entreprises, elles pouvaient renforcer leur rôle d'experts, ce qui faisait d'elles des interlocutrices recherchées par les autres administrations et leur permettait de mieux faire valoir leur point de vue dans les négociations interministérielles dont dépendaient la plupart des décisions en matière de politique industrielle. Leur poids plus grand dans les systèmes de décision politico-administratifs qui en résultaient renforçait leur position face à « leurs » industriels pour lesquels il devenait de « bonne politique » de s'adresser à eux et de leur fournir les informations demandées. Cela, à son tour, renforçait leur position d'experts, et ainsi de suite.

En tant que groupe restreint et homogène de hauts fonctionnaires, le *corps des ingénieurs des Mines* jouait, de toute évidence[43], un rôle absolument central dans la genèse et le fonctionnement satisfaisant de ces réseaux d'informations et de relations.

Pour jouer ce rôle, le *corps* disposait d'une série d'atouts

43. Le corps des Mines est l'un des plus prestigieux « grands corps » qui forment l'élite de la fonction publique française. Il comporte à peu près trois cent cinquante membres, recrutés à partir de l'Ecole polytechnique et répartis *grosso modo* à parts égales dans l'administration, le secteur public, le secteur parapublic et le secteur privé. Pour plus de détails, cf. E. Friedberg et D. Desjeux, « Fonctions de l'Etat et rôle des grands corps : le cas du corps des Mines », *Annuaire international de la fonction publique,* Paris, 1972.

dont l'effet d'ensemble était de lui permettre de mener une politique du personnel autonome et consciente. Tout d'abord, à travers le contrôle de sa propre école, le corps maîtrisait la formation de ses membres qu'il pouvait orienter et faire évoluer selon les besoins du moment. Ensuite, il disposait de ressources financières propres qui étaient recueillies dans des services extérieurs, également sous son contrôle, et qu'il pouvait gérer et affecter lui-même[44]. Enfin, grâce à ses prérogatives formelles et informelles, grâce aussi à ses relais et relations dans le monde à la fois administratif et industriel, il était à même d'organiser des filières de carrière gratifiantes et presti-gieuses tant pour le corps que pour l'individu, en même temps qu'adaptées au profil professionnel et humain de chaque « corpsard[45] ».

Les liens de camaraderie et d'allégeance créés par l'ensemble de ces facteurs, et qui se nourrissaient constam-ment des possibilités souvent extraordinaires de connaître, d'agir, d'intervenir dans les grandes affaires que le corps pouvait ainsi offrir à ses membres[46], formaient le ciment

44. L'utilisation de ses ressources financières est diverse. Une bonne partie d'entre elles est, cependant, toujours utilisée pour améliorer les salaires payés à ceux des « corpsards » qui sont dans la fonction publique et à d'autres agents travaillant dans la sphère d'emprise du corps. L'avantage est évident : de telles ressources permettent aux services gérés par le corps de retenir, voire d'attirer, des fonctionnaires hautement qualifiés.

45. La réalité de cette politique du personnel était attestée par bon nombre de nos interviewés qui nous ont décrit la façon dont chaque « corpsard » était suivi et observé au début de sa carrière, et comment on cherchait à éviter qu'un membre du corps ne ternisse l'image du corps en choisissant une entreprise privée peu prestigieuse, comment on utilisait aussi les talents particuliers des uns ou des autres pour créer de nouvelles zones de compétence. L'analyse statistique des carrières démontre d'ailleurs de fortes régularités dans leur déroule-ment : cf. E. Friedberg et D. Desjeux, « Fonctions de l'Etat et rôle des grands corps : le cas du corps des Mines », *art. cit.*

46. Il faut ici se garder d'une vue trop conspiratrice de l'action du corps. Il ne s'agit nullement ici d'un système où quelques mystérieux personnages derrière la scène auraient en main toutes les ficelles et pourraient, de ce fait, manipuler comme des pantins les membres du corps dispersés à travers les structures de décisions. De façon limitée et épisodique, de tels phénomènes peuvent exister sous des formes

puissant autour duquel s'était cristallisé un véritable système d'action dont la logique et les régulations propres — pour être extérieures au ministère et indépendantes à son égard[47] — n'en étaient pas moins fondamentales pour comprendre non seulement le rôle prédominant des directions fortes du ministère, mais aussi les limites de leurs possibilités d'action[48].

C'est aussi dans la configuration et la qualité des réseaux de relais à la disposition des directions faibles qu'il fallait chercher l'explication de leurs difficultés et de leur affaiblissement progressif. En effet, ne disposant pas — ou dans une mesure beaucoup moindre — des prérogatives formelles des directions fortes, leurs possibilités d'influence, à la fois dans l'administration et auprès de leurs interlocuteurs industriels, étaient encore plus dépendantes des connaissances et informations originales sur les secteurs industriels de leur ressort, connaissances qu'elles pouvaient ensuite monnayer face aux uns et aux autres. Or, le type de relais qu'elles pouvaient utiliser pour bâtir leurs relations avec le monde industriel, et qui déterminait en grande

---

plus ou moins atténuées. Mais l'essentiel du pouvoir du corps est ailleurs. Il se fonde sur un phénomène beaucoup plus prosaïque et simple. En effet, dans un monde administratif et/ou industriel empêtré dans ses cloisonnements, ses stratifications, ses exclusives et ses *a priori,* la simple possibilité de communiquer — et qui plus est de pouvoir communiquer de façon conflictuelle (car il s'agit toujours ou presque de relations conflictuelles) — peut constituer un atout considérable et, surtout, nettement plus efficace que toute manipulation affective.

47. Nos interviewés n'ont pas laissé de doute à cet égard en nous expliquant que, même si on supprimait leur ministère, leurs services et leurs actions resteraient et seraient bien réintégrés quelque part dans l'administration.

48. Mentionnons une de ces limites, qui est la contrainte du petit nombre. Le malthusianisme dans le recrutement des grands corps frappe, en effet. Replacé dans les régulations de ce système d'action, il reprend toute sa « fonctionnalité ». Il est, en effet, indispensable au modèle de gestion des ressources humaines du corps, modèle qui repose tout entier sur la connaissance interpersonnelle et l'ajustement mutuel, sur la négociation inter-individuelle et sur une très forte cohésion interne fondée sur un certain nombre de valeurs et de comportements communs.

partie — comme nous le montrerons ci-après — leur organisation interne, rendait extrêmement difficile le développement, l'exploitation et la mise en forme de telles connaissances et informations.

Chacune de ces directions était divisée en un certain nombre de services spécialisés par produit et/ou par technique de fabrication. Très cloisonnés entre eux, ces services fonctionnaient en vase clos[49], mais en liaison étroite avec les syndicats patronaux de leurs branches respectives, syndicats qu'ils considéraient en quelque sorte comme leur prolongement dans le monde industriel. Car la structure des directions trouvait son répondant dans le monde patronal dont les organismes représentatifs étaient également structurés par produits ou technique de fabrication. Entre ces deux partenaires — les différents services des directions faibles et « leurs » syndicats patronaux respectifs — s'étaient peu à peu cristallisés des systèmes de relations extrêmement stables dont la permanence était fondée sur un échange incessant d'informations et de légitimité. En effet, chacun y trouvait son compte : aux fonctionnaires, ces systèmes de relations fournissaient des informations sur leurs branches, des moyens de contact avec un environnement dispersé et — grâce à l'appui des syndicats — un début de légitimation des mesures étatiques[50] ; aux syndicats patronaux, ils apportaient également des informations, ainsi que des appuis et une légitimation administrative renforçant leur position face à leurs propres ressortissants[51]. Enfin, chacun trouvait dans l'existence de

49. C'est ainsi que les services horizontaux à l'intérieur des directions verticales n'avaient, la plupart du temps, aucun impact réel sur le fonctionnement quotidien de celles-ci.

50. Beaucoup de syndicats patronaux qui ont, en outre, fondé des syndicats de recherche ou d'autres organismes subventionnés par l'Etat et auprès desquels la « direction de tutelle » est, bien entendu, représentée. De telles activités extérieures apportent du prestige, voire parfois des rémunérations accessoires.

51. La force de ces liens a été soulignée au moment de la réforme de 1970 par les nombreuses interventions de syndicats patronaux en faveur du maintien de « leurs » services. Les « relais » ont mobilisé leurs ressources pour contenir les volontés de changement de l'organisation.

l'autre une justification du maintien du *statu quo* et un obstacle effectif à des velléités, voire des volontés de changement.

Mais, quelle que fût la raison du maintien de tels systèmes de relation que nous ne pouvons ici que constater[52], leur persistance comportait des conséquences directes sur la capacité d'action des directions faibles en affectant profondément la nature des connaissances et compétences qu'elles pouvaient développer.

En effet, interposant un écran entre les entreprises et les services de ces directions, ils rendaient ceux-ci largement dépendants des syndicats professionnels pour le recueil et l'élaboration des informations nécessaires. Or, de toute évidence, ceux-ci n'étaient pas de simples courroies de transmission, mais des acteurs autonomes avec des stratégies et des objectifs propres pour la réalisation desquels la possession d'informations sur leurs branches était un atout important, et parfois le seul, qu'ils pouvaient monnayer face aux services ministériels. Les informations qu'ils transmettaient effectivement n'étaient donc pas neutres, mais colorées et biaisées par leurs préoccupations et les contraintes de leur situation[53]. En règle générale, ces informations fournissaient une image nivelée de la branche, une image ne mettant pas en question les équilibres de pouvoir prévalant au sein de celle-ci, et ne permettant pas non plus de discerner et de connaître les problèmes concrets des entreprises, ni leurs performances réelles et différenciées.

Cela d'autant moins que, d'autre part, ces systèmes de relation correspondaient à un découpage institutionnel

---

52. Nous ne faisons ici que décrire les *conséquences* de la persistance de tels systèmes. Pour en comprendre les *raisons*, il faudrait pouvoir en déterminer la genèse et surtout les mécanismes. En d'autres termes, il faudrait situer l'analyse au niveau des régulations d'ensemble qui gouvernent l'interaction entre les industriels et l'Etat, c'est-à-dire les stratégies des acteurs en présence dans un tel système élargi, les équilibres de pouvoir qui le sous-tendent et les « règles du jeu » qui le structurent. Pour l'ébauche d'une telle analyse, cf. E. Friedberg, « Administration et entreprises », *art. cit.*

53. Sans parler de pratiques de manipulation, voire de rétention tout à fait consciente des informations.

fondé sur le produit, la matière première utilisée ou la technique de fabrication. Un tel découpage escamote l'entreprise en tant qu'acteur économique. Parfaitement adapté aux exigences de la répartition et du contingentement de l'immédiat après-guerre où l'action du ministère devait nécessairement se faire par produit, il apparaissait de plus en plus dépassé par l'évolution économique et industrielle.

Ignorant, de la sorte, largement le moteur de la vie économique et n'ayant le plus souvent à leur disposition qu'une information fractionnée, partielle et biaisée des problèmes de leurs branches, les directions faibles se sont avérées de plus en plus incapables d'élaborer les critères, voire une stratégie d'ensemble pouvant guider les interventions de l'Etat dans les secteurs industriels de leur ressort. La conséquence en a été à terme une perte de confiance des autres centres de décision administratifs, et la diminution concomitante de la capacité des directions faibles de faire prévaloir leurs propositions dans les négociations interministérielles. Pour compenser cette perte de pouvoir, elles ont eu tendance à utiliser à fond les moyens réglementaires et procéduraux restants [54] et à soigner leurs relations avec les syndicats patronaux dont le contact et la confiance devenaient pour elles un atout essentiel, voire indispensable. Ceci a accentué leur coupure de la réalité industrielle, ce qui a augmenté leur faiblesse, et ainsi de suite.

c) *Organisation ou systèmes d'action.*

Renforcement cumulatif dans un cas, affaiblissement cumulatif dans l'autre : dans les deux cas, on ne peut comprendre et expliquer ces processus qu'en saisissant les contours, les équilibres de pouvoir et les règles du jeu des

---

54. Essentiellement, les procédures d'avis techniques sur les demandes de subventions soumises par les industriels, à travers lesquelles les directions faibles disposaient, sinon d'une capacité d'initiative, du moins d'un pouvoir de blocage — rarement utilisé toutefois.

systèmes de relation et d'échange qui se sont constitués autour des transactions entre les segments organisationnels et les acteurs pertinents dans leurs environnements, et dont la logique et les contraintes spécifiques conditionnent les capacités d'action et de changement des uns et des autres.

Les difficultés des directions horizontales, leur incapacité à unifier la politique du ministère et à coordonner les initiatives éparses des directions verticales ne pouvaient surprendre dans cette perspective. Car, loin de n'avoir que des répercussions intra-organisationnelles, toute tentative de « coordination » de leur part affectait — si elle était effective — la capacité de négociation des différents segments organisationnels face à leurs partenaires dans l'environnement, et atteignait ainsi les ressorts mêmes de leurs capacités à remplir leurs missions.

Au-delà de ces facteurs conjoncturels, la raison profonde des échecs répétés des directions horizontales résidait bien dans leur incapacité à transformer les ressorts et les règles du jeu de ces « véritables organisations » qu'étaient les systèmes d'action à travers lesquels les services ministériels s'articulaient à leurs environnements et dont ils tiraient les ressources nécessaires à leur action.

Nous sommes loin, on le voit, d'un schéma où des changements dans l'environnement entraînent des changements correspondants au sein de l'organisation. Si adaptation il y a, elle n'est ni automatique, ni uniforme, ni unilatérale. Un même affaiblissement du rôle et du poids du ministère, à la suite d'une évolution d'ensemble des systèmes d'intervention de l'Etat en matière industrielle [55], est amorti par les directions fortes qui, grâce aux ressources fournies par leur système d'action, parviennent à s'y adapter avec succès, alors qu'il déclenche un processus régressif chez les directions faibles, comme le montre la

---

55. Il est impossible de décrire ici cette évolution. Disons simplement que l'importance croissante de l'instrument financier comme moyen privilégié d'intervention dans le secteur industriel entraîne une hiérarchisation croissante de ces systèmes autour d'un acteur dominant : le ministère des Finances, par rapport auquel les services du ministère de l'Industrie assument eux-mêmes de plus en plus une simple fonction de relais.

persistance de plus en plus anachronique et « dysfonction-nelle » de leurs systèmes de relation avec les syndicats patronaux qui ont conduit finalement à la sclérose progressive et *mutuelle* des deux partenaires. On est loin aussi d'un schéma où le type de structure influence directement le type de fonctionnement et le niveau de performance de l'organisation. A cet égard, les différences entre directions fortes et faibles au niveau de la structure formelle sont sans commune mesure avec leurs « performances » et leur « réussite » respectives.

Il faut donc relativiser les données structurelles. L'organisation, telle qu'elle se présente d'emblée avec ses limites, ses chaînes hiérarchiques, ses procédures de coordination, son unité et son intégration apparente, doit céder la place à l'analyse des multiples systèmes d'action qui l'englobent, mais la dépassent toujours, et qui constituent le cadre contraignant à l'intérieur duquel les acteurs peuvent développer leurs stratégies.

6

Organisation et culture

Nos analyses nous ont conduits à mettre chaque fois l'accent tout particulièrement sur la contingence des phénomènes observés, sur l'indétermination, relative bien sûr, mais aussi irréductible, des comportements et de l'action des individus, bref, sur l'*autonomie du phénomène organisationnel* en tant que processus d'intégration des comportements stratégiques d'acteurs sociaux relativement autonomes. Il nous reste à nous interroger, dans ce chapitre, sur le fondement et la signification de cette autonomie.

I. LE PROBLÈME : MODE D'ORGANISATION ET CULTURE

Pour bien mettre en évidence le problème qui est posé ici, le mieux est peut-être de repartir de la démarche même de l'analyse stratégique en explicitant le renversement d'optique qu'elle opère dans l'interprétation des faits observés : ce qui est ici du domaine du rationnel, ce sont les stratégies des acteurs. Les résultats « irrationnels », les « dysfonctionnements » proviennent des structures de jeux qui induisent et régulent ces stratégies et qui, elles, sont arbitraires. Le problème, dès lors, devient de comprendre pourquoi de telles structures ont été choisies et instituées et pourquoi elles se maintiennent.

A travers une telle interrogation, *le phénomène organisationnel apparaît en dernière analyse comme un construit politique et culturel*[1], comme l'instrument que des acteurs

---

1. Au sens où « culturel » s'oppose à « naturel ».

sociaux se sont forgé pour « régler » leurs interactions de façon à obtenir le minimum de coopération nécessaire à la poursuite d'objectifs collectifs, tout en maintenant leur autonomie d'agents relativement libres. Dès lors, on conçoit qu'en cette matière il n'y ait ni de déterminisme simple ni de solution universelle ou de *one best way* généralisé. Car, de toute évidence, les solutions à ce dilemme fondamental de l'action collective qui, après tout, constitue bien un problème de relation ou, mieux, d'*organisation de rapports humains* sont irréductibles à une simple logique technico-économique. Conditionnées, bien sûr, par le faisceau de contraintes de toute sorte caractéristiques d'une situation donnée, ces solutions ne s'en déduisent pas mécaniquement. Elles sont aussi l'*expression des capacités relationnelles, c'est-à-dire culturelles, des individus,* capacités dont ceux-ci disposent à la suite de l'apprentissage familial et social qui a été le leur et qu'ils acquièrent, voire créent dans les jeux et structures d'action collective auxquels ils participent.

Une telle conceptualisation des organisations comme des construits de jeux se perpétuant en rapport avec les capacités relationnelles de leurs membres [2] nous fait toucher un élément capital de la vie et des régulations des ensembles organisés : l'*élément culturel,* fondement de leur autonomie et objet de ce chapitre.

Pour concrétiser et illustrer ce qui ici est avant tout un raisonnement et une démarche intellectuelle, reprenons à titre d'exemple le modèle bien connu de la « bureaucratie à la française », développé par Michel Crozier et dont nous avons retrouvé les principales caractéristiques dans une série de recherches ultérieures, notamment, mais pas exclusivement, sur les administrations publiques françaises [3]

---

2. Ces construits de jeux pouvant eux-mêmes s'analyser comme des capacités, comme nous le montrerons ci-après.

3. Cf. M. Crozier, *Le Phénomène bureaucratique, op. cit.*, notamment p. 247-257 et p. 275-307. Les hypothèses développées dans cet ouvrage ont été explorées plus avant dans divers travaux du Centre de sociologie des organisations. Cf. R. Sainsaulieu, *Les Relations de travail à l'usine,* Paris, Ed. d'Organisation, 1973 ; J.-C. Thoenig et

Rappelons pour mémoire les quatre traits fondamentaux qui ensemble forment ce modèle, lui donnent sa physionomie particulière et fondent sa cohérence : l'extension considérable de la *réglementation impersonnelle* prescrivant de façon souvent très détaillée les tâches et postes organisationnels et surtout les conduites à tenir par leurs occupants [4] ; la *centralisation très poussée* du pouvoir de décision éloignant les décideurs de ceux qui seront affectés par leurs décisions ; la *stratification* des individus en groupes homogènes et séparés les uns des autres par des barrières souvent infranchissables [5] ; enfin, le développement de *pouvoirs parallèles* autour des zones d'incertitude non prévues et, de ce fait, non codifiées et non réglées dans l'organigramme ou dans les prescriptions formelles.

S'appuyant les unes sur les autres et se renforçant mutuellement, ces caractéristiques — on s'en souvient — ont tendance à se perpétuer à travers une série de cercles vicieux. C'est ainsi que la centralisation peut, d'un côté, s'analyser comme une réponse « fonctionnelle » aux rigidités et manques de communication, bref, aux problèmes de fonctionnement créés par l'extension de la réglementation impersonnelle et la répartition des individus en strates plus ou moins étanches. Mais, en retour, elle renforce ces

---

E. Friedberg, « Politiques urbaines et stratégies corporatives », *Sociologie du travail*, n° 4, 1969 ; J.-C. Thoenig, *L'Ere des technocrates*, Paris, Ed. d'Organisation, 1973 ; et J.-P. Worms, *Une préfecture comme organisation*, Paris, Copédith, 1968 (reproduit *in* micro-fiches AUDIR, Hachette, 1973).

4. Qu'on se rappelle à cet égard l'exemple des ateliers du Monopole industriel.

5. Une étude de la réforme du ministère de l'Equipement et du Logement a permis d'analyser plus en détail les mécanismes et la logique quasi inexorable de la stratification, et d'en mettre en évidence les effets sur le fonctionnement et la capacité de changement de cette administration, en montrant notamment comment la logique d'affrontement entre corps administratifs fait finalement passer au second plan les objectifs mêmes de la réforme. Cf. J.-C. Thoenig et E. Friedberg, « Politiques urbaines et stratégies corporatives », *art. cit.* ; et « The Power of the Field Staff », *art. cit.* ; J.-C. Thoenig, *L'Ere des technocrates, op. cit.* ; et enfin la contribution de J.-C. Thoenig, « La stratification », *in* M. Crozier *et al., Où va l'administration française ?, op. cit.*, p. 29-53.

caractéristiques. En effet, les décideurs centraux qui seuls seraient à même d'effectuer les changements nécessaires ne peuvent guère s'attaquer aux vrais problèmes que, du fait de leur éloignement du niveau opérationnel, ils ne connaissent pas. La seule arme dont ils disposent, c'est une élaboration plus minutieuse des règles et directives formelles, ce qui, à terme, accroît les difficultés antérieures, et ainsi de suite. De même pour le développement des pouvoirs parallèles. D'un côté, on voit bien que ceux-ci constituent la soupape indispensable permettant seule les ajustements partiels nécessaires au fonctionnement d'un ensemble qui, autrement, risquerait d'être paralysé par les rigidités de ses mécanismes impersonnels. Mais, du fait de leur caractère clandestin et illégitime, du fait aussi de leur relative rareté qui ne permet guère aux individus de s'y soustraire en jouant des zones de pouvoir concurrentielles les unes contre les autres, ces zones de pouvoir et de privilèges spéciaux constitueront des foyers permanents de conflits, de frustration et de mécontentement particulièrement marqués, auxquels on s'efforcera tout naturellement de mettre fin par un surcroît de réglementation et d'impersonnalité[6].

On le voit bien, on se trouve devant une structure dont les éléments sont cohérents et qui dispose de sa logique propre. *Cette logique, c'est celle de l'impersonnalité et de l'isolement des individus.* En effet, si on essaie de comprendre le construit de jeux qui sous-tend une telle structure, et les règles qui le gouvernent, on découvre un type de jeu marqué très grossièrement par l'inexistence — ou tout au moins la faiblesse flagrante — du groupe informel comme cadre d'action[7]. Les individus ne s'engagent pas dans des groupes informels, mais ont tendance, au contraire, à utiliser le *groupe formel* comme une protection et une

---

6. Nous nous sommes contentés ici d'un résumé sommaire du modèle, par ailleurs connu. Pour plus de détails, cf. M. Crozier, *Le Phénomène bureaucratique, op. cit.,* notamment p. 247-257.

7. Il s'agit ici d'un jeu particulièrement important, mais qui n'est pas le seul. D'autres jeux — d'exception — coexistent dans la même structure et prévalent à d'autres niveaux. Nous y reviendrons dans la partie suivante de l'ouvrage, notamment chap. VII et VIII.

défense pour leur autonomie et leurs capacités d'action individuelles. Ces stratégies, qui combinent des aspects défensifs au niveau du groupe formel avec des aspects offensifs sur le plan de l'action individuelle, renvoient à l'existence d'un certain nombre de *règles implicites* sur le fonctionnement du groupe [8]. Ce sont ces règles qui font que rien ne peut finalement être acquis au niveau du groupe informel et que, tout à fait « rationnellement », les individus cherchent à s'arranger individuellement derrière la protection du groupe formel et abstrait [9] des pairs dont la pression — elle aussi impersonnelle — constitue par ailleurs un des principaux moyens d'intégration [10]. Certes, répétons-le, dans le cadre de ces règles, plusieurs stratégies seront toujours possibles ; mais, si les individus — même « déviants » — veulent gagner ou tout au moins éviter de perdre dans leurs engagements sociaux, ils devront d'une façon ou d'une autre respecter ces règles.

A travers une telle démarche d'interprétation que nous ne faisons ici que retracer sommairement, l'analyse stratégique parvient à expliciter les règles du jeu par rapport auxquelles les stratégies individuelles observées peuvent retrouver leur rationalité. Cependant, la démarche reste encore incomplète. Telle quelle, en effet, elle renvoie à un raisonnement de type universel reposant implicitement sur une sorte de naturalisme général qui voudrait que, toute action organisée exigeant des règles, celles-ci devraient toujours avoir le même contenu et les mêmes significations. Or, une analyse comparative, même superficielle, montre bien que tel n'est pas le cas. Autrement dit, si tout mode d'action sociale semble bien toujours donner naissance à des conséquences inattendues, à des « effets pervers », qui,

---

8. Et, accessoirement, à des règles en matière de relations d'autorité, corollaires des premières.

9. Qu'on se rappelle à cet égard le groupe des ingénieurs techniques du Monopole industriel qui — dispersés à travers les usines du Monopole — ne se connaissent guère.

10. La pression du groupe des pairs constitue, en effet, dans un tel système l'équivalent fonctionnel de la pression hiérarchique, en tant qu'instrument pour obtenir le minimum indispensable de conformité de la part des individus.

à terme, renforcent le besoin de recourir à ces mêmes modes d'action, si donc les « dysfonctions » organisationnelles et les cercles vicieux qui en résultent semblent bien constituer des mécanismes et des processus universels [11], la localisation et les modalités précises de ceux-ci correspondent, elles, à un éventail de situations concrètes relativement ouvert et recouvrent, en fait, des modèles de jeux et de relation profondément différents.

Une première illustration de ces différences peut être trouvée dans le développement de la bureaucratie tel qu'il a été étudié dans des organisations américaines. On se souvient, en effet, que dans les études bien connues de Gouldner ou de Selznick [12], le développement des règles impersonnelles ne porte pas sur le même domaine que dans le cas français : chez Gouldner, ces règles servent à délimiter les tâches et à préciser les méthodes d'évaluation des résultats du travail ; chez Selznick, à préciser les modalités d'allocation de l'autorité à des groupes décentralisés. Dans l'un et l'autre cas, elles ont donc une signification différente : elles ne servent pas tant à éliminer l'arbitraire et l'autorité personnelle du supérieur qu'à en délimiter l'étendue et la sphère d'emprise et à préciser les procédures de résolution des conflits [13]. De tels processus, avec les cercles vicieux particuliers qu'ils entraînent, recouvrent des stratégies et des types de jeux eux aussi particuliers. En schématisant, on pourrait dire qu'ils renvoient moins à des jeux d'évitement, dans lesquels des individus isolés cherchent dans le groupe formel et dans l'éloigne-

11. Ce point sera repris plus en détail ci-après.
12. Cf. A. Gouldner *Patterns of Industrial Bureaucracy, op. cit.* ; et P. Selznick, *TVA and the Grass Roots, op. cit.*
13. Les résultats d'une étude comparative de l'organisation du travail, des relations interpersonnelles et du système d'autorité sur un cargo britannique et un cargo américain confirment et étayent ce raisonnement. Ils montrent, en effet, que, contrairement au cargo britannique, le système d'action du cargo américain se trouve caractérisé par la prolifération de règles impersonnelles aboutissant à une grande parcellisation de l'autorité en une multiplicité de domaines fonctionnels. Cf. S.A. Richardson, « Organizational Contrasts on British and American Ships », *Administrative Science Quarterly*, vol. 1, 1956, p. 189-207.

ment du pouvoir de décision la protection nécessaire contre une autorité trop forte, qu'à des jeux d'interaction, voire d'affrontement, où des individus s'appuient sur leurs groupes informels [14] ; les abus d'autorité sont limités indirectement par sa parcellisation et l'existence d'un ensemble de procédures portant sur la solution des conflits éventuels.

Les organisations japonaises fournissent une autre illustration, peut-être plus éclatante encore, de la différence des règles implicites qui, dans des contextes apparemment semblables, structurent les jeux par lesquels les individus règlent leur coopération. Un nombre croissant d'observateurs de la réalité japonaise [15] semblent, en effet, s'accorder à voir dans les particularités des organisations japonaises [16] l'expression de l'utilisation et de la mise en valeur à des fins modernes d'un modèle de relation fort ancien. Fondé sur une très forte implication et participation [17] des individus dans la vie de leur groupe primaire, ce modèle est gouverné par la mise en œuvre et la valorisation systématiques d'un lien vertical [18] de loyauté, permettant de tempérer les relations d'autorité et de dépendance en enserrant supérieurs et subordonnés dans un réseau complexe et

14. L'importance des groupes informels est attestée par de nombreuses descriptions du climat d'organisations américaines, tant au niveau des ateliers (cf. les études du courant interactionniste) qu'au niveau de l'encadrement (cf., parmi d'autres, M. Dalton, *Men who Manage*, New York, Wiley, 1959).

15. Cf., entre autres, C. Nakane, *La Société japonaise*, Paris, A. Colin, coll. « U-Prisme », 1974 ; J.C. Abegglen, *The Japanese Factory*, Glencoe, III., Free Press of Glencoe, 1958 ; *Management and Worker : The Japanese Solution*, Tokyo-New York, Kodansha International Inc., 1973 ; et R.P. Dore, *City Life in Japan*, Berkeley, University of California Press, 1958.

16. Mentionnons notamment l'engagement à vie des salariés, l'avancement à l'ancienneté, la non-différenciation des rôles, un style de décision fondé sur la recherche du consensus, un mode de paiement ajusté essentiellement au groupe et ne discriminant guère entre les individus en fonction de leur effort ou de leur performance, etc. Cf., à cet égard, J.C. Abegglen, *Management and Worker : The Japanese Solution, op. cit.*

17. Implication et participation pouvant aller jusqu'à l'identification totale.

18. Vertical opposé à l'horizontal qui semble caractériser les sociétés occidentales, mais pas seulement elles.

contraignant d'obligations réciproques. La persistance de ce modèle de relation, et sa prédominance encore aujourd'hui [19], indique bien qu'il ne saurait être réduit à un simple résidu d'une époque féodale et paternaliste passée. Il constitue bien un mode particulier de gestion des rapports humains. Sans sous-estimer le caractère idyllique d'un tel modèle, sans non plus nous cacher les difficultés qu'il ne peut manquer d'entraîner [20], on est bien obligé de constater sur le terrain qui nous occupe ici qu'il constitue une solution originale aux problèmes d'intégration que pose toute action collective, solution dont les particularités, les paradoxes [21], mais aussi la réussite, viennent utilement rappeler la relativité de nos propres expériences.

Car il ne faut pas se méprendre sur la portée de ces quelques exemples. Au stade où en est l'étude comparative des organisations, et étant donné le caractère fragmentaire

19. C'est ce qui ressort de l'analyse qu'Abegglen a faite de l'évolution des pratiques japonaises de management entre 1956 et 1966. Cf. J.C. Abegglen, *Management and Worker : The Japanese Solution, op. cit.* Abegglen souligne l'extraordinaire stabilité de ces pratiques qui, dans l'ensemble, ont plutôt renforcé leur emprise. Bien plus, d'autres études montrent que les Japonais exportent avec succès ce modèle à leurs filiales à l'étranger. Cf. R.T. Johnson, *Made in America,* texte manuscrit, Stanford, 1973. Cependant, il reste à se demander comment un tel système survivra à une grande secousse économique telle que la dernière récession mondiale et la période de croissance ralentie qui va s'ensuivre. C'est aussi cette question que soulève Abegglen dans son livre sans encore pouvoir y répondre.

20. On peut penser en particulier à deux aspects soulignés par Nakane et Abegglen. Le premier concerne le coût affectif extrêmement élevé que demandent cette insertion et cette implication continuelle dans la vie du groupe. Le deuxième concerne les difficultés très réelles qui surgissent dans les rapports entre groupes intégrés verticalement et qui se manifestent notamment dans une résistance extrêmement forte des entreprises japonaises à des fusions. Cf. C. Nakane, *La Société japonaise, op. cit.* ; et J.C. Abegglen, *Management and Worker : The Japanese Solution, op. cit.*

21. A titre d'exemple, on peut citer la combinaison — paradoxale aux yeux d'un Occidental — d'un mode de participation intense des individus avec des traits structurels tels que l'engagement à vie des employés ou l'avancement à l'ancienneté, traits que dans les sociétés occidentales on a tendance — peut-être trop facilement, mais pas entièrement à tort non plus — à associer à des modèles retraitistes et à des comportements ritualistes.

et souvent encore impressionniste des données disponibles en la matière, les comparaisons présentées ci-dessus, et d'autres qui vont dans le même sens[22], ne peuvent prétendre proposer des modèles nationaux d'organisation. Leur objet est plus limité. Il s'agit, avant tout, d'attirer l'attention sur les dangers d'un ethnocentrisme organisationnel qui nous menace tous et qui fonde souvent un universalisme tout aussi injustifié.

Cette diversité posée et admise, il devient dès lors indispensable de s'interroger sur les *raisons* qui font que telles règles, tels arrangements relationnels, tels construits de jeux prévalent plutôt que tels autres. L'analyse culturelle constitue une réponse à cette question.

Pour éviter tout malentendu, soulignons d'emblée et avec force qu'il n'est pour nous nullement question ici d'introduire un autre déterminisme qui remplacerait ceux que nous nous sommes employés à réfuter dans les chapitres précédents. Dire que le phénomène et les mécanismes d'intégration consubstantiels à toute action collective sont des construits culturels ne signifie pas que les structures et le fonctionnement des organisations sont déterminés par les valeurs et les traits culturels de base qui caractérisent une société donnée.

Il faut, à cet égard, se méfier des pièges et risques d'une certaine analyse culturaliste qui, à l'aide d'enquêtes d'atti-

---

22. Telles que la comparaison entreprise par W.F. Whyte entre modes d'organisation aux Etats-Unis et au Pérou, dans laquelle l'auteur opère notamment un rapprochement entre modèles organisationnels au Pérou et conceptions de l'autorité et des relations interpersonnelles telles qu'il pouvait les saisir à travers des études organisationnelles, anthropologiques et linguistiques. Cf. W.F. Whyte, « An Intercultural Context for Organizational Research », *in* W.F. Whyte (ed), *Organizational Behavior : Theory and Application,* Homewood, Ill., Irwin, Dorsey Press, 1969, p. 719-742 ; ou encore l'étude de Clark dans l'industrie des cigarettes en Grande-Bretagne : P. Clark, « The Cultural Contexts of Bureaucratic Pathologies and Routine Organizations », ou la comparaison entre firmes britanniques et allemandes : J. Child et A. Kieser, « Organization and Managerial Roles in British and West German Companies : An Examination of the Culture Free Thesis », toutes les deux *in* C.J. Lammers, *Organizations Unlike and Alike, Towards a Comparative Sociology of Organizations, op. cit.*

tudes et d'entrevues en profondeur, cherche à mettre en évidence des valeurs nationales et des traits culturels de base qui orienteraient à tout moment les comportements des membres d'une société donnée et qui permettraient de décrire des spécificités de fonctionnement des institutions de celle-ci et d'en rendre compte. Non pas que ces valeurs ou traits culturels soient inexistants ou négligeables. Non pas qu'il ne soit possible d'observer des différences d'ordre culturel dans les styles d'action des individus, des groupes sociaux, voire des sociétés tout entières[23]. Ce n'est donc pas le principe lui-même de ces recherches qu'il faut mettre en cause, mais un mode de raisonnement sous-jacent à un grand nombre d'entre elles et qu'on pourrait très grossièrement résumer de la façon suivante. En quelque sorte, au début d'une chaîne causale se trouvent les traits culturels, attitudes, normes et valeurs caractéristiques d'un univers culturel donné. Ces attitudes et valeurs — reçues et intériorisées par les individus en entrant dans cet univers — déterminent ensuite leurs perceptions de la réalité, voire leurs réactions affectives face à elle, et guident ainsi le choix des objectifs et des moyens de l'action[24].

En proposant une interprétation du comportement humain comme l'expression d'une stratégie dans un jeu, dans un ensemble de contraintes à découvrir, nous avons déjà implicitement critiqué le caractère statique d'une telle perspective. Mettant l'accent sur la cohérence, l'adaptation passive et le conditionnement, elle est notamment imperméable au problème fondamental du changement (organisationnel, social) qui ne peut plus surgir que d'une conver-

23. Ci-dessus, nous nous sommes nous-mêmes appuyés sur ces différences pour esquisser de façon largement spéculative quelques comparaisons.

24. Parmi une littérature abondante, cf., entre autres, T. Parsons et E.A. Shils, « Values, Motives and Systems of action », *in* T. Parsons et E.A. Shils (eds.), *Toward a General Theory of Action*, Cambridge, Mass., Harvard University Press, 1951 ; C. Geertz, « Ideology as a Cultural System », *in* D. Apter (ed.), *Ideology and Discontent*, New York, Free Press, 1964 ; F.R. Kluckhonn et F.L. Stroedtbeck, *Variations in Value Orientations*, New York, Row, Peterson & Co, 1961 ; et H.C. Triandis, *The Analysis of Subjective Culture*, New York, Wiley, Inter-Science, 1972.

sion morale et/ou d'une évolution impersonnelle dont les racines — pour dire le moins — restent toujours mystérieuses. Il est possible ici d'expliciter et de systématiser quelque peu cette critique. Car un tel schéma ne nous semble pas résister à l'épreuve d'une analyse empirique. Les individus placés dans les conditions de l'action ne réalisent pas passivement des valeurs reçues et intériorisées au départ. Comme nous avons essayé de le montrer dans les chapitres précédents, il faut, de façon plus réaliste et aussi plus utile, penser l'action humaine comme un *processus actif* où des individus parent au plus pressé pour surmonter et dépasser les difficultés de l'action. Comme un processus, en somme, où ils *apprennent* constamment à se servir des *instruments matériels* et — c'est ce qui nous intéresse ici — *culturels* à leur disposition pour résoudre à chaud les problèmes qu'ils rencontrent[25], en fonction des contraintes et des opportunités de la situation. Certes, c'est un processus plein de contraintes dans la mesure où des règles du jeu préexistantes structurent la « rationalité » des individus et délimitent un premier éventail de solutions « rationnelles » possibles. Mais, il n'en s'agit pas moins d'un processus actif : car plusieurs stratégies sont toujours possibles, et celle qui sera choisie sera fonction des atouts et capacités des individus. En d'autres termes, en cette matière comme en toute autre, il faut rompre avec toute vision déterministe de la conduite humaine pour la replacer dans son contexte d'indétermination et de liberté relatives, ce qui veut dire *l'analyser comme l'expression d'un choix nécessitant certaines capacités de la part de celui — ou de ceux — qui l'opèrent.*

Considérons un instant les résultats d'une recherche de

25. Dans un article remarquable J.G. March a développé un raisonnement sur des prémisses analogues, en plaidant notamment pour une « technologie », ou si l'on préfère une « rationalisation », de la déraison permettant de comprendre comment et dans quelles circonstances les individus pourront découvrir de nouvelles solutions et, ce faisant, de nouvelles valeurs. Cf. J.G. March, « For a Technology of Foolishness », *in* H. Leavitt, L. Pinfield et E. Webb (eds.), *Organizations of the Future*, New York, Praeger Publishers, 1974.

W. Schonfeld sur les relations d'autorité dans les écoles françaises[26]. Ils nous permettront de préciser et de concrétiser ce raisonnement. A travers l'analyse d'un échantillon très complet des divers types d'écoles secondaires en France, l'auteur montre tout d'abord l'universalité d'un phénomène bien connu des Français, celui du *chahut*, comme style de relation entre les élèves et certains professeurs, ceux précisément auxquels les élèves ne reconnaissent pas ce que Schonfeld appelle une « légitimité césaristique[27] ». La convergence des résultats à cet égard est frappante : quelle que soit l'origine sociale des élèves, quels que soient le type, la structure ou l'orientation des écoles, entre vingt à vingt-cinq pour cent des professeurs ont à faire face à des formes prononcées de chahut[28], c'est-à-dire à une insubordination organisée et permanente de leurs classes. Seules exception — elle aussi générale — à ce phénomène massif : les classes préparatoires au baccalauréat[29]. Là, l'alternance entre le modèle de « l'autorité incontestée[30] » et celui — complémentaire — du chahut a

26. Cf. W. Schonfeld, *Obedience and Revolt : French Behavior toward Authority,* Beverly Hills, Cal., Sage Publications, 1976.

27. Schonfeld définit ce terme comme une légitimité personnelle reconnue à des supérieurs perçus et considérés comme des personnages « puissants, forts, imposants ». Il s'agit, comme on le voit, de quelque chose de proche du leader charismatique de Weber. Les professeurs pouvant s'appuyer sur une telle légitimité — il faut le noter — n'ont pas tellement besoin d'avoir recours à des sanctions exemplaires. Les élèves se soumettent à leur personnalité (perçue ou réelle), et non pas à un exercice de leur autorité.

28. Pour éviter tout malentendu, précisons que Schonfeld définit le chahut de façon beaucoup plus restrictive que le langage courant. N'entrent dans cette catégorie que des situations où le professeur *a véritablement perdu le contrôle de sa classe,* où on se trouve en présence de phénomènes massifs et caractérisés d'insubordination systématique des élèves. Le pourcentage de vingt à vingt-cinq pour cent s'applique à ces cas, et non pas à des situations où de légers écarts à l'« ordre de la classe » sont tolérés par des professeurs maîtrisant par ailleurs leurs classes.

29. Cela ne se retrouvait pas dans les classes terminales techniques où le baccalauréat ne jouait pas le même rôle.

30. Le modèle de « l'autorité incontestée » *(authority-laden syndrome)* est le style dominant de relation entre les élèves et ceux des professeurs à qui, précisément, une légitimité de type césaristique est reconnue.

cédé la place à un autre style de relation que Schonfeld appelle le modèle de la « directivité assumée ». Dans ce modèle, les élèves obéissent à une série de directives qu'en fait ils ont apprises et, en quelque sorte, « intériorisées » dans leur expérience antérieure [31], mais que, néanmoins, ils perçoivent comme leur étant imposées du dehors par leurs professeurs. En somme, les relations entre professeurs et élèves, et surtout les comportements de ces derniers, sont ici les mêmes que dans le modèle de l'« autorité incontestée », à cela près qu'en fait les professeurs n'émettent ici finalement que *très peu* de directives.

L'interprétation que propose Schonfeld de ce phénomène massif et surprenant est la suivante. Il part du dilemme qui confronte les élèves des dernières classes de lycée. Pour permettre la réussite à l'examen final, il s'agit d'éviter de chahuter les professeurs. Or, les élèves n'ont pas appris à fixer eux-mêmes des bornes à leurs propres comportements — le contrôle, pour exister, doit être imposé du dehors. Du fait de leur personnalité « faible », cependant, certains professeurs n'en seront pas capables et risquent d'être chahutés, même si leur matière est importante pour la réussite aux examens. D'où le problème suivant : comment légitimer et fonder la soumission aux professeurs sans référence à leur personnalité ?

Le modèle de la « directivité assumée » (*assumed coverage*) est une solution à ce problème. Dans ce modèle, les élèves n'obéissent pas aux directives de tel ou tel professeur particulier. Ils se soumettent en fait à des supérieurs du passé auxquels ils reconnaissaient — et reconnaissent toujours — la légitimité nécessaire. De ce fait, la personnalité propre de tel ou tel professeur cesse d'être importante : *la soumission s'est dépersonnalisée.*

Une telle interprétation peut facilement se reformuler dans les termes de notre argumentation de tout à l'heure. En effet, ne peut-on pas considérer qu'on se trouve ici en présence d'un processus d'acquisition d'une capacité parti-

---

31. Cependant, il ne s'agit pas vraiment d'une intériorisation de normes puisque les élèves continuent à ressentir ces directives comme étant imposées du dehors. D'où les guillemets.

culière des élèves à structurer leurs rapports avec leurs professeurs, de façon à permettre aux uns et aux autres de se supporter et de se soutenir pour une tâche commune qui est la réussite à l'examen ? En d'autres termes, cette « dépersonnalisation de la soumission », décrite par Schonfeld, ou, si l'on préfère, l'émergence d'un *jeu « bureaucratique »* entre professeurs et élèves dans les dernières classes de lycée peut s'interpréter comme le développement d'une *capacité proprement relationnelle* — celle à construire et à vivre des relations d'évitement —, capacité que les élèves ont acquise à travers cette expérience.

Une telle capacité relationnelle recouvre tout autre chose que les motivations des individus, leurs valeurs, leurs objectifs ou ce qu'ils croient vouloir faire. Elle n'est pas davantage réductible à la personnalité des individus : il n'y a pas de raisons de croire, pour reprendre le cas de Schonfeld, que les structures de personnalité de ces élèves correspondent toutes aux comportements « bureaucratiques » dont ils font preuve ; le contraire est certainement plus près de la réalité. Parler de capacités dans ce contexte revient donc à inclure une dimension plus dynamique et à viser un autre niveau, celui de savoir ce que les individus *sont capables* de faire, comment ils *pourront* organiser leurs relations, de quelles opportunités ils pourront de ce fait se saisir en cette matière, et à quelles conditions et dans quelles circonstances ils pourront acquérir et développer de nouvelles capacités leur permettant de jouer d'autres jeux, de résoudre d'autres problèmes, de tirer profit d'autres opportunités [32].

32. La relation d'évitement fait tellement partie de notre univers que nous n'arrivons que difficilement à la concevoir comme une capacité au sens fort du terme. Et pourtant ! Dans beaucoup de situations, sa maîtrise constitue un atout réel permettant de saisir des opportunités, de se tirer de situations, bref, d'agir là où d'autres qui n'ont pas acquis cette capacité seront paralysés. De même, le groupe vertical japonais, avec la relation de loyauté qui le sous-tend, constitue en même temps une capacité d'une autre sorte : celle de « gérer » la charge affective des rapports interpersonnels, charge affective qui — si elle n'est pas canalisée et domptée — peut faire éclater le groupe à tout instant. Cela n'est possible que si, par ailleurs, les individus développent une tolérance à l'ambiguïté qui devient dans ce contexte

Adopter ce point de vue — soulignons-le — revient à élargir le champ visé par le terme culture et à en redéfinir la place et le statut dans l'analyse. La culture n'est plus ici cet univers de valeurs et de normes incarnées et intouchables qui, en dernière instance, guident, ordonnent les comportements observés et donc en rendent compte. Formée d'un ensemble d'éléments de la vie psychique et mentale, avec ses composantes affectives, cognitives, intellectuelles, relationnelles, elle est *instrument,* elle est *capacité* que les individus acquièrent, utilisent et transforment en bâtissant et vivant leurs relations et leurs échanges avec les autres. Valeurs, normes et attitudes font partie de cet ensemble, mais elles changent de statut. Elles ne sont ici que des éléments structurant les capacités des individus et des groupes et qui, par là, conditionnent mais ne déterminent jamais les stratégies individuelles et collectives[33].

Une telle redéfinition de l'objet comporte à nos yeux un double avantage. D'une part, elle permet de centrer l'analyse sur le phénomène sociologique fondamental de l'action collective, c'est-à-dire sur le construit culturel constitué par les jeux qui, indirectement, règlent, sanctionnent et rendent possibles tout à la fois les conduites et relations des acteurs. D'autre part, elle offre une articulation plus opératoire pour l'étude des liens entre modes d'action collective, développement institutionnel et contextes culturels. *Cette articulation, ce sont les capacités des individus, des groupes et des organisations :* des indivi-

un instrument d'action essentiel. Une telle tolérance n'est donc pas une simple caractéristique psychologique : elle est une capacité culturelle acquise à travers l'action.

33. En poussant l'analyse, on devrait dire que valeurs, normes et attitudes constituent autant, sinon plus, des rationalisations *ex post* de stratégies et de comportements effectivement adoptés que l'expression de préférences *ex ante* motivant l'action. Cette perspective, qui se situe dans le droit fil des analyses développées par L. Festinger (cf. *A Theory of Cognitive Dissonance,* New York, Harper, 1957), reviendra encore plusieurs fois dans cet ouvrage. Cf., dans la 4e partie consacrée aux problèmes de la décision et le chapitre XIV de la dernière partie, la discussion des problèmes de l'intervention et du changement dirigé. Enfin, ses répercussions sur le traitement des attitudes dans la démarche de recherche seront discutées dans l'annexe.

dus dans la mesure où, dans leur action, ceux-ci s'appuient sur des instruments acquis et développés dans les champs de socialisation et d'apprentissage différents que sont les univers culturels nationaux, professionnels, etc. ; *des groupes et des organisations, voire des systèmes,* dans la mesure où ceux-ci constituent des structures d'action collective fournissant des instruments d'action et délimitent des champs d'expérimentation spécifiques.

II. LA CULTURE COMME CAPACITÉ

Toutes choses égales d'ailleurs, nous l'avons dit, plusieurs stratégies rationnelles sont possibles dans une situation donnée. Et le choix que fera un individu ne sera pas uniquement fonction de ses objectifs propres, mais tiendra aussi, et peut-être surtout, à ses atouts, et notamment à sa capacité : a) de *découvrir* les diverses opportunités qui peuvent être plus ou moins évidentes ; b) *d'assumer et soutenir* les difficultés et risques inhérents à chacune de ces stratégies rationnelles. Le premier de ces termes renvoie aux facteurs psychologiques et/ou structurels délimitant le champ de la rationalité, tels qu'ils ont été présentés et formalisés par March et Simon dans leur concept de rationalité limitée. Le deuxième renvoie aux *capacités relationnelles* des individus, c'est-à-dire à leurs capacités différentes à organiser leurs échanges avec les autres.

Pour bien comprendre de quoi il s'agit ici, essayons de réfléchir aux *problèmes affectifs posés par la relation à l'autre, dans la mesure où elle implique toujours une relation de pouvoir et un risque de dépendance.* En effet, en tant qu'être social, tout individu *dépend,* au moins partiellement, des autres, des perceptions et définitions de soi qu'il en reçoit, pour la construction et le maintien de sa propre identité. Il en découle que toute relation à l'autre est profondément ambivalente et sera toujours vécue comme telle par les individus : source et fondement — au moins partiels — de l'identité d'un individu, donc de sa capacité et de sa possibilité même d'*exister* au sens propre et fort du terme, elle est aussi et simultanément source possible d'une perturbation de son intégrité et de son équilibre psychiques par les perceptions disparates et éventuellement contradictoires qu'elle véhicule et auxquelles elle le confronte[34].

C'est dire que la communication totale est impossible. Entrer en relation avec l'autre, le rechercher et s'ouvrir à lui, c'est en même temps se cacher, se protéger contre ses empiètements, s'opposer à lui. Bref, *toute relation à l'autre est stratégique et comporte une composante de pouvoir, si refoulée ou sublimée soit-elle.* C'est par sa structure même une relation conflictuelle qui met en branle des mécanismes affectifs extrêmement profonds et puissants puisque l'enjeu en est en dernière analyse l'identité même de l'un et de l'autre ou — si l'on préfère — la destruction en tant qu'acteur autonome de l'un par l'autre[35].

Ce problème se trouve amplifié dans les structures d'action collective. En effet, en engendrant des relations de pouvoir autour des possibilités toujours inégales des individus de maîtriser les sources d'incertitudes cruciales pour la poursuite et la réussite des activités communes, elles confrontent les individus de façon directe et permanente avec des situations de dépendance et de domination qui accentuent et intensifient le caractère potentiellement menaçant de la relation à l'autre[36].

---

34. Nous ne faisons ici qu'effleurer un sujet qui se trouve au centre des travaux à beaucoup d'égards révolutionnaires, et à coup sûr pionniers, de R.D. Laing et de son équipe qui, notamment, à travers l'analyse du rôle de la famille dans la genèse de la maladie mentale et plus particulièrement de la schizophrénie, ont mis en évidence tant la réalité et l'importance que la gravité de ce phénomène. Cf. R.D. Laing, *The Divided Self, op. cit.; The Self and Others,* Londres, Tavistock, 1961; R.D. Laing et A. Esterson, *Sanity, Madness and the Family, op. cit.;* et R.D. Laing, *The Politics of Experience, op. cit.* Dans les travaux qu'au CSO il a consacrés aux processus d'apprentissage culturel sur les lieux du travail, R. Sainsaulieu part d'une problématique comparable. Cf. *l'Identité au travail,* Renaud Sainsaulieu, PFNSP, 1977.

35. Toutes proportions gardées, on retrouve ici la situation du *Huis clos* de Sartre.

36. Et cela d'autant plus que ces situations seront plus stables et qu'il sera plus difficile pour les individus de s'y soustraire. Il faudrait

C'est ici qu'intervient la « culture » des individus au sens que, plus haut, nous avons donné à ce terme. Car l'apprentissage familial, et l'apprentissage social qui fut le leur, a été profondément marqué par leurs relations à ce phénomène central de la vie affective et sociale. A travers ces expériences multiples, ils ont développé et acquis des moyens conceptuels, des cadres de référence, bref, des outils culturels sur lesquels ils s'appuient pour construire leurs rapports à l'autre et au monde et pour en maîtriser les conséquences affectives. Ils ont, de ce fait, des capacités différentes à soutenir et à vivre les situations de dépendance, de conflits et de tension qui forment la trame même de l'action collective, et à assumer les risques inhérents aux jeux de pouvoir auxquels ils ne peuvent pas ne pas participer.

Que de telles capacités relationnelles existent, qu'elles soient différentes d'un individu à l'autre et qu'elles conditionnent les choix de stratégie des uns et des autres relève d'une expérience quotidienne banale. Mais on peut aller plus loin. Comme nous avons essayé de le montrer à travers les quelques comparaisons ci-dessus, des différences existent aussi entre les cultures nationales et entre les cultures des groupes professionnels, des catégories ou classes sociales qui composent une société donnée. Structurant les champs d'apprentissage et les possibilités d'expérimentation des individus et se perpétuant à travers une telle structuration, ces différences conditionnent indirectement les capacités de ceux-ci, du moins au niveau des procédés d'intégration auxquels ils auront recours pour organiser leur coopération au sein d'ensembles finalisés.

---

enfin tenir compte d'une autre variable : la nature de la tâche. En effet, moins cette tâche fournira une médiation technologique à ces relations, plus, en d'autres termes, ces relations devront être « personnelles », plus elles déclencheront les mécanismes affectifs décrits ci-dessus et les stratégies de protection qui en sont les corollaires. En ce sens, Michael Pusey a certainement raison de considérer les organisations éducatives comme un des champs privilégiés pour l'observation de l'incidence de la culture sur les modèles de jeu prévalant dans une organisation en tant que système d'action formalisé. Cf. son excellente étude du système d'éducation secondaire dans un Etat en Australie : M.R. Pusey, *Dynamics of bureaucracy,* John Wiley & Sons, 1976.

Il faut donc se garder de « naturaliser » et de « psychologiser » trop vite ces capacités pour éviter d'en faire, en quelque sorte, des facteurs explicatifs passe-partout. Car, si celles-ci sont bien une donnée à un moment de l'analyse et si elles recouvrent bien une part irréductible de la personnalité individuelle, une sorte de capacité personnelle à supporter conflits et tensions qui serait fixée très tôt sous la forme de certains traits de personnalité, l'accent est ici mis ailleurs. Il concerne les *processus d'acquisition et de développement* de telles capacités à travers l'action et l'expérience, analysées comme une suite de processus de résolution de problèmes. Cela implique que l'on relie ces capacités aux modes d'insertion sociale et organisationnelle différents des individus, à leurs possibilités réelles d'avoir accès à des sources de pouvoir différentes, de répartir leurs mises entre une multiplicité de relations qui rendrait chacune d'elles moins menaçante, à leurs possibilités aussi de connaître et de comprendre les sources de pouvoir et les moyens d'action des autres à leur égard. De les relier, en somme, à l'ensemble des contraintes matérielles, structurelles et sociales qui circonscrivent leurs champs stratégiques et caractérisent les jeux auxquels ils participent au sein comme en dehors de l'organisation. Ces contraintes et ces règles de jeu peuvent en effet inhiber, voire empêcher ou, au contraire, encourager et faciliter l'acquisition des capacités relationnelles — à la limite, au niveau de la psychologie individuelle — requises pour certains types de relation ou pour la poursuite de certaines stratégies [37].

Il ne faut donc pas réduire les capacités relationnelles des individus à de simples éléments de leur psychologie ou de leur personnalité. Acquises et développées, bref, construites dans et pour l'action, ces capacités sont inséparables des structures à l'intérieur desquelles doit se déployer

---

37. Cf. sur ce point les études de R. Sainsaulieu, « Pouvoir et stratégie de groupes ouvriers dans l'atelier », *Sociologie du travail*, n° 2, 1965 ; R. Sainsaulieu et D. Kergoat, « Milieu de travail et modèle d'action », *Analyse et Prévision*, vol. 4, n° 6, 1968 ; R. Sainsaulieu, *Les Relations de travail à l'usine, op. cit.* ; enfin, le livre de R. Sainsaulieu, *L'Identité au travail, op. cit.*

l'action sociale des individus. Se conditionnant mutuellement, ces deux éléments forment système.

Bien plus, ces structures — en délimitant un cadre contraignant pour l'action et l'expérience des individus, en faisant participer ceux-ci à une sorte de « capital relationnel », à des modèles de relation déjà institués — peuvent elles-mêmes s'analyser comme des capacités proprement collectives, irréductibles à celles des individus qu'elles conditionnent à leur tour. On ne peut donc se contenter d'une analyse au niveau des individus. Car des capacités relationnelles existent aussi au niveau des groupes, des organisations, voire des systèmes.

On ne soulignera jamais assez, en effet, qu'un ensemble d'individus, dans des situations et avec des objectifs similaires sinon identiques, ne constitue pas nécessairement un groupe capable d'action en tant que groupe. En d'autres termes, pas plus que l'existence d'une organisation, celle d'un groupe — répétons-le — ne saurait être considérée comme une donnée naturelle allant de soi. Un groupe est toujours une construction sociale qui n'existe et perdure que pour autant qu'il peut s'appuyer sur des mécanismes permettant d'intégrer les stratégies et les orientations différentes des individus-membres et de réguler ainsi leurs conduites et interactions. Ce sont ces mécanismes ou, si l'on veut, ces construits qui constituent la *capacité collective du groupe*. Et celle-là, au même titre que les données de la situation, commande son comportement en restreignant ou, au contraire, en élargissant l'éventail des choix effectivement réalisables.

C'était déjà une des conclusions que nous avions tirées de notre discussion des principaux résultats de l'étude classique de L. Sayles sur le comportement de groupes de travail dans l'industrie [38]. Nous avions montré que le type de stratégie adopté par les groupes n'était pas conditionné seulement par leurs objectifs propres et par les atouts à leur disposition, mais aussi par leur capacité à s'organiser pour mener une action, voire, éventuellement, à trouver leur identité pour exister de façon cohérente.

38. Cf. *supra*, p. 51-52.

Par là on touche un élément capital de la vie des groupes qu'on a trop fortement tendance à négliger : le substrat relationnel, les instruments proprement culturels permettant au groupe de se constituer, c'est-à-dire de résoudre le problème non seulement de l'agrégation, mais aussi de la mobilisation des aptitudes, connaissances et intérêts divergents, sinon contradictoires, d'acteurs-membres relativement autonomes, ainsi que de gérer les conséquences affectives qui en découlent. Pour ne prendre que cet exemple, des groupes qui, dans les conditions de l'action, c'est-à-dire dans les contraintes organisationnelles et sociales particulières qui caractérisent et structurent leurs situations respectives, ont appris à gérer et en quelque sorte à domestiquer, au lieu de les étouffer, les conflits, tensions et phénomènes de pouvoir inséparables de leur existence et de leur action même en tant que groupes, ont, de ce fait, *acquis une capacité collective propre,* c'est-à-dire irréductible à celles de leurs membres. Et c'est cette capacité qui leur permettra de mieux s'organiser, de mieux définir et maîtriser leur action et de disposer d'une marge de manœuvre plus grande que d'autres groupes qui, pour diverses raisons, n'ont pu développer une telle capacité.

Les résultats des analyses que D. Kergoat a consacrées au déroulement et aux conséquences d'une grève dans une entreprise industrielle, pendant la crise de mai-juin 1968 en France[39], permettent de concrétiser des phénomènes qui sont visés ici. Elle montre que, pendant la grève, le groupe ouvrier de cette usine est passé d'abord par une phase de destructuration, c'est-à-dire d'opposition sinon d'éclatement. Dans les conditions — créées par la grève — d'une plus grande transparence des structures de pouvoir de l'entreprise, les différentes composantes du groupe ouvrier[40], en même temps qu'elles découvrent leurs spéci-

---

39. Pour une description détaillée de cette grève, nous renvoyons aux écrits déjà cités de D. Kergoat, *Bulledor, op. cit. ;* et « Emergence et création d'un système d'action collective à travers une expérience d'autogestion en mai 1968 », *art. cit.*

40. Très schématiquement, les ouvriers spécialisés de la chaîne de production, les ouvriers professionnels de l'entretien, les manœuvres, le groupe des chauffeurs, voire la maîtrise.

'ficités, leurs atouts et leurs intérêts propres, prennent conscience de ce qui les sépare des autres. Cette phase, bien entendu, n'est pas vécue de la même façon ni en même temps par tous les groupes ; elle est cependant bien réelle. La meilleure preuve en est le comportement du groupe des ouvriers spécialisés [41] qui, à un moment décisif et contre l'avis des délégués syndicaux ayant largement dirigé le déroulement de la grève jusque-là, imposent l'arrêt de l'expérience d'autogestion en cours pour forcer la main à la direction de l'entreprise et l'obliger à entamer des négociations sérieuses. Mais cette première phase est suivie d'une seconde phase de restructuration du groupe ouvrier dans son ensemble, autour d'une nouvelle solidarité plus consciente, plus « stratégique » aussi entre ses différentes composantes, elles-mêmes plus cohérentes et homogènes. Cela est attesté un an plus tard par le déroulement d'une seconde grève déclenchée par un sous-groupe — les chauffeurs — pour des motifs « catégoriels », mais soutenue activement par les ouvriers spécialisés qui, à un moment décisif, ont fait un débrayage de solidarité permettant de faire pencher le rapport de force en faveur des chauffeurs. Bref, à travers cette double phase de destructuration/restructuration avec son cortège de conflits, d'antagonismes, d'intérêts divergents qui dans les conditions exceptionnelles et plus ouvertes de la crise et de la grève n'ont pu être étouffés, mais ont dû être assumés et dépassés, un *apprentissage collectif* a eu lieu, renforçant à terme les capacités d'action du groupe ouvrier dans son ensemble.

Au même titre que les groupes, les organisations elles-mêmes en tant que systèmes d'action formalisés sont porteuses de telles capacités. Les caractéristiques culturelles, au sens où nous l'entendons ici, de leurs structures et des multiples jeux à travers lesquels s'opèrent l'articulation et l'intégration des stratégies divergentes des individus ou groupes-membres, conditionnent les choix qu'elles sont capables de faire en matière de politiques de développement, de rapports à l'environnement, etc. Une organisa-

---

41. Essentiellement composé d'ouvriers d'origine étrangère.

tion « rigide », dont les moyens de gouvernement sont la hiérarchie, le secret, la règle, la distance et le cloisonnement, et dont les jeux dominants sont des jeux de protection (de type minimax), *ne sera tout simplement pas capable* — tout au moins dans l'immédiat — d'adopter une structure décentralisée pour mieux maîtriser et gérer les conflits et problèmes engendrés par ses relations à un environnement « turbulent ». Dans une perspective plus normative, on peut certainement lui conseiller d'engager un effort massif et de longue haleine pour développer d'autres capacités. Mais, à court terme, elle aura peut-être intérêt à renforcer ses lignes de communication pour permettre à ses échelons forts de répondre plus rapidement aux demandes de l'environnement.

A y regarder de plus près, c'est d'ailleurs ce qui se passe normalement et le plus souvent de façon quasi spontanée, comme le montrent les travaux, notamment, de Burns et Stalker[42]. Devant les menaces provenant d'un environnement turbulent, plusieurs entreprises de leur échantillon ont, en fait, réagi en renforçant les principales caractéristiques de leurs modes d'organisation et de fonctionnement, bien que ces caractéristiques ne fussent plus adaptées aux « conditions objectives »[43].

De tels phénomènes se comprennent aisément si on veut bien accepter le fait, amplement souligné plus haut[44], que les construits humains sous-jacents aux organisations ne sont pas les produits mécaniques de la somme des contraintes « objectives » propres au contexte et à l'environnement.

42. T. Burns et G.M. Stalker, *The Management of Innovation, op. cit.*

43. Cela n'est, bien entendu, qu'un raccourci pour décrire un processus nécessairement beaucoup plus complexe. L' « organisation » ne réagit pas consciemment et de façon planifiée. Mais, à travers les règles du jeu qui structurent son système d'action, les acteurs organisationnels se trouvent indirectement contraints à utiliser, s'ils ne veulent pas perdre, certaines stratégies et certaines réponses face aux menaces de l'environnement, instruments qui renforcent le mode d'organisation existant.

44. Cf. ci-dessus le chap. IV, consacré à une critique des théories de la contingence structurelle.

Les modèles de jeu déjà institués entre les acteurs organisationnels qui répondent au problème spécifique de l'intégration de leurs autonomies respectives au sein d'un ensemble finalisé, et les types de régulation par lesquels ces jeux sont articulés les uns aux autres, sont contraignants pour les membres de l'organisation. Ils peuvent, de ce fait, eux-mêmes s'analyser comme une *capacité collective proprement organisationnelle* qui circonscrit une certaine rationalité d'action et, ce faisant, fournit, voire impose certains instruments d'action dont les membres de l'organisation pourront se saisir pour bâtir leurs relations et leurs interactions, et en élimine d'autres. Cette capacité collective a donc toujours deux aspects contradictoires. D'une part, elle est ce qui permet aux membres de l'organisation de « fonctionner », c'est-à-dire de coopérer et de résoudre à leur façon les problèmes « objectifs » qu'ils rencontrent dans l'environnement. Mais d'autre part, et simultanément, elle constitue aussi une barrière cognitive, un obstacle à l'apprentissage tant individuel que collectif dans la mesure où elle conditionne à son tour les capacités respectives de ces mêmes membres à inventer d'autres modes de relation, d'autres règles du jeu quand et si les changements « objectifs » de la situation l'exigent[45].

Certes, cette capacité organisationnelle n'aura pas la même prégnance pour tous les membres de l'organisation. On peut, à cet égard, imaginer une gradation en fonction de la centralité et de l'importance des jeux organisationnels

---

45. A la lumière de ce raisonnement, on peut en effet se demander si, de façon générale, il ne serait pas opportun de renverser la problématique de l'apprentissage en s'interrogeant non pas sur le problème de savoir comment les individus apprennent, mais sur les raisons, les conditions et les circonstances qui font qu'*ils n'apprennent pas*. En se demandant, en somme, comment les structures et règles du jeu, qui sont un moyen d'agir, d'apprendre, de connaître, de résoudre des problèmes, deviennent, en fait, des obstacles à l'apprentissage en structurant d'une certaine façon l'expérience que les individus peuvent avoir. Nous reviendrons ci-après sur un tel renversement de la perspective dans le chapitre consacré aux problèmes du changement. Pour des réflexions qui rejoignent en partie les nôtres, cf. J.G. March et J.P. Olsen, « The Uncertainty of the Past : Organizational Learning under Ambiguity », *European Journal of Political Research*, vol. 3, 1975, p. 147-171.

pour les différents acteurs concernés, c'est-à-dire du poids relatif des ressources et contraintes proprement organisationnelles dans leurs champs stratégiques respectifs. A un bout d'un continuum, on trouverait des acteurs dont l'essentiel des atouts mobilisables leur est assuré par l'organisation elle-même. A l'autre bout, on trouverait, au contraire, des acteurs « marginaux sécants » dont les principaux atouts sont relativement indépendants par rapport à l'organisation spécifique dans laquelle ils travaillent. Et on peut penser — sans d'ailleurs qu'on puisse l'affirmer *a priori*[46] — que l'indépendance relativement plus grande des seconds comparés aux premiers leur ménagera une marge de manœuvre, et surtout d'expérimentation, plus grande à l'égard des jeux existants, ne serait-ce que parce que la sanction suprême — l'exclusion de l'organisation — a moins de prise sur eux[47].

Cependant, quelle que soit la configuration empirique des champs stratégiques respectifs des acteurs organisationnels, leurs possibilités d'expérimentation et d'apprentissage seront toujours limitées par leur appartenance à l'organisation, par les contraintes et la « rationalité » des jeux déjà existants. Ce qui veut dire, en sens inverse, que l'organisation peut s'analyser comme un système d'action dont les mécanismes d'intégration auront tendance à perdurer et à se *reproduire à travers un certain nombre de processus d'auto-entretien*.

Pour illustrer notre propos, reprenons les deux modèles idéal-typiques de Burns et Stalker dont nous avons déjà parlé. Il ne fait pas de doute, par exemple, que les

46. En effet, il n'y a en cette matière aucune « tendance » naturelle ou spontanée. Il n'est pas sûr que les acteurs se trouvant dans une telle situation favorable veuillent bien s'engager dans une telle expérimentation. Et même s'ils le font, rien n'indique qu'ils voudront, voire tout simplement pourront, en faire « profiter » les autres. Comme nous l'avons indiqué plus haut, on peut même s'attendre *a priori* à un comportement inverse.

47. Nous ne faisons qu'effleurer ici un des aspects d'une série de problèmes sociologiques extrêmement complexes et encore peu explorés qui ont trait aux processus d'innovation et d'apprentissage dans des systèmes d'action. Nous y reviendrons plus longuement dans la dernière partie de cet ouvrage.

caractéristiques du « modèle mécanique » induisent des jeux formels dans lesquels l'*utilisation de la règle* constitue un des instruments d'action essentiels. En effet, ne pas jouer les règles, et si ce n'est que pour les tourner, voire en trahir la lettre sinon l'esprit[48], ne pas tenir compte des limites formelles, des lignes de démarcation qu'elles tracent, reviendrait pour les individus ou les groupes à se priver d'un atout important sans être le moins du monde assuré de pouvoir s'en passer et d'être payé de retour. Certes, les règles ne sont pas univoques, mais s'accommodent d'utilisations fort diverses. Elles pourront être exploitées dans un sens défensif aussi bien qu'offensif, dans des jeux « avec le système » comme dans des jeux « contre le système ». Des modèles de comportements fort différents pourront, de ce fait, cohabiter dans de tels ensembles, et même le devront si ceux-ci ne doivent pas succomber sous le poids de leurs propres rigidités. Cependant, quel que soit le sens dans lequel ils emploient les règles et les zones d'incertitude artificielles qu'elles créent, les individus ou groupes tendront toujours à prendre appui sur celles-là dans leur action, et, ce faisant, vont se perpétuer, voire en accentuer l'emprise en tant que régulateur essentiel de leurs interactions.

Une analyse semblable quant au processus qu'elle décrit pourrait être faite pour le « modèle organique ». Le contexte peu formalisé défini par ce modèle possède une très forte « capacité de récupération » dans la mesure où les initiatives éparses des différents acteurs peuvent assez facilement être intégrées et reprises dans l'ensemble. L'isolement, la non-communication, la distance, le retrait derrière la règle ou derrière l'autorité ne constituent donc guère ici des stratégies payantes ; c'est, au contraire, dans l'affermissement des liens interpersonnels, dans la diffusion de leurs initiatives et dans l'affirmation concomitante de leurs compétences que les uns et les autres trouvent une utilisation « rationnelle » de leurs ressources en même temps qu'un principe régulateur de leurs interactions, avec son cortège de conflits de juridictions, de spéciali-

---

48. Tant il est vrai que tourner la règle c'est encore l'utiliser.

sation sinon d'éparpillement, de professionnalisation, etc.

On le voit bien, chacun des deux modèles définit un « marché » différent entre une organisation et ses membres. Ils ne fournissent pas les mêmes garanties et protections aux individus et groupes-membres. Ils ne leur offrent pas les mêmes moyens et instruments pour saisir et résoudre leurs problèmes, ni ne permettent les mêmes jeux de leur part. Enfin, ils n'exigent ni ne développent chez eux les mêmes capacités à organiser leurs relations. En structurant ainsi un champ de rationalité et d'expérience avec ses instruments d'action privilégiés, chacun de ces deux modèles[49] tend à sécréter des processus spécifiques à travers lesquels se reproduisent ses caractéristiques essentielles. En d'autres termes, à travers des cercles vicieux spécifiques (centrés, par exemple, autour de la réglementation et du contrôle dans le cas du « modèle mécanique », ou autour de la délégation et de la spécialisation dans celui du « modèle organique »), chacun de ces deux modèles tendra à persévérer dans l'être bien au-delà du moment où il était adapté à l'état de son environnement.

III. L'ANALYSE CULTURELLE : UNE OUVERTURE

En partant des problèmes et difficultés de l'action collective qui passe toujours et nécessairement par des relations de pouvoir et de dépendance, exigeant certaines capacités relationnelles de la part des acteurs, l'analyse culturelle met en lumière une deuxième logique de fonctionnement des ensembles organisés, logique d'ordre affectif et culturel qui, en dernière analyse, fonde l'autonomie du phénomène organisationnel en tant que processus d'intégration de conduites humaines. Elle permet ainsi de comprendre les règles formelles et/ou informelles qui gouvernent les relations entre les individus et les groupes,

---

49. Qui ne sont, rappelons-le, que des modèles idéal-typiques.

comme des construits politiques, donc culturels [50], que ceux-ci avec leurs capacités et avec leurs moyens d'action ont inventés pour contenir les risques de tensions excessives et pour rendre ainsi possible leur coopération au sein d'ensembles finalisés.

Certes, l'autonomie de tels construits — est-il besoin de le rappeler ? — est loin d'être totale. Car ils ne se développent ni librement ni gratuitement. Ce sont des coalitions d'hommes contre la nature qui se constituent en vue de certaines actions, en vue de l'obtention de certains résultats. Bref, ce sont des *instruments* dont le développement est lui-même contraint par les caractéristiques de la situation dans lesquelles ils sont utilisés.

C'est ici que nous retrouvons le poids du contexte analysé par les théoriciens de la « contingence structurelle », et notamment celui de la technologie au sens le plus large. Certes, les technologies sont elles-mêmes médiatisées, changeantes et contingentes et peuvent à leur tour s'analyser comme des produits en même temps que des enjeux de rapports de pouvoir, tant au niveau de la société, bien sûr, qu'au niveau de l'organisation [51]. Mais, du moins dans le court terme, elles s'imposent comme des contraintes « objectives » qui limitent le nombre et circonscrivent la nature des problèmes à résoudre dans des organisations poursuivant des objectifs semblables et parvenues à des stades de développement techniques comparables, en même temps qu'elles impliquent assez strictement des arrangements relationnels spécifiques.

C'est ici aussi que l'on retrouve la contrainte plus importante encore de la mesure des résultats de l'action qui détermine en grande partie la capacité de sanction de

50. Dans un double sens. Aucun rapport de pouvoir ne peut se bâtir sans moyens culturels ; tout fait politique est un fait culturel au sens fort du terme.

51. Dans la mesure notamment où telle technologie « passera » plus facilement que telle autre, en fonction à la fois de la force des groupes qui en tirent bénéfice et du pouvoir de résistance des groupes victimes du même « progrès technique » ; en fonction aussi de la capacité des individus, des groupes et des organisations à l'utiliser, c'est-à-dire à organiser les modèles relationnels qu'elle implique.

l'environnement à l'égard de l'organisation. Nous y avons déjà fait référence dans nos analyses du rapport à l'environnement dans le chapitre précédent. Il est possible d'étendre ce raisonnement : les construits humains sous-jacents aux organisations seront d'autant plus « politiques », c'est-à-dire l'expression propre des problèmes et difficultés intrinsèques à l'organisation de rapports de pouvoir et de dépendance, qu'il sera difficile de mesurer les résultats de l'action en les évaluant par rapport aux moyens nécessaires pour les obtenir.

Mais si ces contraintes limitent l'autonomie du phénomène organisationnel, elles ne l'éliminent jamais. Car celle-là est l'expression d'une réalité autonome que, malgré son évidence, voire sa banalité, trop d'analyses évacuent et oublient trop facilement[52] : à savoir qu'une organisation est aussi un ensemble de rapports humains, donc de rapports de pouvoir dont l'agencement pose des problèmes spécifiques qu'on peut et qu'on doit analyser à leur propre titre. Car, condition même de la possibilité de l'action collective, la solution apportée à ces problèmes, en exigeant et produisant à la fois des capacités particulières, en conditionne toujours profondément les résultats.

En prenant pour cible ces capacités et leur développement, l'analyse culturelle peut être considérée comme l'autre face de l'analyse stratégique, celle qui permettrait de comprendre l'utilisation effective par les acteurs des potentialités et opportunités d'une situation et la structuration différente de problèmes contextuels semblables qui en résulte. Elle propose un champ de recherche dont l'exploration est indispensable pour apprécier les possibilités de changement organisationnel et pour parvenir ultérieurement à des préceptes normatifs.

---

52. C'est, rappelons-le, le principal reproche que l'on peut adresser à l'ensemble de l'approche des organisations en termes de « contingences structurelles ».

TROISIÈME PARTIE

Le phénomène systémique

7

De l'organisation au système

Maintenant que nous avons fait le tour — du moins dans l'état actuel de nos connaissances — de ce que l'on peut appeler le phénomène organisation comme phénomène autonome, il est temps de prendre du recul pour nous demander si le raisonnement que nous avons élaboré dans ce cadre très particulier peut être utilisé de façon plus générale, dans la mesure même où le problème auquel il s'applique dépasse le cas particulier de l'organisation.

Revenons un moment à notre point de départ. Nous étions partis de la constatation du caractère général sinon universel des « effets pervers » ou effets contre-intuitifs dans les affaires humaines. Cet effet contre-intuitif peut être analysé aussi comme « effet système » dans la mesure où il apparaît comme le produit d'un système, c'est-à-dire d'un ensemble constitué comme un champ structuré — non neutre — dont les différents éléments ont des conduites coordonnées et interdépendantes [1].

Si l'analyse des organisations nous a retenus si longtemps, si nous lui avons accordé une telle importance, c'est qu'elle est cruciale de ce point de vue. Elle nous offre, en effet, nous l'avons déjà dit, une sorte de modèle expérimental de l'effet système dans un cas particulier qu'on

---

1. Nous serons amenés à reformuler plusieurs fois notre définition du terme système dans ce chapitre. Le lecteur voudra bien nous pardonner de ne pas en donner une très précise dès le départ. Nous pensons qu'une bonne définition ne peut se comprendre qu'après une analyse du phénomène dont elle rend compte.

pourrait considérer comme plus formalisé et aussi plus artificiel, mais dans lequel il s'agit bien du même problème, celui de la coopération et de l'interdépendance. Son caractère artificiel, les contraintes qui sont les siennes constituent des conditions expérimentales : elles éliminent les interférences — les bruits — extérieures.

L'effort de généralisation que nous allons maintenant tenter va donc consister, après nous être concentré sur le particulier considéré comme cas expérimental, à renverser notre démarche et à remonter du particulier au général, de l'organisation au « système ».

En avons-nous le droit ? Pour comprendre le problème que pose une telle généralisation, il faut que nous réexaminions la démarche intellectuelle que nous avons utilisée pour l'analyse des organisations. Nous avons, en fait, toujours raisonné comme si le phénomène organisation était un phénomène construit et non pas un phénomène naturel. Ce postulat implicite ne va pas de soi. Une bonne partie des théories de l'organisation sont des théories fondées sur une sorte de naturalisme selon lequel il y aurait des lois générales, universelles, que les hommes devraient observer pour constituer et maintenir les organisations. Nous avons, au contraire, toujours raisonné comme si la coordination et la structuration des activités humaines étaient un problème à résoudre et non pas le résultat d'un ordre naturel. Les hommes le résolvent, certes, à partir de données qu'ils trouvent déjà constituées et sur lesquelles ils n'ont qu'une influence relativement réduite. Mais ces données sont elles-mêmes des construits, des répertoires de solutions entre lesquelles les acteurs peuvent choisir et auxquelles ils peuvent en ajouter d'autres [2].

Les sytèmes auxquels nous pensons sont eux aussi des construits, mais ce sont des construits non formalisés dont les règles sont tout à fait empiriques et dont les acteurs, s'ils sont plus ou moins intuitivement conscients des résultats, sont tout à fait ignorants des mécanismes et sont, de ce fait, incapables de les contrôler ou même de peser sur eux.

---

2. La « formalisation » apparaît dans une telle perspective comme *un* répertoire possible de solutions.

Le cas particulier que représente l'organisation est alors celui que représente la machine artificielle construite pour résoudre le problème qui avait été résolu auparavant par ce qui nous apparaissait comme un empirisme « naturel », mais qui est en fait un autre construit plus ancien et graduellement « naturalisé [3] ».

Nous avons donc le droit de généraliser puisque nous pouvons considérer les organisations, non pas comme un phénomène différent, moins complexe, mais comme un cas particulier fabriqué exprès d'un phénomène général que nous n'avons pas encore vraiment défini, le phénomène des systèmes humains. Notre démarche est légitime ; il ne s'agit pas pour nous de remonter du moins complexe au plus complexe ou de réduire un phénomène complexe à un phénomène plus simple sans avoir compris la nature de sa complexité ; il s'agit, au contraire, de réfléchir sur l'enseignement que l'on peut tirer de l'analyse d'un problème posé dans des cas « expérimentaux » très particuliers pour comprendre comment peut se poser et se résoudre le même problème dans des cas plus généraux.

Dans cette perspective, c'est un raisonnement détaché des contingences de son élaboration qui est transposé. On ne passe pas par une simple extrapolation d'une loi descriptive sur les organisations à une loi qui devrait gouverner des systèmes plus complexes ou, en tout cas, différents. On applique un raisonnement élaboré pour poser un problème dans un certain contexte à la solution du même problème dans un autre contexte effectivement plus difficile.

Mais pour pouvoir faire comprendre la signification et la légitimité de cette transposition dans laquelle nous nous engageons, il faut que nous revenions de façon plus approfondie sur les caractéristiques du raisonnement, ou plutôt des deux raisonnements complémentaires que nous

3. Dans cette perspective, l'important n'est pas les caractéristiques du phénomène en soi dont on devrait rechercher les lois descriptives et normatives, mais le problème que pose son existence et que l'examen de la machine artificielle bâtie pour le résoudre permet de mieux comprendre. Cf., sur ce point, H. Simon, *The Science of the Artifical*, *op. cit.*

avons dégagés, et que nous montrions comment ils sont effectivement indépendants des contingences de l'organisation, système artificiel et « expérimental ».

II. LES DEUX MODES
DE RAISONNEMENT COMPLÉMENTAIRES
DE L'ANALYSE DES ORGANISATIONS

Les analyses que nous avons conduites obéissent simultanément à deux modes de raisonnement à la fois complémentaires, contradictoires et convergents : le raisonnement *stratégique* et le raisonnement *systémique*.

Le raisonnement stratégique part de l'acteur pour découvrir le système qui seul peut expliquer par ses contraintes les apparentes irrationalités du comportement de l'acteur. Le raisonnement systémique part du système pour retrouver avec l'auteur la dimension contingente arbitraire et non naturelle de son ordre construit.

Le *raisonnement stratégique* peut se décomposer de la façon suivante :

1. Les participants d'une organisation peuvent être considérés comme des acteurs ayant chacun leur propre stratégie. La rationalité de ces stratégies ne peut se comprendre seulement par rapport aux préférences et aux motivations de ces acteurs, ni par rapport aux résultats de leurs actions. En effet, du point de vue de ces résultats comme du point de vue des objectifs que prétendent ou même que semblent poursuivre ces acteurs, leurs comportements peuvent paraître irrationnels. Ils ne prennent de sens que si on les relie aux chances de gains et de pertes qu'ils avaient réellement dans le ou les jeux qu'ils jouent les uns avec les autres.

2. Si l'on connaît les stratégies de chacun des acteurs, et si l'on connaît les contraintes objectives auxquelles ils sont soumis du fait des incertitudes que comporte la réalisation de leurs activités, par exemple celles de la technologie, et du marché, on peut reconstituer le jeu à partir duquel ces

stratégies peuvent devenir toutes en même temps également rationnelles. Etant donné qu'on peut faire des approximations raisonnables de ces stratégies à partir des attitudes exprimées par chacun des acteurs[4], on peut donc découvrir, à partir du vécu même des membres de l'organisation, les jeux qui conditionnent leurs comportements.

3. Le phénomène sociologique fondamental de l'intégration des comportements du même ensemble social se trouve ainsi analysé dans le cadre organisationnel comme un processus indirect par lequel les acteurs se trouvent contraints, s'ils veulent gagner ou au moins minimiser leurs pertes, d'adopter une stratégie « gagnante », c'est-à-dire rationnelle dans le jeu, donc une stratégie donnant prise aux contraintes du jeu. Ce qui fait qu'il est, de ce fait, rationnel pour eux de se plier aux exigences du jeu et qu'ils en arrivent ainsi, quelles que soient leurs motivations de départ, à concourir finalement aux buts communs.

4. L'organisation comme phénomène sociologique est donc un construit culturel grâce auquel les hommes parviennent à orienter leurs comportements de façon à obtenir un minimum de coopération, tout en maintenant leur autonomie d'agents libres.

Le raisonnement stratégique est un raisonnement de découverte, un *raisonnement heuristique*, à l'aide duquel on élabore et vérifie des hypothèses de plus en plus générales sur les caractéristiques de l'ensemble, à partir des problèmes vécus par les participants dans chacune des parties. Le risque qu'entraîne son utilisation, c'est qu'il conduit à extrapoler trop rapidement à partir du vécu des acteurs. C'est le risque auquel ont succombé successivement les tenants des divers modèles d'interactionnisme qui se sont développés depuis trente ans, non seulement l'interactionnisme classique des années quarante et cinquante tel que l'a pratiqué l'école de Harvard et tel qu'a essayé de le systématiser George Homans, mais aussi les analyses phénoménologiques des ethnométhodologues, voire l'inter-

---

4. Cf. annexe méthodologique, pour une discussion plus approfondie de ce point.

actionnisme symbolique à la Mead ou à la Goffman[5]. Dans aucun de ces modèles d'analyse et d'interprétation du comportement, le problème proprement sociologique de l'intégration n'est réellement traité et, si l'apport de réflexion sur le vécu est éventuellement très remarquable, on ne débouche sur le sociologique qu'au prix d'une extrapolation abusive. On fait toujours comme si le champ était neutre ou comme si les parties avaient effectivement intériorisé la charge affective de sa structuration, ce qui est manifestement en contradiction avec les leçons de l'expérience et conduit à des outrances — la domination est effectivement vécue à tous les instants — ou à des ignorances également condamnables — la domination qui n'est pas vécue n'existe pas.

Afin d'échapper à ce risque de nous arrêter, pour rendre compte de la richesse des interactions vécues, à un modèle aussi simple et inadéquat que celui du marché ou celui de la domination universelle, nous avons poussé le raisonnement stratégique dans le sens d'un raisonnement heuristique au lieu de nous en servir seulement comme d'un raisonnement interprétatif. Et nous l'avons graduellement complété par un autre raisonnement qui ne part plus de l'acteur mais des caractéristiques du jeu que le raisonnement stratégique, de par sa vertu heuristique, aura permis de mettre en évidence. Nous voulons parler du *raisonnement systémique*.

Ce raisonnement était effectivement déjà implicite dans la logique stratégique, mais à condition de distinguer et d'associer à la fois le contenu de stratégie et le contenant de

5. Nous ne prétendons naturellement pas assimiler les travaux de Goffman à ceux de Homans. Ils sont par beaucoup de côtés radicalement différents, mais, du point de vue qui nous intéresse ici, ils ont en commun de prétendre reconstruire le jeu social à partir d'une analyse directe des interactions vécues soit de façon simple, adaptatrice pour Homans, soit de façon imprévisible, stratégique pour Goffman. Avec l'ambition explicite de reconstruire les modes de sociabilité et de domination d'une société à travers l'analyse de situations d'interactions quotidiennes et, si nécessaire, perturbées, les ethnométhodologues poussent cette tendance à l'extrapolation à son paroxysme.

jeu ou de système. Il peut, d'autre part, être présenté comme un raisonnement systémique pour une tout autre raison, non pas parce qu'il y est question de système au sens empirique du terme, mais parce que le type de causalité sur lequel il repose est d'ordre systémique et non pas linéaire.

Expliquons-nous. Par causalité linéaire, nous entendons un mode de causalité simple par lequel nous expliquons un effet par une cause ou, en compliquant un peu, par la conjonction de plusieurs causes indépendantes. La causalité systémique consiste à considérer effets et causes comme interdépendants à l'intérieur d'un système dont les propriétés (modes de régulation ou de gouvernement, types de jeux prédominants) permettent de comprendre et de prévoir les résultats que l'on voudrait expliquer. Si nous poussons un peu en opposant le raisonnement systémique au raisonnement linéaire le plus courant : au lieu de rechercher le ou les coupables, au lieu d'essayer de localiser le vice de structure ou le vice de fonctionnement, il s'agit de faire un diagnostic du système qui permette de comprendre en quoi et pourquoi, dans ce système, les comportements ou les mécanismes incriminés sont en fait rationnels[6].

Cette distinction n'est pas du tout une distinction de pure forme ou une subtilité philosophique. Nous allons, pour en montrer les conséquences pratiques, prendre un premier exemple très simple mais tiré pourtant d'un cas vécu[7].

Il s'agit de l'échec de l'introduction dans une entreprise d'une solution informatique de gestion intégrée pour résoudre un problème grave de relation entre commercial et production dont dépendait la survie de l'ensemble. Cette solution, dont la rationalité technique et l'utilité financière

---

6. Nous voudrions qu'il soit immédiatement clair que ce mode de raisonnement n'a rien à voir avec le raisonnement laxiste selon lequel les comportements sont les produits du système et où la culpabilité disparaît en même temps que la liberté. Il n'est pas davantage destiné à justifier les pratiques existantes. Nous reviendrons plus longuement sur ces points dans nos derniers chapitres.
7. On trouvera une analyse détaillée de ce cas dans C. Ballé et J.-L. Peaucelle, *Le Pouvoir informatique dans l'entreprise, op. cit.*

avaient été parfaitement démontrées et dont les possibilités d'application pratique avaient été testées sérieusement et avec plein succès, a dû être finalement écartée devant l'opposition sourde du personnel et des cadres de la principale usine de l'entreprise en cause.

Si, au lieu de nous limiter à l'étude directe prétendument concrète et réaliste des oppositions qui ont fait échouer la réforme et des arrière-pensées ou des motivations des présumés coupables, nous utilisons le raisonnement systémique pour comprendre à partir d'une analyse organisationnelle le problème que posait l'introduction de l'informatique, nous allons voir apparaître des problèmes et des solutions totalement différents.

Dans cette perspective, la saisie des informations nécessaires à la gestion par l'informatique, technique théoriquement neutre, apparaît en fait comme un phénomène structurant ou déstructurant. Si la clarté est faite sur la vérité des informations traitées on est obligé de reconnaître officiellement les très larges tolérances que les contremaîtres accordent aux ouvriers dans la détermination du temps d'usinage des pièces ; ces tolérances sont telles que ceux-ci peuvent, en trichant sur les temps, augmenter leurs gains de plus du tiers. Mais il apparaît en même temps, d'un point de vue « rationnel », que l'entreprise aurait grand intérêt à augmenter les taux pour qu'ils permettent au personnel non seulement de maintenir mais même d'augmenter sa rémunération globale actuelle. Les gains à attendre de la gestion intégrée font beaucoup plus que compenser les conséquences de ce « coulage » traditionnel.

On sera alors amené à se demander pourquoi une solution de compromis n'a pas pu être trouvée entre les parties, pourquoi surtout on ne l'a même pas cherchée. On découvrira ainsi que la caractéristique du « système » que constitue l'entreprise, c'est que la négociation entre employeur et salariés se fait à l'intérieur d'une zone d'ombre à l'abri de laquelle contremaîtres et délégués ouvriers affirment une marge de liberté que l'organisation formelle ne leur reconnaît pas.

Si l'on s'interroge sur la signification de cette marge de liberté, on va finalement mettre en lumière l'existence dans le système d'un jeu à cinq partenaires : ouvriers-délégués-contremaîtres-direction-syndicats. Les dispositions formelles des accords direction-syndicats sont inapplicables sans les délégués et les contremaîtres. Les deux parties ne pourraient ni effectuer les arrangements indispensables ni en surveiller les conséquences. Mais les intermédiaires tirent parti de leur caractère indispensable pour se constituer, par le contrôle d'une zone d'incertitude cruciale, une source de pouvoir grâce à laquelle ils peuvent rendre, chacun concurremment, un grand nombre de services à leurs communs mandants, les ouvriers. Ces derniers, d'autre part, peuvent jouer les uns contre les autres et maintenir, eux aussi, une zone de liberté et une capacité d'action. On retrouve à ce niveau les résultats de l'analyse stratégique [8].

Au lieu de conclure en désignant les coupables et en indiquant les moyens pour les forcer à s'amender, au lieu même simplement de proposer une réforme des structures destinée à imposer la clarté et la « rationalité » qui devraient assurer l'efficacité, on sera amené à s'interroger sur les propriétés et caractéristiques du système sous-jacent à l'entreprise qui rendent ce genre de jeu raisonnable et utile, et sur les moyens qui peuvent permettre de le faire évoluer globalement [9].

A travers cet exemple, nous avons en fait essayé de mettre en évidence trois séries d'idées :

1. Il existe, tout d'abord, une possibilité de logique causale différente de la logique classique que nous employons dans l'analyse des activités humaines.

2. Cette logique systémique n'est pas une logique abstraite : elle ne peut se développer qu'à travers la connaissance de systèmes de relations ou d'actions dont les propriétés orientent fortement les acteurs en limitant les objectifs que ceux-ci peuvent raisonnablement se proposer.

---

8. Et sans l'analyse stratégique et le détour par le « vécu » des acteurs qu'elle impose, on n'aurait pu découvrir ce jeu.

9. L'analyse du cas de l'Agence comptable, longuement traité dans *le Phénomène bureaucratique,* constitue la première ébauche de raisonnement systémique de cette nature. On pourra en prendre connaissance dans M. Crozier, *op. cit.,* p. 23-79.

3. Tout changement proposé pour l'épanouissement des individus, le développement de leurs activités ou l'amélioration du climat ou des performances de l'ensemble qu'ils constituent, passe par la transformation de ces systèmes.

Un tel raisonnement sur les propriétés d'un ensemble en tant que système rejoint naturellement le courant gestaltiste dont la force de renouvellement, relativement épuisée en psychologie, a trouvé une nouvelle vitalité dans les sciences de l'action depuis que la réaction se développe contre la tradition segmentaire analytique dominante de décomposition des problèmes jusqu'au point où ils peuvent être susceptibles d'une solution mathématique [10].

Le risque qu'il comporte, soulignons-le, c'est d'oublier la liberté des acteurs, soit que l'on fasse l'économie de l'analyse stratégique, c'est-à-dire que l'on se contente de raisonner à partir d'une description générale des jeux et de la façon dont ils sont structurés, soit que, même après une telle analyse, on oublie son caractère construit, donc contingent, et que l'on tende à expliquer ou justifier, comme l'on voudra, les rapports établis dans les jeux actuels comme remplissant des fonctions stables indépendantes de toute contingence.

III. LE PROBLÈME DE LA TRANSPOSITION DU RAISONNEMENT ORGANISATIONNEL

Reprenons l'opposition entre les deux modes de raisonnement de l'analyse organisationnelle et caricaturons :

10. Les abus de la suboptimisation dans la théorie micro-économique et ceux du modèle coûts-avantages dans la théorie des choix ont longtemps empêché de réfléchir sur les phénomènes beaucoup plus centraux et contraignants de rapports de pouvoir, d'interdépendance et de symbiose systémique qui structurent n'importe quel champ. C'est Russel Ackoff, le meilleur spécialiste américain de recherche opérationnelle, qui en a été le plus éloquent critique et qui a été — bien avant James Forrester, inspirateur du Club de Rome — l'avocat de ce retournement total de perspective. Cf. R. Ackoff, « The Systems Revolution », *Long Range Planning*, décembre 1974.

pour comprendre le même crime, d'un côté, on part du coupable et de la logique de ses relations avec les différents protagonistes, de l'autre, on part de la situation comme système qui conditionne les relations et définit donc les possibilités du crime.

Les deux démarches, nous l'avons vu, sont difficiles à distinguer. Sans raisonnement systémique, l'analyse stratégique ne dépasse pas l'interprétation phénoménologique. Sans vérification stratégique, l'analyse systémique reste spéculative et, sans la stimulation du raisonnement stratégique, elle devient déterministe.

Les deux logiques sous-jacentes sont en un certain sens opposées, l'une est inductive, fondée sur un modèle de négociation et de calcul, l'autre est déductive et s'analyse comme une logique de finalité et de cohérence. Dans la première logique, on cherche quel calcul chaque acteur peut faire de son intérêt dans la négociation qu'il doit mener avec ses partenaires. Dans la seconde, on cherche quel ensemble de cohérence et de finalités hiérarchisées tend à s'imposer à lui à travers le résultat des jeux auxquels il doit jouer.

Si on sépare ces deux logiques, on aboutit à des résultats extrêmement divergents. D'un côté, on reste dans un modèle de marché ou d'ajustement mutuel, même si on projette toutes les inégalités sur une contrainte extérieure intériorisée. De l'autre, on ne peut sortir d'un modèle mécaniste de déterminisme fonctionnel.

Mais il n'est pas du tout facile de les rapprocher, même si les emprunts et passages de l'un à l'autre sont inéluctables. Pour les intégrer nous avons eu recours à un autre concept, le concept du jeu, qui appelle finalement une autre logique et la référence à un autre modèle de comportement. Le concept de jeu tel que nous l'avons employé est, au fond, un modèle d'intégration des comportements humains qui suppose une vision dualiste et non plus intégrée du champ des rapports sociaux. Sont entretenues ensemble et non réconciliées les deux orientations contradictoires, celle de la stratégie égoïste de l'acteur et celle de la cohérence finalisée du système. L'une s'applique au comportement des acteurs dans le jeu et l'autre aux résultats du jeu. Seul le jeu en tant que mécanisme social intégrateur parvient à les dépasser.

C'est autour de ce modèle, sur ce modèle même, que la transposition peut s'opérer et non pas sur l'un ou l'autre des deux raisonnements ou sur une confusion des deux.

La logique systémique restreint son champ naturel d'interprétation aux organisations comme ensembles structurés et contraignants. Finalités et cohérences ne peuvent imposer leur logique que si l'ensemble auquel elles s'appliquent est hiérarchisé et fortement intégré. C'est possible dans le cas des organisations si l'on veut bien considérer le fait organisation comme une contrainte obligatoire pour effectuer certaines activités. Mais il va de soi que ce modèle n'est pas extrapolable à des situations plus ouvertes, c'est-à-dire à tous les ensembles humains qui ne sont pas structurés de façon aussi apparente et forte.

La logique interactionniste peut paraître mieux adaptée pour analyser de tels champs « non structurés ». Mais c'est là notre postulat de base que nous essaierons de démontrer plus loin à travers une étude empirique, *il n'y a pas de champ non structuré*[11]. Même si le montant de structuration est faible et peu cohérent, il y en a toujours suffisamment pour troubler toute logique interactionniste simple. De plus, la logique interactionniste se transforme facilement de logique de la liberté anomique en logique du conditionnement total, dans la mesure où elle peut partir d'une conception selon laquelle l'acteur serait conditionné par le système auquel il appartient et dont il ne serait plus alors qu'un support de structure. L'analyse du calcul de l'acteur permet de découvrir alors la logique du système qui l'a conditionné ou qu'il a intériorisé, et l'on en arrive ainsi à une assimilation encore plus abusive, bien que cachée, des ensembles sociaux à des organisations hiérarchisées.

En changeant de point de vue, on pourrait dire que, d'un côté et de l'autre, on tend à exagérer une opposition blanc

---

11. Structuration veut dire, bien sûr, inégalité, entraves à la communication, nécessité de détours pour l'action. Comme nous avons essayé de le montrer dans la première partie de cet ouvrage, structuration signifie d'abord existence de rapports de pouvoir.

et noir entre, d'un côté, la contrainte absolue qui correspond à une vision totalitaire de l'organisation et, de l'autre, l'absence d'organisation qui correspondrait, elle, soit à la liberté théorique du marché égalitaire, soit aux déterminismes généraux des contraintes sociales.

Mais si on part, au contraire, du postulat selon lequel aucune situation n'est de ce point de vue de type blanc ou noir, que tout ensemble humain est structuré, mais seulement partiellement, que sa structuration, de plus, est contingente et que même l'organisation la plus intégrée, comme nous l'avons montré dans les deux premières parties, ne peut obéir à la seule logique systémique de l'intégration, alors la différence entre les situations organisationnelles et l'ensemble des autres situations est beaucoup moins forte. Alors la transposition est possible et elle doit se faire autour de la combinaison des deux logiques que nous avons mises en évidence dans le modèle du jeu. Ce modèle est de loin le plus économique.

Le jeu, toutefois, existe-t-il réellement en dehors des situations formalisées que l'on découvre dans les organisations ? Nous en trouvons effectivement de multiples exemples dès que nous voulons bien poser le problème et nous découvrons en même temps que les différences sont beaucoup moins grandes que nous ne pouvions le supposer entre ce qui se passe à l'intérieur d'une organisation et ce qui se passe en dehors de toute organisation.

Prenons l'exemple des relations entre employeurs et salariés. Il ne s'agit pas seulement, ou même principalement, des relations de conflit entre des organisations patronales et des organisations syndicales, mais d'un jeu complexe à plusieurs partenaires beaucoup plus proche du modèle d'arrangement intra-organisationnel que nous venons de mettre en évidence à propos du cas d'introduction de l'informatique, que d'un modèle formel de négociation bilatérale dans un champ non structuré ou d'un modèle déterministe hiérarchisé autour du principe de la lutte des classes. La rupture de Mai 68 a parfaitement mis en relief l'importance de ce système et son caractère contingent. La rupture du jeu informel jusqu'alors prédominant a créé une situation tout à fait erratique qu'il a fallu des mois, sinon des années d'efforts pour régulariser avec la constitution d'un nouveau jeu. Et le point crucial de cet effort a été le problème de la confiance, non pas entre partenaires syndicaux et patronaux, mais à l'intérieur des différents échelons de la hiérarchie syndicale. C'est-à-dire qu'il s'est agi, au fond, du même problème qui, dans le cas informatique, s'est manifesté dans la persistance du modèle de non-communication et d'obscurité entre partenaires/adversaires de ce jeu.

La même analyse vaut pour des phénomènes moins directement matériels comme la mode vestimentaire ou la mode intellectuelle. Jamais nous n'avons affaire à des acteurs égaux et indépendants intervenant en lançant une innovation face à un ensemble de consommateurs potentiels interchangeables. L'offre et la demande obéissent à des structures qui n'impliquent pas conditionnement dans un sens ou dans l'autre, mais jeu contraignant et contingent à la fois. Même les situations familiales, dans le schéma conceptuel qu'a élaboré Caplow à partir des possibilités de jeu incluses dans les triades [12], peuvent s'éclairer beaucoup avec ce modèle [13].

Il paraît donc intuitivement évident qu'on peut raisonner à partir du concept et du modèle de jeu pour transposer la leçon de l'analyse organisationnelle à toutes les activités humaines et à toutes les situations sociales qui ne ressortissent pas au modèle de l'organisation formelle.

Ce modèle de jeu, toutefois, n'est pas suffisant, il

12. Th. Caplow, *Two against One : Coalitions in Triades,* Englewood Cliffs, N.J., Prentice Hall, 1969.

13. La famille est généralement étudiée comme une institution ou comme un groupe primaire. Mais il pourrait être très fécond de l'étudier aussi comme un système devant intégrer ses membres pour un minimum de résultats communs. Un tel mode d'approche, qui fait du système familial un problème et non plus une donnée, amène à réfléchir sur les zones d'incertitude contrôlées par chacun des membres dans leurs relations les uns avec les autres et avec l'ensemble, sur le fondement des alliances et leur stabilité. Elle conduit à examiner les caractères de l'unité qu'elle constitue, non plus comme des traits ethnologiques, mais comme un jeu ou des jeux avec des règles et des caractéristiques et comme un système les englobant qui possède sa propre régulation.

suppose naturellement l'existence d'un système concret qui joue le rôle que joue l'organisation dans les cas expérimentaux formalisés qu'elle a présentés pour nous. Le jeu, en effet, suppose des limites, des inclusions et des exclusions. De plus, il n'existe généralement pas un seul jeu, mais un ensemble de jeux plus ou moins étroitement intégrés, s'articulant en tout cas les uns aux autres et supposant une régulation d'ensemble. L'existence de ces articulations et de leur régulateur suppose à son tour un *système concret* qui les inclut.

Cette notion peut faire problème, car nous sommes habitués à une conception abstraite du terme système, qu'il s'agisse de la notion de système implicite dans l'idée de raisonnement systémique ou qu'il s'agisse des notions de système social ou de sous-système familières aux fonctionnalistes.

Nous proposons, pour être plus précis, d'appeler *système d'action concret* l'objet nouveau dont nous devons postuler l'existence pour pouvoir tirer la leçon de l'analyse organisationnelle et transposer à l'ensemble des situations sociales le modèle d'intégration que nous avons élaboré dans le cadre formalisé de l'organisation.

IV. SYSTÈME CYBERNÉTIQUE ASSERVI OU SYSTÈME D'ACTION OUVERT : LE PROBLÈME DE LA CONSTITUTION D'UN OBJET NOUVEAU

La notion de système est malheureusement une notion particulièrement ambiguë. Nous venons de rappeler que pour les sociologues elle évoque généralement, à travers des expressions comme système social ou système politique, des modèles fonctionnalistes selon lesquels l'ensemble humain appelé système, en général un très grand ensemble, soit une société tout entière, soit un domaine d'activités particulier dans une société, comporte des fonctions interdépendantes et des mécanismes de types homéostatiques pour leur accomplissement et le maintien de leur équilibre.

Cette notion relativement floue est à la fois abstraite et concrète. Abstraite, puisqu'elle est une construction de l'observateur non vérifiable dans la réalité : il n'est pas question d'isoler le système de valeurs ou, pour parler en termes parsoniens, la fonction de maintenance des normes ; concrète, en revanche, dans la mesure où elle prétend rendre compte de la persistance et du développement d'un ensemble social concret, délimité.

L'incertitude planant sur le statut épistémologique de cette notion la rend très sensible au gauchissement qu'entraîne, à côté de la « facilité » fonctionnaliste, l'analogie du système cybernétique qui vient d'un modèle général de plus en plus répandu dans les sciences de la nature. Ce modèle, c'est celui d'un système concret fonctionnant de façon très précise dans le cadre d'un modèle de régulation très contraignant.

Le *système d'action concret,* objet nouveau que nous avons postulé, doit se distinguer aussi bien du système cybernétique que du système des fonctionnalistes. Sa constitution et son utilisation s'appuient de façon particulière sur l'articulation, dans une même démarche, des deux modes de raisonnement stratégique et systémique dégagés plus haut. Et il constitue un objet concret et non pas seulement un construit philosophique.

Arrêtons-nous un moment sur ce dernier point qui peut paraître hétérodoxe à beaucoup. N'est-ce pas effectuer un saut épistémologique contestable que de postuler l'existence d'un système concret pour permettre et rendre cohérente une interprétation dont le principal intérêt est d'être économique et satisfaisante pour l'esprit ? En d'autres termes : en prenant notre construit abstrait nécessaire à notre démonstration comme un objet réel, ne tombons-nous pas sous la même critique de réification que nous avons déjà formulée à l'égard des analyses trop superficiellement fonctionnalistes des organisations conceptualisées comme des systèmes « naturels » avec leurs « besoins » et « exigences » propres ?

Ce serait effectivement le cas si le modèle d'inférence et de démonstration employé était un modèle structuro-fonctionnaliste. On projetterait alors effectivement sur la réalité le modèle pensé par le chercheur. Nous l'avons déjà vu, la logique du raisonnement structuro-fonctionnaliste à la Parsons en sociologie ou à la Easton en science politique [14], c'est de partir des fonctions indispensables à tout système social (ou politique) pour en déduire les mécanismes et propriétés des ensembles concrets auxquels ce modèle est appliqué. Il s'agit alors, pour le chercheur, de réfléchir à la façon dont sont assurées et intériorisées ces fonctions et d'interpréter les phénomènes qu'il observe selon la grille que lui fournit le modèle. C'est ainsi qu'il découvrira la source des possibles difficultés ou des échecs de l'ensemble en question dans les mauvaises réponses données aux besoins propres à tout système social [15]. S'il va jusque-là, on peut effectivement dire qu'il y a réification au sens de Berger et Luckmann, puisque le schéma abstrait d'interprétation et de lecture de la réalité est devenu un modèle « naturel » qui doit être observé sous peine de sanction [16].

Tel ne peut être le risque avec la notion de système d'action concret. Le système n'est pas dans ce cas un schéma *a priori,* mais un essai de reconstitution d'un

14. Cf. T. Parsons, *The Social System,* Free Press of Glencoe, 1951 (trad. fr., *Eléments pour une sociologie de l'action,* introduction de F. Bourricaud, Paris, Plon, 1955) ; D. Easton, *A System of Political Life,* New York, Wiley, 1965 ; et pour une bonne présentation en français, cf. G. Lavau, « Le système politique et son environnement », *Revue française de sociologie,* n° spécial, 1970-1971, p. 169-181.

15. Pour un exemple parmi d'autres, mais très typique et explicite d'un tel mode de raisonnement dans le domaine des études organisationnelles, cf. C. Perrow, *Organizational Analysis : A Sociological View, op. cit.*

16. Cf. P.L. Berger et T. Luckmann, *The Social Construction of Reality,* New York, Doubleday, 1966, qui définissent la réification comme la conceptualisation de construits ou produits humains comme autre chose que des construits ou produits humains. Appliquée à la notion de système, cette définition, on le voit bien, vise la *naturalisation* de ce qui n'est qu'un construit humain et non le fait que de tels construits sont concrets et contraignants. Après tout, pour être des construits humains, les organisations n'en sont pas moins des objets concrets. En paraphrasant ces deux auteurs, on pourrait dire que le paradoxe, c'est que l'homme peut produire des construits qu'il vit comme autre chose qu'un construit.

construit humain indispensable à la poursuite des activités et des relations sociales. Le postulat sous-jacent à l'affirmation de son existence, c'est le postulat de l'existence nécessaire d'un *jeu* qui permet de coordonner les stratégies opposées de partenaires en relation, de la nécessité d'un système *contenant* pour rendre possibles les conflits, négociations, alliances et jeux entre les jeux *contenus* dans cet ensemble. Ce postulat philosophique est, avant tout, un postulat de recherche qui en tant que tel ne contient aucune hypothèse substantive sur la « nature » de ce système, ses propriétés et ses « besoins ». Nous postulons simplement que l'on peut démontrer concrètement l'existence de jeux réglés et donc de systèmes d'action concrets. Quand, par exemple, nous parlons du système de relations employeurs-salariés dans une branche industrielle dans un pays donné, nous parlons effectivement d'un système d'action concret qui a pris naissance à un certain moment et s'est développé d'une certaine façon, qui a certaines propriétés contingentes et non pas universelles [17], et grâce auquel on peut maintenir et gérer tout l'ensemble de relations à travers lesquelles les partenaires agissent.

A un certain niveau, le postulat sur l'existence de systèmes d'action concrets peut être considéré comme la reformulation du postulat selon lequel il n'y a pas de champ neutre non structuré, postulat qui repose sur la constatation qu'il n'y a pas d'action sociale sans pouvoir et que tout pouvoir suppose et constitue à la fois une structuration du champ.

Mais le risque de malentendu le plus grave est, tout compte fait, celui qui fait peser l'image envahissante du modèle cybernétique [18]. Simplifions : les modèles cybernétiques fascinent parce qu'ils bénéficient du prestige de l'universalité et parce que, de ce fait, ils donnent l'impres-

17. Précisons : quand ce système existe, car on peut avoir affaire à plusieurs systèmes ou à un système englobant plusieurs branches ou, éventuellement, à une situation tout à fait anomique ou plutôt structurée par un autre système d'action.
18. C'est son existence qui contamine d'ailleurs, pour une bonne part, les diverses versions fonctionnalistes à la Parsons ou à la Luhmann et les fait dériver vers le naturalisme et la réification.

sion de pouvoir fonder une interprétation de phénomènes humains sur un raisonnement de science exacte. Du moment qu'on ignore ou qu'on escamote la contingence des mécanismes de régulation des systèmes humains, tout peut devenir, en effet, simple et cohérent.

Cette fascination est particulièrement dangereuse parce que le modèle est totalement inadapté et, dès qu'on l'utilise au-delà des réflexions analogiques toujours utiles, sinon extrêmement stimulantes, on aboutit à des erreurs considérables. Un système cybernétique est, en effet, par nature un système asservi. Si l'on revient à la définition originelle, le système cybernétique ou système de régulation, c'est simplement l'ensemble composé d'un régulateur et de l'installation réglée par ce dernier. La régulation est le réglage commandé ou maintenu par un dispositif associé à un contrôle automatique. Le système est dit asservi parce qu'il ne peut ni s'adapter ni évoluer en dehors d'un répertoire de solutions ou « états de système » stocké, en quelque sorte, dans le dispositif ou paramètre de réglage et parce qu'il n'a finalement d'existence qu'à travers ce contrôle ou ce paramètre de réglage[19]. Pour reprendre l'image du thermostat — certes, un peu simpliste, mais cependant souvent utilisée par les cybernéticiens eux-mêmes —, un système de chauffage ainsi réglé ne pourra s'adapter qu'aux conditions de l'environnement « prévues » par le paramètre de réglage, auxquelles correspond un nombre limité d' « états ».

Il est évident qu'aucun système humain ne peut correspondre à cette image qui n'est qu'à peine caricaturale. Le modèle sous-jacent à l'analogie cybernétique[20] est un

19. Cf. à cet égard N. Wiener, « Cybernetics or Control and Communication », *The Animal and the Machine*, New York, Wiley, 1948, W.R. Ashby tente, il est vrai, de développer un modèle plus complexe pour des phénomènes biologiques. Mais nous ne pensons pas que sa contribution, qu'il serait intéressant de discuter plus longuement, change fondamentalement notre distinction. Cf. W.R. Ashby, *Design for a Brain*, Londres, Chapman & Hall, 1952 ; et *Introduction to Cybernetics*, Londres, Chapman & Hall, 1956.

20. Et non point uniquement à l'analogie cybernétique qui ne mérite à cet égard ni cet excès d'honneur ni cet excès d'indignité. Toutes les analogies que nous serions tentés d'appeler « scientistes »

modèle qui ignore la dimension stratégique, c'est-à-dire irréductiblement imprévisible, du comportement humain, dimension qui rend impossible tout mécanisme de régulation fondé sur la commande directe du phénomène régulé, ici le comportement humain. Certes, pour les cybernéticiens, il ne s'agit pas des hommes, des acteurs, mais des fonctions et des relations et circuits d'information. Mais il n'est pas possible de distinguer, d'une part, les commandes, besoins et requisits de fonctions abstraites et, d'autre part, les acteurs concrets. Et ce n'est qu'en acceptant cette confusion que le modèle du système asservi ou système naturel sous-jacent aux péripéties de l'histoire humaine peut alors être proposé comme un modèle scientifique contraignant. Repris par des politologues imaginatifs, ce modèle aboutit à des propositions souvent contradictoires ultradéterministes ou ultravolontaristes, mais gardant en commun leur absence totale de prise sur la réalité[21].

Par opposition à ces modèles naturalistes tout autant qu'aux modèles structuro-fonctionnalistes, le système d'action concret est un phénomène concret vérifiable empiriquement et non pas un système abstrait, un système construit, c'est-à-dire contingent, et non pas un système naturel. Si nous appelons aussi régulation l'ensemble des

---

(biologiques, thermodynamiques, linguistiques, etc.), nous l'avons déjà dit, partagent avec la cybernétique l'ignorance de la dimension stratégique du comportement humain et l'escamotage de son corollaire : le pouvoir, comme régulateur fondamental de l'action collective des hommes, et donc de tout système.

21. Il n'en va pas autrement des tentatives actuellement répandues en France de bâtir une théorie des systèmes à partir d'une axiomatique cybernétique et d'en déduire des prescriptions normatives. Celles-ci aboutissent à des formalisations, parfois intéressantes, mais de toute façon toujours contestables. Surtout, elles conduisent à des prescriptions normatives uniquement fondées sur une logique déductive, imperméables à l'expérience et, de ce fait, aussi vaines et encombrantes que les premières théories de la science administrative. Cf. à cet égard les travaux déjà anciens de L. Mehl sur la cybernétique et l'administration. Cf. aussi B. Lussato, *Modèles cybernétiques, Hommes, Entreprises,* vol. 1, *Introduction critique aux théories d'organisation,* Paris, Dunod, 1972.

mécanismes par lequel il se maintient comme système[22], nous constatons que cette régulation s'opère par l'action de jeux structurés qui définissent à l'avance quelles sont les possibilités de stratégie rationnelle existant pour chacun des acteurs. La nature et les règles des jeux conditionnent à chaque instant les stratégies des auteurs, mais sont en retour aussi conditionnées par celles-ci. D'une part, il n'y a pas, ou il y a rarement, une seule stratégie possible pour chaque acteur, et, d'autre part, le jeu peut être transformé par la pression des acteurs. On peut dire que le système n'est pas figé, dans la mesure où il est possible de jouer contre lui et même de tenter consciemment ou inconsciemment de le changer. Certes, il comporte bien des éléments « naturels », c'est-à-dire beaucoup plus stables et hors de la portée des acteurs, du moins dans le court terme, dans la mesure où les incertitudes qui sont à la source du pouvoir de négociation de ceux-ci sont, au départ, d'ordre objectif, « naturel » ou « technique ». Mais, si le construit de jeu et de système se fonde sur les spécificités du contexte naturel et d'ailleurs aussi historique, il est, lui-même, tout à fait artificiel, dans la mesure même où il ne peut se constituer qu'en redéfinissant les problèmes, qu'en réaménageant les sources d'incertitudes « matérielles » pour en instituer d'autres, « artificielles », qui seules rendent le jeu possible.

V. L'ANALYSE STRATÉGIQUE DE SYSTÈMES D'ACTION CONCRETS COMME MÉTHODE SOCIOLOGIQUE

Cette discussion et cette réflexion ne se justifient finalement que dans la mesure où elles rendent possibles et permettent d'expliquer et de faire comprendre les objectifs et les procédés d'une analyse empirique.

De la même façon que nous avons essayé de ramener à de plus justes proportions les ambitions démesurées d'une

22. Nous discuterons plus longuement la notion de régulation au chap. IX.

théorie générale (ou particulière) des organisations pour mettre en lumière et fonder épistémologiquement la priorité de l'analyse du *phénomène organisation,* nous avons conscience de nous être engagés à nouveau maintenant dans un plaidoyer contre toute théorie générale des systèmes et pour une priorité à l'analyse empirique du *phénomène système.*

La solution que nous proposons consiste, en effet, à accorder la priorité de recherche et de réflexion, non pas à l'établissement de lois générales, de toute évidence prématurées, mais à l'existence et à la constitution même de l'objet. C'est en quoi la transposition directe des raisonnements de l'analyse organisationnelle stratégique et systémique est pour nous essentielle. Car, dans la mesure où on a pu, grâce à une méthodologie solide, expression concrète de ces raisonnements, prouver l'existence d'un *système d'action concret,* les premières questions sur la nature de cet objet et sur ses problèmes peuvent être effectivement posées et en même temps, d'ailleurs, déjà partiellement résolues[23].

Si l'on peut, en effet, découvrir des stratégies suffisamment stables à l'intérieur d'un ensemble et si l'on peut, d'autre part, découvrir les jeux, les règles du jeu et les régulations de ces jeux à partir desquelles ces stratégies peuvent être effectivement considérées comme rationnelles, on a, à la fois, la preuve effective que cet ensemble peut être considéré comme un système et des réponses déjà précises sur son mode de gouvernement.

Le problème, toutefois, n'est pas si simple qu'il peut paraître. Nous devons prendre sérieusement en compte l'objection concernant le risque de réification. Il est dangereux, parce que trop facile et presque inéluctable, de se laisser enfermer dans les catégories préalables que l'on a utilisées comme des points de départ parce qu'elles étaient convenables ou surtout correspondaient aux idées reçues.

---

23. Nous avons commencé à soutenir ce point de vue dans une communication présentée au Congrès mondial de sociologie de Varna, 1970, publiée ensuite sous une forme nouvelle en français : M. Crozier, « Sentiments, organisations et systèmes », *Revue française de sociologie,* n° 120, 1971, p. 141-154.

C'est la méthodologie de l'analyse des organisations, particulièrement dans sa première démarche inductive du raisonnement stratégique, qui nous aide à répondre à cette objection. Si l'analyse permet de dégager des relations de pouvoir suffisamment marquées entre des acteurs, nous pouvons en inférer l'existence chez chacun d'eux de stratégies relativement stables. A partir de la configuration de ces stratégies, il est possible de formuler des hypothèses sur les jeux par rapport auxquels elles sont rationnelles et sur le système qui contient ces jeux. On retiendra la configuration du système dont la régulation pourra être effectivement la plus vraisemblable empiriquement et on en testera l'utilité et la vraisemblance sur des cas concrets. Le diagnostic de l'existence d'un système peut donc et doit donc se faire à partir de la constatation de relations de pouvoir. Le postulat implicite qui justifie notre raisonnement, c'est qu'il ne peut y avoir pouvoir sans structuration et que structuration suppose régulation, c'est-à-dire que nous devons nous trouver dans le cas d'un système d'action[24].

A partir de là, il devient possible d'étudier et d'analyser — dans une perspective comparative — les caractéristiques et propriétés différentes des systèmes d'action concrets mis en évidence et d'en comprendre la signification véritable.

Sans prétention à l'exhaustivité, mentionnons-en quelques-unes et, tout d'abord, le degré de fragmentation et de cloisonnement entre les parties d'un système d'action. Celui-là constitue, en effet, un des caractères essentiels de son mode de régulation. La distance est un moyen de gouvernement. Elle avantage ceux qui sont aux nœuds du système et jouent alors un rôle particulier dans son gouvernement.

Evoquons aussi ensuite, le ou les modes de communication dominants qui sont également des propriétés importantes. Beaucoup de systèmes d'action concrets sont, en

---

24. Continuent naturellement à nous faire problème les phénomènes temporaires, les rencontres où des relations de pouvoir peuvent exister sans régulation, c'est-à-dire sans jeu ou système les contenant. Nous y reviendrons ci-après.

effet, fondés sur le secret, l'impossibilité de communiquer. Tous les systèmes d'action imposent des restrictions à la communication ou se fondent sur des restrictions de fait. Mais un système n'obéit pas de façon homogène à un seul mode de communication. La communication peut être facile latéralement, impossible verticalement, passer très bien entre certains acteurs, pas du tout entre d'autres. L'analyse des systèmes de relations employeurs-salariés est particulièrement éclairante de ce point de vue.

De même, le degré de structuration, au sens d'organisation consciente, des jeux et leur mode d'articulation ou de hiérarchisation les uns par rapport aux autres constituent d'autres éléments décisifs pour comprendre un système d'action concret.

Enfin, et peut-être le problème le plus difficile à analyser, le problème des limites d'un système et davantage encore celui de l'entrecroisement de plusieurs systèmes d'action, c'est-à-dire de plusieurs régulations opérant dans la même situation. Tout système d'action concret est ouvert : la différence essentielle tient à son degré d'ouverture interne et externe qui conditionne la possibilité d'inclure ou d'exclure des acteurs extérieurs au système tel qu'il s'est constitué à un moment donné, ainsi que la possibilité pour les acteurs du système de changer de place dans la structuration du jeu ou de passer d'un jeu à un autre. Car nous sommes ici dans un domaine beaucoup plus flou que celui des organisations. Nous sommes aussi dans le domaine de la contingence. L'apparition d'un problème peut déclencher la constitution d'un système d'action temporaire mais très actif [25]. Mais une configuration particulière de nouveaux problèmes peut, en revanche, mettre complètement en sommeil un système d'action sur lequel de nombreux acteurs comptaient. Malgré leurs efforts,

---

25. Cf. à cet égard l'analyse déjà citée de R. Pagès de la constitution temporaire d'un système d'action autonome autour de la crise d'une institution scolaire. Cf. R. Pagès, « L'élasticité d'une organisation en crise de direction », *art. cit.* Nous reviendrons nous-mêmes sur une étude de C. Grémion portant sur un système d'action temporaire, mais plus officiel, dans la 4ᵉ partie de ce livre consacrée aux problèmes de la décision.

leurs interventions n'ont plus aucune prise, car ils se placent à l'intérieur d'un système d'action non pertinent.

L'importance décisive de toutes ces questions est telle que l'on peut facilement accepter que l'essentiel de l'analyse doive d'abord porter sur la démonstration de l'existence, la reconnaissance des limites et l'élucidation des problèmes pertinents de tels systèmes d'action concrets et du phénomène qui les sous-tend. Certes, nous restons ici au niveau des approximations grossières, mais de telles approximations ont beaucoup plus de conséquences et d'utilité directes que ne peuvent en avoir des propositions mesurables mais abstraites et non pertinentes (concernant, par exemple, le flux des communications)[26].

Il reste qu'à partir de cette première démonstration et des observations et analyses qu'elle nécessite, il devient possible de poser les problèmes du mode de régulation ou, si l'on veut, du mode de gouvernement, du système dont l'existence a été établie et de rechercher les propriétés que ce mode de gouvernement comporte et les conséquences très pratiques que ces propriétés peuvent entraîner en ce qui concerne les activités possibles ou interdites, les limites du comportement des acteurs et les résultats que l'on peut attendre de tous les efforts qui doivent se placer à l'intérieur ou dans le cadre de ce système d'action.

Nous n'allons pas développer cette réflexion un peu trop programmatique à ce point de l'exposé. L'analyse empirique que nous allons présenter dans le chapitre suivant va nous permettre de la concrétiser.

26. Cette obsession de la mesure marque, hélas, un grand nombre de travaux anglo-saxons sur les « systèmes ou réseaux interorganisationnels ». Elle pousse, par exemple, un chercheur comme H. Aldrich à décomposer les phénomènes et à les segmenter pour pouvoir leur appliquer une méthodologie « rigoureuse » parce que statistique, mais néanmoins parfaitement inadaptée au niveau de complexité des phénomènes abordés. Cf. H. Aldrich, « The Environment as a Network of Organizations : Theoretical and Methodological Implications », communication présentée à l'AIS, Toronto, 1974.

8

L'analyse stratégique
des systèmes d'action
comme démarche sociologique

I. LA SIGNIFICATION DE L'ANALYSE
COMME DÉMARCHE DE RECHERCHE

Dans notre démarche, nous l'avons affirmé à plusieurs reprises, l'analyse prime sur la théorie. Mais, entendons-nous bien, analyse ici ne s'oppose pas à synthèse. Il ne s'agit pas de décomposer une réalité, de la fragmenter en autant de petits problèmes simples qu'il est nécessaire pour la réduire à l'intelligibilité. Il s'agit de découvrir le mode d'intégration qui en fait, au contraire, un phénomène global particulier. Quand nous opposons analyse à théorie, nous voulons dire que nous opposons une démarche, dont l'objectif est avant tout d'établir l'existence d'un phénomène nouveau et d'en comprendre la logique, à une démarche qui consisterait à déduire à partir de principes généraux les lois universelles qui régissent tous les phénomènes de même nature.

Notre choix est le résultat d'un jugement général sur l'état de nos connaissances et sur la stratégie de recherche la mieux adaptée à cet état. Nous pensons tout simplement qu'il n'est pas possible actuellement d'élaborer une théorie générale des systèmes sociaux. Tout ce qu'on nous présente dans cette perspective n'a d'intérêt que comme stimulant de la réflexion et de l'analyse et présente le risque grave, en nous donnant des possibilités d'interprétation trop faciles et non vérifiables, de nous détourner de la nécessaire confrontation avec les données empiriques.

Cela ne signifie pas que nous rejetons la théorie. Nous nous appuyons, on l'a bien vu, sur un certain nombre de postulats théoriques que nous cherchons à mettre à l'épreuve des faits. Mais la théorie dans notre perspective n'est que le fondement de la méthode grâce à laquelle nous essayons de mener à bien l'analyse. Priorité à l'analyse signifie donc aussi priorité à la démarche et à la discussion de cette démarche.

C'est donc tout naturellement à partir d'un exemple concret que nous allons essayer de réfléchir, dans ce chapitre, avant de faire le point, dans le chapitre suivant, de nos conclusions provisoires sur le phénomène « système d'action concret ».

II. LE CAS DU SYSTÈME POLITICO-ADMINISTRATIF DÉPARTEMENTAL FRANÇAIS

a) *Le problème.*

Un département est en France, chacun le sait, une unité administrative et, dans des limites plus étroites, une unité politique. A côté du préfet nommé par le gouvernement à Paris, siège un conseil général composé des élus de la population. Du point de vue politique et administratif ou du point de vue des décisions d'ordre collectif, un département est, en pratique, un ensemble complexe composé d'un grand nombre de services administratifs, de collectivités, de groupes et d'associations indépendants les uns des autres, où se prennent un certain nombre de décisions : conseils généraux, préfectures, directions de services extérieurs, municipalités, chambres de commerce, d'agriculture et de métiers, fédérations de syndicats d'employeurs, de travailleurs, d'agriculteurs, etc.

Peut-on considérer un tel ensemble comme un système d'action ? Du point de vue de la logique administrative, ce n'est pas tellement évident. Les mesures de coordination régulièrement prises sont très peu efficaces, et chacun se plaint de l'isolement jaloux des unités qui le composent, du cloisonnement et du manque de communications de l'ensemble. Mais, si on examine le problème à partir des témoignages des acteurs, on s'aperçoit que les comportements des diverses unités et de leurs membres sont interdépendants, comme si ils et elles étaient engagés dans le même jeu. Le jeu a beau être un jeu de protection et de non-communication, il unit tous les joueurs. Si l'on résiste à la coordination du sommet, ce n'est pas parce qu'on ne se connaît pas ou parce qu'on est trop loin l'un de l'autre, c'est parce qu'on fait partie d'un système qui a d'autres formes de coordination qui sont, elles, à demi conscientes, mais d'autant plus efficaces.

b) *Mise en évidence de l'existence du système.*

Dans le premier travail de mise en évidence de l'existence de ces jeux et du système, c'est la découverte de l'importance du phénomène de couple dans les relations entre acteurs qui nous a ouvert la voie. Jean-Pierre Worms l'avait remarquablement mis en lumière dans son analyse des rapports entre préfets et maires de villes petites et moyennes[1]. L'hostilité apparente des maires envers *leur* préfet, les critiques que le préfet adresse à *ses* maires cachent une complicité très profonde : un bon préfet sait écouter *ses* maires et un bon maire a naturellement l'oreille de *son* préfet. Leurs activités se répondent et ne sont compréhensibles que si l'on considère le couple que forment les deux partenaires. C'est le maire qui doit prendre l'initiative, mais il accepte de se laisser suggérer par le préfet l'initiative qui paraît la plus souhaitable à celui-ci, pourvu que le préfet lui permette d'en tirer profit et pourvu aussi que le préfet accepte de tenir compte des besoins et des souhaits de ses maires. La subtilité de la relation, on en conviendra aisément, peut aboutir à des malentendus, à des difficultés de communication et elle ne facilite pas la coordination que souhaitent les technocrates.

---

1. Cf. J.-P. Worms, « Le préfet et ses notables », *art. cit.*

Mais il y a interdépendance et, pour comprendre les résultats de l'activité commune, il est plus important de comprendre le fonctionnement du couple que de s'attacher aux préférences *a priori* des « responsables » ou même aux besoins et aux règles des organisations dont le préfet et le maire ont chacun la responsabilité.

Le cas du préfet et de ses notables n'est pas un cas isolé. Le subdivisionnaire de l'Equipement a aussi ses notables, tout comme le percepteur. Le conseiller général a ses bureaucrates, tout comme le parlementaire. Comme l'a montré P. Grémion dans une recherche ultérieure, les communications sont plus faciles entre bureaucrates et notables qu'entre bureaucrates et techniciens à l'intérieur d'une même pyramide hiérarchique. La pression du système d'action dans certains cas est donc plus forte que celle des organisations administratives officielles. La différence entre notables et bureaucrates est beaucoup moins considérable qu'il n'y paraît. Le bureaucrate départemental est, par beaucoup de côtés, un notable ; quant au notable, il est souvent meilleur expert en « bureaucratie » que son confrère bureaucrate. Entre bureaucrates et notables se développe une complicité fondée sur le partage d'une expérience commune, d'intérêts complémentaires et de normes identiques, complicité forte et qui résiste à l'épreuve[2].

c) *Premières caractéristiques du système.*

L'interdépendance des acteurs du système semble se traduire d'abord par le fait qu'aucune décision d'aucun acteur ne peut être prise de façon unilatérale : parvenir à un compromis acceptable constitue le préalable indispensable à toute action.

Cette proposition, qui est naturellement d'un très haut degré de généralité, se double d'une seconde proposition qui nous semble cette fois tout à fait caractéristique de ce

2. Sur tous ces aspects, on pourra consulter l'étude très fouillée de P. Grémion, *Le Pouvoir périphérique, op. cit.*

« système » particulier : il ne semble pas possible qu'un compromis puisse être négocié directement entre les parties concernées. La négociation semble toujours s'opérer à travers l'intervention d'une instance d'une autre nature. D'où l'importance extrême du processus de coordination et d'intégration à travers lequel les compromis, donc les décisions, peuvent être obtenus.

Les fonctions d'intégration et de coordination sont toujours remplies par quelqu'un dont l'activité et la source de légitimation sont d'une autre nature que celles des parties qu'il intègre ou coordonne. Le coordinateur tend même à imposer une solution préconçue qui tient compte des intérêts en présence, mais qui leur est imposée sans négociation ouverte et qui réussit d'autant mieux qu'elle a été élaborée sous le couvert d'une autre rationalité : impératifs techniques, « traditions locales », intérêt général.

D'une façon générale, dans ce système, chaque unité agit seule par les canaux qui lui sont ouverts, sans jamais se préoccuper de ses voisines, sans communiquer avec elles (éventuellement en se cachant d'elles) et sans chercher à créer un front commun. La non-coopération et l'évitement entre unités semblables sont la règle. Chacune cherche à régler par elle-même ses affaires avec les échelons supérieurs. L'intervention d'une instance extérieure est donc cruciale, à la fois pour coordonner les unités entre elles et pour permettre à chacune d'elles d'obtenir l'accès au centre. Le système est fondé sur une interdépendance oblique, plus que verticale ou horizontale pure. La contrepartie en est un cloisonnement très rigide entre les différentes filières.

Ajoutons enfin qu'il existe de nombreuses exceptions individuelles qui se développent autour des relations de complicité particulières que peuvent établir ceux qui se trouvent dans une position avantageuse, et plus particulièrement les personnes qui cumulent des mandats de maire, conseiller général, député, président du conseil général. Dans la même perspective et malgré les différences, les maires de grandes villes peuvent être considérés comme des exceptions, du fait de leur accès beaucoup plus facile auprès des autorités parisiennes.

d) *Le modèle de relations de pouvoir sous-jacentes
à ces caractéristiques.*

Essayons maintenant de saisir de façon plus concrète ce
qui fait système, en mettant en lumière les relations de
pouvoir sous-jacentes à ces traits généraux que l'analyse
révèle. Nous prendrons pour simplifier l'exemple du
monde rural et du monde des petites villes en partant de la
figure centrale du maire d'une commune rurale ou d'une
ville petite et moyenne. Le modèle que nous allons dégager
a été établi à partir d'une comparaison systématique des
entretiens effectués auprès d'un échantillon de cinquante-
cinq maires dans trois départements et de la totalité de
leurs partenaires administratifs et politiques (cinq cent
vingt-sept notables ont été interviewés dans ces trois
départements) [3].

Le maire est la seule personne qui effectue une tâche
d'intégration et de coordination dans la commune dont il a
la charge, ce qui lui donne une position de pouvoir tout à
fait exceptionnelle. Ce pouvoir ne découle pas directement
de sa charge, mais du fait que les différentes catégories
d'intérêts qui composent sa commune, même si elles sont
représentées dans le conseil municipal, sont difficilement
capables d'élaborer des compromis entre elles. L'intérêt
général leur est imposé par le maire qui le définit en dehors
d'elles. En pratique d'ailleurs, le maire compose son
conseil municipal beaucoup plus que le conseil municipal
n'élit celui-ci. Les représentants des intérêts qu'il a pris soin
d'y faire figurer y sont, en fait, ses otages. Aucune force,
aucun intérêt extérieur ne peut véritablement organiser
une coalition d'intérêts contre le maire. Certes, les « intérêts » ne manquent pas d'intervenir mais, s'ils sont capables de faire pression directement sur le maire, ils ont
beaucoup de mal à manipuler leurs clients du conseil contre
lui. S'ils y réussissent, le désordre s'installe et la commune
est déchirée.

3. Cf. M. Crozier et J.-C. Thoenig, « La régulation des systèmes
organisés complexes », *Revue française de sociologie*, vol. 16, n° 1,
1975, p. 3-32.

Mais ce maire tellement puissant n'en est pas moins, en fait, largement désarmé lorsqu'il lui faut agir de façon positive. Il ne dispose que de ressources financières très limitées et n'a pas non plus la possibilité de recourir à une expertise technique indépendante pour les entreprises qu'il souhaite réaliser. Il ne peut lancer un emprunt dans de bonnes conditions que s'il obtient une subvention et il ne peut obtenir une subvention que s'il a un bon dossier technique, c'est-à-dire un dossier établi par exemple par le subdivisionnaire des Ponts et Chaussées. Les techniciens de l'administration ont le monopole de fait de l'expertise technique en matière de construction, d'entretien, de réparation et, de manière plus générale encore, en matière de « travaux ». D'autre part, du fait de leur expérience, ils sont les meilleurs conseils pour faire réussir une affaire[4]. Le percepteur, d'autre part, apporte une aide décisive dans la mesure où lui seul sait présenter un « bon » budget et peut donner de bons conseils pour les possibilités d'emprunt.

Dans la conjoncture générale de développement que la France a connu depuis vingt années et qui impliquait des investissements de tous ordres, le maire était largement dépendant des fonctionnaires de l'administration établis au niveau local, sans lesquels il ne pouvait rien accomplir. C'est le subdivisionnaire des Ponts et Chaussées qui détermine la politique des travaux du maire, sous le contrôle du percepteur qui surveille le niveau d'endettement de la commune. Le maire s'assure en contrepartie les garanties d'une « saine » gestion. La politique communale est une affaire technique. De son côté, le subdivisionnaire a tendance à avoir une politique et à l'imposer d'autant plus qu'il est stimulé par le principe des honoraires dégagés par les travaux des collectivités locales dont il assure la direction technique. Si la commune est urbaine et assez grande, il n'est pas rare que le subdivisionnaire devienne en même temps chef des services techniques de la commune[5].

---

4. Et ce sont eux, d'autre part, qui en contrôlent l'exécution.
5. Toutes ces propositions sont tirées de l'analyse des réponses des maires.

Ce système, toutefois, n'est pas fermé. Les fonctionnaires locaux de l'administration ne décident pas arbitrairement de ce qu'il convient de faire. Contrairement à l'image organisationnelle et « hiérarchique » que l'on a de l'administration « centralisée »[6], ils ne trouvent que très partiellement leur inspiration chez leurs supérieurs, à la direction départementale ou dans les services centraux de Paris[7]. Ils la trouvent plus directement dans la sphère politique locale. Ils dominent chaque maire individuellement, mais sont en même temps les prisonniers de la clientèle des élus qu'ils doivent servir et qu'ils ne peuvent pas irriter beaucoup, sous peine de perdre leurs possibilités d'orienter efficacement leur action. En pratique, ils auront une attitude « politique », cultiveront les élus les plus puissants et seront profondément conditionnés par le milieu que par ailleurs ils gouvernent. On ne s'étonnera donc pas de découvrir que, contrairement aux idées reçues, les maires ont le sentiment que les fonctionnaires locaux défendent les intérêts locaux face à l'administration beaucoup plus qu'ils n'exercent à leur égard une tutelle anonyme et insupportable. De leur côté, les notables les plus influents jouent un rôle direct de coordination et d'intégration entre les fonctionnaires locaux, si bien que les échelons supérieurs de l'administration ne peuvent intervenir réellement sur les activités locales qu'en agissant sur le monde politique.

Mais un raisonnement « politique » au sens traditionnel est tout aussi inadéquat qu'un raisonnement administratif. Les décisions locales échappent encore plus au conditionnement des organisations politiques qu'elles n'échappent à celui des organisations administratives. Non seulement ne découvrons-nous jamais de négociations entre unités politi-

---

6. On croit généralement que l'administration est une grande machine dont les différents rouages obéissent aveuglément au formidable pouvoir parisien. Rien n'est moins vrai, même si, comme nous le verrons plus loin, la centralisation existe réellement.

7. L'analyse qualitative des entretiens montre que la communication est très mauvaise entre responsables opérationnels locaux, responsables départementaux et responsables parisiens, et que la compréhension est bien meilleure entre notables et bureaucrates « du terrain ».

ques et unités administratives, non seulement devons-nous constater l'absence, dans le jeu, des partis politiques, en tant que tels[8], mais la coloration politique des maires semble n'introduire aucun clivage pertinent du point de vue du système. La politique, au sens où on l'entend, de lutte partisane autour de l'élection, est certes très importante, mais, si elle sert à désigner certains partenaires clefs du système, elle n'en fait pas elle-même directement partie.

Précisons à ce propos un point sur lequel nous allons être amenés à revenir : les différences politiques entre élus ont, bien sûr, une influence non négligeable sur les décisions prises, encore que l'on doive les croiser avec les différences au moins aussi fortes entre personnalités. Mais, de toute façon, cette influence ne change pas la marche du système. Elle en change le produit dans la mesure où un même système de régulation s'accommode, dans certaines limites, d'un éventail possible de « produits » assez large. Certains « produits », en revanche, sont de toute manière inacceptables. La prédiction que l'on peut faire sur le résultat à partir d'une connaissance du système, c'est l'élaboration de la fourchette à l'intérieur de laquelle la décision devra se placer, ce ne peut être une prédiction de décision.

Revenons au processus de pouvoir et de prise de décision. Contrairement aux images sur lesquelles nous vivons, le modèle dominant n'est ni hiérarchique, ni démocratique, ni contractuel. C'est un processus croisé, ou en zigzag, particulièrement bien adapté à un modèle d'évitement des responsabilités. Profondément ancré dans la vie sociale, il se prolonge au niveau départemental. Comme le montrent nos observations, les conseillers généraux sont dans une situation à l'égard du préfet et des principaux directeurs départementaux qui est semblable à celle dans laquelle se trouvent les maires à l'égard des fonctionnaires locaux. Le jeu est le même en ce sens que les décisions qui forment la politique du conseil général sont élaborées par les représentants de l'Etat. Mais, en même

8. Sauf en ce qui concerne le parti communiste, mais on ne peut plus parler alors du même jeu, car leur comportement de parti isole les notables communistes.

temps, ceux-ci doivent tenir compte du milieu politique et sont fortement influencés par lui, en particulier par les notables les plus importants qui savent jouer du cloisonnement entre les différentes filières administratives, faire valoir leur rôle de coordination et se constituer comme intermédiaires obligés entre le département et les ministères à Paris. D'une façon générale, dans un tel système en zigzag, la communication verticale est très faible. Subdivisionnaires et directeur départemental, maires et conseiller général communiquent peu. La régulation se fait pour chaque groupe fonctionnel (les élus, les fonctionnaires) par l'appel à chaque niveau à l'expert de l'autre groupe.

SCHÉMA DU MODÈLE
DE RÉGULATION CROISÉE

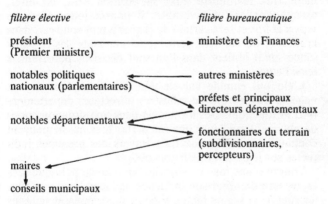

filière élective   *filière bureaucratique*

président   ⟶ ministère des Finances
(Premier ministre)

notables politiques   ⟵ autres ministères
nationaux (parlementaires)

                                préfets et principaux
                                directeurs départementaux

notables départementaux ⟵

                                fonctionnaires du terrain
                                (subdivisionnaires,
                                percepteurs)

maires ⟵
   ↓
conseils municipaux

e) *Le cumul des mandats comme exception au modèle et comme principe de régulation du système.*

Une des caractéristiques essentielles du système qui transcende oppositions politiques et diversités géographiques, c'est la généralité du cumul des fonctions. Une petite minorité de maires, de notables, accaparent les fonctions de conseillers généraux, de sénateurs ou de députés et

continuent à cumuler les différentes fonctions. Plus précisément, très rares sont les élus nationaux, qui ne sont pas
maires, qu'ils aient commencé leur ascension comme
maires ou qu'ils se soient fait élire par la suite. Le cumul
semble absolument de règle si l'on veut faire une bonne
carrière politique. Les maires « cumulant » jouent naturellement, en effet, un rôle de leaders informels. Ils sont
devenus notables ou grands notables par le simple fait du
cumul. Les interprétations politiques qu'on en donne sont
trop faciles. La raison de la récurrence de ce mécanisme,
que l'on retrouve, répétons-le, dans toutes les situations,
doit être recherchée dans les principes mêmes de fonctionnement du système.

Si un homme politique local arrive à cumuler trois ou
quatre mandats dont les titulaires communiquent normalement très mal entre eux, sa position sera, en effet,
exceptionnellement favorable. Il pourra jouer plusieurs
jeux à la fois et sera certain de gagner à tout coup car, dans
la mesure où ces jeux sont interdépendants, les connaissances qu'il obtient dans l'un sont décisives pour réussir
dans l'autre.

L'élu qui cumule sur sa tête toutes les fonctions et
négocie à ce titre avec ministres, directeurs départementaux et fonctionnaires locaux est dans une situation considérablement meilleure que ses partenaires qui ne peuvent
communiquer entre eux qu'à travers des pressions indirectes sur leurs intermédiaires obligés.

Pourvu d'une telle supériorité, un homme politique sera
en mesure d'utiliser son influence de façon beaucoup plus
acceptable et sympathique. Il pourra récompenser ses amis
sans trop punir ses ennemis et sans susciter l'irritation du
public. Il obtiendra satisfaction presque sans le demander
et deviendra sans effort un pôle d'intégration extrêmement
puissant. Une des conséquences de l'existence de situations
de cet ordre est l'importance des intermédiaires dans un
système au sein duquel les faveurs sont essentielles, alors
que le favoritisme est culturellement très profondément
désapprouvé.

Cependant, l'élu qui cumule des mandats n'est pas pour
autant l'adversaire de l'administration ; au contraire, son

influence dépend largement du fait d'avoir l'oreille du préfet ou ses entrées à Paris. D'une certaine façon, il en devient le complice et sait d'autant mieux apprécier à quel point les services départementaux tiennent compte des souhaits exprimés et des influences exercées par les représentants locaux. Ceci est absolument manifeste dans les entretiens des maires. L'élu qui cumule des mandats est encore plus persuadé que le simple maire que les services locaux de l'administration constituent les porte-parole du département face à Paris[9].

f) *Le mode de fonctionnement du système.*

Le réseau des unités qui interviennent dans la gestion territoriale des affaires publiques forme donc un système d'action structuré par l'interpénétration des filières qui en constituent les diverses fonctions traditionnelles (administrative, politique, économique, etc.). Le monde des fonctionnaires, l'univers des maires et des élus, l'ensemble des groupements économiques s'interpénètrent profondément. Chaque filière régule l'autre en même temps qu'elle est régulée par elle. Entre les instances de chacune d'elles, il y a communication et intégration selon un processus alterné : la forme du nid d'abeilles en donne une bonne image. Hiérarchie et leadership ne sont jamais directs. La substitution est essentielle dans ce système de commandes croisées.

Le corollaire en est le cloisonnement. Chaque unité, maintenue à sa place par la pression du système, se désintéresse totalement des autres unités. Elle a intérêt à ne communiquer que le moins possible avec les unités voisines qui sont ses concurrentes ou avec les unités hiérarchiquement supérieures qui pourraient la réduire en situation de dépendance. Elle poussera ses avantages par une utilisation habile du contrôle croisé à travers lequel elle pourra marchander son influence. De tels mécanismes, soulignons-le, permettent d'éviter tout face-à-face. Les

9. Cf. M. Crozier et J.-C. Thoenig, « La régulation des systèmes organisés complexes », *art. cit.* (cf. tableau p. 12).

relations sont faciles en surface, mais personne ne parle à personne et chacun se débrouille seul. L'isolement ou l'atomisation du tissu politique en est la conséquence.

Dans une autre perspective, on peut dire qu'un tel système favorise et requiert même une forte concentration du pouvoir et des privilèges. La raréfaction des communications et le petit nombre de points de passage donnent une rente de situation aux quelques personnes qui les occupent. L'influence et l'initiative sont concentrées dans quelques mains : le maire dans la commune, le notable cumulant, le préfet et le président du conseil général dans le département, quelques hommes politiques ayant une surface nationale à Paris [10]. Le jeu est fermé et secret. Le système fabrique constamment des exclus. La non-participation est si bien ancrée dans la psychologie des leaders qu'elle semble consubstantielle à leur jeu. Le système fonctionne dans l'ombre. L'opinion publique fait peur et on s'en cache [11]. Les maires, les conseillers généraux, les responsables administratifs pensent tous, également, que la population est incapable de dire son mot dans la gestion des affaires qui la concernent, sauf de façon irresponsable ou pour faire valoir ses intérêts particuliers [12]. A chaque niveau, quelqu'un d'extérieur doit dicter la solution et assurer la sauvegarde de l'intérêt général.

Le système est centralisé, mais pas dans le sens où on l'entend généralement. Certes, Paris exerce un pouvoir exorbitant, mais il ne peut décider que dans les limites des contraintes étroites du système qu'il gouverne, mais dont il est aussi le prisonnier. L'ensemble se caractérise, en fait, beaucoup plus par l'interdépendance et la confusion que par la hiérarchie. La signification de la centralisation est tout autre. C'est la distance entre ceux qui décident et ceux qui sont affectés par la décision. La séparation entre ceux

10. Cf. P. Grémion, *La Structuration du pouvoir départemental*, Paris, Centre de sociologie des organisations, 1969.
11. Les notables répondent ouvertement à une forte majorité que trop de gens participent aux décisions et que les citoyens sont incapables de s'élever au-dessus de leurs intérêts particuliers.
12. Cf. M. Crozier et J.-C. Thoenig, « La régulation des systèmes organisés complexes », *art. cit.* (tableaux p. 13-14).

qui conçoivent, ceux qui ont accès, ceux qui sont dans le secret et ceux qui exécutent ou sont les sujets de la décision, est un principe général dans l'ensemble du nid d'abeilles. Il en résulte une faible circulation de l'information. L'information est toujours médiatisée par des tiers. Ceux qui décident n'ont donc qu'une information déjà appauvrie et transformée. Ceux qui ont l'information vivante n'ont pas accès à l'univers de la décision [13].

Le rôle, enfin, des instances locales — élus ou fonctionnaires — est un rôle de médiateur, de défenseur des intérêts locaux et non pas un rôle de décideur. Les leaders départementaux, par exemple, servent essentiellement à faire pression sur Paris [14]. De même, le maire est pour la population l'individu chargé de promouvoir les intérêts de la commune plus haut dans le système. Le meilleur maire n'est pas celui qui réalise le plus ou est politiquement le plus séduisant, c'est l'individu qui dispose du meilleur réseau d'accès auprès des gens qui comptent, au département et à Paris. En fait, le système en nid d'abeilles fait également fonction de structure d'accès au sommet. La régulation croisée sert de relais, car c'est à travers elle seulement que peuvent remonter les demandes et les pressions [15]. La dépendance des instances inférieures à l'égard des notables et des organes régulateurs ne tient pas à l'existence de pouvoirs hiérarchiques ou même de pouvoirs de tutelle, mais au fait qu'ils ont le monopole de la promotion de leurs intérêts en haut lieu. Un tel mécanisme n'est pas un subterfuge. L'instance régulatrice s'identifie effectivement aux intérêts qu'elle contrôle. Pour les responsables locaux autant que pour les fonctionnaires de l'Etat, les échelons locaux de l'administration sont au moins autant les avocats des intérêts locaux que les

---

13. Nous l'avions déjà remarqué dans : M. Crozier, *Le Phénomène bureaucratique, op. cit.*

14. Cf. M. Crozier et J.-C. Thoenig, « La régulation des systèmes organisés complexes », *art. cit.*

15. Cf. P. Grémion et J.-P. Worms, *Les Institutions régionales et la Société locale,* Paris, Centre de sociologie des organisations, Copédith, 1968.

représentants de la volonté centrale [16]. Par un retournement paradoxal, ceux qui imposent leur volonté sont en même temps ceux qui représentent les intérêts des unités qu'ils dominent. Mais la représentation des intérêts d'une instance d'une filière est assurée par une instance de l'autre filière, et le relais fait payer le prix fort en s'interposant entre le monde de la pratique et le monde de la décision. Son pouvoir en dépend à tous les degrés. Le maire ne laisse à personne d'autre dans sa commune le soin des relations avec les notables bureaucratiques [17]. Le préfet conserve jalousement ses entrées « personnelles » à Paris, et les trois ou quatre personnes qui comptent dans le département ne sont puissantes que parce qu'elles sont seules à avoir accès auprès des instances politiques nationales.

g) *Les avantages du système pour l'individu et pour la stabilité de l'ensemble.*

Ainsi présenté, le système départemental français peut paraître oppressif et irrationnel. Le fait est qu'il suscite des frustrations considérables et qu'il provoque des difficultés maintes fois dénoncées. Pourtant, il subsiste et se maintient. Pour tenter d'en expliquer les raisons, il faut revenir aux comportements et aux attitudes des individus et des groupes tels qu'ils apparaissent dans le fonctionnement quotidien du système. On s'aperçoit alors que celui-ci assure, en fait, une forme de gouvernement moins rigide et plus humaine qu'il n'y paraît en même temps qu'il maintient, malgré les privilèges et le manque de participation, une forte égalité et une certaine autonomie. Qui plus est, ce sont les pressions des individus eux-mêmes qui contribuent au maintien des caractéristiques du système.

Le système est oppressif et autoritaire. Mais, en même temps, l'oppression est anonyme et l'autorité est impersonnelle. Il n'y a pas un ou deux individus qui imposent leur

---

16. Cf. M. Crozier et J.-C. Thoenig, « La régulation des systèmes organisés complexes », *art. cit.* (tableau p. 15).
17. *Ibid.*

bon plaisir et échappent à toute emprise du système [18]. Le jeu collectif est indépendant des particularités individuelles, il est le produit d'un système qui impose aux individus, et même aux plus puissants, ses règles générales et ses normes. La régulation est le produit d'un ensemble de relations et non pas d'ordres arbitraires imposés par des personnes. L'oppression est donc plus diffuse et de ce fait beaucoup plus supportable. En même temps, et indépendamment des enjeux particuliers et du jeu collectif, une vie affective peut se développer entre les individus de bords différents. Le conflit est un conflit entre fonctions, qui n'empêche pas les individus de communiquer sur d'autres plans.

De même, le système est fondé sur la dépendance et la passivité. Mais, en contrepartie, les individus obtiennent des avantages d'une autre nature. La régulation croisée permet à l'échelon supérieur, au sein de chaque filière, d'échapper aux pressions trop directes de l'échelon inférieur et à celui-ci de ne pas subir la domination trop directe de celui-là. Grâce à l'intrusion de ces tiers, experts d'une tout autre « technique », les sources de conflits entre pairs et les occasions de tension que constitue la négociation des compromis face à face sont évitées. Et surtout, chacun est assuré de ne pas perdre, même s'il commet une erreur. Aucune sanction n'est possible, car les responsabilités ne sont ni visibles ni directes. La faute incombe toujours au régulateur, ou mieux au système. Chacun est irresponsable, mais autonome et protégé. Qui plus est, chaque petit notable se voit garantir un minimum de succès, même s'il n'a accompli aucun effort. La réussite est fortement personnalisée, et le charisme de l'individu est fabriqué par

---

18. Une très grande erreur est généralement commise de ce point de vue quand on identifie le notable français actuel (et d'ailleurs son prédécesseur des derniers cent ans) avec le notable traditionnel et avec le cacique espagnol ou latino-américain. Le notable français contemporain a bien un monopole, mais c'est un monopole dans un domaine étroit qui ne lui permet pas de très fructueux marchandages et il est, d'autre part, étroitement contrôlé par le système du nid d'abeilles et par la possibilité de substitution relativement facile qui donne au système sa puissance et sa stabilité.

les circonstances. Ceux qui veulent échapper au système et à la régulation croisée le peuvent, mais ils prennent des risques considérables. S'ils jouissent d'une plus grande initiative, ils sont directement responsables et n'ont aucun filet de protection dans un univers dont, par ailleurs, ils ne jouent pas le jeu. La meilleure stratégie pour l'individu est donc d'en faire le moins possible. Celui qui part en dernier est avantagé par rapport à celui qui veut partir en premier. La course est une course de lenteur. L'apathie et la non-participation constituent une stratégie rationnelle. Les notables ne se mobilisent qu'une fois le feu vert donné par le système. Mais, une fois lancés, il est difficile de les arrêter[19].

Le système, d'autre part, produit de l'exclusion et du favoritisme. La règle est utile avant tout pour être la référence des exceptions auxquelles elle invite. Cependant, l'exception et le privilège qu'elle fournit à celui qui en bénéficie suscitent la jalousie. Chacun se débrouille pour avoir son exception. On pourrait presque dire que le système existe pour dispenser des exceptions à ses propres règles[20]. Tout le monde, à la longue, finit par avoir son privilège, mais tout le monde est aussi un peu exclu. Bref, le système est une machine à fabriquer à la fois des exclus et des privilèges — ce qui crée mécontentement et malaise —, mais aussi une machine à répartir exclusions et privilèges de façon suffisamment équilibrée pour que les plaintes ne dépassent pas le seuil tolérable.

La centralisation elle-même, enfin, ne se développe et ne subsiste que sous l'impulsion même de ceux à qui la décision échappe. La population communale accepte de déléguer tout le pouvoir politique à un homme, le maire, parce que c'est le meilleur moyen pour elle de se faire représenter efficacement en haut lieu tout en étant protégée à travers lui des pressions extérieures.

On comprend à ce moment les raisons pour lesquelles le

19. Un des exemples les plus curieux en a été récemment celui de la multiplication des piscines publiques. Cf. M. Crozier et J.-C. Thoenig, « La régulation des systèmes organisés complexes », *art. cit.* (tableau p. 17).

20. *Ibid.*

modèle du maire tout-puissant a pu se développer et se maintenir. Le maire n'est tout-puissant que dans la mesure où l'unité qu'il représente est faible et où la communication indispensable avec les instances dont dépend sa prospérité est très difficile en dehors de son intervention.

Le préfet, lui, est perçu par les responsables locaux non comme l'homme de Paris, mais comme un atout pour le département. En utilisant sa prééminence officielle, donc indiscutable, et par le biais de sa fonction de chef de l'exécutif départemental, il réussira, espère-t-on, à faire pression sur Paris pour y défendre les intérêts locaux.

Chacun veille jalousement à préserver les relais dont il dispose à son seul bénéfice. Plus le relais permet, d'autre part, d'accéder haut, plus l'avantage qu'il donne est déterminant. L'idéal est d'accéder directement à Paris. La société locale est d'autant mieux « défendue » par ses leaders que le centre est plus directement mêlé à son devenir et à sa gestion. L'intervention de Paris est non seulement demandée, mais requise. On se plaint de Paris, non pas pour qu'il laisse plus d'initiatives, mais pour qu'il intervienne. Sa « mobilisation » n'est pas une menace, mais un avantage. La cause est gagnée par celui qui a le plus facilement l'accès le plus haut possible. Ne pas disposer de bons relais et de médiateurs convaincus est un handicap majeur. Il ne reste alors plus qu'à « politiser » le problème, c'est-à-dire à faire appel à la pression publique de la base pour espérer être entendu au sommet. Mais le jeu est dangereux et la chance de succès plus incertaine. Mieux vaut passer par le nid d'abeilles.

Le système départemental français apparaît donc comme un système très stable. Tout le monde en est prisonnier, mais chacun gagne quelque chose en contre-partie. Ses avantages sont pratiques, mais aussi symboliques et affectifs. Ils conditionnent totalement les enjeux si bien que, chacun cherchant à gagner dans son jeu propre, tout le monde maintient le modèle général de jeu.

h) *Quelques conclusions possibles de l'analyse.*

A l'issue de cette analyse que nous avons dû malheureusement un peu résumer[21], un certain nombre de conclusions fortes se dégagent :

• Il existe, très évidemment, derrière l'ensemble des relations contradictoires, des pressions, des conflits et des alliances qui opposent et rassemblent autour des décisions collectives départementales les notables et les fonctionnaires, un système d'action concret, vivant et contraignant dont les régulations s'imposent à tous.

• Nous n'avons pu mettre suffisamment en évidence le degré de conscience que les acteurs ont de l'existence de ce système, mais nous pouvons faire l'hypothèse que beaucoup d'entre eux en ont l'intuition et tiennent compte avec sagesse des contraintes que ce système impose et des limites à ne pas dépasser pour pouvoir œuvrer efficacement en son sein. La plupart, en tout cas, ont une conscience aiguë des nécessités du jeu ou des jeux auxquels ils participent. Leurs réponses en témoignent éloquemment.

• La plus grande singularité du système, c'est son mode de régulation qui présente deux caractéristiques fort différentes : d'une part, la régulation est assurée directement par le contrôle croisé d'unités fragmentées, communiquant mal entre elles de façon verticale, mais s'influençant et se limitant latéralement selon un modèle régulier ; d'autre part, elle est assurée indirectement par l'existence de personnages particuliers, les cumulants, dont la situation exceptionnelle leur assure un avantage *naturel* sur leurs collègues. C'est un modèle de régulation ou de gouvernement par l'exception.

• La mise en évidence de ce système, qui structure l'ensemble des relations de pouvoir du milieu départemental, et la preuve de son existence n'ont pas seulement un

---

21. Pour une présentation complète des résultats de l'enquête, on pourra consulter le rapport d'enquête : « Décentraliser les responsabilités. Pourquoi, comment ? », *La Documentation française,* Paris, 1975.

intérêt académique. Elles permettent de comprendre très pratiquement quelles sont les décisions qui peuvent être prises dans un tel ensemble et quelles sont celles qui ne pourront l'être. Elles permettent surtout de montrer l'inutilité ou même la nocivité de nombreuses réformes qui, au lieu de dynamiser un système trop pesant et trop rigide, ne font que l'alourdir.

● En ce qui concerne les performances mêmes du système, d'autres facteurs naturellement entrent en ligne de compte. Les nécessités mêmes de l'action, les opportunités financières et économiques, les choix politiques nationaux, les choix politiques et les orientations personnelles de certains acteurs peuvent avoir, entre autres, des conséquences déterminantes. Tous ces facteurs, toutefois, demeurent médiatisés par les caractéristiques du système et par l'effet de sa régulation. Certes, on ne peut pas « expliquer » la qualité et le montant des résultats obtenus par l'effet direct de ce modèle. Mais on peut indiquer les limites des performances possibles. On peut aussi mettre en lumière les contraintes que crée, pour un type de performance ou pour un autre, l'existence du système et apporter ainsi une réflexion utile sur leurs chances d'amélioration.

● Enfin, l'analyse telle qu'elle a pu se préciser nous apporte une dernière contribution. Elle peut servir, en effet, encore à poser le problème du changement du système lui-même, c'est-à-dire, en termes plus immédiatement perceptibles, de toutes les pratiques qui sont l'objet en même temps que le moyen du débat politique. Cette contribution est particulièrement décisive actuellement, car le système d'action départemental semble incapable désormais, du fait de ses caractéristiques aussi bien que de son mode de régulation, de s'engager dans une voie d'adaptation graduelle. Il répond naturellement aux pressions du milieu par le retrait. Les grandes villes lui ont échappé depuis longtemps, bien qu'elles continuent théoriquement à faire partie du cadre institutionnel départemental. Les agriculteurs traitent leurs affaires en dehors du département. Beaucoup d'autres intérêts, même si c'est avec beaucoup moins de succès, s'engagent dans la même voie. Le système ne bouge pas, mais tend à devenir une peau de chagrin. On peut donc sérieusement penser à l'éventualité d'une crise que seule une restructuration profonde permettrait d'éviter[22].

III. LE CAS DES SERVICES HOSPITALIERS
DE DIALYSE RÉNALE

Nous avons présenté avec beaucoup de détails les points forts du raisonnement de la recherche la plus élaborée que nous avons pu mener, pour mettre ainsi en évidence la démarche qui nous a permis de prouver l'existence d'un système d'action concret. Nous l'avons fait pour démontrer par l'exemple l'intérêt de la méthode et nous avons, chemin faisant, souligné les vues nouvelles qu'une telle analyse apportait naturellement sur la logique de l'action et les conséquences pratiques qui en découlaient quant aux performances, au coût et aux possibilités de renouvellement des processus d'action collective.

Notre premier cas se situait au niveau supra-organisationnel ou, si on préfère, interorganisationnel. Mais on peut très bien concevoir qu'un système d'action fort puisse se constituer à un autre niveau, en quelque sorte, infra-organisationnel. Un exemple particulièrement frappant d'un tel système d'action infra-organisationnel peut être trouvé dans la recherche réalisée par Olgierd Kuty sur quatre services de rein artificiel situés dans deux hôpitaux belges et deux hôpitaux français[23]. La recherche portant sur ces services comme unités opérationnelles, ne faisait pas référence à l'organisation officielle majeure, l'hôpital, et débouchait finalement sur la mise en évidence d'un

22. C'est pourquoi nous pensons que ce n'est pas autour du département qu'on a une chance raisonnable d'opérer une décentralisation qui constituerait une véritable transformation du système. Cf. la conclusion du rapport précité, p. 17-24.

23. Cf. O. Kuty, *Le Pouvoir du malade : Analyse sociologique des unités de rein artificiel*, thèse de doctorat, Paris, université René Descartes, 1973 ; et « Orientation culturelle et profession médicale : La relation thérapeutique dans les unités de rein artificiel », *Revue française de sociologie*, vol. 16, n° 2, 1975.

système d'action concret, à la fois beaucoup plus limité que l'hôpital dans sa structure de personnel, mais beaucoup plus large dans son ressort de décision.

Quel est le problème ? Les quatre unités opérationnelles qui disposent de la même technologie et des mêmes infrastructures se sont organisées de manière radicalement différente, voire opposée. Deux des quatre unités sont caractérisées par des distinctions extrêmement tranchées entre les « rôles », par un système hiérarchique strict, par la priorité complète donnée à la compétence technique des médecins, par un système de communications difficile fondé en fait sur le secret et enfin par des patients très passifs, présentant des troubles psychosomatiques caractérisés. Les deux autres unités, au contraire, sont marquées par une assez grande confusion des responsabilités, par l'existence de relations interpersonnelles complexes court-circuitant partiellement la hiérarchie, par la participation active des patients à ces relations et le développement considérable de l'influence de certains d'entre eux, par un système de communications relativement ouvert et une nette décroissance des troubles psychosomatiques.

L'analyse permet de montrer que les deux modes de fonctionnement correspondent aux deux méthodes opposées qui sont utilisées pour résoudre le problème que pose une lutte particulièrement angoissante contre la mort, à l'aide d'une technologie très efficace pour maintenir le sujet en vie, mais impuissante à guérir. La source d'incertitude dans cette lutte s'est très vite déplacée de la machine, dont l'emploi est rapidement devenu une routine, au patient dont les qualités physiques et psychiques déterminent ses chances de survie dans la mesure où elles permettent ou non d'envisager avec succès une greffe d'organe.

Le choix ainsi présenté apparaît d'ordre éthique en même temps que structurel : d'un côté, la hiérarchie, l'ordre et la science traditionnelle, de l'autre, la démocratie, la coopération et la liberté de communication totale.

La réalité est beaucoup moins simple, car le problème que pose un tel choix est celui de la capacité des patients à supporter cette participation qui les oblige à faire face

directement au risque de la mort. La décision clef, finalement, même si elle a pu être fortement influencée par des
motivations éthiques, doit être cherchée à un tout autre
niveau : le choix des frontières mêmes du système à
l'intérieur duquel le problème va être posé. Les unités
« hiérarchiques » traditionnelles avaient choisi, dès le
début, de pratiquer une politique ouverte d'admission,
c'est-à-dire qu'elles accueillaient sans aucune distinction
tous les patients qui leur étaient adressés. Les unités
« démocratiques » avaient choisi, au contraire, d'être très
sélectives, c'est-à-dire de n'accepter que des patients susceptibles de faire face avec succès, physiquement, mais
aussi et surtout psychologiquement, à une opération de
greffe.

Dans le premier cas, on conçoit très bien qu'une
politique de communications libres présentait un danger
évident dans la mesure où la plupart des patients étaient
incapables de tolérer la discussion en commun de leurs cas,
car ils présentaient des chances de survie extrêmement
variables. Dans le second, par contre, non seulement la
discussion était possible puisque aucun des présents n'était
un mauvais risque, mais elle devenait très réconfortante
puisqu'elle créait un milieu de soutien chaleureux pour
chacun des malades, dans la mesure où elle les engageait
dans un combat commun contre les mêmes risques.

On voit donc, ici, que, derrière l'organisation structurée
d'un hôpital dont le service du rein artificiel n'est qu'une
partie subordonnée, peuvent s'effectuer des choix de
système d'action concret : qui fait partie du système ?
comment y entre-t-on ? quelles en sont les limites ? Ces
choix sont consubstantiels aux choix d'objectifs [24] et aux
choix de mode de gouvernement.

Quelle leçon plus générale pouvons-nous tirer de cette
analyse, particulièrement si on la compare à l'analyse du

24. Nous n'avons pas envisagé, pour simplifier le problème, le
choix des objectifs qui est très étroitement lié au choix sur les limites
du système. Le choix d'un système sélectif est en même temps le choix
de la priorité donnée à l'opération de greffe, ce qui implique une
coopération étroite avec l'unité chirurgicale qui en est chargée.

système politico-administratif départemental? Pour nous, c'est essentiellement la mise en lumière du *caractère très contingent,* c'est-à-dire radicalement indéterminé et arbitraire, du système d'action lui-même.

Il apparaît, en effet, tout à fait évident ici, en comparant nos quatre services, que le système, avec ses limites et ses règles, admission ou exclusion des patients, priorité des buts à la dialyse ou à la greffe, n'est pas du tout une donnée naturelle qui s'impose, même une fois la technologie mise au point, mais le résultat d'un choix, puisque, pour le même problème et une même technique de base, nous pouvons avoir deux choix opposés[25].

Au lieu de s'adapter au *système naturel* qui se développerait logiquement à partir d'une situation objective, on a ici opéré un choix sur les frontières du système à constituer. Dans deux des quatre services, on a choisi de fermer l'accès et de sélectionner les malades, en vue d'objectifs d'ailleurs différents : dans un cas on a choisi le système qui permettait de développer le mode de régulation par communication ouverte, démocratique que l'on souhaitait, dans l'autre, on a choisi le système qui permettait d'obtenir le type de performances que l'on valoriserait, la greffe[26]. Dans les deux autres, enfin, on choisissait de maintenir le système d'admission ouvert traditionnel, donc de ne pas tenter d'autres performances et de ne pas élaborer d'autre mode de régulation.

Ce choix de système d'action a été en même temps un choix de limites, un choix existentiel autour du problème de l'admission des patients-clients et un choix de stratégie qui, dans ce cas particulier, dépassait tout à fait le cadre de

25. On peut contester la comparaison et affirmer que nous n'avons pas affaire au même problème et à la même technique, puisqu'il s'agit dans les services « bureaucratiques » de dialyser pour survivre, et dans les services « démocratiques » de dialyser pour pouvoir plus tard greffer. Il s'agit tout de même de la même maladie et de la même machine.

26. Les deux objectifs ou, plutôt, les deux raisons du choix sont difficiles à distinguer, mais l'analyse effectuée par Kuty montre qu'au départ des choix d'un des services, le souci de coopération démocratique et d'esprit d'équipe est prédominant alors que, dans l'autre, c'est le souci de la performance à réaliser.

l'organisation contraignante à l'intérieur duquel se plaçait le service. Il fallait, certes, qu'il fût compatible avec les règles de l'hôpital en tant qu'organisation et avec son système de pouvoir. Mais cette compatibilité dépendait, pour une large part, des caractéristiques du système d'action supra-organisationnel que constituent, au-delà des hôpitaux en tant qu'organisations, la médecine française et la médecine belge dans leurs rapports avec les malades, la population et la puissance publique [27].

On voit donc que, dans cet ensemble à plusieurs entrées : système d'action, technologie, performances, mode de gouvernement ou régulation à différents niveaux (entre médecins, entre médecins et soignants, entre médecins, soignants et malades), plusieurs combinaisons sont possibles. On peut choisir le système d'action pour obtenir la performance ou choisir la performance en fonction de la contrainte du système d'action. On peut décider du choix du système à partir du choix du mode de communication et de gouvernement plus compatible avec le choix de système que l'on a fait.

De plus, il vaut la peine de souligner qu'il n'y a pas d'analogie entre le choix de valeur implicite dans la priorité donnée au mode de régulation « démocratique » et le choix de valeur implicite dans la décision de constituer le système qui le rend possible. Rapportée, en effet, au système d'action plus large que constitue le système de la médecine française, la décision qui conduit à une régulation plus démocratique est une décision de type élitiste qui donne au médecin un pouvoir arbitraire sur l'admission qui suscite contestation [28].

Nous pouvons donc, en contrepoint du cas du système politico-administratif, faire apparaître, d'une part, que ce qui nous semble *naturel* dans un système d'action peut être effectivement contingent, même si nous ne pouvons avoir

---

27. Dans ce plus large système d'action, le libre choix du médecin (fondé sur le libre choix du malade et l'idéologie du colloque singulier) continue à prévaloir.

28. Et qui est en opposition avec les valeurs professées, d'autre part, par les médecins protagonistes de ce mode d'organisation « démocratique ».

prise sur lui, et, d'autre part, que la relation entre les divers choix contingents qui le constituent n'est pas, comme on le croit trop souvent, par facilité, une relation de cohérence de valeurs. L'effet pervers consubtantiel au phénomène système d'action est un lien, un effet propre qui ne se ramène pas à une logique universelle des valeurs, des attitudes ou des comportements.

9

Système d'action concret
et analyse sociologique

Interrogeons-nous maintenant sur la signification de cette notion nouvelle de système d'action concret et sur l'enrichissement qu'elle peut apporter à l'analyse sociologique.

La première idée forte qui s'est dégagée de notre réflexion et de nos analyses de cas, c'est qu'un système d'action n'est pas une donnée naturelle, mais un construit contingent.

I. CARACTÈRE CONSTRUIT ET CONTINGENT
DES SYSTÈMES D'ACTION CONCRETS

L'idée qu'un système d'action concret, tout comme une organisation, n'est pas une donnée naturelle choque au premier abord. Nous avons trop tendance à voir nos catégories abstraites comme des données de l'expérience. Le groupe primaire, la communauté paraissent des ensembles naturels. Il en va de même, pour ceux qui les étudient, de la classe sociale et de l'organisation. Certes, beaucoup d'analystes de la classe contestent l'organisation comme système autonome, et certains analystes de l'organisation, la classe. Mais chacun conçoit le phénomène qui a attiré son attention comme un phénomène naturel. Cela est dû, en partie au moins, au mode de raisonnement employé qui privilégie la recherche de lois universelles qui ne se conçoivent qu'à partir d'un ordre naturel, évolutif certes, mais, au moins dans la courte période, universel et stable.

Le raisonnement que nous avons conduit aboutit, au contraire, à mettre en doute aussi bien l'universalité des lois que le caractère naturel du phénomène. Même dans le cas d'un groupe primaire, le phénomène apparemment le plus simple, il ne va pas de soi qu'il y ait groupe du simple fait qu'un certain nombre de personnes sont réunies ; l'existence même du groupe dont il est question peut faire problème, et la diversité des groupes comme ensembles de relations structurées suggère la relativité des lois universelles.

S'il s'agit d'un ensemble plus complexe comme un système d'action concret, le problème devient crucial. Prenons l'exemple, *a priori* le moins favorable, du village. La plupart des chercheurs analysent et comparent des villages sans se poser la question préalable de leur existence en tant que systèmes d'action. Mais cette existence peut être tout à fait mise en question, du moins dans les circonstances de la société française actuelle. C'est, en tout cas, ce qui ressort des recherches de Wylie sur Chanzeaux[1]. Le village n'est guère un système d'action sauf, bien sûr, au plan d'une gestion municipale dont l'importance est cependant restreinte. Du point de vue de la sociabilité et des rapports humains, comme du point de vue patrimonial et du point de vue professionnel, il n'y a pas de système village, ce sont d'autres systèmes d'action concrets qui se sont constitués. Le village est peut-être un cadre commode d'étude, mais n'en devient pas pour autant un système d'action.

De même, une profession dans un territoire particulier peut constituer un système d'action concret, mais ce n'est absolument pas évident. L'existence même d'une association formelle n'est une preuve que de l'existence dans cet ensemble d'un groupe de direction qui constitue un petit système d'action.

Une organisation elle-même, nous l'avons souligné suffisamment, ne coïncide pas toujours avec le système d'action concret le plus pertinent et le plus efficace pour les

---

1. L. Wylie, *Chanzeaux, village d'Anjou*, Paris, Gallimard, 1970.

problèmes dont elle a la charge. Le cas du ministère de
l'Industrie dans les décisions de politique industrielle en
France en est un bon exemple. De même, les principaux
problèmes que traitent les services hospitaliers décrits par
Olgierd Kuty relèvent essentiellement d'un système
d'action pertinent qui n'est pas l'organisation hospitalière.

Si donc l'existence de systèmes d'action fait problème,
puisque, chaque fois, preuve doit être donnée d'une
interdépendance suffisante, on peut comprendre combien
peut être vaine la recherche de lois universelles gouvernant
toutes les catégories apparentes à partir des circonstances
« naturelles » qui devraient les constituer. Quoi qu'ils en
disent, il est vrai, les théoriciens nous offrent bien davantage un cadre formel, une « taxinomie » que de véritables
lois et, ce faisant, ils peuvent, ce qui est après tout utile,
nous offrir des repères. Mais l'utilisation de leurs axiomati-
ques, comme par exemple les catégories sur les systèmes
sociaux à la Parsons ou les référentiels systémiques *(Sys-
temreferenzen)* à la Luhmann pour déduire des propriétés
universelles de tout système social[2], ne permet absolument
pas de distinguer si un système existe ou non ni, à plus forte
raison, de comprendre grâce à quels modes de régulation
— avec leurs propriétés et contraintes propres — il parvient
à exister. Car, après tout, on peut toujours projeter sur
n'importe quel ensemble, que la tradition ou les idées
reçues font apparaître comme un système, les diverses
fonctions ou problèmes systémiques qui correspondent à la
check-list de l'approche et de la théorie utilisées.

Il importe de bien voir l'orientation et l'exigence de
recherche qui sont affirmées ici, à travers notre insistance
sur le caractère non naturel des systèmes d'action concrets.
Contrairement à l'orientation fonctionnaliste que nous
venons de critiquer, nous ne cherchons pas à découvrir ou à

---

2. Essentiellement — en deçà du problème systémique général de
réduction de complexité —, le maintien d'une différenciation entre un
intérieur et un extérieur avec les problèmes qui s'ensuivent et qui sont
bien connus depuis Parsons, celui de l'intégration et de l'adaptation.
Pour une description et évaluation critique d'une telle « systématique
des référentiels systémiques » chez Luhmann, cf. G. Schmid, *Funktionsanalyse und Politische Theorie, op. cit.,* notamment p. 112-114.

« tester » des lois ou propositions universelles et substantives que nous pourrions déduire et de la nature même
des systèmes et des conditions que des données externes,
elles contingentes, leur imposent. L'orientation stratégique que nous défendons pose avant tout le problème
de l'existence, et de la mise en évidence empirique de
cette existence, d'un phénomène qui n'est pas une donnée naturelle et dont, par conséquent, on ne peut jamais
connaître d'avance ni la configuration ni les propriétés chaque fois spécifiques et contingentes, bref, à découvrir[3].

La proposition selon laquelle tout système d'action est
un construit suit très directement, bien sûr, la proposition
selon laquelle il ne peut constituer une donnée naturelle.
En affirmant cela, nous ne cherchons pas ici à proposer une
autre théorie générale de la genèse des systèmes d'action
concrets, théorie, il est vrai, plus immédiatement possible
et fructueuse qu'une loi universelle. Ce que nous voulons
mettre en lumière, c'est la contingence du phénomène. Il
n'y a pas de donnée naturelle qui impose aux hommes de se
conformer aux modèles universels correspondant à chaque
institution. Certes, des traditions et des contraintes existent
qu'on ne peut bouleverser facilement. Certes, les programmes et les types de solution auxquels on peut faire
appel pour résoudre un problème sont limités et se
conforment à des modèles dominants. Mais, si l'on considère que la constitution d'un système d'action se comprend
d'abord en analysant le problème à résoudre et non pas en
se référant à l'évolution générale des institutions, le
caractère contingent du phénomène apparaît. On peut,
certes, ne pas reconnaître un problème et refuser d'agir.
Plus fréquemment, on choisira de résoudre le problème
pour lequel on a une solution. Mais parfois tout de même,
on tentera d'élaborer un programme ou de découvrir un
modèle nouveau pour faire face à un problème qu'on ne
sait pas encore résoudre.

L'analyse des systèmes d'action constitués pour utiliser la

---

3. Les deux notions, bien différentes, de jeux et de fonctions
expriment cette opposition d'approche et d'orientation de recherche.

technologie de dialyse nous a montré la très grande marge de liberté qui pouvait exister à ce sujet.

Les leçons de cette analyse peuvent être transposées. Si profondément enraciné et si stable qu'il soit, le système politico-administratif départemental français est un système contingent. Les mêmes problèmes peuvent être résolus de façon très différente. Ils le sont effectivement dans d'autres sociétés par beaucoup de côtés semblables à la nôtre. Dire qu'un système d'action est un construit signifie donc aussi qu'il n'est pas plus la réponse nécessaire à un problème qu'il n'est la conséquence inéluctable de l'évolution. Dans la mesure même où il est création, invention humaine, il n'obéit à aucun déterminisme général, à aucun *one best way* universel ou même relatif. Certes, répétons-le, les contraintes existent et sont très fortes. Mais elles apparaissent d'autant plus difficiles à surmonter que l'on n'est pas capable d'appréhender un système trop vaste et trop complexe et pourtant trop cohérent pour changer tout seul. L'analyse historique nous permet de découvrir que des transformations profondes se sont déjà souvent manifestées, et les changements qu'elles entraînaient ont pu s'accomplir généralement au cours de périodes assez brèves. Nous reprendrons ce problème à l'occasion d'une autre réflexion centrée sur le changement, mais il importe de bien cerner dès maintenant le phénomène système d'action comme un construit non naturel, comme l'institution toujours précaire et problématique d'une structuration humaine des champs de l'action, d'un mode de rationalité et d'un mode de contrôle social gouvernant l'action collective des hommes dans une sphère d'emprise donnée [4]. Cette structuration s'étaye sur un contexte particulier qui impose ses contraintes propres. Elle fait appel à des capacités humaines et à des modèles de relations qui limitent à leur tour ses possibilités de développement. Elle n'en reste pas moins fondamentalement contingente, c'est-à-dire irréductiblement indéterminée et donc « arbitraire ».

---

4. Nous reviendrons ci-après sur les liens entre système d'action concret et contrôle social.

Cette contingence n'est en fait rien d'autre que la conséquence du caractère non asservi des systèmes humains et de la liberté d'action des acteurs. La pesanteur et la contrainte des systèmes d'action concrets viennent justement de la liberté des acteurs et non pas des données naturelles qui s'imposeraient à eux[5]. Et elles tiennent aux difficultés concrètes du changement et à l'impossibilité de prendre des décisions arbitraires efficaces dans ces ensembles de jeux structurés en dehors desquels il n'y a pas d'action sociale possible et qui constituent, en même temps, les seules occasions offertes aux hommes d'affirmer leur liberté.

II. RÉGULATION ET SYSTÈME

Essayons maintenant de donner une première définition du système d'action concret. Partons de l'idée générale selon laquelle un système est un ensemble dont toutes les parties sont interdépendantes, qui possède donc un minimum de structuration, ce qui le distingue du simple agrégat, et qui dispose, en même temps, de mécanismes qui maintiennent cette structuration et qu'on appellera mécanismes de régulation. Un système humain peut répondre à cette définition très large, tout aussi bien qu'un système physique Mais si l'on cherche à préciser, la différence s'affirme immédiatement.

Pour un système humain, les propositions générales d'interdépendance et d'homéostasie sont vraies seulement dans certaines limites. Le système humain, certes, maintient une certaine permanence, mais il se transforme et, surtout, il se transforme en s'adaptant. On peut parler, en

5. Cela permet de prendre une mesure plus juste des fameuses « pesanteurs sociologiques » constamment citées par les journalistes. Contrairement à l'utilisation qu'on en fait couramment, ce ne sont pas des données qui, de l'extérieur, s'imposent aux hommes. Ce sont, au contraire, des contraintes artificielles et fabriquées par les hommes eux-mêmes.

ce qui le concerne, de régulation, mais cette régulation, nous l'avons vu, n'est pas du même ordre que la régulation cybernétique. Un système humain, en effet, n'obéit pas à des règles très précises assorties de mécanismes automatiques de réajustement. Il se régule dans la mesure où il tend à revenir, pendant des périodes relativement longues, à l'équilibre que postule sa structuration. Il a donc des propriétés homéostatiques, mais n'est pas pour autant un système asservi.

De quel ordre alors est sa régulation ? C'est le problème central que pose son existence. On pense tout naturellement à deux grands types de mécanismes et de contraintes que l'on observe dans toutes les sociétés humaines. D'une part, un certain nombre de coutumes dégagées par le temps s'imposent aux acteurs d'un système. Leur transgression peut être sanctionnée de façon formelle ou informelle. Des organes spécialisés peuvent être éventuellement constitués pour prononcer ou imposer ces sanctions qui maintiennent les comportements dans des limites acceptables. D'autre part, des mécanismes automatiques, tels que ceux du marché, tendent à s'imposer, qui orientent les résultats des efforts de chacun, quels que soient ses objectifs particuliers, les résultats communs obtenus pouvant être graduellement intériorisés et discutés comme des buts[6].

Les coutumes peuvent être comprises comme des « règles du jeu », et les mécanismes d'ajustement mutuel comme le résultat même du jeu. Violence, coercition et manipulation ont beau se greffer fréquemment sur ces mécanismes primaires et tendre même à les remplacer, elles ne les obscurcissent jamais tout à fait. Elles faussent le jeu mais ne le suppriment pas.

Dans cette perspective, la proposition fondamentale que nous pouvons tirer de l'examen de nos cas, c'est que, dans les systèmes humains que nous appelons systèmes d'action concrets, la régulation ne s'opère, en fait, ni par asservissement à un organe régulateur, ni par l'exercice d'une contrainte même inconsciente, ni non plus par des mécanismes automatiques d'ajustement mutuel, elle s'opère par

6. On verra plus loin l'implication de cette particularité.

des mécanismes de jeux à travers lesquels les calculs rationnels « stratégiques » des acteurs se trouvent intégrés en fonction d'un modèle structuré. Ce ne sont pas les hommes qui sont régulés et structurés, mais les jeux qui leur sont offerts. A la limite, un système d'action concret n'est qu'un ensemble de jeux structurés.

Certes, la contrainte joue son rôle quand elle punit l'infraction aux règles du jeu ; mais elle ne détermine pas, en fait, directement le comportement, elle rend seulement possible le maintien du jeu qui, lui, l'oriente. Quand on croit la substituer au jeu lui-même, quand on croit pouvoir obtenir directement le résultat à partir d'une demande impérative ou d'ordres dits contraignants, outre que le risque est grand d'accroître l'inefficacité, on ne supprime pas le jeu, on ne fait qu'en transformer les données

Les mécanismes automatiques du marché, d'autre part, ne sont qu'un cas particulier de jeu non structuré. On peut évidemment considérer que les rapports des parties dans un jeu obéissent à une sorte de modèle d'ajustement mutuel analogue à celui qui prévaut dans le marché. Mais le rapprochement des deux modèles fait aussi apparaître que l'élément essentiel pour un système d'action concret, c'est sa structuration et la nature du ou des jeux qui s'y jouent. De ce point de vue, un marché économique est aussi un système d'action concret. Structuration des jeux d'un système et structuration de leurs rapports les uns avec les autres constituent l'expression de cette inégalité qui conditionne leurs résultats, mais sans enlever aux acteurs la possibilité de tenter leur chance[7]. Certes, chaque type de jeu, une fois connu, est susceptible d'une solution mathématique qui exprime, en quelque sorte, le caractère nécessaire du résultat de chaque type de jeu ou de l'ajustement mutuel se déroulant en son sein. Mais la régulation fondamentale du système, qui constitue en même temps sa caractéristique essentielle, s'est constituée

7. Comme nous l'avons montré pour des organisations, cette inégalité et la structuration qui la traduit en termes opérationnels sont la conséquence de la maîtrise différente que les acteurs peuvent avoir de sources d'incertitude pertinentes pour le fonctionnement de l'unité à l'intérieur de laquelle ils opèrent.

à travers le choix des modèles de jeux d'une part, des rapports entre ces jeux et de leur structuration d'autre part. Le marché pur et transparent n'existe pas ou ne peut être qu'un cas particulier de jeu non structuré.

Essayons maintenant de distinguer de façon plus précise un système d'action concret de ce qu'on appelle un système social en général. Un système social apparaît comme une donnée de fait, sinon comme une donnée naturelle, dans la mesure où on ne peut pas prouver son existence en appréhendant ses mécanismes de régulation. Certes, on peut faire des hypothèses sur ces mécanismes, mais elles sont toujours, ou bien partielles, ou bien très spéculatives et constituent le plus souvent des projections sur la réalité de modèles *a priori*.

Un système d'action concret, en revanche, est un système dont l'existence et le mode de régulation peuvent être démontrés empiriquement. Nous l'appelons, d'autre part, système d'action dans la mesure où on peut le considérer comme une solution aux problèmes de l'action collective, aux problèmes de l'interdépendance, de la coopération et du conflit.

Nous pouvons donc définir finalement un système d'action concret *comme un ensemble humain structuré qui coordonne les actions de ses participants par des mécanismes de jeux relativement stables et qui maintient sa structure, c'est-à-dire la stabilité de ses jeux et les rapports entre ceux-ci, par des mécanismes de régulation qui constituent d'autres jeux.*

De toute évidence — nous l'avons déjà amplement souligné —, les organisations répondent très bien à cette définition. Dans une première approximation, on dira donc un peu facilement que les organisations constituent une classe particulière de systèmes d'action concrets qui présentent des caractéristiques particulières : structuration plus forte, existence de buts plus clairs, formalisation de jeux autour de ces buts, conscience des participants de l'existence de ces buts et responsabilité partiellement assumée, au moins par des dirigeants, de certaines des régulations.

Ces caractéristiques, pour concrètes qu'elles puissent être, restent relativement floues. Il est difficile de faire la distinction, sauf à appliquer des critères juridiques simples correspondant au seul aspect de la formalisation.

De ce point de vue, on peut soutenir que les organisations se placent au bout d'un continuum de systèmes d'action concrets dont le degré de formalisation, de structuration, de conscience des participants et de responsabilité humaine assumée ouvertement dans les régulations peut varier de la régulation inconsciente du système d'action qui produit, par exemple, une mode vestimentaire à la régulation consciente d'une organisation parfaitement rationalisée.

Mais peu d'organisations atteignent ce degré limite. Quant aux autres systèmes d'action concrets, ils présentent tous les cas possibles entre le système où la régulation est inconsciente, celui où les participants en sont conscients et celui où ils acceptent qu'une responsabilité soit dégagée pour son gouvernement et les cas — ceux d'organisations — où conscience et responsabilité sont formalisées autour de buts clairs.

La difficulté du problème tient peut-être, en fait, à l'ambiguïté entre buts et résultats. Tout système d'action concret, quel que soit son degré d'organisation, obtient des résultats, ne serait-ce que le maintien du système lui-même, c'est-à-dire, plus concrètement, le maintien de la possibilité pour ses membres d'interagir en son sein [8]. Mais, dans la mesure où ces résultats sont publics, appréciables sinon mesurables, les participants vont s'efforcer en même temps d'agir sur eux, les prenant comme des enjeux, d'une part, les intériorisant comme des buts, d'autre part. Le passage du système d'action à l'organisation formalisée peut s'interpréter dans cette perspective comme le passage de la conscience du résultat à la mesure de celui-ci, à sa discussion et à sa transformation en but et à la structuration de l'ensemble des jeux autour de ces buts.

La distinction, il est vrai, n'est pas non plus encore très nette, même si elle nous permet d'avancer dans notre

---

8. Le système de relations industrielles et même aussi le système politico-administratif départemental français ont avant tout ce résultat.

interprétation. Une organisation, en effet, est toujours à la fois un système d'action concret aux régulations semi-conscientes et un ensemble « rationnel » structuré et finalisé. En fait, sa régulation plus contraignante permet à la fois de maintenir la possibilité de coopération, la prévisibilité des résultats et leur mesure, tout en laissant aux participants la liberté de poursuivre leurs buts personnels à travers le libre choix de leur stratégie dans les jeux qui leur sont imposés. Mais, en contrepartie, on découvre dans beaucoup de systèmes d'action concrets en voie de « finalisation » des éléments plus forts de contrainte liés à la découverte des résultats de son existence.

Ces distinctions ne sont pas seulement académiques. On peut constater, en effet, que, dans les sociétés contemporaines, un double mouvement est en cours qui rapproche systèmes d'action concrets en voie d'organisation et organisations : d'un côté, les acteurs des systèmes d'action tendent à devenir de plus en plus conscients et à prendre la responsabilité de la régulation du système et, de l'autre, les organisations devenant de plus en plus tolérantes reconnaissent leur existence en tant que systèmes d'action finalisés, et leurs dirigeants découvrent qu'en ajustant leurs interventions aux caractéristiques du système d'action concret sous-jacent, ils peuvent parvenir à une plus grande efficacité du point de vue de la finalisation de leurs activités.

III. SYSTÈMES D'ACTION CONCRETS ET THÉORIE DE L'ORGANISATION

En nous forçant à nous poser de façon concrète le problème de la régulation d'un ensemble humain organisé, l'analyse des systèmes d'action concrets nous permet de prendre de la distance par rapport à l'analyse des organisations et peut nous aider, de ce fait, à approfondir notre problématique.

Reprenons, pour bien comprendre, notre exemple du système d'action politico-administratif départemental, caractérisé, nous l'avons vu, par une structure de relations croisées et par un mode de gouvernement reposant sur des exceptions tendant à l'institutionnalisation. Ces caractéristiques, loin d'être singulières, ne permettent-elles pas d'envisager de manière nouvelle nombre de phénomènes, tant dans les organisations que dans les systèmes d'action concrets en général ?

Le premier problème est celui du contrôle croisé. Toutes les théories successives de l'organisation ont plus ou moins mis l'accent sur le phénomène, pour elles central, des rapports hiérarchiques. A la lumière de nos analyses de système, on peut se demander si cette orientation n'est pas en fait contestable. Nous avons été obnubilés par l'idéologie hiérarchique et nous avons admis *a priori* une équivalence parfaite entre autorité hiérarchique et contrôle social. Est-ce que, tout compte fait, une part non négligeable, peut-être prépondérante, des contrôles même dans les organisations industrielles n'est pas assurée par des phénomènes de relations croisées qui contraignent étroitement les joueurs sans qu'ils soient en situation de dépendance directe ?

Un second phénomène devrait être davantage considéré, c'est celui de la régulation par l'exception. Un système est organisé de telle sorte que c'est en réussissant à échapper aux règles qui gouvernent ses jeux fondamentaux que l'on peut participer à son gouvernement. Cette constatation appelle à repenser le rapport entre le formel et l'informel. Le raisonnement traditionnel à ce sujet, c'est que le formel structure le champ et que l'informel qui se développe dans les mailles du formel constitue une exception plus ou moins tolérable. Le second raisonnement, qui est celui des relations humaines, c'est que la vie réelle d'une organisation réside dans l'informel et que le formel n'est qu'une superstructure dont l'importance est faible. Un troisième type de raisonnement, que nous avons appliqué nous-mêmes pour l'analyse des organisations, consiste à considérer le formel comme une réponse aux pressions des chantages informels, comme un moyen de gouverner en structurant et stabilisant les jeux de pouvoir qui se constituent naturellement à partir des incertitudes des activités

communes. Ce raisonnement devrait, d'après cette analyse, être complété par le recours à une autre distinction.
Au lieu d'opposer seulement formel et informel, ne
devrait-on pas opposer aussi le jeu régulier qui comporte à
la fois une structure formelle et une vie informelle, et un
second jeu pour initiés qui se développe à partir du
premier, le jeu de l'exception à travers lequel se résout le
très difficile problème de l'articulation entre les différents
jeux. C'est par les failles de leur structuration « régulière »
que certains systèmes au moins se gouvernent et résolvent
leurs contradictions [9].

Cette réflexion, qui se développe naturellement pour les
sytèmes d'action concrets, nous semble tout aussi valable
pour des organisations classiques. Ne vaudrait-il pas la
peine, par exemple, d'étudier le gouvernement des grands
groupes industriels français actuels avec une telle problématique de départ ? Il paraît, en effet, assez vraisemblable
que, contrairement à toutes les théories classiques de
l'organisation et aux efforts des rationalisateurs à la Mac
Kinsey, ces grandes organisations ont un mode de régulation des entreprises qui la composent et que la réussite à ce
niveau tient à une utilisation intuitive, habile du jeu second
de l'exception à la règle.

Les exemples possibles d'utilisation du modèle de
contrôle croisé, par opposition au modèle hiérarchique,
sont innombrables. D'une certaine façon déjà, le jeu de

9. Ce raisonnement nous semble très éclairant pour résoudre
quantité de contradictions logiques qui apparaissent dans l'interprétation des problèmes que pose le gouvernement de grands ensembles ou
de sociétés. Il permettrait, par exemple, de comprendre comment
peut fonctionner le système japonais de jeux hiérarchiques fondé sur
la loyauté. Si, comme le prétend par exemple Chie Nakane, ce
système ne souffrait pas d'exception, aucun renversement d'alliances,
aucune novation ne serait possible ; le système serait fragile et aurait
une puissance d'intégration faible. Mais l'histoire montre que de telles
exceptions ont constamment lieu et que c'est autour de ces exceptions
que se constituent les mécanismes de régulation les plus déterminants
de la société japonaise. Certes, ces mécanismes, parce qu'ils paraissent des exceptions, sont difficiles et souvent secrets. Cela ne diminue
pas leur importance, tout au contraire. Cf. C. Nakane, *La Société
japonaise*, *op. cit.* (préface de M. Crozier).

l'atelier du Monopole industriel peut être considéré comme un modèle de contrôle croisé. Cette perspective nouvelle n'est pas simplement rhétorique. Elle permet de considérer le système de relations qui s'est cristallisé dans cette organisation comme une solution, beaucoup moins aberrante qu'il n'y paraît, au problème que posent intégration et contrôle social au sein d'un ensemble humain. Un autre exemple est fourni par les analyses de Fred Goldner sur le fonctionnement d'une grande entreprise américaine : le contrôle croisé, dans lequel sont engagées hiérarchies syndicales et hiérarchies de production, y explique l'influence considérable, apparemment « anormale », d'un département de relations industrielles eu égard à son pouvoir effectif de décision [10].

Deux remarques, enfin, pour terminer :

L'analyse des systèmes d'action, tout d'abord, permet de renouveler la discussion entre l'organisation système clos ou système ouvert. Il ne s'agit pas d'un problème ontologique. Aucune organisation, nous l'avons déjà dit, ne peut être totalement ouverte ou totalement fermée. Il peut être intéressant, d'un point de vue méthodologique, de considérer une organisation comme un système fermé ; mais il va de soi que cet artifice limite la qualité de l'interprétation que l'on peut donner de l'organisation comme un ensemble au sein de la société. Réciproquement, parler d'une organisation comme d'un système ouvert n'a de sens que si l'on est capable de mesurer le degré d'autonomie, c'est-à-dire de non-ouverture, de cette organisation. Ce degré d'autonomie ou de fermeture est un élément essentiel du système d'action concret qu'elle forme avec tous ses environnements pertinents. L'analyse des systèmes d'action apparaît donc comme le meilleur instrument pour comprendre et éventuellement mesurer ce degré de liberté du noyau organisationnel.

Le problème des catégories d'analyse de la recherche sociologique, en second lieu, nous paraît pouvoir être

10. Cf. F.H. Goldner, « The Division of Labor : Process and Power », *in* M.N. Zald, *Power in Organizations,* Nashville, Vanderbilt University Press, 1970, p. 97-143.

éclairé de façon intéressante par la problématique des systèmes d'action. Mieux encore, en effet, que l'analyse des organisations, l'analyse des systèmes d'action conduit à mettre en question les tabous catégoriels sur lesquels reposent beaucoup de nos « explications » sociologiques, celles d'ailleurs qui sont les plus largement diffusées, comme les catégories de classe ou éventuellement de fonctions.

Dans cette perspective, l'analyse des sytèmes d'action concrets, notamment dans son raisonnement stratégique de découverte, est un instrument particulièrement utile pour *obliger à rechercher et permettre de découvrir*, à travers le vécu des acteurs, *les vrais groupements et les vrais clivages* qui ne sont qu'éventuellement, et de façon à chaque fois problématique, les facteurs de classe ou de catégorie socioprofessionnelle. Une telle analyse, forcément distanciée des structures institutionnelles apparentes, et le degré d'abstraction plus grand auquel elle peut éventuellement aboutir, sont la condition d'une meilleure — et nous serions presque tentés de dire d'une vraie — compréhension des particularités du champ étudié. Elle repose sur le progrès conceptuel qui conduit à substituer le raisonnement sur les stratégies des acteurs, à l'intérieur d'un jeu à découvrir, aux explications par les facteurs dits sociologiques, progrès conceptuel qui consiste finalement à remplacer un raisonnement inévitablement déterministe par un raisonnement qui tire toutes les conséquences du caractère radicalement indéterminé de l'action sociale et des « cadres » à l'intérieur desquels elle se déroule.

IV. LES SYSTÈMES D'ACTION CONCRETS COMME INSTRUMENT DE CONTRÔLE SOCIAL

Les nécessités d'une analyse empirique sérieuse, qui oblige à postuler un minimum d'autonomie du phénomène étudié, nous ont amenés à négliger jusqu'à présent les problèmes du système social dans son ensemble.

Il nous resterait maintenant à reprendre le problème de l'interdépendance organisations-société et à en tirer des conclusions pour le fonctionnement du système social. Nous ne sommes pas encore en mesure de le faire dans le cadre de cet ouvrage. L'analyse des problèmes de l'ensemble social exige une autre démarche que celle que nous avons employée, puisque les phénomènes de structuration et d'intégration qui sont essentiels dans notre perspective ne peuvent y être, pour le moment, étudiés empiriquement ni même réellement appréhendés de façon concrète au plan de la société. Nous pensons, en conséquence, qu'il n'est pas encore temps de se livrer à cette confrontation qui opposerait actuellement des propositions encore spéculatives à des généralisations de résultats empiriques.

L'analyse des systèmes d'action concrets nous offre toutefois, dès maintenant, une voie de recherche extrêmement utile pour préparer une étude plus objective et plus concrète de ces problèmes. Les systèmes d'action concrets représentent, en effet, des moyens d'action tout à fait décisifs dans l'ensemble social. Ils constituent le contexte le plus immédiatement pertinent des organisations et incarnent une bonne partie du « contrôle social » exercé au sein du système social. Sans permettre de répondre, bien sûr, à la question d'ensemble que nous venons de refuser, ils offrent néanmoins une première piste de réflexion sur laquelle nous voudrions maintenant attirer l'attention.

Avant d'aller plus loin, une remarque s'impose et, avec elle, un retour en arrière. Le problème qui en fait se trouve posé est, en effet, le problème des rapports entre la microsociologie d'orientation expérimentale, ou au moins empirique, et la macrosociologie vouée par la force des choses à des modes de connaissance moins rigoureux.

Ce problème a été généralement discuté, à notre avis, dans des termes ou trop étroits ou trop larges de méthode ou de philosophie scientifiques, alors qu'il peut être abordé de façon plus féconde comme un problème de stratégie de recherche. Ce que l'on cherche à déterminer en fait, c'est d'abord, par exemple, jusqu'à quel point on peut avoir le droit d'ignorer le contexte macrosociologique quand on fait une étude expérimentale de groupe — c'est le problème posé en termes étroits de méthode —, et c'est ensuite — problème plus large, trop large de philosophie scientifique — jusqu'à quel point on peut extrapoler à l'ensemble des conduites sociales les conclusions d'expériences de petit groupe. Ainsi posés, ces problèmes nous semblent à la fois insolubles et finalement peu pertinents. Il est bien évident qu'on n'a pas le droit d'extrapoler du petit groupe à l'ensemble du système social, mais qu'on ne peut manquer de le faire, parce que c'est bien là l'intérêt essentiel de l'étude des petits groupes. Il est bien évident aussi que les précautions prises pour assurer la pureté méthodologique des expériences que l'on réalise sont de moins en moins rentables au-delà d'un certain seuil pratique et que, de toute façon, elles n'ont aucune importance du point de vue des possibilités de généralisation.

D'un point de vue stratégique de recherche, au contraire, il nous semble, d'une part, que ces travaux et les extrapolations auxquels ils ont donné lieu ont eu à un moment donné une importance décisive, malgré toutes les critiques de logique scientifique qu'on peut leur faire ; mais, d'autre part, aussi, qu'ils ont pu perdre une grande partie de leur intérêt pour la sociologie, car ils ne peuvent plus, dans le cadre du paradigme dominant, nous apprendre grand-chose sur le système social.

Pourquoi ? Parce que, jusqu'à présent, les découvertes faites dans le cadre des expériences de petit groupe avaient l'utilité de mettre en cause le modèle de raisonnement grâce auquel on expliquait le fonctionnement des institutions sociales. Mais, à partir du moment où le problème devient la constitution d'un mode de raisonnement nouveau, les procédés qui sont utilisés par l'extrapolation revêtent une importance cruciale. Or ces procédés sont fondés — et ce n'est pas un hasard — sur des modèles totalement inadéquats [11].

Prenons pour être concret le modèle le plus répandu, et qui est généralement implicite, à partir duquel on a tendu à

---

11. Nous affirmons que ce n'est pas par hasard, dans la mesure où la généralisation des découvertes de la psychologie sociale s'opère en suivant le modèle de raisonnement déterministe prédominant.

généraliser les intuitions et les découvertes de Kurt Lewin, de ses associés de l'école de Michigan et de leurs successeurs, par exemple en matière de leadership permissif[12]. Ce modèle est un modèle que l'on pourrait appeler homologique, dans la mesure où l'on postule, qu'il y a homologie, ou qu'il pourrait ou devrait y avoir homologie, entre le style de leadership de tous les niveaux hiérarchiques d'une organisation et entre les différentes institutions d'une société. La démonstration de la supériorité du leadership permissif a pu être généralisée et servir de fondement à toute une politique de formation et d'intervention, dans la mesure où l'on acceptait ce postulat d'homologie. Or l'analyse des organisations et des systèmes d'action concrets le met radicalement en question. Non seulement des styles différents de leadership peuvent coexister dans le même système d'action, mais il semble que les différences et oppositions que l'on constate ne se sont pas développées par hasard mais constituent des instruments de gouvernement. Ce qui ne signifie pas que Lewin avait tort, mais que la limite de validité de sa découverte n'est pas de la même nature que celle-ci ou, en d'autres termes, que le problème que pose sa généralisation et son application n'est ni un problème de méthode ni un problème de logique scientifique générale, mais requiert, pour être correctement posé, une connaissance empirique nouvelle d'une autre nature, celle des modes d'intégration et de régulation des ensembles sociaux.

George Homans, dans un effort beaucoup plus conscient de systématisation, a proposé un modèle plus explicite qui est celui de l'interactionnisme. Pour lui, on peut reconstruire tout l'ensemble social à partir des règles extrêmement simples que l'analyse des petits groupes et l'observations des interactions humaines permettent d'établir[13]. La

12. On pourra se rapporter, par exemple, à l'ouvrage de R. Likert, dans lequel ces modes de raisonnement sont relativement clairs, du fait du très remarquable effort de l'auteur pour réfléchir sur l'utilisation pratique des résultats des recherches du groupe. Cf. R. Likert, *New Patterns of Management,* New York, McGraw Hill, 1961.

13. Cf. G.C. Homans, *The Human Group,* New York, Harcourt Brace, 1950.

construction ne manque pas d'intérêt, mais seulement dans la mesure où elle montre bien à quels paradoxes on peut aboutir en ramenant l'ensemble d'une réalité complexe à l'application de quelques principes simples, apparemment évidents. Elle est non seulement très peu explicative, mais, même dans sa pauvreté, elle aboutit à des propositions manifestement démenties par les faits.

Les recherches d'ordre macrosociologique, d'autre part, ne nous semblent pas non plus, pour le moment, les plus porteuses du point de vue d'une bonne stratégie de recherche. Pourquoi ? Parce qu'elles manquent, elles aussi, ce problème crucial de l'intégration et de la régulation des conduites et ne permettent de tirer parti ni de la microsociologie ni de toutes les connaissances empiriques qu'elles accumulent sur les attitudes et comportements individuels dans les très grands ensembles sociaux ou dans les sociétés.

Pour pouvoir utiliser ces connaissances, comme d'ailleurs pour pouvoir procéder à l'extrapolation de tout résultat d'ordre microsociologique, on est obligé, en effet, de recourir à un raisonnement déterministe qui, pour habituel qu'il nous soit devenu, n'en est pas moins hautement contestable. Tout d'abord, parce qu'il est fondé en fait sur l'utilisation de catégories abstraites [14], comme le classement socioprofessionnel, l'éducation, le revenu ou même l'âge, qui sont des catégories beaucoup plus contingentes qu'il n'y paraît [15]. En second lieu, parce qu'on n'a pas le droit d'inférer un déterminisme causal, ou même simplement prédictif, à partir de la constatation d'une certaine régularité statistique. On accepte ces déterminismes, en fait très vagues, tout simplement parce qu'on suppose que le champ n'est pas structuré et que la corrélation que l'on constate ne peut être due nécessaire-

14. Nous l'avons déjà dit : une catégorie, comme la catégorie socioprofessionnelle ou une catégorie de revenus, ne constitue jamais ou presque jamais un groupe, une organisation ou même un système d'action concret, pouvant être considéré comme un ensemble capable d'agir ou même de provoquer par sa simple existence un résultat.
15. Nous avons déjà souligné le caractère contingent de ces catégories. Cf. *supra,* nos discussions dans le chapitre sur la stratégie, p. 41-46.

ment qu'à un lien de causalité directe entre les phénomènes [16]. Or, cette causalité n'est jamais directe : elle est
liée à — et médiatisée par — la structuration spécifique du
champ qui ne peut manquer d'orienter les conduites, même
si c'est, comme nous avons essayé de le montrer, de façon
non déterministe.

On reconnaîtra d'ailleurs qu'à ce degré de généralisation, la critique du raisonnement macrosociologique est
exactement la même que celle que nous portions à l'encontre du raisonnement microsociologique en ce qui concerne,
du moins, l'extrapolation de ses résultats. C'est parce que
le champ n'est pas neutre que l'on ne peut inférer de la
constatation de la supériorité du leadership permissif dans
des expériences de groupe une proposition générale sur le
gouvernement des ensembles humains, pas plus qu'on ne
peut inférer de la constatation d'attitudes plus libérales ou
de comportements de vote plus conservateurs chez les
catégories socioprofessionnelles les plus élevées que l'appartenance à cette catégorie constitue un facteur causal
permettant d'expliquer ou même de prédire l'un ou l'autre
fait. Cela n'est ni vrai ni faux en soi : tout dépend de la
structuration du champ en question, c'est-à-dire de la
nature et des règles des jeux dans lesquels les acteurs sont
engagés.

La mise en évidence de la structuration du champ qui
permet de mettre en question cette causalité à la fois trop
lourde et trop vague est au fond la contribution essentielle
que l'analyse des organisations et des systèmes peut
apporter à la théorie sociologique. Elle a tout d'abord, une
signification négative critique, puisqu'elle fait apparaître le
caractère aléatoire et surtout *médiatisé* de ces grands
déterminismes généraux, de ces « conditionnements » et
« pesanteurs » dans lesquels nous avons trop tendance à
nous enfermer. Elle pourra aussi voir une signification
positive dans la mesure où elle permettra de substituer une

16. Cela correspond à une critique fondamentale que nous avons
formulée à l'égard de la *contingency theory*. A cet égard, l'utilisation
de procédés multivariés, d'analyses factorielles ne change rien. Elle
complique le schéma d'interprétation, mais ne change pas le mode de
raisonnement.

causalité nouvelle à la causalité ancienne. Elle a, de toute façon, pour le moment, une valeur décisive pour la stratégie de la recherche, dans la mesure où elle nous offre une nouvelle problématique, celle de l'*intégration* et de la *régulation* des conduites et des activités humaines, fondée sur des instruments d'analyse et sur un mode de raisonnement nouveau et, dans les limites de nos connaissances actuelles, efficace.

Qu'on nous entende bien ! Il ne s'agit pas de prétendre imposer un nouveau réductionnisme qui permettrait de comprendre l'ensemble des rapports sociaux à partir du fonctionnement des organisations ou même des systèmes d'action plus larges. Nous sommes bien persuadés que l'on ne peut pas davantage extrapoler de l'organisation à la société qu'on ne pouvait extrapoler du groupe à l'organisation. Ce que nous suggérons, c'est que le phénomène organisation et le phénomène système d'action sont désormais, et pour un certain temps, des phénomènes centraux pour la recherche en sciences sociales dans la mesure où celle-ci bute essentiellement sur le problème de l'intégration des conduites et que c'est autour de ces phénomènes qu'on peut le mieux comprendre empiriquement comment effectivement les hommes parviennent à résoudre un tel problème. C'est de la même façon que, pendant une assez longue période, l'étude du petit groupe a pu apparaître la plus novatrice parce qu'on butait alors sur le problème de la relation [17].

Dans la conjoncture actuelle, toutefois, l'apport de cette nouvelle connaissance n'est pas seulement d'ordre analogique et problématique, elle commence à présenter quelques traits directement empiriques.

Expliquons-nous. Comprendre comment les hommes coopèrent entre eux au sein d'une organisation nous permet de développer des propositions importantes sur la

17. Même si la recherche expérimentale sur les groupes ne constituait qu'une faible partie de l'effort de recherche, c'est le paradigme relationnel qui dominait toute la sociologie, et ce paradigme était profondément marqué par la recherche sur les petits groupes. L'application des sciences sociales à la pratique — le meilleur test à notre avis — était, elle, complètement déterminée par ce modèle de raisonnement.

façon dont peuvent se résoudre les problèmes d'intégration dans des ensembles complexes et sur la façon dont de tels ensembles se régulent. Ces propositions sont éclairantes et très suggestives pour alimenter une réflexion sur les systèmes sociaux et sur la société en général, mais elles ne peuvent, en aucune manière, être étendues ou extrapolées comme des lois s'appliquant à de tels ensembles. Nous devons absolument nous en servir tout en essayant de nous garder des erreurs auxquelles nous conduira nécessairement le penchant irrésistible (et d'ailleurs naturel) de tout chercheur à généraliser. En revanche, à côté de cette contribution « analogique » et « problématique », une autre contribution est déjà, cette fois, possible dans la mesure où un certain nombre de processus d'intégration ou de régulation concrets, sur lesquels on a l'habitude de discuter au plan macro-sociologique, sont au moins partiellement assurés par des systèmes d'action concrets que l'on peut empiriquement analyser.

Il semble un peu vain — pour ne prendre que cet exemple — de discuter du rôle des élites en général et de la stratification sociale, à partir de schémas logiques et à partir de la constatation de faits statistiques comme la probabilité de l'occupation de certains postes en fonction de l'origine sociale, alors que les problèmes que posent la naissance et la constitution d'une élite, d'une part, son influence, de l'autre, peuvent être étudiés de façon empirique à travers l'analyse de systèmes d'action concrets.

Le système d'action concret que constitue, non point les grandes écoles comme instrument de formation ou même de sélection, mais chaque phénomène grande école comme réseau d'influence multiforme est, de ce point de vue, tout à fait exemplaire pour la société française. Il ne s'agit pas seulement et étroitement de reproduction [18], mais d'un

18. Les travaux publiés par P. Bourdieu et son équipe sont, pour le moment, tout à fait insuffisants de ce point de vue. Ils ressortissent toujours de la vieille problématique déterministe dont Bourdieu lui-même a présenté une sorte de caricature involontaire dans son dernier livre. Cf. P. Bourdieu et J.-C. Passeron, *La Reproduction,* Paris, Minuit, 1973. Pour une bonne critique, cf. parmi d'autres : F. Bourricaud, « Contre le sociologisme. Une critique et des propositions », *Revue française de sociologie,* supplément 1975, p. 583-603.

processus d'intégration et de régulation de certaines des activités les plus décisives pour le développement de la société[19]. Il s'agit d'un instrument de *contrôle social* relativement efficace et relativement bien accepté dans une société comme la nôtre, bien qu'il n'ait guère d'équivalent dans aucune autre société avancée[20].

L'étude des systèmes d'action concrets est, certes, difficile. En fait, elle n'est jamais achevée. Elle ne répond, d'autre part, que partiellement à la question plus fondamentale du « contrôle social » au sein d'une société, puisque d'autres formes de contrôle social coexistent avec celles plus immédiatement perceptibles que nous analysons. Il est bien évident, et nous ne le nions pas, que d'autres formes de pression et de contrainte s'exercent sur les membres d'une société : interdits religieux ou moraux, charismes de leaders ou simplement personnages à la mode, habitudes et coutumes, formes de raisonnement et outils intellectuels, entre autres influences qui viennent à l'esprit. Le contrôle social exercé à travers le fonctionnement d'un système d'action concret n'est donc certainement pas le seul. Nous ne pouvons même pas bien mesurer son importance par rapport à d'autres formes. Mais le fait qu'on puisse en démonter les mécanismes nous semble d'une très grande importance, car c'est à partir de son analyse que l'on pourra, croyons-nous, poser en termes empiriques le problème de ces autres formes pour lesquelles nous sommes encore incapables de percevoir le système d'action concret à l'intérieur duquel elles agissent.

En d'autres termes, nous pensons que, contrairement aux apparences, ce n'est au niveau ni du mécanisme de

19. Pour l'amorce d'une telle analyse, cf. J.-C. Thoenig, *L'Ere des technocrates, op. cit.,* pour le corps des Ponts et Chaussées ; E. Friedberg et D. Desjeux, « Fonctions de l'Etat et rôle des grands corps », *art. cit.,* pour le cas du corps des Mines. Ajoutons, pour éviter tout malentendu, qu'il ne s'agit pas ici d'une quelconque apologie du système des grands corps que nous avons nous-même critiqué très vivement. Il s'agit simplement de souligner la possibilité d'étudier de tels phénomènes comme des systèmes d'action concrets.

20. Sauf peut-être au Japon, dans des conditions, il est vrai, très différentes.

base, la relation d'autorité ou d'influence, ni du résultat final, l'ordre social, qu'il faut chercher une explication, mais dans l'entre-deux des organisations et des systèmes d'action concrets dans lesquels le contrôle social s'exerce, c'est-à-dire devient opératoire. Car on peut penser — nos exemples empiriques le suggèrent — que les organisations et les systèmes d'action concrets, en tant que mode de régulation spécifique et relativement autonome des activités collectives des hommes, *médiatisent* toujours, c'est-à-dire biaisent et aménagent, ces autres formes de rationalité et de contrôle social, et, ce faisant, cassent l'homogénéité du champ sociétal en y introduisant ruptures, discontinuités, incohérences. D'où leur importance décisive pour la recherche.

Si l'on prenait l'image, parfois employée pour les organisations, de la courroie de transmission entre la société globale et le groupe primaire, notre conclusion serait, finalement, que la courroie de transmission est en matière sociale plus importante que le moteur.

Les rapports entre maire et conseillers municipaux, par exemple, sont des rapports profondément inégalitaires, non pas prioritairement à cause du droit ou même des mœurs, certainement pas parce que le conseil ne peut pas s'autogérer, mais parce que la structuration du champ politico-administratif départemental est telle — c'est bien le résultat de notre analyse — que la stratégie la plus rationnelle pour le maire, le conseil et les habitants de la commune est, pour le maire, de prendre personnellement l'entière responsabilité du rapport avec les autorités publiques et, pour le conseil et les habitants, de la lui laisser, ce qui donne le jeu inégal que nous avons constaté et entraîne des relations d'autorité et de dépendance qu'il faut gérer d'une certaine façon.

C'est un tel raisonnement qui permet de mieux comprendre les difficultés pratiques et théoriques de l'autogestion. Celle-là est fondée, du moins dans sa visée actuelle « vulgarisée », sur deux raisonnements dont nous avons montré tour à tour les limites : d'abord, le raisonnement homologique selon lequel tout ce qui se passe dans la cellule de base est extrapolable à l'ensemble du système formé de toutes les cellules qui le constituent, ensuite le raisonnement fondamentaliste selon lequel le niveau le plus profond, la cellule de base, commande tous les autres. Ces deux raisonnements échouent sur le fait fondamental que le champ dans lequel opèrent les cellules n'est pas neutre mais structuré et que, s'il est possible de constituer un champ autrement structuré, il n'est pas possible de constituer un champ sans structuration. C'est la structuration du champ qui offre contrainte et ressources à partir desquelles les membres d'une cellule élaborent le jeu qui constituera leur gouvernement. Ce jeu ne pourra pas ne pas être profondément marqué par les différences entre participants qui naissent du fait de leurs inégalités personnelles et sociales devant la structuration générale du champ. Une autre contrainte peut partiellement les compenser mais comporte un certain coût. Elle n'est d'ailleurs efficace que si elle porte sur la structuration du champ. La clef est effectivement au niveau des courroies de transmission [21].

V. LA NOTION DE SYSTÈME ET LES PROBLÈMES DE DÉCISION ET DE CHANGEMENT

Une vision hâtive et un peu abstraite des théories sociologiques a tendu à opposer une orientation systémique, fondée sur l'analyse des interdépendances et des régulations qui constituent les contraintes du présent, à une orientation évolutive, fondée sur l'observation des changements, la dynamique des mouvements sociaux ou l'analyse des crises [22].

Rien ne serait plus faux. L'utilisation de modèles struc-

---

21. Nous reviendrons sur ces problèmes à la fin de cet ouvrage, chap. XV.
22. Pour une théorie générale des mouvements sociaux, on lira, naturellement en langue française, d'A. Touraine, notamment, *La Production de la société,* Paris, Seuil, 1973. Pour l'étude des crises, on lira les premiers essais de crisologie d'E. Morin, et notamment « Pour une crisologie », *Communications,* n° spécial 25, 1976.

turo-fonctionnalistes a souvent conduit, il est vrai, à des vues exagérément statiques des sociétés. Mais tel n'est pas du tout le cas avec l'analyse des systèmes d'action concrets dont nous avons souligné le caractère contingent et non naturel. De telles analyses sont, au contraire, des préalables indispensables à toute étude sérieuse des problèmes de changement, car il n'est pas possible de parler d'un changement sans savoir exactement sur quoi il porte. Or, les changements qui intéressent les chercheurs sont naturellement, avant tout, les changements du système social, de son mode de structuration comme de ses moyens de gouvernement et des possibilités de liberté ou d'égalité qu'il offre de ce fait aux hommes. Ces changements ne prennent leur sens qu'à l'intérieur de systèmes d'action concrets. On devrait même ajouter qu'ils ne s'accomplissent eux-mêmes que grâce à l'intervention d'un autre système d'action concret. Un mouvement social est avant tout un système d'action concret. Une crise elle-même se comprend mieux quand on a réussi à délimiter les systèmes qu'elle affecte et à comprendre comment ces systèmes s'étaient jusqu'à présent régulés.

De la même façon qu'elle nous permet de poser le problème du changement en termes plus réalistes, la notion de système d'action concret peut nous permettre aussi de mieux poser le problème pratique et théorique que constitue la décision.

Une décision est, en effet, toujours le produit d'un système d'action concret, que ce soit une organisation ou un système organisé, que ce soit un système d'action stable ou un système temporaire élaboré pour la circonstance. Aucune décision ne peut être considérée comme rationnelle en soi, elle n'est rationnelle que par rapport au système d'action qui la produit [23]. L'analyse des systèmes d'action doit donc nous permettre d'apporter une contribution à la théorie de la décision comme à la théorie du changement. En retour, la réflexion sur le changement

---

23. Nous ne parlons pas ici — répétons-le — d'une quelconque rationalité du système, mais d'une rationalité *dans* le système, c'est-à-dire rapportée aux conditions structurelles des jeux qui le constituent.

comme la réflexion sur la décision vont nous permettre de prendre un peu de distance et de perspective par rapport à nos premières propositions et de les approfondir.

C'est à cette tâche que nous allons consacrer les deux prochaines et dernières parties de notre ouvrage.

QUATRIÈME PARTIE

Les problèmes
de la décision

10

Le problème de la rationalité
des décisions

I. POURQUOI Y A-T-IL PROBLÈME?

Il est paradoxal, à première vue, qu'une approche pragmatique, comme l'analyse organisationnelle ou systémique, ait beaucoup moins d'audience auprès de dirigeants qui se piquent de réalisme qu'une approche aussi abstraite et qui s'applique aussi mal à la réalité que l'approche décisionnelle.

Le succès de l'approche décisionnelle s'explique par ses grands avantages psychologiques : se plaçant du point de vue de l'acteur en dehors des contraintes du système, elle flatte l'illusion de liberté[1] de son client, alors que l'approche systémique, elle, n'a pas de client puisqu'elle ne s'adresse à personne, personne ne pouvant s'identifier au système. L'approche décisionnelle, d'autre part, a le mérite de la simplicité et d'une très grande force logique, tandis que toute analyse de système est tenue à la complexité et aux nuances. En conséquence, elle constitue un langage commode qui permet de communiquer sans mettre en cause les sentiments et les arrière-pensées de chacun.

Il reste que, même parmi nos décideurs actuels, on ne peut employer uniquement le mode de raisonnement décisionnel longtemps, sous peine de s'égarer tout à fait dans l'abstraction. Un tel mode de raisonnement, en effet, privilégie l'action sur la compréhension, transforme cons-

---

1. La valorisation du « décideur » libre est un des traits les plus caractéristiques de la gestion actuelle de nos activités collectives.

tamment tous les éléments de calcul et, pour y parvenir, les décompose et les dépossède de leur dimension systémique de manière à pouvoir leur assigner des valeurs objectives et les réordonner ensuite en fonction d'un meilleur agencement de moyens. Les calculs ont beau être impeccables, si les données sur lesquelles on travaille reposent sur une analyse insuffisante, le résultat peut être désastreux.

Tant que l'on demeure dans le cadre d'un domaine connu et relativement stable, le problème ne se pose pas vraiment, car on peut calculer directement la valeur de ces éléments à partir de paramètres déjà « testés » dans la pratique. Mais, dès que l'on s'aventure en terrain inconnu ou dès que l'on s'attaque à un ensemble trop complexe, le problème des relations et de l'effet système devient crucial. C'est ce qui explique la part prépondérante prise par l'analyse dite de système dans les techniques modernes, comme le PPBS et la RCB. Le problème alors devient le problème du passage entre la logique de calcul des choix, d'une part, la connaissance et le raisonnement systémique qui la fonde, d'autre part. Trois solutions sont possibles :

La première est la solution prédominante, qui est totalement empirique. Elle consiste à accepter la logique rationnelle de la décision, mais à reconnaître ses limites de validité, à adopter des tolérances empiriquement fixées pour ses ajustements, à renvoyer du côté des valeurs et des objectifs toute la pression de l'environnement qui contredit l'autonomie du décideur. On accepte, enfin, qu'innovation, élargissement ou approfondissement du champ sur lequel on raisonne échappent au domaine du calcul. On en retrouvera les conséquences quand le champ sera à nouveau ordonné.

La seconde solution est plus ambitieuse. C'est la solution des méthodes nouvelles d'analyse des choix. Ces méthodes visent à intégrer la compréhension du problème et le calcul du choix. L'analyse de système délimite le champ et définit le problème et ses paramètres. Un découpage, d'ailleurs difficile et contestable en programme et sous-programme, permet, à partir de ce balisage, de parvenir à des problèmes simples dont les paramètres sont mesurables et dont les solutions peuvent être testées par des mesures coûts-avantages.

Aaron Wildavsky a fait justice des ambitions irréalistes de ces méthodes qui tendent inévitablement au réduction-nisme[2]. Il est inutile et dangereux de lier l'analyse de système au calcul coûts-avantages, car on tend ainsi à réduire la réflexion à sa part la plus arbitraire, le découpage des éléments d'action. L'analyse de système que l'on utilise d'ailleurs est généralement une analyse non sociologique qui ne fait pas entrer en ligne de compte l'autonomie des agents humains et les caractères contingents de leurs jeux.

Une troisième solution serait possible, et c'est celle que nous allons essayer d'explorer. Elle consisterait à relativi-ser la décision et le mythe du décideur et à trouver des moyens rationnels de passer de la rationalité du système à la rationalité de l'acteur.

Cet objectif implique une nouvelle réflexion sur la rationalité que nous allons essayer de reprendre à partir des quelques auteurs qui ont abordé le plus directement ce sujet. Aucun d'entre eux, il importe de le relever, n'est venu de la sociologie. Les problèmes posés pourtant sont, nous semble-t-il, avant tout des problèmes sociologiques, et nous voudrions discuter, pour terminer, la contribution qu'une démarche proprement sociologique pourrait appor-ter.

II. RATIONALITÉ A PRIORI
ET RATIONALITÉ A POSTERIORI :
LES CRITIQUES DE CHARLES LINDBLOM

La première grande controverse, et la plus profonde, que le mode de raisonnement décisionnel ait provoquée est celle qu'a suscitée la discussion du problème des politiques

2. Cf. A. Wildavsky, *Revolt against the Masses and Others Essays on Politics and Public Policy,* New York, Basic Books, 1971 ; et A. Wildavsky et H. Pressman, *Implementation,* Berkeley, University of California Press, 1974.

publiques. On voit bien pourquoi ! Alors que, pour les
décisions privées, on peut facilement — au moins dans
l'abstrait — considérer que la rationalité d'une décision se
juge par rapport aux objectifs du décideur, il apparaît
difficile qu'une politique publique ne soit pas appréciée en
fonction d'un intérêt général dont l'administrateur ou le
politique responsables ont la charge, mais dont ils ne
peuvent trancher *a priori*. Mais si la rationalité d'une
décision n'est plus claire et univoque, il devient beaucoup
plus difficile de maintenir le modèle rationnel.

La théorie démocratique classique nous fournit bien une
réponse, puisqu'elle donne au souverain législateur, avec la
responsabilité d'affirmer la volonté générale, le soin de
déterminer la légitimité et la rationalité de toute politique
publique. Mais l'analyse des pratiques de gouvernement et
des pratiques administratives nous montre que l'application
de la théorie n'est pas facile. Les actes législatifs sont des
compromis dont l'interprétation peut laisser beaucoup de
latitude. Les intentions du législateur peuvent prêter à
discussion, et surtout dans chaque cas concret, ou pour
chaque mission, des intérêts légitimes, consacrés par la loi,
sont directement ou indirectement en opposition, occasion-
nant conflits et blocages administratifs et juridiques. D'où
l'impression d'irrationalité que suscitent les activités publiques.

C'est le grand mérite de Charles Lindblom d'avoir su
montrer que, derrière cette apparente irrationalité, une
autre logique se développait, tout aussi respectable après
tout que la première, et que les arrangements administratifs et politiques dans lesquels semblait se dissoudre la
rationalité *a priori* de l'action publique obéissaient à une
rationalité *a posteriori*, finalement plus humaine et plus
efficace que la première.

Déjà, dans un article célèbre publié en 1959, « The
Science of *Muddling Through*[3] », il montrait :

1. qu'aucun administrateur ne peut appliquer sérieuse-

3. C.E. Lindblom « The Science of *Muddling Through* », *Public
Administration Review*, vol. 19, printemps, 1959.

ment la méthode rationnelle incarnée à l'époque par la recherche opérationnelle ;

2. qu'il pratique instinctivement une méthode de comparaison à la marge entre deux branches d'alternative empirique, tous fins et moyens confondus ;

3. qu'il est heureux et sage qu'il agisse de cette manière, car une telle méthode comporte moins de risques et s'avère beaucoup plus éclairante que la méthode rationnelle.

Dans un ouvrage bref, mais extrêmement systématique, publié en 1965, Lindblom élargissait sa réflexion à l'ensemble des processus de décision et s'attachait à démontrer la supériorité logique du modèle d'ajustement *a posteriori,* ce qu'il appelle l'ajustement mutuel partisan, sur la rationalité *a priori,* qu'il appelle modèle synoptique [4].

Le modèle synoptique serait, bien sûr, supérieur si l'on avait toutes les informations, s'il n'y avait pas d'ambiguïté dans les objectifs, si tous les participants partageaient les mêmes valeurs, si les ressources étaient également disponibles. Mais tel n'est pas et ne peut jamais être le cas. Il est tout d'abord impossible de réunir toutes les informations *a priori,* il est même vain de le vouloir. Ce sont les pressions, contre-pressions et négociations qu'impose l'ajustement mutuel partisan qui les feront sortir dans l'action. Les objectifs, d'autre part, sont nécessairement pour partie au moins ambigus, parce que nous vivons dans un monde complexe dont les problèmes mettent en question beaucoup d'éléments incertains et beaucoup de partenaires aux intérêts contradictoires. Cette ambiguïté perturbe l'application du modèle synoptique, mais s'accommode parfaitement de l'ajustement mutuel partisan. Les parties peuvent mettre en œuvre une politique dont les objectifs initiaux sont ambigus et même contradictoires. Vouloir clarifier à l'avance les objectifs rendrait l'accord impossible. L'expérience de la mise en œuvre pourra permettre de trouver les solutions nécessaires. Dans un monde où les innombrables partenaires différents de toute action ne partagent pas les

4. Cf. C.E. Lindblom, *The Intelligence of Democracy*, New York, Free Press, 1965 ; cf. également M. Olson, *The Logic of Collective Action, op. cit.*

mêmes valeurs et où ces valeurs doivent être respectées, l'accord sur les politiques pratiques qui ne met pas en cause les valeurs est beaucoup plus facile que l'accord sur les fins de l'action. C'est par les moyens que l'on progresse et par l'expérience que leur mise en œuvre apporte. Enfin, les ressources ne sont pas stables, l'action fait surgir des ressources nouvelles tandis que s'épuisent les ressources sur lesquelles on comptait. L'expérimentation permet à la fois de mieux voir le problème et de découvrir les ressources pour le résoudre. Or, l'ajustement mutuel permet d'expérimenter ce que la méthode synoptique ne permet pas.

On retrouvera tout naturellement dans cette argumentation complexe et sophistiquée, que nous résumons brièvement, le raisonnement fondamental d'Adam Smith sur la main invisible du marché qui guide les concurrents vers l'intérêt général, quand ils croient seulement poursuivre leur intérêt particulier. Face au modèle de la souveraineté populaire imposant la loi commune qui présuppose une logique rationnelle idéale impossible à atteindre, Lindblom nous présente, pour la gestion des activités collectives, un modèle de marché qui accepte et justifie toutes les complications et difficultés qui impatientent l'administrateur[5]. C'est le modèle de la démocratie pluraliste dont l'appareil gouvernemental n'est là que pour maintenir les règles indispensables à l'ajustement mutuel de toutes les parties.

La démonstration de Lindblom est impeccable. Elle laisse toutefois aussi mal à l'aise que le schéma classique du modèle rationnel. Tous ses arguments doivent être effectivement pris en considération. Mais le cadre dans lequel ils sont développés et l'objectif pour lequel ils sont utilisés ne nous paraissent pas adéquats.

D'un côté, leur valeur est beaucoup plus large que le problème des politiques publiques. C'est l'ensemble des

---

5. Dans cette même veine, un certain nombre d'auteurs américains ont développé, avec plus ou moins d'humour, des paradoxes beaucoup plus aventureux. Comme, par exemple, T. Schelling, dans une démonstration de l'utilité de la corruption. Cf. T. Schelling, « On the Ecology of Micromotives », *The Public Interest,* n° 25, 1971, p. 59-99.

activités organisées des hommes qui tombe sous leur critique. On peut tout aussi bien mettre en question le modèle synoptique pour le gouvernement d'une entreprise, pour l'exploitation d'un marché, pour la gestion d'un hôpital ou pour l'organisation d'une école. En revanche, pour toutes ces activités, comme aussi bien pour les politiques publiques, modèle synoptique *a priori* et modèle par ajustement *a posteriori* ne s'appliquent jamais ou presque jamais à l'état pur. La plupart des expériences que nous pouvons analyser sont des mixtes où la rationalité *a posteriori* vient en général corriger les erreurs du modèle synoptique, mais où il arrive souvent que des impositions de rationalité *a priori* de type synoptique apparaissent indispensables pour ordonner ou réordonner la confusion, l'anarchie et les injustices d'ensembles trop longtemps livrés uniquement à la rationalité du modèle d'ajustement mutuel partisan.

Si l'existence de ces mixtes peut être invoquée à juste titre contre le *credo* rationnel dominant, elle peut tout aussi bien être utilisée contre l'institution du modèle *a posteriori* comme un autre *credo*. Il reste, d'autre part, enfin à se demander pourquoi ce modèle synoptique peut, malgré une telle impuissance logique, continuer à s'imposer universellement dans les esprits et même conquérir de nouveaux terrains dans la pratique. Il n'est pas sans ironie à cet égard de remarquer que c'est l'année même où Lindblom démontrait avec succès la supériorité du modèle américain de démocratie pluraliste que l'administration américaine elle-même se décidait à généraliser le PPBS, sa plus grande entreprise à ce jour de rationalisation des activités publiques, selon le modèle synoptique [6].

6. Rappelons que le PPBS, Planning Programming Budgeting System, est une méthode mise au point à la fin des années cinquante à la Rand Corporation, introduite par Robert McNamara au département de la Défense américaine pour rationaliser les choix budgétaires, plus particulièrement d'abord en matière d'armement, généralisée ensuite à l'ensemble des activités publiques américaines fédérales, par ordre direct du président Lyndon Johnson. De plus en plus critiquée à cause des abus auxquels la généralisation avait donné lieu, elle a été abandonnée avec l'arrivée de Richard Nixon à la présidence. Le PPBS a été adopté en France d'abord par le ministère des Armées. Il a été

Le paradoxe vaut qu'on s'y arrête. La critique négative de Lindblom est parfaitement valable contre les illusions rationalistes du PPBS, et Wildavsky l'a d'ailleurs en partie reprise avec beaucoup plus de vivacité encore. L'échec à peu près général de l'expérience, malgré les considérables efforts engagés pour la faire réussir, prouve d'ailleurs sa justesse. Il reste que le lancement de telles opérations ne peut s'expliquer simplement par l'aberration de quelques dirigeants fascinés par le mirage de la rationalité *a priori*. Derrière le PPBS américain, comme derrière la RCB française et les différentes versions des mêmes techniques dans le monde, on n'a pas besoin de beaucoup chercher pour découvrir une volonté profonde et parfaitement justifiée de réformer des machines tellement alourdies par la complexité des ajustements mutuels qu'elles sont deve-nues impossibles à gouverner. Le PPBS, comme de nom-breux mouvements de réforme antérieurs, a largement manqué son objet. Si on le juge à ses intentions, il peut être considéré comme le plus retentissant des échecs. Si, toutefois, on le considère simplement comme un mouve-ment pour remodeler un système de décision devenu inextricable, il n'a pas été sans avoir des effets positifs, aboutissant parfois à de vraies réformes et obligeant très souvent au moins à repenser les rapports entre les objectifs et les mécanismes d'information.

En fait, l'alternative posée par Lindblom est tout aussi abstraite que le modèle rationnel qu'il combat. Son modèle d'ajustement partisan mutuel est pauvre, parce que c'est un modèle de type économique qui considère, en fait, les parties comme des acteurs autonomes entrant en rapport les uns avec les autres et effectuant leurs ajustements partisans sur un pied d'égalité. Leurs valeurs peuvent différer, mais leurs influences respectives les uns sur les autres et leur pouvoir au sein du système d'action dont ils font partie n'entrent pas en ligne de compte. S'il pouvait en

---

étendu ensuite sous le nom de RCB, et grâce à l'impulsion de Michel Debré alors ministre des Finances, à l'ensemble des administrations publiques. Ses résultats toutefois ont été, comme on le sait, très limités.

être ainsi, le marché serait effectivement la meilleure solution.

Mais les systèmes d'action que l'on rencontre dans la réalité sont dominés par des structures d'influence telles que les ajustements mutuels qui s'y développent ont beau constituer la meilleure solution à l'intérieur de cette structure, ils tendent à renforcer les caractéristiques de cette structure, en particulier ses dysfonctions et ses inégalités. La rationalité *a posteriori* est une rationalité statique, une rationalité de cercles vicieux.

Certes, contre les injustices et les inefficacités de telles structures, on peut invoquer l'idéal de la rationalité démocratique pluraliste. Mais les mécanismes d'ouverture auxquels pense Lindblom [7], qui n'est pas indifférent au problème, sont la plupart du temps tout à fait inopérants. En fait, toute tentative de réforme se heurte à la résistance des structures. Si l'on veut vraiment changer, il faut donc utiliser un autre mode de réflexion qui permette d'en mettre en cause la logique. Dans cette entreprise, c'est évident, le modèle synoptique ne donne que très imparfaitement satisfaction. Mais tant que notre compréhension des systèmes d'action concrets ne sera pas plus avancée et tant que nous n'aurons pas développé une meilleure capacité d'intervention pour parvenir à les réformer ou au moins à les réguler, ce modèle abstrait et irréaliste constituera néanmoins la nécessaire contrepartie aux errements de l'ajustement mutuel partisan.

III. LE PROBLÈME DU DÉCIDEUR ET DE SES PRÉFÉRENCES

Malgré l'effort d'exhaustivité de l'auteur, les critiques de Lindblom laissent de côté un problème essentiel que nous n'avons pas voulu aborder tout de suite par souci de clarté : le problème du décideur. Lindblom démontre, en effet, l'impossibilité logique de l'application du modèle rationnel

---

7. Cf. C.E. Lindblom, *Intelligence of Democracy, op. cit.*

en se plaçant du point de vue du système. Il peut, de ce fait, ne pas mettre en question le caractère rationnel de décideurs, individus ou organisations, ayant des buts et des préférences en fonction desquels ils ordonnent leur action. Son idée que l'expérience de l'action, à partir des compromis auxquels oblige l'ajustement mutuel partisan, peut entraîner la découverte de nouvelles valeurs met certes, en fait indirectement, en question la théorie du décideur rationnel. Mais Lindblom ne la pousse guère.

Le problème, toutefois, nous semble tout à fait central si l'on veut dépasser l'opposition stérile : modèle synoptique, ajustement mutuel partisan, et poser sérieusement le problème du rapport de la rationalité du décideur et de la rationalité du système.

Dans cette perspective, deux séries de critiques du modèle rationnel à partir d'un examen du problème du décideur nous semblent décisives, celle d'Albert O. Hirschman et celle de James G. March. Deux thèmes sont inégalement mêlés, mais toujours présents dans leurs deux contributions que nous pourrions résumer en les caricaturant de la façon suivante :

1. les hommes et les décideurs ne savent jamais très bien ce qu'ils veulent ;

2. ils découvrent leurs buts, souvent des buts nouveaux, à travers leur expérience, c'est-à-dire à travers leurs décisions.

Albert Hirschman, dans un ouvrage à la fois précis, pertinent et plein d'humour, tire la leçon d'une série de grands projets financés dans des pays en voie de développement par la Banque mondiale [8]. Ces projets, dont les coûts et avantages avaient été étudiés avec beaucoup de soin selon le modèle rationnel, auraient été considérés comme des échecs du point de vue de la logique rationnelle. Leur coût s'est avéré bien supérieur aux prévisions, et les avantages qu'on en espérait ne se sont pas matérialisés. Mais, ce qui, du point de vue de la logique de la rationalité classique, devait être considéré comme un échec pouvait,

8. A. Hirschman, *Development Projects Observed*, Washington, Brookings Institution, 1967, 197 p.

en revanche, être considéré comme un succès du point de vue du développement. La situation difficile, éventuellement dramatique, dans laquelle on s'est trouvé du fait de ces mécomptes, a fait découvrir, en effet, aux responsables, des ressources nouvelles et des solutions auxquelles il n'était pas possible de penser à l'avance et qui ont permis finalement d'atteindre d'autres objectifs aussi intéressants ou même plus intéressants. Le cas le plus spectaculaire est celui de cette entreprise textile montée pour traiter le jute dans une région nouvelle du Bengale et qui s'est trouvée paralysée par la découverte que la matière première, pour l'utilisation de laquelle on avait monté le projet, serait inutilisable pendant plusieurs années, car la malchance avait voulu qu'on soit tombé dans la mauvaise période du cycle biologique de cinquante ans de ces plantes. Pour sauver le projet, on a été obligé de chercher d'autres matières premières et, ce faisant, on a découvert des ressources nouvelles qui ont permis un progrès considérable.

Reprenant Adam Smith, Hirschman suggère que dans l'action l'homme n'est pas seulement guidé par une main invisible, il a aussi besoin d'une main cachante[9], sans laquelle il ne réussirait pas à se lancer dans de grandes entreprises et n'apprendrait rien. Pour apprendre, il faut agir sans encore connaître, donc prendre un risque qu'un calcul trop serré des coûts et avantages rendrait impossible. Le modèle rationnel fige l'action au niveau des connaissances établies, bien sûr extrêmement imparfaites, et ne permet pas à l'homme de découvrir des possibilités, c'est-à-dire des buts et des moyens nouveaux.

On voit la différence avec le raisonnement de Lindblom. La rationalité est ici toujours une rationalité *a posteriori*, mais elle n'est plus recherchée dans le jeu du système, elle est découverte après coup dans l'action.

James G. March part, lui, du thème de l'absence ou du peu de consistance des préférences du décideur au départ, pour parvenir, grâce à un raisonnement plus psychologi-

---

9. En anglais, le jeu de mots est plus direct : à la *Hidden Hand* d'Adam Smith, Hirschman oppose la *Hiding Hand*.

que, à des vues tout à fait convergentes sur la pratique des individus. Réfléchissant sur le caractère complètement décousu des décisions dans un cadre d'administration universitaire [10], il met directement en question le mythe du décideur rationnel d'un point de vue normatif, tout autant que d'un point de vue empirique [11].

L'homme qu'on appelle décideur ne peut pas s'engager selon ses préférences rationnelles. Il tire parti de la situation en fonction du possible moindre mal et découvre après coup ses préférences. Il peut s'agir seulement de rationalisations, mais il peut s'agir aussi de l'apprentissage de nouvelles valeurs et de nouveaux buts. C'est l'expérience qui permet de découvrir si une politique présente de l'intérêt. Le bon administrateur est celui qui est capable de tirer parti de toutes les expériences qui lui sont imposées par les circonstances.

Et March d'en conclure que nous devrions appliquer pour les adultes la théorie à partir de laquelle nous raisonnons implicitement pour l'éducation des enfants. Nous agissons comme si l'enfant ne savait pas très bien ce qu'il veut et comme si, quand il croyait le savoir, il y avait beaucoup de chances qu'il se trompe, car son univers de valeurs est trop restreint. Certes, les parents ne peuvent pas vouloir à sa place ; du moins doivent-ils l'obliger à faire les expériences qui élargiront son univers de valeurs et le champ de ses choix. Au lieu de se polariser sur la meilleure façon d'atteindre des buts, les scientifiques devraient

10. Le problème et le contexte ne sont naturellement pas indifférents. Nous ne choquerons, nous l'espérons, plus personne en remarquant que l'administration universitaire est certainement, et pas seulement en France, l'un des domaines où la rationalité des décisions est la plus faible, que ce soit par rapport aux objectifs de l'institution universitaire ou par rapport aux objectifs des individus. Son étude n'en est pas moins pleine d'enseignements valables aussi pour d'autres domaines. Comme toujours, l'analyse des cas pathologiques, ou même la tératologie, l'étude des monstres, est extrêmement utile pour l'étude des situations plus habituelles.

11. Cf. J.G. March, « For a Technology of Foolishness », *in* H. Leavitt *et al.*, *Organizations of the Future, op. cit.* ; et R.M. Cohen et J.G. March. *Leadership and Ambiguity,* New York, McGraw Hill, 1974.

s'interroger davantage sur l'origine des buts de l'action, la façon dont les hommes découvrent des objectifs. Puisqu'ils sont toujours directement ou indirectement des conseillers pour l'action, ils devraient réfléchir sur les moyens d'améliorer la qualité du comportement par la découverte de buts plus intéressants. La plaisanterie, le jeu, la déraison sont, de ce point de vue, des instruments irremplaçables de l'esprit humain ; ils ne servent pas seulement à détendre, ils servent à explorer d'autres comportements et d'autres buts.

Sous les dehors d'un humour encore plus poussé, on voit bien dans les paradoxes de March l'affirmation de la même dimension que chez Hirschman, la dimension de l'apprentissage, du changement qui devient chez March davantage une dimension du développement psychologique de l'être humain, mais qui, en aucune façon, ne peut trouver sa place dans l'opposition modèle synoptique-modèle d'ajustement mutuel.

Il reste évidemment que, si nous suivons les deux auteurs sur leur terrain, l'homme ne peut pas se lancer dans n'importe quelle entreprise, il ne peut pas s'engager dans n'importe quelle expérience. Il n'apprendra pas n'importe quoi, enfant aussi bien qu'adulte. Le problème que pose la part de découverte et d'apprentissage que comporte la décision n'est pas un problème de coût et avantages, mais c'est un problème sur lequel la réflexion peut et doit s'exercer. Il intéresse à la fois la connaissance des systèmes d'action et, plus précisément, de leur capacité de changement et la connaissance des modalités de l'apprentissage humain. Notons que c'est à travers de tels problèmes que les psychologues ont pu dépasser à la fois les schémas classiques du conditionnement et ceux des motivations. Il reste aux sociologues et aux politistes à développer des modèles comparables pour les systèmes d'action [12].

Mais avant d'envisager ce problème, il nous faut essayer de comprendre la relation entre la rationalité pour le décideur et la rationalité pour le ou les systèmes dont il fait partie et auxquels il doit se référer.

---

12. Nous y reviendrons au chap. XIII.

IV. LES LIMITES DE LA RATIONALITÉ ET LE MODÈLE DE LA RATIONALITÉ LIMITÉE DE HERBERT SIMON

Il existe depuis plus de quinze ans une théorie, ou plutôt un modèle conceptuel, permettant de dépasser les antinomies précédemment décrites, celui que Herbert Simon a présenté dès 1958 et qu'il a formalisé dans le livre qu'il a publié avec James G. March, *Organizations* [13].

Ce modèle implique un complet renversement de perspectives. Au lieu de s'entêter à montrer une fois de plus les limites du modèle rationnel, Simon propose de partir d'un autre modèle, le modèle de la *rationalité limitée*. Le caractère révolutionnaire de cette démarche intellectuelle a certainement profondément impressionné sur le moment le monde intellectuel anglo-saxon. Mais elle n'a pas eu, en fait, l'influence qu'on pouvait en attendre, car ses implications n'ont pas été perçues, et on l'a prise seulement comme une nouvelle forme plus sophistiquée, mais pas forcément plus opératoire, du modèle rationnel [14].

Reprenons le raisonnement de Simon. Il critique le modèle classique avec certains des arguments que reprendra Lindblom et que nous avons déjà résumés, mais en se centrant sur l'aspect cognitif du problème. L'homme est incapable de suivre un modèle de rationalité *absolue*, comme celui de la théorie classique, parce qu'il ne peut pas appréhender tous les choix possibles, d'une part, et parce qu'il raisonne séquentiellement et non pas synoptiquement, d'autre part. Mais au lieu de mettre en question la rationalité du décideur, Simon propose de bâtir un modèle à partir des données empiriques que nous avons sur son comportement. Le décideur ne cherche pas l'optimum, la meilleure solution dans l'absolu, qui est de toute façon hors

---

13. J.G. March et H. Simon, *Organizations, op. cit.*
14. Simon lui-même n'a pas développé les possibilités de son modèle. Il est rangé habituellement dans les classifications comme un néo-rationaliste.

de sa portée, mais il cherche pourtant toujours une solution « rationnelle ». Quelle sera-t-elle ? La première solution qui répond aux critères de rationalité qui sont les siens. L'homme n'est pas un animal qui cherche l'optimisation, mais la satisfaction[15].

Il ne s'agit pas, nous voulons insister là-dessus, d'une approximation pratique nouvelle du modèle classique, mais d'un tout autre modèle théorique qui aboutit à des raisonnements différents, éventuellement même opposés. Pour comprendre le choix d'une décision, il ne faut pas chercher à établir la meilleure solution rationnelle, puis essayer de comprendre les obstacles qui ont empêché le décideur de la découvrir ou de l'appliquer. Il faut définir les options qui s'offraient à lui séquentiellement du fait de la structuration du champ et analyser quels sont les critères qu'il utilisait consciemment ou inconsciemment pour accepter ou refuser ces options. Du point de vue normatif, cela signifie qu'au lieu de conseiller l'application de modèles scientifiques d'élaboration des choix, on proposera d'améliorer les critères de satisfaction employés en tenant compte, certes, de ce qu'apporte comme cadre général le modèle rationnel, mais en travaillant sur les contraintes qui conditionnent ces critères.

Ce modèle conceptuel présente l'extrême intérêt de reconnaître l'importance considérable qu'a pris le calcul rationnel et même de façon plus générale ce qu'on pourrait appeler l'idéologie de la rationalité, de permettre de leur faire effectivement une place sans pour autant accepter le raisonnement sur lequel ce calcul et cette idéologie se fondent. L'effort général de mesure et la pression de l'idéologie de la rationalité ont beau tendre à élever les critères de satisfaction employés par les décideurs, cela ne veut pas dire que ceux-ci emploient le raisonnement d'optimisation. Ce modèle, enfin, permet d'aborder en termes plus opératoires le problème du rapport entre rationalité du décideur et rationalité du système, puisque

---

15. L'opposition est beaucoup plus forte en anglais dans la mesure où Simon peut employer une forme verbale et non pas un adjectif : l'homme n'est pas un animal *optimizing*, il est un animal *satisficing*.

les critères de satisfaction du décideur sont naturellement influencés par les caractéristiques du système.

Cette possibilité d'analyse nouvelle n'a pas du tout été explorée, toutefois, par Simon qui s'est contenté de faire la démonstration que le modèle de rationalité limitée rendait mieux compte *cognitivement* de la réalité des choix. C'est peut-être, d'ailleurs, la raison pour laquelle son modèle a été compris seulement comme un modèle néo-rationaliste.

En fait, c'est à une analyse sociologique que ce nouveau « paradigme » invitait ; mais les sociologues, peu intéressés à l'époque par les phénomènes de décision, n'étaient pas encore capables de l'aborder. Ces critères de satisfaction, en effet, ne sont pas des critères aléatoires personnels. Ils procèdent d'un apprentissage plus que d'un choix arbitraire et répondent à la fois à des valeurs culturelles largement répandues, aux conditions particulières des jeux que jouent des décideurs au sein des systèmes d'action dont ils font partie et à des choix stratégiques personnels effectués par les individus en fonction de ce contexte.

Reprenons le premier type de contraintes. Il est bien évident que non seulement il n'y a pas d'optimum universel, mais que les critères de rationalité varient beaucoup d'une culture à l'autre. Ce qui est considéré comme rationnel en Europe ne le sera pas au Moyen-Orient. Même pour un problème aussi théoriquement universel que les marchés de consommation, il apparaît bien que les critères de satisfaction employés par les ménages américains et les ménages français en ce qui concerne leurs achats ne sont pas les mêmes. Parlera-t-on d'erreurs de choix, ou d'arriération des acheteurs, ou de marché imparfait ? N'est-il pas plus raisonnable et beaucoup plus utile d'analyser les critères de satisfaction employés et de rechercher comment ils sont établis ?

Les normes qu'un individu utilise sont le résultat d'un apprentissage culturel, c'est-à-dire d'une socialisation renforcée par les sanctions de l'environnement. Mais on peut les considérer, en même temps, comme un construit social et remarquer qu'elles constituent une des dimensions essentielles, par exemple, de l'existence d'un marché. On peut aussi noter que ces normes se transforment sous l'effet

de multiples contributions tirées des expériences individuelles et collectives, mais que l'éducation joue un rôle
croissant dans leur développement en diffusant les progrès
de la connaissance, mais aussi les modes d'appréhension du
réel et les paradigmes intellectuels qui les soutiennent et en
sont le résultat. C'est dans ce cadre que les mesures et
l'idéologie de la rationalité exercent leur influence. De la
même façon que la diffusion de la comptabilité en partie
double a transformé les critères de satisfaction employés
par les commerçants de l'époque précapitaliste pour effectuer leurs choix, le développement de nouvelles conceptions de la rentabilité et leur diffusion par les Business
Schools américaines ont élevé le niveau général des critères
de satisfaction des entreprises occidentales [16].

De façon plus générale, aux critères de rationalité
traditionnels sur lesquels repose l'existence d'un système
social : confiance dans la parole donnée, rigueur dans
l'exécution des obligations, réciprocité, minimum de rapidité, d'efficacité, qu'on peut considérer comme des
contraintes générales, s'ajoutent des critères de plus en
plus spécifiques correspondant à des systèmes de plus en
plus spécialisés et correspondant à des formes de rationalité
très différentes : rationalités techniques, rationalités administratives, rationalités financières.

Nous en arrivons ainsi au deuxième type de contrainte,
celui qui procède de la participation des décideurs à des
systèmes d'action. Deux influences à ce niveau peuvent
être distinguées : celle qui correspond aux critères que
nous venons de citer et qui procède des règles plus
spécialisées sur lesquelles repose le fonctionnement du
système, et celle qui découle plus directement de la
stratégie que doivent adopter les partenaires d'un jeu pour
gagner dans ce jeu.

---

16. Des notions, après tout très simples, comme coûts d'opportunité ou *cash flow,* ont affecté profondément les pratiques des choix
sans que pour autant, toujours, des modèles véritablement rationnels
aient été employés. En fait, on s'est généralement contenté d'ajouter
aux critères habituellement retenus des critères totalement empiriques
correspondant à une approximation grossière de ces éléments de
raisonnement.

L'influence des règles est omniprésente. Chaque système développe des règles spécifiques. Il n'est pas de milieu ou profession, ou plutôt de système professionnel (car chacun réunit toujours plusieurs professions et partenaires opérant en symbiose), qui n'ait ses règles plus ou moins contraignantes qui restreignent très précisément les possibilités de choix des décideurs. Quantité de décisions, rationnelles dans l'abstrait, sont impossibles en pratique ; même dans le cas de grandes entreprises ou d'administrations théoriquement rationalisées, même dans les marchés les plus ouverts échappant aux contraintes des petits clubs d'initiés, des règles du jeu s'établissent, qui sont aussi des normes de rationalité. Il est bien évident, par exemple, que les critères de satisfaction employés par un membre de l'inspection des Finances ou du corps des Ponts et Chaussées sont très profondément marqués par les normes informelles développées à l'intérieur de leur corps. Il en est de même, par exemple, pour les concessionnaires des grandes marques d'automobiles, dont les critères sont bien différents de ceux des grossistes en produits périssables [17].

Mais l'influence de la stratégie nécessaire pour gagner à l'intérieur du jeu dans lequel on doit jouer est beaucoup plus largement ignorée, alors qu'elle est peut-être plus importante encore. C'est ici naturellement que l'apport de l'analyse des organisations peut aider à renouveler nos raisonnements sur la décision. Si nous reprenons l'exemple caricatural du Monopole industriel, il apparaît bien que, dans les limites du modèle de rationalité technique et financière générale et dans les limites plus générales encore des normes de comportement civilisé, les critères de satisfaction qui permettent de prévoir les choix d'un décideur, comme l'ingénieur technique, sont influencés d'abord, et avant tout, par la stratégie très contraignante que celui-ci est obligé d'adopter s'il veut maintenir son influence. Certaines solutions techniques rationnelles sont

---

17. Ces critères sont naturellement fonction de la structure des problèmes qu'a à résoudre chacun de ces milieux. Mais ils sont en même temps aussi les conséquences de l'existence de construits sociaux parfaitement spécifiques à l'histoire contingente de ces mêmes milieux.

écartées *a priori*, certaines solutions d'organisation aussi, alors que d'autres, au contraire, sont acceptables. Certes, l'ingénieur technique du Monopole industriel ne va pas calculer quels sont les coûts et avantages de chaque possibilité du point de vue de la maximisation de son pouvoir : il n'y a pas plus d'optimum possible dans cette rationalité qu'il n'y en a du côté de la rationalité abstraite. Mais il va rejeter toutes les solutions qui ne répondent pas à des critères minimaux du point de vue de la sauvegarde de son influence. Et il acceptera la première solution qui lui paraîtra y satisfaire raisonnablement et qui, d'autre part, bien sûr, répondra aux autres critères qui doivent aussi être les siens.

Cette caricature n'est pas si éloignée de la réalité dans de très nombreux cas où la pression de jeux très contraignants est si forte que l'introduction de critères de rentabilité nouveaux ou plus serrés, par exemple, est totalement impossible. Innombrables sont les cas de tous ordres où la rationalité théorique se trouve obscurcie par la complexité des stratégies et où l'amélioration du degré de rationalité passe avant tout par une restructuration du système d'action, à laquelle peut conduire, d'ailleurs, une réflexion au départ de type rationaliste, mais à laquelle cette réflexion n'apportera pas grand-chose directement.

Si la rationalité du décideur est profondément orientée en fonction de ses chances de gain dans le système dont il fait partie on conçoit qu'on puisse découvrir une relation raisonnable entre la rationalité *a posteriori*, qui se dégage de l'ajustement mutuel des parties dans le système, et la rationalité *a priori* de chacun des décideurs. Nous avons là un ensemble cohérent très difficile, bien sûr, à appréhender dans sa totalité, mais dont on peut comprendre les articulations. Il y a constamment rétroaction de l'un à l'autre et contrôle indirect exercé par l'ensemble social à travers l'appréciation qu'il porte sur les résultats obtenus, en fonction de ses valeurs profondes. Améliorer ces mécanismes est non seulement possible, mais constitue une activité fébrilement poursuivie par de nombreux décideurs qui savent que la réussite dans ce domaine leur apportera des gains considérables. Mais une amélioration ne peut certainement pas s'obtenir par le libre jeu de l'ajustement mutuel qui donnerait la meilleure rationalité « naturelle », mais par un effort constant de construction et de restructuration des systèmes d'action. Que cet effort soit la plupart du temps mal conçu, fondé sur des prémisses intellectuelles fausses, ne l'empêche pas de se poursuivre et de donner des résultats.

C'est ici que nous retrouvons le problème de l'apprentissage. Aucune théorie fondée sur une mesure des coûts et avantages de chaque effort, de chaque investissement, en effet, ne peut avoir d'utilité pour un tel problème, puisque c'est par l'expérience que le décideur apprend ce qui était possible et qu'il recherchait sans en avoir vraiment conscience. S'il était capable de guider le changement en disposant d'une théorie suffisamment concrète sur les modalités et les conditions de l'apprentissage collectif, il pourrait certainement améliorer cette dimension particulière de ses choix. Nous retrouverons le problème dans la dernière partie de cet ouvrage.

11

Deux cas d'analyse empirique
de séquences décisionnelles

Pour comprendre la pertinence pratique des modèles de raisonnement théoriques que nous venons d'examiner, nous allons essayer de les confronter avec des cas concrets de décision dont l'analyse a été suffisamment poussée pour que nous puissions disposer des données indispensables à une discussion sérieuse. Nous avons choisi à cet effet deux cas de séquences décisionnelles étudiées par des politologues américains [1].

I. LE CAS DES MISSILES DE CUBA

Le cas des missiles de Cuba est un cas extrêmement spectaculaire, puisque c'est le cas d'une confrontation majeure — sinon le cas de la confrontation majeure depuis la guerre de Corée — entre les deux supergrands avec un risque de guerre réel. C'est, d'autre part, le cas d'une crise brève qui s'est résolue d'une façon claire et sur laquelle on

1. Cf. G. Allison, *The Essence of Decision. Explaining the Cuban Missile Crisis,* Boston, Little Brown, 1971 ; et J.L. Bower, *The Allocation of Resources in a large Organization. A field study,* Columbia University, août 1967. On remarquera que peu de décisions ont été étudiées aux Etats-Unis par des sociologues. De très nombreuses décisions, en revanche, ont été étudiées par des politistes et, éventuellement, des économistes ou des spécialistes du management. Peu d'études, toutefois, dépassent l'analyse descriptive historique ou politique. Les deux cas que nous avons choisis sont parmi les rares cas de cet ordre qui posent sérieusement les problèmes de méthode.

dispose, du point de vue américain, de sources abondantes. C'est enfin un cas, le meilleur cas peut-être, du succès d'une décision bien préparée et qui offrait, de ce fait, à son analyste, Graham Allison, un terrain particulièrement privilégié pour tester les différentes théories en discussion.

Rappelons les faits : après le désastre américain de la baie des Cochons, les Russes décident de pousser leurs avantages et d'installer des missiles sur le sol de Cuba. Les Américains découvrent tardivement l'opération et toute son ampleur. Le comité exécutif du Conseil national de sécurité se réunit d'urgence et, à la suite de ses délibérations, le président Kennedy ordonne le blocus naval de Cuba. Condamné à l'épreuve de force, Khrouchtchev est obligé de céder et retire précipitamment ses missiles.

Nous savons naturellement très peu de chose du choix des Russes et de leurs intentions. Graham Allison s'attache exclusivement à la discussion du choix effectué par les Américains, à son élaboration, à sa délibération et à son exécution.

A première vue, et c'est là un de ses principaux intérêts, la décision de Kennedy apparaît comme un modèle de décision rationnelle. Un problème crucial et urgent a été étudié sans passion ni précipitation. Un nombre important de solutions possibles ont été envisagées, leurs coûts et avantages ont été comparés et librement débattus avec le maximum d'informations. On a choisi finalement celle qui réunissait le plus grand nombre d'avantages au moindre coût, et la démonstration de la qualité du choix a pu être parfaitement claire, puisque l'application immédiate qui en a été faite a donné exactement le résultat espéré.

Mais l'analyse ne confirme absolument pas cette version idyllique qui a joué un rôle dans l'euphorie rationaliste américaine du début des années soixante et dans l'établissement d'un nouvel équilibre psychologique entre Russes et Américains[2]. Certes, on a examiné un certain nombre de

_____

2. Pendant longtemps les Russes ont admiré le haut degré de rationalité prévalant aux Etats-Unis. Maintenant même encore, ils essaient désespérément de leur emprunter les méthodes qui assurent à leurs entreprises une si extraordinaire rationalité économique.

solutions possibles, raisonnablement et avec sérieux, mais toutes les solutions possibles, très loin de là, n'ont pas été examinées, des erreurs d'information ont profondément influencé le choix, et surtout la délibération a été un processus politique complexe beaucoup plus qu'un calcul rationnel. L'exécution, enfin, malgré l'importance des enjeux, n'a correspondu que très imparfaitement aux directives données par le président.

Si l'on peut donc démontrer que, même dans un cas aussi privilégié où l'on avait naturellement réuni le maximum de ressources pour garantir la rationalité de la décision, le modèle rationnel ne s'est certainement pas appliqué et que, pour rendre compte du choix, un modèle comme celui de la rationalité limitée est beaucoup plus éclairant, nous aurons accumulé le maximum d'arguments en faveur de nos propositions.

a) *Les diverses solutions envisagées.*

Sept solutions ont été discutées :

Ne rien faire. Cette solution de prudence a été sérieusement considérée, mais les installations identifiées étaient trop considérables. Elles auraient augmenté de cinquante pour cent la force de frappe nucléaire des Russes. Cela aurait eu une importance militaire considérable, mais surtout les conséquences politiques et psychologiques en étaient difficiles à calculer et auraient pu être désastreuses.

Une offensive diplomatique. Cette solution avait la faveur de plusieurs membres du comité exécutif. Elle ne présentait pas de risques, mettait les Etats-Unis en posture favorable et pouvait aboutir à une défaite diplomatique des Russes. Mais elle présentait des inconvénients majeurs, essentiellement à cause de la découverte trop tardive de l'implantation des missiles. La solution diplomatique comportait des délais beaucoup trop longs. Les Russes pouvaient faire usage du droit de veto et entre-temps le rapport des forces aurait été définitivement changé.

Négocier avec Castro. Cette solution séduisante, parce que les Etats-Unis avaient une position de force suffisante, apparaissait à l'analyse complètement irréaliste, car Castro semblait avoir perdu tout contrôle sur l'opération. On ne pouvait traiter qu'avec les Russes.

L'échange entre les installations soviétiques à Cuba et les installations américaines en Italie et en Turquie. Cette solution était théoriquement très avantageuse, puisque c'était une solution diplomatique, sans risques ; et qu'on pouvait obtenir l'avantage recherché : l'élimination de la menace russe pour un coût militaire très faible, car le retrait de ces missiles avait été décidé depuis longtemps, le secrétaire à la Défense ayant démontré que les sous-marins nucléaires en Méditerranée étaient beaucoup plus efficaces et moins voyants que ces missiles. Cette solution, en revanche, comportait un coût diplomatique élevé, car elle aurait affaibli dangereusement la crédibilité des engagements américains en Europe. Il serait apparu que les Etats-Unis acceptaient de sacrifier la sécurité de leurs alliés européens pour écarter la menace qui pesait sur eux. Elle était donc séduisante, mais très controversée.

L'invasion. C'était naturellement la solution préconisée par les faucons. La démonstration des intentions agressives des Russes ayant été faite, et l'impossibilité de Castro de garder la moindre indépendance à leur égard ayant été rendue évidente, l'occasion était excellente de se débarrasser une fois pour toutes de ce problème extrêmement irritant. Mais il y avait à Cuba deux cent mille Soviétiques qui auraient été certainement entraînés dans la lutte. Le risque de guerre était considérable, à tout le moins des ripostes violentes sur Berlin et en Turquie. C'était donc une solution très dangereuse.

L'attaque aérienne chirurgicale. Cette solution était très séduisante, parce qu'elle était immédiate et radicale, mais en même temps limitée et ponctuelle. Il n'y aurait pas eu ingérence dans les affaires proprement intérieures de Cuba. Seules les installations militaires non cubaines et dont le caractère offensif était prouvé auraient été visées. Le risque, certes, était considérable, mais les Etats-Unis se trouvaient dans une situation morale suffisamment favorable. Le problème essentiel était le problème de la précision du caractère chirurgical de l'opération. Pouvait-elle être effectuée de telle sorte qu'elle n'apparaisse pas comme une attaque massive contre Cuba ? Pouvait-on limiter suffisamment les pertes de vies humaines chez les Russes ? Les experts militaires ne pensaient pas qu'une attaque proprement « chirurgicale » fût possible. Ils préconisaient une attaque massive, seule tout à fait sûre.

Le blocus naval. Il présentait lui aussi de nombreux inconvénients. Il était tout aussi illégal que l'attaque aérienne et il était moins efficace. Le délai était plus long. Il y avait risque d'affrontement entre navires soviétiques et américains. Mais il présentait des avantages : il laissait à Khrouchtchev le temps de la réflexion, puisqu'il n'était pas aussi brutal. Il renvoyait la balle dans l'autre camp, laissant aux Russes l'initiative d'engager le combat direct s'ils s'y résolvaient. Il leur évitait la grave humiliation de laisser tuer des soldats soviétiques sans réagir. Tout compte fait, c'était donc la solution la plus acceptable, une fois qu'on avait défini l'objectif global poursuivi : comment obliger les Russes à retirer leurs missiles sans entraîner un conflit mondial ?

b) *Les failles du modèle rationnel.*

L'analyse après coup des coûts et avantages des diverses solutions envisagées donne l'impression d'un raisonnement rationnel classique. C'est bien la meilleure solution que l'on a retenue, après recherche de toutes les possibilités et calcul de leurs résultats. Mais si on poursuit la réflexion en examinant le processus de décision et ses implications, on découvre toute une série de failles dans l'interprétation classique.

Tout d'abord, le processus de recherche des solutions n'a pas du tout été un processus d'optimisation, mais un processus comme ceux décrits par Simon. On a choisi la première solution répondant aux critères minimaux de satisfaction dégagés par le président. La solution du blocus naval n'avait pas été présentée pendant la plus grande partie des délibérations. Toutes les autres solutions ayant été finalement écartées parce que ne répondant pas à ces critères, on a repris la recherche, et c'est ainsi qu'on a découvert la solution du blocus naval.

Les solutions présentées n'étaient pas des solutions abstraites inventées par le décideur ou les membres du groupe des décideurs, mais des programmes déjà élaborés qui correspondaient aux plans préalables des diverses organisations administratives compétentes. L'éventail des solutions possibles était donc un éventail relativement restreint, et chaque option elle-même avait été structurée à l'avance en fonction des capacités et des objectifs de l'organisation qui l'avait élaborée. Le décideur voit donc son choix strictement limité par le fait que le champ des possibles est très étroitement structuré par les caractéristiques des systèmes d'action dont il dépend pour l'élaboration et l'exécution de ses décisions. Ajoutons que la même organisation procédant la plupart du temps à l'élaboration et à l'exécution de la décision, les contraintes et routines des appareils d'exécution pèsent d'un poids très lourd sur l'élaboration des options [3].

L'information, elle aussi, est très structurée. Si surveillée et rigoureuse qu'elle soit pour un problème de cette importance, on s'aperçoit qu'elle n'est pas indépendante des moyens organisationnels qui la produisent. La solution diplomatique a été écartée, parce qu'il semblait désormais beaucoup trop tard pour agir par cette voie. Mais, si l'on disposait d'un délai trop court, c'est que l'information n'était pas parvenue à temps. Et si l'on examine pourquoi, l'on découvre tout d'abord que les processus bureaucratiques du traitement de l'information en ralentissent nécessairement la mise au point. Entre le moment où le profil d'un missile a pu être identifié par un agent et le moment où les directeurs de la CIA ont pu en obtenir une première confirmation fiable, il s'est écoulé treize jours. Il a fallu cinq jours de plus pour décréter la zone ouest de Cuba zone suspecte, et deux jours supplémentaires encore pour déci-

---

3. Il va de soi que cette liaison exécution des choix-élaboration des choix est indispensable si l'on ne veut pas de décisions irréalisables. Mais il faut aussi reconnaître que les appareils d'exécution ont une logique bureaucratique qui restreint très profondément la liberté de choix des dirigeants.

der d'envoyer un avion espion (U2) en reconnaissance autour de cette zone. Et il faudra encore dix jours de plus pour que le vol ait lieu, apportant enfin avec les photographies la confirmation indispensable pour l'action.

Le délai considérable de près d'un mois est dû aux indispensables précautions qui doivent être absolument prises pour trier et vérifier les renseignements. Mais il tient aussi à des particularités de politique interne des organisations de renseignements et à leurs rapports difficiles avec le monde extérieur : combinaison complexe de problèmes intérieurs à la CIA, de rivalités entre l'Agence de renseignements et l'armée de l'air, du fâcheux souvenir qu'avait laissé l'affaire de l'avion U2 abattu au-dessus de l'Union soviétique, etc. Les problèmes organisationnels que posent la collecte et la vérification de l'information n'apparaissent donc pas seulement comme des problèmes de coût, mais, eux aussi, comme des problèmes de systèmes d'action qui ne sont pas solubles par des arrangements rationnels. Ajoutons enfin pour prévenir les critiques sur la confusion bureaucratique que, si le fractionnement entre les services et les organisations est une source de délais et de retards, c'est le prix à payer pour maintenir un système ouvert dont le président ne soit pas le prisonnier. Ne disposer que d'une seule Agence de renseignements comme d'une seule police peut simplifier les opérations, mais présente un risque politique — le pouvoir de cette organisation devient trop considérable — et un risque professionnel — cette information devient moins fiable.

Le point de vue des spécialistes non plus n'est pas neutre. Un des points cruciaux de la délibération concernait la capacité d'effectuer une opération « propre », c'est-à-dire une attaque aérienne (chirurgicale) limitée. L'avis négatif des experts militaires a été donné au moment où le président paraissait pencher vers cette solution[4]. Or, des études subséquentes ont démontré que cet avis était tout à fait erroné. Les craintes des experts étaient exagérées.

---

4. Le président Kennedy commençait, en effet, une campagne difficile pour les élections au Congrès et il avait publiquement fait confiance au *fair play* des dirigeants soviétiques.

Pourquoi un tel avis fut-il donné ? Essentiellement, parce que l'armée de l'air préférait l'attaque massive qu'elle avait sérieusement préparée et étudiée et pour laquelle elle était prête. Ses experts n'avaient exploré aucune autre solution et avaient un préjugé défavorable à l'égard de celle qu'on leur suggérait.

Les décideurs voient donc leurs choix restreints par l'existence de ces moyens indispensables, mais dont ils sont les prisonniers, qui orientent l'information et définissent l'éventail des solutions possibles. La délibération, le choix de la décision lui-même ne se comprennent pas seulement de ce fait comme un calcul, mais comme un jeu politique seul capable d'intégrer ces pressions contradictoires. Reprenons le cas des aviateurs. S'ils avaient favorisé l'attaque chirurgicale, ils auraient été les gagnants. S'ils l'ont déclarée impossible, c'est pour des raisons de préparation technique, mais c'est aussi pour des raisons de jeu politique. Trop certains désormais de gagner, ils ont pris le risque de se bloquer dans la position la plus dure, en déclarant toute position intermédiaire techniquement impossible [5]. Mais ils avaient fait un mauvais diagnostic sur la nature du jeu dans lequel ils opéraient : ce jeu était plus ouvert qu'ils ne croyaient en ce qui concerne les possibles solutions, et beaucoup plus étroit en ce qui concerne leurs critères de recevabilité. Pour avoir voulu trop gagner, ils ont finalement tout perdu. Le résultat, en tout cas, semble avoir dépendu tout autant de la nature du jeu qui pouvait être analysé à l'avance que de la façon dont les partenaires ont su le jouer.

Autre péripétie du processus politique de la délibération, moins décisive, mais tout aussi significative. Apparemment très engagé déjà dans la solution du blocus naval, le

5. Il est intéressant de noter que cette stratégie qui consiste à se lier par avance les mains réussit souvent. Comme nous l'avons noté déjà. T. Schelling, dans *Strategy of Conflict, op. cit.*, en démonte admirablement le mécanisme. Il n'a pas, malheureusement, spécifié les conditions de succès d'une telle stratégie. Elles sont, en fait, étroitement déterminées par les caractéristiques du jeu. Tout le problème pour les partenaires, en l'occurrence, est de faire un bon diagnostic sur la nature du jeu dans lequel ils sont engagés, ce que n'ont pas su faire les aviateurs, cf. notre discussion p. 58-63.

président a voulu toutefois garder une certaine neutralité et il a cru devoir apaiser les faucons. Alors, il a lancé en avant la solution préconisée par Stevenson, l'échange des bases. Cette solution a été critiquée par les faucons de façon extrêmement violente. Kennedy s'est rallié à eux et leur a donné une victoire symbolique, ce qui lui a permis de faire passer la solution qui avait sa faveur et qui apparaissait désormais comme une voie moyenne. Les faucons pouvaient d'autant moins s'y opposer fortement qu'ils avaient, en quelque sorte, épuisé leurs arguments dans la lutte contre la solution Stevenson.

c) *Les interprétations de Graham Allison.*

Graham Allison examine trois interprétations successives des faits en question : l'interprétation rationnelle qui correspond à peu près à notre exposé des coûts et avantages des diverses solutions, l'interprétation organisationnelle qui montre comment ces solutions ont été déterminées par les caractéristiques des organisations qui les produisent, et l'interprétation politique qui permet de comprendre comment les opérateurs « politiques » ont négocié entre eux le choix de l'une d'entre elles. Pour lui, chacune de ces interprétations est valable, mais correspond à un niveau différent de la réalité, plus particulièrement pour les deux dernières. Au président et aux grands opérateurs, le jeu politique, aux échelons inférieurs, les mécanismes bureaucratiques.

La présentation qu'il en fait sur le mode de narration, qui fit le succès du film japonais *Rashomôn*[6], est très suggestive et en même temps très convaincante. Elle présente toutefois, à notre avis, plusieurs inconvénients. Elle tend à séparer beaucoup trop les contraintes organisationnelles et les contraintes politiques, et la localisation trop nette qu'elle propose du jeu organisationnel et du jeu politique,

---

6. C'est assez consciemment qu'Allison s'inspire de *Rashomôn,* et l'analogie n'est pas fortuite, car ce film présente un admirable exemple de la complexité et de l'ambiguïté des stratégies humaines.

chacun à un niveau différent, correspond mal à la réalité. L'un et l'autre sont en effet toujours mêlés. Même si la part du politique est plus forte au sommet, il n'y a pas, nous semble-t-il, de différence de nature. Le président est contraint de respecter les règles du système d'action dans lequel il opère, même si c'est lui-même qui l'a constitué, et ce système d'action n'est pas fondamentalement différent du système d'action que constitue l'organisation de la Défense. Enfin, et surtout peut-être, en séparant ainsi les trois modes de raisonnement[7], elle ne nous permet pas de comprendre leurs relations et donc de comprendre le rôle réel joué par le raisonnement rationnel et les contraintes organisationnelles.

d) *L'apport sociologique.*

Le développement du modèle sociologique que nous avons proposé à partir des concepts de Simon nous donnerait une interprétation assez proche, mais structurée très différemment.

1. Chacun des joueurs reconnu comme suffisamment autonome pour justifier l'analyse de son comportement opère en fonction d'un schéma de rationalité limitée, c'est-à-dire qu'il propose et accepte des solutions correspondant à la fourchette de rationalité déterminée par ses propres critères de satisfaction. Ces critères sont fonction à la fois des normes qu'il observe — normes générales et normes particulières à son milieu — et des conditions du jeu qu'il joue avec les autres partenaires du jeu central.

2. Son succès, ou son influence sur la décision, dépend de la marge de liberté que lui donne son organisation et de l'appréciation correcte qu'il fait de la nature du jeu central.

3. Les règles du jeu et sa nature sont profondément influencées par l'opérateur principal, en l'occurrence le président, qui peut en outre imposer ses propres critères de

---

7. Cette distinction est devenue classique à l'école de Public Policy de Harvard. Elle a été très vite complétée par l'adjonction d'un quatrième mode d'interprétation, de type psycho-historique.

satisfaction comme modèle de rationalité. Le président ne peut certainement pas choisir la solution optimale, il n'en a ni le temps ni les moyens. Mais il peut organiser le jeu de telle sorte qu'un nombre suffisant de solutions alternatives soit proposé pour que l'une d'entre elles, au moins, remplisse les critères de satisfaction qui sont les siens. Enfin, en fixant ces critères, il fait plus ou moins consciemment un choix d'ordre rationnel. Ce choix n'est pas séparable des problèmes qui sont les siens. C'est encore un choix de rationalité. Kennedy, par exemple, se trouvait contraint à la fois par les besoins de sa campagne électorale qui lui imposait une attitude extrêmement ferme (étant donné les engagements publics qu'il avait pris et qui reposaient sur la confiance qu'il avait mise en la bonne foi de Khrouchtchev), par la nécessité d'éviter un risque de guerre trop dangereux et par les caractéristiques de ses relations personnelles avec Khrouchtchev. Mais en même temps, c'est lui qui est le plus accessible à de nouveaux raisonnements définissant une rationalité plus élargie du point de vue de la méthode. Ces conceptions, comme par exemple celle de la riposte graduée ou la stratégie de la détente, n'ont pas manqué de jouer un rôle dans ses définitions empiriques de ses critères de rationalité. Notons qu'elles ont été elles-mêmes profondément influencées par les expériences de crises comme celle que nous avons analysée. Le choix du blocus naval correspondait assez bien aux théories nouvelles de la riposte graduée et de la communication. Son succès leur a donné un nouvel élan.

4. Mais la définition d'une rationalité même rigoureuse — ce qui présente des risques — ne suffit jamais. Le problème reste celui de la capacité du système d'action de produire des solutions acceptables du point de vue de cette rationalité. Si l'on veut améliorer la qualité des décisions, le développement des concepts et des moyens techniques est totalement insuffisant. Il faut aussi et surtout transformer en même temps le fonctionnement du système aussi bien dans ses aspects bureaucratiques — l'organisationnel d'Allison — que dans ses aspects plus ouverts et beaucoup moins faciles à atteindre — le politique.

II. LE CAS DU CONGLOMÉRAT

Le cas du conglomérat analysé par Joseph L. Bower est un cas particulièrement intéressant à comparer au cas des missiles de Cuba. Il ne s'agit pas, en effet, d'une décision cruciale prise au moment d'une crise très grave, mais de l'ensemble des décisions, importantes certes, mais qui peuvent être considérées, sinon comme des décisions de routine, du moins comme les décisions habituelles qui constituent la trame de la vie « manageriale » d'une très grande entreprise.

Surtout il s'agit d'un domaine, les entreprises privées travaillant dans des marchés très concurrentiels, dans lequel la logique des Business Schools américaines, *leur rationalité,* a ses applications les plus concrètes et les plus efficaces[8]. Ce qui signifie qu'il ne peut théoriquement y avoir aucune ambiguïté sur les objectifs, puisqu'on peut interpréter tous les indices de résultat en fonction de leur impact sur une seule dimension, celle du profit, mesure du succès.

Dans un cas comme celui-là, nous nous trouvons donc, et de très loin, dans les conditions les meilleures pour l'application du modèle rationnel. Or, s'il apparaît bien que du point de vue de la théorie classique le degré de rationalité est beaucoup plus élevé, non seulement le modèle ne s'applique pas très bien dans la pratique, mais les conclusions que l'on peut tirer de cette seconde étude rejoignent beaucoup plus directement qu'on aurait pu le penser celles que l'on peut tirer de l'étude d'Allison[9]

Le point de départ de Bower avait été l'étude du système de planification de cette entreprise. Ce système était

---

8. La logique du *return on investment* et du *cash flow.*
9. Les deux études ont été faites à la même époque à Harvard. Leurs résultats ont été longuement discutés conjointement et avec quelques autres dans un séminaire consacré à l'impact de la bureaucratie sur les décisions au Kennedy Institute of Politics (1967-1970), sous la direction de Richard Neustadt et Ernest May.

extrêmement développé et pratiqué très sérieusement par l'ensemble des dirigeants qui y consacraient beaucoup de temps. Il s'agissait naturellement d'un processus participatif montant et descendant, dans lequel objectifs et projets étaient confrontés et coordonnés de la base au sommet, permettant à chacun de s'exprimer mais l'obligeant en contrepartie à prendre conscience de sa place dans l'ensemble et permettant ainsi à l'intérêt général de la firme, tel était du moins l'argument avancé, de s'affirmer aux dépens des intérêts particuliers. La planification ainsi conçue devait favoriser la diffusion du maximum d'informations, mettre le sommet en position de dégager les solutions optimales et faciliter leur exécution. Elle apparaissait donc, à première vue, comme un pas en avant décisif dans la voie du modèle rationnel.

Or l'étude précise de l'impact du plan sur les décisions réelles a montré, à la surprise générale, qu'il n'y avait dans la pratique aucune relation contraignante entre les prévisions du plan et les investissements effectivement réalisés [10].

Comment les décisions sont-elles alors prises ? Joseph Bower étudie seulement l'influence des trois échelons supérieurs. L'échelon dit *corporate :* ce sont les membres du collège de direction détachés à la tête de la corporation pour des rôles de direction générale sans responsabilité opérationnelle ; l'échelon intermédiaire des *divisions,* correspondant au regroupement d'entreprises connexes du point de vue de la technologie et des marchés ; enfin,

10. Cette découverte corroborée d'ailleurs par beaucoup d'autres observations empiriques met en question les prémisses sur lesquelles raisonne Galbraith dans ses analyses de la techno-structure et en particulier son modèle de conditionnement des consommateurs conjugué avec la planification du développement. Comme toujours, les adversaires du système tendent à en surestimer la rationalité que, peut-être secrètement, d'ailleurs, ils admirent. Même les plus sophistiquées des firmes américaines sont très loin de cette rationalité. Leurs progrès, d'ailleurs, se sont effectués depuis longtemps bien davantage dans le sens d'une diversification permettant une stratégie plus souple d'adaptation que dans celui d'une planification qui risque de geler les ressources. Cf. J.K. Galbraith, *The New Industrial State,* Londres, Hamilton, 1967.

l'échelon opérationnel dit *produit-marché,* qui correspond aux unités de gestion intégrées autour d'un produit ou d'une série de produits vendus sur un marché ayant une unité suffisante. Le modèle de planification et, d'une manière plus générale, le modèle rationnel auraient voulu que l'échelon *corporate* fixât les objectifs généraux à partir des informations et des propositions des sous-unités, et que chaque sous-unité fixât les siens grâce à des procédés de plus en plus précis de suboptimisation.

En fait, il s'avère que ce sont les responsables *produit-marché* qui prennent effectivement les décisions, et ceci par une démarche de calcul économique fortement influencée par l'arbitrage qu'ils doivent opérer entre les pressions des différents groupes partenaires cherchant à maintenir et à accroître leur influence.

L'échelon *division* est déterminant au plan « organisationnel », au sens étroit des problèmes du personnel : il fait les carrières des cadres supérieurs, qui orientent donc leurs décisions en fonction des préférences estimées de cet échelon.

Que reste-t-il alors à l'échelon *corporate,* réputé formé d'êtres surpuissants ? C'est lui qui fixe les règles du jeu, en structurant et restructurant l'ensemble complexe des entreprises. D'autre part, c'est lui qui fixe les critères de rationalité que devront intérioriser les décideurs opérationnels, et par rapport auxquels ils seront jugés.

L'analyse stratégique interprète ainsi ces fonctions : le niveau *corporate* dispose de l'arme de dissuasion totale, le contrôle de la survie de l'ensemble, arme difficilement utilisable, même si la création d'unités bien distinctes permet d'en fractionner la puissance et donc de la rendre plus facilement maniable. Mais c'est le contrôle des critères de rationalité qui permet une intervention plus opérationnelle, et non — insistons sur ce point — la prise de décisions à la place des managers. Il suffit d'élever ou d'abaisser la barre, de changer les taux d'actualisation utilisés pour le calcul de la rentabilité des investissements. C'est en faisant peser sur leurs managers cette épée de Damoclès, que constitue la sanction d'une « mauvaise gestion », que les dirigeants leur imposent une politique beaucoup plus rigoureuse et rationnelle que ne peuvent le faire leurs homologues européens.

Si l'on compare, par exemple, ce modèle à celui d'un grand groupe industriel français, on s'aperçoit que les dirigeants français interviennent, eux, dans un très grand nombre de décisions opérationnelles, ce qui, en apparence, les rend beaucoup plus puissants puisque la chaîne de dépendances qu'ils contrôlent est beaucoup mieux intégrée, mais que cette pratique, sur ce point moins libérale, a aussi pour eux d'énormes inconvénients. Parties prenantes aux décisions prises, ils peuvent moins facilement s'en dissocier. Ils ne peuvent pas non plus imposer des critères trop rigoureux de jugement, car ils s'exposeraient à les violer eux-mêmes. Leurs managers de grandes unités se trouvent donc en conséquence certainement plus gênés dans leurs initiatives mais, en revanche, beaucoup mieux protégés. Si on intervient dans leurs affaires, ils peuvent intervenir dans celles des autres. Plus les grands patrons les tiennent, plus ils tiennent les grands patrons.

Formulons quelques remarques en guise de conclusion.

Première remarque : la convergence entre les deux exemples est tout à fait frappante, malgré les différences entre les institutions, les problèmes et les mécanismes mêmes de la décision. L'analyse du cas du conglomérat nous a montré un système équilibré de façon totalement différente de ce qu'on aurait pu prévoir[11] : à la base opérationnelle, l'initiative de la décision qui paraît l'acte politique essentiel ; à l'échelon intermédiaire, la gestion des hommes et l'organisation du jeu ; à l'échelon supérieur, l'élaboration des critères de rationalité. Le système de décision du président Kennedy pour la crise des missiles de Cuba ne paraît pas aussi net, bien sûr. Mais il est parfaitement clair que c'est en définissant les critères auxquels la bonne décision devait répondre que Kennedy a eu une influence décisive, c'est-à-dire que son rôle a été

---

11. Et dont on avait effectivement fait l'hypothèse au début de l'analyse.

effectivement non pas d'ordonner une action, mais d'imposer des critères de rationalité, correspondant à son appréciation des contraintes de la réalité. Les distinctions sont plus confuses, dans les échelons inférieurs dans la mesure où les initiatives ne sont ici que des propositions d'action. Mais, nous l'avons vu, le politique et l'organisationnel y sont profondément mêlés.

Entendons-nous bien là encore, l'exemple de la crise des missiles permet de prendre plus de distance encore par rapport au cas du conglomérat. Il n'y a pas un mode de raisonnement ou d'explication correspondant à chaque niveau. Il est évident que les dirigeants du conglomérat font de la politique en jouant avec la rationalité, tout comme le président Kennedy en définissant ses critères de satisfaction, que les uns et les autres sont contraints par leur appartenance à un système d'action et qu'ils manipulent ce système avec des données organisationnelles [12]. Il est bien évident aussi que l'interrelation entre le politique et l'organisationnel, que nous avons soulignée contre Allison lui-même, existe tout autant dans le conglomérat. Ce qui fait la différence, ce n'est pas la séparation entre niveaux hiérarchiques au sein d'un système d'action mais le contrôle de sources d'incertitude particulières à chacun de ces niveaux. Ce que les deux systèmes ont en commun, c'est un arrangement empirique de la répartition du contrôle de ces sources d'influence qui présentent une assez grande analogie.

Deuxième remarque : le modèle que nous avons emprunté à Herbert Simon nous est apparu efficace pour interpréter le fonctionnement de ces deux systèmes de décision, mais nous nous en sommes servis aussi dans une perspective déjà normative, en mettant en évidence la

---

12. Il est évident, par exemple, que l'échelon *corporate* ne peut pas faire varier à sa guise les critères de rentabilité. Il est contraint dans cet exercice à la fois par les caractéristiques du ou des systèmes d'action qu'il gouverne, et par les caractéristiques et règles du jeu de systèmes d'action plus larges à l'intérieur desquels se place son action. Il n'empêche que ce n'est qu'à travers la manipulation des critères de rentabilité (critères de satisfaction) qu'il peut indirectement agir sur les unités à la base.

possibilité de gouverner un ensemble en manipulant les critères de rationalité qui y seront utilisés. La compréhension intuitive de ce moyen d'influencer le comportement d'autrui est devenue, en effet, aussi bien pour le président Kennedy que pour les dirigeants du conglomérat, leur source d'influence essentielle.

Essayons d'utiliser la leçon de ces deux exemples pour interpréter les faits que nous observons tous les jours. Une bonne partie des luttes que se livrent les dirigeants et les cadres supérieurs d'une organisation consiste pour chaque acteur à essayer de structurer le champ décisionnel de ses partenaires de telle sorte qu'en influençant ce qui va devenir pour ceux-ci des critères de satisfaction, il puisse peser sur leur décision. Les arrangements institutionnels prévalant dans le conglomérat, tout comme la constitution et le gouvernement d'un groupe informel de décideurs par Kennedy, avaient pour objectif d'ordonner et de régulariser cette lutte de telle sorte que la responsabilité de l'échelon supérieur puisse se distinguer et s'affirmer.

Enfin, troisième et dernière remarque : ces arrangements constituent chacun un compromis intéressant pour la solution de la contradiction que nous avons examinée dans le précédent chapitre, entre rationalité *a priori* et rationalité *a posteriori*. Nos deux exemples peuvent s'interpréter comme l'expression de la domination d'une rationalité *a posteriori* puisque toutes les actions et propositions d'action viennent de la base et que c'est le jeu du marché et des ajustements mutuels qui les ordonne dans le meilleur résultat d'ensemble. Mais on peut tout aussi bien soutenir que c'est la rationalité *a priori* qui domine, puisque la définition de la « loi du marché » et du mécanisme des ajustements mutuels qui prévaudront est décidée *a priori* par les dirigeants de l'ensemble et que cette définition peut être suffisamment précise pour contrôler, avec les critères de satisfaction qui seront intériorisés ou découverts par les acteurs, les limites à l'intérieur desquelles les actions de ceux-ci pourront prendre place.

12

La décision
comme phénomène de changement et comme phénomène systémique

Après avoir testé sur deux exemples le modèle de rationalité limitée de H. Simon, il nous reste à en explorer les implications proprement sociologiques en montrant comment organisations et systèmes façonnent les critères de rationalité utilisés par les décideurs. Dans ce domaine, où la rencontre ne s'est pas encore faite entre sociologues et théoriciens de la décision, nous nous efforcerons surtout de poser les problèmes et de suggérer les voies de recherche les plus prometteuses dans le cadre de ce nouveau paradigme.

I. LE SYSTÈME CONSTITUÉ PAR LES DÉCIDEURS

Le comité exécutif du Conseil national de sécurité qui prit la décision sur les missiles de Cuba pouvait être considéré comme un système. Et de fait, un certain nombre de remarques d'Allison mettent en évidence les conséquences de l'existence d'interrelations suffisamment stables entre ses membres pour constituer un jeu avec des règles contraignantes qui influent fortement sur le résultat. Il est bien évident que le résultat n'eût pas été le même si le président ou son chef d'état-major avait dialogué séparément avec chacun des membres du groupe pour les affaires qui le concernaient.

Le problème comporte un aspect de psychologie sociale,

de dynamique de groupe que nous n'examinerons pas ici[1]. Mais il comporte un aspect proprement sociologique. Ce ne sont pas, en effet, seulement les relations interpersonnelles entre les membres du groupe des décideurs qui sont en cause, mais le phénomène politique et systémique que constituent leurs interrelations. L'influence de chacun des membres ne tient que partiellement à ses qualités personnelles. Elle dépend tout autant de l'existence des atouts qui sont les siens, étant donné sa relation au système, que de l'utilisation qu'il en fait.

En quoi la composition du groupe, le nombre de ses membres, son caractère ouvert ou fermé, ses rapports avec le système complexe sur lequel doit porter la décision influencent-ils cette décision ?

Catherine Grémion a fait apparaître l'importance de ces interrogations dans une étude extrêmement poussée d'un cas de décision de réforme importante : l'élaboration des décrets de mars 1964 concernant l'organisation des départements et des régions[2].

Le problème posé aux décideurs apparaissait relativement simple. Il s'agissait de réformer et de rationaliser l'administration territoriale française dont la lourdeur et les complications étaient devenues (et sont restées), de l'avis de tous les spécialistes, de plus en plus paralysantes. Chaque ministère, sinon chaque administration centrale, dispose de ses propres services et prétend traiter des affaires locales selon ses propres critères et en fonction de ses objectifs propres. Théoriquement, le préfet doit assurer la nécessaire coordination et imposer aux diverses féoda-

1. Cf. I. Janis, *Victims of Groupthink : A Psychological Study of Foreign Policy Decisions and Fiascoes,* Boston, Houghton Mifflin, 1972. Dans ce livre sur les groupes de décideurs, Irving Janis nous semble surestimer beaucoup l'importance de ces phénomènes de relations interpersonnelles dont il n'aperçoit pas à quel point ils sont conditionnés par les données structurelles du problème à résoudre et le construit organisationnel systémique déjà existant. Un entraînement des dirigeants à la dynamique de groupe ne serait pas suffisant pour changer la situation.
2. C. Grémion, *Décision et Indécision dans la haute administration,* thèse de doctorat d'Etat, FNSP, mai 1977.

lités le respect de l'intérêt général. Mais, pratiquement, il n'obtient de résultat qu'au prix d'une dépense d'énergie considérable, en utilisant des moyens de pression indirecte, et ne parvient certainement pas à accélérer le processus de décision.

Les critères de satisfaction du sommet, c'est-à-dire finalement du président de la République, le général de Gaulle, étaient très imprécis. Il s'agissait d'effectuer la réforme la plus profonde possible en modernisant et en rationalisant au maximum, mais sans toucher au domaine politique. Deux directions convergentes furent donc suggérées : déconcentrer les décisions au profit du préfet et redonner à celui-ci du pouvoir sur les directeurs départementaux des administrations.

En vue de cet objectif, un groupe de décision s'est empiriquement constitué à travers une série de commissions nommées pour rapporter au gouvernement sur ces problèmes. C'est ce groupe qui va être responsable de la réforme. On peut le considérer comme un système. Il va en débattre pendant deux ans et, en fait, en négociera tous les détails.

Quelles étaient les caractéristiques du système ainsi constitué ? C'était un système à la fois *ouvert* — car il comprenait des représentants des nombreux pouvoirs et centres de décision affectés par la future réforme — et *fermé* aussi bien aux politiques qu'aux représentants des administrés. Il ne comprenait, en effet, que des fonctionnaires. Aucun homme politique national, aucun représentant politique local, aucun représentant des catégories d'usagers divers de l'administration n'y fut admis ou même entendu. C'était donc un système dont les membres étaient très représentatifs de l'état de choses existant ou plutôt de l'ensemble administratif qui avait la charge de cet état de choses. Un tel système présentait l'avantage d'une très haute compétence et l'on pouvait penser en outre que sa réflexion faciliterait l'application de la réforme, puisque toutes les parties qui auraient à l'appliquer auraient été entendues et se seraient ainsi — pouvait-on espérer — plus profondément engagées.

En fait, l'analyse du fonctionnement du système et de

son développement dans le temps montre que les objectifs de la réforme se sont progressivement dilués dans la complexité des décisions techniques. Le système semble avoir utilisé sa technique pour se protéger à la fois contre une intervention du sommet et contre une pression de la base. Toutes les informations qu'il a utilisées venaient des machines administratives qui y étaient représentées. Si complètes et pertinentes que ces informations aient pu être, elles étaient interprétées dans le cadre de la rationalité propre à chacune de ces machines. On retrouvait donc dans le système de décision le même blocage dont on se plaignait pour le système opérationnel que l'on voulait réformer. La signification politique comme la signification opératoire pratique des problèmes posés étaient instinctivement niées.

Cette restriction du champ de la possible réforme allait effectivement à l'encontre des objectifs tracés par le sommet. Mais ces objectifs, avons-nous dit, étaient imprécis. Surtout, les critères de satisfaction implicitement marqués apparaissaient à l'expérience contradictoires : d'un côté, réformer profondément, de l'autre, rester dans le cadre administratif. Le système était constitué de telle sorte qu'il était très bien armé pour respecter le second critère qui correspondait à l'intérêt commun de toutes les organisations représentées. Il n'était guère capable, en revanche, de trouver une solution satisfaisante en ce qui concerne la rationalisation des processus administratifs.

C'est ici qu'apparaît une autre caractéristique de la composition du système qui reflétait parfaitement bien les mécanismes habituels de gouvernement de la haute administration française. Le système comportait à la fois des représentants de chacune des féodalités concernées et des membres des grands corps qui, bien qu'associés à celles-ci, gardent toujours une liberté plus grande et ont traditionnellement le rôle d'hommes de changement comme, d'ailleurs aussi, de synthèse. Capables de trouver des compromis « techniques », c'est-à-dire n'imposant pas de remonter à l'échelon politique pour les arbitrages entre les exigences contradictoires des rationalités administratives opposées, les membres des grands corps étaient là pour empêcher le blocage complet qui aurait mis en évidence l'échec.

Et pourtant des débats relativement clairs ont eu lieu, opposant des conceptions très différentes de l'organisation administrative. Des clivages sont apparus, et l'on aurait pu penser que l'on allait à des conflits. Mais la constitution même du système et ses caractéristiques de fermeture devaient être beaucoup plus fortes que ces oppositions[3].

Catherine Grémion a étudié en même temps la décision parallèle qui a été prise pour l'organisation des régions[4]. Cette décision, dont les conséquences novatrices ont été malgré ses limites plus considérables, a été élaborée beaucoup plus vite, en six mois, par un système de décision qui recoupait en partie celui constitué pour le département, mais qui était beaucoup plus lâche et imprécis et surtout plus ouvert aux responsables politiques.

Nous avons là, en fait, une sorte de contre-épreuve du phénomène que nous venons d'analyser. Il importe de bien marquer un point capital, c'est que l'objectif de cette seconde réforme, parallèle à la première et qui semble se développer au moment où la première piétine, est plus vague et porte sur un terrain neuf qui n'a pas été à l'avance balisé par les habitudes et les rationalités techniques.

Même si la décision reste une décision d'ordre adminis-

---

3. Le clivage le plus sensible était celui qui opposait les novateurs partisans d'une préfecture état-major au personnel très réduit, mais avec des possibilités d'intervention beaucoup plus fortes, et les rationalisateurs plus traditionnels qui cherchaient à créer une grande centrale d'administration publique plus efficace autour du préfet. Ni l'origine sociale ni les orientations philosophiques n'affectaient ce clivage qui était, par contre, très profondément associé à l'expérience acquise dans les départements d'outre-mer et à l'étranger. De toute façon, ces engagements très vifs des participants n'ont eu finalement que peu d'effets.

4. C'est le second décret de mars 1964 constituant des régions, comportant des commissions de développement économique régional, composées d'élus, de fonctionnaires et de personnalités, et des conseils administratifs régionaux composés d'élus, de fonctionnaires et de personnalités, et des conseils administratifs régionaux composés des membres du corps préfectoral et de quelques hauts fonctionnaires techniques. On pourra retrouver certaines conséquences de cette réforme dans l'analyse du chap. VII.

tratif qui n'est pas soumise au Parlement, les hommes politiques s'en mêlent directement, et les hauts fonctionnaires qui dominent le groupe ne manquent pas de réfléchir constamment aux conséquences politiques de leurs décisions. On est alors plus naturellement obligé de remonter au sommet pour des arbitrages et on doit parallèlement négocier avec les représentants de certaines catégories d'administrés (ceux qu'on appelait alors les « forces vives ») dont il faut s'assurer la participation. A travers ces mécanismes et derrière l'apparence des commissions formelles, on peut distinguer au sein du groupe large — le système de décision — l'existence d'un petit groupe beaucoup plus cohérent de réformateurs actifs. C'est ce groupe qui prend à son compte la réforme et réussit à élaborer et à faire admettre le compromis final en s'appuyant à la fois sur le sommet et sur les forces organisées qui pouvaient peser alors d'un poids politique suffisant.

Il est possible de spéculer sur la volonté réelle du ou des responsables politiques derniers, particulièrement en l'occurrence sur celle du général de Gaulle, et attribuer le résultat final de cet effort de réforme aux intentions personnelles véritables de celui-ci. Cette interprétation nous apparaît toutefois bien légère. Les choix effectués au moment de la constitution formelle ou informelle du système de décision et du groupe de réformateurs ont été, tout compte fait, plus déterminants que les intentions du moment du général de Gaulle, qu'ils ont souvent traduites très mal[5].

Si libre qu'ait été théoriquement le général de Gaulle en tant que chef de l'exécutif, il ne pensait pas pouvoir constituer sur cette affaire un système de décision qui ne fût pas représentatif d'une haute administration publique qu'il respectait. Dans l'abstrait, rien ne l'empêchait en fait de

---

5. Le général de Gaulle n'a ni exprimé ses objectifs de façon claire et non équivoque ni choisi personnellement les membres des commissions. Mais l'intérêt qu'il portait au problème et l'image qu'avait Louis Joxe de cet intérêt les ont largement influencés. L'audience, enfin, et le soutien qu'il accorda à quelques-unes de ces personnes ont contribué de façon définitive à la constitution du groupe de « réformateurs ».

constituer un tel système. Mais le prix politique à payer aurait été considérable. La pente naturelle était donc d'opérer selon les habitudes. Cela d'autant plus que l'on peut penser qu'il n'était nullement sensibilisé à l'importance du problème et qu'il ne mesurait pas les conséquences des choix qu'il était ainsi en train de faire. Ses critères de satisfaction étaient, en fait, conditionnés par ses propres conceptions de l'Etat qu'on peut analyser à la fois comme une tradition culturelle, la valorisation d'un mode d'exercice du pouvoir, une façon de concevoir les rapports humains et un mode de raisonnement. A tous ces niveaux-là, encore, l'analyse fait apparaître la force du paradigme central que l'on peut tirer pour application pratique de l'analyse des organisations : l'homme est le prisonnier des moyens organisationnels qu'il doit employer pour agir, et ces moyens ont une force d'inertie considérable et lui échappent d'autant plus qu'il ne les comprend ni ne les respecte.

II. LE RAPPORT ENTRE LE SYSTÈME DES DÉCIDEURS ET LE SYSTÈME SUR LEQUEL PORTENT LES DÉCISIONS

Le problème du groupe des décideurs comme système est naturellement très difficile à distinguer du problème du plus grand système à l'intérieur duquel ceux-ci opèrent. Si le ou les réformateurs créent un groupe ayant telle ou telle caractéristique, c'est, en effet, à la fois parce qu'ils subissent les contraintes du système qu'ils veulent réformer et du système de gouvernement dont ils font, d'autre part, partie (et qui peut être partiellement ou totalement le même) et parce qu'ils font des paris sur les meilleurs moyens de le transformer. Ce que nous avons mis en lumière à travers l'étude de la préparation des réformes départementales et régionales de 1964, c'est que la constitution du « système de décision » est un élément essentiel, bien qu'en grande partie inconscient, de leur stratégie. Mais pour mieux comprendre cette stratégie et pour éclairer la signification de ce choix, il faut aussi raisonner sur les structures, les régulations et les problèmes des systèmes que l'on cherche à transformer.

Deux exemples de recherches récentes, et qui présentent quelques éléments suffisants de comparaison, vont nous permettre de le faire un peu plus concrètement. Elles portent sur deux réformes touchant des domaines relativement proches : la réforme hospitalière de 1959, en France, qui fut en même temps une réforme des études médicales et indirectement une réforme de toute la profession médicale[6] ; la réforme des institutions et de la législation sur la santé mentale, en Californie en 1967, qui fut en même temps une réforme des professions médicales et paramédicales concernées[7].

Ces deux grandes réformes mettaient en jeu non seulement des intérêts considérables, mais aussi des valeurs, des habitudes, des conceptions du monde et des façons de raisonner. Toutes deux ont été animées par un petit groupe déterminé de réformateurs qui se trouvaient avoir, par rapport au grand système à réformer, un trait commun très particulier. C'étaient des marginaux dans le système ancien, mais en même temps des marginaux qui avaient accès à ce qu'on pouvait considérer comme l'*establishment* du système et se trouvaient à l'intersection de plusieurs sous-systèmes clefs. C'étaient, selon l'expression de Jamous, des *marginaux-sécants*. Cette similitude est d'autant plus significative que les deux systèmes sont profondément différents et que les deux groupes de décideurs, dont les stratégies ont été tout à fait opposées, ont constitué deux systèmes eux aussi différents.

Prenons d'abord le cas du système hospitalo-universitaire français. C'est un système complexe, immense bien sûr, mais très fortement structuré, très cohérent et remarquablement isolé à la fois de la société qu'il doit servir et des autorités publiques qui sont chargées de sa réglementa-

6. Cf. l'étude de H. Jamous, *Contribution à une sociologie de la décision. La Réforme des études médicales et des structures hospitalières*, Paris, CES, CNRS, 1967.

7. Cf. E. Bardach, *The Skill Factor in Politics*, Berkeley, University of California Press, 1972.

tion et, indirectement au moins, de son financement. C'est donc un système qui est protégé à la fois contre ses clients et contre le législateur. Rappelons-en les caractéristiques concrètes : il est dominé par une hiérarchie hospitalière relativement étroite dont la légitimité est assurée par la puissance publique grâce aux concours hospitaliers ; les concours donnent accès aux postes hospitaliers officiels qui, bien que faiblement rémunérés, confèrent statut et prestige et, plus prosaïquement, permettent de s'assurer de gros revenus dans la clientèle privée et d'exercer une influence décisive dans l'organisation informelle de la profession médicale.

Ce système, parfaitement stable et parfaitement protégé, avait jusqu'alors présenté une résistance absolument remarquable aux pressions de l'environnement. Il avait été capable, entre autres, d'absorber la réforme en apparence révolutionnaire de la Sécurité sociale sans changer ses structures et son système de pouvoir. Il favorisait certes le dialogue avec le patient, mais c'était un dialogue dans lequel le médecin restait dans la position dominante [8]. Il protégeait l'ensemble de la profession contre les interventions intempestives du législateur, et de la politique en général, et il la protégeait enfin même contre les bouleversements anarchiques qu'aurait entraînés une utilisation trop rapide et sans précautions des découvertes scientifiques : celles-ci sont acceptées et mises en application avec compétence, mais seulement à travers la structure du système et selon les termes qui sont indispensables à la survie de celui-ci.

Le système de santé mentale de l'Etat de Californie partageait certaines de ces caractéristiques d'isolement et

8. Cette constatation ne doit pas être prise pour un jugement de valeur ; cette inégalité singulière, puisque le médecin, au *service* du patient, impose à celui-ci ses conditions, trouve une justification partielle au moins dans les problèmes auxquels chaque partie doit faire face : l'angoisse du patient devant la maladie et la mort qu'un transfert de responsabilité permet d'alléger ; les responsabilités, les risques et les tensions que le médecin ne peut assumer sans un minimum de protection. D'autres solutions sont possibles et souhaitables, mais elles sont beaucoup moins faciles à mettre en œuvre qu'il n'y paraît.

de protection inséparables des problèmes médicaux. Mais il n'était pas, lui, structuré de manière cohérente. D'une part, le système hospitalier y était beaucoup plus dépendant dans sa gestion d'une administration beaucoup plus active et relativement plus proche ; d'autre part, une profession psychiatrique libre, bénéficiant certainement de l'absence de centres de soins collectifs bon marché et accessibles à la population, restait en même temps très attachée à son indépendance et très hostile à un système hospitalier dont elle n'avait rien à attendre[9]. Presque aucune relation entre les deux pôles n'existait. En revanche, l'ensemble se trouvait beaucoup plus ouvert à l'univers politique que dans le cas du système hospitalier français.

Les deux systèmes, malgré leurs différences, étaient toutefois attaqués et étaient en butte l'un et l'autre à de très vives critiques modernistes.

Du côté français, on se plaignait de plus en plus des grandes dysfonctions du système dont l'effet allait, semble-t-il, s'intensifiant :

— dominé par le modèle hospitalier organisé autour de la tradition clinique, le système paraissait de moins en moins apte à donner une contribution de premier plan à la recherche scientifique moderne beaucoup plus « fondamentaliste »[10]. L'introduction de la Sécurité sociale, d'autre part, ayant écarté les modes de régulation financiers anciens, l'inflation des coûts devait amener nécessairement l'intervention de la puissance publique dans les affaires de la profession médicale ;

— le système social hiérarchique de la profession s'étant cristallisé dans un monde en évolution apparaissait anachronique et conservateur ; il devenait, d'autre part, de plus en plus difficile à gérer, étant donné la pression montante de la concurrence à l'entrée d'une carrière aussi convoitée.

9. Les caractéristiques se retrouvaient en partie en France dans ce milieu, très à part dans l'ensemble médical, que constitue le milieu de la santé mentale.
10. La très longue absence des Français parmi les prix Nobel de médecine a joué un rôle psychologique très important.

Du côté américain, la critique portait davantage sur les méthodes et la philosophie de la profession. On se plaignait du caractère répressif de l'hôpital et, plus généralement, de la législation. On critiquait l'absence d'aide sociale, le manque d'engagement de la communauté qui, seule, aurait pu soutenir le patient et lui permettre de maintenir ou de retrouver une insertion sociale satisfaisante. On déplorait, d'autre part, le coût prohibitif de la psychiatrie privée.

L'analyse des deux réformes effectuées montre que deux stratégies opposées peuvent également réussir, en fonction justement des caractéristiques du système auquel elles s'appliquent.

La stratégie de la réforme française a été une stratégie de rupture qui s'est appuyée sur toute une série d'éléments :

— un groupe d'action s'est constitué ; il était formé de marginaux traditionnellement hostiles au système parce que « fondamentalistes », mais ayant suffisamment réussi dans le cursus des honneurs pour être pris au sérieux par celui-ci ; c'est en quoi il était aussi « sécant » avec l'*establishment* traditionnel ;

— ce groupe s'est cherché des appuis politiques ; il est devenu, de ce fait, également « sécant » avec le milieu réformiste de la haute administration et de la politique à travers l'expérience Mendès France ;

— devant son relatif échec, il s'est cherché et trouvé un porte-parole dans la personne du professeur Robert Debré, une des plus prestigieuses figures de l'*establishment* médical, dont l'engagement exprimait, en même temps que des convictions personnelles, la liberté vis-à-vis du système d'un des patrons de celui-ci à qui sa réussite même avait permis de prendre suffisamment de distance ;

— il a profité, enfin, d'une conjoncture politique exceptionnellement favorable : l'arrivée au pouvoir du général de Gaulle, qui assurait à l'Etat rénové une capacité d'intervention et de réforme, et la nomination comme Premier ministre du fils de Robert Debré, Michel Debré ;

— la réforme imposant le plein-temps hospitalier, la transformation des études médicales, la rupture de l'équilibre ancien en faveur des fondamentalistes et la valorisation de la recherche ont pu être alors élaborées dans le secret et imposées aux différents intérêts avec le minimum de discussion et de négociation et naturellement sans débat public préalable.

Cette stratégie a été une stratégie de rupture dans la mesure ou, inconsciemment au moins, elle a visé avant tout à casser par une sorte de coup de force quelques-uns des mécanismes fondamentaux du système ancien sans trop se préoccuper des conséquences, en particulier de l'application ultérieure de la réforme qu'elle instaurait. Le raisonnement sous-jacent à cette stratégie postulait que le système était incapable de se prêter à une évolution, que si l'on consultait les représentants des intérêts, ceux-ci bloqueraient la réforme, que le système politique, enfin, était trop accessible à l'*establishment* et que le débat public de ce fait tournerait aussi à l'avantage de celui-ci.

La rupture, effectivement, a réussi, mais les acteurs dominants du système ont été capables de reprendre en partie ce qui leur avait été imposé du fait des extraordinaires difficultés d'application qu'un tel changement a suscitées. D'autre part, on a pu constater une très forte dérive par rapport aux intentions des réformateurs et l'apparition de nouvelles dysfonctions tout à fait imprévues. Enfin, les tensions à l'intérieur du système se sont accrues et ont entraîné de nouvelles explosions[11].

Tout autre a été la stratégie du groupe réformateur américain. S'il était lui aussi marginal-sécant, le groupe américain s'est d'emblée beaucoup plus politisé, et sa stratégie a été commandée par les contraintes du contexte politique tout autant que par les contraintes du système médical et hospitalier. C'est une stratégie de groupe de pression qui a consisté à mobiliser l'opinion publique pour faire pression sur le législateur, en neutralisant les réactions des professionnels dominants dont l'unité et la crédibilité se sont trouvées très affectées par le débat public.

Après dix-huit mois de luttes parlementaires et de négociations profondément marquées par les péripéties d'un très vif débat public, une loi complexe a été votée qui,

---

11. Cf. à ce sujet H. Jamous, *Contribution à une sociologie de la décision, op. cit.*

malgré de très nombreux compromis rendus nécessaires par les négociations, a transformé profondément le système de traitement des malades mentaux : juridiquement, avec la réforme du statut des malades ; institutionnellement, grâce à l'établissement de centres de soins dans des zones territoriales restreintes (*communities*). La détermination du groupe d'action, sa persévérance, son habileté ont été couronnées de succès, malgré les pronostics de départ très défavorables qu'avaient émis les spécialistes de la politique californienne sur ses chances de succès. Certes, la loi nouvelle présente beaucoup de difficultés, mais la collaboration avec les professionnels s'est beaucoup mieux engagée qu'en France. Beaucoup de problèmes d'application ont été résolus à l'avance, au cours des négociations, et la mise en œuvre n'a fait que poursuivre le processus engagé au cours de l'élaboration. Il y a moins de distance entre les intentions et les réalités de la réforme, et ses résultats sont cumulativement beaucoup plus positifs que dans le cas de la réforme hospitalière française.

A cause de sa richesse même, la comparaison entre ces deux réformes, qui présentent tant de similitudes, peut conduire à des réflexions très différentes, selon qu'on s'attache aux différences culturelles entre la France et les Etats-Unis, qu'on se concentre sur les conséquences de chacune des stratégies choisies ou qu'on porte l'accent sur le rapport entre ces stratégies et les systèmes d'action concrets à l'intérieur desquels elles se sont inscrites.

Essayons d'abord de développer le raisonnement le plus simple qui consiste à comparer les conséquences de chacune des stratégies employées qui constituent, à première vue, la grande différence.

Le choix d'une stratégie de rupture par le groupe français l'a conduit à sous-estimer les difficultés d'application de sa réforme, à oublier qu'il s'attaquait à un système d'action très complexe et à s'imaginer, à tort, qu'il pouvait imposer une structure nouvelle simplement parce que cette structure devait être théoriquement plus efficace. Les Californiens, en revanche, qui ont eu le courage d'accepter les contraintes et les risques du débat parlementaire et du débat public, ont dû constamment reformuler leurs propositions sous la pression des professionnels et pour tenir compte des réactions de l'opinion. Mais l'acceptation de ces risques leur a fait gagner une compréhension précieuse du problème, ce qui a rendu leur réforme plus efficace. Ils ont découvert, d'autre part, qu'ils pouvaient utiliser l'opinion publique pour faire pression sur les professionnels et qu'ils pouvaient plus généralement faire évoluer le système tout entier en utilisant l'arme du débat public pour le soumettre à la pression de l'ensemble social.

Nous pourrions donc tirer de cette première lecture de nos cas une conclusion qui se placerait dans la perspective de Lindblom : supériorité d'un modèle de négociation sur un modèle de rupture.

Mais chacun de nos cas se déroule dans un contexte culturel très différent, et nous pouvons remarquer qu'aussi bien les modèles de raisonnement utilisés par chaque groupe de réformateurs que les relations qu'ils avaient avec les appareils institutionnels et que les réactions mêmes de ces appareils correspondaient à des traits culturels maintes fois relevés, qui font des Américains un peuple pragmatique porté à la négociation et des Français un peuple doctrinaire porté à la rupture.

A partir de la constatation que chaque stratégie peut être considérée comme l'expression d'un modèle culturel, on peut d'abord relativiser la conclusion précédente, à savoir que le modèle de négociation n'est supérieur que dans certaines cultures [12]. A partir de là, et de façon contradictoire, on peut soit proposer aux Français de s'efforcer de changer de modèle culturel, puisque le modèle qui conduit à la négociation est supérieur à celui qui privilégie la stratégie de rupture [13], soit leur conseiller d'adopter pour réussir dans le contexte français une stratégie à la française.

De tels « conseils », on le voit bien, aboutissent soit à des banalités, soit à des absurdités, soit aux deux à la fois. C'est

---

12. Cf. chap. VI : Organisation et culture, les constatations de William Foote Whyte sur les modèles d'autorité.

13. C'est la tendance plus ou moins explicite de nombreux auteurs anglo-saxons. En France, Octave Gelinier y souscrit au moins partiellement. Alain Peyrefitte en a donné, dans *le Mal français,* une présentation aussi éclatante que peu convaincante.

qu'ils ignorent les faits qui ne sont pas si clairs. Les travaux de Wildavsky montrent l'impuissance totale de certains systèmes de décisions américains qui comportent aussi bien des stratégies de rupture irréfléchies (par exemple, l'organisation de la lutte contre la pauvreté sur le modèle de la grande « rupture » syndicale du New Deal) que des mécanismes de négociation parfaitement bloqués (le cas étudié par Wildavsky et Pressman en est un bon exemple [14]).

En France, le cas que nous avons examiné dans la section précédente est celui du relatif échec d'une réforme fondée sur une stratégie de compromis, sans recours, il est vrai, à l'opinion publique et aux instances politiques. Nous avons pu constater, en revanche, récemment, le succès d'une telle stratégie de compromis et de négociation avec un appel à l'opinion publique pour le passage de la loi sur la formation permanente organisé et suivi par Jacques Delors.

Même pour le problème spécifique traité par les Californiens, on a pu constater le succès en France d'une réforme administrative de sectorisation présentant des points communs avec l'organisation des *community centers* de Californie. La réforme française, qui n'a pas été législative, ne pouvait permettre l'association des élus ni un financement local des nouvelles institutions, mais elle n'en a pas moins abouti à un changement assez considérable, et ce changement a été obtenu grâce à l'utilisation judicieuse par les réformateurs de leur compétence et du recours à une certaine opinion publique [15].

Pour sortir de ces contradictions, il faut, croyons-nous, pousser un peu plus loin l'analyse comparative et mieux analyser les rapports entre une stratégie et le système dans lequel elle s'inscrit. Ce n'est pas par rapport à un contexte culturel, au moins principalement, qu'une stratégie de rupture s'avère sinon supérieure du moins nécessaire, mais dans un système concret particulier. Si le groupe réforma-

14. A. Wildavsky et H. Pressman, *Implementation, op. cit.*
15. Nous ne suggérons pas que la stratégie employée dans ce cas doive être ou même puisse être imitée, il n'a malheureusement pas été étudié d'assez près. Nous voulons seulement utiliser les données qui nous en sont connues pour relativiser un peu plus les conclusions trop rapides qu'on serait tenté de tirer de ces exemples.

teur français a choisi la rupture pour la réforme hospitalo-
universitaire, c'est qu'il avait affaire à un système à la fois
très vaste et très intégré, d'une part, et que ce système,
d'autre part, se trouvait par rapport au système politique et
même par rapport à l'opinion publique en position de
force [16]. Ce que l'on peut reprocher aux réformateurs
français, c'est de n'avoir pas su comprendre à temps les
conséquences inéluctables d'une stratégie, autrement tout
à fait raisonnable, et de n'avoir pas orienté leur réforme
vers la constitution de sous-ensembles plus ouverts, plus
capables de changer par eux-mêmes. Conditionnés par le
système auquel ils appartenaient, ils ont beaucoup plus
pensé à en transformer l'équilibre des forces qu'à en
changer les modes de régulation [17].

Si les Californiens, de leur côté, ont réussi malgré une
stratégie en fait assez aventureuse, c'est qu'ils bénéficiaient
d'un rapport de force très favorable qu'ils ont su intuitivement discerner, face à un système psychiatrique très peu
intégré et divisé en fait en deux pôles : l'un le secteur public
des grands hôpitaux, solide mais très bureaucratisé, tra-
versé de multiples courants antagonistes et en situation de
faiblesse par rapport à l'Etat californien ; l'autre, le secteur
privé, en situation de grande indépendance mais totalement dispersé et sans grande prise sur la politique et
l'opinion. Le milieu politique, plus particulièrement en
l'occurrence le parlement de l'Etat californien, disposait de
beaucoup plus de marge de liberté qu'on ne le croyait face
à cet ensemble peu structuré. Il était, en revanche,
vulnérable à la pression d'une opinion publique, travaillée

16. Même si les médecins n'ont pas très bonne presse devant
l'opinion, il est toujours difficile de mobiliser le public contre eux,
surtout sur des thèmes aussi « techniques » que les rapports entre
recherche fondamentale, organisation universitaire et contrôle de la
profession. Tel n'était pas le cas pour la psychiatrie (qui n'est pas,
faut-il le rappeler, la médecine), domaine dans lequel, au moins en
Californie, l'opinion a pu être entraînée par le mouvement d'idées
défavorables aux grands hôpitaux bureaucratiques.
17. Ce qui les a conduits, par exemple, à donner éventuellement
trop d'importance aux fondamentalistes dans l'enseignement et à
alourdir et corporatiser partiellement une recherche dont ils enten-
daient favoriser l'influence.

profondément depuis longtemps par le courant libéral et rendue sensible à l'anachronisme du système asilaire.

Si l'on veut conclure de façon normative en conséquence, on ne doit pas seulement insister sur les conséquences du choix d'une stratégie et sur la compatibilité de cette stratégie avec le contexte dans lequel on l'emploie, mais aussi et surtout sur l'importance du diagnostic porté sur une situation et sur sa possible évolution. On doit, enfin, attirer l'attention sur les caractéristiques institutionnelles et systémiques qui rendent les stratégies de négociation ouvertes plus faciles, ceci afin d'en inférer des réorientations institutionnelles et systémiques rendant de telles stratégies plus souvent possibles [18].

III. L'EXISTENCE DE RATIONALITÉS CONFLICTUELLES ET LA POSSIBILITÉ D'AMÉLIORER LA RATIONALITÉ DES DÉCISIONS

Les décideurs sont limités par la nature et par les règles du système de décision dont ils font partie ou qu'ils ont constitué. Ils ont affaire, d'autre part, à des problèmes qui ont leur propre structure, et c'est cette structure qui va conditionner le choix de leur stratégie et les chances de succès de celle-ci. Mais cette structure n'est pas apparente, et la capacité pour les décideurs d'en faire un bon diagnostic est essentielle. Enfin, les « problèmes » ne correspondent jamais que de façon très confuse à la demande du système sur lequel va porter la décision. Il n'y a, à ce niveau, ni demande ni problèmes objectifs. Ce sont, en fait, les décideurs qui vont choisir, on aimerait dire inventer, le ou les problèmes qu'ils vont traiter. Si la contrainte est très forte une fois le choix fait, ils peuvent du

---

18. C'est tout l'intérêt de la décentralisation et de tout fractionnement, en unités opérationnelles plus accessibles, d'ensembles trop complexes et trop intégrés à la fois, qui deviennent, de ce fait, imperméables à la négociation.

moins choisir dans quel ensemble de contraintes ils vont s'engager. Capacité de faire un bon diagnostic, capacité de choisir un « bon problème » sont des qualités personnelles. Mais ces qualités ont été acquises à travers une expérience et un apprentissage fortement marqués culturellement. Elles expriment des *rationalités d'action* dont les propriétés particulières structurent le champ et que l'on peut identifier avec des microcultures d'où viennent et auxquelles appartiennent les décideurs et les membres des systèmes sur lesquels porte la décision[19]. On retrouve à ce niveau d'autres contraintes. On ne peut faire un bon diagnostic, choisir un problème, apprécier les conséquences d'un choix de stratégie qu'en utilisant les méthodes, les outils intellectuels et les concepts existants dont la relativité est considérable.

Nous pouvons de nouveau utiliser ici le modèle de rationalité limitée de Herbert Simon. Si l'on considère, en effet, que l'homme est incapable d'effectuer des choix optimaux en fonction d'une rationalité absolue, car il ne dispose pas de moyens suffisants pour appréhender les informations nécessaires et raisonner sur elles, on peut facilement comprendre cette constatation de l'expérience : les critères de satisfaction qu'il emploie et qui sont conditionnés, comme nous l'avons déjà montré, le conduisent naturellement par paresse, par manque de temps et par un empirisme habile, à définir et à résoudre la plupart de ses problèmes à l'aide de programmes préétablis, disponibles dans sa microculture, qui façonnent ainsi en retour ses critères de satisfaction. Pas plus qu'ailleurs, il n'y a, bien entendu, à ce niveau aucun déterminisme simple. Le décideur reste naturellement toujours libre d'inventer un autre « programme » qui constitue une solution meilleure et il doit le faire au moins en apparence dans beaucoup de ces microcultures pour pouvoir s'affirmer. On peut distin-

---

19. Nous retrouvons ici la dimension stratégique de l'analyse qui, en partant des acteurs, de *leurs* rationalités, montre qu'il n'est jamais possible de ne parler que d'une rationalité du système. Celle-ci existe, assurément, mais uniquement dans la mesure où elle est capable de façonner les stratégies des acteurs-membres du système. Or, à ce niveau, elle n'est jamais la seule, mais une parmi d'autres.

guer, d'autre part, des microcultures très contraignantes et des microcultures très ouvertes. En fait, une nouvelle voie de réflexion et de recherche s'impose dans cette perspective, d'abord, pour établir les faits — le degré d'ouverture et de contrainte —, ensuite, pour analyser la genèse de ces propriétés particulières et leur articulation dans les modèles de rationalité plus ou moins cohérents, enfin, pour en étudier les possibilités d'évolution et de transformation. De toute façon, ce n'est pas en décomposant ces modèles de rationalité dans la perspective explicative (multivariée) des sciences sociales, mais, au contraire, en s'attachant à leurs structurations globales que l'on pourra saisir et comprendre ce qui constitue certainement une des contraintes les plus fortes pesant sur le contenu et le déroulement des décisions.

L'analyse des organisations et des systèmes peut là aussi, nous semble-t-il, apporter une première contribution importante. En effet, données culturelles et données systémiques — nous l'avons déjà souligné [20] — sont en résonance et s'interstructurent. Un problème, un champ d'action est structuré par l'institution de modèles de rationalité toujours contingents, mais ces modèles eux-mêmes se développent à travers l'interaction entre les outils intellectuels disponibles et les divers types de contraintes correspondant à la structuration des champs, c'est-à-dire aux exigences des jeux auxquels les acteurs d'un système doivent jouer. Il serait passionnant et, croyons-nous, fécond, de pouvoir élucider dans cette perspective les rapports entre les modèles dominants de rationalité, c'est-à-dire les structures particulières de rationalité correspondant à chaque microculture, avec leurs schémas d'analyse, leurs problématiques et leurs solutions, d'une part, les caractéristiques des systèmes à l'intérieur desquels ou sur lesquels ils sont utilisés, d'autre part, les résultats objectifs de l'action ou plutôt les mesures qu'on est capable d'en faire, enfin.

A défaut de telles recherches, nous devons pour le

---

20. Cf. ci-dessus le chap. VI, consacré aux relations entre organisation et culture.

moment nous contenter de la connaissance empirique que l'analyse des organisations, en tant que mode particulier de la structuration des champs, nous apporte sur ces structures intermédiaires de rationalité. Sans pour autant préjuger de la part relative des sources culturelles et sociales et des sources organisationnelles de ces structures de rationalité, cette première approximation nous en fait percevoir la logique, rend possible l'interprétation de son influence et permet, de ce fait, aussi la prédiction de ses résultats, c'est-à-dire l'évaluation de la contrainte qu'elle fait peser sur le choix des décideurs, ainsi que de la stabilité et des chances de transformation de cette contrainte.

L'inventaire de ces rationalités conflictuelles qui se concrétisent et sont intégrées dans les multiples jeux organisationnels, ainsi que des micromilieux qui en sont porteurs, pourrait dans cette perspective constituer dès maintenant l'apport le plus immédiatement fécond de l'analyse des organisations pour la compréhension des problèmes pratiques de décision.

Prenons, par exemple, le problème des choix de politique publique en France. On ne peut comprendre de tels choix que si l'on analyse comment le problème auquel ils répondent a été défini par l'une des diverses rationalités financière, technique, administrative et juridique qui dominaient dans le secteur et au moment considéré. La connaissance empirique de ces rationalités qui s'identifient chacune à un grand corps administratif ou technique (inspection des Finances, Ponts et Chaussées, Mines, Conseil d'Etat, Corps préfectoral, etc.) est plus féconde pour l'analyse que l'application de la théorie rationnelle des choix. Ces rationalités s'appuient sur les structures de l'administration et sur les structures des rapports administration-administrés qu'elles expriment et cristallisent, les rendant ainsi d'autant plus difficiles à transformer.

Jean-Claude Thoenig a très bien montré ces mécanismes dans son ouvrage sur les Ponts et Chaussées[21]. Le même phénomène a été étudié par Erhard Friedberg en ce qui concerne l'influence du corps des Mines et de l'inspection

---

21. Cf. J.-C. Thoenig, *l'Ere des technocrates, op. cit.*

des Finances sur les décisions de politique industrielle[22]. Dans son ouvrage, sur la fin de l'administration républicaine, Pierre Grémion a mis en lumière l'opposition entre la rationalité de l'intérêt général, incarnée par le préfet, et les rationalités locales, incarnées par les maires[23]. Le même problème a été ensuite analysé par Crozier et Thoenig[24].

Si l'existence de rationalités opposées est moins apparente dans le monde des entreprises, elle n'en est pas moins extrêmement vive derrière la surface et l'apparente domination de la rationalité du profit. Les rationalités des ingénieurs de production, des commerciaux, des financiers, des hommes de la recherche sont très différentes. La lutte entre ces groupes est une lutte complexe qui a des raisons structurelles et qui se développe, comme nous l'avons montré, en jeux très organisés, mais c'est aussi une lutte de rationalité. La solution d'un problème dépend de la manière dont il aura été défini. Selon la rationalité qui s'appliquera, on pourra prévoir à peu près comment il sera résolu. La lutte, la plupart du temps, ne consiste pas tellement dans une discussion ouverte des coûts et avantages, c'est une lutte sur la définition du problème, c'est-à-dire sur la rationalité qui s'appliquera. Car les partenaires savent trop bien qu'une fois cette définition imposée, l'orientation de la décision aura déjà été très fortement structurée. D'où l'extrême importance que les acteurs accordent aux délimitations des compétences et aux libellés de problèmes, importance qui autrement serait absurde et incompréhensible.

Comment ces diverses rationalités peuvent-elles s'intégrer ? Le problème est d'autant plus difficile que chacune d'elles est plus affirmée. L'analyse empirique nous donne plutôt l'impression de la prédominance au coup par coup de l'une ou l'autre rationalité en fonction de caractéristi-

22. Cf. E. Friedberg et D. Desjeux, « Fonctions de l'Etat et rôle des grands corps : le cas du corps des Mines », *art. cit.*
23. Cf. P. Grémion, *Le Pouvoir périphérique, op. cit.*
24. Cf. M. Crozier et J.-C. Thoenig, « La régulation des systèmes organisés complexes », *art. cit.*

ques bien particulières du jeu. L'accommodement, l'intégration, dans beaucoup de cas, semblent se faire davantage
par la force des situations acquises, par la « pesanteur des
arrangements structurels » que par la négociation ouverte.
D'où l'importance capitale des changements de structure,
d'où aussi la résistance des groupes concernés qui, grâce à
leur cohésion, grâce à leurs « expertises » particulières, ont
pu établir leur « monopole » sur un champ d'action ou sur
une classe de problèmes particuliers et qui, de ce fait, se
sentent directement menacés par des changements risquant
d'ouvrir ce champ ou ces problèmes à d'autres rationalités.
De tels intérêts sont souvent défendus avec plus d'acharne-
ment et plus de succès que des intérêts financiers.

Quoi qu'il en soit, la description que l'on peut faire ainsi
du champ réel dans lequel se prennent les décisions a une
force opérationnelle considérable. Il ne s'agit pas, en effet,
de prédire après coup le résultat de la lutte des classes ou
des intérêts en ajoutant juste la dose nécessaire d'idéologie
et de fausse conscience, ni de masquer les incertitudes du
rationalisme par une introduction des variables sociales et
humaines dégagées par l'analyse fonctionnaliste. Il s'agit de
délimiter précisément l'espace à l'intérieur duquel la décision se placera certainement, les points-clefs du processus
de structuration du problème que la décision devra « résoudre », les conflits inéluctables qui surgiront et les possibilités de conciliation et d'intégration qui pourront être
découvertes.

Essayons maintenant, en utilisant cette dernière
réflexion complémentaire, d'aborder pour conclure le
problème de l'amélioration de la rationalité des décisions.

La perspective empirique que nous avons adoptée peut
apparaître à première vue difficile à concilier avec les
objectifs normatifs d'une science — ou d'un art — du
management. Si la rationalité des décisions ne peut plus se
mesurer, en effet, en fonction d'une rationalité absolue *a
priori* ou même *a posteriori,* si l'on ne peut pas lui
substituer la rationalité d'un système qui se décompose en
réalité en une série de rationalités différentes, voire

opposées, dont l'intégration se fait *a posteriori* en fonction de l'influence respective des groupes qui en sont porteurs, on ne voit plus comment justifier des théories normatives.

Pourtant, intuitivement, nous sentons bien que, d'une part, la théorie rationnelle des décisions est extrêmement utile tant qu'on reste dans certaines limites et que, d'autre part, le sociologue lui-même peut apporter, à partir d'analyses comme celles que nous avons présentées, une connaissance limitée mais positive et qui peut, elle aussi, être utilisée de façon normative.

Le raisonnement comme l'étude empirique de la réalité nous ont montré l'impossibilité de parvenir à une rationalité absolue ou même de se servir de cette rationalité comme point de référence. En revanche, nous pouvons tout aussi bien montrer que, dans chaque ligne de rationalité limitée correspondant à un jeu dont les paramètres sont bien établis, il y a des solutions, c'est-à-dire, du point de vue de ces rationalités, des décisions, *plus rationnelles*.

Ne peut-on généraliser en transposant encore une fois le mode de raisonnement de Simon : l'idée de rationnel en soi n'est pas tenable, mais l'homme peut travailler sur un modèle relativiste ; s'il ne peut pas distinguer le rationnel du non-rationnel, il peut, à condition d'avoir limité son problème, raisonner sur le *plus rationnel*. Une telle méthodologie peut choquer. Il paraît difficile d'accepter de parler de plus rationnel alors qu'on ne sait pas ce que c'est que le rationnel. Pourtant, c'est bien cette méthodologie, en fait, que nous utilisons et elle est relativement efficace, puisque, par essais-erreurs, elle nous a menés à des progrès considérables dans notre capacité à poser et à résoudre des problèmes. Les théories de rationalité absolue, grâce auxquelles nous la justifions, ne sont finalement que des généralisations, des extrapolations contestables que nous tirons des succès séquentiels et limités que nous avons obtenus dans des cadres restreints. Elles peuvent être utiles, elles ne sont pas nécessaires.

L'avantage d'un tel mode de raisonnement, c'est qu'il permet de faire entrer dans le champ de la discussion rationnelle les problèmes des organisations et des systèmes. Il n'y a pas d'organisation ou de système rationnels en soi, d'organisation malade ou en bonne santé. Mais il y a, dans un cadre et pour un objectif déterminé, des organisations ou des systèmes *plus* rationnels du point de vue de l'efficacité, de l'adaptabilité et, éventuellement, pourquoi pas, d'une certaine conception de la justice[25].

On peut, parallèlement, tirer des leçons normatives limitées, mais non sans conséquences, sur les moyens de rendre une organisation ou un système capables de traiter davantage d'informations et de résoudre des problèmes plus compliqués. On peut, enfin, raisonner du point de vue du système sur les moyens pour une organisation ou un système de mieux intégrer un plus grand nombre de rationalités différentes. Le mieux et le plus sont ici très vagues, ils sont relatifs, temporaires et contingents ; le mieux se détermine par rapport à certains résultats, le plus par rapport aux rationalités existantes. L'ensemble se justifie par le sentiment concret que, malgré leurs innombrables et constantes erreurs, et quelles que soient, d'autre part, les psychoses d'affolement et de pessimisme de la société, organisations et systèmes effectivement ont amélioré et améliorent encore, bien qu'avec retours en arrière et régressions, leurs capacités de prendre des décisions plus rationnelles.

L'analyse des systèmes d'action concrets peut-elle apporter une lumière intéressante sur ces développements ? Nous le croyons, et nous croyons même que c'est un des tests indispensables de la signification de sa propre contribution scientifique.

Si l'analyse des décisions peut constituer un bon moyen de faire apparaître le ou les systèmes d'action pertinents au sein d'un ensemble, l'analyse des systèmes d'action concrets constitue, elle, le moyen de découvrir la signification plus large de la stratégie employée et les problèmes de changement, et notamment de changement de rationalité,

---

25. Pour éviter tout malentendu : cela ne veut pas dire que ces décisions, ces organisations soient les *plus* rationnelles possibles, étant donné le contexte (*the one best contingent solution*), et qu'il n'y en ait pas d'autres. Là comme ailleurs, répétons-le, il y a toujours *plusieurs* solutions. Il n'y a pas de *one best way*, même relativement à une situation.

qu'elle peut soulever. Une des très grandes faiblesses des théories normatives, c'est qu'elles tirent leurs conclusions directement de l'analyse des décisions sans examiner les systèmes d'action qu'elles mettent en question, alors que c'est seulement à travers une meilleure compréhension de ces systèmes que le changement que constitue l'amélioration de la rationalité des décisions pourra être traité scientifiquement.

Nous réserverons la discussion de ces problèmes pour la prochaine et dernière partie de cet ouvrage qui sera consacrée au changement. Mais nous voudrions, pour conclure ces réflexions sur la décision, présenter quelques remarques sur les problèmes que posent l'apparition et le développement de nouvelles rationalités et de nouveaux outils intellectuels. L'examen de ces problèmes, en effet, constituera peut-être une des contributions les plus importantes de l'analyse des organisations à la constitution d'une théorie normative de la décision.

La relation que nous avons suggérée entre, d'une part, un mode de rationalité, d'autre part, la stratégie du ou des groupes qui en sont porteurs dans une organisation ou un système, et, d'autre part enfin, la structure, le système de pouvoir et le mode de régulation de cette organisation ou de ce système, est une relation fondamentale pour comprendre les possibilités d'apparition, de développement et de succès d'une nouvelle rationalité, et les nouvelles opportunités d'action qu'elle ouvre. Un outil intellectuel nouveau ne peut pas être utilisé, ne peut imposer une nouvelle façon de raisonner, c'est-à-dire constituer une nouvelle rationalité, que s'il trouve un groupe ou un milieu porteurs et si le système se transforme pour l'accueillir. Tout développement nouveau se heurte à la résistance du système établi. Sa réussite dépend du degré d'ouverture de celui-ci qui peut non seulement bloquer la diffusion de la nouvelle rationalité, mais peut même paralyser la découverte de nouveaux raisonnements. Nous retrouvons ici nos réflexions antérieures sur les organisations comme une structuration du champ qui empêche l'apprentissage et la découverte. Inversement, l'introduction de nouveaux raisonnements exerce à terme une influence irrésistible sur les modèles de rapports humains.

Cette relation à double entrée, dont personne n'a encore observé précisément ni les mécanismes de rétroaction ni les conditions extérieures systémiques ou culturelles plus générales, constitue le problème fondamental du développement de la rationalité[26].

L'analyse rétrospective des situations historiques de grands changements et l'étude des problèmes actuels d'introduction de méthodes et de modèles intellectuels nouveaux dont la signification est moins claire, mais qui ont l'avantage de forcer à reconnaître l'incertitude des processus et de mieux faire comprendre les raisons de l'échec, offrent les meilleurs sujets de recherche pour progresser dans la compréhension de ce problème.

Le problème peut être éclairé, d'autre part, par l'analyse de problèmes très proches, mais plus faciles à aborder, comme celui de la transposition de modèles de rationalité éprouvés au sein d'activités favorables dans des activités nouvelles ou dans des activités traditionnelles qui ne semblaient pas s'y prêter. Nous avons actuellement un champ de recherche particulièrement fécond dans les secteurs d'administration traditionnelle, de santé, d'éducation ou de bien-être, dans lesquels on s'efforce d'introduire des modèles de rationalité dérivés de l'expérience des affaires comme le PPBS américain ou la RCB française. L'expérience nouvelle, si négative qu'elle soit, peut être extrêmement féconde de ce point de vue, si on la considère de façon réaliste comme un moyen de mesurer jusqu'à quel point structures et modes de relations peuvent évoluer à partir de l'introduction d'un mode de raisonnement nouveau, jusqu'à quel point il peut y avoir divergence et tension entre l'un et l'autre, à partir de quel moment et de quels processus le mode de raisonnement nouveau perd son

26. Il y a un certain rapport entre ce problème, bien sûr, et celui de la transformation des paradigmes scientifiques (cf. Thomas Kuhn); mais la résistance d'un système d'action concret est d'un tout autre ordre. Les historiens et les sociologues de la science ne lui ont pas accordé l'importance qu'il faut lui accorder dans le cas du changement du mode de rationalité d'une organisation. Cf. T. Kuhn, *La Révolution copernicienne*, Paris, Fayard, 1973.

influence et quelles conditions il faut réunir pour qu'il se maintienne et se développe.

Un autre type de problème connexe présente les mêmes intérêts dans cette perspective, c'est celui du développement d'une rationalité nouvelle à partir d'un outil technique permettant de mieux rassembler et utiliser l'information et de mieux calculer les alternatives — nous voulons parler naturellement des ordinateurs. Les possibilités d'une rationalité nouvelle sont là, mais elles ne sont pas exploitées ou extrêmement mal, parce que l'on bute sur la défense des rationalités partielles dominantes appuyées sur des structures très rigides[27]. La conséquence en est le phénomène que les Américains ont appelé GIGO, *Garbage in, garbage out* : si ce que l'on met dans l'ordinateur ne vaut rien, ce qui en sortira ne vaudra pas davantage.

Pour que la demande faite à l'outil technique puisse être efficace, il faut que de nouvelles relations se développent entre les partenaires, et ces nouvelles relations ne peuvent se développer sans que change le système lui-même, c'est-à-dire les jeux qui sont joués et la régulation de ces jeux[28]. Il ne faut pas compter sur l'ordinateur pour inventer et imposer automatiquement les solutions, ni sur les dirigeants pour l'utiliser heureusement à cette fin.

Certes, l'outil technique offre un moyen et constitue une stimulation en même temps qu'un problème. Certes, il n'est pas impossible, il est même souvent fructueux que les problèmes à résoudre soient un peu en avance sur les

---

27. Nous avons commencé à étudier ces problèmes dans cette perspective. Cf. J.-L. Peaucelle, *L'Entreprise devant l'informatique*, Paris, Copédith, 1969 ; C. Ballé et J.-L. Peaucelle, *Le Pouvoir informatique dans l'entreprise, op. cit.* ; C. Ballé, *L'Informatique, facteur de changement dans l'entreprise. Etude de cas*, Paris, Centre de sociologie des organisations, 1975 ; M. Crozier, « L'Influenza dell'informatica sul guverno delle imprese », *in* F. Rosito (ed.), *Razionalita sociale et technologica della informazione*, Milan, Ed. Communita, 1973, p. 42-74.

28. C'est bien la leçon de l'exemple que nous avons présenté, *supra,* chap. vi, p. 218-221.

capacités des hommes[29]. Mais il faut finalement que ceux-ci apprennent et qu'ils apprennent collectivement, en système, des pratiques nouvelles.

29. On devra et on pourra explorer quantité d'autres problèmes qui, aujourd'hui, sont malheureusement encore dominés par le modèle de la réflexion rationnelle classique. Ainsi, entre autres, celui de la recherche du système le plus pertinent dans lequel une rationalité nouvelle pourra se concrétiser comme, par exemple, le calcul des externalités (quand on ne peut pas résoudre un problème dans un système ou dans les systèmes existants, il devient nécessaire de créer le système pertinent pour la solution de ce problème) ; ou celui de la découverte des outils intellectuels nécessaires au développement d'une rationalité indispensable pour faire évoluer un jeu qui déjà existe, comme la comptabilité sociale (ici, on a le jeu et le système, mais on n'a pas l'outil).

CINQUIÈME PARTIE

Réflexions
sur le changement

13

Le changement
comme phénomène systémique

I. LE CHANGEMENT COMME PROBLÈME

Marxistes ou libérales, la plupart des théories du changement sur lesquelles repose encore la rhétorique politique et sociale contemporaine nous paraissent profondément faussées par la confusion qu'elles entretiennent entre deux séries de propositions difficilement conciliables : les unes fonctionnalistes d'ordre statique, et les autres dynamiques relatives au développement. Les premières, relativement complexes et rigoureuses, n'expliquent que la stabilité. Les secondes, beaucoup plus vagues mais aussi beaucoup plus utiles dans la polémique, tirent leur force de conviction essentiellement du fait qu'elles semblent liées aux premières alors qu'il n'y a entre elles en fait aucun lien logique.

Examinons le raisonnement sous-jacent. D'une part, d'abord, on établit les lois de cohérence d'une société, opération d'analyse fonctionnaliste difficile, mais acceptable. D'autre part, ensuite, en extrapolant la tendance des divers éléments clefs de cette cohérence, on croit pouvoir montrer que les contradictions vont s'accroître, ce qui est déjà plus contestable, et que la rupture est inévitable, ce qui est absolument sans fondement. Par un second saut dans le raisonnement, enfin, on en conclut que la reconstruction du système, son passage à un stade supérieur de développement, se fera à partir de la transformation radicale du paramètre dominant. Cette reconstruction, qui aura été rendue possible par la rupture, se fera automatiquement puisque tous les autres paramètres devront obligatoirement suivre le changement du paramètre dominant du fait du principe de cohérence[1].

Il n'est pas besoin d'insister sur le caractère tout à fait arbitraire et illusoire de cette dernière proposition. Ce caractère n'apparaît toutefois qu'en perspective. C'est en soulignant l'enchaînement logique de ces propositions que nous pouvons le démontrer. En fait, chacune des propositions en cause est intéressante, excitante même pour l'esprit, et elle contient une part de vérité. Mais leur association aboutit à une conclusion plus proche de l'effet rhétorique que de la logique scientifique. Même si chacune d'elles était effectivement valide, elle ne le serait jamais que partiellement et tendanciellement, et la probabilité de leur cumulation dans une proposition finale est à peu près nulle.

La discussion philosophique habituelle oppose tout à fait artificiellement les partis pris déterministes ou volontaristes sur le changement. Il s'agit, à notre avis, d'un faux problème. Toutes les théories explicites ou implicites du changement sont, en effet, à la fois volontaristes et déterministes : il suffit dans notre schéma de forcer un peu la rigueur du premier terme, le terme fonctionnaliste, pour assurer très facilement le retournement du déterminisme en volontarisme ou, si l'on veut, en aventurisme[2]. Si l'on croit que la cohérence des mécanismes analysés est parfaite et que le jeu des forces utiles de la société s'y exprime totalement, ce qui semble le comble du déterminisme, la tentation est grande sinon irrésistible d'agir sur la variable

1. Ce déroulement logique correspond mieux à la vulgate marxiste. Mais on trouverait chez les libéraux américains des années cinquante et chez certains libéraux avancés français de la fin des années soixante-dix des conclusions à peu près du même ordre.

2. La discussion très importante et surtout lourde de conséquences dans la Russie post-révolutionnaire sur l'essence du prolétaire et du koulak — discussion qui rappelle par beaucoup de côtés la fameuse discussion sur le sexe des anges à Byzance — illustre bien ce retournement de déterminisme en volontarisme, d'un matérialisme en idéalisme. Cf. à cet égard R. Linhart, *Lénine, les Paysans, Taylor*, Paris, Seuil, 1976, qui fournit d'utiles détails même si c'est dans une perspective apologétique.

clef[3] de ce système de cohérence. Le changement de système, le passage au stade supérieur ou au moins l'étape décisive de l'évolution naîtront naturellement de la manipulation de ce ressort fondamental. Le caractère presque sacré de la propriété collective des moyens de production dans le marxisme peut s'expliquer de cette manière : si cette rupture est acquise, tout le reste doit suivre.

L'exagération de la cohérence (et éventuellement de la permanence) du mécanisme fonctionnaliste découvert au départ permet, d'autre part, à l'activiste volontariste de se défendre facilement contre le moindre doute sur la possibilité de réaliser le changement : le déterminisme, répétons-le, est pour lui aussi bien le déterminisme de la rupture — puisque la cohérence est indispensable, les contradictions vont amener la rupture — que le déterminisme de la reconstruction ; la cohérence restant la loi du système, le changement du terme clef entraînera forcément le changement de tous les autres[4].

Si opposées que puissent paraître à première vue les deux positions, la confusion du problème est telle que tout le monde les a peu ou prou adoptées successivement sinon à la fois. On s'abrite derrière le déterminisme quand on défend son pari face à des arguments mettant en avant les difficultés qu'il comporte, les coûts humains que ce pari entraîne et les possibles alternatives qu'on peut lui opposer. On s'abandonne au volontarisme pour justifier sa

---

3. Il y a généralement dans ce type de modèle une hiérarchie, donc une variable clef, l'économique, et dans l'économique, la propriété pour les marxistes, la culture et l'univers des valeurs chez Parsons, etc.

4. Cette ambivalence est naturelle. Nous sommes tous également entraînés par l'action, fascinés par l'extraordinaire succès de l'aventure humaine, et nous nous abandonnons facilement de ce fait à l'illusion volontariste selon laquelle il suffirait d'avoir conçu le modèle rationnel d'organisation de la société pour être capable de la transformer selon nos vœux et de résoudre ainsi les problèmes qui nous accablent. Mais nous sommes en même temps torturés par l'angoisse de la responsabilité. Et comme nous sommes suffisamment conscients pour entrevoir que nous ne savons pas tout à fait bien ce que nous voulons, nous ne sommes pas mécontents de pouvoir nous bercer de théories déterministes selon lesquelles l'inexorable évolution nous entraîne, que nous le voulions ou non, vers un système nouveau qui constitue l'étape prochaine nécessaire du devenir.

stratégie et pour obtenir l'adhésion nécessaire à sa mise en œuvre.

Le problème est à cet égard le même, répétons-le, pour les marxistes et pour beaucoup de libéraux. Il existe un curieux parallélisme entre des hommes comme Althusser et Poulantzas et les libéraux américains qui furent leurs têtes de turc. Un homme aussi conservateur que Skinner, se sert de son mécanisme simplificateur de base, le modèle behavioriste de l'apprentissage [5], qui est pour lui tout aussi rigoureux que le mode de production capitaliste pour Althusser, pour conclure à la possibilité de transformer complètement la société à partir de ce ressort dont il postule, à travers un raisonnement fonctionnaliste tout aussi pauvre que celui des marxistes, qu'il est le modèle de régulation profond de toute société [6]. De la même manière, les économistes et les politistes américains des années cinquante croyaient avoir trouvé dans la consommation de masse la source du *take-off,* c'est-à-dire la variable clef du système [7]. Même un fonctionnaliste centré, lui, sur le problème des valeurs comme McClelland en arrivait à faire reposer toutes les chances du développement sur la manipulation de la valeur : besoin de réalisation (*need for achievement*).

La faiblesse de toutes ces positions, en fait, c'est qu'elles sont fondées sur le même refus, inconscient généralement, de considérer le changement comme un problème. Pour elles, le changement est la conséquence d'une logique extérieure à l'homme, que cette logique soit d'ordre économique, écologique, biologique, culturel ou moral. Loin de nous de contester que le changement puisse être influencé par tous ces facteurs séparément et, plus certainement, par une conjonction contraignante entre certains d'entre eux. Mais dire qu'un problème est posé aux hommes par le changement des conditions de leur activité ne signifie pas qu'on puisse en conclure qu'ils vont néces-

5. En fait, un dressage.
6. Par exemple dans son livre, *Freedom and Dignity,* dont le succès a été très grand dans un large public influent aux Etats-Unis.
7. Non seulement Walt Rostoff, mais des hommes beaucoup plus subtils comme Almond et même Lipset.

sairement y répondre par un changement particulier ou même par un changement.

Quand nous disons que le changement doit être considéré comme un problème sociologique, nous voulons dire que ce sont les hommes qui changent, que non seulement ils ne changent pas passivement, mais qu'ils changent dans leur collectivité et comme une collectivité : non pas individuellement, mais dans leurs relations les uns avec les autres et dans leur organisation sociale. Si le changement peut être une réponse à des problèmes non sociologiques, cette réponse est une innovation sociologique qui doit être étudiée en tant que telle.

De ce point de vue, toutes les théories actuelles sont fondées sur trois types de postulats infirmés par les connaissances dont nous disposons sinon sur les sociétés dans leur ensemble, du moins sur les organisations et les systèmes d'action : un postulat de cohérence, un postulat de hiérarchie des éléments de la réalité sociale, un postulat de l'homogénéité du champ social.

Le postulat de cohérence, tout d'abord. Le déterminisme et le volontarisme, tout aussi bien, sont, nous l'avons dit, fondés sur deux postulats de cohérence : la cohérence des ensembles, d'une part, la cohérence des mécanismes sociaux, d'autre part. Mais l'étude des systèmes semble bien montrer que la cohérence d'un ensemble n'est jamais que très relative, que s'il y a toujours des mécanismes d'intégration, il n'y a jamais cohérence entre les divers sous-systèmes d'un ensemble, que tout système est pétri de contradictions et qu'on ne voit guère qu'une société, qu'un ensemble social en ait moins qu'un ensemble plus intégré. Même une organisation très intégrée ne fonctionne jamais selon un seul principe. S'il en est ainsi, l'argument selon lequel le développement des contradictions met en cause naturellement la survie d'un système n'a guère de sens, puisque aucun système humain n'a jamais vécu sans contradiction[8]. S'il y a problème,

---

8. Certains marxistes parlent de l'exacerbation des contradictions, ce qui devient plus raisonnable. Mais il reste à savoir ce que signifie ce terme. Nous allons reprendre le problème plus loin.

c'est celui peut-être d'un seuil de contradictions et d'une capacité d'intégration permettant au système de se maintenir.

Le second postulat, celui de l'interdépendance et de la hiérarchisation des éléments, des mécanismes sociaux fondamentaux pose d'autres problèmes. Si forts que soient les mécanismes que l'on découvre, si constamment récurrents qu'ils puissent nous apparaître, ils n'en demeurent pas moins, en même temps, seulement des lois tendancielles qui ne s'appliquent jamais de façon claire ; leur effet est toujours masqué par l'existence d'autres mécanismes avec lesquels ils sont toujours composés. En outre, la hiérarchie implicite ou explicite que l'on postule et qui permet de mettre en évidence le point clef, le ressort sur lequel appuyer, n'a pas de fondements empiriques. Est-ce la peine de discuter de la priorité des valeurs ou de la priorité de l'économique, quand l'expérience de l'action montre que tout système peut être considéré comme un système à multiples entrées, c'est-à-dire que l'on peut obtenir un effet en agissant sur une variable qui n'est ni la plus profonde ni la plus décisive d'après les principes théoriques, qu'on n'est pas obligé d'attendre, d'autre part, que la plus profonde ait bougé pour attaquer les moins profondes, que l'on peut influer sur le système à partir de l'une ou de l'autre variable à condition d'avoir une stratégie appropriée et que, si certaines approches sont meilleures, ce n'est pas à cause d'une quelconque priorité des variables mais à cause des caractéristiques particulières du système lui-même et des moyens dont on dispose.

On ne peut croire, en conséquence, qu'il suffit d'appuyer sur un ressort pour qu'un mécanisme bouge ou qu'un système se renverse. Il n'y a pas de ressort privilégié et s'il y a des chemins (et non pas un chemin) privilégiés à un moment donné, c'est la réflexion à partir des caractéristiques du système qui permettra de le ou de les découvrir.

Le dernier postulat, enfin, celui de l'homogénéité du champ, n'est pas davantage défendable : un mécanisme d'un certain type à un certain niveau dans un certain secteur du système peut, comme nous l'avons montré plus haut[9], coexister avec un mécanisme opposé à un autre niveau ou dans un autre secteur. Le rapport entre ces phénomènes n'est pas aléatoire, certes, il y a composition et, sinon équilibre, du moins jeux stratégiques et intégration de l'ensemble à travers ces jeux. Mais on ne peut pas postuler simplement qu'une action sur un mécanisme, même dans plusieurs secteurs et à plusieurs niveaux, va déclencher une recomposition générale. Un système peut absorber non seulement des incohérences, mais des symbioses de mécanismes en apparence contradictoires. Si nous voulons aller plus loin, nous devons essayer de comprendre quelles sont les possibilités réelles de coexistence de jeux différents, quels sont les substituts qui se développent naturellement pour remplacer un mécanisme qu'on élimine ou qui devient défaillant. C'est dans ce but que l'analyse des organisations et des systèmes apparaît irremplaçable, car elle offre la possibilité de multiplier les comparaisons, de développer des moyens plus pratiques, de comprendre les expériences quotidiennes de changement et de préparer sérieusement le contrôle de ces expériences.

En fait, les questions que pose le changement comme problème sociologique sont beaucoup plus pragmatiques. Ce pragmatisme ne doit pas faire peur. Il ne nous éloigne pas, bien au contraire, de nos responsabilités politiques et sociales, même s'il dégonfle les illusions et les rodomontades idéologiques derrière lesquelles même les scientifiques adorent s'abriter.

Ce qu'il s'agit de savoir, ce n'est pas la nature de la rupture que l'évolution des forces actuelles rend inéluctable. Nous ne pouvons prédire ni cette évolution, ni qu'elle conduira à une rupture, ni de quelle nature pourrait être cette rupture si elle se produit.

Nous pouvons, en revanche, tout d'abord, mieux poser et commencer à résoudre ce problème sociologique empirique décisif : à partir de quel degré et dans quelles conditions, des tensions qui, jusque-là, avaient pour consé-

---

9. Cf. chap. VIII, l'analyse du système politico-administratif départemental.

quence de renforcer le système d'action existant peuvent désormais provoquer son éclatement ?

Nous pouvons, en second lieu, nous poser le problème de la nature, non pas de la rupture, mais des conséquences de cette rupture. L'analyse nous montre, en effet, que si tout changement véritable signifie toujours rupture et crise (nous y reviendrons ci-après), la crise à elle seule n'est pas une solution ni même l'événement clef d'où sortirait quasi magiquement le changement. Innombrables sont les exemples de crises qui n'ont déclenché que des mécanismes d'adaptation, voire qui ont été accompagnées d'une régression, au moins temporaire. Dans la minorité des cas seulement, elles ont déclenché des mécanismes d'innovation. Le problème sociologique posé n'est donc pas d'éviter les crises et les ruptures ou de les remplacer par une évolution graduelle. C'est de comprendre comment et à quelles conditions une crise peut être au départ de mécanismes d'innovation et non pas de mécanismes régressifs.

Enfin, la substance même du changement est, elle aussi, un problème sociologique qui doit être abordé avec prudence, mais auquel le sociologue ne doit pas se dérober.

Si l'on cherche à distinguer, parmi les innombrables changements, ceux qui correspondent le mieux aux aspirations des hommes à passer à un stade nouveau, plus élaboré et plus satisfaisant, de l'expérience humaine, une autre réflexion devient nécessaire. Critiquer les formules simplistes, mécanistes, trop déterministes ou trop rigides, qui font tenir un système économique ou social dans une formule, ne signifie pas qu'il n'y ait pas de différences entre les systèmes et les sociétés et qu'il n'y ait pas de problème pour passer d'un système moins diversifié, moins riche et moins capable d'atteindre des buts et de réaliser des entreprises à un système plus diversifié, plus riche et plus capable [10].

---

10. Nous n'osons dire plus épanouissant pour les hommes. Il est certain qu'une société tribale esclavagiste est moins diversifiée, moins riche et moins capable de réaliser des entreprises qu'une société libérale postcapitaliste ou de capitalisme « avancé ». Mais peut-on dire que les hommes y sont moins heureux ? Le relativisme culturel dominant nous interdit pour le moment de le penser.

Qu'est-ce qui différencie réellement ces systèmes auxquels nous avons donné à dessein pour le moment ces attributs très vagues? Ce n'est pas l'arrangement des éléments ni la variable dominante. N'est-ce pas plutôt la capacité à tolérer une diversité, une incohérence, une ouverture plus grande et à gérer les tensions inévitables qui en résultent? Au niveau du système, cette réflexion soulève le problème des capacités collectives organisationnelles ou systémiques et des conditions de leur évolution ou plutôt de l'apprentissage ou même, si l'on veut, de la conquête par les hommes de capacités plus grandes.

N'est-ce pas dans cette perspective une vue trop simpliste que celle qui restreint l'histoire au jeu des intérêts? La logique des intérêts aurait toujours mené à des impasses si le développement des capacités n'avait, chaque fois, permis de changer de modèle de rationalité et de redéfinir les intérêts eux-mêmes en même temps que les problèmes et la nature des construits d'action collective et des jeux permettant de les traiter.

II. LE CHANGEMENT COMME PHÉNOMÈNE SYSTÉMIQUE

Le changement n'est ni une étape logique d'un développement humain inéluctable, ni l'imposition d'un modèle d'organisation sociale meilleur parce que plus rationnel, ni même le résultat naturel des luttes entre les hommes et de leurs rapports de force. Il est d'abord la transformation d'un système d'action.

Ce que nous voulons dire en employant cette expression, c'est que, pour qu'il y ait changement, il faut que tout un système d'action se transforme, c'est-à-dire que les hommes doivent mettre en pratique de nouveaux rapports humains, de nouvelles formes de contrôle social. Sont en question plus particulièrement les jeux qui commandent les rapports sociaux et forment, comme nous avons essayé de le montrer, la trame des institutions. Et ce qui doit changer dans ces jeux, ce ne sont pas, comme on le croit un peu hâtivement, les règles, mais la nature même du jeu. Le passage du système féodal au système capitaliste [11] ne s'est pas accompli par un changement des règles du jeu féodal qui aurait donné plus de liberté au vassal face à son seigneur ou qui aurait renversé les rôles. Il s'est effectué par l'apprentissage d'un nouveau type de jeu complètement différent. Le jeu capitaliste n'est pas une amélioration du jeu féodal, c'est un jeu d'une autre nature. A côté de la nature du jeu, le point sensible est le modèle de régulation qui permet d'intégrer toutes les contradictions qu'entraîne l'existence de tels jeux dans des ensembles en état de coopération. Il faut, enfin, que changent les différentes formes de contrôle social qui rendent possible la régulation, mais en même temps la compliquent.

Pour que de tels changements puissent s'accomplir, il ne faut pas seulement que les rapports de force leurs soient favorables, il faut aussi et bien davantage que des capacités suffisantes soient disponibles au moins potentiellement : capacités cognitives [12], capacités relationnelles, modèles de gouvernement.

Cette définition du problème ne le rend pas forcément plus facile à résoudre. Nous ne disposons pas, en effet, d'une connaissance analytique suffisante d'expériences de changement dans leur contexte et dans leur dimension proprement systémique. Nous connaissons certes assez bien beaucoup de séquences d'événements. Mais cette connaissance est tronquée dans la mesure où nous ne pouvons raisonner sur la signification de ces événements comme expression de l'évolution et du changement du système en question. Nous ne pouvons donc certainement pas nous placer au niveau de discussion beaucoup trop sophistiqué où l'on débat de la théorie générale. Nous pouvons, en revanche, commencer à avancer à partir d'une réflexion plus précise, non pas sur une théorie du changement, mais sur la signification des leçons qu'apportent des

---

11. Si l'on nous permet ce raccourci.
12. L'invention de la comptabilité en partie double, par exemple, offrait la possibilité d'un développement de capacité indispensable à l'instauration d'un jeu capitaliste.

expériences de changement dirigé dans des systèmes suffisamment connus.

Dans cette perspective, il apparaît immédiatement que le cœur du débat, c'est l'existence de ces effets systèmes qui nous ont servi de point de départ au début de cet ouvrage. Ces effets systèmes sont la conséquence inéluctable en même temps que la manifestation du caractère non naturel, construit, des jeux et modes de régulations qui, en imposant limites et contraintes aux stratégies de pouvoir des participants et en restreignant leurs capacités de changement, fondent et maintiennent tout système d'action et médiatisent de ce fait toute initiative de changement[13]. Leur existence et leurs caractéristiques conditionnent donc très directement le problème à résoudre quand elles ne le constituent pas elles-mêmes du simple fait des conséquences « dysfonctionnelles » qu'elles entraînent pour l'ensemble. En d'autres termes, tout comme la décision, le changement est *systémique,* c'est-à-dire contingent au système d'action qui l'élabore et auquel il s'applique.

Pour concrétiser ce qui précède, analysons rapidement les difficultés habituelles auxquelles se heurte tout effort de changement volontaire d'une organisation ou d'un ensemble organisé. Dans cette perspective pratique, deux problèmes apparaissent toujours : celui de l'élaboration du projet de changement et celui de la mise en œuvre du changement une fois que celui-ci a été décidé[14].

Commençons par réfléchir sur le problème plus simple, au moins en apparence, de l'exécution d'une décision ou de la mise en œuvre d'une action une fois que celle-ci a été conçue. Ce problème est perçu habituellement comme un problème de résistance au changement. Pour vaincre la résistance naturelle d'hommes dérangés dans leurs habitudes ou leurs intérêts, il faut, pense-t-on, persuader, former et éduquer sans relâche. Au besoin, on sacrifiera la lettre pour sauver l'esprit. Enfin, on manœuvrera pour

---

13. Cf. *supra*, nos développements sur le management revisité.
14. Nous sommes, bien entendu, conscients du caractère artificiel d'une telle séparation de deux phases toujours profondément interdépendantes d'un seul et même processus. Cette séparation ne se justifie ici que dans un but analytique.

faire apparaître l'anachronisme et l'égoïsme des dernières
résistances. Un tel modèle est tout à fait inadéquat, car il
ne tient aucun compte du fonctionnement réel des organisations ou des systèmes d'action, tel que l'analyse stratégique nous a permis de le montrer. Les membres d'une
organisation ne sont pas, en effet, attachés de façon passive
et bornée à leurs routines. Ils sont tout à fait prêts à
changer très rapidement s'ils sont capables de trouver leur
intérêt dans les jeux qu'on leur propose. Les habitudes ont
pour eux beaucoup moins d'importance qu'on ne croit. En
revanche, ils ont une appréciation très raisonnable et
presque instinctive des risques que peut présenter pour eux
le changement.

Comme nous croyons l'avoir mis en lumière, en effet,
même dans le plus humble contexte, l'élément décisif du
comportement, c'est le jeu de pouvoir et d'influence auquel
l'individu participe et à travers lequel il affirme son
existence sociale malgré les contraintes. Or tout changement est dangereux, car il met en question immanquablement les conditions de son jeu, ses sources de pouvoir et sa
liberté d'action en modifiant ou en faisant disparaître les
zones d'incertitude pertinentes qu'il contrôle.

Que les participants soient ou non partisans de la
réforme n'a donc pas grande importance. Ils peuvent très
sincèrement en accepter les objectifs, mais, même dans ce
cas, ce serait trop leur demander que d'exiger qu'ils
renoncent à ce qui leur permet de s'affirmer, de rester au
moins partiellement maîtres de leur comportement et
éventuellement même de garder les moyens de mieux
accomplir leur tâche dans les perspectives de la réforme.
C'est inconsciemment, mais pourtant légitimement, qu'ils
vont faire obstacle à tout ce qui menacerait leur autonomie
et vont chercher à orienter le changement de telle sorte
qu'ils puissent maintenir, sinon renforcer, la zone d'incertitude qu'ils contrôlent. Comme le changement imposé d'en
haut présente souvent un aspect de rationalisation qui
consiste, en fait, à réduire ou éliminer ces zones d'incertitude, l'opposition peut facilement devenir très profonde.
De toute façon, qu'il y ait ou non opposition, l'action
inconsciente de subordonnés même bien intentionnés,

cherchant seulement à maintenir leur autonomie, est suffisante pour fausser complètement l'esprit d'une réforme.

L'extraordinaire capacité de tout ensemble humain à absorber tout changement formel en maintenant ses caractéristiques essentielles[15] est un fait d'expérience que l'analyse stratégique des organisations et des systèmes d'action met en évidence et permet d'expliquer. Elle est la conséquence non seulement inévitable, mais aussi légitime de l'utilisation, même inconsciente, par les participants de la marge de liberté dont ils disposent dans les jeux qu'ils jouent dans l'organisation. Toute approche du problème fondée sur le raisonnement habituel selon lequel l'échec d'une réforme est dû au manque d'informations, à l'inertie, à la routine, aux intérêts particuliers, bref, à « l'irrationalité » ou à « l'aliénation » des subordonnés, des clients ou des administrés, manque donc tout à fait son but[16].

Cette démonstration est d'autant plus efficace que le projet même de changement que l'on cherche à mettre en œuvre est susceptible d'une critique au moins aussi vive à partir du second problème, celui des conditions de son élaboration.

Nous avons, en effet, raisonné jusqu'à présent comme si la rationalité, ou tout simplement la qualité de l'action de changement considérée, ne dépendait pas du contexte

15. Cette formulation est vague, car les caractéristiques essentielles d'un système d'action (nature du jeu, règles et modes de régulation) ne déterminent pas un *seul* produit, mais une gamme de produits. Des changements sont donc possibles qui ne mettent pas en cause les caractéristiques essentielles du système d'action lui-même. Cela pose le problème d'un diagnostic de ces caractéristiques essentielles et des limites qu'elles imposent à la volonté de changement.

16. Nous n'avons pas discuté vraiment ici du problème des intérêts particuliers. Ils se comprennent beaucoup mieux dans le cadre du jeu et du système dans lequel ils se manifestent que comme des intérêts attachés intrinsèquement à une personne ou à une catégorie. Cette approche, en tout cas, permet de comprendre ce phénomène, autrement inexplicable, que des intérêts de minorité sont capables de mobiliser, au moins inconsciemment, des réactions majoritaires de résistance.

organisationnel ou systémique dans lequel elle se plaçait. Mais elle en dépend en fait de façon très étroite, puisque, comme nous l'avons vu dans la partie précédente, les conditions de recherche de l'information nécessaires pour élaborer les décisions qui la mettent en œuvre sont des conditions d'ordre organisationnel, ou plus généralement systémique.

Le problème le plus grave en ce qui concerne l'élaboration d'une décision, ce n'est pas, nous l'avons déjà souligné, celui du coût de la recherche de l'information dont se contentent trop facilement les économistes, c'est celui de l'impossibilité d'obtenir une information non biaisée [17]. Puisque l'information est toujours un élément important du jeu de pouvoir et d'influence, puisqu'elle ne s'échange pas de façon neutre, puisqu'il y a toujours sinon coïncidence, du moins large chevauchement entre structure d'information et structure d'exécution, le poids du système organisé est considérable sur l'orientation de la décision. Il ne la détermine pas, mais il la structure, la limite et la contraint. Si les réformateurs cherchent à y échapper, leur schéma de réforme sera plus courageux, mais moins adéquat, s'ils acceptent de recourir à lui, leur possibilité d'intervention décroîtra.

Le dilemme est un dilemme pratique. Chaque administrateur, chaque politique, chaque dirigeant d'entreprise le rencontre quand il veut s'engager dans une décision de réforme. Doit-il réunir les experts de l'intérieur, ces professionnels qui parce qu'ils sont aussi les hommes clefs du système d'exécution vont instinctivement chercher à paralyser son désir de changement, ou bien doit-il élaborer son schéma de réforme à partir d'une analyse *a priori* et d'informations obtenues par une source extérieure ?

Dans le premier cas, il adopte partiellement au moins la logique de la rationalité *a posteriori*, comptant sur les ajustements mutuels des parties pour dégager une voie qui, après coup, apparaîtra rationnelle. Dans le second, il se

---

17. Ce qu'oublient toujours les cybernéticiens et même un analyste aussi subtil que Niklas Luhmann.

maintient dans le modèle synoptique d'une rationalité élaborée *a priori*.

Nous ne reviendrons pas sur le modèle, synoptique dont nous avons discuté longuement les défauts à partir des thèses de Lindblom. Mais il vaut la peine de reprendre la logique du modèle *a posteriori*, même si, de toute évidence, celle-ci ne se développe que de façon très particulière dans le cas d'un changement dirigé.

Une organisation, un système organisé évoluent. D'une part, en effet, ils doivent pour survivre s'adapter aux demandes changeantes de l'environnement, d'autre part, ils doivent tenir compte du fait que les hommes qui les composent, eux aussi, changent. Pourquoi ne pourrait-on penser que l'ajustement mutuel partisan des groupes et des individus offre la meilleure procédure pour découvrir la bonne solution, la plus pragmatique, la plus équitable, puisque la plus négociée ? Nous avons déjà critiqué cette logique en examinant les arguments de Lindblom. Dans le cadre d'une organisation, le problème est particulièrement concret. Si l'organisation était complètement transparente et si ses membres et les divers groupes qu'ils constituent opéraient dans un ensemble parfaitement fluide et homogène, sans possibilité de rapports de dépendance, la supériorité de la logique incrémentale serait évidente. Mais tel n'est pas le cas, et s'il est possible de préconiser le développement de systèmes plus transparents, il n'est même pas possible de rêver à l'établissement d'un système dont la transparence serait telle que la logique de l'ajustement mutuel suffirait à supprimer inégalités, injustices et dysfonctions[18].

Dans le contexte des organisations et des systèmes d'action concrets, tel que nous le vivons et tel que nous pouvons même avec optimisme l'imaginer, nous avons en effet affaire à des ensembles de jeux inégaux, structurés autour des nœuds de pouvoir qui correspondent au contrôle que les individus et les groupes peuvent exercer sur des zones d'incertitude clefs pour le fonctionnement satisfaisant ou la survie de l'ensemble. L'ajustement

---

18. Cf. notre discussion, p. 309 à 315.

mutuel des parties se fait effectivement dans ces jeux, mais cette meilleure solution à laquelle il aboutit ne peut être considérée comme rationnelle que par rapport au sous-système au niveau duquel elle s'effectue. Elle ne fera donc, en fait, que renforcer les cercles vicieux dysfonctionnels de dépendance, de non-communication et de contrôle que toute organisation structurée entretient.

L'ajustement mutuel entre acteurs s'avère ainsi non seulement un processus aveugle, mais surtout un processus profondément conservateur qui tend à renforcer les équilibres ou déséquilibres de ⸱pouvoir existant. Certes, un certain nombre d'adaptations peuvent s'opérer dans ce cadre. Un dirigeant réaliste et/ou cynique pourra même laisser s'exacerber les inégalités et dysfonctions qu'il produit pour les rendre visibles à tous et justifier ainsi son intervention. Mais il ne pourra en aucun cas s'abandonner à ce mécanisme pour faire émerger le changement. Toute initiative de sa part visant à transformer non pas seulement la structure formelle, mais la structuration profonde de tels systèmes suscitera donc la résistance des participants. Même si les individus sont en majorité favorables à un tel changement comme individus, la somme de leurs jeux dans le cadre du système en place constituera un obstacle naturel à ce qui devient une véritable réforme, c'est-à-dire une transformation de la nature des jeux joués dans le système.

On le voit bien : toute approche voulant réduire le changement dirigé à un choix entre une logique synoptique et une logique incrémentale, voire à un compromis plus ou moins boiteux entre les deux, revient en fait à ignorer complètement l'importance primordiale de la structuration des champs et des effets pervers que cette structuration induit. Elle risque fort d'aboutir à plus ou moins brève échéance soit à une impasse, soit à un pseudo-changement, soit aux deux à la fois. Ni l'élaboration ni la mise en œuvre d'un changement ne peuvent donc se concevoir ni, à plus forte raison, se justifier, en dehors et indépendamment du système d'action qui est l'objet du changement et dont les caractéristiques et modes de régulation en conditionnent toujours profondément le déroulement. Phénomène systémique, le changement est aussi *contingent,* tout comme le construit qu'il vise.

III. LE CHANGEMENT COMME APPRENTISSAGE
DE NOUVELLES FORMES D'ACTION COLLECTIVE

a) *Le changement, c'est aussi la découverte et l'acquisition de nouvelles capacités.*

Nos réflexions successives nous permettent, croyons-nous, de dégager maintenant une vision plus réaliste, mais aussi plus collective, de toute action de changement dirigé. Il ne s'agit pas de décider une nouvelle structure, une nouvelle technique, une nouvelle méthode, mais de lancer un processus de changement qui implique action et réactions, négociations et coopération. Il s'agit d'une opération qui met en jeu non pas la volonté d'un seul, mais la capacité de groupes différents engagés dans un système complexe à coopérer autrement dans la même action.

Le changement réussi ne peut donc être la conséquence du remplacement d'un modèle ancien par un modèle nouveau qui aurait été conçu d'avance par des sages quelconques ; il est le résultat d'un processus collectif à travers lequel sont mobilisées, voire créées, les ressources et capacités des participants nécessaires pour la constitution de nouveaux jeux dont la mise en œuvre libre — non contrainte — permettra au système de s'orienter ou de se réorienter comme un ensemble humain et non comme une machine. Dans cette perspective, il faut le souligner, le changement dirigé a toujours deux faces. Il est changement d'une activité, d'une fonction, d'un mode opératoire, d'une technique dans un but économique, social ou financier. Mais il est en même temps aussi et toujours transformation des caractéristiques et modes de régulation d'un système, et il peut être, enfin, à la limite, transformation des mécanismes de changement eux-mêmes.

Une telle redéfinition des problèmes du changement

dirigé nous permet de mettre en évidence une dimension qui nous paraît fondamentale dans tout processus de changement, qu'il soit dirigé ou « naturel » : *à savoir l'apprentissage, c'est-à-dire la découverte, voire la création et l'acquisition par les acteurs concernés, de nouveaux modèles relationnels, de nouveaux modes de raisonnement, bref, de nouvelles capacités collectives.*

On nous objectera qu'il n'est pas possible de réduire le changement social à un simple processus d'apprentissage, fût-il collectif. Le changement, croit-on, correspondrait avant tout à un ensemble de conditions matérielles et sociales : il devrait se traduire par un renversement des rapports de force inscrits dans les structures économiques et sociales d'une société. Aucun changement, aucun apprentissage collectif ne peut, il est vrai, avoir lieu sans rupture. C'est bien le sens de nos conclusions. Mais il nous paraît, tout compte fait, que les rapports de force ne changent que quand une capacité nouvelle de résoudre les problèmes d'organisation collective s'est affirmée. Les rapports de force se transforment quand une capacité meilleure commence à faire ses preuves à travers une forme d'organisation nouvelle. Mais un changement de rapports de force n'entraîne pas *nécessairement* le développement d'une capacité nouvelle, et un changement de la nature et des règles du jeu : il pourra s'agir d'un simple renversement d'élites.

Qu'on nous permette quelques instants, pour illustrer notre propos, de spéculer un peu hâtivement à partir des matériaux de l'histoire. Tous les grands changements de civilisation paraissent avoir été préparés par la constitution de capacités organisationnelles ou systémiques nouvelles. Et quand ces capacités se sont affirmées, la mutation a été, semble-t-il, beaucoup plus rapide que nous le croyons, obnubilés que nous sommes par l'image d'un passé immuable.

La démonstration nous paraît avoir été faite de façon lumineuse par Georges Duby pour le Haut Moyen Age occidental[19]. C'est à partir de la mutation des modes de

19. Cf. G. Duby, *Guerriers et Paysans,* Paris, Gallimard, 1973.

rapports humains et des modes de raisonnement, passant du modèle de l'offrande et du pillage au modèle du contrat et du calcul, que la paysannerie occidentale s'est constituée et que le monde occidental a pu poursuivre un développement accéléré dont l'importance ne peut être comparée qu'à la révolution industrielle des XVIIIᵉ et XIXᵉ siècles. Ce qui fut en jeu réellement, c'est la constitution d'une capacité collective qu'on peut appeler organisationnelle et dont l'analyse statique ou déterministe de la société féodale ne rendait jusqu'alors absolument pas compte.

On pourrait en dire autant de la prodigieuse mutation arabe des VIIIᵉ et IXᵉ siècles dont l'aspect messianique religieux et guerrier n'explique pas le succès. Ce qui s'est constitué alors, c'est un mode d'organisation nouveau dont le Coran n'a été que l'expression sacralisée et dont la supériorité comme moyen d'action et de développement s'est immédiatement avérée considérable. Et il en fut de même pour toutes les grandes aventures humaines, que ce soient des aventures nationales comme celles de l'Espagne des XVᵉ et XVIᵉ siècles, celles de la Suède et de la Hollande des XVIᵉ et XVIIᵉ siècles, ou des aventures plus sectorielles, mais moins liées à une société donnée, comme celles du capitalisme marchand ou celle de la révolution industrielle.

Tous ces grands changements se caractérisent par leur rapidité et par le fait que leur développement est fondé, en fin de compte, sur la découverte et l'acquisition dans l'action de capacités nouvelles : capacités à communiquer, à échanger, à raisonner, et de nouvelles formes d'action collective que l'existence de ces capacités rendait possibles[20].

Une telle réflexion sur le changement comme *apprentissage collectif* part, en la soulignant, de l'indétermination de l'histoire et de la vie sociale, dont on ne peut jamais connaître d'avance ni le déroulement ni les lois d'évolution. C'est parce que le changement n'est pas naturel, mais avant tout création, invention, découverte et construction

---

20. C'est bien ainsi que nous serions tenté d'interpréter, un peu contre Foucault lui-même, l'émergence de l'univers disciplinaire qu'il nous décrit. Cf. M. Foucault, *Surveiller et Punir, op. cit.*

humaines qu'il constitue en fait un problème. Car instruments indispensables pour l'action, les construits d'action collective une fois institués sont en même temps des obstacles à l'apprentissage, c'est-à-dire à l'invention de nouveaux construits.

b) *Les construits d'action collective comme obstacles à l'apprentissage.*

Revenons d'abord à la notion d'apprentissage collectif qui est sous-jacente à cette discussion pour essayer d'en préciser la signification. C'est une notion empruntée au vocabulaire psychologique dont la transposition prête à malentendu. Quand l'un de nous l'a employée pour la première fois [21], elle a été très mal comprise. Du fait de la tradition pédagogique française, en effet, le terme d'apprentissage fait immédiatement penser à l'assimilation d'un modèle déjà existant que l'on emprunterait à l'extérieur — dans des sociétés plus avancées — ou que des penseurs novateurs auraient développé de façon intellectuelle. Telle n'était naturellement pas notre intention. Nous voulions parler de la découverte et de l'élaboration par essais-erreurs d'un ensemble nouveau de comportements formant système. Nous étions particulièrement influencés par la fécondité du concept d'apprentissage, plus précisément de *learning,* en psychologie. Il nous semblait que les psychologues avaient fait des progrès décisifs à partir du moment où ils étaient passés de la typologie et de l'analyse causale des caractères, ou même des relations, pour poser en termes plus expérimentaux un problème comme le *learning,* pour s'interroger en d'autres termes sur les conditions des processus inventifs et innovateurs par lesquels les individus apprennent — c'est-à-dire découvrent et acquièrent — de nouveaux comportements pour résoudre les problèmes qui

21. Cf. M. Crozier, « Le modèle d'action administrative à la française est-il en voie de transformation ? », *in* J.-D. Reynaud (éd.), *Tendances et Volontés de la société française,* Paris, SEDEIS, coll. « Futuribles », 1966, p. 423-444.

leur sont posés. Et nous pensions que les sociologues devraient être capables d'opérer le même changement de paradigme[22], dès lors qu'ils accepteraient de se concentrer sur les processus par lesquels des systèmes humains peuvent se restructurer et changer leurs modes de régulation, au lieu de continuer à mêler typologie et causalité dans des descriptions abusivement déterministes des régularités sociologiques des comportements individuels.

Nous appelons apprentissage collectif le processus à travers lequel un ensemble d'acteurs, partie prenante d'un système d'action, apprennent — c'est-à-dire inventent et fixent — de nouveaux modèles de jeu, avec leurs composantes affectives, cognitives et relationnelles. Ces jeux, ou si l'on veut cette nouvelle praxis sociale, expriment et induisent à la fois une nouvelle structuration du champ, ce qui signifie non seulement d'autres méthodes, mais aussi d'autres problèmes et d'autres résultats, en même temps qu'un système d'action différent se régulant autrement[23].

Pour vague qu'elle soit encore, une telle formulation fait ressortir immédiatement qu'il faut abandonner toute assimilation trop rapide de ce phénomène à l'apprentissage individuel. En effet, la façon dont un individu apprend un jeu nouveau, une fois que celui-ci est déjà en fonctionnement, est très différente de l'*apprentissage collectif* de ce jeu. Chacun des participants est capable d'apprendre très vite une fois que les autres ont déjà appris. Mais le problème, c'est l'apprentissage de tous les acteurs *ensemble* qui est la condition du succès du jeu nouveau.

C'est qu'on se trouve ici devant un problème de création ou d'innovation collective qui, par sa nature même, est un problème largement *indéterminé*[24]. Pour pouvoir élaborer,

---

22. C'était d'ailleurs ce changement de perspective qui nous importait, et non pas une quelconque psychologisation de l'histoire.

23. Une précision s'impose immédiatement. Un tel processus est profondément ambigu. Il mêle toujours des traits anciens et nouveaux. La différence, la nouveauté non triviale de l'ensemble, n'en est pas moins réelle.

24. D'où le rôle éventuellement décisif des leaders, penseurs, hommes d'action, innovateurs divers qui ont le courage de prendre le risque d'ouvrir des voies. D'où souvent l'engagement moral, voire le caractère religieux, que révèlent certaines innovations.

maintenir et fixer un modèle de jeu nouveau, ou pour que les acteurs concernés acquièrent les capacités collectives que suppose mais aussi détermine leur adoption du nouveau jeu, il faut rompre non seulement des intérêts, des rapports de pouvoir, voire des habitudes, mais aussi des protections affectives et des modèles intellectuels. Or on n'est capable d'apercevoir que les problèmes que l'on sait traiter, et l'on ne sait traiter que les problèmes qui sont traitables dans le cadre des jeux organisés anciens qui sont en accord avec la capacité relationnelle et la capacité intellectuelle développées par et pour ces jeux. Le jeu ancien ne peut engendrer automatiquement ou naturellement le jeu nouveau. Au contraire, à y regarder de près, il en paralyse la genèse.

C'est là, en effet, la principale contribution que la réflexion sur les organisations et les systèmes d'action concrets peut apporter à l'étude et à la compréhension de l'apprentissage collectif. Nous y avons déjà fait allusion lorsque nous avons analysé les construits de jeu sous-jacents à une organisation. L'existence d'une capacité collective proprement organisationnelle impose une certaine rationalité et certains instruments d'action aux participants et en élimine d'autres. Elle permet de résoudre certains problèmes, mais, de ce fait même, constitue un obstacle à l'apprentissage collectif, dans la mesure où elle structure l'expérience des participants et conditionne ainsi leurs capacités respectives à inventer d'autres modes de relations, de nouvelles règles du jeu. Nous y avons vu à la fois le fondement et la conséquence des processus d'auto-entretien qui, sous forme de cercles vicieux, alourdissent mais aussi maintiennent en opération tout ensemble organisé.

Nous pouvons étendre ce raisonnement. Si on admet en effet que tout champ — comme nous croyons l'avoir démontré — est d'une façon ou de l'autre structuré, et que cette structuration — en définissant une sorte de « matrice de gains et de pertes » pour la vie sociale — conduit les acteurs à organiser leurs jeux et leurs systèmes d'action en fonction et autour de ces nœuds de structuration, on fait apparaître une sorte de capacité collective proprement systémique qui, en tant que mode de rationalité et mode de contrôle social, fonde les construits de jeux et les processus d'intégration grâce auxquels un système d'action existe comme tel. Les effets « pervers » de l'action sociale, les « cercles vicieux » qu'elle comporte nécessairement peuvent alors être considérés comme l'élément constitutif de toute entreprise collective. Non seulement le cercle vicieux en tant que mécanisme d'auto-entretien d'un système d'action est inévitable, mais, dans la logique abstraite du phénomène systémique, il tend à se reproduire indéfiniment.

Tel n'est évidemment pas le cas ; les entreprises humaines se désagrègent, se transforment et se renouvellent constamment. Mais, contrairement à l'image qu'on en a habituellement, ces mécanismes indispensables grâce auxquels un ensemble d'acteurs est articulé en un système d'action, et qui conditionnent donc la capacité d'action de l'homme [25], sont associés très profondément à la capacité de perpétuation du système d'action constitué, c'est-à-dire à ses caractéristiques de cercles vicieux [26]. Si donc il est si difficile de changer, c'est-à-dire d'élaborer ou d'inventer un jeu nouveau, c'est que les acteurs sont prisonniers des systèmes d'action, et donc des cercles vicieux anciens en dehors desquels ils ne savent ni ne peuvent maintenir une capacité d'action suffisante [27].

c) *Le changement comme rupture.*

Ces premières remarques peuvent paraître beaucoup trop vagues, fascinés que nous sommes par une longue tradition de discussions sophistiquées sur le sens de l'his-

---

25. Ce qu'on pourrait appeler la « néguentropie » d'un système d'action.

26. Soulignons en passant que le vrai « test » de l'existence d'un système d'action pourrait être la mise en évidence et l'explication empiriques de tels cercles vicieux.

27. Les « effets pervers » ou « dysfonctionnels » de ces cercles vicieux n'y changent rien. On peut d'ailleurs penser que, généralement, ils ne sont pas reconnus comme tels et que, quand ils le sont, une première condition de l'apprentissage existe déjà.

toire. Elles peuvent nous aider, toutefois, à sortir des impasses traditionnelles.

Si l'apprentissage de jeux nouveaux, qui est pour l'homme à la fois conquête institutionnelle et acquisition de capacités nouvelles, est si difficile, c'est qu'il suppose à la fois rupture des cercles vicieux anciens, déjà institués, et instauration de nouveaux cercles vicieux, dont on peut certes penser qu'ils seront moins coûteux et plus efficaces, mais qui n'en sont pas moins critiquables d'un point de vue abstrait, car, comme les anciens, ils sont construits et donc contingents.

Ceci sera la plupart du temps masqué par un modèle religieux ou intellectuel exaltant ou au moins lénifiant. Le passé est dévalorisé et le phénomène de rupture est transposé. Alors qu'il s'agit de rupture de modes de relations, de jeux et de modèles de régulation, on transpose le problème dans le domaine du pouvoir d'Etat, de la force et de la violence. Non pas que l'apprentissage de jeux nouveaux ne donne pas souvent lieu à des conflits et même à des phénomènes de subversion de l'ordre établi. Mais, tout compte fait, il ne nous semble pas du tout que la force soit l'accoucheuse de l'histoire ou, du moins, de ce qui dans l'histoire est véritablement conquête humaine. Beaucoup de périodes de changement rapide, c'est-à-dire d'apprentissage de jeux nouveaux, ont été effectivement des périodes d'effervescence dans lesquelles les conflits se sont souvent exacerbés et la violence a un moment régné. Mais rien ne permet d'affirmer que les luttes pour le pouvoir seules ont permis — et permettront à l'avenir — l'apprentissage. C'est tout le contraire qui nous semble le cas : le champ du pouvoir s'est transformé à cause et à la suite de l'émergence de modèles nouveaux de relations et de jeux. Ceux qui ont gagné sont ceux qui l'ont perçu intuitivement, mais ce n'est pas le changement des détenteurs du pouvoir, la victoire des bons, de ceux qui étaient porteurs de la logique nouvelle, qui a entraîné l'apprentissage par la masse du modèle nouveau[28].

28. Les épisodes révolutionnaires sur lesquels la recherche histori-que a beaucoup trop braqué ses projecteurs ne nous semblent de ce

Dans cette perspective, deux remarques plus constructives peuvent déjà être faites.

Tout d'abord, la capacité d'une société ou de tout ensemble humain à changer est déterminée par sa richesse et sa surabondance non pas matérielles[29], mais relationnelles et institutionnelles. Expliquons-nous. Un ensemble pauvre est aussi naturellement un ensemble rigide extrêmement dépendant des institutions frustes qu'il a réussi à élaborer. Ces institutions constituent un système ou des systèmes d'action indispensables dont la disparition entraînerait une immédiate et spectaculaire régression. Un ensemble riche, et donc plus diversifié, est un ensemble, au contraire, qui dispose d'un grand nombre de « cercles vicieux » pour assurer son intégration. On peut postuler qu'il y a chez lui à la fois redondance de ces cercles et moindre rigidité et contrainte de chacun d'eux. Un tel ensemble peut beaucoup plus facilement se permettre la rupture d'un ou plusieurs de ces cercles sans dommage. Jusqu'à un certain point, au moins, on peut affirmer, contrairement aux idées reçues, qu'une société ou un ensemble moderne complexes sont moins fragiles qu'un ensemble pauvre ancien.

Cette richesse et cette surabondance sont généralement, mais non nécessairement, liées à une moins grande cohérence apparente. Un ensemble pauvre est maintenu intégré par des moyens de contrainte pauvres, la coercition, la religion, une idéologie fruste. Les systèmes d'action qui le caractérisent sont rigides et faussement cohérents. Leurs membres ne peuvent donc pas se permettre facilement le risque du changement.

Pour que le changement soit aisé, il faut qu'il y ait du *jeu*, au sens anglais de *slack*, dans le système en ques-

---

point de vue pas du tout concluants. Quand ils ne constituent pas des régressions véritables, c'est-à-dire durables, ils peuvent être analysés comme des régressions temporaires à partir desquelles un apprentissage nouveau se sera effectué, ou comme la sanction d'un apprentissage déjà accompli qu'ils risquent d'ailleurs de figer.

29. Encore qu'il y ait naturellement une étroite relation entre les deux.

tion[30]. Si l'histoire est cynique, ce n'est pas parce qu'elle progresse par la violence, mais par la richesse. Ce sont les sociétés les plus avancées qui ont le plus de chances d'inventer du nouveau[31]. Ce sont les ensembles qui sont le moins étroitement intégrés et qui disposent de plus de ressources qui peuvent le plus facilement se transformer[32].

D'où l'intérêt majeur de la décentralisation et de toutes les formes viables d'autogestion pour accélérer le changement. D'où le grand risque de tout modèle trop intégré, trop cohérent et trop rationnel de planification ou de gouvernement.

Deuxième remarque pour corriger la première.

Tout apprentissage requiert *rupture,* tout changement véritable signifie *crise* pour ceux qui le vivent. Aucun apprentissage ne peut s'effectuer dans le cadre d'une évolution graduelle harmonieuse. Une certaine idée de la supériorité du gradualisme anglo-saxon, reparue avec la théorie de l'ajustement mutuel que nous avons critiquée, est une idée tout à fait superficielle. Si l'Angleterre et, plus tard, l'Amérique ont mieux réussi dans une période donnée leur apprentissage collectif, c'est parce qu'elles étaient plus riches, que leur intégration était assurée par des moyens moins contraignants et qu'elles disposaient donc de plus de ressources en général et de plus de *slack* dans leurs systèmes d'action. Elles ont pu ainsi plus facilement payer le prix, souvent très élevé, du changement, sans effectuer de régression. Mais, derrière les courbes de développement, on peut distinguer au moins autant de crises

30. Le *slack* a été longtemps la bête noire des économistes et, plus généralement, de tous les rationalisateurs. L'analyse sociologique conduit à renverser la perspective.

31. Tant, du moins, qu'elles peuvent se maintenir comme systèmes d'action viables. Les systèmes plus complexes sont aussi des systèmes plus vulnérables à certaines formes de menace.

32. L'analyse par Chandler de la découverte de modèles nouveaux d'organisation par quelques grandes corporations américaines est particulièrement éclairante à cet égard. Cf. A.D. Chandler, *Strategy and Structure, op. cit.*

et de ruptures que dans les pays non évolutionnistes[33].

Si l'ajustement mutuel n'est pas suffisant pour faire émerger un modèle nouveau, c'est que des initiatives et un leadership humain sont indispensables. Le modèle sous-jacent au changement positif, à l'apprentissage collectif, est alors celui de la crise non régressive, c'est-à-dire surmontée par apprentissage. Toute rupture risque d'entraîner régression. Pour qu'une rupture puisse entraîner, au contraire, des phénomènes positifs d'apprentissage, il faut qu'à un moment ou à un autre il y ait intervention d'une responsabilité humaine individuelle. Si l'on veut vraiment le changement, il faut accepter l'inévitabilité des crises. Mais il faut, en même temps, accepter le caractère tout aussi indispensable du choix et de l'arbitraire humains sans lesquels on ne peut maîtriser et surmonter ces crises.

Il va de soi, et nous en avons bien conscience, que toutes ces propositions sont à peu près impossibles à vérifier dans leur généralité. Nous ne les avons formulées avec autant de netteté, sinon de précision, que pour deux raisons essentielles. D'une part, parce qu'elles seules nous semblent permettre d'échapper aux impasses et sous-entendus déterministes de nos discussions habituelles sur le changement, dans lesquelles celui-ci est peu ou prou réduit au déploiement d'une logique extérieure à l'homme et indépendante de son action. D'autre part, parce qu'elles permettent, en contrepartie, d'affirmer une vision plus réaliste de la responsabilité de l'homme lui-même dans le changement.

Cette responsabilité que nous avons dans le changement explique et justifie l'intérêt, et même la passion, que nous apportons tous à la discussion des problèmes de changement. Elle constitue notre principal problème d'acteur possédant une certaine liberté dans un monde qui nous est, d'autre part, donné.

---

33. Sans vouloir établir un lien de cause à effet entre violence et apprentissage, soulignons tout de même qu'il n'y a guère de société qui soit, dans le monde occidental, plus « violente » que celle des États-Unis.

14

Réflexions sur l'intervention

Nous avons essayé jusqu'ici de comprendre le changement du point de vue du système à l'intérieur duquel il
apparaît et sur lequel, en fait, il porte. Dans cette
perspective, nous avons montré que, pour les hommes
concernés, le changement impliquait nécessairement le
développement de nouveaux construits collectifs. Le problème que nous avons ainsi posé présente, toutefois, une
contradiction fondamentale qui ne peut être résolue tant
qu'on se place seulement au niveau du système et de ses
régulations : le nouveau construit collectif ne peut s'élaborer qu'à partir du construit collectif ancien qui représente la
seule expérience humaine disponible, mais, en même
temps, il constitue une rupture de ce construit et ne peut
donc s'élaborer que contre lui.

Il n'y a de solution possible à cette contradiction que
parce que les acteurs peuvent, par leur action, développer
une valeur ajoutée ou, en d'autres termes, parce que
l'invention et l'arbitraire humains jouent dans les affaires
collectives un rôle décisif. Si l'action n'était conditionnée
que par des déterminants sociétaux ou systémiques, jamais
aucun changement n'aurait eu lieu. Mais le fait que les
régulations systémiques, et naturellement davantage
encore les régulations sociétales, ne constituent pas des
déterminants, mais seulement des contraintes qui laissent
aux acteurs leur autonomie et une marge de liberté pour
agir, permet à ceux-ci d'intervenir.

Si nous voulons aller plus loin, nous devons donc revenir
à l'analyse et à la réflexion stratégiques, c'est-à-dire
reprendre le problème du point de vue de l'acteur, auteur
arbitraire du changement, et non plus du point de vue de

son contexte systémique qui est à la fois l'objet de l'action et sa contrainte fondamentale.

Comment le problème va-t-il alors se poser? L'acteur n'est pas en mesure, en fait, de choisir d'abord un objectif, puis de décider à partir de cet objectif quelle stratégie peut être la meilleure pour l'atteindre. Il est confronté à un système d'action qui, s'il est bien un construit humain et non pas une nécessité, s'est constitué avant lui et en dehors de lui; il est également confronté aux changements de ce système qui sont le résultat des efforts des autres avant lui et en dehors de lui. C'est en comprenant la nature des contraintes auxquelles il est soumis, la liberté et les ressources que ces contraintes lui laissent, qu'il va pouvoir développer une stratégie pour les surmonter. Cela veut dire qu'il devra d'abord découvrir sa marge de liberté réelle d'action et, éventuellement, l'étendre, et qu'avant d'innover, il aura dû d'abord s'adapter et réagir, puis redresser et corriger [1].

Prenons le problème théorique d'un choix simple qui ne souffre pas d'hésitation. Supposons qu'en utilisant sa marge de liberté, un acteur puisse soit contribuer à accélérer un processus involutif qui va conduire le système qui dépend de lui à se bloquer dans un cercle vicieux régressif, soit contribuer à lancer un processus d'apprentissage de capacités collectives nouvelles. Le problème pratique auquel il doit faire face n'est pas celui du choix une fois l'alternative posée. C'est celui de la mise en évidence de cette alternative. S'il donne la priorité à la rationalité des objectifs, il sera conduit à subordonner sa responsabilité concrète immédiate à des principes ou à une politique inadaptés à sa situation et au problème qui est le sien, il risque même souvent de ne pas apercevoir du tout avec l'alternative concrète l'étendue de sa responsabilité.

---

1. S'il est forcé de prendre tout de suite la responsabilité d'un changement, il devra tirer la leçon des adaptations, réactions et corrections antérieures. Ce sera pour lui la meilleure façon d'échapper au déterminisme du système et de son passé. Nombre des tentatives de réforme radicale ne sont, en fait, qu'extrapolations mal réfléchies de réactions contingentes aux changements antérieurs.

S'il en est bien ainsi, si le problème de l'intervention est aussi profondément lié au problème de la liberté d'action de l'acteur et des alternatives réelles qui peuvent être les siennes, mais qu'il doit découvrir et éventuellement même se créer, le raisonnement sur l'intervention ne peut plus partir d'une description du système.

Pour pouvoir avancer, nous allons donc non pas simplifier, mais nous concentrer sur les problèmes les plus classiques de l'intervention, c'est-à-dire prendre comme exemple, et temporairement comme héros, le responsable auquel la société donne la mission et le droit légitime d'agir pour orienter le système d'action dont il a la charge. Quelle stratégie les experts, les intervenants, peuvent-ils lui conseiller ?

Cette réflexion, au contraire de nos analyses précédentes, va se développer dans un sens normatif. La réflexion sur la stratégie, en effet, même si elle n'oblige pas tout de suite nécessairement à un choix de finalités[2], ne peut plus être seulement une réflexion de type analytique. Elle force l'analyste, en prenant la place de l'acteur, à changer de perspective et à proposer des modèles de choix.

I. LA NÉCESSAIRE PRIORITÉ À DONNER À LA CONNAISSANCE

Le premier problème normatif que pose une intervention du point de vue du sociologue est le problème de la connaissance. Sur quelles informations se repose-t-on pour effectuer les choix nécessaires ? Que connaît-on, en fait, de la réalité du système sur lequel on va opérer et des problèmes qu'on va attaquer ?

Soit une organisation française classique publique ou privée, caractérisée par une stratification forte, peu de passages et d'échanges d'une strate à l'autre, une pression

2. Nous réservons notre dernier chapitre à une discussion sur le problème des finalités du changement.

égalitaire à l'intérieur de chaque strate et une forte solidarité négative qui rend difficile à la direction d'intervenir et même d'imposer ses vues, sauf par l'édiction de règles formelles précises et des mécanismes de centralisation très lourds.

Dans un tel système, le cloisonnement est grand, les pressions du monde extérieur sont rejetées, et la structure est très peu influencée par l'environnement. L'adaptation toutefois est possible. Elle se fait à chaque niveau opérationnel où un responsable, même très humble, peut disposer de suffisamment de liberté pour expérimenter une bonne solution pour le problème posé par la tâche, le rapport aux clients ou aux assujettis.

Le changement que l'on envisage touche forcément à une série de problèmes de cet ordre pour lesquels des solutions locales ont été déjà trouvées. Ces solutions sont éventuellement contradictoires et leur somme produit des effets dysfonctionnels au niveau de l'ensemble, mais elles sont rationnelles du point de vue des responsables qui les ont mises en œuvre, et leur expérience constitue un élément de connaissance irremplaçable dont la mobilisation permettrait de faciliter la réussite, voire la définition même de l'action de changement.

Or ces solutions sont à peu près inconnues au sommet. Pourquoi ? Parce que chaque responsable qui a effectivement intérêt à chercher une solution à son niveau n'a que peu d'intérêt à communiquer cette expérience et court même des risques sérieux à le faire. Si la promotion est difficile, à cause de l'écart entre les strates et, éventuellement, des règles rigides de classification ne permettant pas à ceux qui n'ont pas passé de concours, ou n'ont pas de formation universitaire, d'occuper un poste de responsabilité, ils n'ont aucune chance d'être récompensés. En revanche, ils risquent éventuellement d'être rappelés à l'ordre pour avoir interprété à leur façon les règles qu'ils doivent observer. En permettant une rationalisation des éléments du problème, ils risquent même de contribuer à réduire la marge de liberté qui était la leur. Enfin et surtout, ils vont perdre l'avantage qu'ils avaient acquis et l'influence qu'ils exerçaient sur leurs collègues, sur leurs subordonnés et leur entourage, du fait qu'ils étaient les seuls à avoir su mettre en œuvre un arrangement efficace.

Un tel exemple fait bien sentir toute la complexité du rapport entre l'individu et l'organisation, complexité et aussi richesse qui sont habituellement sous-estimées, sinon ignorées. Non seulement ce rapport ne se limite pas — ou pas nécessairement — au contrat simple d'exécution de la tâche, mais il dépasse aussi la simple négociation individuelle ou collective. Parce qu'il comporte toujours la mise en œuvre d'une liberté à l'intérieur des contraintes de l'organisation, ce rapport conditionne le système de pouvoir et de responsabilité et les possibilités de communication et de mobilisation de l'ensemble. Et la reconnaissance de la complexité et aussi de l'ambivalence de ce rapport nous fait découvrir le dilemme fondamental de tout changement dirigé : d'un côté, l'importance des ressources disponibles chez les participants et la nécessité de les mobiliser pour le changement ; de l'autre, les difficultés, voire l'impossibilité, de cette mobilisation, du fait des caractéristiques et règles des jeux prévalant dans l'organisation. Dans les termes mêmes de notre exemple : plus cette organisation est rigide et bureaucratique, plus la communication passe mal et plus il y a des chances qu'adaptations et innovations se fassent contre le système, plus, en conséquence, cette mobilisation sera à la fois nécessaire et difficile.

On pourrait revenir en arrière et conclure un peu vite que tout changement est futile tant qu'on n'a pas changé le « système ». Le problème malheureusement n'est pas un problème de choix entre le blanc et le noir. Comme nous venons à nouveau de le répéter, il n'est pas concevable de constituer un système totalement, ou même très fortement, transparent. Pour qu'un système d'action existe et se maintienne, il faut, dans le cadre au moins du monde que nous sommes capables d'imaginer, un minimum de structuration, c'est-à-dire de rigidité, et donc de cercles vicieux et de dysfonctions. Mobiliser les connaissances, l'expérience et la coopération des participants restera donc toujours difficile.

C'est pourquoi la connaissance de la réalité du fonctionnement des systèmes en cause est fondamentale. Elle constitue, en fait, la première rupture possible du cercle et celle qui conditionne toutes les autres.

On nous objectera que les hommes, réformateurs responsables ou révolutionnaires, bâtisseurs d'empire ou entrepreneurs, n'ont pas attendu la connaissance des systèmes pour les changer. Nous répondrons que la connaissance de ces réalités a pu être et peut être encore très souvent intuitive et d'origine empirique. Le dirigeant peut tester les réactions de l'ensemble dont il a la charge à travers toutes les actions qu'il mène, et qui sont pour lui autant d'expériences, du moins dans les limites des marges de liberté que peuvent laisser les contraintes plus générales, sociétales et organisationnelles. Ces expériences ont beau être biaisées et conduire souvent à de très graves erreurs, elles apportent tout de même de la connaissance.

Mais si le besoin de connaissance est maintenant beaucoup plus fort, c'est que l'intuition ne suffit plus. La complexité des problèmes et des interactions est devenue telle qu'il n'est plus possible d'appréhender les nouveaux ensembles et de distinguer à travers cette image globale les véritables points sensibles et les mécanismes pertinents de leur régulation.

Si nous prenons conscience, d'autre part, que le changement n'a de sens que par rapport au système qu'il met en question, que buts et moyens ne se comprennent et s'apprécient que par rapport à ses caractéristiques et que les ressources clefs qu'on va avoir à utiliser ne sont que partiellement des ressources rationnelles que l'on peut compter, mais plus souvent des virtualités qu'il s'agit de libérer, le rôle de la connaissance des systèmes devient fondamental. Plus généralement, enfin, la reconnaissance de l'effet contre-intuitif de tout développement systémique impose un recours nouveau à la connaissance.

Donnons toutefois tout de suite une précision. Quand nous parlons de connaissance, nous ne voulons pas parler de connaissances théoriques ou, du moins, de ces propositions universelles d'ordre substantif qui spécifient conditions et résultats de l'évolution humaine et qui passent pour de la théorie. Les hypothèses séduisantes, mais trop hâtives, de Daniel Bell sur le caractère décisif de la connaissance dans la « société postindustrielle » ont accrédité l'idée simpliste selon laquelle l'âge nouveau dans lequel nous entrons sera l'âge de la théorie [3]. Cette idée faussement originale n'a fait que conforter dans leur traditionnel aveuglement les faiseurs de système [4].

Or, en fait, ce n'est pas du tout ce genre de connaissance qui devient décisif dans les actions de changement, mais la connaissance des capacités et des ressources au sein d'un système et au niveau théorique, la méthodologie d'analyse et d'expérimentation qui rend possible une telle connaissance. Malheureusement en ce domaine, et contrairement aux idées reçues, les sociétés modernes regorgent de spéculations théoriques et disposent d'une masse d'informations énormes sur les contextes et les problèmes, mais demeurent curieusement ignorantes de la réalité du fonctionnement de leurs systèmes pratiques.

Le mécanisme habituel des réformes ou des interventions de changement menées sur un système sur lequel on ne dispose pas de moyens de connaissances suffisants comporte un jeu d'actions et de réactions dans lequel s'étouffe graduellement toute volonté de transformation. L'action de changement, qui n'est pas fondée sur une appréciation suffisamment raisonnable des jeux et régulations qui gouvernent le système sur lequel on veut agir, entraîne naturellement des réactions de défense. Le « sys-

3. Cf. D. Bell, *The Coming Post-Industrial Society. A Venture in Social Forecasting*, New York, Basic Books, 1973.
4. De telles « théories substantives » sont en fait une régression, car elles ressortissent entièrement au modèle ancien de raisonnement construit autour de la logique du *one best way*. L'idée que l'avenir est indéterminé, que les hommes inventent en expérimentant à partir des ressources et des opportunités qu'offre la « nature », leur reste étrangère. A partir d'une analyse des variables universelles régissant la structure et l'évolution des sociétés, il s'agit en fait toujours de définir la configuration historique particulière qui détermine le meilleur chemin que les hommes peuvent et doivent prendre. C'est une telle démarche qui, à notre avis, continue à diminuer la portée d'œuvres toujours aussi systématiques que, par exemple, celle d'Alain Touraine. Cf. A. Touraine, *La Production de la société, op. cit.* ; et *La Société postindustrielle*, Paris, Denoël, 1969.

tème » s'adapte en maintenant son identité par une série d'ajustements compensatoires qui transforment plus ou moins totalement le sens de la réforme. Cette dérive, ce gauchissement obligent le réformateur à étendre sa réforme pour contrôler les éléments qui lui échappent. Mais cette intervention, d'une part, est coûteuse, d'autre part, entraîne d'autres dysfonctions. On arrivera finalement à un compromis qui sera plus ou moins réussi selon l'appréciation intuitive qu'on pourra faire des difficultés du problème. Dans beaucoup de cas, l'obligation, pour pouvoir faire aboutir une réforme que l'on jugeait simple, d'investir toujours de nouvelles ressources et de contrôler de plus en plus d'éléments d'un ensemble trop complexe entraîne l'abandon pur et simple et le constat d'échec. La volonté de changement s'émousse d'autant plus vite que toutes les organisations et toutes les sociétés vivent, quelles que soient leurs richesses, dans un monde de ressources limitées.

Si, en revanche, nous pouvons fonder notre action sur une connaissance suffisante de ces contextes, nous allons pouvoir *agir avec le système* et non pas contre lui, donc épargner des ressources toujours trop faibles et multiplier les résultats.

Si nous nous permettons d'insister autant sur ce point apparemment d'évidence, c'est que l'étude attentive de la préparation des décisions dans une société comme la société française fait ressortir le manque criant de connaissances concrètes sur les systèmes sur lesquels on doit agir. Jamais on ne consacre un temps suffisant pour les analyses préalables du contexte dans lequel ou sur lequel on opère. C'est très rarement même qu'on reconnaît l'existence de ce problème. On investit des sommes considérables d'énergie, et aussi d'argent, à étudier, analyser, décomposer les aspects techniques et économiques des problèmes. Mais on oublie que ces problèmes n'existent qu'à travers les systèmes d'action qui les résolvent, et que ces systèmes ne se réduisent pas à des problèmes matériels, mais constituent des construits humains n'obéissant jamais mécaniquement aux injonctions ou décisions d'un sommet ou d'un régulateur central. Ce qui fait finalement qu'on engage l'avenir sur des positions de principe qui ne sont fondées sur aucune connaissance.

II. CE QUE PEUT APPORTER L'ANALYSE STRATÉGIQUE

Pour comprendre l'apport concret possible de l'analyse stratégique des systèmes d'action, nous allons prendre un exemple vécu que nous allons traiter non plus comme illustration, mais comme moyen de recherche.

Il s'agit des implications que nous avons pu tester d'une recherche approfondie que nous avions menée en 1958-1959 sur les services administratifs d'un des grands établissements de crédit parisiens. Une première enquête très ouverte sur les problèmes vécus par le personnel d'exécution et l'encadrement subalterne de ces services[5] avait fait apparaître, entre autres, trois sortes de résultats.

Tout d'abord, le personnel et l'encadrement étaient relativement bien adaptés à leur tâche et à l'organisation, relativement satisfaits de la politique sociale. Mais le personnel d'encadrement était comparativement moins satisfait[6].

En second lieu, une vive opposition se manifestait entre personnel d'exécution et petit encadrement autour des problèmes de rendement et de contrôle de la régularité de la tâche ; le personnel d'encadrement était accusé de mesquinerie et surtout de duplicité.

Une incompréhension totale, enfin, semblait exister entre la direction et l'encadrement subalterne. Les cadres non seulement ne comprenaient absolument pas les objectifs affichés par la direction en matière de « relations

---

5. Qui groupaient cinq mille personnes.
6. En fait, il était à peu près autant satisfait. Mais ce manque de différence tout à fait inhabituel peut être considéré comme très significatif d'un malaise. D'ailleurs très curieusement, lors de la communication, les cadres s'inquiétèrent de ce résultat et s'indignèrent même de découvrir que leurs subordonnés étaient *aussi satisfaits qu'eux.*

humaines », mais étaient persuadés de son insincérité. La direction ne pouvait admettre que des objectifs clairement définis ne soient pas exécutés, encore moins que leur validité soit contestée[7]. Cette incompréhension était un bon révélateur de la grande lourdeur du système d'organisation que de très nombreux indices trahissaient, en particulier, la très grande cohérence des points de vue à l'intérieur des diverses strates et les grandes différences de point de vue de strate à strate[8].

La discussion de ces résultats avec les membres de la direction suscita des réactions vives et même, pour certains aspects du dernier point, passionnées. Nous proposâmes alors, pour vérifier la réalité des incompréhensions ainsi manifestées et pour en bien comprendre la signification, d'organiser des séances très approfondies de comptes rendus de résultats avec tous les membres de l'encadrement concerné[9].

Cette opération assez longue, puisqu'il fallut constituer une vingtaine de groupes de dix personnes qui chacun

7. Il s'agissait, en fait, d'objectifs relativement vagues concernant l'attention à donner au personnel, la formation, la priorité à garder aux problèmes humains. Tant que ces objectifs n'étaient pas discutés, on pouvait penser qu'ils étaient en partie respectés. Mais la discussion à laquelle forçait l'entretien révélait que les cadres les rejetaient carrément, car ils leur semblaient inapplicables, et en concluaient que la direction ne les prenait pas, elle-même, au sérieux.

8. La régularité des courbes de distribution des attitudes était impressionnante, surtout par rapport à la position hiérarchique.

9. Cette ..xpérience de communication de résultats avait été inspirée par les travaux de psychologues sociaux de l'école de Michigan et en particulier ceux de Floyd Mann effectués dans les quelques années précédentes. Nous avons nous-mêmes effectué plusieurs tentatives de ce genre en particulier dans le Monopole industriel. Depuis, beaucoup d'autres expériences d'intervention se sont développées en France. Mais très peu d'entre elles ont utilisé avec rigueur la méthode que nous avions mise au point à partir des premières expériences américaines. Cf. F. Mann, « Studying and Creating Change, a Means to Understanding Social Organization », *Human Relations in the Industrial Setting*, New York, Harper, 1957, p. 146-167. Le seul bon travail en langue française dans cette perspective est celui de R. Palm, *Une organisation en analyse ou la réforme de la Cour des comptes en Belgique. Rapport d'une recherche-action de changement, 1970-1973*, thèse de doctorat, université catholique de Louvain, 1974.

furent réunis trois fois, environ deux heures chaque fois, permit de découvrir quelques éléments nouveaux pour comprendre la stratégie des comportements qui nous semblent décisifs pour le diagnostic d'un système dans une perspective de changement.

Les participants à nos expériences furent tout d'abord tous profondément traumatisés par la révélation des jugements sévères portés par leurs subordonnés à leur égard [10].

En revanche, quand, au cours de la deuxième séance, ils découvrirent à la lecture des résultats concernant leur propre comportement que celui-ci s'inscrivait dans une sorte de déterminisme général qui assignait à chacun en fonction de son rôle des points de vue et une façon de se comporter déterminée, ils furent immédiatement passionnés, s'exprimèrent avec abondance et intelligence, posèrent énormément de questions et suggérèrent des analyses supplémentaires [11]. Ils avaient instinctivement compris que cette mise en perspective de leurs difficultés permettait de les interpréter de telle sorte qu'ils n'en fussent plus responsables. Ecrasés par la culpabilité lors de la première séance, ils pouvaient désormais se disculper, puisque le coupable n'était plus chacun d'eux singulièrement, mais le système qui les rendait tous semblables et les contraignait en quelque sorte à jouer contre leur volonté un rôle de contrôleur tatillon. Plus particulièrement réconfortant pour eux, un résultat suggérait même qu'à leur place leurs subordonnés se seraient encore plus mal comportés puisqu'ils déclaraient, en plus grand nombre encore que le plus bas échelon de la hiérarchie, « qu'il faut contrôler de

10. Un certain nombre de tableaux, de diagrammes ou histogrammes chiffrés étaient présentés le plus simplement possible et avec le minimum de commentaires. Nous nous contentions de répondre aux questions qui nous étaient posées. Toutes les questions concernant ce sujet furent accueillies dans le plus profond et le plus pénible silence. Nous ne nous départîmes pas, nous-mêmes, de notre parti pris de réserve absolue et ne fîmes aucun commentaire qui pût alléger la situation. Il fallut quelque temps pour que, sur des tableaux différents, certains participants recouvrent l'usage de la parole. Quelques-uns ne parlèrent plus de toute la séance.

11. Ils comprenaient mieux et plus vite que les membres du comité de direction.

près le travail d'un subordonné parce qu'on ne peut se fier à lui ».

Cette réaction vaut qu'on s'y arrête un moment. Elle constitue, en effet, un bon exemple d'un phénomène très général qui domine en partie au moins le climat intellectuel et politique : toute responsabilité est désormais, autant qu'il est humainement possible, rejetée sur la société. Accablé de choix impossibles, menacé d'endosser la responsabilité de problèmes qui le dépassent, il est naturel que l'homme moderne essaie de se persuader qu'il n'y est pour rien.

Pourtant, l'apprentissage de nouveaux jeux doit passer d'abord, nous semble-t-il, par la reconnaissance par chacun de sa liberté et de sa capacité à jouer autrement que selon les stratégies routinières dans lesquelles il se croit enlisé. Or, pour difficile qu'elle soit, cette reconnaissance de liberté et de capacité nous est apparue beaucoup plus facile à évoquer et à mobiliser que nous n'avions cru.

Contrairement à toute attente, en effet, chacun de nos vingt groupes renversa complètement sa position au cours de toutes les troisièmes séances de discussion. Malgré les différences de personnes, d'origine et de climat de groupe, pas la moindre exception.

Assurés que leur responsabilité n'était pas aussi grave qu'ils l'avaient cru, nos participants rejetèrent implicitement, mais très nettement, le déterminisme auquel ils s'étaient abandonnés et se mirent à rechercher concrètement quelle était leur liberté véritable et qu'est-ce qu'ils pouvaient en faire. Sans que nous intervenions le moins du monde [12], ils insistèrent tous sur leur autonomie et se demandèrent comment ils l'employaient. Beaucoup d'entre eux découvrirent alors, certains à leur propre surprise, qu'ils savaient très bien s'arranger avec le système et que, de ce fait, ils n'étaient pas des rouages impuissants de la machine.

Ce raisonnement dont la force logique nous frappa d'autant plus profondément qu'il fut répété vingt fois dans

---

12. Nous pouvions d'autant moins le faire que nous ne cherchions ni n'attendions la moindre réaction de cet ordre.

des termes différents, mais très convergents, par des
personnes, qui ne pouvaient se concerter et que nous ne
pouvions influencer, nous paraît comporter un enseignement très général. Dans la situation qui était la leur au sein
de ce grand système profondément contraignant, les cadres
subalternes étaient rendus responsables des dysfonctions
du système constatées à leur niveau. Ils ne pouvaient donc
que rejeter en bloc les demandes qui leur étaient faites d'y
remédier, car ils n'avaient pas les moyens d'y répondre et
ne pouvaient accepter une responsabilité qu'ils étaient
incapables d'assumer. D'où leur rejet tout naturel des
consignes de la direction sur ce point. Mais si on réussissait
à les rassurer en les dégageant, comme nous l'avions fait,
de toute culpabilité générale, ils étaient prêts à revendiquer
une responsabilité particulière et, pour y parvenir, à mettre
sur le tapis leurs arrangements les plus secrets, ceux qu'ils
cachaient aux autres, ceux mêmes qu'ils se cachaient à eux-
mêmes.

Leur envie de participation et d'engagement se manifestait d'ailleurs très concrètement, puisque, après avoir
réaffirmé au cours de la deuxième séance qu'ils ne
croyaient pas aux bonnes intentions de la direction à cause
des contradictions manifestes du comportement de celle-ci
à leur égard, ils reprirent indirectement le problème au
cours de la troisième séance en recherchant les domaines
où des changements étaient possibles, en discutant de façon
très concrète des problèmes réels de leur tâche et en
suggérant de proposer à la direction les modifications
qu'elle aurait dû apporter à leurs règles et à leurs politiques
pour que ces changements puissent être effectués [13].

Certes, on peut dire encore qu'ils n'étaient prêts à
changer que si le système changeait, mais la négociation
cette fois devenait concrète, et la mobilisation des ressources paraissait tout à fait possible. Elle était déjà en

---

13. Nous laissons de côté ici les problèmes des exécutants eux-
mêmes, à l'époque beaucoup moins sensibilisés aux contraintes de
l'organisation qu'ils ne le sont actuellement. Eux aussi ne manquaient
pas de ressources et de possibilités de contribution, et il aurait été,
bien sûr, indispensable d'en tenir largement compte si nous avions pu
poursuivre l'intervention.

partie réalisée d'ailleurs en ce qui concerne les informations pertinentes détenues par ce groupe [14].

III. UNE ACTION CONVERGENTE SUR LES HOMMES ET SUR LES STRUCTURES

Si la connaissance permet plus facilement de rompre les cercles vicieux des régulations existantes et si elle permet d'amorcer la mobilisation des ressources et capacités des acteurs individuels et collectifs du système d'action qu'il s'agit de transformer, elle ne dispense naturellement pas de l'action elle-même. Nous ne pouvons rester ici dans l'univers protégé du discours à l'intérieur duquel les sciences sociales ont trop tendance à se réfugier à la suite de la psychanalyse.

Une stratégie de l'action fondée sur la connaissance des régulations du système ou des systèmes pertinents est, néanmoins, très différente de la stratégie couramment employée par les réformateurs classiques. Au lieu de procéder au découpage analytique le plus précis possible, au lieu de sérier les problèmes selon les catégories fonctionnelles et de recomposer ensuite les pièces du puzzle avec comme modèle la cohérence mécanique, on va attaquer des unités concrètes globalement. Un système est un ensemble humain dont les acteurs ne sont pas fractionnés entre problèmes et sous-systèmes théoriques. Une direction du personnel édicte des règles en fonction d'une logique qui correspond à un système de rapports abstrait de la réalité. Mais les ressortissants de ce système sont aussi les ressortissants du système d'organisation technique et du système de gestion des ateliers. Ils ne raisonnent pas de façon fractionnée, ils se servent de leur position dans un système pour agir sur l'autre et trouvent leur autonomie, incohérente des réglementations. Un avantage de carrière sera utilisé dans

---

14. L'expérience n'eut finalement pas de suite, à cause de divergences profondes sur le problème au sein de la direction.

la stratégie de la communication, une bonne situation dans le réseau d'informations pourra servir à prendre l'avantage dans le jeu des responsabilités, etc.

C'est instinctivement que l'individu va ainsi se servir de la structure formelle. C'est souvent son seul moyen pour éviter d'en devenir un rouage. Il ne s'agit pas, face à cette démarche parfaitement légitime, de tenter de reconstituer l'unité de l'ensemble de la direction, unité impossible et inutile. Il s'agit, en comprenant ces logiques qui dépassent et mettent en échec un fractionnement impossible à imposer, de viser le réel et non l'apparence.

Simplifions le problème. Deux voies sont ouvertes pour l'action de changement : l'action sur les hommes qui utilise la formation technique et la formation humaine, la politique de recrutement, de promotion et de gestion du personnel et qui s'appuie du point de vue scientifique sur la psychosociologie ; et l'action sur les structures qui se guide sur le ou les modèle(s) rationnel(s) élaboré(s) à partir des données de la technologie, de l'organisation scientifique du travail et de l'économie d'entreprise.

Se limiter à un de ces deux types d'action, c'est se condamner aux conséquences inattendues, au maximum d'effet contre-intuitif. Les mener séparément n'améliore la situation que par chance. On ne peut développer une action de changement raisonnable qu'en les associant étroitement *dans la même stratégie*.

Appliquée toute seule ou sans lien avec une action sur les structures, l'action sur les hommes est dangereuse. Elle se prête en effet à toutes les manipulations et même si, comme c'est le plus souvent le cas, ceux qui l'animent sont respectueux de la liberté d'autrui, ils soulèvent tout naturellement l'inquiétude et créent le soupçon. La crainte de la manipulation est si vive dans un pays comme la France, mais pas seulement ici [15], que l'on peut se demander si tout recours à une action de cet ordre n'est pas ressentie *a priori* comme une « action psychologique » et par conséquent comme une opération de manipulation, ce qui veut dire

---

15. Qu'on se rappelle l'hostilité souvent violente des syndicats américains à l'égard du mouvement des relations humaines.

non seulement qu'elle est condamnée à échouer, mais que, si elle a un impact, cet impact sera négatif. Le recours indifférencié à la formation, sans objectifs et sans lien véritable avec les situations vécues du travail, en revanche, risque d'être finalement aussi contre-productif. Les pressions collectives s'exercent naturellement de plus en plus dans ce sens. Pour échapper à la controverse, on élude les rapprochements trop pertinents et l'on tend à reproduire dans l'action de formation le modèle laïque de l'Education nationale [16]. On diminue ainsi certes la possibilité de manipulation, mais la crainte curieusement demeure, tandis que les possibilités d'impact réel disparaissent et que l'intérêt des participants eux-mêmes décline.

L'action sur les structures, de son côté, quand elle est menée sans réflexion sur les problèmes humains qu'entraîne tout changement, est tout aussi aveugle. Ne manquons pas de noter toutefois, à l'intention de ceux qui sont obnubilés par les dangers des relations humaines et du contrôle psychologique, qu'elle est infiniment plus fréquente et, du fait de la puissance de l'appareil qu'elle est capable de mettre en mouvement, beaucoup plus dangereuse pratiquement. Pour grossière quelle soit, la manipulation qu'elle fait subir à l'individu n'en est que plus blessante, et le cortège de réactions en chaîne qu'elle entraîne — développement de pouvoirs parallèles, perversion des objectifs, retraits, cercles vicieux de non-communication — sera tout aussi dommageable à moyen terme pour l'organisation.

L'utilisation des connaissances sur la réalité du système humain concerné n'est pas suffisante pour bien guider des réformes de structure. Elle doit se doubler d'un pari sur les réactions des hommes, sur l'état de leurs capacités individuelles et collectives actuelles et sur les possibilités de développement de ces capacités. Le comportement des hommes, en effet, ne se limite pas heureusement aux prévisions que l'on peut faire à travers une analyse statique du présent. Déjà, dans ce présent existent chez eux des capacités déjà formées tout à fait mobilisables. Des virtua-

---

16. Comme, par exemple, dans beaucoup des actions de formation entreprises dans le cadre de la loi de 1972.

lités existent aussi sur le développement desquelles on peut et on doit parier.

Un tel pari, il faut l'ajouter, n'est jouable que dans une action. Si l'action sur les structures est calculée comme une action de développement qui offre aux hommes les possibilités de transformation qu'ils sont capables de saisir, il va de soi, naturellement, que l'on va utiliser les moyens dont on dispose pour améliorer leurs capacités, pour les aider à se servir des opportunités qu'on leur offre. Une telle action peut comporter un apport nouveau, par exemple, de formation spécifique élaborée dans la perspective des changements recherchés. Elle doit, de toute façon, porter sur l'adaptation des moyens et politiques existants (gestion, promotion et même formation) dont l'effet va souvent dans la pratique à l'encontre des objectifs mêmes que l'on recherche.

Cette réflexion générale, ces propositions d'opération convergente hommes-structures peuvent paraître assez simplistes. Le bon sens, semble-t-il, devrait suffire pour choisir la voie de l'évidence. Et pourtant l'expérience montre que c'est très rarement le cas. C'est que cette stratégie extrêmement simple se heurte dans la pratique à des obstacles difficilement surmontables à cause des traditions bureaucratiques de fragmentation fonctionnelle qui rendent à peu près impossible une coopération réelle entre, par exemple, une direction du personnel et une direction de l'organisation ou de l'informatique. La fonction publique n'a pas le monopole de pareilles incompréhensions bureaucratiques, les grandes organisations privées en souffrent elles aussi beaucoup.

Nous avons pu montrer dans quelques cas pratiques la pertinence de ce raisonnement. La démonstration la plus convaincante nous semble avoir été apportée par l'analyse que nous avons pu faire des effets de la formation aux relations humaines poursuivie pendant une assez longue période à EDF-GDF. La comparaison de régions et de districts dont les personnels avaient été les uns soumis à formation, les autres non, nous a permis de constater [17] :

17. R. Sainsaulieu et J.-C. Willig, *Les Effets de l'expérience de formation menée par le groupe local de Saint-Symphorien à EDF-GDF*, Paris, Copédith, 1967.

1. D'abord, que l'action de formation avait bien eu un réel impact sur les attitudes des personnels, mais aucune influence sur leur comportement pratique ; les attitudes avaient toutes et toujours changé dans la direction d'un plus grand libéralisme, mais les comportements étaient restés les mêmes avec tous les griefs et frustrations les accompagnant, sauf dans une minorité de cas précis.

2. Ces cas correspondaient tous à une rencontre fortuite entre la formation reçue et un changement de structure ou un changement de demande dans la tâche qui requéraient une meilleure communication ; quand la meilleure capacité à communiquer induite par la formation trouvait à s'employer, on assistait à une transformation profonde des comportements.

3. A côté de cette convergence, répétons-le fortuite, de deux politiques, les cas de divergence (changements de structure ou de tâche sans formation, ou formation sans changement concomitant de structure ou de tâche) présentaient des résultats défavorables (problèmes de fonctionnement dans la première situation, et frustrations accrues dans la seconde).

Un certain nombre d'autres expériences, notamment réalisées par Renaud Sainsaulieu, vont dans le même sens[18]. Ce domaine très large et, à notre avis, décisif pour la réflexion sur le changement reste, en fait, encore à peu près inexploré. Il serait extrêmement souhaitable que la recherche sociologique et psychosociologique se polarise sur ce domaine. Car nous avons là le point le plus sensible de l'action de changement.

On aura peut-être remarqué, enfin, que cette réflexion est proche de la réflexion sur le développement des organisations qui a eu un remarquable succès aux Etats-Unis dans les dix dernières années et qui tend maintenant à s'implanter en France[19]. Les spécialistes de l'OD, toute-

---

18. R. Sainsaulieu, *L'Apprentissage culturel dans le travail, op. cit.*
19. Un praticien français, Pierre Morin, a excellemment analysé les leçons de l'expérience américaine et les possibilités de son extension en France. Cf. P. Morin, *Le Développement des organisations, Management et sciences humaines,* Paris, Dunod, 1971, 120 p.

fois, restent souvent encore prisonniers d'un modèle normatif, le modèle psychosociologique permissif, même s'ils le spécifient et en reconnaissent la contingence [20]. D'autre part, leur pragmatisme de consultants les enferme beaucoup trop encore, à notre avis, dans les schémas formels et *a priori* de la gestion des entreprises. Ceci les empêche le plus souvent de tenir compte des problèmes de pouvoir sous-jacents au fonctionnement d'une organisation et de la signification des choix qu'ils proposent.

Loin de nous l'idée de sous-estimer l'apport de pionniers comme Harold Leavitt, Paul Lawrence, Russel Ackoff ou Chris Argyris qui, dans le domaine du management, ont acclimaté une vision plus humaine, plus prudente et, en fait, « plus systémique ». Ce contre quoi nous mettons en garde, c'est la généralisation d'un modèle OD comme une collection de recettes certes plus sophistiquées, mais elles aussi universelles qui dispensent, en fait, de chercher à connaître la réalité des systèmes avec leurs conflits [21].

La réflexion que nous proposons, en construisant les choix à partir de l'analyse de l'expérience vécue des acteurs, en forçant à intégrer les problèmes de pouvoir et les éventualités de crise, interdit, au moins dans un premier temps, de telles facilités. Elle nous conduira à développer des stratégies non pas pour éviter les crises, mais pour faire en sorte que les ruptures nécessaires puissent ne pas dégénérer en crise régressive et puissent apporter effectivement des innovations durables, à travers l'expérimentation et l'apprentissage de nouveaux jeux et de nouveaux modes de gouvernement.

IV. IMPORTANCE DE LA NÉGOCIATION IMPLICITE

On peut se demander toutefois si l'approche que nous venons d'esquisser, tout comme celle du développement

---

20. Cf. à cet égard F.E. Fiedler, *A Theory of Leadership Effectiveness*, New York, Wiley, 1967.

21. Nous allons reprendre le problème dans la dernière section de ce chapitre, cf. *infra* p. 423-431.

des organisations que nous venons de critiquer, ne correspond pas trop au point de vue des dirigeants. Ne présente-t-elle pas en fait un risque qui serait celui d'une manipulation au second degré ? Dirigeants et dirigés ne sont pas également en mesure d'utiliser la connaissance et d'utiliser une stratégie « systémique ». Les dirigeants ne vont-ils donc pas de ce fait bénéficier d'un avantage indu sur les autres membres de l'organisation ? Ne vont-ils pas nécessairement s'en servir pour raffermir leur situation ?

Cette objection est tout à fait pertinente et il n'est pas possible de la lever. On peut, toutefois, en atténuer la force et la portée en remarquant que toute méthode d'action, tout modèle de raisonnement stratégique est naturellement beaucoup plus facilement utilisable par les pouvoirs établis que par leurs contestataires. Aucune situation sociale ne peut être symétrique, car tout ensemble social, nous l'avons souvent répété, est structuré. Par conséquent, il est bien évident que, quel que soit le mode de raisonnement ou le type de connaissance, il sera d'abord utilisé par ceux dont la situation sociale et culturelle les rend les plus aptes à en tirer parti. Les différences que l'on peut établir à cet égard, entre modèles d'action et d'intervention, ne peuvent donc être des différences de nature, mais des différences de degré. Mais s'il n'est plus question de distinguer entre le bien et le mal, les différences n'en sont pas moins décisives entre des modèles plus technocratiques et des modèles plus ouverts permettant un engagement plus considérable d'un plus grand nombre de participants.

Nous croyons que de ce point de vue la stratégie que nous proposons est une approche plus ouverte, dans la mesure où elle oblige à reconnaître la liberté des divers participants et à parier sur elle. On peut et on doit toutefois accroître encore son ouverture si on la complète par une réflexion complémentaire sur les rapports entre le réformateur et ses partenaires.

Ces rapports ne sont pas, en effet, des rapports de sujet actif à objet passif ; ce sont des rapports de négociation. Le réformateur en fait propose, à partir de sa connaissance du système, un changement des régulations qui permettra le développement de nouveaux jeux. A cette proposition, les intéressés vont répondre en se saisissant des « opportunités » qui leur sont offertes, certes, mais en les transformant dans leur propre perspective. Que va faire alors le réformateur ? Chercher à imposer son modèle parce qu'il croit détenir la vérité ? Certainement pas, s'il adopte vraiment l'approche que nous préconisons. Il ne peut, en effet, croire avoir raison contre les acteurs eux-mêmes du changement. Sa première réponse doit donc être un approfondissement de son interprétation. Sa première analyse était imparfaite. La réponse des intéressés permet de la préciser, donc de reprendre et d'améliorer ses propositions.

Vu dans une autre perspective, systémique cette fois, ce cycle d'actions et de réactions doit être compris comme un rapport de négociation entre un initiateur et des sujets réagissant à la première initiative. A travers cette négociation, les « objets » de la réforme deviennent « sujets », la coopération se développe de façon plus ouverte et plus large.

Négociation, toutefois, est un mot ambigu, et il nous faut préciser. La négociation que nous évoquons n'est pas, ne peut pas être, une négociation ouverte. Les participants ne pourraient supporter une discussion explicite qui les engagerait et restreindrait leur liberté d'action[22]. C'est par le détour et la médiation de l'interprétation du comportement qu'une *négociation implicite* peut avoir lieu, qui respecte la liberté des deux parties. La réaction des membres de l'organisation ou du système affectés par l'initiative de réforme n'est pas seulement une réponse, c'est aussi un appel. Cet appel est peu explicite, d'autant moins explicite que les intéressés sont vulnérables et ont l'habitude de protection. Mais si le réformateur est capable d'en comprendre la signification et d'y répondre, un cycle de

---

22. Sans compter avec le fait qu'une négociation peut être la plus subtile des manipulations. D'une part, parce que celui qui définit le cadre de la négociation peut, par là, en structurer le déroulement et, éventuellement même, les résultats. D'autre part, et surtout, parce que les capacités de verbalisation, de discussion, etc., ne sont jamais également distribuées entre les acteurs. Sans aucun doute, la démocratie formelle peut être illusoire.

négociation peut commencer à se développer qui n'est pas seulement un cycle action-réaction-nouvelle action... mais peut donner naissance à un véritable apprentissage permettant finalement l'établissement de négociations plus ouvertes.

Le risque, qui constitue en même temps la plus grande contrainte, c'est que toute négociation ouverte se trouve prisonnière des canaux institutionnels déjà affirmés dont la puissance est si forte qu'elle peut rendre tout changement impossible. Dans la conjoncture institutionnelle que nous connaissons, en conséquence, le modèle de changement dirigé, quel qu'en soit d'ailleurs l'initiateur — patronat, syndicat, Etat, tierce instance — doit toujours demeurer, du moins dans un premier temps, dans le domaine de la négociation implicite.

L'ambiguïté, certes, nous sommes les premiers à le reconnaître, n'est pas levée, il y a bien risque de manipulation. Mais attaquons à notre tour, quelle action, quel qu'en soit l'auteur, ne comporte pas ce risque? Et peut-il y avoir d'action sans auteur? Peut-on se dissimuler derrière les masses ou le sens de l'histoire? Toute intervention est dangereuse, comme toute initiative humaine. Aucune finalité transcendantale ne peut la sacraliser et la mettre ainsi hors de question.

V. POUR UNE MÉTHODOLOGIE DE L'ACTION FONDÉE SUR LES CAPACITÉS DES ACTEURS

Les réflexions auxquelles nous nous sommes livrés font apparaître, et c'est là leur thématique commune, que l'intervention n'a d'impact, et surtout de sens, que si elle s'appuie sur les capacités des acteurs à se saisir des opportunités qu'elle crée et à élargir ainsi la liberté toujours limitée et contingente qui est la leur dans les systèmes dans lesquels ils sont engagés.

Une telle formulation a une signification positive dans la mesure où elle permet d'envisager autrement, et de façon, croyons-nous, plus féconde et réaliste, l'épineux problème des finalités du changement. Nous allons y revenir dans notre dernier chapitre. Mais elle a aussi une signification négative, critique, dans la mesure où elle met en évidence l'insuffisance d'une méthodologie de l'action à laquelle nous continuons tous à nous référer plus ou moins explicitement et qui, en accordant sur le plan intellectuel et moral une importance démesurée aux objectifs et aux motivations des acteurs, débouche, sur le plan de l'action, presque immanquablement sur les impasses maintes fois évoquées d'une logique du *one best way*.

Nous raisonnons toujours, en effet, comme si la mesure profonde de toute action, c'était l'intention de l'acteur. Renoncer à ce postulat mettrait en question la conception que nous avons de la personne et la protection indispensable à notre moi. C'est donc autour de la psychologie de l'acteur, de l'auteur de l'acte, que nous allons nous battre. Que voulait-il au juste ? sera la question de l'homme de la rue, tandis que juge ou moraliste chercheront à traquer ses motivations profondes. Nous postulons en fait que tout s'ordonne, se comprend et se justifie en fonction de la fin poursuivie et que c'est à travers l'image qu'il a de cette fin que l'acteur s'est déterminé — ou aurait dû se déterminer — et que l'on peut et doit comprendre et juger son acte.

Cette morale a eu sa grandeur. Elle a constitué un progrès considérable pour l'Occident dans la mesure où c'est elle qui a fondé notre culture de la responsabilité et de l'individualité[23]. Mais elle s'est heurtée à des difficultés de plus en plus inextricables à partir du moment où la complexité des rapports humains a fait éclater cette fiction de l'acteur-auteur, responsable individuel et unique[24]. Nous avons souligné cette fuite générale de l'acteur devant une responsabilité qui, désormais, le dépasse.

Mais si l'acteur se cache derrière le système et si nos

23. L'une ne va pas sans l'autre.
24. Le mouvement existentialiste d'après-guerre a été lui-même ambigu à cet égard. Pourfendeur implacable du carcan étroit d'une morale bourgeoise pharisienne, il a en même temps — à travers notamment la notion de « salaud » chère à Sartre — exacerbé notre polarisation sur les intentions et motivations des acteurs.

moralistes modernes, laïcs ou religieux, renvoient le péché et la faute sur la société, ils n'en maintiennent pas moins les uns et les autres le mode de raisonnement théorique ancien et surtout la revendication idéale de l'acteur entièrement libre dans ses motivations. L'homme n'est plus coupable, puisque ses mauvaises actions sont les conséquences de son aliénation à une société qui est, elle, la coupable. Il suffit simplement de changer la société, d'en construire une non répressive pour que, désaliéné enfin, l'homme puisse assumer la réalisation de ses désirs. Mais débarrassé de ce brouillard philosophico-idéal, le fondement de toute action reste la motivation de l'acteur, et son objectif la satisfaction de celle-ci.

Cette logique que nous proposons d'appeler, pour simplifier, logique des motivations, soulignons-le d'emblée, est partielle et pauvre, et ne résiste pas à une analyse tant soit peu sérieuse. Elle est partielle donc peu efficace, parce qu'elle ne peut tenir compte du fait que l'homme découvre ses désirs en fonction des opportunités qu'il aperçoit[25]. Elle est pauvre parce qu'elle réduit l'homme à la décision par laquelle il s'exprime, alors que ce choix, toujours forcé, n'est jamais qu'une des virtualités possibles dans laquelle effectivement il s'aliène souvent, mais tout de même pas nécessairement. Contre cette simplification abusive, il faut affirmer le droit de l'homme à ne pas savoir ce qu'il veut, à changer ses désirs en fonction de ses possibilités ou de ce qu'il croit son intérêt. C'est ainsi que tout individu procède dans la pratique, et il n'y a aucune raison de le critiquer. Tout raisonnement sur les comportements doit être fondé sur la reconnaissance de ces faits et de leur légitimité, et non pas sur l'affirmation d'un modèle idéal qui n'est jamais réalisé pratiquement.

Le raisonnement en termes d'intentions et de motivations, d'un côté, de satisfactions des besoins, de l'autre, est

25. Elle chasse en fait des chimères, tout comme l'analyse économique qui voudrait fonder le fonctionnement de l'économie sur la satisfaction des « *vrais* » besoins des hommes. Qu'est-ce qu'un « vrai besoin » au-delà des nécessités physiologiques, et encore? Personne n'est ni ne sera jamais capable de le dire.

en apparence simple et « moral ». Il fait appel aux notions populaires de démocratie et d'égalité. Chaque homme en vaut un autre ; la satisfaction, c'est la mesure de la poursuite du bonheur de tous. Il permet de mettre en accusation l'étroitesse d'esprit des ingénieurs et des économistes gardiens d'une rationalité technocratique et, éventuellement, l'égoïsme des dirigeants capitalistes qui refusent d'accepter le verdict démocratique.

Mais c'est un raisonnement dangereux, car il ne permet pas d'échapper à l'incertitude sur la réalité de la volonté de l'acteur et à l'impossible débat sur les manipulations, aliénations, répressions qui la pervertissent. Bien plus, il conduit lui-même à la manipulation : si l'on est capable de connaître les besoins psychologiques profonds des hommes et les lois de leur satisfaction, comment ne pas céder à la tentation de les rendre satisfaits en leur offrant ce dont on sait qu'ils ont besoin et en les manipulant le cas échéant pour qu'ils l'acceptent et s'y reconnaissent ?

C'est dans cette perspective qu'il faut, à notre avis, essayer de comprendre le débat scientifique qui domine la « psychosociologie » américaine et européenne depuis deux décennies.

La psychologie américaine avait commencé à évoluer beaucoup à partir des simplifications « manageriales » de l'école des Relations humaines des années cinquante. Fortement influencée par la hiérarchie de Maslow[26], elle avait reconnu l'existence des besoins de niveau supérieur et commençait à attacher plus d'importance au problème de la « réalisation personnelle » (*self-actualization*) qu'au problème de l'appartenance. Partant, l'homme devenait pour elle beaucoup moins « affectif » et « social » et beaucoup plus « complexe », c'est-à-dire plus libre et moins déterminé. Le caractère contingent et dynamique des besoins commençait à émerger. Mais les préoccupations, trop étroitement normatives et prescriptives des principaux

---

26. Comme nous l'avons vu (cf. *supra*, chap. I, p. 47), Maslow conceptualise les besoins psychologiques de l'homme selon une hiérarchie qui définit en quelque sorte les types de satisfaction que celui-ci recherchera dans son action. Cf. A.H. Maslow, *Motivation and Personality, op. cit.*

animateurs de ce courant d'analyse[27], les conduisent à raisonner plus ou moins explicitement, de façon tout aussi statique, unidimensionnelle et finalement mécaniste sur l'homme qui « se réalise ». En dépit de positions théoriques nettement plus nuancées, ils sont peu ou prou réduits à privilégier un niveau déterminé de besoins psychologiques — en l'occurrence celui des besoins de personnalité (recherche de la dignité, de l'accomplissement de soi, etc.) — auquel ils accordent une place prééminente chez les individus normaux[28] et par rapport auquel ils déduisent une série de prescriptions quant aux structures organisationnelles souhaitables. Bref, dans leur recherche de l'ajustement ou du *fit* optimal entre les besoins psychologiques des individus et les exigences de l'organisation incarnées dans sa structure et ses règles formelles, les auteurs de ce courant finissent par raisonner eux aussi comme s'il y avait chez les individus des besoins psychologiques relativement stables et universels que ceux-ci ne peuvent chercher à satisfaire qu'à travers leur travail et qui — une fois connus — permettraient de prévoir leurs comportements et, éventuellement, de les orienter par des changements structurels appropriés[29].

27. Citons, entre autres, C. Argyris, *Participation et Organisation*, Paris, Dunod, 1970 ; *Understanding Organizational Behavior*, Homewood, Ill., Dorsey Press, 1960 ; et *Intervention Theory and Method*, Reading, Mass., Addison-Wesley, 1970 ; R. Likert, *The Human Organization : Its Management and Values*, New York, McGraw Hill, 1967 ; H.J. Leavitt, « Applied Organizational Change in Industry : Structural, Technological and Humanistic Approaches », *in* J.G. March, *Handbook of Organizations, op. cit.* ; W. Bennis, *Changing Organizations*, New York, McGraw Hill, 1966.

28. Soulignons, en passant, l'importance chez les auteurs de ce courant de notions aussi normatives qu'ambiguës comme la « maturité », la « normalité », la « santé ».

29. C'est en partie la position qu'avait adoptée Chris Argyris pendant les années soixante, quand il a voulu fonder philosophiquement l'activité d'intervention sur un « modèle de l'homme ». Dans ses derniers livres, en particulier celui qu'il a rédigé avec Donald Schon, il adopte une attitude beaucoup plus pragmatique. Son insistance sur l'opposition entre la « théorie professée » et la « théorie pratiquée » par l'acteur le conduit à des conclusions désormais très proches des nôtres. Cf. en particulier C. Argyris et D. Shon, *Theory in Practice : Increasing Professional Effectiveness*, San Francisco, Jossy Bass Pub., 1974 ; et C. Argyris, *Increasing Leadership Effectiveness*, New York, Wiley, 1976.

C'est cette utilisation, à vrai dire paradoxale, d'une logique d'analyse en termes de motivations et de besoins psychologiques qui a empêché ces auteurs de tirer le parti nécessaire de leurs analyses et qui explique qu'ils aient été relativement vulnérables au mouvement de contestation de la fin des années soixante qui a, en partie, tari leur influence, au moins dans le milieu intellectuel montant.

En France, où l'armature intellectuelle était beaucoup moins forte, on a l'impression que, pendant un premier temps au moins, c'est la plus grande partie du milieu des psychosociologues qui a basculé dans la contestation. Et ce n'est pas un des moindres paradoxes de notre époque que la vogue, chez nos « radicaux » de 1968 et des années qui ont suivi la révolution étudiante, d'une philosophie psycho-sociologique sortie tout droit du mouvement des relations humaines si violemment exécré de toute la gauche intellectuelle des années précédentes. Les divers petits groupes protagonistes de l'analyse institutionnelle, que ce soient ceux de Lapassade et de Lourau, ou l'école de Gérard Mendel, ont la même vision unidimensionnelle, fondamentalement psychologique, des rapports humains [30]. Il leur a simplement suffi de renverser le problème en affirmant qu'il faut adapter l'organisation à l'homme, et non plus l'homme à l'organisation, pour se donner définitivement bonne conscience.

On nous dira que, s'il y avait effectivement risque de manipulation par les pouvoirs établis dans les années cinquante, tel n'est plus le cas avec ces mouvements dont la

---

30. C'est ce qui a donné naissance à ce qu'on a pu appeler un style « dysfonctionnaliste » d'intervention. Mettant l'accent sur le caractère répressif de toute organisation, il essaie — à travers l'intervention — de créer les conditions d'une prise de conscience de cette répression et de son possible dépassement dans une nouvelle organisation, libératrice, elle, de toutes les potentialités humaines. Pour une bonne introduction à la problématique de l'analyse institutionnelle, cf. l'ouvrage collectif : « L'Analyse institutionnelle et la Formation permanente », *Pour*, n°s 32-33, série « Les dossiers pédagogiques du formateur » ; ainsi que G. Lapassade, *Groupes, Organisations et Institutions*, Paris, Gauthier-Villars, 1969 ; R. Lourau, *L'Instituant contre l'institué*, Paris, Ed. Anthropos, 1969 ; et *L'Analyse institutionnelle*, Paris, Minuit, 1970.

logique n'est peut-être pas sans faille, mais qui combattent avec sincérité la forme la plus pernicieuse des oppressions : l'organisation bureaucratique.

Nous n'en sommes pas, tout compte fait, persuadés. La confusion mentale dans laquelle ces illusions nous entraînent constitue, en fait, une régression vers des illusions aussi naïves que celles du scientisme et du taylorisme auxquelles, rappelons-le, Lénine fut particulièrement attaché. Il n'est que de lire un ouvrage bien caractéristique de la mode actuelle, comme celui de Jacques Attali [31], pour découvrir à quel point les rêveries des psychosociologues ont affecté les têtes pensantes de la jeune élite. En fin de compte, à force de refuser les états-buts, on nous en propose un : l'anti-organisation qui est, en fait, une non-organisation, c'est-à-dire un univers de la transparence, de la communication totale, de la fête, de la relation, de la non-contrainte. Bref, un univers d'où — tout comme chez Taylor — le conflit entre buts individuels et buts collectifs est exclu et où, par conséquent, les phénomènes de pouvoir et de manipulation consubstantiels à l'interaction humaine n'auront plus lieu d'apparaître. Le changement dans cette « philosophie » n'est plus finalement que la victoire des bons sur les méchants, ceux qui interdisent par intérêt ou par arriération l'accès à ce paradis.

Mais si ces illusions de l'harmonie, qui apparaîtront, avec le recul et dépouillées de leurs effets rhétoriques, fondées sur des analyses bien légères, ont la vie si dure, c'est qu'elles trouvent leur répondant et leur résonance dans le monde — oh ! combien plus « sérieux » ! — des responsabilités réelles qui continue à utiliser une méthodologie de l'action tout entière centrée sur la logique du *one best way*.

Selon cette méthodologie, un seul acte compte, la décision, un seul problème est important, celui des objectifs. Tout doit se coordonner, s'intégrer logiquement à partir des objectifs et se concrétiser dans l'acte de la décision qui codifie la meilleure solution que la phase des études préparatoires aura permis de dégager.

L'idée qu'un changement dirigé ne peut être l'applica-

31. J. Attali, *La Parole et l'Outil, op. cit.*

tion d'un modèle préétabli, mais doit se réduire à cette entreprise plus vague et plus confuse que constitue le guidage d'un système que l'on va faire évoluer malgré les blocages qui le paralysent, reste tout à fait étrangère à l'ensemble de nos responsables publics et privés. Ceux-ci continuent toujours à croire au fond d'eux-mêmes qu'une décision ou une réforme, parce qu'elle est bonne en soi, parce qu'elle est la meilleure, doit être appliquée telle quelle [32].

Croire que, dans la mesure où l'objectif est correct, ou bon, ou fondé sur une bonne théorie ou de bonnes analyses, une mise en œuvre ne demande que de la rigueur ou de l'énergie, croire que si la rupture a été bien choisie le génie populaire ou le modèle scientifique du socialisme ne manqueront pas de trouver les solutions nécessaires, croire aussi bien que l'intendance suivra, relève du même aveuglement. Non seulement la mise en œuvre ne doit pas être oubliée, mais elle est première. Comme à la guerre ou en amour, tout l'art du changement est dans l'exécution. Toutes les théories qui ignorent ce qui ainsi exprimé apparaît comme une évidence — mais ne l'oublient-elles pas toutes, des théories du *take-off* aux divers marxismes primitifs et évolués et aux rêves gauchistes de spontanéité des masses ? — ne sont finalement que des rationalisations dont la seule utilité est de donner bonne conscience à ceux qui s'engagent ainsi à l'aveugle.

Il est trop facile, nous semble-t-il, d'incriminer toujours soit la technocratie, soit l'aliénation et l'irrationalité des gens, soit les deux à la fois, pour expliquer que le bon objectif ait donné d'aussi *mauvais* résultats et de prétendre les supprimer en appliquant finalement les mêmes procédés. Comment ne peut-on être frappé par la répétition, qui paraît presque inéluctable, du même processus ? Objectif premier : suppression de la bureaucratie, libération des potentialités humaines. Premier effort de réalisation :

---

32. Peu d'entre eux sont capables d'admettre cette leçon très générale de l'expérience humaine, selon laquelle les changements qui réussissent sont généralement ceux dont la mise en œuvre a abouti à mettre en question les objectifs premiers.

accroissement des cercles vicieux bureaucratiques. Nouvel objectif : rectification des erreurs, surcroît de rigueur et d'énergie, immense effort d'éducation, d'explication des objectifs, voire d'endoctrinement. Résultat final : constat d'échec ou, plus fréquemment, correction de toutes les informations et substitution à la réalité vécue d'une réalité « officielle » plus conforme aux besoins de cohérence qui prennent une signification idéologique.

En fait, c'est la priorité donnée aux buts dans le domaine des choix *politiques* qui est la raison profonde de la priorité des moyens dans le seul domaine qui compte, celui de la pratique. Dans la mesure, en effet, où l'objectif est tellement valorisé qu'il en devient absolument contraignant, il ne peut plus y avoir aucune liberté de choix au niveau des moyens, et, par un paradoxe que nous avons plusieurs fois relevé, le mépris des moyens aboutit en fait au règne des technocrates [33] qui disposent seuls des secrets techniques grâce auxquels on peut découvrir le *one best way* indispensable [34].

Accepter de penser que c'est au niveau des capacités seulement que l'action sur les hommes ou pour les hommes a un sens pratique permet d'éviter ce piège de la morale éternelle : faire le bien des hommes sans leur demander leur avis. Agir sur les motivations, quelles que soient les intentions, entraîne à toutes les complaisances. Aider les hommes à développer des capacités nouvelles dont on accepte qu'elles puissent s'exercer contre vous offre un pari plus difficile, mais raisonnable, et d'autant plus raisonnable qu'il est moins dangereux moralement. Ce pari est associé naturellement à la vision de rationalité limitée, de coopération impossible sans conflit et de relations de pouvoir universelles et inévitables que nous avons développée dans les précédentes parties.

33. Et de leurs collègues, les psychosociologues, les gens des relations publiques et de tous les idéologues chargés d'amener les gens à se reconnaître dans ce qui a été décidé pour eux.
34. Des cas innombrables de l'histoire récente le prouvent abondamment comme, par exemple, les tentatives successives de réforme scolaire fondées sur de grands principes de civilisation mettant théoriquement en jeu l'avenir politique de notre société et qui s'enlisent les unes après les autres dans les méandres technocratiques.

15

Les finalités du changement

Nous avons tout au long de cet ouvrage écarté autant que possible le problème des finalités. Non pas que nous pensions que les moyens doivent commander les fins et la tactique avoir le pas sur la politique, mais, parce que, dans la perspective de recherche qui est la nôtre, il est indispensable de connaître d'abord les contraintes du contexte et les ressources et opportunités des acteurs, avant d'aborder le problème de la finalité de leur action. Nous voudrions maintenant, en guise de conclusion, et à propos de ce problème crucial que constitue pour la réflexion sur le sens de l'action le problème du changement, nous demander quelle contribution nos analyses nous permettent d'apporter au débat sur les finalités possibles et souhaitables du changement.

I. LES RELATIONS DE POUVOIR COMME OBSTACLE ET COMME FINALITÉ POUR LE CHANGEMENT

Le premier problème que pose tout examen sérieux des finalités du changement est le problème du pouvoir. Non pas seulement parce que le pouvoir constitue un moyen dont on ne peut se passer pour être en mesure d'intervenir — les finalités possibles ne seront jamais que celles pour lesquelles on sera capable de mobiliser des capacités d'action, c'est-à-dire un pouvoir suffisant —, mais aussi, voire surtout, parce qu'aucun changement n'est possible sans une transformation du système de pouvoir et parce que, de ce fait, la transformation du système de pouvoir devient finalement une des étapes essentielles, sinon le but premier, de tout effort de changement. Or le pouvoir reste chez nous un tabou plus difficile à briser que celui du sexe. Pendant longtemps, il a été accepté dans la mesure où il était sacralisé en même temps que l'autorité légitime dont on estimait qu'il devait uniquement émaner. Maintenant que toute autorité a été à raison dépouillée de son caractère sacré, le pouvoir ne s'est pas pour autant humanisé. Il est resté dangereux, inquiétant même. Il peut être temporairement justifié pour des raisons d'urgence en fonction de finalités suffisamment nobles. Mais il est de façon générale tenu pour suspect ou même intrinsèquement mauvais. L'idéal serait de supprimer tout pouvoir. Toutes les utopies de notre temps l'éliminent allégrement, et la pente en apparence irrésistible de nos sociétés serait de se débarrasser du pouvoir comme de la culpabilité et de la mort.

La recherche nous a permis de montrer, au contraire, que les relations de pouvoir étaient consubstantielles à l'action humaine. Elles sont directement liées à cette zone de liberté qui fonde l'existence de l'homme, de l'individu en tant qu'acteur, et dont la mise en œuvre stratégique et conflictuelle forme la trame même de toute vie sociale, de tout ensemble collectif. C'est parce qu'il y a cette liberté qu'il n'y a pas de déterminisme, que l'histoire et la société doivent se comprendre comme une création, une invention humaine, et que nos construits sociaux sont et ne peuvent être que contingents. On peut donc dire que le renversement de raisonnement auquel nous engagent les résultats de nos analyses, c'est de considérer qu'il n'y a pas d'action sociale, qu'il n'y a pas de structure collective sans liberté des acteurs et, partant de là, sans relations de pouvoir. Le pouvoir dans cette perspective, il faut le souligner, n'est ni un désir ni un besoin qui devrait être satisfait ou réprimé en fonction d'un jugement moral. C'est un fait vital, irréductible, à partir duquel nous devons raisonner[1].

---

1. Les relations de pouvoir sont d'ailleurs tout aussi inséparables des mécanismes de la constitution et de l'affirmation de la personnalité (et aussi indispensables pour ceux-ci).

Mais si les relations de pouvoir sont inévitables, cela veut dire concrètement que nous devons continuer à vivre dans le monde du conflit, de la manipulation et de l'ambiguïté. Cela veut dire aussi, et par voie de conséquence, que *la société harmonieuse, parce que vertueuse, est impossible.* Cela veut dire, enfin, qu'un certain nombre de finalités n'ont en fait pas de sens concret, et que nous devons aussi, par conséquent, réviser notre façon de raisonner sur les finalités pour les relativiser et leur enlever leur caractère sacré. Car, dans ce domaine aussi, nous ne pouvons sortir de notre monde de la contingence.

Cette reconnaissance lucide du caractère blessant du monde, du caractère inévitable des relations de pouvoir, ne nous empêche pas, toutefois, de chercher à le changer.

L'analyse nous a montré que ces relations peuvent être analysées et régularisées de façon très différente. C'est l'apprentissage de capacités collectives nouvelles et leur cristallisation dans le construit social qui permet cette transformation. Conditions de notre action dont nous sommes obligés d'accepter le caractère contraignant, les relations de pouvoir non seulement peuvent, mais doivent en même temps, en constituer la première finalité.

Les résultats de la recherche, toutefois, nous suggèrent qu'il nous faut opérer pour y parvenir avec un mode de raisonnement radicalement différent : on ne contient pas le pouvoir en essayant de le supprimer, en refusant de le reconnaître ou simplement en le rejetant, mais au contraire en acceptant l'existence du phénomène et en permettant à un nombre de plus en plus grand de personnes d'entrer dans le jeu des relations de pouvoir avec plus d'autonomie, de liberté et de choix possibles. C'est le pouvoir qui seul peut combattre le pouvoir. La menace profonde d'abus ne vient pas de l'expression de l'initiative d'un acteur, mais de sa suppression, du fait de l'accaparement par certains acteurs ou par des autorités supérieures du monopole de l'initiative.

Le même renversement de perspective doit être accompli parallèlement et pour les mêmes raisons en ce qui concerne les problèmes de leadership. Le problème de l'élitisme ne peut se résoudre par la négation du phénomène de leadership ou par un combat sans discrimination contre les élites. C'est le développement du leadership qui peut seul combattre les abus du leadership.

S'il y a problème, c'est parce que les caractéristiques de notre construit social permettent à certains individus ou groupes restrictifs d'accaparer des fonctions de leadership en en rendant extrêmement difficile l'accès, et de les exercer en créant autour d'eux des relations de dépendance qui bloquent toute transformation. On ne peut combattre de telles pratiques qu'en développant plus de leadership et non pas seulement en cherchant à en restreindre les effets ou en refusant d'envisager le problème. Ce genre d'efforts, en effet, aboutit finalement à maintenir les situations acquises ou à renforcer le besoin de recourir au charisme et à la bureaucratie en cas de difficultés. C'est en encourageant le plus grand nombre de personnes à prendre des initiatives et à assumer des fonctions formelles ou informelles de leadership, c'est en rendant ces fonctions plus ouvertes, en les valorisant et en les récompensant que l'on peut à la fois vivifier le corps social, diminuer le risque d'élitisme et rendre l'ensemble plus fluide.

A ceux qui pensent que les relations de pouvoir ne sont qu'un aspect de structures de domination politiques, économiques et culturelles plus larges, nous répondrons que les structures de domination ne sont mises en œuvre qu'à travers des relations de pouvoir et que la transformation de ces relations offre le seul moyen de les atteindre concrètement.

Le problème de l'émancipation des hommes, en fait, ne se pose pas seulement et, dans la majorité des cas, même pas principalement de façon abstraite et négative. Nous voulons dire que des relations de pouvoir nouvelles ne naîtront pas « naturellement » de la disparition des structures générales de domination. Si l'on nous permet de reprendre l'image, certes simpliste, du dilemme du prisonnier, nous sommes des prisonniers qui, pour dépasser notre dilemme, pour sortir des cercles vicieux dans lesquels nous sommes engagés, devons constituer une capacité commune à agir, ce qui implique que nous organisions nos rapports de façon à pouvoir nous faire confiance. Nous pouvons y parvenir en acceptant le charisme d'une personne à laquelle nous nous référons ou la contrainte d'une structure d'autorité dont nous savons que nous devons suivre les uns et les autres les règles sous peine de sanctions. Cela correspond, nous semble-t-il, à un modèle ancien de construit social. Ou bien nous pouvons essayer de bâtir des jeux dans lesquels nous puissions obtenir cette confiance sans recours à de telles « aliénations », mais l'élaboration d'un tel construit est un problème concret de développement qui se joue au niveau même des relations de pouvoir vécues par les acteurs.

Obstacles à tout changement, les relations de pouvoir existantes doivent donc constituer en même temps la première cible de l'effort de changement. Et si l'on prend un peu de recul, le développement de relations de pouvoir nouvelles qui est inséparable du développement de capacités collectives nouvelles peut être considéré comme le commun dénominateur mais aussi, plus profondément, comme la finalité implicite de quantité d'objectifs de changement en apparence divergents.

II. FINALITÉS VÉCUES OU FINALITÉS CHOISIES

Si c'est au niveau des relations de pouvoir concrètes que le changement se joue, cela veut dire que c'est à la base même que peuvent s'apprécier les possibilités réelles de changement et que les finalités peuvent être le plus clairement perçues parce que c'est là qu'elles sont en fait vécues.

L'affirmation, si elle rencontre l'adhésion instinctive du plus grand nombre parce qu'elle est en consonance avec l'air du temps, ne s'en heurte pas moins en pratique à toutes nos habitudes mentales et à notre structure technique selon lesquelles, dans n'importe quel ensemble intégré, organisation, système d'action ou même société, il ne peut y avoir de choix responsable qu'au sommet, parce que c'est seulement au sommet que la rationalité peut émerger.

En fait, nous distinguons habituellement, sans trop nous en rendre compte, des finalités vécues dont on admet très bien que c'est à la base qu'elles sont le mieux ressenties, et des finalités choisies qui certes doivent traduire et même incarner les premières, mais qui, elles, du fait des mécanismes inhérents aux choix collectifs, ne peuvent se manifester qu'au sommet.

Les résultats de l'analyse stratégique, la découverte de nouveaux modes de raisonnement en matière de systèmes d'action et de décision nous permettent maintenant de conclure que cette dichotomie n'est ni efficace ni souhaitable. Ce n'est pas au sommet que les finalités prennent leur sens. C'est au niveau où elles sont effectivement vécues. Certes, des choix sont nécessaires au sommet, mais ils ne commandent pas automatiquement les choix qui se font à la base.

Il faut souligner ce paradoxe. Alors qu'on a tendance à ne voir à ce niveau que des problèmes d'application, des problèmes techniques, la recherche nous conduit à faire l'hypothèse que la marge de liberté et la conscience de la réalité vécue y sont telles que c'est là, au contraire, que les finalités du changement peuvent être les plus claires.

Ce serait faux et c'est effectivement faux chaque fois que l'on a affaire à une logique rationnelle simple dans laquelle une seule finalité prioritaire doit s'appliquer rigoureusement. Mais tel est très rarement le cas dans les affaires humaines. Aucune finalité ne peut être privilégiée et imposée contre toutes les autres finalités possibles. Même si nous voulons, par exemple, en priorité absolue l'établissement de l'égalité, nous demandons en même temps implicitement que soient maintenues des possibilités minimales d'initiative, d'expression et de relations affectives de l'être humain. Or le maintien de chacune de ces possibilités signifie la reconnaissance d'une autre finalité qui, à un certain stade de sa réalisation, va se trouver en contradiction forte avec la finalité égalitaire.

Si tel est le cas, un des problèmes essentiels de toute politique de changement, c'est le problème de l'arbitrage entre les finalités contradictoires qui doivent être également poursuivies et entre lesquelles aucune méta-théorie,

aucune science de l'histoire, aucune méta-rationalité ne
permet de fonder et de justifier un arbitrage définitif qui
s'imposerait alors de lui-même et pour toujours. C'est
seulement à la base — l'expérience le montre sans cesse —
et dans les finalités effectivement vécues que peuvent se
découvrir les moins mauvaises solutions à ces contradictions. La démarche scientifique, telle que nous l'avons
explicitée en particulier dans la partie précédente sur les
problèmes de la décision, permet de justifier cette constatation empirique en nous montrant qu'il ne peut y avoir de
rationalité absolue et en nous faisant découvrir, avec ce
modèle de la rationalité limitée, la possibilité de fonder nos
choix de finalité sur l'expérience vécue des intéressés.

La finalité imposée du sommet aboutit nécessairement,
quelle que soit sa générosité, à une contrainte bureaucratique. Contrairement aux intuitions immédiates, en effet,
idéalisme et bureaucratie ne s'opposent pas dans cette
pratique, tout au contraire. L'un entraîne immanquablement l'autre. Tout simplement parce que les arbitrages qui
sont enlevés aux acteurs vivant concrètement les contradictions entre finalités doivent être abandonnés à l'arbitraire
des fonctionnaires chargés de l'application et de la mise en
œuvre des programmes de changement. Plus le programme
est rigoureux, plus les contradictions sont grandes au
niveau du vécu et plus la part d'arbitraire bureaucratique
augmentera.

Reprenons pour être plus concret le problème fondamental de la transformation des relations de pouvoir dans
une société comme la société française. Si l'on peut
découvrir au sommet des oppositions idéologiques violentes et des clivages d'intérêt difficilement surmontables
entre ces idéaux de « participation », d'« autogestion », de
« direction par objectifs » ou de « délégation des responsabilités » qui sont les maîtres mots du vocabulaire politique,
syndical ou managérial, leur traduction en projets réalisables à la base ne soulève pas les mêmes oppositions si l'on
veut tenir compte objectivement des contraintes de la
pratique. Car dans chacun d'eux on retrouve le même choix
très simple de finalité : il est moral et souhaitable d'émanci-
per autrui, de le rendre plus maître de lui, plus autonome,

plus capable de décider par lui-même. Certes, conditions suspensives et réserves implicites existent chez la plupart des tenants de chacune de ces doctrines[2]. Mais la seule divergence sérieuse porte sur les problèmes d'application, non sur une opposition des valeurs. Dans la mesure où l'analyse fait apparaître la liberté réelle d'action des responsables aux divers niveaux, ces réserves ne constituent plus des préalables mais des contraintes dont il faut simplement tenir compte. Nous passons de l'impératif moral catégorique impossible à transcrire dans la réalité, utilisable donc seulement comme arme dans la discussion, à des problèmes plus épineux parce que vécus plus profondément, mais que la connaissance et l'expérience, sinon l'expérimentation, peuvent éclairer et sur lesquels l'action qui s'engage peut rencontrer au moins un consensus implicite[3].

Une exploration plus consciente des solutions opérationnelles à la base, fondée sur une responsabilité plus clairement assumée des participants à qui on reconnaît leur marge de liberté, permet d'abord de découvrir quantité de problèmes qui n'auraient pas été autrement aperçus. Elle

2. Ces réserves, qui constituent autant de barrières à l'action commune, ne correspondent pas seulement — comme on le croit trop souvent — à des contraintes techniques, à des intérêts acquis et/ou à des rapports de force, mais aussi à l'existence d'autres finalités : protection de la personne, respect de l'égalité, respect du droit à l'indépendance, à la non-participation, maintien de l'efficacité. Toutes ces valeurs sont sinon partagées au niveau conscient, du moins profondément vécues à la base, qui est pour cette raison, la seule à pouvoir arbitrer entre elles.

3. Cela ne signifie pourtant pas qu'on puisse s'en remettre aux opérationnels de base pour trouver des solutions à tous les problèmes ou même simplement à leurs problèmes propres. Nous avons trop critiqué le modèle de l'ajustement mutuel pour le penser. Pour que les opérationnels puissent parvenir à changer, il faut d'abord que les efforts au niveau supérieur aient permis d'offrir des opportunités nouvelles permettant de débloquer des systèmes de cercles vicieux. Il faut souvent aussi que la voie ait été ouverte par des initiatives, des prises de risque qui impliquent la reconnaissance du caractère irréductible de la liberté humaine et de son arbitraire. Mais si des innovations sont indispensables, cela signifie un dialogue intuitif base-sommet, sommet-base et non pas un projet rationnel répondant à l'avance à toutes les questions.

permet, en second lieu, d'aboutir à des compromis de bon sens et à une reformulation plus pratique des objectifs. Elle permet, enfin et surtout, la *découverte* et l'apprentissage de modes de relations nouveaux qui suppriment ou transforment suffisamment la contradiction première. C'est *cette valeur ajoutée* qui constitue l'apport décisif au construit social et qui est, de ce fait, l'objectif profond de toute réforme.

Cette valeur ajoutée, certes, peut être effectivement obtenue par une réforme déclenchée par le sommet. Dans beaucoup de circonstances, elle ne peut même pas, semble-t-il, être obtenue autrement. Mais les dirigeants, en revanche, sont la plupart du temps incapables de prévoir quelle sera cette valeur ajoutée et comment elle se développera. Aucune analyse scientifique, aucune théorie du changement ou du management ne pourra éliminer cette incertitude. Celle-ci peut être réduite, à partir d'un diagnostic sur la situation et sur les capacités des acteurs concernés. Mais tout changement constitue toujours un pari, une rupture calculée. Ce pari réussira si les opportunités de la situation ont pu être exploitées et si les conditions ont pu être préparées pour permettre aux « opérationnels » — et pour les rendre capables — de reprendre en charge la réforme à leur niveau où tout va se jouer ; il échouera si on a mal jugé de la situation et des stratégies et capacités des « participants ».

L'apprentissage et la découverte d'une valeur ajoutée à la base est particulièrement décisive quand il s'agit de transformer des relations de pouvoir. Remplacer un type de jeu hiérarchique fermé par un type de jeu moins hiérarchique, plus égalitaire et plus ouvert[4], implique nécessairement l'acceptation par les participants de contraintes nouvelles[5]. La découverte de ces contraintes ne compromet pas forcément l'entreprise si les participants ont vraiment pris celle-ci en charge. Ces obligations, en fait morales, font partie de l'apprentissage dans lequel ils sont

---

4. On voudra bien nous pardonner l'emploi de ces nuances. Les choix ne se posent jamais en blanc et noir.
5. Nous y reviendrons ci-après.

engagés. Mais elles constituent une cause répétée d'échec pour une réforme octroyée d'en haut et dont on considère de ce fait qu'elle ne doit entraîner aucune contrainte, mais seulement des satisfactions[6].

III. L'AUTOGESTION EST UN PROBLÈME ET NON UNE SOLUTION

Nous sommes parvenus jusqu'à présent à deux conclusions nettes : tout d'abord, c'est à la base que peuvent le mieux s'effectuer les arbitrages indispensables entre les diverses finalités qui doivent être concurremment poursuivies dans toute société. En second lieu, derrière toutes les finalités vécues à la base comme au sommet, une même finalité plus profonde semble s'imposer : contribuer à l'émancipation des hommes. Dans ces conditions, ne devrions-nous pas considérer l'autogestion comme la solution nécessaire et suffisante à tous nos problèmes de changement ?

Le problème malheureusement, on l'aura déjà compris, n'est pas un problème de choix de valeurs ou d'adoption d'un modèle global de société, même si c'est un modèle décentralisé. Certes, les partisans de l'autogestion se fondent sur la même possibilité que nous avons constatée d'une convergence de valeurs plus grande au niveau opérationnel. Certes, ils réussissent à concilier et à articuler les impératifs d'intervention au sommet dont nous avons reconnu nous-mêmes la nécessité, avec la priorité à accorder à la base dans l'effort de réalisation. Certes, ils sont capables d'organiser le tout dans un ensemble convaincant et cohérent, soutenu par un engagement idéologique extrêmement fort. Mais ils se heurtent néanmoins à deux difficultés, à notre avis insurmontables.

La première, c'est que leur démarche est trop ambitieuse. Elle intègre dans un projet trop rationnel un

6. C'est le mythe classique du cadeau empoisonné.

objectif : donner le pouvoir au plus grand nombre, avec
une méthode : l'intervention contraignante de nature politique à partir d'un modèle *a priori* selon une logique
synoptique. Or les deux sont, en fait, profondément
contradictoires.

Ce qui peut être, en effet, au niveau opérationnel
concret sinon consensus sur les finalités, du moins ouverture à l'expérience et capacité à inventer des solutions
susceptibles d'être exploitées pour l'apprentissage de pratiques nouvelles, ne peut entraîner au niveau de la société
aucun accord, ni sur les finalités, ni sur les procédures, ni
sur la stratégie. Un mouvement d'enthousiasme politique
peut constituer une force, mais la pression qu'il exercera
peut être particulièrement dangereuse, car elle exacerbe les
craintes en même temps qu'elle accroît les attentes inconsi-
dérées et entretient les illusions. Si le mouvement réussit et
se concrétise en opérations réelles d'intervention, l'importance de l'engagement idéologique qu'il a suscité introduit
des rigidités telles que tous les obstacles, aussi bien ceux
qui tiennent à l'existence d'opposants que ceux qui tiennent
à la nécessité de respecter à la fois des valeurs différentes,
renforcent la pression pour des solutions bureaucratiques.
Comme nous venons de le faire remarquer, et contrairement aux intuitions immédiates, idéalisme et bureaucratie
ne s'opposent pas dans cette pratique, au contraire ; l'un
entraîne immanquablement l'autre.

Or, si on veut bien nous pardonner ce qui peut apparaître comme une boutade : l'autogestion, pas plus qu'aucune
autre finalité, ne se décrète. Et moins que toute autre
finalité, elle ne peut se réaliser par la contrainte ou par
l'endoctrinement idéologique, fût-il appelé éducation. Dès
lors, l'autogestion, si on veut bien y regarder, n'est pas une
solution, c'est un problème sur lequel et en vue duquel la
réflexion doit s'exercer, mais qui nous semble encore mal
posé par ce qu'il est convenu d'appeler le « projet autogestionnaire ».

Nous pensons, en effet, que la réflexion autogestionnaire
actuelle ne permet pas de bien poser les problèmes de
changement, parce qu'elle ignore généralement encore le
caractère crucial des phénomènes de pouvoir et que même

ses avocats les plus sophistiqués qui commencent à en entrevoir l'importance commettent eux-mêmes des erreurs sur leur signification.

Au fond, le projet autogestionnaire cache une finalité implicite généreuse, mais impossible, dont la poursuite est vaine sinon dangereuse : la suppression de tout pouvoir. Nous touchons ici à la seconde difficulté, la plus profonde, qui est d'ailleurs — par le raisonnement qu'elle fonde — au moins partiellement à l'origine de la première.

Tant que les partisans de l'autogestion n'auront pas admis que les relations de pouvoir constituent une des composantes essentielles des relations de coopération et des relations humaines en général et qu'elles ne pourront jamais être extirpées, ils risqueront, dans leurs interventions, de créer le contraire de ce qu'ils cherchent. La seule façon de régulariser et de moraliser les problèmes de pouvoir, c'est de les forcer au grand jour pour éviter la consolidation de situations de force et la cristallisation de relations de dépendance stables autour de ces situations. Si l'on veut, au contraire, imposer un schéma autogestionnaire trop « démocratique », c'est-à-dire égalitaire, il ne sera respecté que de façon rituelle et on ne parviendra pas à prévenir la floraison des manipulations les plus diverses et leur cristallisation aux points clefs du système. Si, pour empêcher cela, on décide de procéder à un contrôle étroit, on pourra peut-être imposer un modèle en apparence plus collectif pour prendre les décisions et les faire respecter, mais les relations de pouvoir chassées de la scène officielle se réintroduiront dans tous les interstices de la machine reproduisant les dysfonctions traditionnelles de la bureaucratie. Plus précisément, c'est autour des problèmes que ne peut manquer de constituer l'accès aux nœuds du système [7]

---

7. On peut noter ici que le problème de l'accès, qui est la conséquence d'un choix arbitraire humain, crée un problème objectif pour l'action collective qui va orienter la réponse (active) des hommes, le développement d'un construit à nouveau arbitraire. Il n'y a rien de « naturel » là-dedans, sauf l'existence d'une logique insurmontable qui mène de la restriction involontaire de l'accès au développement pathologique des cercles vicieux.

que vont se cristalliser les structures de dépendance nouvelles et c'est autour de ces structures de dépendance qu'on verra se développer les cercles vicieux classiques[8].

Même un avocat de la nouvelle vague autogestionnaire aussi averti et prudent que Pierre Rosanvallon[9] commet la même erreur quand il parle de l'appropriation collective des moyens de pouvoir comme mot d'ordre plus large et plus efficace que la classique appropriation collective des moyens de production. S'il a bien aperçu que les problèmes de pouvoir étaient centraux, il ne comprend pas que, parce qu'il est une relation et ne peut donc se posséder, le pouvoir ne peut pas plus s'approprier et se distribuer collectivement que la confiance ou l'amour. Certes, on peut s'approprier l'autorité dans la mesure où celle-ci est une fonction ou un rôle légitimé et formalisé. Mais l'appropriation de l'autorité et sa « distribution » aux exécutants ne permet pas d'éliminer les relations de pouvoir. Après avoir accompli cette révolution, on se trouvera exactement dans la même situation que si l'on avait ignoré leur existence en se contentant des schémas de démocratie formelle.

Ce qui est en question ici, c'est encore au fond la possibilité de créer une *société vertueuse*. Et ce qui nous paraît dangereux dans le mythe de l'autogestion, c'est que ses protagonistes détournent, en toute bonne foi cela va sans dire, des valeurs profondément ressenties dans l'expérience quotidienne pour les intégrer dans une nouvelle hérésie chrétienne semblable à celles qui ont secoué l'Occident depuis le Moyen Age.

L'autogestion certes reste un problème, si l'on accepte

8. C'est bien le cas de la Yougoslavie qui, si elle n'a pas rejoint l'Union soviétique, a retrouvé bien des complications de l'appareil dont elle avait cru se débarrasser et qui s'épuise, elle aussi, dans d'inextricables dysfonctions. C'est aussi le cas de la Chine populaire qui aura poussé plus loin que toute autre société moderne ce modèle de la société vertueuse d'où se trouve bannie, du moins sur le plan formel, toute trace de pouvoir individuel.

9. P. Rosanvallon, *L'Age de l'autogestion*, *op. cit.*

d'appeler problèmes d'autogestion les problèmes que rencontre toute réforme qui vise, au sein d'un ensemble humain qu'on puisse appréhender intellectuellement et par une action contrôlée, à assurer l'émancipation la plus large de ses membres. L'autogestion apparaît alors comme un problème essentiel, peut-être le problème le plus important de notre temps, mais, répétons-le, c'est un problème et non pas une solution.

La formule de société expérimentale proposée par Rosanvallon, dans la mesure où elle met l'accent sur l'idée d'un monde jamais fini, toujours en train de se développer, peut permettre à première vue d'échapper à ces difficultés. On s'éloigne clairement du modèle trop cohérent de la société préétablie, de la tradition naturellement contraignante du rêve révolutionnaire. La formule nous semble plus heureuse et plus porteuse d'avenir que, par exemple, les formules de société relationnelle, de société informationnelle ou de société de l'anti-organisation proposées par Jacques Attali.

On peut se demander, en revanche, si elle ne repose pas sur des illusions concernant les limites, beaucoup plus étroites qu'on ne croit, de la capacité des hommes à supporter l'expérimentation. Personne ne semble avoir pris conscience, en effet, jusqu'à présent, du coût humain de l'expérimentation. Plus les initiatives des participants d'un système augmentent, plus les relations de pouvoir s'accroissent et se diversifient — ce qui est bon pour l'émancipation des individus —, mais plus en même temps le problème de la gestion de l'ensemble se complique. Il est trop facile de dire que les intéressés peuvent la prendre à leur compte ; ils ne peuvent le faire que s'ils développent un construit social considérable qu'il ne paraît guère possible pour le moment d'élaborer sans un long apprentissage. Qu'on se représente simplement le considérable accroissement de la capacité de gestion et d'animation nécessaire pour maintenir une école expérimentale qui permette, entre autres, le libre choix par les élèves entre un certain nombre de contenus d'enseignement, la constitution d'équipes pédagogiques par matière et par niveau, l'organisation d'un conseil pédagogique efficace, la possibilité offerte d'activités alternatives individuelles et collectives, et un minimum de participation démocratique des élèves et des familles [10].

Nous serions d'accord pour dire qu'il faut le plus d'expérimentation possible. Mais cela ne signifie pas une société totalement ou même majoritairement expérimentale. Si nous devions choisir un mot slogan, nous proposerions plutôt l'entrée dans la société d'apprentissage, ce qui signifie que l'homme, en fait, expérimente sur lui-même et qu'il ne sera jamais, pour reprendre la boutade de Malraux, tout à fait une grande personne. Mais cette formulation elle-même ne rend pas compte d'un autre élément du problème, la liberté de l'individu et son besoin de protection [11]. Tout le monde ne peut, ne veut, ne doit toujours expérimenter. Un système certes peut être, doit être toujours en mouvement, mais cela ne signifie pas que tous les individus qui le composent doivent l'être. L'honneur de l'homme est d'être un animal capable de résoudre des problèmes, mais il ne résout pas des problèmes tout le temps et surtout pas toujours dans le domaine de l'apprentissage social.

C'est à partir de cette distinction que l'on peut, croyons-nous, conclure sur le problème des responsabilités respectives de la base et du sommet. Le sommet ne peut imposer la mise en application d'un modèle d'ensemble ou même le respect d'une hiérarchie claire des finalités. Un tel modèle ou une telle hiérarchie, en effet, resteront impossibles à atteindre dans la mesure où la société vertueuse n'aura

---

10. Nous citons ici quelques-unes des réformes raisonnables, déjà expérimentées effectivement, qui pourraient contribuer à renouveler notre enseignement. Les exemples d'écoles expérimentales animées par des personnalités charismatiques et ne servant qu'un nombre limité d'élèves ne doivent pas faire illusion.

11. C'est une autre des conclusions fortes que l'on peut retirer, notamment, des travaux de R.D. Laing sur la famille comme construit producteur de folie. On y voit très clairement les limites des capacités affectives de l'homme, et les conséquences extrêmement graves de la charge affective qu'imposent des situations trop faiblement structurées et qu'à la limite aucun être humain ne peut supporter. Ceci constitue une limitation importante et trop facilement oubliée de tout projet d'expérimentation généralisée. Cf. R.D. Laing, *The Divided Self, op. cit.*

jamais de réalité. Les meilleures intentions dans ce domaine aboutiront nécessairement dans la pratique à l'arbitraire bureaucratique et à la reconstitution sur d'autres bases de la hiérarchie de dépendance que l'on voulait supprimer. Et pourtant, les responsabilités des dirigeants sont essentielles. Mais elles sont moins spectaculaires. Il ne s'agit pas pour chaque responsable de définir le bien pour des gens qui ont le droit d'avoir d'autres définitions en tête, mais de rendre possible à ceux qui dépendent de lui de découvrir les contradictions de valeurs et de finalités qui existent effectivement à leur niveau et de trouver le moyen de les résoudre. Ceci implique, de façon plus claire et développée qu'à la base, connaissance et stratégie, mais n'implique pas nécessairement d'autre finalité. Peut-être devra-t-on souligner seulement que le leadership devient à ce niveau de plus en plus inséparable de la connaissance et que, dans cette perspective, la transformation intellectuelle et le renouvellement de l'expérience sont ici beaucoup plus importants que le choix abstrait de finalité. Si, actuellement, il arrive qu'on manque souvent de perspective et de capacité d'expérimentation à la base, au sommet, en revanche, il semble bien que l'on manque toujours de connaissance et même simplement d'expérience de la complexité et aussi de la richesse du vécu au niveau opérationnel. Le complexe du « n'y a qu'à » nous semble en France — et pas seulement là — plus répandu au sommet qu'à la base.

Nos analyses nous font donc déboucher de nouveau sur l'acteur, sur la liberté qui est la sienne dans les systèmes dans lesquels il est engagé, et sur sa responsabilité dans l'usage de cette liberté. Ni l'analyse scientifique ni le choix idéologique ne permettent de déterminer quel est le meilleur choix dans l'absolu. Même si toutes les données pertinentes étaient jamais connues, on ne pourrait, en effet, nous l'avons vu, ni établir le meilleur objectif ni même établir le meilleur moyen d'y parvenir une fois cet objectif donné. Pourquoi ? Parce que seul l'acteur peut découvrir par essai-erreur un arbitrage de finalités satisfaisant, à la mesure de la liberté qui est la sienne. L'analyse scientifique, en lui permettant de prendre conscience des contraintes et des limites de l'action, lui enlève d'éventuelles illusions de totale liberté, mais lui offre, en revanche, la possibilité de découvrir des ressources et des opportunités nouvelles et d'agrandir ainsi sa marge de manœuvre réelle. Sa responsabilité réside, en fait, dans la découverte de sa liberté et de son autonomie, et dans l'utilisation qu'il en fait.

Elle est d'autant plus grande que nous n'avons pas le choix, en fait, entre intervention ou non-intervention dans le champ d'autrui. Que nous le voulions ou non, nous intervenons en effet de toute manière, et sans toujours nous en rendre compte. En utilisant les opportunités qui s'offrent à nous à l'intérieur de notre zone de liberté, nous structurons par nos actions le champ dans lequel opère autrui. N'est-ce pas un progrès, et n'est-ce pas même aussi notre devoir, que d'essayer d'en contrôler les effets, d'en apprécier sérieusement les coûts et les conséquences, et d'assumer pleinement la responsabilité de la confrontation que nous ne pouvons éviter d'avoir avec lui ?

La société vertueuse n'est pas possible. On ne peut hiérarchiser les choix des finalités et les intégrer dans un modèle de société idéale. C'est donc l'homme lui-même qui doit porter la responsabilité première du changement. Non pas l'homme abstrait ou l'homme universel. Mais l'homme concret et de ce fait même limité, qui agit à sa place et dans son contexte. Puisqu'elle ne confirme pas le déterminisme sociologique commode, qui permet à l'acteur de chercher dans le système une excuse à ses échecs, l'analyse scientifique l'invite à y découvrir, avec la marge de liberté dont il dispose, sa véritable responsabilité.

Théorie et pratique
de la démarche de recherche

L'analyse stratégique et l'analyse systémique ne sont pas seulement des propositions théoriques. Elles sont d'abord, et avant tout, des pratiques de recherche. Cette orientation générale, nous l'avons affirmée tout au long de ce livre et nous croyons en avoir démontré le caractère concret dans les nombreux exemples d'analyse que nous avons résumés. Il nous semble toutefois utile de présenter au lecteur, dans cette annexe, une description plus complète de la démarche de recherche telle qu'elle est effectivement pratiquée et de donner, même brièvement, la justification théorique des principaux postulats sur lesquels elle repose.

SECTION I

Le chercheur devant son terrain

1. *La logique de l'induction.*

Revenons un instant au point de départ de l'analyse stratégique. Celle-ci, nous l'avons montré, récuse en les relativisant tous les déterminismes du contexte, de l'environnement, de la « structure objective » des problèmes, etc. La question qu'elle pose se situe à un autre niveau de réalité et d'analyse : celui des contraintes spécifiques que font peser sur la capacité d'action, de développement et de changement d'un ensemble, comme de chacun de ses membres, les conditions et modalités, bref, les construits, des jeux à travers lesquels ceux-ci sont parvenus à trouver leur coopération[1]. Or, à cette interrogation, il n'y a pas de réponse générale. Car les contraintes qu'elle vise sont elles-mêmes toujours liées à des problèmes, des solutions, bref à des situations et à des acteurs concrets et spécifiques.

On conçoit dès lors que — cherchant à comprendre et à expliquer l'origine et la nature de ces contraintes — la démarche stratégique ne puisse étudier un champ d'action dans l'abstrait ni à partir d'une quelconque rationalité *a priori*. Elle ne pourra découvrir le poids de ces contraintes, pour les acteurs comme pour l'ensemble qu'ils forment, qu'en reconstruisant — dans une perspective phénoménologique limitée — la logique et la rationalité propres des relations et interactions qui sous-tendent cet ensemble. De façon nécessairement et inéluctablement contingente, il s'agira chaque fois de *découvrir* les caractéristiques, la nature et les règles des jeux qui structurent les relations entre les acteurs concernés et, partant, conditionnent leurs stratégies, et de remonter ensuite aux modes de régulation par lesquels ces jeux s'articulent les uns aux autres et sont maintenus en opération dans un système d'action.

En abordant son terrain d'étude dans cette perspective et avec cet objectif, un chercheur, bien entendu, ne repart pas entièrement de zéro. Outre sa *problématique* telle qu'on vient de l'esquisser sommairement et le *mode de raisonnement* qui, autour d'un certain nombre de concepts comme stratégie, capacité, zone d'incertitude, nature et règles du jeu, lui fournissent l'instrument d'analyse permettant de répondre à l'interrogation qu'elle pose, il a, en effet, entre ses mains un ensemble de données lui permettant de constituer un premier cadre plus ou moins formel pour son étude.

D'une part, il possède une « expérience » : pour avoir lui-

---

1. Au sens le plus large et donc aussi le plus neutre du terme qui n'exclut nullement — rappelons-le pour éviter tout malentendu — les situations de domination. Certes, les jeux prévalant entre acteurs seront différents selon que la coopération est obtenue par la force ou par l'adhésion volontaire, selon qu'ils sont le produit d'une situation de domination de certains acteurs par d'autres, ou d'une situation plus égalitaire. Mais dans l'un et l'autre cas, on sera en droit de parler de coopération.

même déjà étudié ce champ, ou d'autres plus ou moins comparables, pour avoir lu des recherches faites par d'autres dans des domaines semblables, il dirigera son attention tout naturellement vers certains problèmes ou certaines situations dont il peut présumer, en quelque sorte « d'expérience », qu'ils constitueront des zones critiques ou de conflits dont l'analyse privilégiée lui permettra d'avancer plus rapidement dans la compréhension des particularités de son champ. Il peut, d'autre part, connaître — et son premier souci sera naturellement de se donner cette connaissance — les particularités structurelles et les multiples contraintes « objectives »[2] caractérisant son champ d'étude.

Mais, à partir de cette orientation initiale, tout reste encore à faire. Car, s'il sait par exemple que tout système d'action se constitue à travers des relations de pouvoir entre des acteurs cherchant à contrôler les zones d'incertitudes pertinentes par rapport aux problèmes à résoudre, cette formulation générale ne lui indique ni la dynamique particulière et contingente de ces affrontements de pouvoir, ni la configuration spécifique d'acteurs concernés, ni l'extension de leurs champs stratégiques et, avec ceux-ci, les limites du système dont il faut démontrer l'existence et mener l'analyse. Plus concrètement, s'il sait bien que toute règle formalisée constitue une source d'incertitude artificielle qui peut être utilisée par les acteurs dans la poursuite de leurs stratégies, cela lui suggérera des pistes d'investigation. Mais ce n'est qu'après cette investigation qu'il pourra préciser la pertinence de telle ou telle catégorie d'acteurs, et qu'il pourra en mesurer l'importance pour l'ensemble.

Il en va de même de la connaissance des particularités structurelles du champ considéré et des multiples contraintes « objectives » qui le caractérisent : l'analyse de ces données — si indispensable soit-elle — ne lui indique qu'une série de limites qui circonscrivent les champs stratégiques des participants et canalisent leurs possibilités d'action, excluant cer-

---

2. Organigramme, réglementation intérieure, technologie, etc., dans le cas d'une organisation ; la structure logique, en quelque sorte « objective », du problème, les prérogatives formelles et ressources matérielles des principaux acteurs concernés, dans le cas d'un système d'action plus diffus.

taines d'entre elles ou, au contraire, en créant d'autres. Mais, à elles seules, elles ne lui permettent pas de répondre à la seule question qui l'intéresse ici, à savoir *lesquelles* de ces possibilités et de ces potentialités sont effectivement saisies et actualisées par les participants, ni de comprendre *comment* et *pourquoi* ceux-ci peuvent poursuivre — et poursuivent effectivement — *telle stratégie plutôt que telle autre,* ni même de saisir la signification de ces stratégies.

Ces réponses, il ne peut les trouver que dans l'analyse clinique et, pour tout dire, nécessairement contingente de la réalité des relations qui, dans le *champ spécifique* considéré, se nouent entre les acteurs concernés pour remonter de là aux jeux qu'ils jouent les uns avec les autres et aux modes de régulations qui caractérisent ce système d'action particulier.

Obligée de reconnaître et d'assumer la contingence irréductible du phénomène qu'elle cherche à étudier, l'analyse stratégique ne peut qu'adopter une *démarche hypothético-inductive* par laquelle elle constitue et cerne son objet d'études par étapes successives à travers l'observation, la comparaison et l'interprétation des multiples processus d'interaction et d'échange qui composent la toile de fond de la vie à l'intérieur du système d'action qu'elle cherche à analyser. Une démarche en somme qui se sert de l'*expérience vécue* des participants pour proposer et vérifier des hypothèses de plus en plus générales sur les caractéristiques de l'ensemble.

2. *Le cheminement du chercheur.*

Pour illustrer le cheminement du chercheur, le mieux est peut-être de l'illustrer par un exemple tiré du champ organisationnel et volontairement grossi.

Un chercheur arrive dans des bureaux où des petits employés accomplissent des travaux monotones et routiniers à l'extrême. Mais, contrairement à son attente, tous — ou presque — trouvent leur travail intéressant, déclarent disposer de pas mal d'initiative et s'en montrent tout à fait satisfaits. Le sens commun, ses expériences extérieures, ses propres goûts, la connaissance qu'il a des prérogatives formelles de ces employés le pousseraient à se dire que ces gens-là ont été abêtis par leur travail au point qu'ils n'en savent même plus reconnaître la véritable nature, et à ne tenir aucun compte de ces témoignages. Mais, en tant que sociologue, il devra au contraire se dire : « Ces gens trouvent intéressant un travail qui ne l'est apparemment pas. S'ils le disent, il doit y avoir une *raison*. Laquelle ? » Et à partir de cette piste qui, pour lui — en tant qu'élément extérieur au jeu —, pose un problème de compréhension, il doit se mettre à la recherche des explications possibles. Et c'est en comparant ces témoignages à ceux d'autres groupes dans des situations semblables ou à ceux du même groupe face à d'autres problèmes, puis en formulant à partir de ces comparaisons des hypothèses sur la *stratégie* qui sous-tend ces témoignages et sur le *jeu* par rapport auquel ces stratégies peuvent apparaître rationnelles, qu'il en arrivera à découvrir, à travers la signification donnée à cet « intérêt » pour le travail, certains éléments clefs de la situation, c'est-à-dire la nature et les caractéristiques du jeu à l'intérieur duquel les membres de ce groupe peuvent développer leurs stratégies. Reprenons et commentons rapidement les principales étapes de ce cheminement.

Pour pouvoir observer, comparer, analyser et interpréter les comportements des acteurs qu'il observe, le chercheur doit tout d'abord les mettre en question tels qu'ils se présentent d'emblée à ses yeux et tels qu'ils sont perçus et décrits par les acteurs eux-mêmes. Il doit pouvoir se ménager une position de recul et de distance critique lui permettant de rompre avec la réalité sensible, avec les catégories du sens commun (des acteurs comme les siennes propres), et d'enlever aux données observées ce caractère « d'évidence » qu'elles revêtent le plus souvent aux yeux des participants.

Ceci est une exigence épistémologique bien connue. Bachelard[3] entre autres y a consacré des pages lumineuses qu'il est sans doute inutile de reprendre ici. Sans vouloir ni pouvoir non plus reprendre la traditionnelle discussion, sans fin ni solution, sur le statut et le rôle du chercheur en sciences sociales dans la société, soulignons seulement qu'il s'agit là d'une exigence qui, de toute évidence, n'est jamais totalement réalisée et qui,

---

3. Cf. notamment G. Bachelard, *La Formation de l'esprit scientifique,* Paris, Vrin, 1970 (1re éd. 1960).

de surcroît, ne dépend pas uniquement d'une « attitude intellectuelle » du seul sociologue. C'est en fait tout le problème de l'autonomie du chercheur, de son indépendance institutionnelle et financière, mais aussi et peut-être surtout personnelle et intellectuelle, sinon culturelle, qui se trouve posé ici.

Mais si la première attitude du chercheur est bien celle du questionnement général de la réalité à partir d'une position d'extériorité, celle-ci ne lui fournit aucun critère de jugement, aucune base normative lui permettant d'« évaluer » les pratiques qu'il observe. Il faut donc parallèlement qu'il se garde de tout « ethnocentrisme ». Il n'y a pas de *one best way* ni, à plus forte raison, une rationalité extérieure au champ qu'il puisse reprendre à son compte comme allant de soi. Car il s'agit pour lui non pas d'évaluer, voire de critiquer, les pratiques observées, mais de les comprendre. Si aberrants, contradictoires et dépourvus de sens qu'ils lui paraissent de prime abord, *il sait* — c'est là le postulat heuristique de base qui commande toute sa démarche — *que tous les phénomènes qu'il observe ont un sens et correspondent à une rationalité à partir du moment où ils existent.* Et le propre de son travail, c'est précisément de rechercher et de trouver le « sens profond » qui souvent se cache derrière le « sens » ou le « non-sens » apparents, en découvrant les contraintes particulières par rapport auxquelles des conduites et réactions apparemment « irrationnelles » ne le sont plus.

C'est dire qu'il doit ici quitter sa position d'observateur détaché et extérieur au champ pour opérer un « détour » par l'intériorité des acteurs. Car ce n'est qu'en reconstruisant *de l'intérieur* la logique propre des situations telle qu'elle est perçue et vécue par les acteurs eux-mêmes qu'il pourra découvrir les *données implicites* par rapport auxquelles seules leurs conduites, apparemment aberrantes, prennent sens et signification. Tout comme dans l'exemple ci-dessus, c'est en découvrant cette signification « subjective » des comportements des acteurs qu'il réussira à mettre en évidence des éléments souvent clefs, et nullement évidents au départ, de la structuration « objective » du champ.

La démarche de recherche peut ainsi se comprendre comme un aller et retour sans cesse recommencé entre ces deux pôles complémentaires et conflictuels à la fois. Après s'être, dans un premier temps, ménagé une position de recul pour sauvegarder son autonomie et son « œil neuf », son regard critique par rapport au champ étudié, le chercheur doit, dans un deuxième temps, entrer de plain-pied dans ce champ, pour « se mettre à la place » des différents acteurs et reconstruire pour lui-même la logique des diverses situations qui s'y rencontrent. Ce n'est que dans un troisième temps, après cette « plongée dans l'intériorité », qu'il pourra et devra en quelque sorte reconquérir son extériorité en confrontant et comparant les unes aux autres les multiples rationalités ou stratégies contingentes qu'il aura observées, pour remonter ainsi peu à peu aux caractéristiques et règles des jeux implicites qui structurent le champ considéré.

Mais encore faut-il que le chercheur puisse discerner dans la masse des données d'observations à sa disposition celles qui lui permettront d'articuler son raisonnement et de découvrir cette réalité sous-jacente qui seule l'intéresse — celle des relations de pouvoir entre acteurs et des règles implicites qui gouvernent leurs interactions.

Les critères nécessaires à cette discrimination dans l'analyse, c'est le chercheur lui-même qui se les donne consciemment à travers ce qu'on pourrait appeler un *raisonnement sur les écarts*. Le principe en est simple. Il consiste pour lui à se servir à tout moment, et de façon plus ou moins formalisée selon les phases de sa recherche, des données descriptives dont il dispose sur son champ pour formuler une série d'hypothèses sur ce qui devrait se passer, sur ce qu'il devrait observer si tout se passait « normalement », c'est-à-dire conformément à la logique et à la « rationalité » qu'il a suivies pour élaborer ses hypothèses. En confrontant ensuite celles-ci à la réalité des pratiques telles qu'il peut les observer, il découvrira toute une série d'anomalies ou « d'écarts » c'est-à-dire des conduites et processus qui ne semblent pas obéir aux « normes » rationnelles qu'il s'est lui-même données à travers ces hypothèses.

Et ces « écarts » lui sont précieux. Car en lui indiquant les endroits ou les zones où ses hypothèses sont en contradiction avec les comportements réels des acteurs, où donc une autre rationalité que celle qu'il pouvait connaître commande les relations entre les individus et les groupes, ces « écarts » lui fournissent les points à partir desquels son raisonnement peut s'articuler et se développer, les points dont la compréhension lui permettra de découvrir des caractéristiques de l'ensemble qu'il ne connaît pas encore.

3. *L'importance du « vécu » des acteurs.*

Il ressort de tout ce qui vient d'être dit que la logique de sa démarche conduit l'analyse stratégique à accorder une importance primordiale au *vécu des participants* et, partant de là, à privilégier la *technique des entretiens* comme moyen d'information

Pour être « utiles », ces entretiens doivent fournir au chercheur ce « détour par l'intériorité des acteurs » qu'il recherche. Ils sont l'occasion pour lui de réunir aussi rapidement que possible le maximum d'informations concrètes sur le vécu quotidien des acteurs, sur ce qui est *implicite* dans le champ considéré. A travers eux, il cherche à connaître concrètement et pratiquement comment chacun d'eux peut s'y prendre — et s'y prend effectivement — pour faire face à sa situation et à ses contraintes, *quels objectifs* il poursuit et quelle perception et anticipation il a de la possibilité de les atteindre dans la structure qu'il connaît, c'est-à-dire quelles *ressources* il possède, de quelle *marge de liberté* il dispose, et de *quelle façon*, à *quelles conditions* et *dans quelles limites* il peut les utiliser.

C'est dire qu'au niveau de chaque entretien se reproduit la tension entre les deux pôles extérieur/intérieur de sa démarche. Comme c'est pour lui un terrain largement inconnu qu'il veut précisément explorer, le chercheur doit avant tout faire preuve d'une attitude extrêmement ouverte, pour s'établir face à son interlocuteur comme un partenaire intéressé et compréhensif qui se borne à poser des questions ouvertes permettant à celui-ci de lui parler de son travail, de lui décrire sa situation telle qu'il la voit, etc. Par définition, les interviewés ont toujours « raison », puisque eux vivent leur situation, pas lui.

Mais si, pour toutes ces raisons, son attitude dominante face à son interlocuteur doit bien être celle du respect et de l'ouverture, il ne peut — ceci va de soi — être passif comme l'exigerait une attitude entièrement non directive[4]. Car, en s'adressant aux acteurs, le chercheur a un but précis : connaître leurs possibilités et capacités d'action dans le champ particulier qu'il étudie. En d'autres termes, il s'agit pour lui d'amener son interlocuteur à lui dévoiler les ressorts de son action, à dessiner et expliquer devant lui les caractéristiques, telles qu'il les voit, du champ stratégique dans lequel lui doit agir. C'est dire que dans la situation stratégique de chaque entretien il s'agira chaque fois pour le chercheur d'utiliser la dynamique « spontanée » de l'entretien en vue et en fonction de ses objectifs et interrogations à lui, observateur extérieur.

Mais — dira-t-on — tous les témoignages que le sociologue recueillera ainsi ne refléteront pas, la plupart du temps, la réalité « objective », mais la façon dont l'acteur la perçoit et la vit de son point de vue : *ils sont inévitablement « subjectifs »*. Cette objection n'en est pas une pour l'analyse stratégique. Car le propre de sa démarche, c'est précisément de dépasser cette dichotomie artificielle entre réalité « objective » et réalité « subjective ». Elle considère, en effet, que la subjectivité des autres — c'est-à-dire leur façon de choisir leurs stratégies en fonction de leur perception des contraintes pesant sur eux — est un élément capital qui, tout aussi « objectivement » que les contraintes techniques ou économiques, définit la situation de chacun, c'est-à-dire ce par rapport à quoi il élabore sa propre stratégie et sa propre conduite[5].

---

4. Sans entrer dans une discussion sur les problèmes plus généraux soulevés par la technique non directive (conditions de sa possibilité, abus possibles, etc.), signalons que, dans la mesure même où la démarche s'inscrit ici dans une problématique relativement formalisée, une attitude entièrement non directive serait déplacée, sinon proprement aberrante.

5. De façon plus générale, ne doit-on pas considérer que tous les éléments de la « réalité sociale » — si « matériels » et « donnés d'avance » qu'ils paraissent de prime abord — sont socialement construits et socialement maintenus, c'est-à-dire le produit de conflits et de rapports de pouvoir entre des individus ou des groupes, bref, des acteurs sociaux. C'est la stratégie de recherche du sociologue, c'est-à-dire le choix de son terrain et de son niveau d'analyse, qui réintroduit la ligne de partage entre cette partie de la « réalité » sociale qu'il peut considérer comme une donnée et celle qu'il lui faudra explorer et expliquer en tant que construction sociale.

Soulignons-le : le recours au « vécu » des acteurs est dans cette perspective beaucoup plus qu'un coup de chapeau plus ou moins symbolique à « l'importance du facteur humain ». De même, il est bien davantage que le complément inévitable à la connaissance rationnelle des données formelles ou des caractéristiques du champ. Il est la *condition même d'une connaissance sérieuse du champ*. Ne serait-ce que parce que, le plus souvent, ce n'est qu'à travers et après l'analyse de ce vécu « subjectif » que cette connaissance « objective » pourra s'incarner, voire se constituer, et que le chercheur pourra préciser, voire découvrir, la signification, l'importance et la portée réelles, spécifiques et nullement évidentes au départ de telle ou telle contrainte prétendument objective.

Ce n'est donc pas le caractère subjectif des témoignages qui pose problème, c'est l'utilisation que l'analyse stratégique fait des données ainsi recueillies. Utiliser ces données pour reconstruire les stratégies revient, en fin de compte, à les traiter comme des indicateurs privilégiés, et à la limite les seuls, des choix subjectifs que les acteurs opèrent parmi les opportunités de leurs situations respectives, bref, à les considérer comme des *expressions de ces stratégies*. Ceci ne va pas de soi, et mérite qu'on s'y arrête plus longuement.

SECTION II
Le problème des matériaux

Implicite à ce qui se présente avant tout comme un choix de méthode, il y a en fait — nous l'avons déjà dit — une conceptualisation différente des attitudes, conceptualisation qui touche à la fois leurs liens aux comportements et les processus de leur constitution. La perspective de l'analyse stratégique, et l'utilisation qu'elle fait des attitudes, implique en effet que les individus développent des attitudes non pas en fonction du passé (leur socialisation, leurs expériences passées), mais en fonction de l'avenir, en fonction des opportunités présentes et futures qu'ils voient dans les jeux qu'ils jouent, et en fonction desquelles ils orientent leurs stratégies.

En grossissant l'analyse, on pourrait dire que ce qui est explicatif des attitudes ici, et ce que le chercheur s'efforce de saisir à travers elles, ce n'est pas tant le passé des individus, en tant qu'il conditionne leurs comportements présents, que ces comportements et, à travers eux, la nature et les règles des jeux qui les orientent et dont les caractéristiques constituent le nœud du phénomène organisationnel.

Avant cependant d'illustrer et d'expliciter les prémisses et conséquences d'un tel renversement de perspective, il nous faudra présenter très succinctement l'utilisation des attitudes dans la psychologie sociale, l'évolution qu'a subie cette notion et les prémisses théoriques implicites de cette évolution[6].

1. *Les attitudes dans la psychologie sociale.*

Lors de son apparition dans le vocabulaire de la psychologie *expérimentale* allemande vers la fin du siècle dernier, la notion d'attitude était assimilée à un *état neuro-psychique préparant et facilitant l'action.* Dans ce premier usage restrictif, elle désignait avant tout un processus mental, une espèce d'« ajustement d'esprit »[7], une « attention » provoquée, donc consciente, des individus en situation expérimentale qui facilitait et accélérait leurs réponses aux stimuli auxquels ils étaient soumis[8].

La discussion du concept dans la psychologie sociale et sa

---

6. Un tel rappel ne pourra être que bref, sinon sommaire. Pour une présentation et une discussion d'ensemble de ces questions, nous renvoyons notamment à G. Lindzey (ed.), *The Handbook of Social Psychology*, Reading, Mass, Addison-Wesley, 1954, 1ʳᵉ éd.; à S.E. Asch, *Social Psychology*, New York, Prentice Hall, 1952; à A. Lévy, *Psychologie sociale*, Paris, Dunod, 1965; à G. Summers, *Attitude Measurement*, Chicago, Rand McNally, 1970; à M. Jahoda et N. Warren (eds.), *Attitudes*, Harmondsworth, Penguin, 1966; et S. Moscovici, « L'attitude : Théories et recherches autour d'un concept et d'un phénomène », *Bulletin du CERP*, 1962, vol. 2, p. 177-191. Nous voudrions en outre remercier W. Ackermann pour l'aide et le conseil qu'il nous a apportés dans la rédaction de cette section.

7. Le mot allemand *Einstellung* signifie bien d'abord ajustement au sens où une machine doit être « ajustée » pour effectuer certaines opérations.

8. C'est notamment le sens que lui donne N. Lange en relatant ses expériences sur les différents *temps de réaction* des individus, selon

reprise dans des situations de moins en moins expérimentales en a considérablement étendu et élargi le champ d'application et en a profondément modifié le statut. A travers différentes étapes qu'il n'est pas besoin de détailler ici, on en est venu à employer le terme « attitudes » pour désigner des *orientations normatives relativement permanentes* des individus par rapport à certains objets sociaux privilégiés, découpés en fonction des centres d'intérêt et des besoins spécifiques de la recherche : le chômage, le vote des femmes, la religion, les partis politiques, le travail, l'entreprise, etc. [9].

A travers cette extension de l'usage du concept, se dessine en fait un véritable déplacement de la recherche, tant sur le plan méthodologique que sur celui de la substance. Au niveau méthodologique tout d'abord, le technique de saisie et de mesure change. Les attitudes ne sont plus observées et appréhendées directement, mais *indirectement* à travers une série de mesures plus ou moins complexes du degré de satisfaction que les individus éprouvent à l'égard des différentes dimensions de tel ou tel objet de la réalité sociale étudiée [10]. L'attitude devient, de ce fait, le *fondement inféré*, construit après coup, à partir de la suite des jugements et opinions recueillis auprès des individus. Elle constitue l'élément stable, la structure psychologique qui fonde la suite des opinions et leur donne sens et cohérence. L'opinion — qui est l'évaluation instantanée d'un objet social — s'appuie en quelque sorte sur une évaluation plus stable de ce même objet, qui est l'attitude.

Sur le plan de la substance, ceci implique un déplacement vers un niveau de plus en plus abstrait de l'objet même de la recherche, des opinions aux attitudes et enfin aux systèmes de

---

qu'ils étaient ou non consciemment préparés à effectuer un geste voulu après avoir reçu le signal convenu. Cf. notamment G. Allport, « The historical Background of Modern Social Psychology », *in* G. Lindzey (ed.), *Handbook of Social Psychology, op. cit.*

9. C'est l'usage bien connu des attitudes dans la sociologie électorale, la psychosociologie et la sociologie industrielle, voire la recherche commerciale du marketing, etc.

10. Telles que la satisfaction à l'égard des différents aspects du travail, de la situation, des relations hiérarchiques, etc., dans les enquêtes de la psychosociologie industrielle ou de la sociologie du travail.

valeur auxquels adhèrent les individus. L'attitude constitue le pont entre, d'une part, les conduites observables des individus et, d'autre part, la structure de valeurs qui oriente celles-ci et qui, elle, reste inobservable. *A travers les attitudes, on vise les valeurs des individus* [11].

C'est ce qui explique que l'étude des attitudes s'est centrée progressivement non pas tant sur celles-ci mêmes que sur les processus par lesquels elles se *forment* et se *transforment* [12]. Le problème de recherche, dans cette optique, devient celui d'isoler les situations sociales, les places structurales, bref, les rôles où les individus font des expériences significatives en termes d'apprentissage social, et de cerner les objets sociaux par rapport auxquels ils acquièrent des attitudes. Bref, il s'agit de découvrir les régularités qui gouvernent la constitution et l'acquisition des attitudes en déterminant les lieux privilégiés d'apprentissage social (la famille, l'école, l'entreprise, l'engagement syndical, etc.) et en étudiant les mécanismes à travers lesquels se forment et se transforment les attitudes qui sont ici conceptualisées avant tout comme l'expression des motivations orientant et expliquant les comportements [13].

11. D'où deux types d'utilisation de l'étude des attitudes qu'il faudrait en fait distinguer. La première s'intéresse aux attitudes dans une perspective de prédiction des comportements, en établissant une équivalence implicite entre attitude et comportement : telle attitude — tel comportement. La deuxième s'intéresse aux attitudes pour ce qu'elles révèlent des régularités et modes de structuration de l'univers social catégorisé des individus, c'est-à-dire les univers de valeurs professionnelles, catégorielles, nationales. Nous avons déjà souligné (cf. *supra,* chap. VI) le raisonnement déterministe qui sous-tend le plus souvent une telle utilisation des attitudes.

12. Cet intérêt pour les processus d'apprentissage et de transformation des attitudes trouve son correspondant dans l'accent mis sur les processus de « socialisation » par la sociologie fonctionnaliste.

13. C'est dans cette perspective que des enquêtes sociologiques innombrables ont utilisé les attitudes. Soulignons en passant le raisonnement normatif implicite qui structure et, en quelque sorte, motive cet effort de recherche dont les derniers avatars se retrouvent dans l'approche des organisations en termes de « motivations » à laquelle nous avons déjà fait référence. C'est la tentation d'utiliser cette connaissance pour orienter les processus d'apprentissage en manipulant les expériences et situations qui, au départ, les forment. Bref, en agissant sur les lieux privilégiés d'apprentissage, on pourrait s'assurer que les individus apprennent de « bonnes attitudes ».

Si on prend un peu de recul, on voit bien qu'une telle utilisation des attitudes repose sur un certain nombre de prémisses théoriques pas toujours très explicites qu'il nous faut maintenant tirer au clair.

Tout d'abord, et quelle que soit l'extension de l'usage du concept, *l'attitude* est ici toujours considérée comme un *attribut de l'individu*. Elle renvoie à ce qui est individuel par opposition à ce qui est « situationnel ». Dans une même situation, plusieurs comportements seraient possibles. L'attitude permet de comprendre le comportement choisi par l'individu. Ce faisant, elle raconte quelque chose sur celui-ci[14]. Elle renvoie à ses traits de personnalité, voire à son système de valeurs[15].

La conception de l'individu, bien sûr, variera et sera plus ou moins complexe. Dans une première optique, l'individu se définit en quelque sorte entièrement par ses attitudes telles qu'elles se sont formées à travers ses expériences significatives d'apprentissage social. Une deuxième optique tente de réintégrer dans le raisonnement les capacités d'analyse de l'individu ; mais il reste une part irrationnelle, irréductible à un calcul instrumental : l'« attitude », fondée sur les expériences antérieures de l'individu.

Quelle que soit l'optique retenue, l'attitude renvoie ainsi à l'individu, à sa personnalité, à son système de valeur, et,

---

14. Certes, on prétend aussi saisir des attitudes collectives. Mais, en fait, celles-ci sont toujours le résultat d'une agrégation d'attitudes individuelles. Ce sont les conditions d'acquisition des attitudes qui peuvent être collectives en ce sens qu'elles peuvent être relativement semblables d'un individu à l'autre. Mais les attitudes, elles, restent toujours individuelles.

15. Les conclusions d'une recherche psychométrique du psychologue suédois U. Remitz sont tout à fait explicites à cet égard. Selon lui, dix pour cent de la variance en matière d'attitudes au travail seulement peuvent être attribués à des facteurs sociaux d'ordre extérieur, tandis que les facteurs internes à l'entreprise (en l'occurrence une banque) pourraient rendre compte, tout au plus, de dix pour cent supplémentaires. Les quatre cinquièmes de la variance expriment, selon lui, l'existence d'un facteur *sui generis,* la *disposition individuelle à la satisfaction* qui pourrait être isolable et mesurable comme un facteur individuel au même titre que l'intelligence. Cf. U. Remitz, *Professional Satisfaction Among Swedish Bank Employees,* Copenhague, 1960.

partant, aux processus de formation de celui-ci. Car — et c'est là un deuxième postulat théorique plus ou moins implicite — dès lors que l'on utilise les attitudes dans une perspective explicative des comportements, on les fonde — qu'on le veuille ou non — dans une certaine *théorie de l'apprentissage social à travers la matrice de la société*. En d'autres termes, on fait implicitement appel à une théorie qui met au début de la chaîne la société avec une certaine structure sociale, puis la formation de la personnalité, dans cet univers structuré, à travers des expériences sociales significatives conduisant à l'adoption de certaines valeurs et certains traits de personnalité induisant à leur tour certains types d'opinions et de comportements[16].

Là aussi, les schémas explicatifs de l'acquisition des attitudes à travers des expériences sociales significatives varient. Dans la perspective behavioriste simple bien connue, on peut y voir un processus d'apprentissage instrumental où les attitudes se forment et se renforcent peu à peu en réponse aux sanctions et récompenses provenant de l'environnement. D'autres schémas — tels que la *théorie de la dissonance cognitive* — déduisent l'apprentissage et la transformation des attitudes d'un principe de cohérence interne[17]. D'autres, enfin, s'inspirent dans leur démarche d'une perspective psycho-analytique en cherchant l'origine des attitudes dans les besoins, les angoisses, les inhibitions, les motivations, les mécanismes d'autodéfense des individus, bref, dans les *fonctions* qu'elles remplissent par rapport à l'expérience et l'univers subconscient des sujets[18]. Mais, quelle que soit finalement la démarche explicative retenue, il reste que toutes

16. On comprend ainsi mieux l'accent mis sur la formation et la transformation des attitudes dans les recherches mentionnées plus haut, de même que la convergence déjà signalée de cette orientation de recherche avec celle de la sociologie fonctionnaliste.

17. Cf. L. Festinger, *A Theory of Cognitive Dissonance,* New York, Harper, 1957.

18. Cf., entre autres, T.W. Adorno *et al., The Authoritarian Personality,* New York, Harper, 1950 ; D. Katz et E. Stotland, « A Preliminary Statement of a Theory of Attitude Structure and Change », *in* S. Koch (ed.), *Psychology : A Study of Science,* vol. 3, New York, McGraw Hill, 1959.

cherchent la base et les fondements des attitudes dans l'histoire sociale des individus.

D'où le *caractère rétrospectif* de la plupart des analyses. Car, dans une telle perspective, les attitudes ne peuvent se comprendre que par rapport à l'expérience passée des sujets qu'elles révèlent en quelque sorte. D'où aussi l'intérêt et la justification *d'étudier les attitudes pour elles-mêmes.* Car, une fois acquises et établies, elles sont relativement stables, donc mesurables. Elles disposent en quelque sorte d'une vie et d'une logique propres que l'on doit précisément élucider pour comprendre les réactions des sujets. D'où, enfin, la justification de l'*usage prédictif* que l'on a souvent fait des attitudes. En effet, puisqu'on considère qu'elles sont relativement stables, leur connaissance peut être utilisée pour prédire les réactions et comportements des sujets dans d'autres circonstances, voire pour les orienter à travers un guidage de leurs apprentissages.

2. *Un exemple.*

C'est dans cette perspective que la sociologie industrielle et du travail a utilisé les attitudes. Très grossièrement résumée, la personnalité de l'individu au travail y était analysée comme un ensemble d'attitudes qui gouvernaient ses réponses aux exigences de l'organisation et qu'il fallait mesurer et connaître pour comprendre ses réponses et éventuellement les changer afin d'améliorer le fonctionnement des organisations.

L'analyse stratégique, elle aussi partie de ce courant, a peu à peu dégagé un autre usage du concept. C'est ce que nous voudrions montrer à travers l'exemple suivant tiré d'une enquête qui a été réalisée entre 1956 et 1958 dans six compagnies d'assurances parisiennes [19]. A l'aide d'un questionnaire portant sur les perceptions, sentiments et opinions des individus à l'égard des différents aspects de leur vie au travail, cette enquête visait entre autres — selon l'optique

19. Pour tout ce qui concerne cet exemple que nous ne faisons que résumer *brièvement,* nous renvoyons à M. Crozier, *Le Monde des employés de bureau,* Paris, Seuil, 1965, notamment chap. v, p. 80-105.

« classique » de la sociologie du travail — à mesurer et à comprendre la structuration des attitudes des individus à l'égard du travail. Ce sont les problèmes d'interprétation des résultats déconcertants dans cette optique qui ont conduit au changement de perspective que nous voudrions faire ressortir, avant d'en présenter de façon plus détaillée les implications.

Deux grandes dimensions avaient été retenues : d'une part, la façon dont les individus appréciaient l'intérêt de leur *travail,* d'autre part, la *satisfaction* qu'ils éprouvaient à l'égard de leur *situation.* Or les rédacteurs, situés en haut de l'échelle hiérarchique des services, étaient les plus nombreux à trouver leur travail intéressant, mais en même temps les plus nombreux à se déclarer insatisfaits de leur situation. Inversement, les individus en bas de l'échelle hiérarchique étaient les plus nombreux à la fois pour trouver leur travail peu intéressant et pour se déclarer satisfaits de leur situation.

Cette structure des résultats était déconcertante : il est difficile d'admettre que la satisfaction à l'égard de la situation soit plus prononcée en bas qu'en haut de la hiérarchie, d'autant que ces résultats contredisaient l'analyse « objective » : salaires très bas, mais travail relativement *tranquille* en bas de l'échelle. Salaires plus élevés, mais conditions de travail médiocres en haut.

Pour avancer dans l'interprétation, il fallait considérer les attitudes non plus comme de simples réactions à l'égard d'une réalité évaluée passivement, mais comme les signes de la perception stratégique qu'en avait chaque acteur. Au niveau inférieur, les employés se sentaient trop menacés pour se plaindre de leur situation, alors que l'expression d'une insatisfaction vis-à-vis du travail ne comportait guère de risques et leur permettait même, en s'affirmant supérieurs à leur condition, de porter la négociation implicite avec la compagnie sur un terrain où ils étaient plus à l'aise : celui où ils pouvaient, arguant de leur fidélité, réclamer un meilleur travail. Au contraire, plus on s'élève dans la hiérarchie, plus on dispose des atouts permettant de critiquer sans risques sa situation. En revanche, le prestige qui s'attache à la fonction occupée ne pouvant être démenti, son affirmation constitue au contraire un atout dans la négociation implicite où l'importance du travail est mise en avant pour réclamer une amélioration de la situation.

En somme, le rédacteur se plaignait des conditions que lui faisait la compagnie au nom de l'importance et de la dignité de son métier, alors que la dactylographe tendait au contraire à s'autoriser de sa fidélité à la compagnie pour réclamer un travail plus intéressant.

3. *L'attitude dans la démarche stratégique :*
prémisses et conséquences.

L'exemple précédent, pour partiel et limité qu'il soit[20], montre bien le changement de perspective dans le traitement des attitudes. Pour l'analyse stratégique, celles-ci ne sont plus l'expression d'une réaction ou d'un bilan en fonction d'une expérience passée, mais correspondent à des *orientations* stratégiques que des acteurs sociaux ont adoptées en tenant compte de leurs possibilités et ressources ainsi que des contraintes qui pèsent sur eux. Elles reflètent donc leur choix d'une orientation d'action face aux risques et opportunités des jeux auxquels ils participent dans leurs univers sociaux. En grossissant, on pourrait dire que, pour l'analyse stratégique, les acteurs ont des attitudes non pas en fonction du passé, mais en fonction de l'avenir tel qu'ils le voient avec leurs ressources et leurs attentes présentes ou, plus précisément, en fonction des opportunités qu'ils découvrent dans les jeux qu'ils jouent au sein du système d'action étudié, et auxquelles ils ajustent

---

20. D'autres exemples pourraient être cités. Ainsi, « l'attitude anti-urbaine » dominante parmi les ingénieurs des Travaux Publics de l'Etat au moment de la réforme du ministère de l'Equipement. Comme nous l'avons montré ailleurs, cette « attitude anti-urbaine et technocratique » ne pouvait se comprendre que comme l'expression de la *stratégie dominante* que ces fonctionnaires moyens poursuivaient et qui prend toute sa signification si on la réfère à la lutte de pouvoir qui oppose ceux-ci à leurs supérieurs, les ingénieurs des Ponts et Chaussées autour du contrôle de l'appareil territorial de l'ancien ministère des Travaux Publics. Cf. J.-C. Thoenig et E. Friedberg, « Politique urbaine et stratégies corporatives », *Sociologie du travail*, nº 4, 1969.

leurs comportements. Bref, c'est l'occasion qui fait le larron, et non son histoire passée[21].

Dans cette perspective, l'analyse des attitudes a donc un caractère *prospectif* et non plus *rétrospectif.* Les situations dans lesquelles se trouvent les acteurs, et les jeux qu'ils jouent avec d'autres à partir de ces situations, fournissent une série d'opportunités. Et, en fonction de leurs ressources et capacités propres, ils se saisiront de certaines d'entre elles à l'exclusion d'autres et adopteront une stratégie correspondante, c'est-à-dire ajusteront leurs comportements à ces choix. Et selon un schéma qui prolonge et développe l'approche de l'apprentissage social en termes de dissonance cognitive productive d'un effort de cohérence[22], ces choix à leur tour constitueront une pression très forte sur l'orientation des attitudes des acteurs. Celles-ci expriment donc une sorte de choix[23] : elles indiquent en fin de compte l'utilisation réelle que les acteurs peuvent et veulent faire des ressources à leur disposition face aux opportunités des jeux.

Une dimension prospective vient donc enrichir le caractère rétrospectif des attitudes. Car l'*orientation stratégique* des acteurs qu'elles expriment procède d'une évaluation de leurs possibilités d'action, c'est-à-dire d'un bilan anticipatoire, où la situation présente est analysée en termes d'atouts et de ressources mobilisables à l'avenir. Si nous reprenons notre exemple de tout à l'heure, il est évident que ni les attitudes des rédacteurs ni celles des sténodactylos ne s'expliquent par un simple bilan des contributions et rétributions, d'une comptabilité de leurs profits et pertes. C'est d'un bilan d'un autre type qu'il s'agit ici, d'un bilan où rédacteurs comme sténodactylos cherchent à déterminer leurs points forts et faibles et les terrains possibles pour des actions offensives ou au contraire défensives de leur part.

Certes, l'expérience passée des acteurs, leurs valeurs et

21. Ou seulement dans la mesure où son histoire passée conditionne en partie les opportunités présentes et futures qui s'offrent au « larron », ainsi que la capacité de l'acteur à agir comme larron.

22. Cf. L. Festinger, *A Theory of Cognitive Dissonance, op. cit.*

23. L'attitude-reflet devient dans cette perspective un cas limite qui peut être interprété à son tour comme signe de résignation ou d'impuissance.

attitudes, au sens où l'entendrait la psychologie sociale, ne disparaissent pas dans une telle analyse : elles conditionnent notamment pour une bonne part la perception que les acteurs auront des opportunités des jeux, et surtout elles structurent leurs capacités à s'en saisir. Comme nous l'avons montré plus haut [24], un individu adoptera telle stratégie non seulement parce qu'il en voit l'opportunité, mais aussi parce qu'il a les capacités nécessaires — matérielles, affectives, cognitives, relationnelles — pour en assumer les risques et les difficultés. De même, un groupe adoptera et gardera tel jeu non seulement en fonction de ses objectifs ou atouts propres, mais aussi en fonction des contraintes que font peser sur sa marge de manœuvre et de choix les mécanismes d'intégration (y compris les valeurs) et les construits auxquels il doit avoir recours pour pouvoir s'organiser en vue d'une action, voire pour pouvoir exister de façon cohérente. L'expérience passée des individus, leur « socialisation » et les valeurs qui en résultent ne disparaissent donc pas dans l'analyse ; elles sont simplement relativisées : elles ne sont ici rien d'autre qu'un des éléments qui structurent les capacités des individus et des groupes et, par là, conditionnent indirectement les stratégies individuelles et les jeux collectifs.

Pour la démarche stratégique, les attitudes ne renvoient donc pas aux caractéristiques ou à la « personnalité » des individus en tant que déterminants de leurs comportements, mais à la *relation* subjective qu'étant donné leurs ressources et leurs capacités propres les individus établissent entre leur situation et le jeu, bref, aux *stratégies* qu'ils ont adoptées ou vont adopter. Elles peuvent donc être utilisées comme des révélateurs de ces stratégies et, partant, des caractéristiques et règles des jeux qui délimitent un éventail de stratégies possibles et à travers lesquelles le système d'action est maintenu en opération.

Mais en même temps qu'elles permettent ainsi de connaître « de l'intérieur » la façon dont les membres d'un système d'action comptent se servir de la marge de liberté, donc de pouvoir, dont ils disposent dans le cadre des jeux, elles

---

24. Cf. le chap. VI consacré aux liens entre mode d'organisation et culture.

deviennent aussi inversement l'indice à partir duquel il est possible d'inférer les ressources et possibilités d'action que ce système répartit entre ses membres. Les individus restent donc bien les supports des attitudes, mais ce qui est explicatif dans cette optique, c'est leur situation dans un jeu à découvrir. En d'autres termes, et au risque de caricaturer quelque peu, on pourrait caractériser ainsi le renversement de perspective esquissé ci-dessus. En psychologie sociale, ce qui est explicatif des attitudes et ce qu'on cherche à saisir à travers elles, ce sont les dispositions permanentes d'agir, les valeurs propres des individus, bref, tout ce qui définit et différencie les individus ; dans l'analyse stratégique, au contraire, ce qui est explicatif des attitudes et ce que l'on cherche à saisir à travers elles, c'est l'état d'un système d'action et la façon dont ses caractéristiques et mode de régulation structurent les jeux à l'intérieur desquels ses membres doivent jouer.

Il s'ensuit que, dans cette perspective, il n'y a plus de structuration des attitudes ni, à la limite, d'intérêt à leur saisie en dehors d'une situation et de sa structure propre. *L'attitude n'a plus de valeur en elle-même, elle cesse d'être un « en-soi ».* On ne la recueille plus dans un but de mesure abstraite, mais parce qu'elle est un moyen d'inférer les orientations stratégiques des acteurs.

Si on pouvait connaître les jeux directement et les étudier comme des éventails de choix faisant appel chacun à tel ou tel type de capacité chez les individus, et si, d'autre part, on pouvait connaître et mesurer ces capacités, il serait possible alors de se passer de la notion d'attitude. Mais la difficulté même, voire l'impossibilité d'une telle entreprise souligne par contrecoup l'intérêt de l'analyse des attitudes. Celles-ci présentent l'avantage d'un raccourci qui permet d'aller vite à l'essentiel : les divers choix réels que les membres d'un système d'action opèrent parmi l'éventail des stratégies possibles.

L'analyse stratégique utilise donc les attitudes, en fin de compte, comme un dispositif de recherche, comme un outil à la fois commode et imparfait pour saisir la contrepartie vécue et subjective d'une situation dans un jeu à découvrir. En somme, elle en fait un *procédé heuristique* qui lui permet d'appréhender et de comprendre la façon dont les acteurs-membres d'un système d'action agencent les potentialités de leurs situations pour tirer parti des opportunités qu'offre le jeu. Or c'est bien là l'essentiel et le but même de la recherche. Car c'est l'articulation entre elles de ces mises en œuvre subjectives des possibilités d'action offertes par les différentes situations, ou — dit autrement — c'est l'articulation entre elles de ces différentes *stratégies* qui permet de comprendre la structuration et les régulations propres du système d'action étudié.

SECTION III

L'interprétation : des sentiments aux jeux, des jeux aux structures

Après avoir pris contact avec son terrain de recherche et après avoir fait le tour de toutes ses caractéristiques « objectives »[25], le chercheur consacrera donc toujours et nécessairement un temps plus ou moins considérable au recueil d'informations par des entrevues avec les diverses catégories d'acteurs telles qu'il peut les saisir à travers la connaissance formelle et toujours approximative qu'il peut avoir de son champ.

A travers de tels entretiens, le chercheur réunit donc des séries de données qui le renseignent très concrètement sur la façon dont les individus ou groupes parties-prenantes au champ considéré perçoivent et vivent leurs situations respectives, à savoir :

---

25. Ce qu'il est généralement convenu d'appeler les *hard facts*. Cette appellation nous semble constituer un abus de langage perpétuant un malentendu qu'il s'agit de dissiper. En effet, ces *hards facts* s'avèrent souvent beaucoup plus *soft* et beaucoup moins résistants au changement que les données soi-disant *soft* sur les propriétés « humaines » particulières des systèmes d'action que cherche à découvrir l'analyse stratégique. Pour ne prendre que le domaine organisationnel, changer un organigramme, par exemple, est relativement simple : de fait, un changement organisationnel se réduit souvent à une redéfinition de l'organigramme. Par contre, changer les jeux entre participants est infiniment plus difficile.

— sur leurs activités telles qu'ils les perçoivent et telles qu'ils les conduisent sur les contraintes qui s'imposent plus particulièrement à eux et sur les difficultés qui en découlent ;

— sur leurs relations les uns avec les autres, sur l'importance qu'elles revêtent à leurs yeux, sur ce qu'ils en attendent, sur les conflits qui se produisent le plus fréquemment et les solutions qui généralement y sont apportées ;

— sur l'évaluation qu'ils font de leurs activités, de leurs situations, de leurs relations, sur les sujets de satisfaction et/ou d'insatisfaction qu'ils éprouvent à cet égard, sur leurs espoirs et leurs déceptions ;

— enfin, sur la façon dont, à partir de là, ils voient leurs possibilités d'action, et celles des autres.

Que ces données soient de nature qualitative à la suite d'une série d'entretiens peu structurés, ou qu'elles soient le résultat d'une exploitation statistique des réponses quantifiées à un questionnaire formalisé, le problème d'interprétation posé par la démarche stratégique est toujours le même. Il s'agit d'utiliser les données descriptives sur les opinions, les perceptions, les sentiments et les attitudes des acteurs pour reconstruire la structure de pouvoir ainsi que la nature et les règles des jeux qui régulent l'interaction des acteurs et conditionnent leurs conduites.

Pour ce faire, le chercheur devra tout d'abord établir les différentes stratégies en présence. C'est là l'objet de l'analyse fouillée et de la comparaison des contenus explicites et implicites [26] des entretiens ou du traitement statistique de données quantifiées [27]. Car l'ensemble des perceptions, senti-

---

26. Ce qui n'apparaît qu'en filigrane, voire est passé sous silence par certains interviewés, est tout aussi important à cet égard que ce qui est dit explicitement. Car ne pas évoquer un problème ou un conflit qui est amplement commenté par d'autres peut être une façon aussi révélatrice de faire connaître son point de vue et son opinion que d'en parler longuement.

27. Il va de soi que, dans ce domaine, toutes sortes de procédés plus sophistiqués peuvent être utilisés, mais à condition que ce soit sur des bases solides, c'est-à-dire que l'on soit capable de savoir réellement la *pertinence* et la *signification* de ce qu'on mesure. C'est souligner par contrecoup l'importance primordiale que revêt dans une telle démarche l'*enquête exploratoire, qualitative*. Bien loin de ne constituer qu'une simple prise de contact plus ou moins formelle avec le terrain

ments et attitudes des acteurs, la cristallisation de leurs commentaires autour de certaines situations ou autour de certains problèmes, les explications, voire les rationalisations qu'ils fournissent eux-mêmes de leurs comportements, les satisfactions et insatisfactions qu'ils expriment à cet égard, si elles renvoient toujours aux divers aspects en quelque sorte « officiels » de leurs situations, ne manquent jamais d'indiquer, au moins indirectement et implicitement, la composante de pouvoir dont ils disposent dans leurs relations avec les autres et les chances de gains et de pertes qu'ils y voient. Bref, ces données témoignent de la *perception stratégique* qu'ont les différents acteurs de leurs situations respectives, et de leur *ajustement* à un système de relation plus ou moins conscient dont il s'agit précisément de faire ressortir les propriétés.

Par un jeu de miroir incessant entre les données convergentes et/ou discordantes contenues dans ces entretiens, le chercheur tentera donc de retrouver la logique interne qui, pour les diverses catégories d'acteurs, structure implicitement l'ensemble de leurs perceptions, sentiments et attitudes, et ainsi de dégager et expliciter les stratégies en présence[28].

S'il dispose de données quantifiées et si son champ d'investigation s'y prête[29], une technique supplémentaire peut permettre au chercheur de « tester » directement la validité des stratégies qu'il a cru pouvoir déceler. Il communiquera les résultats bruts de l'enquête aux intéressés eux-mêmes, sans aucun commentaire, mais en faisant à l'avance des hypothèses

---

d'étude, elle sera toujours et nécessairement un temps fort, sinon l'étape essentielle de toute recherche. C'est en fait une enquête à son propre titre dont la mise en œuvre peut être plus ou moins longue, mais dont les résultats doivent permettre de formuler un premier diagnostic relativement précis sur les propriétés et régulations particulières du système d'action étudié.

28. Il va de soi qu'avec ces stratégies, on constitue en même temps le champ des acteurs et les catégories réelles d'acteurs qui, le plus souvent, ne correspondent guère aux découpages officiels ou de bon sens. Un exemple type est à cet égard la relation de complicité entre préfets et notables dont nous avons fait l'analyse et qui tranche singulièrement avec l'opposition rhétorique entre ces deux catégories d'acteurs.

29. Ce qui sera le cas essentiellement dans des enquêtes organisationnelles.

sur les réactions probables. C'est ainsi que, lors de la communication des résultats aux ouvriers du Monopole industriel, les réactions des ouvriers d'entretien furent tout à fait révélatrices de leur situation stratégique particulière. En effet, les membres de ce groupe ont nié et contesté tous les résultats qui ne correspondaient pas à leur stratégie majoritaire de domination agressive. Exception notable : les responsables syndicaux de ce groupe qui, à la même occasion, ont présenté des commentaires qui donnaient nettement l'impression d'avoir été formulés pour minimiser la dureté de l'attaque antérieure. Cela se comprend aisément : il fallait que le pouvoir des ouvriers d'entretien et les conflits qui se greffaient sur lui restent occultes. Trop de clarté aurait pu menacer le *statu quo* qui tant au syndicat qu'à l'atelier leur était favorable. Ils se sont donc employés à brouiller les cartes.

Ces stratégies une fois déterminées, il reste à les *expliquer*. Comme on fait l'hypothèse fondamentale, amplement justifiée par sa fécondité heuristique, que ces stratégies sont rationnelles [30], une stratégie apparemment irrationnelle ne peut trouver son explication que dans une analyse plus serrée de la situation ou des situations à partir desquelles on peut définir ces rationalités : d'une part, les contraintes techniques, juridiques, économiques et sociales qui s'imposent à eux ; d'autre part, les « règles du jeu » qui reflètent les rapports de pouvoir par lesquels se structure le système d'action de l'organisation. En confrontant tout d'abord les stratégies dégagées à toutes les contraintes « objectives », on s'aperçoit que ces dernières n'expliquent que partiellement les premières. Il reste, en effet, une zone de comportements stratégiques « rationnellement » inexplicables tant que l'on n'a pas fait intervenir la structure de pouvoir, la nature et les « règles du jeu » qui assurent la régulation du système humain sous-jacent à l'organisation.

En d'autres termes, pour *expliquer* les stratégies que les

---

30. C'est-à-dire ont *une* « rationalité » qu'il s'agit précisément de trouver. Remarquons que le postulat de base de l'analyse stratégique — l'utilisation rationnelle et stratégique par les individus de leur zone de liberté — se révèle ici comme ce qu'il est réellement : un *procédé heuristique* permettant de structurer et de comprendre un champ social avec toutes ses composantes : rationnelles et irrationnelles, conscientes et inconscientes, volontaires et involontaires.

différents acteurs poursuivent les uns à l'égard des autres, il cherchera à *expliciter* la relation, ou mieux la *médiation implicite* qui existe :

— entre un ensemble de contraintes propres au champ étudié (contraintes techniques et économiques, dispositions réglementaires, etc.) *définissant les zones d'incertitudes critiques* ;

— et un *ensemble de stratégies* telles qu'il peut les reconstruire à partir des réponses recueillies lors de l'enquête et qui reflètent la perception stratégique qu'ont les différents acteurs de leurs possibilités respectives face à cet ensemble de contraintes.

Cette médiation, il la reconstruira en formulant une série d'hypothèses de plus en plus générales sur les caractéristiques, la nature et les règles des jeux implicites à l'intérieur desquels différentes stratégies peuvent être toutes, au même moment, également rationnelles. Il partira d'une hypothèse simple sur le jeu implicite entre deux groupes. Puis il cherchera à vérifier cette première hypothèse en s'interrogeant d'abord sur les conséquences que les caractéristiques et les règles de ce premier jeu devraient avoir sur les stratégies d'un troisième groupe, et en contrôlant ensuite si les réponses fournies par ce groupe sont compatibles avec cette analyse. Selon le cas, il devra reformuler cette première hypothèse, ou l'élargir pour la soumettre ensuite de nouveau au test des attitudes et sentiments, et ainsi de suite. A travers une telle démarche itérative des sentiments aux stratégies, puis des stratégies aux jeux et retour aux sentiments, etc., le chercheur pourra découvrir, à partir du vécu même des différents acteurs (individus ou groupes), la structuration du pouvoir dans le champ étudié et les jeux qui conditionnent leurs comportements.

Pour concrétiser ce schéma quelque peu abstrait, appliquons-le à un exemple concret et simplifié, tiré du Monopole industriel. A la fin de son enquête, le chercheur a en main une série d'attitudes des ouvriers de production et des ouvriers d'entretien d'où ressort clairement le climat conflictuel sourd qui règne entre ces deux groupes et l'implication affective très forte dont fait preuve chacun de ces groupes à l'égard de l'autre. Pour expliquer ce climat particulier, il va d'abord essayer de reconstruire les stratégies de ces deux groupes. Très grossièrement, il pourra caractériser la stratégie des ouvriers d'entretien comme visant à affirmer de façon péremptoire, sinon agressive, leur supériorité et leur tutelle sur les ouvriers de production ; les attitudes de ceux-ci, en revanche, témoignent d'une stratégie faite d'une soumission officielle doublée d'une résistance indirecte. Il se demandera ensuite à quel type de jeu ces stratégies peuvent bien correspondre. Et il formulera l'hypothèse qu'avec des ressources très inégales, ces deux groupes s'opposent autour d'un enjeu important : l'étendue et le contrôle de la marge d'arbitraire dont les ouvriers d'entretien disposent du fait de leur maîtrise d'une source d'incertitude décisive, à savoir la panne des machines, maîtrise qui fait d'eux les véritables « patrons » des ateliers. Or, s'il en est ainsi, les relations entre ouvriers de production et chefs d'atelier devraient s'en trouver affectées. Effectivement, les attitudes de ces groupes l'un à l'égard de l'autre indiquent que, contrairement à ce qu'on pourrait attendre dans des relations entre chefs hiérarchiques et subordonnés, ces relations semblent ici dénuées de toute affectivité. De même, l'analyse des attitudes des ouvriers d'entretien et des chefs d'ateliers les uns à l'égard des autres permet d'étayer et de compléter cette première hypothèse, et ainsi de suite. Et en suivant une telle démarche que nous n'avons fait ici que retracer à grands traits, le chercheur découvrira l'importance toute particulière — loin d'être évidente *a priori,* mais spécifique au système d'action du Monopole industriel — de la panne des machines, il comprendra la stratégie des ouvriers d'entretien consistant à défendre leur position d'expert en faisant disparaître les plans des machines et les notices d'entretien, il saisira la signification de l'impersonnalité dans ce contexte, bref, il pourra mettre en évidence peu à peu les propriétés particulières du jeu spécifique aux ateliers du Monopole et sa signification pour le système d'action qui lui est sous-jacent.

La méthode d'analyse stratégique consiste donc à se servir des données recueillies lors des entretiens pour définir les stratégies que les acteurs poursuivent les uns à l'égard des autres et pour remonter, à partir de là, aux jeux auxquels correspondent et dans lesquels s'insèrent ces stratégies. Ces jeux à leur tour — et les solutions auxquelles ils aboutissent généralement — renvoient à la structuration des relations de pouvoir qui lient les divers acteurs les uns aux autres et qu'il s'agit justement de faire apparaître pour comprendre les régulations d'ensemble du système d'action étudié et en rendre compte.

Bibliographie

LIVRES

Abegglen J.C., *The Japanese Factory*, Glencoe, Ill., Free Press, 1958.
Abegglen J.C., *Management and Worker : The Japanese Solution*, Tokyo-New York, Kodansha International Inc., 1973.
Adorno T.W. *et al.*, *The Authoritarian Personality*, New York, Harper, 1950.
Allison G., *The Essence of Decision. Explaining the Cuban Missile Crisis*, Boston, Little Brown, 1971.
Allport F.H., *Theories of Perception and the Concept of Structure*, New York, Wiley, 1955.
Allport F.H., *Pattern and Growth in Personality*, New York, Holt, Rinehart and Winston, 1961.
Argyris C., *Understanding Organizational Behavior*, Homewood, Ill., Dorsey Press, 1960.
Argyris C., *Integrating the Individual and the Organization*, New York, Wiley, 1964 (trad. fr., *Participation et Organisation*, Paris, Dunod, 1970).
Argyris C., *Organization and Innovation*, Homewood, Ill., R.D. Irwin, 1965.
Argyris C., *Intervention Theory and Method*, Reading, Mass., Addison-Wesley, 1970.
Argyris C., *The Applicability of Organizational Sociology*, Cambridge, Mass., Harvard University Press, 1972.
Argyris C. et Shon D., *Theory in Practice : Increasing Professional Effectiveness*, San Francisco, Jossy Bass Pub., 1974.
Argyris C., *Increasing Leadership Effectiveness*, New York, Wiley, 1976.
Asch S.E., *Social Psychology*, New York, Prentice Hall, 1952.
Ashby W.R., *Design for a Brain*, Londres, Chapman & Hall Ltd, 1952.
Ashby W.R., *Introduction to Cybernetics*, Londres, Chapman & Hall Ltd, 1956.
Attali J., *La Parole et l'Outil*, Paris, PUF, 1975.
Bachelard G., *La Formation de l'esprit scientifique*, Paris, Vrin, 1970 (1re éd. 1960).
Bachrach P. et Baratz M.S., *Power and Poverty : Theory and Practice*, Londres, 1970.

Ballé C. et Peaucelle J.-L., *Le Pouvoir informatique dans l'entreprise*, Paris, Ed. d'Organisation, 1972.

Bardach E., *The Skill Factor in Politics*, Berkeley, University of California Press, 1972.

Barnard C.I., *The Functions of the Executive*, Cambridge, Mass., Harvard University Press, 1938.

Bell D., *The Coming Post-Industrial Society. A Venture in Social Forecasting*, New York, Basic Books, 1973.

Bendix R., *Work and Authority in Industry*, New York, Wiley, 1956.

Bennis W.G., *Changing Organizations*, New York, McGraw Hill, 1966.

Berger P.L., *Invitation to Sociology*, Harmondsworth, Penguin, 1966.

Berger P.L. et Luckmann T., *The Social Construction of Reality : A Treatise in the Sociology of Knowledge*, New York, Doubleday, 1966.

Bertallanfy Von, *General System Theory. Foundations, Developments, Applications*, New York, G. Braziller, 1968 (trad. fr., *Théorie générale des systèmes*, Paris, Dunod, 1973).

Black M., (ed.), *The Social Theories of Talcott Parsons*, Englewood Cliffs, N.J., Prentice Hall, 1966.

Blau P.M., *The Dynamics of Bureaucracy*, Chicago, University of Chicago Press, 1955.

Blau P.M. et Scott W.R., *Formal Organizations : A Comparative Approach*, Londres, Routledge & Kegan Paul, 1963.

Blau P.M. et Schoenherr R., *The Structure of Organizations*, New York, Basic Books, 1971.

Boudon R., *L'Inégalité des chances*, Paris, A. Colin, 1973.

Bourdieu P. et Passeron J.-C., *La Reproduction*, Paris, Minuit, 1973.

Bourricaud F., *Esquisse d'une théorie de l'autorité*, Paris, Plon, 1961.

Bower J.L., *The Allocation of Resources in a Large Organization. A Field Study*, Columbia University, août 1967.

Braybrooke D. et Lindblom C.E., *A Strategy of Decision, Policy Evaluation as a Social Process*, New York, Free Press of Glencoe, 1963.

Burns T. et Stalker G.M., *The Management of Innovation*, Londres, Tavistock, 1961.

Burns T., « On the Plurality of Social Systems », *in* Lawrence J.R. (ed.), *Operational Research and the Social Sciences*, Oxford, 1966, p. 165-177.

Burns T., « The Comparative Study of Organizations », *in* Vroom V. (ed.), *Methods of Organizational Research*, Pittsburg, University of Pittsburg Press, 1967, p. 128-170.

Caplow T., *Principles of Organisation*, New York, Harcourt, Brace, 1964.

Caplow T., *Two against On : Coalitions in Triads*, Englewood Cliffs, N. J., Prentice Hall, 1969.

Castoriadis C., *L'Institution imaginaire de la société*, Paris, Seuil, 1975.

Chandler A.D. Jr., *Strategy and Structure*, Cambridge, Mass, MIT Press, 1962.

Introduction critique aux théories d'organisation, Paris, Dunod, 1972.

McClelland D. *et al.*, *The Achievement Motive*, New York, Appleton-Century Crofts, 1953.

McGregor D., *The Human Side of Entreprise*, New York, 1960, McGraw Hill.

McGregor D., *Leadership and Motivation*, Cambridge, Mass., MIT Press, 1966.

March J.G. et Simon H.A., *Organizations*, New York, Wiley, 1958 (trad. fr., *Les Organisations*, Paris, Dunod, 1965).

March J.G. (ed.), *Handbook of Organizations*, Chicago, Rand McNally, 1965.

March J.G., « For a Technology of Foolishness », *in* Leavitt H. *et al.* (eds.), *Organizations for the Future*, New York, Praeger Publishers, 1974.

Maslow A.H., *Motivation and Personality*, New York, Harper, 1954.

Mayntz R., *Soziologie der Organisationen*, Reinbek, Rowohlt, 1963 (en anglais, « The Study of Organizations », *Current Sociology*, vol. 13, 1964).

Merton R.K. (ed.), *Reader in Bureaucracy*, New York, Free Press of Glencoe, 1952.

Merton R.K., *Social Theory and Social Structure*, Glencoe, Ill., Free Press, 1949, 2ᵉ éd. 1957 (trad. fr., *Eléments de théorie et de méthodes sociologiques*, Paris, Plon, 1965).

Merton R.K., « Social Structure and Anomie », *in* Merton R.K., *Social Theory and Social Structure* (rev. ed.), Free Press of Glencoe, 1957.

Merton R.K. *et al.* (ed.), *Sociology Today*, New York, Basic Books, 1959.

Michels R., *Les Partis politiques*, Paris, Giard et Brière, 1913, Flammarion, 1971 et 1978.

Miller E.J. et Rice A.K., *Systems of Organisation : The Control of Task and Sentient Boundaries*, Londres, Tavistock, 1967.

Mills C.W., *The Power Elite*, New York, Oxford University Press, 1956.

Mills C.W., *The Sociological Imagination*, Londres, Oxford University Press, 1959 (trad. fr., *L'Imagination sociologique*, Paris, Maspero, 1969).

Morin P., *Le Développement des organisations*, Paris, Dunod, 1971.

Moscovici S., *La Société contre nature*, Paris, UGE, 1972.

Mottez B., *La Sociologie industrielle*, Paris, PUF, 1971.

Mouzelis N.P., *Organisation and Bureaucracy*, Londres, Routledge & Kegan Paul, 1967.

Nakane C., *La Société japonaise*, Paris, A. Colin, 1974.

Olson M., *The Logic of Collective Action*, Cambridge, Mass., Harvard University Press, 1965.

Ouvrage collectif « L'Analyse institutionnelle et la Formation permanente », GREP, *Pour*, nᵒˢ 32 et 33, série « Les dossiers pédagogiques du formateur ».

Palm R., *Une organisation en analyse ou la réforme de la Cour des comptes en Belgique. Rapport d'une recherche-action de changement 1970-1973*, thèse de doctorat, université catholique de Louvain, 1974.

Parsons T., *The Structure of Social Action*, New York, Free Press of Glencoe, 1949 (trad. fr. *Eléments pour une sociologie de l'action*, introd. de F. Bourricaud, Paris, Plon, 1955).

Parsons T., *The Social System*, New York, Free Press of Glencoe, 1951.

Parsons T. et Shils E.A. (ed.), *Toward a General Theory of Action*, Cambridge, Mass., Harvard University Press, 1951.

Parsons T. et Smelser N.J., *Economy and Society*, New York, Free Press of Glencoe, 1956.

Parsons T., « A Sociological Approach to the Theory of Organisations », *Structure and Process in Modern Societies*, New York, Free Press of Glencoe, 1964.

Parsons T., « An Outline of the Social System », *in* Parsons T. (ed.), *Theories of Society*, New York, Free Press of Glencoe, 1965, p. 30-79.

Perrow C., « Hospitals : Technology, Structure and Goals », *in* March J.G. (ed.), *Handbook of Organizations*, Chicago, Rand McNally, 1965.

Perrow C., *Organizational Analysis : A Sociological View*, Londres, Tavistock, 1970.

Perrow C., « Departmental Power and Perspectives of Industrial Firms », *in* Zald M.N. (ed.), *Power in Organizations*, Nashville, Vanderbilt University Press, p. 59-89, 1970.

Perrow C., *Complex Organizations*, Glenview, Ill., Scott & Foresman, 1972.

Popitz H. *Der Begriff der sozialen Rolle als Element der soziologischen Theorie*, Tübingen, Mohr (*Recht und Staat*, Heft 331/332), 1967.

Popitz H., *Ueber die Präventivwirkung des Nichtwissens*, Tübingen, Mohr (*Recht und Staat*, Heft 350), 1968.

Popitz H., *Prozesse der Machtbildung*, Tübingen, Mohr (*Recht und Staat*, Heft 362/363), 1969.

Poulantzas N., *Pouvoir politique et Classes sociales*, Paris, Maspero, 1968.

Roethlisberger F.J., Dickson W.J. *et al.*, *Management and the Worker*, Cambridge, Mass., Harvard, 1939.

Rosanvallon P., *L'Age de l'autogestion*, Paris, Seuil, 1976.

Rose A.M. (ed.), *Human Behavior and Social Processes : An Interactionist Approach*, Boston, Houghton Mifflin, 1962.

Sainsaulieu R., *Les Relations de travail à l'usine*, Paris, Ed. d'Organisation, 1973.

Sainsaulieu R., *L'Identité du travail*, PFNSP, 1977.

Sartre J.-P., *Esquisse d'une théorie des émotions*, Paris, Hermann, 1960.

Sartre J.-P., *Questions de méthode*, Paris, Gallimard, 1960.

Sayles L.R., *Behavior of Industrial Work Groups*, New York, Wiley, 1958.

Schein E.H., *Organisational Psychology*, Englewood Cliffs, N.J., Prentice Hall, 1965.

Schelling T., *The Strategy of Conflict*, Cambridge, Mass., Harvard University Press, 1960.

Schmid G., *Funktionsanalyse und politische Theorie*, Düsseldorf, Bertelsmann Universitätsverlag, 1974.

Schonfeld W.R., *Obedience & Revolt : French Behavior Toward Authority*, Beverly Hills, Cal. Sage Publications, 1976.

Schütz A., *Collected Papers*, Natanson M. (ed.), La Haye, Nijhoff, 1964, 2 vol.

Selznick P., *TVA and the Grass Roots*, Berkeley, University of California Press, 1949.

Selznick P., *Leadership in Administration*, Evantston, Ill., Row., Peterson, 1957.

Silverman D., *The Theory of Organizations*, Londres, Heinemann, 1970 (trad. fr., *La Théorie des organisations*, Paris, Dunod, 1973).

Simon H.A., *Administrative Behavior*, New York, MacMillan, 1957.

Simon H.A., *Models of Man, Social and Rational*, New York, Wiley, 1957.

Simon H., *La Science des systèmes, Science de l'artificiel*, Paris, Ed. de l'Epi, 1974.

Skinner B.F., *Beyond Freedom and Dignity*, New York, Bantam Vintage Books, 1971.

Steinert H., *Die Strategie sozialen Handelns*, Munich, Juventa Verlag, 1972.

Stinchcombe A.L., « Social Structure and Organisations », *in* March J.G. (ed.), *Handbook of Organizations, op. cit.*, p. 142-193.

Summers G., *Attitude Measurement*, Chicago, Rand McNally, 1970.

Taylor F.W., *The Principles of Scientific Management*, New York, Harper, 1913.

Thibaut J.W. et Kelley H.H., *The Social Psychology of Groups*, New York, Wiley, 1959.

Thoenig J.-C., *L'Ere des technocrates*, Paris, Ed. d'Organisation, 1973.

Thoenig J.-C. et Friedberg E., « The Power of the Field Staff », *in* Leemans A.F. (ed.), *Managing Administrative Change*, La Haye, Nijhoff, 1976.

Thompson J.D. (ed.), *Approaches to Organizational Design*, Pittsburgh, Pa., University of Pittsburgh Press, 1966.

Thompson J.D., *Organizations in Action*, New York, McGraw Hill, 1967.

Touraine A., *Sociologie de l'action*, Paris, Seuil, 1966.

Touraine A., *La Conscience ouvrière*, Paris, Seuil, 1966.

Touraine A., *La Société post-industrielle*, Paris, Denoël, 1969.

Touraine A., *Production de la société*, Paris, Seuil, 1973.

Triandis H.C., *The Analysis of Subjective Culture*, New York, Wiley, Interscience, 1972.

Vroom V.H., *Work and Motivation*, New York, Wiley, 1964.

Walker C.J. et Guest R.H., *The Man on the Assembly Line*, Cambridge, Mass., Harvard University Press, 1952.

Walton R.E. et McKersie R.B., *A Behavioral Theory of Labor Negotiations : An Analysis of a Social Interaction System,* New York, McGraw Hill, 1965.

Weber M., *Wirtschaft und Gesellschaft,* Cologne-Berlin, Kiepenhauer & Witsch, 1964.

Weick K.E., *The Social Psychology of Organizing,* Reading, Mass., Addison-Wesley, 1969.

Whyte W.F. *et al., Money and Motivation,* New York, Harper, 1955.

Whyte W.F., « An Interaction Approach to the Theory of Organizations », *in* Haire M. (ed.), *Modern Organization Theory, op. cit.,* p. 155-183.

Whyte W.F. (ed.), *Organizational Behavior,* Homewood, Ill. Irwin, 1969.

Whyte W.F., « An Intercultural Context for Organizational Research », *in* Whyte W.F. (ed.), *Organizational Behavior : Theory and Application,* Homewood, Ill., Irwin, Dorsey Press, 1969, p. 719-742.

Wiener N., « Cybernetics or Control and Communication », *The Animal and the Machine,* New York, Wiley, 1948.

Wildavsky A., *Revolt against the Masses and Other Essays on Politics and Public Policy,* New York, Basic Books, 1971.

Wildavsky A., Pressman H., *Implementation,* Berkeley, University of California Press, 1974.

Woodward J., *Industrial Organisation : Theory and Practice,* Londres, Oxford University Press, 1965.

Woodward J. (ed.), *Industrial Organisation : Behavior and Control.* New York-Londres, Oxford University Press, 1970.

Wrong D., « The Over-Socialised Conception of Man », *in* Demerath N.J. et Peterson R.A. (eds.), *System, Change and Conflict, op. cit.*

Wylie L., *Chanzeaux, village d'Anjou,* Paris, Gallimard, 1970.

Zald M.N. (ed.), *Power in Organizations,* Nashville, Vanderbilt University Press, 1970.

Zaleznik A. *et al., The Motivation, Productivity and Satisfaction of Workers,* Boston, Harvard, Business School, 1958.

Zaleznik A. et Moment D., *The Dynamics of Interpersonal Behavior,* New York, Wiley, 1964.

ARTICLES

Allport G., « The Historical Background of Modern Social Psychology », *in* Lindzey G. (ed.), *The Handbook of Social Psychology, op. cit.*

Bachrach P. et Baratz M.S., « Decisions and Non-Decisions : An Analytical Framework », *American Political Science Review,* vol. 57, 1963, p. 632-642.

Bendix R., « Bureaucracy : The Problem and Its Setting », *American Sociological Review,* vol. 12, 1947, p. 493-507.

Burns T., « Micropolitics : Mechanisms of Institutional Change », *Administrative Science Quarterly,* vol. 6, 1961/1962, p. 257-281.

Bourricaud F., « Contre le sociologisme. Une critique et des propositions », *Revue française de sociologie,* supplément 1975, p. 583-603.

Carey A., « The Hawthorne Studies : A Radical Criticism », *American Sociological Review,* vol. 32, 1967, p. 403-416.

Child J., « Organizational Structure, Environment and Performance : The Role of Strategic Choice », *Sociology,* vol. 6, 1972, p. 1-22.

Cohen M.D., March J.G. et Olsen J.P., « A Garbage Can Model of Organizational Choice », *Administrative Science Quarterly,* vol. 17, 1972, p. 1-25.

Cottereau A., « L'agglomération parisienne au début du siècle », *Sociologie du travail,* n° 4, 1969, p. 342-365.

Crozier M., « De la bureaucratie comme système d'organisation », *Archives européennes de sociologie,* vol. 2, 1961, p. 18-52.

Crozier M., « Pouvoir et Organisation », *Archives européennes de sociologie,* vol. 5, n° 1, 1964, p. 52-64.

Crozier M., « Sentiments, organisations et systèmes », *Revue française de sociologie,* vol. 12, 1971, n° spécial, 2ᵉ partie, p. 141-154.

Crozier M. et Thoenig J.-C., « La régulation de systèmes organisés complexes », *Revue française de sociologie,* vol. 16, n° 1, 1975, p. 3-32.

Dahl R.A., « The Concept of Power », *Behavioral Sciences,* n° 2, 1957, p. 201-215.

Dill W.R., « Environment as an Influence on Managerial Autonomy », *Administrative Science Quarterly,* vol. 2, 1958, p. 409-443.

Emerson R.M., « Power-Dependence Relations », *American Sociological Review,* vol. 27, 1962, p. 31-41.

Emery F.E. et Trist E.L., « The Causal Texture of Organizationa, Environment », *Human Relations,* vol. 18, 1965, p. 21-32.

Etzioni A., « Two Approaches to Organizational Analysis : A Critique and a Suggestion », *Administrative Science Quarterly,* vol. 5, 1960, p. 257-278.

Fiedler F.-E., « Un modèle de l'efficience du commandement », *Bulletin du CERP,* vol. 14, n° 3, 1965, p. 179-202.

Friedberg E. et Desjeux D., « Fonctions de l'Etat et rôle des grands corps : le cas du corps des Mines », *Annuaire international de la fonction publique,* Paris, 1972.

Friedberg E. « Verwaltungsreform, Organisationssoziologie und Politikwissenschaft », *Osterreichische Zeitschrift für Politikwissenschaft,* 1973, n° 2, p. 145-159.

Grémion P., « Introduction à l'étude du système politico-administratif local », *Sociologie du travail,* n° 1, 1970, p. 51-73.

Hall R.H., « The Concept of Bureaucracy : An Empirical Assessment », *American Journal of Sociology,* vol. 69, 1963, p. 32-40.

Hall R.H., Haas J.E. et Johnson J.N., « Organizational Size, Complexity and Formalization », *American Sociological Review,* vol. 32, 1967, p. 903-912.

Hall R.H., Haas J.E. et Johnson J.N., « An Examination of the Blau-Scott and Etzioni Typologies », *Administrative Science Quarterly,* vol. 12, 1967/1968.

Harvey E., « Technology and the Structure of Organizations », *American Sociological Review,* vol. 33, n° 2, 1968, p. 247-259.

Hickson D.J. *et al.,* « Operations Technology and Organization Structure : An Empirical Reappraisal », *Administrative Science Quarterly,* vol. 16, 1969, p. 378-397.

Hickson D.J. *et al.,* « A Strategic Contingency Theory of Intra-Organizational Power », *Administrative Science Quarterly,* vol. 16, 1971, n° 2, p. 216-229.

Hickson D.J. *et al.,* « The Culture Free Context of Organization Structure : a Tri-National Comparison », *Sociology,* vol. 8, 1974, p. 59-81.

Hinings C.R. *et al.,* « An Approach to the Study of Bureaucracy », *Sociology,* vol. 1, 1967.

Hinings C.R. *et al.,* « Structural Conditions of Intra-Organizational Power », *Administrative Science Quarterly,* vol. 19, 1974.

Illich I., « Comment éduquer sans école ? », *Esprit,* juin 1971.

Karpik L., « Trois concepts sociologiques : le projet de référence, le statut social et le bilan individuel », *Archives européennes de sociologie,* vol. 6, n° 2, 1965, p. 191-222.

Karpik L., « Attentes et satisfactions au travail », *Sociologie du travail,* n° 4, 1966, p. 389-416.

Karpik L., « Les politiques et les logiques d'action de la grande entreprise industrielle », *Sociologie du travail,* n° 1, 1972, p. 82-105.

Kergoat D., « Emergence et création d'un système d'action collective à travers une expérience d'autogestion en mai 68 », *Sociologie du travail,* n° 3, 1970, p. 274-292.

Kuty O., « Orientation culturelle et profession médicale. La relation thérapeutique dans les unités de rein artificiel et son environnement », *Revue française de sociologie,* vol. 16, n° 2, 1975.

Lavau G., « Le système politique et son environnement », *Revue française de sociologie,* n° spécial, 1970-1971, p. 169-181.

Levine S. et White P.E., « Exchange as a Conceptual Framework for the Study of Interorganizational Relationships », *Administrative Science Quarterly,* vol. 5, 1961, p. 385-401.

Lindblom C.E., « The Science of Muddling through », *Public Administration Review,* vol. 19, printemps 1959.

Litwak E. et Hylton L.F., « Interorganizational Analysis », *Administrative Science Quarterly,* 1962, p. 395-420.

Luhmann N., « Klassische Theorie der Macht », *Zeitschrift für Politik,* vol. 16, 1969, p. 149-170.

March J.G., « The Business Firm as a Political Coalition », *The Journal of Politics,* vol. 24, 1962, p. 662-678.

March J.G. et Olsen J.P., « The Uncertainty of the Past : Organizational Learning under Ambiguity », *European Journal of Political Research,* vol. 3, 1975, p. 147-171.

Mechanic D., « Sources of Power of Lower Participants in Complex Organizations », *Administrative Science Quarterly,* vol. 7, 1962, p. 349-364.

Merton R.K., « The Unanticipated Consequences of Purposive Social Action », *American Sociological Review,* vol. 1, 1936, p. 894-904.

Merton R.K., « Bureaucratic Structure and Personality », *Social Forces*, vol. 18, 1940.

Merton R.K., « The Role-Set : Problems in Sociological Theory », *British Journal of Sociology*, vol. 8, 1957, p. 106-120.

Morin E., « Pour une crisologie », *Communications*, n° 25, 1976.

Moscovici S., « L'attitude : Théories et recherches autour d'un concept et d'un phénomène », *in Bulletin du CERP*, vol. 2, 1962, p. 177-191.

Normann R., « Organizational Innovativeness : Product Variation and Reorientation », *Administrative Science Quarterly*, vol. 16, 1971, p. 203-215.

Pagès R., « L'élasticité d'une organisation en crise de direction », *Sociologie du travail*, n° 4, 1965.

Peaucelle J.-L., « Théorie des jeux et sociologie des organisations », *Sociologie du travail*, n° 1, 1969, p. 22-43.

Perrow C., « The Analysis of Goals in Complex Organisations », *American Sociological Review*, vol. 26, n° 6, 1961, p. 854-866.

Perrow C., « A Framework for the Comparative Analysis of Organizations », *American Sociological Review*, vol. 32, 1967, p. 194-208.

Poulantzas N., « The Problem of the Capitalist State », *New Left Review*, vol. 58, novembre-décembre 1969, p. 67-78.

Pugh D.S. *et al.*, « A Conceptual Scheme for Organizational Analysis », *Administrative Science Quarterly*, vol. 8, 1963, p. 289-315.

Pugh D.S., « Modern Organizational Theory : A Psychological and Sociological Study », *Psychological Bulletin*, n° 4, 1966, p. 235-251.

Pugh D.S. *et al.*, « The Context of Organization Structures », *Administrative Science Quarterly*, vol. 14, 1969, p. 91-114.

Pugh D.S. *et al.*, « An Empirical Taxonomy of Structures of Work Organizations », *Administrative Science Quarterly*, vol. 14, 1969, p. 115-126.

Richardson S.A., « Organizational Contrasts on British and American Ships », *Administrative Science Quarterly*, vol. 1, 1956, p. 189-207.

Sainsaulieu R., « Pouvoir et stratégie de groupes ouvriers dans l'atelier », *Sociologie du travail*, n° 2, 1965, p. 162-174.

Sainsaulieu R. et Kergoat D., « Milieu de travail et modèle d'action », *Analyse et Prévision*, vol. 4, n° 6, 1968, P. 781-807.

Sainsaulieu R. et Ackermann W., « L'étude sociologique du changement technique : pour une analyse stratégique », *Bulletin du CERP*, vol. 19, 1970, p. 1 à 22.

Schelling T., « On the Ecology of Micromotives », *The Public Interest*, n° 25, 1971, p. 59-99.

Selznick P., « An Approach to a Theory of Bureaucracy », *American Sociological Review*, vol. 8, 1943, p. 47-54.

Silverman D., « Formal Organisations or Industrial Sociology : Towards a Social Action Analysis of Organisations », *Sociology*, vol. 2, 1968, p. 221-238.

Stinchcombe A.L., « Bureaucratic and Craft Administration of Production : A Comparative Study », *Administrative Science Quarterly*, vol. 4, 1959, p. 168-187.

Thoenig J.-C. et Friedberg E., « Politique urbaine et stratégies corporatives », *Sociologie du travail,* n° 4, 1969, p. 387-412.

Thompson J.D. et McEwen W.J., « Organizational Goals and Environment : Goal-Setting as an Interaction Process », *American Sociological Review,* vol. 23, 1958, p. 23-31.

Touraine A., « Pour une sociologie actionnaliste », *European Journal of Sociology,* vol. 5, n° 1, 1964, p. 1-24.

Turk H., « Interorganizational Networks in Urban Society », *American Sociological Review,* vol. 35, n° 1, 1970, p. 1-19.

Yuchtman E. et Seashore S., « A System-Resource Approach to Organizational Effectiveness », *American Sociological Review,* vol. 32, 1967, p. 891-902.

Warren R., « The Interorganizational Field as a Focus of Investigation », *Administrative Science Quarterly,* vol. 12, n° 3, 1967, p. 396-419.

Worms J.-P., « Le préfet et ses notables », *Sociologie du travail,* 8 (3), 1966, p. 249-276.

Worms J.-P. et Reynaud E., « L'aménagement des Halles », *Revue française de sociologie,* vol. 15, n° 4, 1974, p. 487-528.

Wrong D.H., « Some Problems in Defining Social Power », *American Journal of Sociology,* vol. 13, 1968, p. 673-681.

DIVERS

Abell P., *Organizations as Bargaining and Influence Systems : Measuring Intra-Organizational Power and Influence,* communication préparée pour The Industrial Sociology Unit Seminar, Imperial College, Londres, septembre 1974.

Ackoff R., « The Systems Revolution », *Long Range Planning,* décembre 1974.

Aldrich H., « The Environment as a Network of Organizations : Theoretical and Methodological Implications », communication présentée au VIIIe congrès de l'Association internationale de sociologie, Toronto, 1974.

Ballé C., *L'Informatique, facteur de changement dans l'entreprise. Etude de cas,* Paris, Centre de sociologie des organisations, 1975.

Benson R., *The Interorganizational Network as a Political Economy,* communication préparée pour le colloque de Toronto.

Desjeux D., *Le Corps des Mines ou un nouveau mode d'intervention de l'Etat,* mémoire de maîtrise, 1970, micro-fiches AUDIR, Hachette, 1973.

Friedberg E., *L'Etat et l'Industrie en France,* rapport d'enquête ronéotypé, Paris, CSO-CORDES, 1976.

Friedberg E. et Desjeux D., *Le Système d'intervention de l'Etat en matière industrielle et ses relations avec les milieux industriels,* rapport, Centre de sociologie des organisations, 1971, micro-fiches, AUDIR, Hachette, 1973.

Grémion P. et Worms J.-P., *Les Institutions régionales et la Société locale,* Paris, Centre de sociologie des organisations, Copédith, 1968.

Grémion P., *La Structuration du pouvoir départemental,* Paris, Centre de sociologie des organisations, 1969.

Jamous H., *Contribution à une sociologie de la décision. La Réforme des études médicales et des structures hospitalières,* Paris, CES, CNRS, 1967.

Johnson R.T., « Made in America », texte manuscrit, Stanford, 1973.

Karpik L., *Les Politiques des grandes entreprises industrielles « de pointe »,* rapport ronéotypé, Paris, Centre de sociologie de l'innovation, août 1969.

Pagès R., *L'Inégalité des systèmes d'emprise à différents niveaux et leur interaction,* document ronéotypé, Paris, laboratoire de psychologie sociale, février-juin 1967.

Peaucelle J.-L., *L'Entreprise devant l'informatique,* Paris, Copédith, 1969.

Penning J., « Environment, Structure and Performance of Complex Organizations », communication présentée au VIIIe congrès de l'Association internationale de sociologie, Toronto, 1974.

Remitz J.U., *Professional Satisfaction Among Swedish Bank Employees,* Copenhague, 1960.

Sainsaulieu R. et Willig J.-C., *Les Effets de l'expérience de formation menée par le groupe local de Saint-Symphorien à EDF-GDF,* rapport, Paris, Copédith, 1967.

Touraine A. *et al., Les Travailleurs et les Changements techniques,* Paris, OCDE, 1965.

Worms J.-P., *Une préfecture comme organisation,* Paris, micro-fiches AUDIR, Hachette, 1973.

Index des noms

Index des notions

Table

I. L'organisation comme problème

II. L'organisation et l'environnement

III. Le phénomène systémique

Annexe :
Théorie et pratique de la démarche de recherche

IMPRIMERIE BUSSIÈRE À SAINT-AMAND (CHER)
DÉPÔT LÉGAL : JUIN 1992. Nº 18220 (1285)

Ouvrages de Michel Crozier

Mouvements ouvriers et socialistes
Chronologie et bibliographie (1750-1918)
en collaboration avec Édouard Dolléans
Éditions ouvrières, 1949

Usine et Syndicats d'Amérique
Éditions ouvrières, 1951

Petits Fonctionnaires au travail
Éditions du CNRS, 1956

Le Phénomène bureaucratique
Seuil, 1965
coll. «Points», n° 28, 1971

Le Monde des employés de bureau
Seuil, 1965

La Société bloquée
Seuil, 1970
coll. «Points Politique», n° 47, 1971

The Crisis of democracies
Report of the governability of democracies
en collaboration avec S. Huntington et J. Watanuki
New York, 1975

On ne change pas la société par décret
Grasset, 1979
Hachette-Pluriel, 1984

Le Mal américain
Fayard, 1980
Hachette-Pluriel, 1984

État modeste, État moderne
Stratégies pour un autre changement
Fayard, 1987
coll. «Points Essais», n° 223, 1991

Comment réformer l'État ?
Trois pays, trois stratégies : Suède, Japon, États-Unis
avec Pierre Crozier et Bruno Chavanat
La Documentation française, 1988

L'Entreprise à l'écoute :
apprendre le management postindustriel
Interéditions, 1989

Ouvrages d'Erhard Friedberg

L'Analyse sociologique des organisations
Grep, 1972
nouv. éd. augmentée, Privat, 1987

En quête d'universités
en collaboration avec Christine Musselin
L'Harmattan, 1989

Ouvrages de
Michel Crozier et Erhard Friedberg

Où va l'administration française
en collaboration avec P. et C. Grémion,
J.-C. Thoenig, J.-P. Worms
Éditions d'Organisation, 1974

Collection Points

SÉRIE ROMAN